Ichentwürfe

Basler Studien
zur Kulturgeschichte Osteuropas

Band 1

Herausgegeben von
Andreas Guski und Heiko Haumann

UNI
BASEL

Ulrich Schmid

Ichentwürfe

Die russische Autobiographie
zwischen Avvakum und Gercen

PANO
VERLAG

Zürich

Die Deutsche Bibliothek – CIP-Einheitsaufnahme

Ulrich Schmid:
Ichentwürfe : Die russische Autobiographie zwischen Avvakum
und Gercen / Ulrich Schmid. – Zürich : Pano-Verl., 2000
(Basler Studien zur Kulturgeschichte Osteuropas ; Bd. 1)
    ISBN 3-907576-28-4

© Pano Verlag
Zürich und Freiburg i. Br.
www.pano.de
Alle Rechte vorbehalten

Layout: Michael Anderau, Basel
Druck: Tipografia Honterus, Sibiu

Vorwort

Die vorliegende Arbeit, die im WS 98/99 von der Philosophisch-Historischen Fakultät der Universität Basel als Habilitationsschrift angenommen wurde, ist an vielen Orten entstanden. Einen großen Teil der Recherchen habe ich an der Harvard University durchgeführt – der einjährige Forschungsaufsaufenthalt in Cambridge (Mass.) wurde mir durch ein großzügiges und unbürokratisch gewährtes Stipendium der L. & Th. La Roche-Stiftung (Basel) ermöglicht. Einige Kapitel der Arbeit wurden am Istituto Universitario Europeo in Fiesole und in der Biblioteca Nazionale in Florenz geschrieben. Russische Quellen habe ich in der Nacional'na Biblioteka Ukrainy im. V.I. Vernads'koho in Kiev konsultiert. Abgeschlossen wurde die Arbeit am Slavischen Seminar der Universität Basel.

Mein Dank gilt Prof. Andreas Guski (Basel), der diese Arbeit in verschiedenen Stadien ihres Entstehens immer wieder beurteilt und mir wichtige Anregungen zukommen lassen hat, sowie Prof. Dagmar Burkhart (Mannheim), Prof. Peter Brang (Zürich) und Prof. Heiko Haumann (Basel) für die Übernahme der Gutachten. Prof. Georg Witte (Berlin) stellte mir großzügig das Manuskript seiner Habilitationsschrift über russische Autobiographien zur Verfügung. Prof. George Grabowicz (Harvard) hat mir Gogol' in einem neuen Licht gezeigt. Dank schulde ich auch meinen Kolleginnen und Kollegen, die Teile des Manuskript kritisch gelesen haben: Allen voran Christoph Ferber, aber auch Jan Antonsen, Christa Binswanger, Thomas Grob, Heinrich Riggenbach, Michail Šiškin, Anja Tippner und Andrea Zink. Viele wertvolle Hinweise habe ich von Taras Koznarsky und Elizabeth Wood erhalten. Spontan geholfen haben mir auch die Teilnehmer des Internet-Diskussionsforums SEELANGS, namentlich Thomas Newlin und James Rice. Schließlich bedanke ich mich bei der Freiwilligen Akademischen Gesellschaft Basel und bei der Max Geldner-Stiftung für die Gewährung eines Druckkostenbeitrags. Ich widme diese Arbeit meiner Frau Helen mit Matthias.

Basel, im Februar 2000   U.S.

Inhaltsverzeichnis

1. Einleitung — 9
   a) Ichkonstitution, Lebensgeschichte und Autobiographie — 9
   b) Forschungsbericht — 18
   c) Die Hybridität des autobiographischen Diskurses — 33
   d) Autobiographisches Schreiben in Rußland — 36

2. Das Ich als Text Gottes: Avvakums Autohagiographie — 43

3. Andrej Bolotovs enzyklopädische Selbstdokumentation — 71

4. Moralität als Individualitätssurrogat:
   Fonvizins Rousseau-Adaption — 105

5. Spirituelle Beamte und servile Humanisten: Die gescheiterte
   Expedition der Freimaurer in die eigene Innerlichkeit — 135

6. Der Autor der Zaren: Deržavins Selbstheroisierung — 155

7. Das Ich in Uniform: I. Dmitrievs Verdrängung des Intimen
   durch das Offizielle — 187

8. Weibliche Antikarrieren:
   Natal'ja Dolgorukaja und Anna Labzina — 199

9. Jeanne d'Arc in Rußland:
   Nadežda Durovas individuelle Emanzipation — 217

10. Text und Metatext, Konstruktion und Dekonstruktion:
    Gogol's schizophrene Integration — 249

11. Flucht in die Vergangenheit:
    Sergej Aksakovs Rückzug aus der Krise in die Idylle — 285

12. Weltgeschichte als Familiendrama: A.I. Gercens *Byloe i dumy* — 327

13. Funktionen und Textstrategien der Autobiographie — 371
    a) Psychologische Funktionen — 372
    b) Textstrategien — 384
    c) Bilanz und Ausblick — 394

14. Bibliographie — 401

15. Index — 431

1. Einleitung

a) Ichkonstitution, Lebensgeschichte und Autobiographie

„Individuum est ineffabile", schreibt Goethe in einem Brief vom September 1780 an Lavater und nimmt damit eine alte Formel auf, deren grundsätzliche Bedeutung für die Beschreibung von Menschen kaum überschätzt werden kann.[1] Keine sprachlich verfaßte Ich-Darstellung kann der Komplexität einer menschlichen Persönlichkeit gerecht werden. Gleichzeitig lassen sich aber in fast jeder Aussage individuelle Züge des sprechenden Subjekts ausmachen. Die prinzipielle Unaussprechbarkeit und die fragmentarische Präsenz des Individuums dominieren als stillschweigendes Wissen jede Kommunikationssituation, in der Aussagen über ein Ich gemacht werden.

Trotz der Unmöglichkeit einer abschließenden Ichbeschreibung gilt allerdings, daß Aussagen über ein Ich ihren festen Ort in der menschlichen Interaktion haben. Mehr noch: Ein Ich ist ohne sprachliche Präsentation gar nicht denkbar. Das meint nicht nur, daß ein Ich ohne Versprachlichung unbemerkbar bliebe. Jedes Ich tritt mit Aussagen, die über es gemacht werden, in komplexe Wechselwirkungen; es bildet sich durch eigene und fremde Charakterisierungen zu seinem Sosein; es versichert sich schließlich dieses Soseins durch wiederholte Selbstbestätigungen.

„Ihre Majestät das Ich" (Freud) ist in Tat und Wahrheit ein höchst fragiles Gebilde, das nicht voraussetzungslos existiert. Im wesentlichen lassen sich drei Aspekte benennen, denen für die Konstitution des Ich entscheidende Bedeutung zukommt: Individualität (ich bin etwas Besonderes), Identität (ich bin immer derselbe) und Entität (ich bin überhaupt jemand).[2] Die Gefährdung des Ich liegt in seiner Verwechselbarkeit, die gegebenenfalls leicht in Auswechselbarkeit umschlagen kann. Zumindest im abendländischen Kulturkontext liegt die Bedingung der Existenzmöglichkeit eines Ich mithin in einer Eigenschaft, die man „Ein-heit" in

---

1   „Hab ich dir das Wort ‚Individuum est ineffabile', woraus ich eine Welt ableite, schon geschrieben?" Der Spruch ist bereits in der mittelalterlichen Philosophie der Thomistenschule bekannt (Goethe 1988, I, 325, 694).

2   Fuhrmann (1979, 686) beschänkt sich auf die ersten zwei (traditionellen) Begriffe der Ichbestimmung. Gerade für das moderne Bewußtsein, das alle Selbstverständlichkeiten in Frage stellt, kommt aber dem dritten Begriff eine wichtige Bedeutung zu. Ein weiteres Problem liegt in der Tatsache, daß die Begriffe „Individualität" und „Identität" oft nicht klar genug voneinander getrennt werden (Straub 1998, 78).

Ichentwürfe

einem dreifachen Sinn nennen könnte. So verstandene „Ein-heit" umfaßt Einmaligkeit (Individualität), Einssein (Identität) und Vorhandensein (Entität).

Einmaligkeit meint die Unwiederholbarkeit des Ich: Ein Doppelgänger, eine Kopie des eigenen Ich bedeutet einen Anschlag auf die anthropologische Fundamentaldifferenzierung zwischen Ich und Du. Die exklusiv geltende Gleichung Ich=Ich erhält plötzlich von der Gleichung Ich=Du Konkurrenz. Eine solche Störung des Ich kann deshalb nur noch als Horrorvision imaginiert werden: Die Vervielfachung des Ich zieht den Verlust der Individualität nach sich.

Dem Verbot der äußeren Vervielfachung des Ich entspricht im Kontext abendländischer Subjektdefinitionen das Verbot einer inneren Ausfächerung. Das Ich muß kohärent sein, es kann nicht gleichzeitig als verschiedene Personen auftreten, ohne seine Ichqualität zu verlieren. Der Begriff des Ich weist zwar eine gewisse Bandbreite auf, erlaubt eine Entwicklung in der Zeit und gestattet sogar das Spielen mehrerer Rollen. Verschiedene Aspekte eines Charakters lassen sich jedoch nicht mehr unter ein Ich subsumieren, wenn sie den Rahmen der Persönlichkeit sprengen. Ein Subjekt, das den Zusammenhalt seiner Rollen verliert, gibt damit auch seine Identität auf.

Schließlich soll das Ich eine gewisse Merkmalhaftigkeit aufweisen. Ein Ich, das keine begrenzte Anzahl von Charaktereigenschaften ausgeprägt hat, entzieht sich einer Beschreibung, es zerfällt in immer wechselnder Beliebigkeit. Nur ein Ich, das als Einheit auftritt, kann sich durch sein Sosein überhaupt von einem anderen Ich abheben. Das Ich muß vorhanden sein, es muß als Entität faßbar sein.

Will man die drei genannten Ichfaktoren in einer Formel erfassen, so läßt sich das Ich als bestimmte Größe (Entität) beschreiben, die auf einer Zeitachse eine gewisse Konstanz aufweist (Identität) und gleichzeitig nicht durch konkurrierende Größen derselben Art ersetzt werden kann (Individualität). Die Formalisierung des Ichbegriffs leistet nicht nur eine positive Beschreibung der einzelnen konstitutiven Faktoren, sondern verdeutlicht auch die Gefahren, denen sich das Ich beim Fehlen eines dieser Faktoren ausgesetzt sieht. Die Bedrohungen für das Ich liegen erstens in der Gleichheit mit anderen Menschen (das Ich fällt mit einem Du zusammen), zweitens in der Fragmentierung des eigenen Ich (das Ich ist von sich selbst verschieden) und drittens in der Nullheit (das Ich ist gar nicht).

Die Ichqualität präsentiert sich damit als labiler Zustand. Ein Ich, das über Individualität, Identität und Entität verfügt, stellt sich nicht einfach ein, sondern muß erreicht und – was vielleicht noch schwieriger ist – aufrechterhalten werden. Der hier geschilderte Vorgang der Bildung und Behauptung eines Ich läßt jedoch eine Reihe von Fragen offen. Im Namen

Einleitung

welcher Instanz geschieht dieser Prozeß? Wo liegt das treibende Moment, das zur Bildung eines Ich führt? Wer überwacht den höchst sensiblen Regelkreis von Ichbedrohung und Ichabsicherung?

Alle diese Fragen zielen in eine Richtung: Es muß eine das Ich umspannende Instanz geben, die bereits vor dem Ich existiert und zugleich eine Aufsichts- und Regelfunktion gegenüber dem Ich wahrnehmen kann. Es ist deshalb sinnvoll, an dieser Stelle einen weiteren Begriff einzuführen, der für verschiedene akademische Disziplinen zentrale Bedeutung erlangt hat: das „Selbst" (Drehsen 1990, 35). Das fachüberschreitende Interesse an diesem Begriff äußert sich in einer terminologischen Verwirrung, die sich indessen auflösen läßt. Die neuere Psychoanalyse hat den älteren philosophischen Begriff des Selbstbewußtseins auf das handliche Konstrukt des Selbst zurechtgestutzt. Die Begriffsveränderung läßt sich durch das unterschiedliche Erkenntnisinteresse erklären: Während der Philosoph nach dem Fundamentalen, Allgemeinen fragt, ist der Psychoanalytiker gezwungen, eine normative Komponente in die Diskussion einzubringen und aus dem Allgemeinen ein Besonderes auszugliedern. Ein wie auch immer geartetes Selbstbewußtsein kommt jedem Ich zu, ein Selbst kann hingegen auch beschädigt sein. Trotzdem zielen beide Begriffe auf dasselbe: die Etablierung nämlich einer Ur-Instanz, die das individuelle Sosein des Menschen ausbildet, bestimmt und aufrechterhält.

Die Frage nach dem Selbstbewußtsein beschäftigt die moderne Philosophie spätestens seit der frühen Neuzeit (Frank 1994). Die traditionelle Definition des Selbstbewußtseins als Reflexion des eigenen Denkens (Descartes, Leibniz, Kant, vgl. Frank 1991, 23) ist jedoch in jüngster Zeit radikal kritisiert worden. Der Haupteinwand gegen diese Konzeption betrifft eine logische petitio principii, die das zentrale Problem aller reflexiven Subjektivitätstheorien darstellt. Angesichts des Vorhandenseins von Selbstbewußtsein wird auf die Unmöglichkeit hingewiesen, dieses Bewußtsein aus dem Nichts zu erlangen (Frank 1988, 8). Selbstbewußtsein kann kein Sonderfall der Vorstellung von etwas anderem sein, da in einem solchen Fall ja Instrument und Gegenstand der Erkenntnis zusammenfallen würden. Der Schluß, den man aus diesem Befund ziehen muß, ist zwingend: Selbstbewußtsein ist eine anthropologische Konstante, die aller Erkenntnis voraus liegt.

Daß ein Selbst nicht als Ergebnis der Reflexion des Ich entsteht, wird auch von der neueren Psychoanalyse bestätigt. Freud differenziert noch nicht zwischen Ich und Selbst als verschiedenen Bewußtseinsinstanzen, seine Aufmerksamkeit gilt der doppelten Abhängigkeit des als Ganzheit aufgefaßten Bewußtseins (Ich) vom Unterbewußten (Es) einerseits und von sozialen Zwängen (Über-Ich) andererseits. Zentrale Bedeutung kommt dem Konzept des „Selbst" in der psychoanalytischen Theorie Heinz Kohuts

Ichentwürfe

zu. Kohut weist auf das Ungenügen jenes Stimulus-Response Modells hin, das Freud zur Erklärung vieler psychischer Vorgänge in Anschlag bringt. Aus Kohuts Sicht kommt der Gesamtkonstellation der Psyche viel größere Bedeutung zu als einzelnen Ereignissen. Diese Abweichung von der klassischen Psychoanalyse läßt sich auf ein modifiziertes Erkenntnisinteresse zurückführen: Während Freud versucht, psychische Störungen durch traumatische Urerlebnisse zu erklären, will Kohut die Bedingungen für eine gesunde seelische Befindlichkeit einsichtig machen. Als Basis einer stabilen Psyche begreift Kohut ein Selbst, „das als eine Einheit räumlich zusammenhängt und zeitlich andauert, sich initiativ verhält und für Eindrücke empfänglich ist." (1977, 99) Jedes Selbst befindet sich aber laut Kohut in einem dauernden Spannungszustand. Es weist zwei Pole auf: Auf der einen Seite liegen die tatsächlichen Begabungen eines Ich, auf der anderen Seite seine Ideale und Ziele. Es sind aber genau die beschränkten Fähigkeiten des Ich, die eine Verwirklichung der Wunschvorstellungen verhindern. Damit erfährt sich der Mensch einerseits als „schuldig" (er strebt nach verbotener Lustbefriedigung), andererseits als „tragisch" (er kann seine Ziele nicht erreichen) (Kohut 1975, 269). Über dieses bipolare Selbst, das sich in narzißtischer Wut äußern kann, verfügt der Mensch in Ansätzen bereits seit seiner Geburt (271).

Die Beziehung zwischen Ich und Selbst läßt sich mithin wie folgt bestimmen: Das Selbst ist jene immer schon existierende Ganzheit eines Individuums, das als seinen deutlichsten Audruck ein Ich hervorbringt. Dieses Ich zeichnet sich seinerseits durch Individualität, Identität und Entität aus. Von entscheidender Bedeutung für den Vorgang der Ichbildung ist indessen seine narrative Natur (Lübbe 1977, 145). Jedes Ich läßt sich nur in Abhängigkeit von einer Lebensgeschichte beschreiben, als deren Redaktor das Selbst waltet. Die Lebensgeschichte, die jedem Ich unweigerlich zukommt, setzt sich aus vielen Episoden zusammen, die sich im Lauf eines Lebens ansammeln (Widdershoven 1993). Charlotte Linde definiert den Forschungsgegenstand ihrer linguistischen Arbeit über Kohärenzbildung in mündlichen Lebensgeschichten wie folgt:

> Eine Lebensgeschichte besteht aus allen Erzählungen und dazugehörenden Diskurseinheiten wie Erklärungen und Chroniken sowie aus ihren Verbindungen, die von einem Individuum während seines Lebens erzählt werden und folgende zwei Kriterien erfüllen:
> 1. Die Erzählungen und die dazugehörenden Diskurseinheiten, die in der Lebensgeschichte enthalten sind, bieten in erster Linie eine Darstellung des Sprechers, nicht der Welt im allgemeinen.
> 2. Die Erzählungen und die dazugehörenden Diskurseinheiten weisen eine erweiterte Berichtbarkeit auf; d.h. sie sind erzählbar und

Einleitung

werden im Lauf einer langen Zeit immer wieder erzählt. (1993, 21)

Die Funktion einer Lebensgeschichte läßt sich in Anlehnung an die beiden genannten Definitionspunkte als narrative Selbstpräsentation bestimmen. Der Umgang eines Ich mit seiner Lebensgeschichte ist jedoch keineswegs beliebig. Punkt 1 und Punkt 2 von Lindes Definition unterscheiden sich hinsichtlich eines zentralen Kriteriums: der Verfügungsgewalt des Ich. Das Anderssein (Individualität), das Sosein (Identität) und das Dasein (Entität) des eigenen Ich verdanken sich nicht einem bewußt gesteuerten und gewollten Bildungsvorgang, sondern kristallisieren sich aus einer Ereigniskette heraus, die sich der Kontrolle des Ich grundsätzlich entzieht. In aller Kürze: Die narrative Gewordenheit des Ich steht nicht zur Disposition (Lübbe 1979, 280).

Anders verhält es sich mit der *Präsentation* der Lebensgeschichte. Die Auswahl und das Arrangement der zu erzählenden Information über das eigene Ich werden in einem Bewußtseinsakt getroffen. Das Resultat solcher Selbstpräsentation kann je nach Kommunikationssituation ganz verschieden aussehen: Die Krankheitsgeschichte zuhanden des Arztes enthält ganz andere Informationen als eine Kürzestbiographie für eine Partner-Annonce oder ein Lebenslauf, der bei einer Stellenbewerbung eingereicht wird. Die Selbstpräsentation ist gar nicht denkbar ohne den ordnenden Zugriff des Ich und folgt in den meisten Fällen der Pragmatik einer bestimmten Kommunikationssituation (Lübbe 1979, 281). Mit anderen Worten: Die Lebensgeschichte wird in einer höchst subjektiven und der jeweiligen Situation angepaßten Version präsentiert.

Während sich die Lebensgeschichte zumindest bis zur Adoleszenz theoretisch von ihrer Präsentation unterscheiden läßt, verlieren Erwachsenenbiographien hinsichtlich dieser Doppelheit an Trennschärfe. Hier ergeben sich in zunehmenden Maß Rückkoppelungseffekte: Die faktische Gegebenheit des eigenen Lebens und die narrative Präsentation können ineinander übergehen. Entscheidende Bedeutung kommt dem Umstand zu, wie das Ich seine Rolle im eigenen Lebenstext definiert. Nach der Pubertät sieht sich das Ich in eine Lebensgeschichte gestellt, ohne sich zunächst als deren Autor zu begreifen (Linde 1993, 24). Diese Ausgangssituation kann sich jedoch grundlegend ändern. Die beiden Pole einer Skala möglicher Verhaltensweisen lassen sich wie folgt beschreiben: Das Ich kann versuchen, die Autorschaft des eigenen Lebenstexts selbst zu übernehmen. Diese Haltung ist allerdings frustrationsanfällig. Die Verfügungsgewalt über das eigene Leben wird immer durch soziale Zwänge und Unwägbarkeiten eingeschränkt. Vom Ich nicht gewollte Ereignisse nisten sich als Kuckucks-

Ichentwürfe

eier in einer Biographie ein, die dadurch in Konflikt mit den den Wunschphantasien des Ich gerät.

Die zweite Möglichkeit besteht darin, daß sich das Ich mit der Rolle einer Handlungsfigur (vielleicht nicht einmal des Protagonisten) in einem Text bescheidet, der als fremder imaginiert wird. Traditionellerweise wird die eigene Biographie in diesem Fall der Autorschaft eines souverän waltenden Gottes zugeschrieben. Solche Zurückstufung des eigenen Ich zeugt jedoch nur vordergründig von Bescheidenheit: Immerhin ruht ja das Auge Gottes auf dem Schicksal des Ich. Moderneren Präsentationsverfahren fehlt diese Zuversicht. Der Lebenstext wird hier gewissermaßen als „écriture automatique" aufgefaßt. Ob sich die göttliche Autorschaft in postmoderner Beliebigkeit auflöst oder ob ein sich abwendender Gott seine Feder aus der Hand gegeben hat, bleibt für die Befindlichkeit des Ich letztlich belanglos. Die dominante Kontingenzerfahrung verweist in diesem Fall auf den Lebenstext, wie er eben vorliegt, als letzte Gewißheit.[3]

Ein literaturwissenschaftlicher Deutungsansatz hat sich immer auch für die imaginative Potenz zu interessieren, die in einer bestimmten Selbstinterpretation liegt. Grundsätzlich kann man feststellen, daß ein Ich, das im eigenen Lebenstext Regie führt, allein schon zur Aufrechterhaltung seiner Konzeption einen gesteigerten Phantasieaufwand betreiben muß. Anders als ein Ich, das für sein Schicksal nicht selbst verantwortlich zeichnet, sieht sich ein auktoriales Ich unablässig der Notwendigkeit ausgesetzt, Abweichungen zwischen dem eigenen Entwurf und dem tatsächlichen Leben zu erklären. Häufig entstehen dabei ausgedehnte Hilfskonstruktionen, die letzlich nichts anderes als die Verteidigung der eigenen Autorschaft zum Ziel haben.

Ein Weiteres kommt hinzu: Eine Lebensgeschichte, in die man hineingewachsen ist, läßt sich nicht ohne weiteres neu entwerfen. Das hat mit der Forderung nach Kohärenz einer Lebensgeschichte zu tun. Kohärenz ergibt sich aber nur aus der widerspruchsfreien Linearität ein und desselben Lebenstextes. Probeläufe sind nicht zugelassen. Ein einmal konstruiertes Ich läßt sich nicht ohne weiteres abbauen und durch ein neues ersetzen. Ein solches Herumbasteln am Ich verletzt zunächst die eigene Identität und letztlich die Entität: Das beliebige Austauschen einzelner Ichelemente baut das Vertrauen in die Konstanz der Ichqualität ab und zerstört sie nach einer gewissen Zeit vollständig. Die Rolle des souveränen Herrn über die eigenen Lebensumstände ist deshalb für die weitere Gestaltung der Lebensgeschichte ebenso verpflichtend wie die Rolle des Zaungastes, der seinen Daseinsvollzug nur passiv verfolgt.

---

3   Zur Autobiographie als Kontingenzbewußtsein vgl. Leitner (1990, 335).

Einleitung

Die Unschärfe zwischen Erleben und Berichten, zwischen dem als Ereigniskette vorgegebenen Leben und seiner narrativen Reproduktion führt zum Entstehen eines Lebenstextes, der zwar nicht objektive Zuverlässigkeit beanspruchen kann, für das Ich jedoch als höchste psychische Realität zu gelten hat. Das aus einem zunächst als kontingent erfahrenen Lebenstext gewonnene Rollenverständnis des Ich bestimmt nicht nur die Selbstpräsentation, sondern wird auch für die weitere Lebensgestaltung handlungsrelevant.

Die Lebensgeschichte eines Ich erweist sich mithin als Resultat einer komplexen Wechselwirkung zwischen kontingenten Ereignissen, einer konsistenzfordernden Vergangenheit sowie Rückkoppelungseffekten einer Rolle, die es aufrechtzuerhalten gilt. In allen Fällen ist der Lebenstext aber von seiner narrativen Struktur nicht ablösbar, und deshalb eignet er sich ausgezeichnet zur schriftlichen Fixierung: Die Lebensgeschichte wird zur Autobiographie.

Jedes Ich weist eine Lebensgeschichte auf und kann sich ihrer nicht entledigen, wenn es als dasselbe Ich fortexistieren will. Die Lebensgeschichte ist mithin obligatorisch, die Autobiographie hingegen nicht. Kein grundlegender Unterschied besteht jedoch hinsichtlich der Unerreichbarkeit von Vollständigkeit. Die Autobiographie kann zwar eine elaboriertere und künstlerischere Form als die Lebensgeschichte aufweisen, präsentiert aber letztlich auch nur nach pragmatischen Gesichtspunkten ausgewählte Fragmente des Selbst.

Alles Beschreiben ist mithin auch Nicht-Beschreiben: Die Auswahl des tatsächlich Mitgeteilten aus der Menge der verfügbaren Information über die eigene Person läßt unweigerlich eine Fülle von nicht verwertetem Material unberücksichtigt. Die Tatsache, daß der Autobiograph grundsätzlich lückenlos über sein eigenes Leben informiert ist, könnte zwar den Eindruck erwecken, daß Autobiographien zuverlässig Auskunft über das Leben ihres Verfassers geben können. Der „Objektivitätswert" von Autobiographien wird jedoch stark eingeschränkt durch die Tatsache, daß der Chronist eigentlich keinen externen Standpunkt hinsichtlich des darzustellenden Materials einnehmen kann. Die maximale Informiertheit des Autors geht Hand in Hand mit seiner maximalen Voreingenommenheit.[4]

---

[4] Dostoevskijs Untergrundmensch widmet der problematischen autobiographischen Wahrheit eine poetologische Digression: „Nun, da ich mich nicht nur erinnere, sondern mich sogar zur Niederschrift entschlossen habe, nun will ich ausprobieren: Kann man zu sich selbst völlig aufrichtig sein und der ganzen Wahrheit ins Auge blicken? Nur beiläufig bemerkt: Heine behauptet, daß aufrichtige Autobiographien fast unmöglich sind und daß jeder Mensch vermutlich über sich selbst Lügen

Ichentwürfe

Deshalb sollte man Autobiographien nicht als realistische Darstellungen der Wirklichkeit, sondern als subjektive Selbstpräsentationen zu lesen. Darin liegt jedoch kein Nachteil: Das bewußte Faktenarrangement einer Autobiographie stellt keine Gefahr für die literaturwissenschaftliche Rekonstruktion eines autobiographischen Entwurfs dar, sondern darf im Gegenteil als vielleicht sogar wichtigste Quelle eines authentischen Selbstbildes gedeutet werden.

Dieses Argument läßt sich erweitern: Im Grunde genommen liegt gerade im unzuverlässigen Umgang eines Autobiographen mit der eigenen Lebenswirklichkeit ein gesteigerter Informationswert. Der detailgetreue Bericht dessen, was war, läßt oft weniger Rückschlüsse auf das Wesen des Subjekts zu als etwa eine übertriebene Pose oder die Beschönigung einer Situation.

Interessant ist aus dieser Perspektive nicht die mehr oder weniger aufregende biographische „Wahrheit", die allenfalls Stoff für eine sozialgeschichtliche Aufbereitung vergangener Lebensumstände bieten kann, sondern die höchst persönliche Sinnstiftung durch die Niederschrift einer Autobiographie. Der Umgang mit der eigenen Biographie birgt mehr Information als der tatsächliche Lebensweg eines Individuums. Mit anderen Worten: Der kognitive Gehalt der Autobiographie liegt weniger in der Biographie als vielmehr im Selbst („autos").[5]

Die Autobiographie erweist sich aus dieser Sicht als „Technologie des Selbst" (M. Foucault). Sie dient dem Selbst als Forum, in dem der Widerstreit zwischen Realitätsprinzip und Lustprinzip ausgetragen werden kann. In vielen Fällen ist es eine ernsthafte Krise des Ich, die das Selbst zu einer narrativen Rekonstruktion des schwankenden Ich veranlaßt, und zwar zu einer (scheinbar) unwiderruflichen Rekonstruktion: schwarz auf weiß. Das Selbst bedient sich dabei eines logischen Tricks, der seit Kant die Bezeichnung „Subreption" (1790, 96) trägt. Eine Eigenschaft, die eigentlich einem fremden Gegenstand zukommt, wird durch eine gedankliche Unschärfe gewissermaßen erschlichen. Im vorliegenden Fall gibt sich das Selbst der Illusion hin, daß die schriftliche Fixierung gleichzeitig die Stabilität des Beschriebenen verbürgen könnte.

---

verbreitet. Seiner Meinung nach hat zum Beispiel Rousseau über sich selbst in seiner Beichte gelogen, und er log sogar absichtlich, aus Eitelkeit. Ich bin überzeugt, daß Heine recht hat." (1972, V, 122)

[5] Allerdings statuieren noch neueste Arbeiten in einem naiv-mimetischen Literaturverständnis die „Wahrhaftigkeit" des Lebensberichts als konstitutives Merkmal der Autobiographie (Medarić 1996, 35).

Einleitung

Die Autobiographie als Rekonstruktion des Ich im Auftrag des Selbst: So könnte eine psychoanalytische Erklärung für die Verschriftlichung der Lebensgeschichte lauten. Ein erstes Erkenntnisinteresse dieser Arbeit liegt deshalb darin, den psychologischen Zusammenhang zwischen Identität, Individualität und Entität an russischen Autobiographien der frühen Neuzeit nachzuweisen. Aufzuzeigen sind jene Strategien, die ein Selbst zur Definierung der eigenen Ichqualität einsetzt.

Gleichzeitig kommt auch die zeitgeschichtliche Bedingtheit und die diachrone Entwicklung dieser Texte zur Sprache. Damit soll ein Beitrag zur Mentalitätsgeschichte geleistet werden, die gerade in jüngster Zeit einen Forschungsschwerpunkt der Geschichtswissenschaft bildet. Die untersuchten Autobiographien erweisen sich aus einem solchen Blickwinkel als „Ego-Dokumente", die historische Tatbestände (soziale Verhältnisse, Wertvorstellungen, Wissensinhalte) im Spiegel der menschlichen Selbstwahrnehmung konservieren (Schulze 1996, 28). Beim Schluss vom Individuellen aufs Allgemeine muß man nicht so weit gehen wie Lloyd deMause, der in seinen psychohistorischen Arbeiten den Begriff „Gesellschaft" durch das Konzept der „Gruppenphantasie" ersetzt (1989, 91). Es lassen sich jedoch im systematischen Vergleich von Autobiographien jene psychologischen Schlüsselkategorien isolieren, von denen die individuelle Selbstwahrnehmung abhängt. Den historischen Wandel dieser Selbstwahrnehmung kann man schliesslich im größeren Rahmen einer nationalen (im vorliegenden Fall: russischen) Mentalitätsgeschichte beschreiben. Dabei erweisen sich paradoxerweise gerade individuelle Selbstbeschreibungen als gültige Indikatoren überindividueller Perzeptions- und Deutungsmuster.

Eine solcher Ansatz kann allerdings noch keine literaturwissenschaftliche Relevanz beanspruchen. Die Autobiographie stellt nämlich nicht nur ein psychologisches und mentalitätsgeschichtliches, sondern auch ein künstlerisches Phänomen dar. Diese Einsicht ist erst vergleichsweise spät in das Bewußtsein der Literaturwissenschaftler gedrungen. So sehen etwa Wellek und Warren in der Autobiographie wenig mehr als eine Fundgrube von biographischen Fakten und unterscheiden sie deutlich vom literarischen Kunstwerk (1956, 77 f., Scheuer 1982, 9). Ein Blick auf die Forschungslage zeigt, daß das literaturtheoretische Interesse an der Autobiographie um die Jahrhundertwende einsetzt und eigentlich erst seit den sechziger Jahren wirklich produktiv ist. Im folgenden werden die wichtigsten Arbeiten zur Theorie der Autobiographie vorgestellt. Bei diesem tour d'horizon sollen die grundsätzlichen Probleme zur Sprache kommen, die sich bei der Interpretation und Klassifizierung autobiographischer Texte stellen.

b) Forschungsbericht

Als „Vater" der Autobiographie-Forschung darf Wilhelm Dilthey gelten (Marcus 1994, 273). Dilthey hat den Begriff des Lebens ins Zentrum seiner Philosophie gestellt. Leben ist als Einheit von Erlebnis, Ausdruck und Verstehen gegeben (1958, 131), hinter diese Einheit kann nicht zurückgegangen werden (359). Im Rahmen dieser Grundkonzeption kommt der „Selbstbiographie" als Ausdruck des Verstehens des eigenen Lebensverlaufs maßgebliche Bedeutung zu.[6] Dilthey hat sich explizit allerdings nur in einer postum veröffentlichten Ergänzung zum *Aufbau der geschichtlichen Welt in den Geisteswissenschaften* zum Problem der Autobiographie geäußert. Sein hegelianisches Konzept der Selbst-Bewußtwerdung des Subjekts in der Welt gipfelt in der außerordentlichen Leistung der Autobiographie:

> Das Auffassen und Deuten des eigenen Lebens durchläuft eine lange Reihe von Stufen; die vollkommenste Explikation ist die Selbstbiographie. Hier faßt das Selbst seinen Lebensverlauf so auf, daß es sich die menschlichen Substrate, geschichtlichen Beziehungen, in die es verwebt ist, zum Bewußtsein bringt. So kann sich schließlich die Selbstbiographie zu einem historischen Gemälde erweitern; und nur das gibt demselben seine Schranke, aber auch seine Bedeutung, daß es vom Erleben getragen ist und von dieser Tiefe aus das eigene Selbst und dessen Beziehungen zur Welt sich verständlich macht. Die Besinnung eines Menschen über sich selbst bleibt Richtpunkt und Grundlage. (204)

Diltheys Grundgedanke (die Repräsentation des geschichtlichen Universums im individuellen Leben, vgl. 199) hat seine konkrete Ausarbeitung im Lebenswerk seines Schülers Georg Misch gefunden: einer monumentalen *Geschichte der Autobiographie* in 20 Teilen. So verdienstvoll Mischs Arbeit hinsichtlich des verarbeiteten Materials ist, so beschränkt ist

---

[6] Zur Regierolle des „Erlebnisses" bei der Strukturierung einer Autobiographie vgl. folgende Passage: „Die Einheiten sind in den Konzeptionen von Erlebnissen gebildet, in denen Gegenwärtiges und Vergangenes durch eine gemeinsame Bedeutung zusammengehalten ist. Unter diesen Erlebnissen sind diejenigen, die für sich und den Zusammenhang des Lebens eine besondere Dignität haben, in der Erinnerung bewahrt und aus dem endlosen Fluß des Geschehenen und Vergessenen herausgehoben; und ein Zusammenhang ist im Leben selber gebildet worden, von verschiedenen Standorten desselben aus, in beständigen Verschiebungen. Da ist also das Geschäft historischer Darstellung schon durch das Leben selber halb getan." (200)

Einleitung

ihr theoretischer Ansatz. Misch stellt – wie Dilthey – die These von der Autobiographie als Bewußtmachung der „Relation von Ich und Weltwirklichkeit" (1907, 4) an den Anfang seiner Überlegungen. Das Sich-Selbstbewußtwerden in der Welt stellt das höchste Ziel des Menschen dar, das in vorbildlicher Weise von Goethe in *Dichtung und Wahrheit* erreicht worden ist – Misch schließt sich hier dem im Deutschland des ausgehenden 19. Jahrhunderts obligaten Goethekult an. Die Schwäche von Mischs Konzeption liegt hauptsächlich in dieser evolutionistischen Auffassung, die alle zu untersuchenden Texte nur als Vor- oder Nachspiel zu Goethe begreifen kann. Misch geht sogar soweit, der Autobiographie als Bildungstechnik lebenspraktischen Nutzen zuzusprechen:

> Der eigenste Kern der europäischen Selbstbesinnung aber ist die Gestaltung des Lebens aus dem Bewußtsein der Persönlichkeit. Dieses Bewußtsein gehört nicht zum gemeinsamen Besitz der Völker, im hellen Licht steigernder Kulturarbeit ist es allmählich erworben worden, es kennt die mannigfaltigsten Weisen und Stufen, und auch die anderen Richtungen, die Lebensweisheit und die Erhebung zum Ewigen, gewinnen erst durch die Verbindung mit dem Persönlichkeitsbewußtsein ihre diesseitige Vollendung – in solcher Selbstbesinnung wirkt die Autobiographie mit an der Befreiung und Vertiefung des Lebens. (7 f.)

Roy Pascals *Design and Truth in Autobiography* (1960) kommt zwar ohne Mischs hymnischen Ton aus, bewegt sich aber in denselben Argumentationsbahnen. Pascal bleibt zu sehr einem empirischen Wahrheitsbegriff verhaftet, als daß er die Autobiographie als literarisches Kunstwerk würdigen könnte. Die Autobiographie dient nur als Vehikel der Selbstbewußtwerdung des Verfassers – Pascal verfolgt hier nicht eigentlich ein literarisches, sondern ein lebensphilosophisches Interesse.

Das wohl letzte Werk, das in der Tradition Mischs steht, ist Bernd Neumanns *Identität und Rollenzwang* (1970). Neumann definiert das autobiographische Geschäft als psychische und soziale Identitätsfindung eines Individuums, als Zusammenkommen von Es, Ich und Über-Ich (25). Der „Bildungsroman" des eigenen Ich findet seinen Abschluß mit dem Erreichen einer Identität, bzw. dem Akzeptieren einer sozialen Rolle. Die Weiterführung der Autobiographie, das Erzählen der Erlebnisse eines reifen Menschen, ist allerdings nach Neumanns Definition bereits Aufgabe der Memoirenliteratur. Die Merkmale von Autobiographie und Memoiren lassen sich auf verschiedenen Ebenen gegenüberstellen:

Ichentwürfe

Autobiographie	*Memoiren*
Erinnern	Belegen (60)
Erzählen	Zitieren (83)
Phantasie	Faktengläubigkeit (84)
Inneres Leben	Äußeres Leben (10)
Ich	Andere (13)
Lustprinzip	Realitätsprinzip (61)
lyrisch	episch (91)

Neumanns restriktive Definition führt konsequenterweise dazu, daß er die Autobiographie im 20. Jahrhundert für tot erklärt: Das Individuum als auszubildende Charaktereinheit habe in der Moderne sein Existenzrecht eingebüßt, das Ich sei höchstens noch als Summe aller Sinneseindrücke beschreibbar. Das Problem von Neumanns Definition liegt darin, daß ihr eine Bildungsnorm zugrunde liegt, die nur für eine bestimmte Epoche dominierende Geltung beanspruchen kann. Das Erreichen einer im psychoanalytischen Sinne gesunden Identität ist aber nur eine (und vermutlich nicht einmal die interessanteste) der biographischen Spielarten, die zum Gegenstand literarischer Gestaltung werden können. Auch für Neumann erweist sich also die Ausrichtung seiner Analyse auf ein Lebensideal als hermeneutische Falle.

Einen ebenso ungewöhnlichen wie originellen Deutungsansatz für die Autobiographie hat Michail Bachtin in seinen frühen Schriften vorgestellt. In der Untersuchung „Autor und Held in der ästhetischen Tätigkeit [Avtor i geroj v ėstetičeskoj dejatel'nosti]" (1924 [?]) entwirft Bachtin das Konzept der „Außerhalbbefindlichkeit [vnenachodimost']". Jeder „Autor" muß seine „Helden" von einer Position der Nicht-Identität betrachten, um eine literarische Figur überhaupt darstellen zu können (1990, 74). Dieser These kommt für die autobiographische Problematik höchste Bedeutung zu: Ein Ich, das über sich selbst berichten will, muss zunächst eine Außenposition zum eigenen Leben einnehmen: „Ich muß ein anderer werden in bezug auf mich selbst." (178) Deshalb existiert für Bachtin keine prinzipielle Grenze zwischen Biographie und Autobiographie (209) – jede Lebensbeschreibung erfordert bereits per se das Vorhandensein zweier Bewußtseinssphären, die sich erst im textuellen Ganzen zu einem kohärenten Wertsystem zusammenfügen.

In seinem Aufsatz „Formen der Zeit und des Chronotopos im Roman" ([1938] 1986) hat Bachtin diesen Gedanken literarhistorisch weiterentwickelt. Von besonderem Interesse ist das Kapitel über die antike Biographie und Autobiographie. Der Begriff des „Chronotopos" (die künstleri-

Einleitung

sche Repräsentation des vierdimensionalen Raum-Zeit-Kontinuums, 262 f.) dient Bachtin als zentrale Kategorie, die eine Systematisierung verschiedener Romantypen erlaubt. Bachtin unterscheidet in der antiken Literatur drei Grundtypen von Romanchronotopoi: den Abenteuerroman, den abenteuerlichen Alltagsroman sowie den biographischen Roman. Die Abenteuerzeit hat auf den Alterungsprozeß des Helden keinen Einfluß und dient gewissermaßen nur als Reservoir einer endlosen Reihe verschiedener Episoden (270), während die abenteuerliche Alltagszeit Wendepunkte im menschlichen Leben abbildet (Bachtin diskutiert in diesem Zusammenhang eingehend das Motiv der Metamorphose, 296, 299). Die biographische Zeit bringt erstmals die Idee einer *kontinuierlichen* Entwicklung ins Spiel. Der „Held" des „biographischen Romans" ist nicht mehr Spielball überirdischer Mächte (Abenteuerroman) oder ein die Welt durchwandernder Tourist, der für jedes Lebensstadium über eine in sich geschlossene Identität verfügt (abenteuerlicher Alltagsroman), sondern ein selbstbewußtes Individuum, das im Rückblick sein eigenes Leben als teleologischen Prozeß interpretiert. Den rhetorischen Ursprung der Biographie sieht Bachtin in der Gattung des Enkomions, der antiken Grabrede (317). Drei Merkmale der antiken Biographie hebt Bachtin besonders hervor: die unproblematische Identität des Menschen, den öffentlichen Charakter seiner Existenz sowie den pädagogisch-normativen Impetus seiner Lebensbeschreibung (322 f.). Bachtins Ansatz verdient Erwähnung, weil er die spezifisch künstlerische Qualität der Biographie in den Blick rückt: Nicht anders als fiktive Werke ist auch die dargestellte Welt einer Lebensbeschreibung nur durch den implizierten Chronotopos zugänglich. Bachtins Begriff des Chronotopos ist mithin das kritische Werkzeug der Hermeneutik: Er klärt den Leser über die Bedingung der Möglichkeit ästhetischer Repräsentation realer Begebenheiten auf.[7]

In derselben kulturhistorisch ausgerichteten Forschungstradition wie Bachtin steht Igor' Kon, dessen differenzierte Studie[8] *Die Entdeckung des*

---

7 Bachtin nennt den Namen Kants in der Einleitung zu seinem Aufsatz, bemerkt aber einschränkend, daß Raum und Zeit hier nicht transzendentale Formen der Erkenntnis seien, sondern Formen der realen Wirklichkeit selbst (263). In den 1973 entstandenen „Schlußbemerkungen" hat Bachtin diese Position wieder aufgegeben und erklärt, daß die „Sphäre der Sinnbildungen nur durch die Pforte der Chronotopoi betreten" werden könne (464).

8 Kon verfolgt einen bemerkenswert ideologiefreien Ansatz und berücksichtigt die wesentliche westliche Forschungsliteratur. Deshalb muß das Kapitel „Die Antinomien und der marxistische Humanismus" (198-227), in dem ein „sozialistischer Persönlichkeitstypus" entworfen wird, als Ausnahme und Reverenz an den Zeitgeist verstanden werden.

Ichentwürfe

Ichs (1983) im Westen leider kaum rezipiert worden ist. Kon gliedert sein Buch in drei Teile: Zunächst umreißt er den philosophischen und psychologischen Fragenkomplex, der sich mit dem menschlichen Ich beschäftigt. Anschließend skizziert Kon eine Kulturgeschichte des Ich: In der Antike verfügt der Mensch noch kaum über ein inneres Seelenleben, persönliche Schuld ergibt sich nicht aus individueller Verantwortung, sondern aus schicksalshaftem Geschehen. Das frühe Christentum inauguriert ein neues, religiös ausgerichtetes Lebensmuster, das für das Individuum jedoch wenig Profilierungsmöglichkeiten bereithält. Im Mittelalter läßt sich bei der Ich-Definition eine Dominanz der sozialen Rolle feststellen. Die Auflösung feudalistischer Abhängigkeiten und die Herausbildung einer bürgerlichen Gesellschaft führen im 17. und 18. Jahrhundert zur „Entdeckung des Ich" und zur „Intimisierung der Welt". Die Individualisierung des Ich geht Hand in Hand mit einem erwachenden Interesse für Werdeprozesse (Kindheit, Bildung) einerseits und soziale Leerstellen (Einsamkeit, Melancholie) andererseits. Im 20. Jahrhundert zerfällt schließlich das aufklärerische Ich in ein kompliziertes, vielseitiges und mehrdimensionales Subjekt, das sich keiner Norm mehr unterwerfen läßt. Der dritte Teil von Kons Studie beschäftigt sich mit der individuellen Ich-Entwicklung von der Kindheit bis ins Alter.

Georges Gusdorf (1956) versucht in seinem oft zitierten Aufsatz „Conditions et limites de l'autobiographie" den poetologischen Status der Autobiographie zu bestimmen. Als Entstehungsbedingung der Autobiographie nennt Gusdorf ein historisches Bewußtsein des Menschen. Der Mensch, der sich als geschichtliches Wesen erfährt, emanzipiert sich von den großen kosmischen Zyklen und findet sich in ein „autonomes Abenteuer" verwickelt. Das Geschäft der Autobiographie, die Konservierung des eigenen Schicksals macht Sinn nur in einer Welt, in der sich Besonderes vom Allgemeinen abhebt und in der Unvorhergesehenes und Individuelles geschehen kann. Gusdorf weist aber darauf hin, daß die subjektive Autobiographie nie historisch wahr sein könne, sondern vielmehr das eigene Schicksal mit mythischem Sinn ausstatte. Die Wahrheit der Tatsachen ist den Wahrheitsansprüchen des Individuums untergeordnet.

Gusdorf hat seine Überlegungen später zu einem monumentalen Werk ausgearbeitet. Unter dem gemeinsamen Titel „Lignes de vie" sind im Jahr 1991 die beiden Bände *Les écritures du moi* und *Auto-bio-graphie* erschienen. Gusdorf beginnt buchstäblich bei Adam und Eva: Das Erkennen des „Anderen" veranlaßt Adam zur Führung eines „intimen Journals" (I, 107). Die geheime Beschäftigung mit sich selbst setzt jene kategoriale Trennung zwischen „Ich" und „Anderem" voraus, die erst nach dem Sündenfall aufbricht. Unter den Bedingungen der paradiesischen Geborgenheit erübrigt sich alle Sinn- und Erkenntnissuche. Gerade die nur partielle Erkenntnis,

Einleitung

die dem Menschen durch den Sündenfall zuteil wird, erzeugt das Bewußtsein eines Erkenntnisdefizits: Das Ich wird sich selbst problematisch. Der Mensch als Individuum ist existenziell auf die Selbstvergewisserung des eigenen Ich angewiesen, als Medium einer religiösen Sinnstiftung fungiert die Schrift. Gusdorf verfolgt die weitere Entwicklung der abendländischen Autobiographie vor dem Hintergrund dieses Dreiecks (Ich – Schrift – Religion).

Die zentrale Bedeutung der Schrift bei der Ichkonstitution („J'écris, donc je suis", II, 490) bildet auch den Ausgangspunkt des zweiten Bandes von Gusdorfs „Lignes de vie", der sich im engeren Sinn mit der Autobiographie beschäftigt. Gusdorf begreift „Graphie" als identitätsstiftendes Moment eines Schreibers („autos") in der Perspektive des persönlichen Schicksals („bios") (II, 12). Diese drei Elemente bestimmen den Aufbau des Buches. In einem ersten Teil verfolgt Gusdorf die Entwicklung der Schriftlichkeit, die einen doppelten Übergang impliziert: vom Mythos zum Logos und vom Sein zum Bewußtsein (II, 60, 73). Der zweite Teil stellt verschiedene Konzeptualisierungen des Ich vor, die zu literarischen Modellen geworden sind. Grundsätzlich läßt sich festhalten, daß die subjektive Identität nicht als Erfahrung, sondern als Postulat für das menschliche Denken produktiv geworden ist (II, 316). Der dritte Teil behandelt die zeitliche Ausdehnung des Ich. Die Historisierung der eigenen Person führt in eine Lebensgeschichte, deren Sinn vom Ich dekretiert wird (II, 470).

Für Gusdorf wird die Autobiographie mithin zum zentralen Medium menschlicher Freiheitsentfaltung: „Homo animal symbolicon, der Mensch ist ein symbolisches Tier; der Sinn der Wirklichkeit erschöpft sich nicht in der objektiven Wahrheit der Tatsachen, sondern wird auch von der Wahrheit der Bedeutungen bestimmt, die überarbeitet werden kann und damit eine Übung der individuellen Freiheit hinsichtlich der Umstände und Situationen darstellt, in die sich das Individuum geworfen findet." (I, 383)

Jean Starobinski (1971) begreift in seinem Aufsatz „The Style of Autobiography" die Autobiographie als Genre „ohne rigorose Regeln". Immerhin läßt sich der persönliche Stil eines Autors als zentrales Formelement beschreiben, das dem Material – der zu reproduzierenden Biographie – sein unverwechselbares Gepräge gibt. Die poetische Bedingung der Autobiographie liegt dabei in einer doppelten Abweichung: Das schreibende Ich gehört einer anderen Zeit an als das beschriebene und verfügt deshalb auch über eine andere Identität. Stil (vor allem auch Stilvarietät, wie im Fall Rousseaus) integriert diese doppelte Abweichung in das künstlerische Ganze der Autobiographie. Die Schreibrealität schiebt sich vor die biographische Realität.

Starobinskis und Gusdorfs Aufsätze sind in James Olneys einflußreicher Aufsatzsammlung *Autobiography: Essays Theoretical and Critical*

(1980) wieder abgedruckt. In seinem eigenen Beitrag „Some Versions of Memory/Some Versions of Bios: The Ontology of Autobiography" versucht der Herausgeber, die Seinsweise der Autobiographie zu bestimmen. Dabei stützt sich Olney auf zwei Begriffe, die für die Autobiographie konstitutiv sind: Leben (bios) und Erinnerung (memory). Bios meint das Lebensmaterial, das vom Autobiographen als teleologischer Prozeß vorgestellt wird. Beim Arrangement dieses Materials führt die Erinnerung Regie. Olney rekurriert immer wieder auf ein platonisches Modell zur Erklärung der Seinsweise einer Autobiographie: Die Realität ist dem Leser unzugänglich, der Text der Autobiographie erweist sich als Schatten des Lebens. Aus diesem Grund läßt sich keine Genredefinition der Autobiographie geben: Ein Autor, der sein Leben in einen Text verwandelt, setzt einen Transformationsvorgang ins Werk, der selbst über keine Phänomenologie verfügt.

Ein weiterer bemerkenswerter Beitrag in dieser Aufsatzsammlung stammt aus der Feder Louis A. Renzas. In seinem Aufsatz „The Veto of the Imagination: A Theory of Autobiography" konzentriert sich Renza auf den Fiktionalitätsstatus von Autobiographien. Renza konstatiert eine doppelte Spaltung der Erzählsituation: eine temporale und eine personale. Der Autobiograph versucht, die Gegenwart des Schreibens und Erinnerns mit der gelebten Vergangenheit zu vermitteln, und schafft dabei ein zweites Ich, das sich einem fiktionalen Er annähert (279). Renza gelangt zum Schluß, daß die Autobiographie „weder fiktiv noch nicht-fiktiv ist, auch nicht eine Mischung von beidem" (295). Jede Autobiographie entwirft einen höchstpersönlichen Text, der als Diktat der gelebten Biographie idealerweise in eine private Sprache münden müßte.

Lidija Ginzburg (1970) definiert in ihrem strukturalistischen Aufsatz „Über die dokumentarische Literatur und die Prinzipien des Charakteraufbaus [O dokumental'noj literature i principach postroenija charaktera]" die Autobiographie als Subgenre der dokumentarischen Literatur. Ginzburg verfolgt im weiteren eine rezeptionstheoretische Argumentationslinie. Im Gegensatz zu fiktionaler Literatur, deren ästhetische Struktur für den Leser im Vordergrund stehe, zeichne sich die dokumentarische Literatur durch eine „Einstellung auf die Authentizität [установка на подлинность]" (63) aus. Ginzburg betont dabei die Tatsache, daß auch dokumentarische Literatur durch ihre ästhetische Strukturiertheit [эстетическая организованность] (64) als Kunstwerk rezipiert werden könne. Die Herstellung von Sinn gehe aber in der dokumentarischen Literatur anders vor sich als in der fiktionalen Literatur:

> Der Künstler schafft Zeichen, die einen Gedanken verkörpern, und dieser läßt sich nicht von den Zeichen trennen, ohne sie zu zerstö-

Einleitung

ren. Der Memoirenschreiber geht anders vor, gewissermaßen umgekehrt. Er kann keine Ereignisse und Gegenstände schaffen, die für seine Zwecke geeignet sind. Die Ereignisse sind ihm gegeben, und er muß in ihnen die latente Energie historischer, philosophischer, psychologischer Verallgemeinerungen aufdecken, indem er sie dadurch in Zeichen dieser Verallgemeinerungen verwandelt. Er legt den Weg von einer Tatsache zu ihrer Bedeutung frei. (64)

Trotz der verschiedenen Konstruktionsprinzipien gibt es auch Gemeinsamkeiten zwischen dokumentarischer und fiktionaler Literatur. In beiden Fällen steht der Aufbau eines Personenbilds [построение образа личности] (65) im Vordergrund. Ginzburg entwirft eine aufsteigende Linie ästhetischer Strukturiertheit vom Privatbrief über Tagebücher und Memoiren bis hin zu Erzählungen und Romanen.

Diese literaturdarwinistische Vorstellung ist einer der Schwachpunkte von Ginzburgs Aufsatz. Selbst wenn sich die „ästhetische Strukturiertheit" verschiedener Genres ohne weiteres quantifizieren ließe, stellt sich immer noch die Frage, ob sie innerhalb eines Genres konstant bleibt. Von enormer Wichtigkeit ist aber das rezeptionstheoretische Prinzip der „Authentizität [podlinnost']", das unabhängig von der tatsächlichen Realitätsentsprechung eines dokumentarischen Textes als Lesererwartung immer vorhanden ist.

Einen ähnlichen Ansatz wie Ginzburg verfolgt Philipp Lejeune in seinem Buch *Le pacte autobiographique* (1975). Auch Lejeune argumentiert aus der Position des Lesers („es ist die einzige, die ich gut kenne", 14), seine Definitionsabsicht betrifft allerdings nicht in erster Linie die Abgrenzung zwischen dokumentarischer und fiktionaler Literatur, sondern zwischen Biographie und Autobiographie. Als konstitutives Merkmal der Autobiographie gilt Lejeune die Titelmetapher des autobiographischen Pakts, den der Autor mit dem Leser schließt. Dieser Pakt umfaßt zwei Punkte: Erstens beglaubigt der Autor mit seiner Unterschrift die Identität von Protagonist, Erzähler und Autor (26), zweitens wird der Text in einen Bezug zur außerliterarischen Wirklichkeit gestellt[9] (Lejeunes „referen-

---

9 „Im Gegensatz zu allen Formen der Fiktion sind Biographie und Autobiographie referentielle Texte: Genau wie der wissenschaftliche oder historische Diskurs wollen sie eine Aussage über eine ‚Realität' außerhalb des Textes machen und sich damit der Prüfung einer Verifizierung unterwerfen. Ihr Ziel ist nicht die einfache Wahrscheinlichkeit, sondern die Ähnlichkeit mit dem Wahren [Leur but n'est pas la simple vraisemblance, mais la ressemblance au vrai]." (36)

tieller Pakt" entspricht Ginzburgs „ustanovka na podlinnost'"). Beide Aspekte des autobiographischen Paktes entsprechen einer juristischen Formel: „Ich, der Unterzeichnete" und „Ich schwöre, die Wahrheit und nichts als die Wahrheit zu sagen" (36). Lejeune macht die wichtige Einschränkung, daß Wahrheit im wissenschaftlichen Sinne nicht das Ziel der Autobiographie sei: „Der referentielle Pakt kann nach den Kriterien des Lesers schlecht eingehalten werden, ohne daß der referentielle Wert des Textes abnimmt (im Gegenteil) – dies ist in historischen und journalistischen Texten nicht der Fall." (37)

Die doppelte Definition der Autobiographie führt Lejeune zur theoretischen Abgrenzung der Autobiographie von der Biographie. Die Autobiographie ist keineswegs – obwohl die Bezeichnung dies nahelegt – ein Subgenre der Biographie. Ein fundamentaler Unterschied liegt in der gegensätzlichen Hierarchisierung der Begriffe Identität und Ähnlichkeit. Während in der Autobiographie die Identität von Autor, Erzähler und Protagonist die Ähnlichkeit des Beschriebenen mit der Wirklichkeit begründet, leitet sich in der Biographie die postulierte Identität des Protagonisten mit der zu beschreibenden wirklichen Person aus der mit narrativen Mitteln hergestellten Ähnlichkeit ab (38).

Lejeunes Ansatz klärt zwar den aussagelogischen Status der Autobiographie, beschränkt sich aber auf eine rein formale Bestimmung dieses Genres. Der Gedanke einer auf quasi-juristischem Weg gestifteten Identität zwischen Autor, Erzähler und Protagonist ist zwar verlockend, kann aber im Grunde genommen nur den Ausgangspunkt der Rezeption einer Autobiographie beschreiben. Die Lektüre eines autobiographischen Texts beginnt in der Tat mit der Annahme dieser dreifachen Identität. Allerdings – und hier verliert die juristische Metapher ihre Aussagekraft – spielen viele, zumal moderne Autobiographien mit der fortlaufenden Zersetzung des autobiographischen Pakts. Grundsätzlich könnte man auch eine Lejeune diametral entgegengesetzte Position einnehmen und argumentieren, daß viele Autobiographien ihr dramatisches Substrat gerade aus der Nicht-Identität von Autor, Erzähler und Protagonist beziehen. Identität könnte dann bestenfalls als glücklicher Zusammenschluß der verschiedenen Ich im Text erreicht werden – aber auch dann wäre Identität Resultat und nicht Voraussetzung der Autobiographie. Paul de Mans Kritik (1975, 71) an Lejeunes „sturem [stubborn]" Insistieren auf der vertraglichen Identität des autobiographischen Subjekts ist bezeichnend für das dekonstruktivistische Mißtrauen an der Etablierung einer (im doppelten Sinn des Wortes) autoritären Instanz der Textproduktion.

Elizabeth Bruss' Ansatz kombiniert den literarischen Evolutionsbegriff der russischen Formalisten mit der Sprechakttheorie. Bereits der Untertitel ihres Buchs *Autobiographical Acts* (1976) „The Changing Situation of a

Einleitung

Literary Genre" macht deutlich, daß sie die Autobiographie in Abhängigkeit einer historischen Gattungspoetik zu definieren versucht. Leider gelangt sie nicht weiter als bis zur Feststellung, die Autobiographie stelle einen illokutiven Sprechakt dar – ihre drei Regeln, die für die Autobiographie konsitutiv wirken sollen, bewegen sich in den alten Argumentationsbahnen (1. Identität von Autor, Erzähler und Protagonist, 2. Wirklichkeitsreferentialität, 3. Subjektive Wahrheit des Berichteten, 11).

Konsequenter als Bruss betrachtet Jürgen Lehmann in seiner Habilitationsschrift *Bekennen-Erzählen-Berichten* (1988) die Autobiographie unter einem pragmatischen Gesichtspunkt. Seine Definition der Autobiographie lautet:

> Autobiographie ist eine Textart, durch die ihr Autor in der Vergangenheit erfahrene innere und äußere Erlebnisse sowie selbst vollzogene Handlungen in einer das Ganze zusammenfassenden Schreibsituation in narrativer Form so artikuliert, daß er sich handelnd in ein bestimmtes Verhältnis zur Umwelt setzt. (36)

Lehmanns Bestimmung berücksichtigt in erster Linie sprechhandlungstheoretische Kriterien (Adressat, Zeitbezug, Schreibsituation usw.). Damit gelingt ihm nicht nur eine Abgrenzung der Autobiographie von benachbarten Textsorten (Tagebuch, Brief oder Reisebeschreibung), sondern auch eine funktionale Betrachtung der Autobiographie hinsichtlich ihres Aussagemodus. Lehmann unterscheidet drei Grundtypen: die bekennende, die erzählende und die berichtende Autobiographie (57-62). Bekennen bedingt eine starke Profilierung der Sprechergestalt, die Aussage rückt den Bekennenden in ein bestimmtes Handlungsverhältnis zu seinem Publikum (Lehmann führt als Beispiel für diesen Typus N.V. Gogol's „Die Beichte eines Autors [Avtorskaja ispoved']" an). Erzählen gibt ein Leben in einer Darstellung wieder, deren einziges pragmatisches Kriterium die künstlerische Gestaltung des Autors ist (M. Gor'kij: *Kindheit* [*Detstvo*]). Berichten beschränkt sich schließlich auf eine neutrale Aufzählung bestimmter Lebenselemente, die auf ein entsprechendes Leserinteresse zugeschnitten sind (S. Esenin: „Autobiographie [Avtobiografija]"). Lehmanns Typologie stellt damit ein wirkungsvolles Instrument nicht nur zur systematischen Klassifizierung, sondern auch zur historischen Beschreibung der Autobiographie dar.

William Spengemann (1980) schlägt eine methodische Aufteilung der autobiographischen Schreibweisen in historische (Dante, Bunyan, Franklin), philosophische (Rousseau, Wordsworth, De Quincey) und poetische (Carlyle, Dickens, Hawthorne) vor. Als formales Paradigma gilt ihm Au-

Ichentwürfe

gustins Universalbeichte, die bereits eine Synthese der späteren Ausformungen präsentiert:

> Augustin formuliert das Grundproblem aller folgenden Autobiographien: Wie kann das Selbst sich selbst erkennen? Indem es erinnernd seine vergangenen Handlungen von einem fixen Punkt außerhalb betrachtet? Indem es seine eigenen Erinnerungen und Gedanken durchforscht und ein Urteil über sie abgibt? Oder indem es eine Folge symbolischer Handlungen ausführt, durch die das unaussprechliche Selbst sich verwirklichen kann? Für diese drei Methoden der Selbsterkenntnis konstruiert Augustin drei autobiographische Formen (historische Selbsterfassung, philosophische Selbsterforschung und poetische Selbstinszenierung [historical self-recollection, philosophical self-exploration, and poetic self-expression]), von denen jeder spätere Autobiograph die passendste für seine eigene Zwecke aussuchen wird. (32)

In seinem ebenso unorthodoxen wie einflußreichen Aufsatz „Autobiography as De-Facement" stellt Paul de Man ([1979], 1984) – ebenso wie James Olney dies bereits getan hatte – die Genrehaftigkeit von autobiographischer Literatur in Frage. Die Gründe solcher Übereinstimmung sind allerdings diametral entgegengesetzt: Während Olney einen außerliterarischen Ursprung der Autobiographie, ein real existierendes Ich, anerkennt, löst sich das autobiographische Subjekt bei de Man in einem immer wechselnden Spiegelverhältnis von erlebendem Ich und erzählendem Ich auf. Der herkömmlichen Annahme, daß die Autobiographie im Leben wurzelt, hält de Man die Möglichkeit entgegen, daß „alles, was der Schriftsteller *tut*, im Grunde genommen von den technischen Erfordernissen der Selbstbeschreibung geregelt wird und deshalb rundweg von den Ressourcen seines Mediums determiniert ist" (69). Die Frage, ob der Autobiographie wirklichkeitsabbildender oder fiktionaler Status zukommt, ist damit unentscheidbar. De Man bestimmt die Autobiographie als Lesehaltung, die auf alle Texte anwendbar ist, deren Autor als Subjekt seines eigenen Verstehens auftritt – und das ist grundsätzlich bei jedem „Buch mit einer lesbaren Titelseite" (70) der Fall. Die Aussage, daß die Autobiographie eine Entstellung des Bewußtseins [defacement of the mind, 81] verschleiere, die sie selbst hervorgebracht hat, macht deutlich, wie konsequent de Man in seiner Argumentation auf die Zeichenhaftigkeit jedes Textes abstellt. Das einzige, was die Autobiographie von anderen Texten unterscheidet, ist ihre Verlogenheit: Autobiographische Texte treten mit einem mimetischen Anspruch auf, den sie nicht einlösen können.

Einleitung

Jacques Derridas dekonstruktivistische Lektüre (1982) von *Ecce Homo* kreist um die Ohrenmetapher, die in Nietzsches Selbstdarstellung („denn ich habe mich nicht unbezeugt gelassen", 19) immer wieder auftaucht. Die Autobiographie wird (im französischen Titel von Derridas Untersuchung sogar homophonisch) zur Otobiographie: Nietzsches Ich schreibt für sich selbst („und so erzähle ich mir mein Leben", 25), der Text ist erst nach dem eigenen Tod für das Ohr des anderen (l'oreille de l'autre, 71) bestimmt. Der durch Datum und Unterschrift beglaubigte Akt (23) der Autobiographie ist aber nicht in der Lage, die subjektive Existenz des Autors zu bestätigen („es ist vielleicht ein Vorurteil, daß ich lebe", 21). Die Autobiographie wird zum Drahtseilakt zwischen Leben und Werk, zwischen corps und corpus (17). Dabei – um in der Metapher zu bleiben – ist aber selbst der Verlauf des Seils unklar:

> Wenn man die Dinge problematisiert, wie ich es zu tun versucht habe, dann wird die Opposition zwischen Empirischem und Nicht-Empirischem (man kann sie auch anders benennen) problematisch. Ich weiß nicht mehr, welches die Erfahrung ist, auf die sich der Wert der Empirizität gründet, weder in Nietzsches Leben, noch in seinem Textkorpus [corpus], noch in seinem Körper [corps] [...]. Die Linie, die beispielsweise einen Autor von seinem Werk trennt oder in seinem Leben Essentielles/Transzendentales von Empirischem oder in seinem Werk Empirisches von Nicht-Empirischem unterscheiden kann, diese Linie selbst wird undeutlich; ihr Verlauf teilt sich, ihre Einheit, ihre Identität verschiebt sich. Und wenn diese Identität sich verschiebt, fordert das Problem des autos, der Autobiographie eine totale Neubeurteilung. (63)

Derrida formuliert im Grunde genommen dasselbe hermeneutische Problem wie de Man, zieht aber nicht jene extreme Konsequenz, die den Begriff der Autobiographie sinnlos macht (alle Texte sind Autobiographien, deshalb ist kein Text eine Autobiographie). Ein weiterer Unterschied liegt in der Auffassung des „Urheberrechts" der Autobiographie. Während de Man Lejeunes Begriff des autobiographischen Pakts zwischen Autor, Erzähler und Protagonist als Scheinlösung eines unlösbaren Spiegelverhältnisses kritisiert (1984, 71 f.), macht Derrida gerade den Akt der Unterschrift unter den eigenen Lebenstext zur Geltungsbestimmung der Autobiographie (20). Derrida unterscheidet dabei aber nicht wie Lejeune verschiedene Vertragsparteien, deren Einigung dem autobiographischen Projekt vorausgeht, sondern erhebt den Text der Autobiographie selbst in den Rang eines Vertragspapiers, das nur beim Aussteller eingelöst werden kann (Nietzsche: „ich lebe auf meinen eignen Kredit hin", 20).

Ichentwürfe

Die dekonstruktivistische Demontage der von der traditionellen Forschung anerkannten Wirklichkeitsreferentialität der Autobiographie ist ein Einwand, der ernst genommen werden muß. Gerade de Mans Kritik an der Maskenhaftigkeit der Autobiographie kann aber ins Positive gewendet werden. Wenn Dichtung und Wahrheit nicht mehr zu trennen sind, kann der Autotext (der ja nicht mehr Autobiographie zu sein beanspruchen darf) immerhin als Selbstentwurf des Ich-Autors gelesen werden.

Manfred Schneider untersucht in seinem umfangreichen Essay *Die erkaltete Herzensschrift* (1986) den ontologischen Status moderner Autobiographien (Proust, Benjamin, Sartre, Leiris). Der autobiographische Text des 20. Jahrhunderts wird hier als Schwundstufe einer Entwicklung begriffen, die ihren Anfang mit der Herausbildung bestimmter Mechanismen religiöser Selbstvergewisserung genommen hat. Augustin versteht seine *Confessiones* als Abschrift eines göttlichen Urtextes, in dem alle Information über das eigene Leben bereits enthalten ist. Subjektivität konstituiert sich hier paradoxerweise als Resultat eines Kopiervorgangs. Dabei liegt das kommunikationstheoretische Interesse nicht im Inhalt der Mitteilung (die ja bereits bekannt ist), sondern im performativen Akt der Selbsterkenntnis, die gleichzeitig Gotteserkenntnis ist. Der zweite modellbildende Text abendländischer Selbstbeschreibung, Rousseaus *Confessions*, strebt eine ähnliche Konvergenz zweier Diskurse an: Die subjektive Schrift folgt den Linien der Herzensschrift, die seit Paulus als Produkt göttlicher Autorschaft und damit unmittelbarer Wahrheit gelten darf (2. Kor 3,2). Auf diese Weise konstituiert sich Identität, die als maximale Annäherung der Selbsterkenntnis an das immer schon vorhandene (und vorgeschriebene) Sein begriffen wird. Sowohl Augustins als auch Rousseaus Lebenstexte reklamieren den Beichtmodus für sich. Investigation und Geständnis – dies sind Schneiders kriminalistische Metaphern für den Prozeß der Autobiographie. Im 20. Jahrhundert verblaßt jedoch die Beweiskraft der traditionellen Indiziensuche für die eigene Identität. Die Unverwechselbarkeit des Ich läßt sich nicht mehr aus der Kreuzung von subjektivem Schreiben und Naturschrift ableiten, die Identität des Schreibenden wird nunmehr vom Akt des Schreibens selbst konsumiert. Im Gegensatz zu den Steckbriefen der Autoren Augustin und Rousseau stellen die modernen Autobiographien die Unerkennbarkeit ihrer Verfasser sicher. Die Wahrheit des Lebensberichts liegt in seiner reinen Medialität: Nicht das Dargestellte verbürgt den individuellen Wert des Ich, sondern die unwiederholbare Darstellung selbst.

Christoph Miething (1989) unternimmt in seinem Aufsatz „La grammaire de l'ego" einen philosophischen Annäherungsversuch an das Phänomen der Autobiographie. Grundsätzlich unterscheidet er zwischen „mythischen" und „kritischen" Autobiographien. Im ersten Fall ordnet sich ein

Einleitung

Ich in eine bereits bestehende Welt ein, im zweiten Fall lehnt das Ich diese Welt ab und konstruiert eine eigene Wirklichkeit. Die kritische Autobiographie ist nicht denkbar ohne die philosophische Grenzziehung zwischen einem projizierenden Ich und einer Welt, die in ihrer Qualität als Nicht-Ich zur Projektionsfläche werden kann. Miething begreift diese Spielart der Autobiographie als spezifisches Produkt moderner Ichkonzepte.

In ihrer Einleitung zum Sammelband *Autobiographical Statements in Twentieth-Century Literature* (das Spektrum der untersuchten Autoren reicht von Rozanov über Pasternak bis Limonov) arbeitet die Herausgeberin Jane Gary Harris (1990) die wichtigsten theoretischen Positionen in der Forschung zur Autobiographie heraus. Ausgehend von einer Absage an den Begriff eines literarischen Genres „Autobiographie" schlägt Harris vor, von einem „autobiographischen Diskurs" zu sprechen. Damit könnte nicht nur die leidige Frage des fiktionalen Status der Autobiographie umgangen werden (12), zusätzlich wäre ein nichtreduktionistischer Ansatz gewonnen, der es erlaubt, alle literarisch produktiven Äußerungen eines Ich auf dem Weg zum Selbst unter einem allgemeinen Gesichtspunkt zu untersuchen. Harris entwirft zu diesem Zweck ein duales Diskursmodell, das in verschiedener Hinsicht zu diskutieren ist: Der autobiographische Erzähler erkennt sich sowohl als handelnde Person wie auch als Autor seines Textes; die Gegenwart des Schreibenden hebt sich von der Vergangenheit des Beschriebenen ab; schließlich steht der Akt des reproduzierenden Erinnerns in einem Spannungsverhältnis zur spezifisch künstlerischen Kreativität des Autors (25 f.).

James Goodwin (1993) versucht, eine dynamische Definition der Autobiographie zu geben. Seine Kritik an traditionellen Abgrenzungsversuchen gegen benachbarte Genres wie Tagebuch (unmittelbare Niederschrift), Memoiren (Konzentration nicht auf das Ich) und biographischer Roman (Fiktionalität) ist gerechtfertigt. Solche Kontrastierungen bleiben problematisch, da die Autobiographie nicht selten Anleihen bei verwandten Genres macht. Goodwins eigener Ansatz bleibt allerdings konturlos: Die Etymologie des Wortes Autobiographie dient Goodwin als heuristisches Element für eine Bestimmung der Autobiographie als Genre, das Selbst (autos), Leben (bios) und Schreiben (graphein) kombiniert. So elegant sich diese Lösung auf den ersten Blick auch ausnehmen mag, sie führt nicht über eine Lexikondefinition (Biographie einer Person, von ihr selbst geschrieben) hinaus.

Die Gedächtnisforschung, die seit einigen Jahren einen mainstream der modernen Literaturwissenschaft bildet, hat sich der Autobiographie als naheliegendem Forschungsgegenstand erst zögerlich zugewandt. Immerhin aber weist der Band „Memoria" aus der Reihe „Poetik und Hermeneutik"

Ichentwürfe

ein Unterkapitel „Erinnerndes Schreiben und Selbstdarstellung" auf (Schlaeger 1993). Wie fruchtbar sich diese Forschungsrichtung auch auf russische Autobiographien anwenden lässt, führt etwa Erika Greber am Beispiel von Pasternaks *Geleitbrief [Ochrannaja Gramota]* vor (1991).

Eine kritische Aufarbeitung der Autobiographie-Forschung im 19. und 20. Jahrhundert legt Laura Marcus (1994) mit ihrem sorgfältig recherchierten Buch *Auto/biographical Discourses* vor. Marcus weist nach, daß die Anerkennung der Autobiographie als literarisches Phänomen eine durchaus sekundäre Erscheinung ist. Das ausgehende 19. Jahrhundert betrachtet die Autobiographie in erster Linie als anthropologisches, psychologisches oder historisches Dokument. Den Beginn der modernen Autobiographie-Forschung setzt Marcus mit den Arbeiten von Dilthey und Misch, die ein bewußtseinsgeschichtliches Erkenntnisinteresse verfolgen, um 1910 an. Drei Entwicklungslinien gehen von diesem Ursprung aus (154): Die erste führt zur Existenzphilosophie von Georges Gusdorf. Die zweite Linie führt zu Roy Pascals *Design und Truth in Autobiography* (1960) und Karl Weintraubs *The Value of the Individual* (1978). Sowohl Pascal als auch Weintraub betrachten Goethes *Dichtung und Wahrheit* als Höhepunkt der intellektuellen Aufarbeitung der gegenseitigen Verwobenheit von Individuum und Geschichte – eine Einschätzung, die auch eine pessimistische Interpretation moderner Autobiographien einschließt (171). Das moderne Subjekt ist nicht mehr fähig, einen sinnstiftenden Zusammenhang zwischen Ich und Welt herzustellen – genau das aber ist aus dieser Sicht die erste Aufgabe einer Autobiographie. Als dritte Position ist die moderne amerikanische Kulturkritik zu nennen, die Diltheys Ansatz als Kontrastmodell verwendet. Die moderne Autobiographiekultur sei von einem weltabgewandten Narzißmus dominiert, lautet das Lamento, das von Marcus als „demokratisierte Version" (154) des Goetheschen Vorbilds interpretiert wird.

Marcus schließt ihr Buch mit einer Diskussion moderner Ansätze, die sich vornehmlich mit dem Subjektivitätsentwurf, dem Fiktionalitätsstatus und der Genrefrage der Autobiographie beschäftigen. Zur Sprache kommen Positionen des New Criticism (die Ausblendung der realen Person des Autors), die Dekonstruktion des Genres bei de Man und Derrida, Gegenbewegungen im Genfer „criticism of conciousness" (Poulet, Starobinski) und schließlich auch feministische Annäherungen an das Genre (Kate Millett).

Einleitung

c) Die Hybridität des autobiographischen Diskurses

Das Dilemma aller hier vorgestellten Untersuchungen zur Autobiographie läßt sich auf einen gemeinsamen Nenner bringen: Die Autobiographie ist ein literarisches Faktum im Sinne Tynjanovs – jeder weiß, was eine Autobiographie ist, ohne jedoch eine gültige Definition der Autobiographie geben zu können. Diese Verlegenheit kommt nicht von ungefähr. Olney, Harris und de Man weisen zu Recht darauf hin, daß die Autobiographie kein literarisches Genre sei, das sich etwa dem Roman oder der Ballade zur Seite stellen ließe. Viel sinnvoller als der Versuch, die Autobiographie in das enge Korsett einer Gattungsbestimmung zu zwängen, erscheint deshalb die Beschreibung der konstitutiven Merkmale eines „autobiographischen Diskurses" (Harris), der in verschiedenen literarische Formen auftreten kann.[10]

Das Problem läßt sich mit folgenden Fragen umreißen: Wie ist der Aussagemodus einer Autobiographie beschaffen? Wie spielen Wirklichkeitsabbildung und Selbstpräsentation zusammen? Welches ist der fiktionale Status einer Autobiographie?

Es bietet sich an, diese Fragen zunächst in einem größeren Kontext zu betrachten. Die sprachliche Reproduktion von Realität gehört zu den wichtigsten Untersuchungsgegenständen einer philosophisch interessierten Linguistik. In der Tat läßt sich auch der aussagelogische Charakter einer Autobiographie unter Rückgriff auf linguistische Kategorien beschreiben.

Emile Benveniste schlägt in seinem Aufsatz „Les relations de temps dans le verbe français" ([1959] 1966) eine Opposition vor, der große Bedeutung gerade für das Genre der Autobiographie zukommt. Benveniste unterscheidet „histoire", die unpersönliche Wiedergabe vergangener Ereignisse (239), von „discours", dem persönlichen Sprechen (242). „histoire" setzt ausschließlich Zeitformen der Vergangenheit ein, „discours" kennt hingegen alle Tempuskategorien außer dem Aorist (= frz. passé simple). Der grundlegende Unterschied zwischen diesen beiden Aussagemodi läßt sich an der Funktion des Pronomens für die 3. Person zeigen. Dem Pronomen „Er/sie/es" kommt im „discours" als Extrapolation der zentralen Personen „Ich" und „Du" die Qualität von Persönlichkeit zu, während „histoire" als unpersönliches Erzählen eine Kategorie der Person gar nicht vorsieht – „Er/sie/es" bezeichnet hier ausschließlich einen außersprachlichen Referenten und kann deshalb nicht modellierend in die dargestellte Welt eingreifen.

---

[10] Der Einfachheit halber wird im folgenden der Begriff „Autobiographie" weiter verwendet, allerdings nicht im Sinne einer Genrebezeichnng.

Ichentwürfe

Eine erste Kritik an Benvenistes Unterscheidung stammt von Harald Weinrich. In seinem Buch *Tempus. Besprochene und erzählte Welt* (1964) würdigt Weinrich Benvenistes Unterscheidung zweier Tempussysteme. Allerdings ordnet Weinrich jedes Tempus nur einer Gruppe zu und kritisiert Benvenistes Ansicht, „histoire" kenne eine 1. und 2. Person gar nicht (40 f.). Weinrichs grundlegende Opposition unterscheidet zwischen „Erzählen", das sich der Tempora Plusquamperfekt, Imperfekt, Konditional bedient, und „Besprechen", das seinerseits Perfekt, Präsens und Futur einsetzt. „Erzählen" meint das Etablieren einer Welt, die von der Welt des Erzählers und des Hörers verschieden ist. Keinesfalls aber kann einfach auf die Vergangenheit des Erzählten geschlossen werden (55). „Besprechen" hingegen stellt einen direkten Bezug zwischen Bericht und Adressat her und signalisiert: Hic tua res agitur (51).

Auch Gérard Genette hat Benvenistes Unterscheidung aufgegriffen und weiterentwickelt. Genette führt in seinem Aufsatz „Frontières du récit" (1969) die grundlegenden Oppositionen der Epik auf die antike Poetik zurück, deutet sie jedoch in Abhängigkeit von verschiedenen Erkenntnisinteressen:

Aristoteles (Reproduktion von Realität):	Mimesis	Diegesis
Benveniste (Aussagemodi):	discours	histoire
Genette (Poetik):	déscription	narration

Genette begreift den Modus der déscription als primär und deshalb als merkmallos. Narration bedeutet die Entfernung subjektiver Bewertung aus einem Text und ist deshalb als Konstrukt merkmalhaltig. Diskursives Beschreiben kann (subjektiv gewertete) erzählende Elemente einschließen und dabei die Grenzen der déscription nicht verlassen, narration hingegen schlägt durch das Einbringen von Subjektivität in déscription um.

Weder Benveniste noch Weinrich oder Genette gehen in ihrer Dichotomie explizit auf die Stellung der Autobiographie ein. Ihre Systematik stellt aber ein hilfreiches Instrument zur Klärung des aussagelogischen Status der Autobiographie dar. Die Autobiographie bildet gewissermaßen das Scharnier zwischen „discours" und „histoire". Einerseits zeichnet sich die Autobiographie durch eine maximale Personalisierung der sprachlichen Reproduktion von Realität aus (das gilt auch für Autobiographien in der dritten Person, die keineswegs als „histoire" zu deuten sind), andererseits spielt das Genre mit der Verwechselbarkeit der beiden Modi: Die Autobiographie kann wegen ihres umfassenden Themas (die Lebensbeschreibung eines Menschen) als Vorstufe zum Roman gelten, die starke Bindung des Texts an ein Aussagesubjekt kann die entstehende quasi-epische Fiktion aber immer wieder untergraben und in eine Wirklichkeitsaussage zurück-

Einleitung

verwandeln – deutlich beobachten läßt sich diese Tendenz an der wiederholten Explizierung der Aussagesituation in klassischen Autobiographien („Bevor ich fortfahre ...", „Ich erinnere mich, daß ..." usw.). In Weinrichs Begriffen: Eigentlich erfordert die Autobiographie den Modus des „Besprechens". Zunächst ist die Welt des Erzählers grundsätzlich mit der Welt des Hörers identisch. Des weiteren schließt der wahrheitsgetreue Bericht eines Lebens Fiktionalität prinzipiell aus. Und schließlich wendet sich der Autobiograph an einen Leser, der sich in erster Linie für die Person des Autors interessiert. Gleichzeitig aber fällt fast jede Autobiographie über weite Strecken in den „Erzählmodus". Vergangenes verwandelt sich in Fiktives, der Lebensbericht wird so zur Mischung aus „Dichtung und Wahrheit".

Diese Überlegungen lassen sich von einer weiteren Seite stützen. Wolfgang Iser ordnet sein Buch *Das Fiktive und das Imaginäre* einer „literarischen Anthropologie" zu (1991, 14 ff.). Iser ersetzt die traditionelle Dichotomie zwischen Realität und Fiktionalität durch eine Triade und begreift das „Fiktive" als Zusammenspiel von „Realem" und „Imaginärem". Die außertextuelle Wirklichkeit („Reales") verbindet sich mit Phantasieleistungen des Bewußtseins („Imaginäres") und wird von eben diesem Bewußtsein in einem intentionalen Akt präsentiert („Fiktives"). Man kann die Autobiographie geradezu als Paradebeispiel für Isers Modell der Literaturproduktion ansehen: Die Autobiographie präsentiert sich als Resultat eines Bewußtseinsspiels, das „Reales" und „Imaginäres" zu „Fiktivem" verarbeitet. Isers anthropologische Perspektive verbietet eine naive Interpretation der Autobiographie als Dokument, dessen Wahrheitsgehalt sich nach einer mehr oder weniger präzisen Realitätsabbildung bemißt. Für die theoretische Beschreibung der Autobiographie erscheint vor allem der Spielcharakter des Fingierens, den Iser nachhaltig unterstreicht, als besonders wichtig. Von vielen Autoren wird die Wahrheit ihres Lebensberichts hervorgehoben. Dieses Verfahren kann allerdings als literarischer Kunstgriff auf eine lange Tradition zurückblicken und verbürgt deshalb viel eher die Literarizität des Dargebotenen (und nicht seine Tatsächlichkeit), obwohl es das Gegenteil zu tun vorgibt.

Es ist vor allem der hybride Charakter der Autobiographie, der sie für Schriftsteller attraktiv macht (Burkhart 1983, 57, Harris 1990, 25). Eine ganze Reihe von Dichotomien durchzieht den autobiographischen Diskurs, wobei in jedem Fall beide Elemente einer Opposition ins Spiel kommen. Der Versuch einer schematischen Darstellung dieses Sachverhalts sieht wie folgt aus:

Ichentwürfe

Psychische Instanz:	Selbst	Ich (Kohut)
Erzählinstanz:	Autor	Protagonist (Bruss)
Darstellung:	Reales	Imaginäres (Iser)
Pragmatik:	Situation	Präsentation (Lehmann)
Realität:	Lebensrealität	Schreibrealität (Starobinski)
Zeitstruktur:	Leben	Erinnerung (Olney)
Aussagemodus:	Besprechen	Erzählen (Weinrich)
Rezeption:	Dokument	Roman (Ginzburg)

Die Autobiographie befindet sich mithin genau an der Schaltstelle zweier Seinsbereiche, die unter verschiedenen Aspekten beschrieben werden können. Darin liegt einerseits der ästhetische Reiz der Autobiograpie (nicht umsonst verstärkt sich die Anziehungskraft der Autobiographie auf Schriftsteller im 20. Jahrhundert), andererseits macht aber gerade der hybride Charakter eine abschließende Definition der Autobiographie unmöglich.

d) Autobiographisches Schreiben in Rußland

Gerade weil die Autobiographie keine Gattung, sondern einen Diskurs darstellt, kann es in dieser Arbeit nicht darum gehen, die gemeinsamen Merkmale der einzelnen autobiographischen Texte zu isolieren und daraus eine Definition der Autobiographie abzuleiten. Vielmehr werden die verschiedenen Textstrategien analysiert, die bei Umsetzung des psychoanalytisch identifizierbaren Ichentwurfs zum Einsatz gelangen. Das Ziel der Darstellung liegt nicht in einer einheitlichen Systematisierung, sondern im Aufzeigen der breiten Phänomenalität des autobiographischen Schreibens in Rußland. Die textuelle Aufbereitung der Lebensgeschichte soll dabei nicht nur auf ihre ästhetischen, sondern auch auf ihre pragmatischen Funktionen hin untersucht werden.

Die Eingrenzung des Gegenstandes dieser Arbeit auf den Zeitraum von der Mitte des 17. bis zur Mitte des 19. Jahrhunderts läßt sich durch die Entwicklung der europäischen Kulturgeschichte rechtfertigen. In Westeuropa darf man das Ende des Mittelalters mit dem Beginn der Reformation ansetzen. Der tiefe Graben, den Luther zwischen Gott und dem Menschen aufreißt, ist der unmittelbare Anlaß zur Ausbildung eines bisher unbekannten Individualitätsbewußtseins. Der Mensch verliert seine Geborgenheit in einem vom Schöpfer umsichtig verwalteten Kosmos und tritt heraus in die moderne Gottverlassenheit. Der Verlust der göttlichen Obhut wird

Einleitung

aufgewogen durch die Tatsache, daß das Ich sich als Herr seines eigenen Schicksals erfährt. Der Mensch greift nicht nur in zunehmendem Maß regulierend in sein eigenes Leben ein, sondern betrachtet es auch als privates Abenteuer, dessen Signifikanz sich dem Gang der Weltgeschichte durchaus zur Seite stellen läßt. Die Säkularisierung des menschlichen Lebens zieht auch eine Säkularisierung menschlicher Sinnstiftung nach sich. Das gilt vor allem für den Bereich der Schrift, die bisher hauptsächlich sakralen Zwecken diente: Zu beschreiben ist nicht mehr das Walten Gottes in der Welt, sondern das individuelle Schicksal des Menschen.

Die europäischen Verhältnisse lassen sich nicht ohne weiteres auf Rußland übertragen. Rußland hat im ausgehenden Mittelalter weder eine Reformation noch die philosophische Grundlegung eines autonomen Ich erlebt. Deshalb läßt sich hier das Nachwirken heteronomer Ichmodelle bis ins 19. Jahrhundert hinein verfolgen. Um so erstaunlicher ist die Tatsache, daß im Rußland des ausgehenden 17. Jahrhundert mit der Lebensbeschreibung (1672 [?]) des Protopopen Avvakum ein einzigartiges autobiographisches Zeugnis vorliegt. Es wäre jedoch verfehlt, Avvakums *Leben* [*Žitie*] als Geburtsstätte eines individuellen Bewußtseins in der russischen Kulturgeschichte zu deuten. Avvakum ordnet sein Ich noch ganz einem verbindlichen religiösen Weltbild unter. Große Bedeutung kommt aber der Tatsache zu, daß Avvakum sein Ich überhaupt zum Gegenstand eines Textes macht. Avvakums Autobiographie erweist sich damit als jener fruchtbare Boden, auf dem spätere Individualitätsentwürfe gedeihen können.

Aleksandr Gercens breit angelegtes Memoirenwerk *Erlebtes und Gedachtes* [*Byloe i dumy*] (1852-1868) bildet den Abschluß des in dieser Arbeit berücksichtigten Zeitabschnittes. Die Autobiographie wird hier nicht nur zum Medium einer umfassenden Selbstpräsentation, sondern auch zum Instrument öffentlicher Einflußnahme. Im Laufe von knapp 200 Jahren wird damit die innere Struktur der russischen Autobiographie auf den Kopf gestellt. Während Avvakum noch mit an Fanatismus grenzender Überzeugung das Wirken Gottes in seinem eigenen Schicksal nachzeichnen konnte, geht bei Gercen umgekehrt die Handlungsinitiative vom eigenen Leben aus und richtet sich auf die schlecht eingerichtete Wirklichkeit.

Die Autobiographie im vorrevolutionären Rußland ist ein Stiefkind der Literaturwissenschaft.[11] In ihrem kurzen bibliographischen Überblick zur russischen Autobiographieforschung kann Sigrid Nolda (1985, 153-156) gerade einmal vier Aufsätze verzeichnen (Elizavetina 1967, Šajtanov

---

[11] Für das 20. Jahrhundert sei vor allem auf den Sammelband von J.G. Harris (Hg.): *Autobiographical Statements in Twentieth-Century Russian Literature*. Princeton 1990 verwiesen.

37

Ichentwürfe

1979, Čajkovskaja 1980, Elizavetina 1982a). Und auch diese wenigen Untersuchungen lösen eigentlich keine Forschungsdesiderate ein, sondern benennen sie höchstens: Elizavetina beschränkt sich auf einen literaturhistorischen Überblick autobiographischer Texte, Šajtanov fordert eine Analyse der künstlerischen Verfahren der Memoirenliteratur, Čajkovskaja schließlich beklagt die einseitige Ausbeutung von Memoiren als Steinbrüche für zeitgeschichtliche Informationen und weist auf die wegweisende Rolle der autobiographischen Prosa für die russische Romantechnik hin.[12]

Um so erstaunlicher ist es, daß Petr Pekarskij bereits im Jahr 1855 im *Zeitgenossen* [*Sovremmenik*] einen Überblick über die petrinische Memoirenliteratur gibt. Vorgestellt werden unter anderem die Dienstautobiographien von V.A. Naščokin, Ja.P. Šachovskoj und M.V. Danilov (74). Allerdings gilt Pekarskijs Erkenntnisinteresse nicht in erster Linie der Selbstpräsentation der verschiedenen Autoren, sondern einem sozialgeschichtlichen Epochenbild sowie sprachlichen Besonderheiten. Pekarskij hebt explizit die Vorreiterfunktion der Autobiographie (im Gegensatz zur stilkonservativen Belletristik des 18. Jahrhunderts) bei der Ausbildung einer russischen Literatursprache hervor (118).

In der zweiten Hälfte des 19. Jahrhunderts ist in Rußland ein gesteigertes historisches Interesse an Autobiographien zu beobachten. Zeitschriften wie *Der Zeitgenosse* [*Sovremennik*] und *Das russische Wort* [*Russkoe slovo*], später *Der russische Bote* [*Russkij Vestnik*] und *Der Bote Europas* [*Vestnik Evropy*] publizieren regelmäßig Lebenserinnerungen. Programmatisch zeigen Zeitschriften wie *Das russische Archiv* [*Russkij archiv*] (1863-1917), *Russisches Altertum* [*Russkaja starina*] (1870-1913) und *Der historische Bote* [*Istoričeskij vestnik*] (1880-1917) ihre dokumentarische Ausrichtung im Titel an. Die relativ gute Editionslage der Primärtexte kontrastiert allerdings auf eigentümliche Weise mit dem Fehlen von einschlägigen wissenschaftlichen Untersuchungen (Clyman, Vowles 1996, 26 f.).

Erst 1934 greift P. Bicilli die Memoirenthematik in einem längeren Aufsatz wieder auf. Bicilli beklagt das mangelnde Interesse der Literaturwissenschaft an diesem Genre, das er terminologisch etwas unscharf als „Hausliteratur" bezeichnet. Der nichtfiktionalen Literatur des 18. Jahrhunderts komme eine kulturhistorische Schlüsselfunktion zu, weil sie einen „Prozeß der Aneignung der literarischen Form, der literarischen Kunstgriffe, der Kompositions- und Stilschemen" (404) darstelle. Bicilli weist

---

[12] Čajkovskaja vergleicht Michail Cheraskovs antiquierte poetische Darstellung der Seeschlacht bei Česme (1770) mit der literarisch bereits in das 19. Jahrhundert weisenden Darstellung desselben Ereignisses in den Memoiren von Jurij Dolgorukov.

Einleitung

auf die strukturbildende Funktion der westeuropäischen Romanpoetik hin, deren Einfluß sich in der russischen Brief-, Tagebuch- und Memoirenliteratur deutlich nachweisen läßt. Die Reisebeschreibungen aus Andrej Bolotovs Autobiographie sind nach Sternes Vorbild modelliert (*Sentimental journey*), einzelne Episoden aus Dobrynins und Piščevičs Lebensbeschreibungen folgen dem Vorbild des französischen Schelmenromans (*Gil Blas*), in Vinskijs Aufzeichnungen macht sich die Tradition der empfindsamen Literatur bemerkbar. Bicilli begreift die russische „Hausliteratur" jedoch nicht nur als Rezeptionsmedium westeuropäischer Belletristik, sondern auch als Brücke in der Evolution der russischen Literatur. Die Poetik der klassischen russischen Romane sei auf entscheidende Weise von russischen nichtfiktionalen Texten des 18. Jahrhunderts geprägt: Tolstoj entwickelt in seiner autobiographischen Trilogie und in *Vojna i mir* den Familienroman, Dostoevskij gestaltet seine Prosa immer wieder als autobiographische Romane (*Der Jüngling* [*Podrostok*], *Aufzeichnungen aus dem Untergrund* [*Zapiski iz podpol'ja*]), Turgenev setzt in seinen Erzählungen das Tagebuchgenre ein („Tagebuch eines überflüssigen Menschen [Dnevnik lišnego čeloveka]", „Genug [Dovol'no]").

Ein ähnliches Erkenntnisinteresse zeichnet Elizavetinas Aufsatz[13] (1982b) zur Entwicklung des autobiographischen Genres im Rußland des 18. Jahrhunderts aus. Auch hier steht die Wechselwirkung zwischen Autobiographie und Roman im Vordergrund. Als Ergebnis hält Elizavetina fest, daß beide Textsorten sich aneinander orientieren: So präsentiert sich etwa M.D. Čulkovs Roman *Die schöne Köchin oder Die Abenteuer einer verwerflichen Frau* [*Prigožaja povaricha, ili Pochoždenie razvratnoj ženščiny*] (1770) in der Form eines Lebensberichts, der in der 1. Person erzählt wird, während die Autobiographen der klassizistischen Epoche sich nicht selten der 3. Person bedienen und die Schilderung ihres Lebens an die zeitgenössische didaktische Belletristik anpassen (248).

Einer der wenigen Forscher, der sich seit geraumer Zeit mit russischen Memoiren auseinandersetzt, ist der Moskauer Historiker A.G. Tartakovskij. In seinem Buch *1812 god i russkaja memuaristika* (1980) versucht er, die vorhandenen Erinnerungen über den Napoleonischen Krieg zu systematisieren und in ihrer Relevanz für das Genre der Memoiren zu analysieren.

Weitergeführt hat Tartakovskij diese Arbeit in seinem zweiten Buch *Russkaja memuaristika XVIII-pervoj poloviny XIX v.* (1991). Tartakovskij verfolgt hier einen interessanten literatursoziologischen Ansatz. Seine besondere Aufmerksamkeit gilt einer quantitativen Analyse der Produktion

---

13 Dieser Text ist Sigrid Noldas Aufmerksamkeit entgangen.

Ichentwürfe

von Memoiren, Autobiographien und Tagebüchern sowie ihrer Publikationsgeschichte, wobei er sich hauptsächlich auf das in der umfangreichen Bibliographie *Istorija dorevolucionnoj Rossii v dnevnikach i vospominanijach* (5 Bde., 1976-1989) gesammelte Material stützt. Die Herausbildung der modernen Memoirenliteratur, die sich deutlich von traditioneller Annalistik abhebt, datiert Tartakovskij auf die zweite Hälfte des XVIII. Jahrhunderts. Die ersten autobiographischen Aufzeichnungen, die nun entstehen, sind allerdings nicht zur Veröffentlichung bestimmt. Als Wendepunkt in der Evolution des Genres bestimmt Tartakovskij das Jahr 1812. Die napoleonische Invasion leitet einen Produktionsschub von Memoiren ein, die unmittelbar nach ihrer Niederschrift publiziert werden. Tartakovkijs Arbeit stellt wichtige Hintergrundinformationen zur Soziologie der Memoirenliteratur bereit, krankt aber daran, daß der Autor zur historischen Erklärung der beobachteten Phänomene trotz des späten Erscheinungsdatums seiner Untersuchung allzu oft marxistische Leerformeln einsetzt (16, 139, 220 f.).

In seinem neusten Buch *Russkaja memuaristika i istoričeskoe soznanie XIX veka* (1997) versucht Tartakovskij, das starke Interesse an Memoiren im 19. Jahrhundert durch ein sich neu herausbildendes historisches Bewußtsein der russischen Gesellschaft zu erklären. Am Anfang dieser Entwicklung steht Karamzins monumentale *Istorija Gosudarstva Rossijskogo* (1816-1829). Symptomatisch für den Versuch, die eigene Situation als Epoche von kulturgeschichtlicher Dignität zu begreifen, ist die Tatsache, daß berühmte Autoren wie Puškin, Vjazemskij oder Žukovskij aktiv Memoiren bei ihren Zeitgenossen einwerben. Als Vorbild gilt den Russen dabei die reiche französische Memoirenliteratur, in der besonders die Erinnerungen von La Rochefoucault oder Saint-Simon bewundert werden.

Eine ertragreiche Arbeit über frühe russische Autobiographien stammt aus der Feder von Alois Schmücker. Sein Aufsatz „Anfänge und erste Entwicklung der Autobiographie in Rußland (1760-1830)" (1989) konstatiert für das 18. Jahhundert ein Überwiegen der „Berufsautobiographie". Verfasser von Lebenserinnerungen sind Staatsmänner, hohe Beamte, Geistliche, Militärs und Diplomaten (Dmitrij Rostovskij, A.A. Matveev, B.I. Kurakin, I.I. Nepljuev, Ja.P. Šachovskoj). Die Artikulation eines individualisierten Bewußtseins setzt in diesen Autobiographien erst zögernd ein. Das gilt auch für G.R. Deržavins *Aufzeichnungen* [*Zapiski*], die sich nahtlos in die bestehende Memoirentradition einfügen. Eine erste Erweiterungsmöglichkeit der Berufsautobiographie liegt in ihrer Kombinierung mit einer Familienchronik (M.V. Danilov). Eine solchermaßen in einer Genealogie verortete Autobiographie versteht sich nicht nur als Fortsetzung tradierter Lebensentwürfe, sondern auch als Modell für kommende Generationen. Ihre deutlichste Ausprägung hat dieses Bewußtsein in A.T.

Einleitung

Bolotovs monumentaler Lebensbeschreibung gefunden, die sich indes bereits weitgehend von der „Berufsautobiographie" emanzipiert. In seinem autobiographischen Text vermittelt Bolotov ein als exemplarisch verstandenes Bildungsgut mit der eigenen privaten Existenz. Bolotovs Leben kann seinen Nachkommen als Modell dienen, weil ihm – zumindest aus seiner eigenen Perspektive – die harmonische Deckung von Anspruch und Realität auf vorbildliche Weise gelingt. Bolotovs Autobiograpie führt eine weitere Neuerung ein: Er beschreibt sein Leben in deutlicher Anlehnung an literarische Muster des Sentimentalismus. Auffälliger noch äußert sich der Einfluß importierter Schreibformen in Autobiographien, die nach dem Vorbild der damals beliebten Schelmenromane entstanden sind (S.S. Piščevič). Nicht zu unterschätzen ist auch die Wirkungsgeschichte von Rousseaus *Confessions*, die vor allem für N.M. Karamzin und D.I. Fonvizin Bedeutung erlangt haben. Schmücker schließt seinen Aufsatz mit dem Hinweis auf einen Kontrasttypus zur Berufsautobiographie: Nicht nur eine beeindruckende Reihe von Erfolgen kann literarisch produktiv werden, sondern auch die Chronik eines gescheiterten Lebens. Hier liegt die raison d'être der Autobiographie von G.S. Vinskij, die ein Leben an der Peripherie der Gesellschaft beschreibt. Ähnliches gilt für die Außenseiterposition von Frauen, deren Autobiographien sich entweder als Rechtfertigungsversuch (N.B. Dolgorukaja) oder als religiös-moralische Läuterung (A.F. Labzina) artikulieren können. In diesem letzten Typus von Autobiographien, die in der Verbannung entstanden sind, erblickt Schmücker eine autochthon russische Entwicklung.

Georg Wittes Habilitationsschrift aus dem Jahr 1992 stellt die jüngste und bisher ausführlichste Untersuchung der russischen Autobiographie im 18. Jahrhundert dar. Sein spezifisches Interesse gilt dem Zusammenhang zwischen „Blicken und Schreiben", zwischen Imaginationsstruktur und Textgestalt. Witte begreift die Autobiographie als „Schauplatz einer Konfrontation" zwischen „innerer" Wahrheit und „äußerer" Schrift, zwischen Totalitätsanspruch des Erinnerns und notwendig sich einstellender Unvollständigkeit des Lebensberichts (1992b, 36-38). Als nationales Charakteristikum macht Witte den dominanten Kontext der russischen Regelkultur geltend, der die Autobiographie in doppelter Weise bedingt: Einerseits schreiben sich die Autoren in diesen kulturellen Code *ein* und verorten ihr Leben in traditionellen Existenzmustern, andererseits bemühen sie sich zunehmend darum, der eigenen Biographie die Aura des Besonderen, Einzigartigen zu verleihen und sich aus der Regelkultur *aus*zuschreiben (1992a, 63). Gerade im 18. Jahrhundert wird diese paradoxe Zerrissenheit in Rußland literarisch produktiv. Witte greift aus dem reichen Textkorpus verschiedene Schilderungen der Hinrichtung Pugačevs heraus. An ihnen demonstriert er die Interaktion von Selbstbild und Fremdbild und – damit

Ichentwürfe

zusammenhängend – die Herausbildung einer Individualpsychologie vor dem Hintergrund der zaristischen Regelkultur. Die Ambivalenz dieses Prozesses weist Witte an Natal'ja Dolgorukajas und Denis Fonvizins Autobiographien nach: In beiden Fällen schwankt der Text zwischen dem traditionellen Muster der Heiligenvita und der innovativen Selbstdarstellung eines autonomen Subjekts. Ein weiteres Kapitel geht der „subalternen Semiotik" der Dienstautobiographie nach. Autoren wie Lev Engel'gardt und Sergej Glinka richten ihre Lebensbeschreibungen nach Mustern der Regelkultur aus. Eine erste Abkehr von diesem offiziellen Biographieimperativ bildet die Selbstdarstellung Andrej Bolotovs, der sich in seiner Existenz als schreibender Privatgelehrter einen alternativen Prestigeraum schafft. Für die Vertreter der Macht sind solche seitlichen Arabesken überflüssig: Witte zeigt anhand der Autobiographien von Deržavin, Daškova und Ekaterina II., welche narrativen Möglichkeiten in der Schilderung des Wegs zur Regierungsgewalt angelegt sind und wie das Auseinanderklaffen von Anspruch und Realität zu einem „Einfallstor für das Imaginäre" (1992b, 49) wird.

Die vorliegende Arbeit will einen Beitrag zur Erforschung autobiographischen Schreibens in Rußland zwischen 1650 und 1850 leisten. Die hier vorgestellten Texte können die Entwicklung der Autobiographie selbstverständlich nicht lückenlos dokumentieren. An ihnen soll jedoch auf exemplarische Weise demonstriert werden, welche Wege die Selbstpräsentation im Rußland der frühen Neuzeit eingeschlagen hat.

2. Das Ich als Text Gottes: Avvakums Autohagiographie

Es ist kein Zufall, daß die erste russische Autobiographie – sieht man von Vorläufertexten wie dem Testament von Vladimir Monomach oder dem Briefwechsel des Fürsten Kurbskij ab – aus dem religiösen Bereich stammt. Das christliche Ideal des „richtigen Lebens" bedient sich schon sehr früh der Vorbildfunktion von Heiligenbiographien. Deshalb kommt der Hagiographie in der Ausbildung lebensbeschreibender Texte zentrale Bedeutung zu. Bei der Hagiographie hat man es mit einem höchst stereotypen Genre zu tun: Letztlich verweisen alle Heiligenleben auf die evangelische Biographie Christi.

Im russischen Mittelalter bilden Heiligenlegenden mit biographischem Charakter einen wichtigen Bestandteil des literarischen Systems. Diese Texte erfüllen jedoch in erster Linie keine ästhetische, sondern eine glaubenspraktische Funktion. Die in den Hagiographien beschriebenen Wundertaten Gottes, die sich im Leben und Martyrium eines Heiligen bezeugen, bestätigen dem Rezipienten die Wahrheit seines Glaubens (Zenkovsky 1956b).

Vor diesem Hintergrund wird verständlich, daß die Hagiographie gerade in Zeiten einer Religionskrise zu einem wichtigen Instrument der Glaubenssicherung werden kann. In Rußland bricht eine solche Religionskrise in aller Schärfe während der zweiten Hälfte des 17. Jahrhunderts auf. Die Kirchenreform des Patriarchen Nikon (1605-1681), der den russischen Kult an den byzantinischen Ritus anpassen will, führt im Jahr 1667 zur Kirchenspaltung [raskol]: Alle „Altgläubigen", die sich weigern, die neuen Formen in ihre Glaubenspraxis zu übernehmen, werden verdammt und exkommuniziert. Als kompromißloser Führer dieser religiösen Gruppe tritt der Protopope Avvakum (1621-1682) auf, der allerdings seinen konservativen Glauben teuer bezahlen muß: 1653 verschickt ihn die Obrigkeit mit seiner Familie für zehn Jahre nach Sibirien. Bald nach seiner Rückkehr wird er aber erneut aus Moskau verbannt, diesmal nach Mezen' in der Archangelsker Region. 1667 verschärft ein Kirchenkonzil diese Strafe nochmals; Avvakum verbringt die nächsten fünfzehn Jahren im Gefängnis von Pustozersk im äußersten Nordosten des europäischen Rußland, 1682 wird er auf dem Scheiterhaufen verbrannt.

Im Gefängnis entsteht Avvakums berühmte Autobiographie, die in zahlreichen Abschriften überliefert ist. Die Vielfalt der Redaktionen deutet darauf hin, daß Avvakums *Leben* [*Žitie*] in den Jahren 1669 bis 1675 allmählich aus autobiographischen Erzählungen in Briefen, Sendschreiben und Aufzeichnungen hervorgegangen ist (Demkova 1974a, 140). Immer neue Abschriften kursieren unter den Altgläubigen, denen Avvakums Le-

Ichentwürfe

bensbeschreibung Festigkeit im Glauben verleihen soll.[1] Gerade weil die „raskol'niki" gegenüber der offiziellen Kirche eine unverbrüchliche Wahrheit zu verteidigen haben, präsentiert Avvakum sein Ich in einem selbstgewissen Diskurs, der keine Zweifel an der Richtigkeit der eigenen Position aufkommen läßt.

In seinem fünften Bittschreiben an den Zaren Aleksej Michailovič (1669) entwirft der Protopope Avvakum eine kühne Vision, in der sein Selbstbewußtsein am deutlichsten zum Ausdruck kommt. Das Ich expandiert und nimmt schließlich den gesamten Kosmos in sich auf (Hunt 1993, 286 ff.):

> Da geschah es mir durch Gottes Fügung, daß in der Nacht zum Freitag der zweiten Woche meine Zunge zu wachsen anfing und sehr gross wurde, dann wurden auch meine Zähne sehr groß, und danach wurden auch meine Hände sehr groß und meine Füße, und dann wurde ich selbst sehr breit und weitete mich unter dem Himmel und breitete mich über die ganze Erde aus. Darauf tat Gott in mich hinein den Himmel und die ganze Erde und die ganze Schöpfung. [...] Der Himmel ist mein, die Erde ist mein, das Licht ist mein und auch die ganze Schöpfung – denn Gott hat mir alles geschenkt, wie ich's oben bereits erzählt habe. (200)[2]

Auch wenn sich diese patriarchale Phantasie vordergründig als Hungerdelirium erklären läßt (Avvakum hat seine Vision während der Fastenzeit), muß sie doch allein durch die Tatsache ihrer Niederschrift auch als „literarisches Fakt" zur Kenntnis genommen werden. Gerade in einem „čelobitie" aus dem 17. Jahrhundert stellt das maximal gesteigerte Selbstbewußtsein

---

[1] Der pragmatische Verwendungszweck von Avvakums Autobiographie mag dafür verantwortlich sein, daß der Text des *Žitie* möglicherweise nicht als Autograph existiert. Gabriele Scheidegger (1998, 183) geht neuerdings aufgrund einer Schriftanalyse davon aus, daß keine überlieferte Fassung des *Žitie* von Avvakums Hand stammt. Man muß dabei allerdings nicht soweit gehen, die vorliegenden Texte als Fälschungen zu bezeichnen: Aus den verschiedenen Redaktionen läßt sich ein relativ einheitliches Lebensbild rekonstruieren, das der Altgläubigengemeinde als glaubenspraktisches Vorbild diente. Daß die Kopisten im Zug der Verbreitung des *Žitie* Eingriffe in die Textgestalt vorgenommen haben, liegt sogar nahe. Im Endeffekt ist also eine kollektive Autorschaft für Avvakums Autobiographie nicht auszuschließen.

[2] Die Werke Avvakums werden zitiert nach: N.K. Gudzij (Hg.): *Žitie protopopa Avvakuma, im samim napisannoe, i drugie ego sočinenija*, Moskva 1960. Die deutschen Übersetzungen folgen G. Hildebrandt (Übers.): *Das Leben des Protopopen Avvakum von ihm selbst niedergeschrieben*. Göttingen 1965.

Avvakum

des Schreibenden nicht nur im politischen, sondern auch im literarischen Sinn eine höchst innovative Erscheinung dar.

Die Vorstellung eines weltkonsumierenden Ich entspringt bei Avvakum einem Lebensgefühl, das ihm absolute Gewißheit über die Richtigkeit des eigenen Daseinsvollzugs verleiht. Was Avvakums Selbstbewußtsein von früheren Ich-Entwürfen in der russischen Literatur unterscheidet, ist jener Zuwachs an Subjektivität, der die Welt zur Funktion des Ich werden läßt. Neu ist also keineswegs die Struktur von Avvakums Ich, das – wie zu zeigen sein wird – sich noch ganz nach traditionellen Subjektivitätskategorien beschreiben läßt (Robinson 1963, 44), neu ist das Weltverhältnis dieses Ich. „Ich bin der Protopope Avvakum, was willst Du von mir?" [„Аз есмь Аввакум протопоп; говори: что тебе дело до меня?" (71)]: Avvakums stolze Frage an seinen Widersacher Afanasij Paškov ist im Grunde genommen an seine gesamte Umwelt gerichtet. Avvakums gesteigertes Selbstbewußtsein konstituiert sich im Rahmen eines Weltmodells, dessen Grundzüge im Eingangskapitel des *Lebens* [*Žitie*] skizziert werden. Avvakum etabliert ein einseitiges Abhängigkeitsverhältnis des weltlichen vom göttlichen Bereich. Die Welt ist nur insofern wirklich, als sie eine göttliche Schöpfung darstellt. Avvakums Konzeption zieht alle Seinsqualität von der Welt ab: Wer die geschaffene Welt nur um ihrer selbst willen betrachtet, geht der göttlichen Gnade verlustig: „Diejenigen, die den Lauf der Gestirne erforschen, sind verloren, weil sie die Liebe zur Wahrheit nicht angenommen haben, auf daß sie selig würden." (56) Mehr noch: Die vermeintliche Seinsautonomie der Welt vernichtet auch das Ich des Menschen, weil der Mensch nur als Geschöpf Gottes über ein wirkliches Sein verfügt. Avvakum zitiert Dionysos Areopagita: „Der Abfall von der Wahrheit ist das Leugnen seiner selbst, denn die Wahrheit ist das Seiende." (55). Wiederum unter Berufung auf Dionysos Areopagita bestimmt Avvakum das göttliche Wesen als unverbrüchliche Konstanz des Seins und verwendet dabei das aktive Partizip Präsens des Verbs быть [„сый"] (55).

Es ist deshalb nur konsequent, daß Avvakums Selbstbewußtsein immer wieder eine idealtypische Konformität mit dem göttlichen Sein anstrebt. Der Widerspruch zwischen der oben zitierten Allmachtsvision aus dem Bittschreiben an den Zaren und drastischen Selbsterniedrigungen, die sich wie ein Leitmotiv durch Avvakums gesamtes Werk ziehen,[3] ist nur ein scheinbarer: Nicht zufällig erfährt sich Avvakum gerade während der Fa-

---

3 „Unverstand ist in mir und Heuchelei; mit Lügen decke ich mich zu, meinen Bruder hasse ich, und Eigenliebe macht mich blind, ich dünke mich groß zu sein und bin doch nur Kot und Eiter – o ich Verdammter – Scheiße bin ich [прямое говно]!" (113)

Ichentwürfe

stenzeit als Weltbeherrscher – während einer heiligen Zeit, in der vom Menschen eine rigorose Ausrichtung seiner Lebensführung auf das göttliche Gebot gefordert wird. Avvakums ekstatischer Traum ist hier am ehesten als Ausdruck einer unio mystica zu werten. Die maximale Gottesnähe dieses Moments erlaubt Avvakum jene unerhörte Expansion des eigenen Ich, die auch den Zaren zum Vogt degradiert.[4] Avvakums Leben wird auf diese Weise zu einer umfassenden imitatio Christi (Bortnes 1979, 228 f.). Avvakum bezieht seine gesamte Handlungspotenz von Christus:

> Was kann aber ich, der ich Dreck bin, tun, wenn nicht Christus wirkt? (120)

Diese ontologische Konzeption hat weitreichende Folgen für die Poetik von Avvakums *Leben* [*Žitie*]. Viktor Vinogradov konstatiert in seiner grundlegenden Untersuchung „Über die Aufgaben der Stilistik. Beobachtungen zum Stil des *Lebens* des Protopopen Avvakum [O zadačach stilistiki. Nabljudenija nad stilem *Žitija* protopopa Avvakuma]" (1923) eine grundlegende stilistische und inhaltliche Dichotomie, die sich durch den ganzen Text zieht:

> Archaisch-kirchensprachliche Stilkonstruktionen werden in die Umgangssprache eingebettet. Der Erzählvorgang [повествовательный сказ] legt eine fragile Textur frei, die aus zwei symbolischen Fäden gewebt ist. Die beiden stilistischen Ebenen darin entsprechen zwei Vorstellungsreihen, zwei sich gegenseitig bedingenden Gliedern eines psychologischen Parallelismus. Die eine Ebene wird gebildet durch die Lebensbeschreibung – Avvakums Erzählung über sein „Sich-Dahinschleppen [волокита]", über sein „Schwimmen" im Lebensmeer. Die Darstellungsweise der realen Begebenheiten wird jedoch bestimmt durch jene kirchlich-biblische Literatur, in deren Bannkreis sich Avvakums schöpferische Intuition bewegt. Die „Lebenszufälle" werden im Prozess ihrer künstlerischen Reproduktion durch einen reichen Vorrat an biblischen Sujetschemata und stilistischen Formeln apperzipiert und durch kirchlich-liturgisches und hagiographisches Wortmaterial ausgeschmückt. Das „neue Evangelium" wird auf der Grundlage des „alten" errichtet. (211 f.)

---

[4] „Siehst du, Selbstherrscher? Du, der du frei bist, gebietest nur über das russische Land, mir aber hat der Sohn Gottes in meinem Kerker sowohl den Himmel als auch die Erde untertan gemacht." (200)

Avvakum

Aus dem „alten" Evangelium stammen nicht nur häufig die sentenzenhaften Abschlüsse verschiedener Episoden,[5] einzelne Begebenheiten werden in enger Anlehnung an das biblische Modell geschildert. Die Dramaturgie von Avvakums Lebensgeschichte greift immer wieder auf entsprechende Topoi zurück. So ist etwa folgendes Detail aus Apg. 12, 6 in Avvakums Beschreibung seiner Gefangenschaft in Pustozersk eingefügt:

> Und die Wächter vor der Tür hüteten das Gefängnis [стражие же пред дверъми стрежаху темницы]. (108)

Versatzstücke und Zitate aus der Bibel finden sich über das gesamte *Leben* [*Žitie*] verstreut (Vinogradov 1923, 218 f.). Die Absicht dieser intertextuellen Verweise liegt auf der Hand: Avvakum begreift sein eigenes Leben als typologische Wiederholung des biblischen Heilsgeschehens (Gerasimova 1993, 315-317, Picchio 1984, 278). Bemerkenswert ist dabei, daß sich Avvakum keineswegs auf ein einzelnes Vorbild beschränkt. Avvakum setzt die Verweise auf verschiedene Figuren aus der christlichen Schrifttradition vielmehr als exempla für das göttliche Wirken ein – ein Wirken, dessen Effektivität für Avvakum über jeden Zweifel erhaben ist. Hinter der Reihe der zumeist explizit genannten Figuren, die Episoden aus Avvakums Leben modellieren, wird jedoch jenes letzte Vorbild sichtbar, das auch in theologischer Interpretation den Prototyp menschlicher Teilhabe am Göttlichen darstellt: Christus. Bereits der Bericht der ersten Probe von Avvakums Beständigkeit – die dramatische sexuelle Selbstdiziplinierung durch das Versengen der eigenen Hand – folgt der Erzählung aus dem *Prolog* (Moskau 1641) über einen ägyptischen Eremiten, der sich auf diese Weise vor der Verführung durch eine Hure schützt (Robinson 1963, 218). Später beruft sich der leidende Avvakum auf Hiob:

> Warum hast du, o Sohn Gottes, zugelassen, daß dieser Paškov mich so furchtbar schlug? [...] Wer soll Richter sein zwischen mir und dir? Wenn ich sonst übel tat, hast Du mich nie so sehr gekränkt. Jetzt aber weiß ich nicht, womit ich mich versündigt habe.

---

[5] Phil. 3, 8: „Ich aber achtete dies alles für Kot und trachtete, daß ich Christum gewönne" (89); Amos 8, 11: „Nicht der Hunger nach Brot, nicht der Durst nach Wasser richten den Menschen zugrunde; wahrhaft schrecklich ist der Hunger nur für den Menschen, der dahinlebt, ohne zu Gott zu beten." (90); Mt. 7, 18: „Ein guter Baum kann nicht arge Früchte bringen, und ein fauler Baum kann nicht gute Früchte bringen." (108); 2. Kor. 11, 6: „Und ob ich nicht kundig bin der Rede, so bin ich doch nicht unkundig in der Erkenntnis." (110); 1. Kor. 10, 12: „Dies bedenke nun jedermann, der da glaubt zu stehen, und hüte sich, daß er nicht falle." (120)

Ichentwürfe

> Ich tat, als wäre ich ein guter Mensch! Und war doch nur ein Pharisäer mit einer Drecksfratze [фарисей с говенною рожею] – mit dem Herrgott wollte ich rechten! Auch Hiob hatte einst so geredet. (71)

Ein anderes biblisches Vorbild für die eigene Viktimisierung stellt die Figur des Lazarus dar, mit dem sich Avvakum in der ersten Version seines *Lebens* [*Žitie*] (dokumentiert im sogenannten *Prjanišnikovskij spisok*) explizit vergleicht:

> Und so wurde ich nach Bratsk gebracht, dort warf man mich Kranken in den kalten Turm. Ich saß bis Weihnachten und fror in der Kälte sieben Wochen. [...] Rundherum Schimmel, Ungeziefer, Mäuse, und Kälte, und essen wollte ich. Ich schaue durch einen Spalt, bei Paškov brutzeln sie und braten und tragen Schüsseln herein, und trinken, und sind fröhlich. Aber zu mir schaut niemand herein, nichts gibt man mir – Dummköpfe! Ich hätte die Schüsseln ausgeleckt oder das Abwaschwasser getrunken, sie leeren es auf den Boden, mir aber geben sie nichts. [...] Damals fühlte ich mich wie Lazarus vor den Toren des Reichen. (320, vgl. auch die späteren Versionen 72)

Häufig tritt Avvakum in der Rolle eines alttestamentlichen Propheten auf. Während einer Hungersnot in Sibirien klagt sich Avvakum in den Worten Jeremias an (8, 23):

> Auch ich Sünder habe, getrieben von der großen Not, von dem Stutenfleisch und von dem verendeten Wild und den Vögeln gegessen. O weh meiner sündigen Seele! Wer wird Wasser meinem Haupte geben und meinen Augen Tränenquellen, auf daß ich beweinen möchte meine Seele, die gar unheilvoll den Lastern dieser Welt verfallen ist? (75)

In einem theologischen Streitgespräch (das nur in der Redaktion B enthalten ist) rechtfertigt Avvakum seine Position unter Verwendung einer Formulierung aus einem Psalm Davids:

> Dort führte man mich vor die weltlichen Patriarchen [перед вселенъских патриархов], und alle unsere sitzen dort wie die Füchse. Ich sprach mit den Patriarchen viel über die Heilige Schrift, der Herr tat meine sündigen Lippen auf (Ps. 51, 17), und Christus schalt sie durch meine Lippen [бог отверъзъ уста мое

грешные, и посрамил их Христос устами моими]. (Malyšev 1975, 52)

Eine ähnliche Selbststilisierung kann man in Avvakums Verhalten beobachten, wenn er in den Worten Jesajas (26, 15) Unheil über das Heer seines Gegners Paškov herabruft:

> Erhöre mich, o Herr! Erhöre mich, Du mein Herr und Gott, erhöre mich! Gib, daß nicht einer von ihnen zurückkehre! Richte ihnen allen in der Ferne das Grab! Mache, daß ihnen Böses widerfährt und vertilge sie, auf daß nicht in Erfüllung gehe des Teufels Prophezeiung! [приложи им зла, господи, приложи, и погибель им наведи, да не сбудется пророчество дьявольское!] (80)

In die autoritäre Diktion der Propheten passen auch Versatzstücke aus der Apokalypse (Offb. 16, 1), die Avvakum in seinem Text wiederholt einsetzt:

> Gerade zu dieser Zeit war es, als Nikon der Abtrünnige den Glauben verderbte und die Gesetze der Kirche verstümmelte; und diesetwegen goß Gott die Schale seines grimmigen Zornes über das russische Land aus. (56)
>
> Zwei meiner Brüder, die oben im Schloß der Zarin gewohnt hatten, waren mitsamt ihren Frauen und Kindern an der Pest gestorben. Auch viele Freunde und Verwandte waren gestorben. So hat Gott die Schale seines Zorns über unser Zarenreich ausgegossen. (69)

Im kurzen Traktat „Über das Zusammenlegen der Finger [O složenii perst]", der nicht in der Redaktion A des *Lebens* [*Žitie*] enthalten ist (Malyšev 1975, 241), zieht Avvakum zu seiner Argumentation die apokalyptische Bildlichkeit heran:

> Diese Armen haben ausgeklügelt, daß man sich mit drei Fingern bekreuzigen soll, in dem man Daumen, Zeigefinger und Mittelfinger zu einer Dreiheit [троица] zusammenlegen soll, aber sie wissen nicht zu welcher, am ehesten zu der, die Johannes der Theologe in der Apokalypse beschreibt – Schlange, wildes Tier, falscher Prophet. In der Deutung: Die Schlange bedeutet den Teufel, der falsche Prophet den falschen Lehrer, den Papst oder den Patriarchen und das wilde Tier – den tückischen Zaren, der Schmeichelei und Unwahrheit liebt. (Malyšev 1975, 78)

Ichentwürfe

In poetologischer Hinsicht besonders interessant ist eine theologische Abschweifung, die in der Redaktion B die Schilderung von Avvakums Rückreise nach Moskau einleitet. Ein Bibelzitat erscheint hier zunächst explizit, wird dann aber in Avvakums Rede integriert:

> Damals fürchteten wir uns sehr, da wir ja Menschen sind, überall, wo wir hinschauten, lauerte der Tod! Ebenso erging es dem Apostel Paulus, der von sich folgendes sagte: „Von außen Furcht, von innen Angst [Внутр убо страх, а вне убо боязнь]" (2. Kor 7, 5) und an anderer Stelle: „Wir hatten bei uns beschlossen, wir müßten sterben, aber der Herr hat uns von solchem Tode erlöst und erlöst uns noch täglich [уже бо-де не надеяхомся и живы быти, но господь всяко избавил мя есть и избавляет]" (2. Kor. 1, 9 f.). So war auch unsere Not beschaffen: Hätte Gott nicht geholfen, wäre meine Seele zur Hölle gefahren. David spricht: „Wo der Herr nicht bei uns wäre, wenn die Menschen sich wider uns setzen, so verschlängen sie uns lebendig [яко аще не бы господь в нас, внегда востати человеком на ны, убо живы пожерли быша нас]" (Ps 124, 2 f.), aber der Herr hat mich von solchem Tode erlöst und erlöst mich noch immer [но господь всяко избавил мя есть и до ныне избавляет]. (Malyšev 1975, 41)

Avvakum setzt in diesem Abschnitt eine Technik ein, die in formalistischer Terminologie als Entblößung des Verfahrens [obnaženie priema] bezeichnet wird. Ein Ausdruck („der Herr hat mich erlöst und erlöst mich noch immer") wird unter Angabe der Quelle [бывало то и на Павла-апостола, сам о себе свидетельствует сице] zunächst als fremdes Wort kenntlich gemacht, dann mit dem eigenen Wort verschmolzen. Damit wird deutlich, daß Avvakum den biblischen Text nicht einfach als Code zur Entschlüsselung seines Lebenstexts einsetzt. Er ist vielmehr bemüht, seinen Lebenstext in den biblischen Text einzuschreiben. Letztlich begreift Avvakum seine Biographie nicht als eigenständiges Sinnkontinuum, das stellenweise Ähnlichkeiten mit biblischen Episoden aufweist, sondern inkorporiert sie als Ganzes in den heiligen Urtext.

Avvakums Selbststilisierung gipfelt in der Annäherung an die Gestalt Christi selbst. Avvakums Zorn auf die Skomorochen mit ihren Tanzbären und ihre Vertreibung (62) verweisen deutlich auf die Tempelräumung durch Christus. Die Heilung eines „načal'nik", der Avvakum zuvor bedrängt hatte, folgt bis in einzelne Formulierungen einer Wundertat Christi (Lk. 5, 18-25):

Avvakum

Jefimej sprang von seinem Bett auf, fiel zu meinen Füßen nieder und jammerte, daß man's gar nicht beschreiben kann: „Vergib mir, Vater, ich habe gesündigt vor Gott und vor dir" und dabei zitterte er am ganzen Leibe. Ich aber entgegnete ihm: „Willst Du geheilt werden?" Er antwortete mir, am Boden liegend: „Bei Gott, ich möchte es, o ehrenwerter Vater!" Ich sprach: „Stehe auf! Gott vergibt dir!" (63)

Ein weiteres Beispiel stellt Avvakums reicher Fischfang an einem ungünstigen Ort dar (Malyšev 1975, 73). Diese Episode spiegelt eine neutestamentliche Szene, in der die Fischer nach einer erfolglosen Nacht auf Christi Anweisung ihre Netze füllen können (Joh. 21, 1-14).

Schließlich wird Avvakums Verurteilung von einer Sonnenfinsternis begleitet – die narrative Parallelisierung dieser beiden Ereignisse verleiht Avvakums Passion nachgerade eine metaphysische Dimension (56, Pliukhanova 1993, 315). Diese Szene leitet eine Reihe von direkten Anspielungen auf die Kreuzigung Christi ein: Avvakum wird mit seinen Leidensgenossen auf die Sperlingsberge als neues Golgatha geführt. Die Peiniger werden mit Hannah und Kaiaphas verglichen, die Märtyrer mit Christus (102 f.). Der Richter über die Altgläubigen trägt den Namen Pilatus (105)[6]. In der ersten Fassung des *Lebens* [*Žitie*] (*Prjanišnikovskij spisok*) wird während des Gerichts sogar der Ruf laut: „Ergreift, ergreift und kreuzigt ihn, – er hat uns alle entehrt!" [возьми, возьми, распни его, всех нас обесчестил!] (335). Avvakums Familie verleugnet den wahren Glauben, ebenso wie Petrus seinen Herrn verleugnet hatte (105 f.). Avvakums imitatio Christi erhält schließlich sogar eine Beglaubigung durch die höchste weltliche Autorität, den Zaren: „Protopope, ich kenne dein reines und untadeliges und gottesnachahmendes Leben [богоподражательное житие], und ich bitte um deinen Segen für mich, auch für die Zarin und die Kinder – bete du für uns." (103 f.).

Avvakum hebt mit diesem Verfahren die in der russischen hagiographischen Literatur übliche Distanz zwischen Gott und Mensch auf und stellt sich auf eine Stufe mit Christus (Pliukhanova 1993, 315). In der kühnen Selbstkanonisierung des Protopopen liegt das religiöse Skandalon

---

[6] In einer Episode wird auch Paškovs Handeln in einer Formulierung aus Mt. 27, 24 beschrieben, die sich auf Pilatus bezieht: „Er aber, Afonasej [sc. Paškov, U.S.], verleumdete mich weiterhin und trachtete mir ständig nach dem Leben. [...] er mußte erkennen, daß er nichts ausrichten konnte, sondern daß ein viel größer Getümmel ward." (75)

Ichentwürfe

von Avvakums *Leben* [*Žitie*] für die etablierte Orthodoxie.[7] Die Beschreibung des eigenen gottgefälligen Lebens wird auf diese Weise zur Autohagiographie (Ziolkowski 1988, 197 f.). Wie bewußt Avvakum seine Autobiographie nach hagiographischen Vorbildern modelliert hat, weist Demkova in ihrer textologischen Arbeit zur Entstehungsgeschichte des *Lebens* [*Žitie*] nach. In den verschiedenen Redaktionen des Werks, die der Autor selbst vorgenommen hat, wird der autobiographische Gehalt zunehmend von hagiographischen Stilisierungen verdrängt (1974a, 97-100, 1975, 166 f.). Die Anzahl der Zitate aus der Heiligen Schrift, aus theologischen Traktaten und religiöser Erbauungsliteratur nimmt zu, die Personen werden als Anhänger Gottes (die Altgläubigen) oder des Teufels (Nikon und sein Gefolge) typisiert (Bortnes 1988, 232 f.). Als anschaulichstes Beispiel darf die Darstellung von Avvakums Widersacher in Sibirien, Afanasij Paškov, gelten. In der ersten Redaktion findet die Tatsache, daß Paškov Avvakums Familie mit Vorräten für die Rückreise nach Moskau ausstattet, noch Erwähnung; spätere Versionen unterdrücken diese Information zugunsten einer einseitigen Schwarzmalerei (Demkova 1974a, 113 f.).[8] Avvakums Leben wird zum Schauplatz des archetypischen Kampfes zwischen Gott und Teufel.

Ebenso wie ein gottgefälliges Leben nur in Ausrichtung auf biblische Vorbilder zu realisieren ist, kann auch die Wahrheit eines Textes nur durch seine Abhängigkeit von dem einen Urtext verbürgt werden. An prominenter Stelle, in den Schlußsätzen seiner Lebensbeschreibung, macht Avvakum auf das apostolische Vorbild des *Lebens* [*Žitie*] aufmerksam:

> Die Apostel Paulus und Barnabas haben auf der Versammlung der Apostel zu Jerusalem doch auch erzählt, welch große Zeichen und Wunder Gott durch sie getan hatte unter den Heiden; so in der Apostelgeschichte Kap. 36 und Kap. 42. (121 f.)

Avvakum setzt in seinem *Leben* [*Žitie*] auch stilistische Signale ein, um seine Autobiographie als sekundären Text kenntlich zu machen. Grundsätzlich lassen sich zwei Stilebenen unterscheiden, denen poetologische Relevanz zukommt (Pančenko 1982, 148). Da ist zunächst die kirchenslavisch dominierte Ebene, deren Funktion sich allerdings nicht einfach in

---

[7] Dmitrij Rostovskij hat in der Folge Avvakums Selbstkanonisierung als „satanisch" bezeichnet (Pliukhanova 1993, 315).

[8] Allerdings legt Avvakum Paškov bereits in der ersten Redaktion Judas' Worte (Mt. 27, 4) in den Mund: „Ich habe gesündigt, o ich Verdammter habe unschuldig Blut vergossen." (324, 81)

Avvakum

der Wiedergabe biblischer oder hagiographischer Textelemente erschöpft. In vielen Fällen nimmt die Verwendung von Kirchenslavismen zu, wenn Begebenheiten von überindividueller, exemplarischer Bedeutung geschildert werden (Sorensen 1957, 164). Die Wiedergabe von Avvakums wundersamer Labung während seiner Gefangenschaft in einem Moskauer Kloster wechselt mit dem Auftritt des rettenden Engels von der russischen zur kirchenslavischen Sprachform:

> Gefesselt saß ich im Finstern und wußte nicht einmal, ob ich mich beim Gebet nach Osten oder Westen verneigte [Во тме сидя, кланялся на чепи, не знаю – на восток, не знаю – на запад]. Kein Mensch kam zu mir, wohl aber Mäuse und Schaben; Grillen zirpten, und Flöhe waren in Massen da. Am dritten Tage war ich sehr hungrig [Бысть же я в третий день приалчен] – ich wollte essen, und siehe: nach der Vesper stand plötzlich jemand vor mir; ich weiß nicht: war es ein Engel, war es ein Mensch – bis auf den heutigen Tag weiß ich es nicht [после вечерни ста предо мною, не вем – ангел, не вем – человек, и по се время не знаю]. (66)

Kirchenslavische Stilelemente in der direkten Rede werden von Avvakum nicht zur Charakterisierung des Sprechenden eingesetzt. Eine realistische Darstellungsweise gehört nicht zu Avvakums literarischen Strategien, im Grunde gelten hier dieselben Regeln für Avvakums eigenen Bericht: Heilsgeschichtlich Relevantes erhält oft eine kirchenslavische Färbung, die Weltgeschichte spielt sich „auf russisch" ab. Eine Frau aus dem einfachen Volk beschreibt eine wunderbare Vision, indem sie immer wieder auf kirchenslavische Formen zurückgreift:

> Als ich während der Andacht eingeschlafen und hingefallen war, traten zwei Engel zu mir, die nahmen mich bei der Hand und führten mich einen schmalen Weg. Zur linken Seite hörte ich Weinen und Klagen und lautes Heulen [И на левой стране слышала плач, и рыдание, и гласы умиленны]. Dann führten sie mich an einen lichten Ort; dort war es sehr schön, und sie zeigten mir viele herrliche Wohnungen und Gemächer. [...] Und nachdem sie mich eine Zeitlang dabehalten hatten, führten sie mich wieder aus dem Gemach und fragten mich dabei: „Weißt Du auch, wem dieses Gemach gehört?" Und ich antwortete [и аз-де отвещала]: „Nein, ich weiß es nicht." (118)

Ichentwürfe

Nicht in dieses Erklärungsschema zu passen scheint der Beginn von Avvakums Lebensbeschreibung. Einfache Fakten werden hier nicht in russischer, sondern in kirchenslavischer Form dargeboten:

> Meine Geburtsstätte liegt in der Gegend von Nižnij Novgorod [в нижегородских пределех], jenseits des Flusses Kudma, im Dorfe Grigorovo. Mein Vater war der Priester Petr, meine Mutter hieß Marija, als Nonne später Marfa [Отец ми бысть священник Петр, мати – Мария, инока Марфа]. Mein Vater war ein unmäßiger Trinker; die Mutter hingegen beachtete die Fasten sehr streng und war fleißig im Beten, sie hat mich in der Furcht Gottes aufgezogen [Отец же мой прилежаше пития хмельнова; мати же моя постница и молитвеница бысть, всегда учаше мя страху божию]. (59)

Diese Passage erhält einen besonderen Sinn, wenn man sie unter dem Gesichtspunkt ihrer exemplarischen Bedeutung liest, die von der kirchenslavischen Stilform unterstrichen wird. Die Erwähnung der Trunksucht des Vaters ist weder Ausdruck realistischer Milieubeschreibung noch engagierter Sozialkritik, wie Pascal (1938, 74) meint. Avvakums ambivalenter Beschreibung seiner Herkunft kommt symbolischer Wert zu. Bortnes (1988, 255) hat gezeigt, daß die Charakterisierung von Avvakums Eltern auf zwei zeitgenössische Topoi verweist: Der Vater ist dem betrunkenen Priester aus der Schwankliteratur, die Mutter hagiographischen Frauengestalten nachgebildet (*Das Leben der Ulijana Osor'ina* [*Žitie Ulijanii Osor'inoj*], *Die Erzählung von Marfa und Marija* [*Povest' o Marfe i Marii*]). Avvakum stellt sein Leben damit von Anfang an in das Spannungsfeld zwischen irdischer Immanenz und religiöser Transzendenz, zwischen Sünde und Erlösung.

Die zweite Stilebene in Avvakums Autobiographie kann als umgangssprachlich definiert werden. Die Verwendung von russischer Alltagssprache stellt das dominante Stilprinzip des *Lebens* [*Žitie*] dar. Programmatisch eröffnet Avvakum sein Werk mit einer Rechtfertigung der russischen Sprachform:

> Und wenn ich manches auch sehr einfach [просто] sage, so solltet ihr, die ihr dies um Christi willen lesen und hören werdet, unsere einfache Sprache doch nicht gering achten [не позазрите просторечию нашему], denn ich liebe meine russische Muttersprache [русской природной язык]; mit philosophischen Verzierungen meine Reden zu schmücken [речи красить], ist nicht meine Art, denn nicht schöne Worte will Gott, sondern unsere Werke

Avvakum

[понеже не словес красных Бог слушает, но дел наших хочет]. [...] Gott verlangt nicht, daß wir uns in lateinischer oder in griechischer oder in hebräischer Sprache ausdrücken – oder in irgend einer anderen Sprache –, sondern er will die Liebe und die anderen Tugenden. Deshalb bekümmere ich mich auch nicht um das Schönreden und erniedrige meine russische Sprache nicht [того ради я и не брегу о красноречии и не уничижаю своего языка русскаго]. (53 f.)

Die Stoßrichtung dieses Plädoyers ist eine doppelte: Avvakum verteidigt einerseits das Russische gegen die Fremdsprachen, besonders die traditionellen Bibel- und damit auch Bildungssprachen, andererseits die einfache Volkssprache [просторечие] gegen die ausgefeilte Rhetorik [красноречие]. Avvakum begründet seine linguistische Präferenz in einer Adresse an den Zaren aus „Buch der Erklärungen [Kniga tolkovanij]" auch theologisch:

Besinne dich wohl auf die alten Zeiten, wie es noch zu Stefans Zeiten war, und sag auf russisch: „Herr, hab Erbarmen mit mir Sünder!" [рцы по рускому языку: „Господи, помилуй мя грешнаго!"] Das Kyrie-eleison laß bleiben; so sprechen die Griechen, spuck auf sie! Du, Michajlovič, bist doch ein Russe und kein Grieche [Ты ведь, Михайлович, русак, а не грек]. Sprich in deiner Muttersprache; erniedrige sie weder in der Kirche noch zu Hause, noch in Sprichwörtern. Wie uns Christus gelehrt hat, so geziemt es sich zu sprechen. Gott liebt uns nicht weniger als die Griechen; er hat uns die Heilige Schrift in unserer Sprache durch Kyrill und seinen Bruder übergeben. Was wollen wir mehr? Die Engelssprache etwa? Die gibt es vorläufig nicht, erst bei der allgemeinen Auferstehung. (159)

Die am schärfsten zugespitzte Formel für den Zusammenhang von Volkssprache und Gottesnähe findet Avvakum in einem Brief an Feodor Rtiščev:

Ein Rhetor und Philosoph kann kein Christ sein [Ритор и философ не может быти христианин]. (Demkova 1974b)[9]

---

[9] Bereits im *Leben* [*Žitie*] sagt Avvakum mit Bestimmtheit: „Zwar habe ich nicht die Kenntnis der Rede, wohl aber die Erkenntnis im Geiste; zwar bin ich nicht gelehrt in Dialektik und Rhetorik und Philosophie, aber ich habe die Erkenntnis Christi in mir [а разум Христов в себе имам], wie ja auch der Apostel spricht: Und ob ich nicht

Ichentwürfe

Vinogradov (1923, 209 f.), Demkova (1988, 304) und Bortnes (1988, 244 f.) haben Avvakums Erzählweise im Hinblick auf ihre „Ausrichtung auf die mündliche Rede [ustanovka na ustnuju reč']" (Ėjchenbaum 1987, 413) als „skaz" bezeichnet. Die Besonderheit von Avvakums Sprache liegt in der breiten Verwendung nichtnormativer Lexik, die auch derbe und ordinäre Ausdrücke einschließt. So beschimpft Avvakum seinen Widersacher Paškov als „Dummkopf [дурак]" (73). Die eigene Amtsenthebung kommentiert Avvakum mit den Worten: „Mit der Verdammungsschrift aber will ich mir, grob gesagt, den Arsch wischen! [гузно тру]" (85).

Die Dominanz des umgangsprachlichen Stilregisters wird durch einfache Syntaxstrukturen verstärkt. Die Parataxe überwiegt in solchem Maße, daß Avvakum mitunter hypotaktische Konstruktionen durch parataktische austauscht und dabei Aorist- und Gerundivformen des Verbs verwechselt (Bortnes 1988, 247).[10]

Avvakums „skaz" wird nicht nur durch seine persönliche Lexik und Syntax bestimmt, auch auf der Sujetebene lassen sich Verstöße gegen schreibsprachliche Anordnungstechniken nachweisen. Die Darbietung der einzelnen Begebenheiten folgt oft nicht schriftlichen, sondern mündlichen Prinzipien. So finden sich im Verlauf des Textes immer wieder Selbstkorrekturen, die bald ganze Episoden („Genug davon!" [полно тово!], Vinogradov 1923, 216), bald aber auch nur ein Wort betreffen:

> Als ich noch Pope war, da war in meinem Hause [...] eine junge Witwe – lange ist's schon her, und ihren Namen habe ich vergessen. Da fällt's mir ein: Ofimeja hieß sie [давно уж, и имя ей забыл, помнится, Офимьею звали]. (116)

Die Textgestalt von Avvakums *Leben* [*Žitie*] ordnet sich aber nicht nur in stilistischer Hinsicht einer expressiven Funktion unter. Auch hinsichtlich des erzählerischen Arrangements lassen sich entscheidende Abweichungen von einer systematischen Ordnung beobachten. Die Chronologie stellt bei der Präsentation von Avvakums Leben nur ein grobes Raster dar. Die Autobiographie setzt zwar bei der Geburt ein und bricht in der Pustozersker Gefangenschaft zum Zeitpunkt der Niederschrift ab. Grundsätzlich aber läßt sich ein sehr freier Umgang mit der Reihung der berichteten

---

kundig bin der Rede, so bin ich doch nicht unkundig in der Erkenntnis (2. Kor. 11, 6)." (110)

[10] Allerdings ersetzt Avvakum in späteren Redaktionen die Parataxe vermehrt durch kompliziertere Konstruktionen (u.a. Dativus absolutus) und unterstreicht dadurch die Literarizität seines Werks (Kolesov 1975, 216 f., 227).

Avvakum

Episoden feststellen – als Ordnungsprinzip scheint hier wie in einem Gespräch die freie Assoziation zu walten. Als anschaulichstes Beispiel für diese assoziative Poetik der Sujetanordnung kann die Schilderung von Avvakums Wundertaten und Heilungen am Ende des *Lebens* [*Žitie*] gelten. Die Chronologie wird aber schon zuvor zugunsten einer thematischen Verknüpfung der Episoden durchbrochen. So schildert Avvakum das daurische Wasserwunder auf dem gefrorenen See (89 f.) nicht im Kontext der Verbannung in Daurien, sondern reicht es in einem Moment der Glaubensschwachheit als Beweis für Gottes Fürsorge gewissermaßen nach.

Zu berücksichtigen ist auch, daß Avvakums Autobiographie – kommunikationstheoretisch gesprochen – den Status eines längeren Sprechakts im Rahmen eines Dialogs mit dem Starec Epifanij einnimmt. An einigen Stellen des *Lebens* [*Žitie*] wird dies auch graphisch sichtbar. Epifanij fügt Avvakums Lebensbeschreibung von eigener Hand Bemerkungen hinzu. So stammt der erste Abschnitt des *Lebens* [*Žitie*] aus der Feder Epifanijs:

> Der Protopope Avvakum wurde von dem Mönch Epifanij genötigt – denn dieser war sein Beichtvater –, sein Leben zu beschreiben, auf daß die Sache Gottes nicht der Vergessenheit anheimfalle; hierzu bedurfte es seines geistlichen Vaters, zum Ruhme Christi unseres Herrn. Amen. (Malyšev 1975, 138)

Mitten im Text seiner Autobiographie bricht Avvakum ab und bittet Epifanij, seine Meinung zum Geschilderten niederzuschreiben:

> Schreibe also du, Starec, etwas hinzu.
> „Gott möge dir verzeihen und dich in dieser und in der zukünftigen Welt segnen, sowie auch deine Gefährtin Anastasija mitsamt deiner Tochter und deinem ganzen Hause. Gut habt ihr gehandelt und gerecht. Amen."
> Es ist gut so, Starec, Gott vergelte dir deine Güte. Aber nun genug davon. (84)

Diese Leseranreden sind in der Forschung auf verschiedene Weise erklärt worden. Patricia Hunt begreift Avvakums Dialog mit Epifanij (und jedem späteren Leser) als Präfiguration einer Beichte an den Leser:

> Als Beichtväter [...] sind Epifanij und der Leser für Avvakum das Mittel, den Leib Christi zu verinnerlichen. Avvakums Beichte ist aber zugleich auch eine Form der Aufforderung an sie. Im gleichen Maß, in dem er durch sie verinnerlicht wird als Beichtender, gleicht er sich ihnen als Abnehmer der Beichte an. Am Ende des

Ichentwürfe

Textes ist seine Selbsttranszendierung und Identität mit Christus voll realisiert, ebenso wie seine Beichtvaterfunktion für die Welt in Epifanij und dem Leser inkarniert ist. Der Schluß der Autobiographie ist eine Umkehrung der Ausgangssituation: Es ist nun an Avvakum, Epifanij zur Beichte aufzufordern. (1975, 167)

Die Beichtgemeinschaft wird auf diese Weise zum Medium der kollektiven Annäherung an Christus.[11] Es gilt nicht nur, dem Leser den Vorbildcharakter von Avvakums Leben klarzumachen, er soll auch in die christliche Heilsgeschichte integriert werden.

Auf ähnliche Weise hat Bortnes (1988) das Phänomen der „Ausblendung von epischer Distanz" (233) zu erklären versucht. Die direkten Wortmeldungen des Ich-Erzählers bedeuten nichts anderes als eine Artikulierung des Unterschiedes zwischen Erzähler und Protagonist. Die Rahmengeschichte etabliert eine Dialogsituation zwischen Erzähler und Leserschaft (239), gleichzeitig erhalten die im Rahmen dieses Dialogs geäußerten Sprechakte verschiedene Funktionen. In der Terminologie von Jakobsons Kommunikationsmodell beschreibt Bortnes die Funktion der direkten Leseradressen als phatisch, – eine Funktion, die je nach Stilfärbung der entsprechenden Passage in eine emotive [вяканье] oder eine konative [проповедь] übergehen kann (243).

Hunts und Bortnes' Erklärungen ist die Einsicht gemeinsam, daß Avvakum eine Mittlerposition zwischen Christus und Leser einnimmt. Sein Text stellt eine doppelte Verbindung her: sowohl nach oben (zum ewigen Leben) als auch nach unten (zum alltäglichen Leben). Diese theologische Mittlerfunktion rückt Avvakums Autobiographie in nächste Nähe zu einer anderen künstlerischen Form, der gerade im russischen Mittelalter eine zentrale Stellung zukommt: der Ikone. Der bisher noch wenig erforschte Zusammenhang zwischen bildender Kunst und Literatur in der russischen Mediävistik läßt sich am Beispiel Avvakums besonders gut nachweisen (vgl. auch Švarc 1987, 198).[12] Die Semiotik der Ikone weist einige auf-

---

[11] Auch Ponyrko (1985, 387) unterstreicht den Beichtcharakter von Avvakums *Žitie* und deutet es als geistliches Vermächtnis, das in diesem Fall die Form einer Autobiographie angenommen hat.

[12] Malyšev (1965, 154 f.) zitiert ein zeitgenössisches Dokument, in dem berichtet wird, daß Avvakum seinem Lieblingsschüler Sergij ein Exemplar seiner Autobiographie zusammen mit einem Bild übersandt hat. Dabei soll es sich um ein Doppelportrait mit Selbstbildnis und einer Abbildung seines Schülers Sergij gehandelt haben. Nicht nur die Tatsache, daß Avvakum neben einer „Selbsterlebensbeschreibung" auch ein Selbstbildnis angefertigt hat, ist bezeichnend. Ebenso wie Avvakums Autobiographie den impliziten Leser expliziert und die Kommunikationssituation in den Text ein-

Avvakum

fällige Parallelen zu der oben skizzierten Ästhetik auf, die Avvakums *Leben* [*Žitie*] zugrunde liegt. Auch die Ikone bezieht ihre ästhetische Wahrheit aus jener Transzendenz, die für die russische Orthodoxie ihre gültige Formulierung im corpus areopagiticum gefunden hat. „Alle wahrnehmbaren Dinge sind in Wahrheit nur Zeichen unsichtbarer Dinge" – dieser Satz von Dionysos Areopagita markiert den Kerngedanken der Ikonensemiotik, die neoplatonische Zweiteilung des Kosmos in eine reale, aber transzendente Sphäre des Göttlichen und eine Scheinwelt, der kein autonomes Sein zukommt. Die Ikone gilt der orthodoxen Theologie als Fenster zwischen diesen beiden Bereichen (Florenskij 1993, 48, 56). Da die Ikone Göttliches und Menschliches in sich vereinigt, darf sie sich nicht mit einem originalen Werk eines schaffenden Künstlers verwechselt werden. Die Ikone ist „nicht von Hand geschaffen [нерукотворный]", der Ikonenmaler versteht sich als Isograph, als Kopist, der Züge eines göttlichen Originals [подлинник] abschreibt.[13] Aus dieser Ausrichtung auf die Urikone, das authentische Bild des fleischgewordenen Gottes, resultiert die realismusfeindliche Haltung der Ikone – eine Haltung, die gerade in Avvakum einen ihrer eifrigsten Anwälte gefunden hat (Robinson 1966, 367 ff.). In seinem *Gesprächsbuch* [*Kniga besed*] findet sich eine oft zitierte Passage über die Ikonenmalerei:

> Gott hat es zugelassen, daß sich in unserem russischen Land Isographen mit einer unwürdige Art der Ikonenmalerei verbreitet haben [по попущению Божию умножися в нашей руской земли иконаго письма неподобнаго изуграфы]. Sie malen ohne Berufung, die Behörden sind ihnen gewogen [пишут от чина меньшаго, а велиции власти благоволяют им], und alle bewegen sich auf den Abgrund des Verderbens zu, indem sie sich aneinander klammern [...]. Die Sache verhält sich nämlich so: Sie malen das Bild des Erlösers Emmanuel, ein aufgedunsenes Gesicht, rote Lippen, gelocktes Haar, dicke Hände und Muskeln, aufgeschwollene Finger, ebenso die Beine mit dicken Schenkeln, ganz wie ein Deutscher mit dickem Bauch ist er dargestellt, es fehlt nur noch der Säbel an der Hüfte. [...] All das hat sich der Feind Nikon, der schnelle Rüde, ausgedacht, als ob es lebendige Personen

bringt, nimmt das Selbstbildnis neben dem Absender (Avvakum) auch den Adressaten (Sergij) in sich auf.

[13] Uspensky (1976, 8) weist in diesem Zusammenhang darauf hin, daß der übliche Terminus für das Malen einer Ikone перевод war. Zum писание von Ikonen Skálová (1991, 173).

Ichentwürfe

abzuzeichnen gälte, er richtet alles auf fränkische Art ein, d.h. auf deutsche [А все то кобель борзой Никон, враг, умыслил, будто живыя писать, устрояет все по-фряжскому, сиречь по-неметцкому]. (135)

Nicht Mimesis einer Wirklichkeit, die aus orthodoxer Sicht ja ohnehin an einem Seinsdefizit leidet, ist gefordert, sondern die Fortführung jener traditionellen Bildreihe, deren Wahrheit durch den Akt des „perevod", des Abschreibens, verbürgt ist. Dasselbe Wahrheitskriterium gilt auch für Avvakums Autobiographie: Nicht die möglichst getreue Wiedergabe eines Einzellebens steht im Vordergrund, vielmehr soll das bekannte und verläßliche Modell reproduziert werden. Avvakum schreibt keinen originalen Text, sondern kopiert jene Biographie, die Gott während seines Menschseins gewissermaßen als Mastercopy hinterlassen hat. Der Text fungiert hier als Schnittstelle – wenn man in der elektronischen Metaphorik bleiben will: als Interface – zwischen göttlichem und menschlichem Sein. Aus dieser besonderen Stellung erklärt sich auch die sowohl in der Ikone als auch in Avvakums Text eingebaute Rezeptionssteuerung. Eine der wichtigsten Eigenarten der Ikone ist die sogenannte „umgekehrte Perspektive" (Florenskij [1919] 1993, 175-283): Das Zentrum des Sehens liegt nicht außerhalb der Ikone, sondern in ihr selbst. Pointiert formuliert: Man kann eine Ikone nicht ansehen, man kann von ihr nur angesehen werden. Der Blick der dargestellten Personen auf den Betrachter gehört zu den wichtigsten Gestaltungsprinzipien der Ikone (Uspensky 1976, 60). Das Geschehen auf der Ikone eröffnet damit einen Raum, der vom Raum des Betrachters nicht getrennt ist. Die Ikone verbindet den Gläubigen mit dem dargestellten Heilsgeschehen, sie ist das geeignete Mittel, um „sobornost'", die kirchliche Gemeinschaft der Gläubigen, herzustellen (Onasch 1991, 11). Uspenskij weist in diesem Zusammenhang auf die sogenannte Niedersicht als für die Ikone typische Perspektive hin: Gebäude können im Zentrum der Ikone von innen dargestellt werden, während die Darstellung am Bildrand den Blick auf die Außenmauern freigibt. Deshalb ist der Ikone auch das Phänomen des Rahmens fremd (Uspensky 1976, 40): Es gibt keine ontologische Grenze zwischen Bild und Betrachter. Im Grunde genommen ist es falsch, von einer „Rezeption" einer Ikone zu sprechen. Viel eher läßt sich die Sinnstiftung, die sich zwischen Bild und Betrachter ereignet, als dialogischer Prozeß beschreiben: Die umgekehrte Perspektive, die Niedersicht, der Blick der dargestellten Personen aus der Ikone heraus – alle diese Elemente beziehen den Betrachter in das dargestellte Heilsgeschehen ein. Der Betrachter wird nicht mit einem Sinnentwurf konfrontiert, den es zu enträtseln gilt. Der Sinn, der sich in der Ikone verbirgt, ist dem Betrachter grundsätzlich bekannt. Von Bedeutung ist deshalb nicht so sehr das

Avvakum

Wissen, das sich nach dem Betrachten der ikonischen Lehrinformation einstellt, wichtiger ist der Akt des Betrachtens selbst, in dem die kirchliche Gemeinschaft [соборность] wirklich wird (Onasch 1984, 176, 204).

Avvakums *Leben* [*Žitie*] läßt sich als Versuch der Herstellung einer „Textikone" lesen. Avvakum erhebt als Isograph keinen Anspruch auf künstlerische Originalität. Sein Leben ist zwar aufregend und einzigartig, aber nicht deswegen ist es interessant. Avvakum schreibt sich mit seiner Autobiographie in das göttliche Heilsgeschehen ein. Er versteht sich deshalb nicht als eigentlichen Autor seines Texts, ebensowenig wie ein Ikonenmaler sein Werk als persönliche Schöpfung ansieht.[14] Die textuellen Grenzen des *Lebens* [*Žitie*] werden nicht nur auf der Autor-, sondern auch auf der Leserseite abgeschwächt. Die zahlreichen Hinwendungen an den Leser entsprechen dem Blick der auf der Ikone dargestellten Personen zum Betrachter. Die Dialogsituation, in die Avvakums Autobiographie eingebettet ist, spiegelt auf diese Weise die Soziologie der Ikone.[15]

Avvakums Autobiographie ist durch eine Reihe von Dichotomien geprägt. Man hat es in Sowjetrußland nicht versäumt, die fehlende ästhetische Einheit des *Lebens* [*Žitie*] zu monieren[16]. Allerdings ist die Tatsache kaum zu übersehen, daß gerade der spannungsreiche Gegensatz den künstlerischen Wert dieses Werks ausmacht.[17] Eine schematische Darstellung dieser Dichotomien präsentiert sich wie folgt:

---

14 Vgl. auch Pančenko (1982, 149), der Avvakums Selbsterniedrigungsformeln als Ausdruck des Bewußtseins interpretiert, daß bei der Niederschrift des *Žitie* nicht ein menschlicher, sondern ein göttlicher Autor am Werk ist.

15 Parpulova-Gribble (1993, 107) nimmt als idealen Leser von Avvakums Autobiographie Gott an. Damit würde Avvakum zum Medium des Zu-Sich-Selbst-Kommens eines Gottes, der idealer Autor und idealer Leser in einem ist.

16 So urteilt etwa Vinogradov (1959, 468): „Avvakums Versuch, in seinem *Leben* [*Žitie*] die volkssprachliche Darstellungsweise mit der buchsprachlich-hagiographischen, altkirchenslavischen zu verbinden, führte weder zu einer künstlerischen Einheit noch zu einem ganzheitlichen Bild des Helden."

17 Robinson (1967) faßt diesen Gegensatz im Begriffspaar исповедь – проповедь. Avvakum führe eine Doppelrolle als Sünder und Prophet aus. Diese Grundopposition äußere sich inhaltlich im auffälligen Wechsel von Selbsterniedrigung und Selbsterhöhung (366), stilistisch im Wechsel von russischer und kirchenslavischer Sprachform (362).

Ichentwürfe

Gott	Mensch
Christus	Avvakum
Heilsgeschichte	Weltgeschichte
Hagiographie	Autobiographie
Identität	Ichdiffusion
Realität	Irrealität
Glückseligkeit	Leiden
Kirchenslavismus	Umgangssprache

Avvakums Autobiographie kann als Versuch gelesen werden, die beiden Ebenen dieses Gegensatzes zu vermitteln. Die menschliche Sphäre soll an die göttliche Welt angeschlossen werden, an eine transzendente Welt, die über das Monopol an Wahrheit und Sein verfügt. Anschlußpunkt – und hier liegt der Kernpunkt von Avvakums Theologie – ist der Gottmensch, der zwei Naturen in sich vereinigt. Die ontologische Disqualifizierung des irdischen Daseins führt Avvakum zu einem Ichentwurf, der sich aus Kategorien des wahrhaftigen, göttlichen Diskurses konstituiert. Avvakum erfährt sein Ich in ausschließlicher Abhängigkeit von dem vorbildlichen Ich Christi, dessen Menschlichkeit sich paradoxerweise aus seiner Göttlichkeit ableitet (ecce homo). Deshalb kann Avvakum sein Ich nur unter zwei einander radikal entgegengesetzten Aspekten beschreiben, von denen aber jeder für sich genommen gleich unangemessen ist: Die Selbstapotheose mißachtet die conditio humana, die Selbsterniedrigung kompromittiert das Vorbild der imitatio Christi. Das ständige Oszillieren zwischen Ichbestätigung und Ichvernichtung hat seinen Ursprung in Avvakums Christologie, die in der Menschwerdung Gottes immer auch die Möglichkeit der Gottwerdung des Menschen angelegt sieht.

Avvakums Heilsgewißheit verhindert die Ausbildung eines neuzeitlichen Ich, das seine eigene Einheit als problematisch erfahren kann. Keine Episode in Avvakums *Leben* [Žitie] bezieht ihr dramatisches Substrat aus einem inneren Widerstreit des Protagonisten. Nur die Situation des Subjekts kann zum Problem werden, nicht aber das Subjekt selbst. Sogar die Möglichkeit eines Widerstreites innerhalb des Ich wird von Anfang an ausgeblendet. Avvakums Theologie ist auf doppelte Weise gegen die nachaufklärerische Gottverlassenheit des Subjekts gefeit: Zum einen ist Avvakums Welt reich an Beweisen und Zeichen des göttlichen Eingreifens, zum anderen wird das Hauptproblem christlicher Theologie, die Theodizee, auf elegante Weise zum Hauptvorzug umgedeutet – gerade im ungerechten Leiden nähert sich der Mensch Christus an.

Avvakum

Avvakum ist die Erfahrung der Einsamkeit fremd, weil ihm auch die Opposition privates/öffentliches Leben fremd ist.[18] Sein Ich sucht nicht die Selbstentfaltung in der Welt, sein Ich ist auf einer Mission. Dieser Aspekt von Avvakums Selbst-Erfahrung wird deutlich, wenn man die spärlichen Informationen zu seinem Familienleben sammelt. Der Tod zweier Söhne bietet kaum Material für einen ganzen Satz:

> In jener großen Notzeit sind auch uns zwei Söhnlein gestorben, wir übrigen aber quälten uns weiter, indem wir nackend und barfuß durch die Berge und über spitze Steine irrten, und schlugen uns mit Gräsern und Wurzeln jämmerlich durch. (74)

Es gibt eine Stelle in Avvakums *Leben* [*Žitie*], in der sich ein möglicher Konflikt zwischen religiöser Mission und Privatleben abzeichnet. Allerdings bringt der autobiographische Text die Position der Ehefrau sogleich auf eine harmonierende Linie mit Avvakums eigener Präferenz:

> Eine große Traurigkeit befiel mich, und ich saß da und grübelte: „Was soll ich tun? Soll ich Gottes Wort predigen, oder soll ich mich irgendwo verbergen? Denn mein Weib und die Kinder halten mich gefesselt." Als die Protopopin mich so traurig sah, da trat sie in Demut vor mich hin und sprach zu mir: „Mein Herr, warum bist du so betrübt?" Da erzähle ich ihr alles: „Mein Weib, was soll ich nur tun? Draußen herrscht ein Winter der Ketzerei; soll ich nun reden oder schweigen? Ihr habt mich ja gefesselt!" Sie aber sprach zu mir: „Um Gottes willen! Was redest du da, Petrovič?" Ich kenn doch die Worte des Apostels; du hast sie mir ja selbst vorgelesen: Bist du an ein Weib gebunden, so suche nicht, es los zu werden; bist du los vom Weibe, so suche kein Weib. Hier nimmst du meinen und deiner Kinder Segen: unerschrocken sollst du Gottes Wort auch weiterhin predigen, um uns aber sorge dich nicht; solange es Gott gefällt, werden wir beisammen bleiben; sollte man uns aber trennen, dann gedenke unser in deinen Gebeten; Christus ist mächtig genug, auch uns nicht zu verlassen! Geh in die Kirche, geh nur, Petrovič, und prangere den häretischen Irrglauben an!" (87)

Das missionierende Ich verdrängt nicht nur das private Ich, – die umfassende Ausrichtung von Avvakums Subjektivität auf Gott beeinträchtigt

---

18 Zur Kulturgeschichte des Privaten in Rußland vgl. Boym (1994, 73-84).

Ichentwürfe

auch seine Wahrnehmungsfähigkeit für die Schönheiten der Natur. Der Widerstreit zwischen Gottesfurcht und Naturgenuß stellt ein immer wiederkehrendes Phänomen der abendländischen Kulturgeschichte dar. Die Problematik läßt sich an einem vielzitierten Beispiel illustrieren, das auch für Avvakums Naturverhältnis Aussagekraft besitzt. Am 26. April 1335 besteigt Petrarca den Mont Ventoux. Auf dem Gipfel angekommen, berauscht er sich an der Aussicht, schlägt aber bald die *Confessiones* Augustins auf (ein Buch, das er immer bei sich trägt), und stößt dabei auf folgende Stelle:

> Die Menschen gehen hin und sehen staunend die Gipfel der Berge und die Fluten des Meeres ohne Grenzen, die weit dahinfließenden Ströme, den Saum des Ozeans und die Kreisbahnen der Gestirne, aber sie haben so nicht acht ihrer selbst. (Augustinus 1980, 508)

Der Eigenwert der Natur wird durch die geistliche Ermahnung zerstört, Petrarca beeilt sich, den Ort ästhetischer Versuchung zu verlassen. Petrarcas zerknirschte Reaktion zeigt das grundlegende Dilemma auf: Der Begriff der Natur als autonomes Objekt bedingt ein autonomes Subjekt. Solange Subjekt und Objekt noch in Gott ruhen, ist aller Tourismus nicht nur überflüssig, sondern sogar gefährlich: Die Ausgliederung des Betrachters und des betrachteten Gegenstandes aus der göttlichen Einheit der Schöpfung kann nur als Distanzierung von Gott interpretiert werden.

Augustins ästhetische Selbstdisziplinierung ist für das mittelalterliche Naturverhältnis bezeichnend. Joachim Ritter (1974, 150 f.) beschreibt die in der Neuzeit erwachende Aufmerksamkeit für Naturschönheit als Folge der „interesselosen Anschauung", die erst in Kants Ästhetik auftritt:

> Landschaft ist Natur, die im Anblick für einen fühlenden und empfindenden Betrachter ästhetisch gegenwärtig ist: Nicht die Felder vor der Stadt, der Strom als „Grenze", „Handelsweg" und „Problem für Brückenbauer", nicht die Gebirge und die Steppen der Hirten und Karawanen (oder der Ölsucher) sind als solche schon „Landschaft". Sie werden dies erst, wenn sich der Mensch ihnen ohne praktischen Zweck in „freier" genießender Anschauung zuwendet, um als er selbst in der Natur zu sein. Mit seinem Hinausgehen verändert die Natur ihr Gesicht. Was sonst das Genutzte oder als Ödland das Nutzlose ist und was über Jahrhunderte hin ungesehen und unbeachtet blieb oder das feindlich abweisende Fremde war, wird zum Großen, Erhabenen und Schönen: es wird ästhetisch zur Landschaft.

Avvakum

Avvakum hat zwei Landschaftsbeschreibungen in sein *Leben* [*Žitie*] eingeflochten. Während der Reise nach Sibirien will Paškov Avvakum in einem wilden Gebirge aussetzen:

> O welch ein Elend! Die Berge hoch [О, горе стало! Горы высокия], der Urwald undurchdringlich, die Felsen stehen da wie eine Wand; blickt man empor, verrenkt man sich das Genick! Riesengroße Schlangen leben in jenen Bergen; Wildgänse und schöngefiederte Enten nisten dort, schwarze Raben und graue Dohlen; und obendrein gibt es da Adler und Geier, Falken und Truthühner, Pelikane und Schwäne und eine gewaltige Menge anderer Vögel. Viele wilde Tiere durchstreifen diese Gebirge: Ziegen und Hirsche, Edelhirsche und Elche, Wildschweine, Wölfe, wilde Schafe. Ganz nahe sind sie unserem Auge, aber fangen kann man sie nicht. In diese Berge also wollte mich Paškov aussetzen, bei den wilden Tieren und Schlangen, mit den Vögeln sollte ich hausen. (70)

Auf der Rückreise nach Moskau beschreibt Avvakum die Natur rund um den Baikalsee:

> Ein Gebirge von gewaltiger Höhe erhebt sich da, steile Felswände ragen empor – zwanzigtausend Werst und noch mehr war ich durchs Land gezogen, aber solche Berge hatte ich noch nie gesehen. Auf ihren Gipfeln befinden sich Emporen und Säle, Tore und Säulen, Zäune aus Stein und Höfe – alles von Gottes Hand gemacht. Auf diesen Bergen wächst Zwiebel und Knoblauch, viel größer als die Romanovzwiebel, und sehr süß. Auch wächst dort Hanf, von Gott gesät, und in den Höfen wachsen schöne Gräser und Blumen, die duften so angenehm. Sehr viele Vögel gibt es da. Gänse ünd Schwäne schwimmen auf dem Meer wie eine Decke von Schnee. Und Fische sind darin – Störe und Lachse, Sterlet und Omul und Schnäpel und noch andere Arten. Obwohl das Meer [sc. der Baikalsee, U.S.] Süßwasser hat, leben doch Seehunde und Seehasen darin, so groß, wie ich sie nicht einmal im gewaltigen ozeanischen Meere gesehen habe, als ich in Mezen' lebte. Das Baikalmeer ist voll von Fischen; die Störe und Lachse sind sehr fett, man kann sie nicht in der Pfanne braten: sie zergehen zu lauter Fett. Dies alles ist aber von Christo, unserm Licht, für den Menschen gemacht, auf daß er stille werde und Gott preise. (86)

Avvakums Rezeption von Naturschönem befindet sich in einem Übergangsstadium vom archaischen zum modernen Bewußtsein (Robinson

Ichentwürfe

1963, 82). Ein ausschließlich ästhetisches Verhältnis zur Natur als „Landschaft" ist noch nicht auszumachen, gleichzeitig lassen sich aber einige Elemente in Avvakums Naturschilderung benennen, die das Wahrgenommene nicht mehr ausschliesslich einem religiösen Weltbild zuordnen.

Das erste Zitat zeigt deutlich, daß Avvakum in seiner Naturdarstellung eine genau kalkulierte Erzählstrategie verfolgt. Die detaillierte Beschreibung folgt nicht in erster Linie einem ästhetischen, sondern einem dramatischen Interesse. Die enge Verbindung zwischen Naturkulisse und Erzählhandlung scheint signalhaft in der paronymischen Koppelung von „gore" und „gora" auf (Demkova 1974a, 158). Avvakum schildert die mannigfaltigen Gefahren, die sich in dieser furchtgebietenden Umgebung verbergen – und will damit vor allem die Schurkenhaftigkeit Paškovs zeigen, der den Protopopen diesen Gefahren aussetzen will. Allerdings macht sich in Avvakums Beschreibung bereits eine Note unmittelbarer Naturbewunderung bemerkbar: Von Schlangen und Wölfen geht eine ernsthafte existenzielle Bedrohung aus, schöngefiederte Enten und wilde Schafe werden jedoch bereits aus ästhetischer Perspektive wahrgenommen.

Eine ähnliche Ambivalenz durchzieht die zweite Naturschilderung. Einerseits bekundet Avvakum ein auffälliges Interesse für die kulinarische Verwertbarkeit der beschriebenen Flora (die süße Zwiebel) und Fauna (fette Fische), andererseits zeugt die kühne Architekturmetaphorik bei der Beschreibung des Gebirges von einem durchaus neuzeitlichen Blickwinkel auf ein Spektakel, das die klassische Ästhetik dem „Erhabenen" zuschreiben würde. Bereits einen Schritt weiter als Petrarca ist Avvakum in seiner theologischen Legitimierung des Naturschönen: Landschaft ist hier nicht mehr nur einfach sinnenfrohe Ablenkung vom Göttlichen, sondern kann durchaus als Nachweis von Gottes Herrlichkeit in seiner Schöpfung interpretiert werden. Dennoch: die theologische Deutung von Landschaft verstellt nicht nur weitgehend den Blick auf das Naturschöne, sondern modelliert auch die räumliche Perspektive von Avvakums Wahrnehmung. A. Demin (1966, 404) hat nachgewiesen, daß sich der Raum in Avvakums *Leben* [Žitie] im wesentlichen als Konus beschreiben läßt, auf dessen Spitze sich Gott befindet.[19]

In einer ähnlichen Zwischenstellung zwischen Tradition und Innovation befindet sich Avvakums Humor. Lichačev (1984, 63, 67) hat auf den religiösen Charakter des Lachens in Avvakums *Leben* [Žitie] hingewiesen. Die Selbstverlachung ist in der altrussischen Tradition eines der wichtig-

---

[19] Vgl. auch Vinogradovs Beobachtung, daß die Sonne in diesem Naturraum keinen Ort hat, sondern nur als Metapher verwendet wird (1923, 235).

Avvakum

sten Mittel gegen die Todsünde der superbia.[20] Als Beispiel einer humorvollen Selbsterniedrigung kann Avvakums Kommentar zu seiner eigenen Peinigung dienen, nachdem er über den Boden geschleift worden ist:

> Ihr könnt ruhig sitzen, ich liege derweil ein wenig [Посидите вы, а я полежу]. (102)

Im selben Zusammenhang benennt Avvakum in den Worten des Apostels Paulus (1. Kor. 4, 10) den religiösen Hintergrund dieser humorvollen Hinnahme des Bösen:

> Wir sind Narren um Christi willen [Мы уроди Христа ради]! Ihr seid herrlich, wir aber verachtet! Ihr seid stark, wir schwach! (102)

Es gibt aber auch einige Äußerungen Avvakums, die den Rahmen des „jurodstvo" sprengen (Bortnes 1988, 276). Kaum als Ausdruck eines bescheidenen Humors dürfte folgende Bemerkung einzustufen sein, mit der Avvakum die reumütige Frau eines früheren Feindes begrüßt:

> Wie sonderbar! Eben erst war ich noch ein Hurensohn – und jetzt bin ich auf einmal der hochwürdige Vater! [Чюдно! Давеча был блядин сын, а топерва – батюшко!] (63)

Eine weitere Spielart des Humors, der im *Leben* [*Žitie*] vorkommt, weist in besonderem Maße auf Avvakums nicht nur persönliche, sondern vor allem literarische Individualität hin. Bereits Vinogradov hat auf Wortspiele hingewiesen, die als künstlerisches Stilelement gewertet werden können:

> Я и к *обедне* не пошел и *обедать* ко князю пришел.

> Книгу *кормъчию* дал прикащику, и он мне мужика *кормщика* дал.

---

[20] Smirnov (1983, 147) weist auf die universale Bedeutung des Komischen für die barocke Weltauffassung hin. Die Verlachung der menschlichen Geschichte nimmt bisweilen drastische Züge an, wie Avvakums Umdeutung des Sündenfalls in „Sniskanie i sobranie o Božestve i o tvari i kako sozda Bog čeloveka" belegt: „Sie [Adam und Eva] schliefen ihren Rausch aus, die Armen, und lagen in ihrem eigenen Dreck. Bart und Mund voll von Kotze, vom Hintern zu den Füßen beschissen, ihnen dreht sich der Kopf von den Bechern, die sie auf ihr Wohl geleert haben. [Проспались, бедные, с похмелья, ано и себя сором: борода и ус в блевотине, а от гузна весь и до ног в говнех, голова кругом идет со здоровых чаш.]"

Ichentwürfe

Как поруга дело Божие и пошел *страною*, так и Бог к нему *странным* гневом.[21] (1923, 223)

Die Substanz von Avvakums Ich, um dessen Beschreibung es hier ja letztlich geht, verteilt sich auf zwei gegensätzliche Pole des Selbstbewußtseins. Avvakums Subjektivität schwankt zwischen einem Punkt absoluter Selbstbestätigung (Ich bin wie Gott) und einem Punkt absoluter Selbstverneinung (Ich bin nichts). Dieser ambivalente Ichentwurf ist nur vor dem Hintergrund einer mittelalterlichen kosmologischen Geborgenheit des Subjekts als positive Existenzform möglich.

Die anbrechende Neuzeit wird die Ambivalenzen der conditio humana, die Avvakum noch in einem theologischen Sinnkonzept aufheben kann, hundert Jahre später vor allem in einem tragischen Schlüssel präsentieren. Eine Heerschar byronistischer Helden, die über ihre Zerrissenheit klagen, bevölkert auch in Rußland die Poeme, Novellen und Romane des anbrechenden 19. Jahrhunderts. Was diesen literarischen Typ von Avvakum, den man sich grundsätzlich als glücklichen Menschen vorzustellen hat, unterscheidet, ist aber gerade nicht seine Zerrissenheit, sondern seine Gottverlassenheit.

Für das vormoderne Bewußtsein läßt sich die subjektive Spannung zwischen göttlicher Allmacht und menschlicher Ohnmacht durchaus in ein sinnstiftendes System bringen.[22] Den berühmtesten poetischen Versuch einer solchen Harmonisierung der polarisierten conditio humana hat Deržavin in seiner Ode „Gott [Bog]" (1784) geliefert:

Я царь – я раб; я червь – я бог! Но будучи я столь чудесен, Отколе произошел? – безвестен; А сам собой я быть не мог.	Ich bin Zar – ich bin Sklave; ich bin ein Wurm – ich bin Gott! Aber wenn ich so wunderbar bin, Woher kam ich? – Ich weiß es nicht, Und aus mir selbst konnte ich nicht entstehen.

---

21 Zur Etymologie als Denkform vgl. Keipert (1988).
22 Černaja (1990, 201) lokalisiert für Rußland den Übergang der mittelalterlichen Anthropologie, die den Menschen als Gefäß mit einer Mischung von guten und bösen Substanzen begreift, zu modernen Konzepten von Individualität und Persönlichkeit im 17. Jahrhundert. Avvakums Selbstbewußtsein befindet sich genau an der Bruchstelle dieses Paradigmenwechsels: Einerseits verhindert die theologische Typisierung ein individuelles Charakterbild, andererseits tritt das paradoxerweise gerade durch seine Konformität als singuläres Phänomen interessant gewordene Ich in das Rampenlicht der Öffentlichkeit.

Avvakum

Deržavins Formel „Es ergo sum" [Я есмь – конечно, есть и ты!] beschreibt auch Avvakums Selbst-Verständnis auf gültige Weise. Nur die Gewißheit von Gottes Sein, mehr noch: von Gottes aktivem Sein, stattet Avvakums Ich mit Inhalt aus. Indem Avvakum sein eigenes Leben an die göttliche Heilsgeschichte anschließt, bringt er sein Ich in idealtypische Deckung mit dem angestrebten Ich-Ideal (Christus). Ein Identitätsproblem im psychoanalytischen Sinne taucht dabei nicht auf. Erik H. Erikson definiert Identität in einem doppelten Sinn:

> Das bewußte Gefühl, eine persönliche Identität zu haben, beruht auf zwei gleichzeitigen Beobachtungen: der unmittelbaren Wahrnehmung der eigenen Selbstgleichheit [selfsameness] und Kontinuität während einer bestimmten Zeitspanne; und der gleichzeitigen Wahrnehmung, daß andere diese Gleichheit und Kontinuität anerkennen. [...] Ichidentität ist also aus subjektiver Sicht das Bewußtsein der Tatsache, daß die Methoden der Ichbildung Selbstgleichheit und Kontinuität aufweisen und daß diese Methoden die Gleichheit und Kontinuität der eigenen Bedeutung für andere sicherstellen können. ([1959] 1979, 22)

Avvakum stellt sein Ich als konstante Größe vor. Eine Entwicklung der eigenen Persönlichkeit, wie sie etwa in einem Bildungsroman skizziert werden könnte, findet nicht statt. Der Weg vom Kind zum mündigen Erwachsenen, die Ausprägung eines autonomen Bewußtseins, Lernprozesse, – all dies interessiert Avvakum nicht. Die eigene Kindheit wird in kaum mehr als drei Sätzen abgehandelt (59), und schon präsentiert sich der Gottesstreiter Avvakum vor den Augen des Lesers in seiner ganzen moralischen Rigorosität. Dem Nicht-Erzählen von wichtigen Lebensabschnitten kommt entscheidende Bedeutung zu: Avvakum suggeriert auf diese Weise eine Konstanz der eigenen Persönlichkeit, die seine Identität garantiert. Von allem Anfang an tut sich Gottes wunderbares Wirken in Avvakum kund und – so darf man ergänzen – von allem Anfang an befindet sich Avvakum in einer Position maximaler Gottesnähe, die ihn vor den anderen Menschen auszeichnet.

Es ist auch Avvakums Auserwähltheit, die seine Individualität, seine Unverwechselbarkeit unter den Menschen, gewährleistet. Pointiert formuliert: Avvakums angestrebte Identität mit Christus macht eine menschlich konstruierte Identität im Sinne Eriksons überflüssig. Auch die Gewißheit seines Seins (Entität) bezieht Avvakum aus der Heilsgeschichte, die er sich als seine eigene Geschichte anverwandelt.

Das Medium solcher Selbstausgrenzung aus dem menschlichen Bereich ist Avvakums Text. Nicht dem Leben als solchem kommt identitätsgestal-

Ichentwürfe

tende Realität zu. Die entscheidenden Erfahrungen sind literarischer Art: Avvakum reist mit einem verläßlichen Handbuch durch sein eigenes Leben. Die einzelnen Stationen sind bereits vorgezeichnet, das Ziel bleibt immer im Auge. Das eigene Protokoll der vom göttlichen Urtext angegebenen Route wird damit zu einem Reisetagebuch, dessen Inhalt grundsätzlich bekannt ist.

Avvakums Autobiographie konstituiert sich als Mitschrift eines von Gott diktierten Textes. Die Wahrheit von Avvakums Text liegt deshalb nicht in der empirischen Überprüfbarkeit der dargestellten Fakten, sondern in der angestrebten Konvergenz mit dem Urtext. Avvakum erfährt sich selber nicht als autonom handelndes Subjekt in einem erst noch zu schreibenden Lebenstext, sondern als „Handlungsfigur" in einem Text, der bereits geschrieben ist.

3. Andrej Bolotovs enzyklopädische Selbstdokumentation

Die Autohagiographie des Protopopen Avvakum stellt in der russischen Literatur einen Ausnahmefall dar. Die Hybridität des Textes, sein Schwanken zwischen Vergottung und Vernichtung des Protagonisten, zwischen Umgangs- und Liturgiesprache, markiert deutlich eine kulturgeschichtliche Übergangsstellung.

Ideologisch ist Avvakum noch ganz dem Mittelalter verhaftet. Jedoch schon die Tatsache, daß sich sein schriftstellerisches Interesse dem eigenen Ich zuwendet, weist Avvakum als Neuerer aus. Es ist gewiß kein Zufall, daß man vor Avvakum nur in einem beschränkten Sinn von Autobiographien in der russischen Literatur sprechen kann. Des öfteren wird in diesem Zusammenhang auf Texte wie das Testament des Vladimir Monomach aus der Nestorchronik oder den Briefwechsel zwischen Andrej Kurbskij und Ivan IV. verwiesen. Allerdings ist in diesen frühen Quellen die Thematisierung des eigenen Ich und seiner Geschichte nur rudimentär ausgebildet. Die Biographie des Schreibenden wird vielmehr als Argument für einen anderen, meist politischen Gedankengang verwendet. Avvakums Autobiographie leitet eine Entwicklung ein, die ihren Höhepunkt gegen Ende des 18. Jahrhunderts erreichen wird. Der Mensch emanzipiert sich zusehends aus dem mittelalterlichen Abhängigkeitsverhältnis von Gott und wird sich selbst interessant. Einige Autobiographen des 18. Jahrhunderts verzichten sogar auf eine heteronome Legitimierung ihres Unterfangens. Allein die einmalige und einzigartige Existenz eines Menschen rechtfertigt die schriftliche Fixierung seines Schicksals – eine für ein mittelalterliches Bewußtsein unerhörte Vorstellung.

Besonders anschaulich läßt sich die Ausbildung eines säkularisierten autobiographischen Diskurses bei Andrej Timofeevič Bolotov (1738-1833) darstellen. Bolotovs Leben ist arm an äußerlichen Ereignissen: Er entstammt einer armen Landadelsfamilie, nimmt als junger Mann am Siebenjährigen Krieg teil, profitiert aber unverzüglich von der Aufhebung der Dienstpflicht für den Adel, die Zar Petr III. 1762 dekretiert. Den Rest seines langen Lebens verbringt Bolotov als Privatgelehrter auf seinem Gut Dvorjaninovo im Gouvernement Tula; bescheidenen Ruhm erlangt er durch die Einführung der Kartoffel in die russische Landwirtschaft (Gruhn 1989, 480). Bolotov bleibt in den meisten Literaturgeschichten unerwähnt, obwohl er zu den produktivsten russischen Schriftstellern des 18. Jahrhunderts gehört. Sein Werk umfaßt Gedichte, einige meist unveröffentlichte

Ichentwürfe

Dramen,[1] eine zweibändige *Kinderphilosophie oder Sittenlehrende Gespräche zwischen einer Dame und ihren Kindern* [*Detskaja filosofija, ili Nravoučitel'nye razgovory meždu odnoju gospožeju i eja det'mi*] (Moskva 1776-1779), einen dreibändigen *Führer zum wahrhaftigen menschlichen Glück oder Versuch sittenlehrender und teilweise philosophischer Überlegungen über das Gelingen des menschlichen Lebens und über die Mittel es zu erreichen* [*Putevoditel' k istinnomu čelovečeskomu sčastiju, ili Opyt nravoučitel'nych i otčasti filosofičeskich rassuždenij o blagopolučii čelovečeskoj žizni i o sredstvach k priobreteniju onago*] (Moskva 1784), ein *Ökonomisches Magazin oder Sammlung allerlei ökonomischer Neuigkeiten, Versuche, Entdeckungen, Anmerkungen, Belehrungen, Aufzeichnungen und Ratschläge, die sich auf Ackerbau, Viehzucht, Gärten, Wiesen, Wälder, Teiche, verschiedene Lebensmittel, Dorfbauten, Hausarzneien, Heilpflanzen und andere allerlei notwendige und nicht unnützliche Dinge für die Stadt- und Landbewohner beziehen, zum Nutzen für russische Hauserbauer* [*Ėkonomičeskij Magazin, ili sobranie vsjakich ėkonomičeskich izvestij, opytov, otkrytij, primečanij, nastavlenij, zapisok i sovetov, otnosjaščichsja do zemledelija, skotovodstva, do sadov i ogorodov, do lugov, lesov, prudov, raznych produktov, do derevenskich stroenij, domašnych lekarstv, vračebnych trav i do drugich vsjakich nužnych i ne bespoleznych gorodskim i derevenskim žiteljam veščej, v pol'zu rossijskich domostroitelej*] (40 Teile, Moskva 1780-1789), ein medizinisches Handbuch *Kurze, auf Experimenten beruhende Bemerkungen über den Elektrizismus und über die Heilmöglichkeiten elektrischer Maschinen bei verschiedenen Krankheiten, mit Abbildungen und Beschreibungen der einfachsten Maschinen und ihrer verschiedenen Anwendungsarten bei der Behandlung von Krankheiten* [*Kratkija, na opytach osnovannyja zamečanija o ėlektricizme i o sposobnosti ėlektričeskich mašin pomoganiju ot raznych boleznej, s izobraženiem i opisaniem naiprostejšago roda mašin i raznych sposobov, upotrebljaemych pri vračevanii imi boleznej*] (SPb. 1803), Übersetzungen aus dem Deutschen und Französischen sowie zahlreiche Aufsätze zu ökonomischen und historischen Fragen (Pekarskij 1855, 91-96, Vengerov 1897, V, 90-122, Polovcov 1908, III, 184, Stepanov 1968, 235-237).

Das größte Interesse für den heutigen Lesers dürfte indes Bolotovs monumentale Autobiographie darstellen, die der Autor allerdings nicht zur

---

[1] Bolotovs einziges zu Lebzeiten veröffentlichtes Drama ist *Nesčastnye siroty. Dramma v 3-ch dejstvijach*, Moskva 1781.

Publikation bestimmt hatte.² Allein der schiere Umfang dieses Werks ist ungewöhnlich: Bolotovs handschriftliche Aufzeichnungen, die den Titel *Andrej Bolotovs Leben und Abenteuer, von ihm selbst beschrieben für seine Nachfahren* [Žizn' i priključenija Andreja Bolotova, opisannye samim im dlja svoich potomkov] tragen, füllen 29 Bände zu je 400 Seiten. Bolotovs Autobiographie stützt sich auf ausführliche Tagebücher, deren Inhalt eine detaillierte Lebensbeschreibung der Jahre 1738 bis 1795 überhaupt erst möglich macht. Bemerkenswert ist die Sorgfalt, mit der Bolotov in den Jahren 1789 bis 1816 die Reinschrift seiner Autobiographie vorgenommen hat. Das Manuskript ist mit Zeichnungen und kleinen Aquarellen ausgeschmückt, im ersten Band findet sich auch ein Portrait, das von Bolotovs Sohn angefertigt wurde (IV, 729, Semevskij 1870, IV f.).

Der enorme Umfang von Bolotovs Memoiren erschwerte eine Publikation, die praktische Notwendigkeit von Kürzungen ließ viele Herausgeber Bolotovs Text unter jenem Aspekt präsentieren, der ihnen genehm war. Erstmals wurden Auszüge von Bolotovs Autobiographie in der Zeitschrift *Sohn des Vaterlandes* [Syn otečestva] (8-9, 1839) veröffentlicht. In den Jahren 1850 und 1851 erschienen die ersten sechs Teile in den *Vaterländischen Aufzeichnungen* [Otečestvennye zapiski] (69-72, 74-76), allerdings mit starken redaktionellen Eingriffen. Weitere Auszüge (aus den Teilen 7, 8 und 9) wurden 1858 und 1860 in der *Lesebibliothek* [Biblioteka dlja čtenija] publiziert. In den Jahren 1870 bis 1873 schließlich druckte die historische Monatszeitschrift *Russisches Altertum* [Russkaja Starina] Bolotovs Autobiographie in vier Bänden ab – allerdings reproduziert auch diese bis heute umfangreichste Ausgabe den Originaltext nicht vollständig (Raeff 1973, vii).³

Das sowjetische Interesse an Bolotovs Memoiren beschränkt sich auf den sozialhistorischen Aspekt.⁴ Die Autobiographie wird hier zur Dokumentation einer Epoche, die ihren historischen Sinn nur aus der marxistisch-leninistischen Periodisierung der Geschichte bezieht. 1930 erschien im Verlag „Academia" eine stark gekürzte, aber immer noch fast 1700 Seiten umfassende Ausgabe von Bolotovs Autobiographie in drei Bänden. Dem Editionsinteresse entsprechend fehlen viele Szenen aus Bolotovs Pri-

---

2   Als Kuriosum zu vermerken ist die Tatsache, daß Aleksandr Blok im Jahr 1904 seine Magisterarbeit zum Thema „Bolotov und Novikov" verfaßt hat (Rice 1976a, 130-139, Vladimirova, Grigor'ev, Kumpan 1981, 84, Newlin 1994, 180 f.).
3   Bolotovs Autobiographie wird im folgenden unter Angabe von Band und Seitenzahl nach dieser Ausgabe zitiert.
4   Eine Ausnahme bilden linguistische Untersuchungen zur Sprache Bolotovs (Lavrent'eva 1983, Borisova 1989).

Ichentwürfe

vatleben, philosophische und religiöse Erörterungen wurden ganz ausgelassen. Ebenso verschwiegen werden einzelne Details, die das offizielle Bild historischer Persönlichkeiten stören könnten – keine Erwähnung findet etwa Novikovs Versuch, Bolotov zur Freimaurerei zu bringen (III, 932 ff.). Als prominentester Exponent der sowjetischen Vereinnahmung von Bolotovs Autobiographie darf Viktor Šklovskij gelten. Mit an Perfidie grenzender Schärfe zeichnet Šklovskij in der *Kurzen, aber wahrhaftigen Erzählung über den Edelmann Bolotov* [*Kratkaja, no dostovernaja povest' o dvorjanine Bolotove*][5] von seinem Protagonisten das Bild eines selbstgerechten und borniertes Ausbeuters. Sätze wie „der Platz auf dem Kanapee im Vorzimmer erwies sich als höchste Errungenschaft des Herrn Bolotov" (1930, 80) oder „Bolotov hielt sich für einen guten Menschen und prügelte aus ökonomischen Überlegungen nicht zu Tode" (180) unterstreichen nur die polemische Charakterisierung Bolotovs als Teufel, die bereits im Titel anklingt (Šklovskij spielt hier auf Vladimir Solov'evs *Kurze Erzählung vom Antichrist* [*Kratkaja povest' ob Antichriste*] an). Mit spitzer Feder läßt Šklovskij seine Version von Bolotovs Lebensbeschreibung in einem ironischen Kontrast zwischen Bolotovs Selbstbeweihräucherung und Novikovs Märtyrertum enden. Die Schlußszene knüpft an den Vorschlag von Bolotovs Sohn an, dem Vater ein Denkmal zu errichten:

> Tränen der Genugtuung verschleierten Andrej Timofeevičs Augen. Er verstand, daß der Sohn ihm nach seinem Tod an diesem Ort ein Denkmal errichten wollte. Und Andrej Timofeevič beschloß, dies vorzuholen. Damit das Denkmal nicht an einem leeren Ort stünde, vergrub er darunter eine Haarlocke und einige ausgefallene Zähne. Auf diese Weise konnte Andrej Timofeevič dem Leben bereits einen Teil der Rührung vor dem eigenen Andenken entreißen. Friedlich saß Bolotov bei seinem melancholischen Denkmal, der Fluß strömte dahin, die Musiker spielten auf Querflöten Duette und die Vöglein begleiteten sie mit ihrem Gesang. Novikov war nicht tot – er saß in der Schlüsselburg.[6] (187)

---

[5] Erstveröffentlichung in *Krasnaja Nov'* 12 (1928), 97-186.

[6] Das Leben Bolotovs wurde in jüngster Zeit mehrfach populärwissenschaftlich und literarisch bearbeitet. Vgl. B. Lazarev: *Sokrovennaja žizn'*. Moskva 1978. S. Novikov: *Bolotov. Dokumental'naja povest'*. Moskva 1983. V. Ganičev: *Tul'skij enciklopedist*. Tula 1986. O.N. Ljubčenko: *A.T. Bolotov*. Tula 1988. A.P. Berdyšev: *A.T. Bolotov – vydajuščijsja dejatel' nauki i kul'tury*. Moskva 1988.

Bolotov

So vergnüglich sich Šklovskijs Verspottung des in der Tat harmlosen Bolotov liest, so wenig wird seine reduzierende Lektüre dem literarhistorischen Rang von Bolotovs Autobiographie gerecht. Daß Bolotovs Werk den Beginn einer neuen Epoche markiert, wird deutlich, wenn man die raisons d'être der Autobiographien von Avvakum und Bolotov vergleicht. Avvakum verfügt über das heteronome Selbstbewußtsein eines mittelalterlichen Menschen. Die Lebensbeschreibung dient hier nicht der schriftlichen Fixierung persönlicher Taten oder Gefühle, sondern dem Nachweis, daß das eigene Schicksal durch den göttlichen Willen gelenkt wird. Nicht das Erreichen einer bestimmten Individualität, sondern das Einpassen der eigenen Person in den bestehenden göttlichen Heilsplan ist das Ziel von Avvakums Selbstdarstellung. Bolotovs Selbstdokumentierung ist hingegen bereits ganz vom Geist der europäischen Aufklärung getragen. Während Avvakum sein Ich in das göttliche Buch der Kosmologie einschreibt und die eigene Biographie idealtypisch dem Lebenstext Christi annähert, erfährt sich Bolotov als Außenstehender, als Betrachter der Weltgeschichte. Solche Distanznahme ermöglicht Bolotov einen durchaus modernen Zugang zu Phänomenen, die für Avvakum noch eine ausschließlich theologische Bedeutung tragen. Sinnfällig wird dieser Unterschied in der Darstellung einer Naturerscheinung, die in beiden Autobiographien beschrieben wird. Avvakum deutet die Sonnenfinsternis des Jahres 1654 als Strafe Gottes für die nikonianische Häresie (1960, 56). Ganz anders Bolotov: Die (astronomisch vorausgesagte) Sonnenfinsternis des Jahres 1788 wird hier als Spektakel wahrgenommen, das ganz im Zeichen des Kuriosen [любопытство] steht:

> Weil gemäß dem Kalender auf den nächsten Tag eine Sonnenfinsternis angesagt war und der Tag klar war, erwarteten wir sie mit Neugier [с любопытством] und hatten das Vergnügen, sie zur angekündigten Stunde in vollem Umfang anzusehen. Sie dauerte mehr als eine Stunde lang und die Sonne verfinsterte sich fast um eine Drittel an der unteren Seite; wir betrachteten sie mit rußgeschwärzten Gläsern und durch ein Fernrohr, an dessen oberen Ende das Glas mit einem blauen Papier, das ein kleines Loch aufwies, bedeckt war – so wie ich es mir gerade ausgedacht hatte. (IV, 308)

Die Sonnenfinsternis hat nicht nur jegliche metaphysische Bedeutung verloren, sie stellt zusätzlich auch eine Herausforderung an den menschlichen Erfindungsgeist dar – eine Herausforderung, die der universal interessierte Bolotov gerne annimmt.

Ichentwürfe

Das aufgeklärte Individuum ist mithin fähig, göttliche Zeichen von irdischen zu unterscheiden. Gleichzeitig erhält die irdische Semiotik ein eigenes Existenzrecht. Avvakum gelten alle irdischen Vorgänge als Zeichen des göttlichen Heilsplans, sogar das eigene ungerechte Leiden wird von ihm nur in der Perspektive biblischer Präfigurationen (Hiob, Christus) wahrgenommen. Auf diese Weise tilgt Avvakum alle Kontingenz aus seinem Lebenstext und anerkennt letztlich eine göttliche Verfasserschaft.

Bolotov hingegen emanzipiert sich aus der totalitären Verbindlichkeit der religiösen Lebensdeutung. Damit wird nicht nur der interessierte Blick auf die Naturerscheinungen frei, der Mensch erwirbt auch die Möglichkeit, ein persönliches Schicksal zu erleiden. Mit anderen Worten: Er kann einen eigenen Lebensweg durchschreiten. Eine Biographie besteht nicht mehr wie in Avvakums Fall in der Bestätigung von bereits Gewußtem (dem Funktionieren des göttlichen Heilsplans), sondern im nicht voraussagbaren Verlauf des Einzelfalls. Eng mit dieser neuen Konzeption verbunden ist Bolotovs Wahrnehmung einer biographischen Phase, in der ein „unfertiger" Mensch geformt werden kann. Deshalb widmet Bolotov – ganz im Gegenteil zu Avvakum – der eigenen Kindheit und Jugend eine gesteigerte Aufmerksamkeit (Witte 1998, 534 f.).

Individualität ist für Bolotov einerseits gegeben, andererseits aber auch etwas Herzustellendes. Die Natur stattet jeden Menschen mit bestimmten Merkmalen aus und macht ihn so zu einem unverwechselbaren Individuum. In Bolotovs Fall ist es die Zahnstellung, die ihn von Kindheit an mit der Würde des Besonderen auszeichnet – und genau das Bewußtsein dieser Besonderheit erlaubt es Bolotov, den körperlichen Makel eines schiefen Zahns mit Stolz in ein Individualitätsmerkmal umzudeuten:

> Es ist erwähnenswert, daß an jener Stelle kein Zahn mehr nachwuchs, aber um die Anzahl meiner Zähne zu vervollständigen, produzierte die Natur einen neuen Zahn, und zwar neben dieser Stelle, an einer ungewöhnlichen Stelle, nämlich am Gaumen. Durch diesen Zahn unterscheide ich mich bis auf den heutigen Tag von allen anderen Leuten auf der Welt [...]. (I, 70)

Die Naturanlagen sind zunächst wertneutral. Entscheidend für die richtige Charakterbildung ist deshalb die sorgfältige Entwicklung der vorhandenen Ansätze, die – für sich genommen – weder gut noch böse sind. Bolotov steht mit diesem Erziehungskonzept, das er nicht nur auf sich selbst, sondern auch auf seine Frau anwendet, in der Tradition der westeuropäischen Aufklärungspädagogik. Zu nennen sind hier Michel de Montaigne (1533-1592), François de Fénelon (1651-1715) und vor allem John Locke (1632-1704). Der einflußreiche Traktat des englischen Rationalisten *Thought*

Concerning Education wurde 1695 ins Französische und 1708 ins Deutsche übersetzt und war deshalb in Rußland lange vor seiner russischen Übersetzung im Jahr 1759 zugänglich (Black 1979, 71 ff., Epp 1984, 138 ff.). Locke begreift den Menschen gewissermaßen als „tabula rasa", auf die der Text einer guten Erziehung geschrieben werden muß. Lockes Erziehungsideal betrifft den ganzen Menschen und beschränkt sich nicht auf den Erwerb von Wissen und Fertigkeiten. Deshalb nimmt das Lernen in Lockes Traktat die letzte Stelle von fünf Erziehungsbereichen ein: Körperliche Gesundheit, Tugend, Weisheit, Zucht werden dem Unterricht vorgeordnet. Nur vor dem Hintergrund einer ganzheitlichen Bildung können Wissensinhalte Nutzen bringen – sie müssen von jedem Menschen in einen Lebenskontext, den es zuerst zu erwerben gilt, integriert werden.

Es ist bezeichnend, daß Lockes Gedanken gerade in Rußland auf fruchtbaren Boden gefallen sind.[7] Allerdings läßt sich eine entscheidende Akzentverschiebung feststellen: Im Vordergrund steht nicht mehr in erster Linie die Bildung eines moralischen Menschen, sondern die Ausdehnung der staatspolitischen Sozialisation auf die früheste Kindheit. Die Grundannahme der weitgehenden Formbarkeit des menschlichen Charakters muß in einem Staatswesen, das zur Sicherung seiner inneren Ordnung als ultima ratio immer wieder die polizeiliche Disziplinierung einsetzt, einen gesteigerten Attraktivitätswert erhalten.[8] Deshalb erstaunt die Tatsache nicht, daß die Zarin Ekaterina II. sich in der Rolle der obersten Erzieherin gefällt (Raeff 1962, 301). In ihrem berühmten *Nakaz* formuliert sie die Grundlagen einer Volkserziehung, die als Bildungsziel den loyalen Staatsbürger anvisiert.[9] Dieses Programm wird später als eigentümlicher pädagogischer Katechismus formuliert und auch tatsächlich in den Rang einer verbindlichen Schullektüre erhoben. Das *Buch über die Verpflichtung eines Mannes und Staatsbürgers* [*Kniga o dolžnosti čeloveka i graždanina*] erscheint 1783 und stellt einen Katalog recht heterogener Disziplinierungs-

---

7   Gleichermaßen bezeichnend ist auch die Tatsache, daß Rousseaus *Émile* (1762, russisch 1779) auf Ekaterinas scharfe Ablehnung stößt (Black 1979, 78). Rousseau befürwortet eine „negative Erziehung", die das Kind vor schädlichen Einflüssen abschirmt und keine Formung des von Natur aus guten Zöglings vorsieht. Diese Position ist mit dem strengen Disziplinierungsprogramm der Zarin unvereinbar. Schließlich deutet man in Rußland die französische Revolution als Folge rousseauistischer Ideen und desavouiert damit auch die Pädagogik des Genfer Philosophen. Zur vielschichtigen russischen Rousseau-Rezeption vgl. Kap. 4 dieser Arbeit.

8   Übrigens tritt auch Bolotov in der Rolle eines Kommandeurs auf, der seine Hausdiener zum Vergnügen exerzieren läßt und sich auf diese Weise ihrer bedingungslosen Loyalität versichert (II, 722-724).

9   Zu Ekaterinas meist gescheiterten Bildungsreformen vgl. Haumann (1996, 270 f.).

maßnahmen dar.[10] Das Buch ist in vier Teile gegliedert, die sich in dieser Reihenfolge mit der Seelenbildung, der Körperpflege, den gottgegebenen öffentliche Pflichten und schließlich mit dem Haushalt beschäftigen. Rezepte für Fiebertränke und Anweisungen zur richtigen Fußstellung stehen hier gleichberechtigt neben der Deklaration der souveränen Rechte des Selbstherrschers und der Aufzählung der verschiedenen Seeleninstanzen.

In seiner chaotischen Buntheit darf dieses Erziehungsprogramm als repräsentativ für russische Pädagogik im 18. Jahrhundert gelten. Politik, Philosophie, Hygiene und Benehmen bilden die wichtigsten Bereiche eines streng geregelten Weltbilds, das zugleich als verbindliche Norm für privates und gesellschaftliches Verhalten im zaristischen Rußland gilt. Die einzelnen Bestimmungen dieses Katechismus bedürfen keiner Erklärung oder Herleitung – sie müssen ja auch nicht verstanden, sondern nur auswendig gelernt werden.

Der Verinnerlichung dieser pädagogischen Prinzipien folgt die strenge Selbstdisziplinierung. Bolotovs eigene Verhaltenssteuerung kann als Paradebeispiel einer gelungenen Anwendung des staatlich approbierten Erziehungskonzepts gelten. Die erste Voraussetzung solcher Selbstbildung ist die Fähigkeit zur Selbsterkenntnis. Die eigenen Fehler und Vorzüge müssen analysiert werden, bevor der Charakter zielgerichtet gebildet werden kann. Welche Bedeutung Bolotov diesem Prozeß beimißt, wird aus dem Versuch deutlich, den Anfang seiner Selbsterkenntnis zu datieren:

> Was den Zeitpunkt angeht, an dem ich begann, mich selbst zu erkennen und mich an etwas zu erinnern [начал я сам себя познавать и сколько-нибудь помнить], so kann ich ihn nicht genau angeben, ich weiß nur, daß meine Erinnerungsgabe bis 1744 noch beschränkt und ungeordnet war [до 1744 г. память моя была еще мала и беспорядочна]. (I, 34)

Damit setzt ein Bildungsprozeß ein, der zunächst in den Aufgabenbereich der Erzieher fällt. Bolotov verwendet die für die Pädagogik übliche Samenmethaphorik, um die Leistung seiner ersten Lehrer zu würdigen (1748):

---

[10] Eine englische Übersetzung dieses Buchs ist in Black (1979, 209-266) abgedruckt. Der Titel geht auf Samuel Pufendorfs Traktat *De Officio hominis et civis Juxta legem naturalem libri duo* (1673) zurück, der im Auftrag Peters I. 1724 teilweise ins Russische übersetzt wurde und in Feofan Prokopovič einen wichtigen Befürworter fand (31 f.).

Bolotov

> Meine ganze Natur und mein Verhalten änderten sich vollständig, und so viele Grundlagen zum Guten wurden mir eingeprägt, daß sie mein ganzes Leben lang Früchte trugen [в меня впечатлилось столько начатков к хорошему, что плоды проистекли из того на всю жизнь мою]. (I, 81)

Auch während Bolotov im Haus seines Onkels in Petersburg lebt (1752), befindet er sich unter einer externen Bildungskontrolle. Den pädagogischen Erfolg dieses Lebensabschnitts führt Bolotov im Rückblick auf die einfühlsame Erziehung seines Onkels zurück:

> Auf diese Weise schulte mich mein Onkel in kurzer Zeit nicht durch Schimpfen und Grausamkeit, sondern durch Liebe und gutes Zureden [и не бранью и не жестокостью, а все ласками и оговариваниями, в короткое время дядя так меня вышколил], so daß ich ein ganz anderes Kind wurde und mich in meinem ganzen Verhalten derart änderte, daß sowohl mein Onkel als auch meine Tante und ebenfalls unsere Gäste mich mit Lob bedachten und ernster nahmen als zuvor. (I, 180)

Bolotov veranschlagt die Effizienz dieser Bildungsmethode um so höher, als er kurz zuvor von der mit Brutalität gepaarten Einfältigkeit eines früheren Lehrers, eines deutschen Unteroffiziers, berichtet hatte. Dieser Hauslehrer belohnte die Lösung einer schwierigen Rechenaufgabe nicht mit Lob, sondern mit Schlägen– einzig, weil er sich in der Erwartung getäuscht sah, daß sein Zögling nicht imstande sei, die gestellte Aufgabe zu lösen:

> Niemals werde ich diesen Vorfall vergessen und wie schlimm und unerträglich mir das ungerechte Erleiden dieser wahren Folter war. Mein Deutscher wurde damals zu einem wahren Ungeheuer. Er peitschte mich nicht nur unbarmherzig mit Ruten am ganzen Körper aus, ohne Unterschied, sondern biß mich beinahe mit seinen Zähnen und quälte mich wie ein wildes Tier ohne jede Menschlichkeit und Erbarmen. Er erregte sich derart, daß ihm der Schaum vor dem Mund stand, und quälte mich solange, bis er sich selbst so ermüdet hatte, daß er von mir ablassen mußte. (I, 67)

Wenig später nimmt Bolotov seine Charakterbildung selbst an die Hand. Den entscheidenden Impuls zur Verinnerlichung der Bildungskontrolle gibt ein Gespräch mit der Schwester. Anläßlich eines Besuchs bei der

Ichentwürfe

Schwester im Jahr 1755 bemerkt diese an Bolotov eine Veränderung seiner Persönlichkeit zum Schlechten:

„Ach, lieber Bruder", sagte sie mir einmal, als ich mir ihr allein war, „wie sehr hast du dich in dieser Zeit verändert, du bist gar nicht mehr derselbe wie früher."
„Und wie, liebe Schwester", fragte ich zurück, „besser oder schlechter?"
„Mein lieber Bruder", antwortete sie, „ich kann dich nicht loben. Früher warst du viel besser."
„Inwiefern?" fragte ich schnell, ein bißchen verlegen über ihre Worte.
„In allem, in allem, lieber Bruder, in deinem Handeln, in deinem Verhalten und in deinem Umgang. Alles war an dir viel besser, als du bei uns wohntest. Und nun finde ich bei dir sehr viel Unschickliches und Ungutes [и ныне весьма многое нахожу я в тебе неловкое и не весьма хорошее]. Du bist ganz verwildert, seit du auf dem Land lebst, und hast viel dörfliche Grobheit angenommen. Kurz, du bist überhaupt nicht mehr derjenige, der du früher warst."
So bitter diese Pille auch für mich war, ich mußte sie schlucken und dabei nicht die geringste Unzufriedenheit oder Ärger zeigen. Ich sagte der Schwester mit ruhigem Blick: „Kein Wunder, liebe Schwester! Ganze eineinhalb Jahre lebte ich völlig abgeschieden in einem Dorf, kaum einmal fuhr ich weg, mit niemandem hatte ich Umgang, außer mit dem Großvater; und Ihr wißt ja selber, wie unser Großvater ist, viel kann man von ihm nicht lernen [у него перенять многого нечего]."
„Genau das ist es ja", sagte meine Schwester darauf, „hätte ich das gewußt, hätte ich dich, mein Freund, nicht von hier fortgelassen, und nun beklage ich es, daß du dich so verändert hast. Du glaubst nicht, lieber Bruder, daß ich mich fast schäme, dich unseren Nachbarn zu zeigen."
„Habe ich mich wirklich derart verändert, liebe Schwester?" fragte ich immer verschämter und erstaunter.
„O ja", antwortete sie, „du merkst es selber nicht, aber wir von außen sehen es sehr gut. [...]"
„O, gnädige Frau [сударыня]", antwortete ich und küßte ihre Hand, „[...] weist mich nur zurecht, Mütterchen, und sagt mir, was Ihr Schlechtes an mir bemerkt, ich bin bereit, auf Euch zu hören und bin bestrebt, mich so gut ich kann zu bessern [оговаривайте и самого меня, матушка, и сказывайте мне, что дурного во

мне приметите; я готов слушаться и постараюсь как можно себя поправить]." (I, 268 f.)

Die angestrebte Kontrolle des eigenen Verhaltens wird nun umgehend ins Werk gesetzt. Die Regeln des gesellschaftlichen Lebens erlernt der 25-jährige Bolotov bei Bekannten in Moskau:

> Und ich bin bei der Verbesserung all meiner Unvollkommenheiten und Mängel [выправлением всех своих несовершенств и недостатков] ihren [sc. der Dame des Hauses] Ratschlägen und ihrem Umgang mit mir in vieler Hinsicht verpflichtet. [...] Auf diese Weise erwies sich dieses Haus als das erste, in dem ich – weil ich dort fast täglich verkehrte und wirklich meine ganze Freizeit dort verbrachte – mich in gewissem Maß mit dem gesellschaftlichen Umgang vertraut machte [спознакомился я сколько-нибудь с обращением светским].[11] (II, 365)

Bolotovs Selbstdisziplinierung richtet sich nicht nur auf die eigenen Manieren. Die rohe Natur, die im Menschen lauert, bedroht die angestrebte Kultiviertheit auch durch den erwachenden Sexualtrieb. Bolotov weiß sich der allopathischen Medizin verpflichtet: Die Natur wird durch Errungenschaften der Kultur gebändigt. Als Antidot gegen die sexuellen Versuchungen der Jugend setzt der sechzehnjährige Bolotov religiös fundierte Praktiken ein – in seiner Schilderung schwingt ein unverkennbar adhortativer Ton mit, der das eigene Verhalten zum Vorbild für andere steigert:

> Wenn man in Betracht zieht, daß alles Schlechte sich damals in kindlichen Streichen erschöpfte, und daß ich, der ich in völliger Freiheit und völliger Autonomie über meine Angelegenheiten und Handlungen lebte, sehr leicht Schlimmerem hätte verfallen kön-

---

[11] Bolotovs Ideologie ist in diesem Punkt nicht konsistent. Bei der Brautwerbung um ein sehr junges Mädchen ist Bolotov ein Rousseausches Pathos nicht fremd: „Ich dachte, daß sie noch keine Gelegenheit hatte, sich wegen ihrer Jugend vom modischen Moskauer Geist und dem ganzen Prunk des gesellschaftlichen Lebens anstecken zu lassen [некогда еще ей заразиться московским модным духом и всею пышностью светской жизни]." Das Ungleichgewicht der Wertung könnte durch das Geschlecht induziert sein. Kenntnis des gesellschaftlichen Umgangs führt den Mann zur Eleganz, die Frau zur Koketterie. Bolotov will die Früchte seiner didaktischen Kunst auch seiner zukünftigen Frau nicht vorenthalten: „‚Wer weiß,‘ so sprach ich weiter zu mir, ‚vielleicht kann ich sie in ihrer Jugend auch besser zu mir hin bilden [приучить ее к себе] und zu all dem, was ich in meiner zukünftigen Frau haben möchte.'" (II, 434)

Ichentwürfe

> nen, so war es für mich ein großes Glück, daß ich mich von all diesen Dingen befreite und mich in diesem derart kritischen Lebensabschnitt in völliger Lasterlosigkeit bewahrte [сохранил себя в сие столь критическое время моей жизни в совершенной непорочности]. Die Gewohnheit zu regelmäßigen und ununterbrochenen Übungen, häufige und ausgedehnte Lektüre geistlicher Bücher, nicht seltene Treffen und Gespräche mit Popen und anderen geistlichen Personen über Glaubens- und Gesetzesangelegenheiten, und schließlich das Abschreiben von Heiligenleben, das meine Gedanken mit guten und göttlichen Dingen beschäftigte, trugen viel dazu bei, daß ich mich nicht in jene Laster vertiefte, die in dem Lebensalter, in dem ich mich damals befand, häufig vorkommen. Genauer gesagt: Nichts anderes, als die göttliche Vorsehung selbst und die besondere Geneigtheit der Himmel bewahrte mich vor solchen Dingen. (I, 249)

Bolotovs Selbstdisziplinierung, die hier durch die göttliche Aufsicht unterstützt wird, bekämpft nicht nur das drohende Laster der Masturbation, sondern auch die Gefahr, die vom anderen Geschlecht ausgeht. Akut wird dieses Problem während Bolotovs Soldatenzeit.[12] Der zwanzigjährige Jüngling weiß sich aber aller gefährlichen Einflüsse zu erwehren:

> Ich befand mich genau in jenem Alter, in dem die Menschen am meisten vom Feuer leidenschaftlicher Liebeslüste heimgesucht werden [человеки подвержены бывают всей пылкости вожделений любострастных] und bei weitem noch nicht in der Lage sind, ihrer Leidenschaften Herr zu werden und sich den Vorschriften der gesunden Vernunft zu unterwerfen; ich hatte den ganzen Tag Gelegenheit, äußerst schamlose und wollüstige Gespräche anzuhören und die verführerischsten Beispiele anzusehen, die auch den tugendhaftesten Menschen verderben können [слышать бесстыднейшие и любострастные разговоры, видеть наисоблазнительнейшие примеры, могущие развратить и наидобродетельнейшего человека], und was noch schlimmer war: ich mußte allen möglichen Spott und Sticheleien von meinen Freunden und Kameraden erleiden, weil ich ihnen bei all ihren Ausschweifungen keine Gesellschaft leistete: Hätte nicht auch ich unter solchen Um-

---

[12] Bolotov nahm als junger Offizier am Siebenjährigen Krieg (1756-1763) teil, den er vor allem in Königsberg erlebte (Schmidt 1992).

ständen leicht vom Weg der Tugend abkommen und in den Abgrund der Laster stürzen können? [...]

Der erste Umstand, der mir damals viel half, war meine bereits erwähnte angeborene Zurückhaltung und Schamhaftigkeit, die mich bereits in meiner Kindheit auszeichnete, und die auch damals noch so groß war, daß es für mich immer eine enormes Unterfangen [превеликая коммиссия] war, wenn ich manchmal mit unbekannten Frauen zusammen sein und mich mit ihnen in Gesprächen üben mußte. [...] Was mich betrifft, so war ich in diesen Dingen eine wahre Jungfrau, und ich traute mich nicht, auch nur die kleinsten Scherze und Flirts anzufangen, geschweige denn mir irgendwelche Freiheiten herauszunehmen. Zu diesem trug viel bei, daß ich von Kindheit an Gelegenheit hatte, gewisse Poeme und Liebesgeschichten zu lesen, in denen die Liebe zärtlich, rein und ohne Laster abgebildet war, nicht etwa grob oder ausschweifend; von solchen Gedanken geprägt, hatte ich von ihr eine zärtliche und romantische Vorstellung; und deshalb schien mir der Umgang mit Frauen, den ich bei anderen sah, zu grob, widerlich und niedrig, und ich konnte mich niemals wie andere an einen solch freien, frechen und schamlosen Umgang mit ihnen gewöhnen; aber für mich war es ein enormes Unterfangen [превеликая коммиссия], ein Gespräch mit ihnen zu beginnen, besonders mit unbekannten, und dasselbe konnte ich nur unter Erröten und mit großer Selbstüberwindung bewerkstelligen. Das ist ein Charakterzug, der an sich lächerlich ist, aber mir während meines ganzen Lebens viel Nutzen gebracht hat.

Der zweite Umstand, der mir viel geholfen hat, war jener glückliche Zufall, daß in meinen beiden Wohnungen kein einziges Mädchen und auch keine junge Frau war, die die Aufmerksamkeit eines jungen Mannes hätte erregen können, und wenn es dort Frauen gab, so nur alte und häßliche. [...]

Der dritte Umstand, der mich vor einem ausschweifenden Leben bewahrte, war die Tatsache, daß ich – kaum von der Wachablösung zurückgekehrt – am nächsten Tag das Begräbnis eines jungen Offiziers sah, der in einem anderen Regiment diente und auf erbärmlichste Weise an einer venerischen Krankheit gestorben war, die er sich während der Stationierung in dieser Stadt zugezogen hatte. [...] Dies half mir viel zu jener gefährlichen Zeit und war mir Anlaß, daß ich niemals meinen Kameraden Gesellschaft leistete und mit ihnen in zweifelhafte und verdächtige Häuser ging, sondern lieber zu Hause saß und mich in meinen Beschäftigungen übte. (I, 690-693)

Ichentwürfe

Während hier die „unsichtbare Hand des Schicksals [судьба невидимою рукою отвлекла меня от пропасти]" (I, 693, vgl. II, 267) auf glückliche Weise Bolotovs tugendhaftes Naturell[13] in der Abwehr unsittlicher Einflüße unterstützt, verinnerlichen spätere Techniken der Selbstkontrolle die göttliche Aufsicht vollständig.

Zur Beurteilung wichtiger Fragen setzt Bolotov mit Vorliebe das klassische Genre des deliberativen Monologs ein. Hochzeit (II, 531 ff.), Eintritt in den Staatsdienst (III, 603 ff.) sowie Intrigen (IV, 1048) bieten Anlaß zu solchem Raisonnement, das bei Bolotov oft die Form eines Selbstgesprächs annimmt. Das Heraustreten des nachdenkenden Ich aus einer bestimmten Lebenssituation kann zwar noch nicht als Ausdruck einer vollständigen Emanzipation des Subjekts aus der göttlichen Obhut gewertet werden, immerhin aber geschieht das detaillierte Abwägen von Pro und Contra im Namen einer aufgeklärten Vernunft, die den menschlichen Lebensweg kalkuliert. Damit wird das autonome Urteil aufgewertet und ein beträchtlicher Handlungsspielraum freigesetzt – eine Entwicklung, die der späteren vollständigen Säkularisierung des persönlichen Diskurses den Weg ebnet. Der Mensch ist fähig, sein eigenes Schicksal zu überblicken und es vernünftig zu regeln. Konfliktfälle sind dabei allerdings noch nicht vorgesehen: Vernünftiges Urteilen führt in Bolotovs Optik zu einer Entscheidung, die sich in einem Zustand prästabilierter Harmonie mit der göttlichen Vorsehung befindet.

Während sich das Selbstgespräch hinsichtlich verfügbarer Weisheit auf die eigene Vernunft beschränkt, greift Bolotov bei der Regulierung des eigenen Verhaltens auch auf schriftliche Hilfsmittel zurück. Bolotov arbeitet bei der Umsetzung von Moraltheorie in Verhaltenspraxis eine Art Dreischritt für sich aus. Diese Methode ist ebenso wirkungsvoll wie einfach: Selbstanalyse – Aufsuchen der korrigierenden Regeln in der zeitgenössischen Morallehre – Anwendung dieser Regeln im eigenen Leben. Mit unverkennbarem Stolz vermeldet Bolotov die gelungene Disziplinierung seines eigenen Temperaments – eine Disziplinierung, der auch für Bolotovs Umwelt ein didaktischer Wert zukommt:

> Die sittenlehrenden Bücher[14] veranlaßten mich zur Selbstbetrachtung und Aufspürung all meiner geistigen Regungen und Leiden-

---

[13] Dinges (1996, 67) weist darauf hin, daß Bolotov hier ein weibliches Tugendmodell (Ideal der Jungfräulichkeit) in sein Selbstbild integriert.

[14] Bolotov nennt namentlich zwei Autoren: Johann Adolph Hofmann und Ludwig von Holberg. 1759 liest Bolotov Hofmanns Werk *Von der Zufriedenheit* (1722); beim

schaften, und weil ich in mir eine besondere Neigung zum Jähzorn fand, bemühte ich mich, besonders davon frei zu werden und in diesem Fall jene Regeln zu beachten, die in den Büchern vorgeschrieben waren, und ich kann sagen, daß ich besonders hierin erfolgreich war und in diesem Sommer mich derart umformte, daß ich mir kaum mehr ähnlich war, und viele konnten sich kaum genug darüber wundern [так много себя переделал, что и не стал почти походить сам на себя и многие не могли тому довольно надивиться].

Zum Beweis, wie viel ich in der Wissenschaft der Beherrschung meiner selbst und meiner Leidenschaften erreichte [как много успел я в науке обладать самим собою и страстями своими], erzähle ich zwei Begebenheiten, die sich in diesem Sommer [sc. 1760, U.S.] zugetragen haben. [...]

Mein Diener beliebte in meiner Schatulle zu wühlen, [...] öffnete die Geheimfächer und holte Silbergeld daraus. [...] Dieser Anblick hätte natürlicherweise mein ganzes Blut mit Feuer und Flamme zum Kochen bringen und mich in Rage versetzen müssen, aber das Gegenteil geschah. Ich schaffte es, mich zu besinnen, und überwand mich so sehr, daß ich nicht dem geringsten Zorn in meinem Herzen Raum gab, sondern mit ruhigem Geist, nur mit den Achseln zuckend, zu ihm sagte: „Na, ist das etwa gut? [ну, хорошо это?]"

„Ich bin schuldig, Herr", antwortete er, „was kann ich schon sagen, schuldig wie ein Hund, verzeiht mir. Bei Gott, ich werde das nie mehr tun und Euch fortan treu dienen."

„Nun gut", sagte ich, „wir werden sehen, halte aber dein Wort."

„Wie der Herr befiehlt."

Er hielt tatsächlich sein Wort, und während aller Jahre, die er mir diente, bemerkte ich nicht die kleinste Untreue.

Der zweite Vorfall war folgender: [...] Es war bereits in der Dämmerung, und nicht nur er [sc. der Livländer Kul'bars, U.S.], sondern auch ich selbst sah nicht genau, wer ihn am Zopf gezogen hatte, aber er dachte, ich sei es gewesen, und indem er wie Pulver aufflammte, begann er mich erbarmungslos zu beschimpfen und zu beleidigen, daß ein anderer an meiner Stelle dies nicht erduldet hätte, sondern ihm mit Sicherheit in die Fresse gefahren [съездил

Dänen Holberg hat Bolotov vermutlich dessen moralische *Episteln* (1748-1754) im Auge (Rexheuser 1995, 109).

Ichentwürfe

в рожу] und bereit gewesen wäre, sich mit ihm zu schlagen und zu fechten. Aber ich hatte genug Geist, daß ich als Unschuldiger seine Dummheit verlachte und ihm als Entgegnung auf sein ganzes Gekläffe nur sagte: „Herr Kul'bars, ich versichere Ihnen als ehrlicher Mensch, daß ich Sie nicht angefaßt oder angerührt habe und daß Sie mich ohne Grund beschimpfen. [...]" [...] Herr Kul'bars fühlte sich so schuldig vor mir, daß er, nachdem er mich am selben Abend nicht gefunden hatte, mich am nächsten Tag in meiner Wohnung aufsuchte, tausend Entschuldigungen vorbrachte und mich bat, seine Dummheiten und sein unentschuldbares und jähzorniges Vorgehen zu vergeben. Mich berührte dies so, daß ich ihm mit Tränen in den Augen meine Hand gab und sagte, daß ich ihm gerne alles verzeihe und statt des Ärgers nur bitte, ihn näher kennenzulernen und mir ein Freund zu sein. [...] Dieser Sieg war mir hundert Mal angenehmer, als wenn ich ihn mit einem Stock geprügelt hätte. (I, 978-981)

Die Selbstanleitung zu moralischem Verhalten durch erbauliche Schriften gelingt in Bolotovs Fall auf vorbildliche Weise, weil hier die Arbeit an sich selbst die Naturanlagen auf harmonische Weise weiterentwickelt:

Mein Charakter und meine Neigungen entfalteten sich von Stunde zu Stunde und machten sich immer bemerkbarer. Meine Neigung zur Literatur und zu allen gelehrten Übungen verringerte sich keineswegs, sondern nahm mit jedem Tag zu. Und man konnte bereits sehen, daß ich nicht für den Krieg, sondern für die Wissenschaften geboren war, und daß die Natur mich in Besonderheit mit einer Neigung zu ihnen beschenkt hatte, und diese ausgesprochene Neigung war der Grund dafür, daß ich bei weitem nicht meine ganze Freizeit nur mit Späßen und Belustigungen zubrachte, sondern den größten Teil davon viel nutzbringender einsetzte. (I, 958)

Wissenschaft meint für Bolotov in erster Linie die Lektüre von Büchern (Glagoleva 1987, 80-95, 1988, 141 ff., Newlin 1994, 57). Bolotov legt sich allerdings nicht das Image eines ehrwürdigen Buchgelehrten zu, sondern präsentiert sich als Dilettant (im besten Sinne des Wortes), als Bibliophiler, dem seine Bücher mehr wert sind als seine Pferde (I, 812 f.). Deshalb begreift Bolotov die Aneignung von Bildungsinformation aus Büchern nicht als mühseligen Vorgang, der am Schluß mit einem nutzbringenden Resultat belohnt wird. Das Angenehme paart sich hier mit dem

Bolotov

Nützlichen – mehr noch: Das Angenehme wird nachgerade zum Gradmesser der Nützlichkeit:[15]

> In diesem Jahr [sc. 1760, U.S.] [...] las ich nicht nur wie früher Romane und kleine Erzählungen [романы и сказочки], sondern begann allmählich, mich auch an sittenlehrende und ernste Bücher [к нравоучительным и степенным книгам] zu gewöhnen. Und weil ich dieser zum Glück nicht nur nicht überdrüssig wurde, sondern sie ganz besonders schätzte, so kann man jenes Jahr unter diesem Aspekt als besonders denkwürdig in meinem Leben bezeichnen: denn zu Beginn desselben Jahres begann ich, mich selbst zu bilden, meine Vernunft zu formen, das Herz zu verbessern und ein Mensch zu werden [ибо с начала онаго начал я сам себя образовать, обделывать свой разум, исправлять сердце и делаться человеком]. (I, 958 f.)

Der Bildungsinhalt „würdiger Bücher" wird durch eine ausgefeilte Exzerpier- und Kopiertechnik nicht nur mechanisch, sondern auch psychologisch reproduziert:

> Mit jedem Tag erhielt ich neue Kenntnisse und mit jedem Tag wurde ich besser [со всяким день делался лучшим]; aber man kann sagen, daß auch viel dazu beigetragen wurde durch ernsthafte Überlegungen, in welchen ich mich nicht selten übte und welche mich zu einem besonderen Unternehmen anregten, das wenige Leute in dem Alter, in dem ich mich damals befand [22, U.S.], durchführen, und zwar: Ich nahm mir vor, jeden guten Gedanken und jedes gute Gefühl, auf das ich stoße, auf einzelnen Blättern aufzuzeichnen, und jeden Tag mir selbst etwas Notwendiges zur Ausführung oder zur Erinnerung vorzuschreiben. Und weil ich mich fast das ganze Jahr über hiermit beschäftigte, häufte sich eine solche Menge beschriebener Blätter an, daß ich sie nach der Rein-

---

[15] Vgl. auch Bolotovs Position in einer Buchrezension: „Der wahre Wert von Romanen liegt darin, daß sie nicht nur interessant [любопытный] sind, sondern daß in ihnen auch nichts Unnatürliches, für ein zärtliches Gemüt Beleidigendes und Schlechtes, vielleicht sogar zu Lastern Anstachelndes vorkommt. Im Gegenteil müssen sie viele lebendige und tätige Morallehren, ebenso Anregungen zum Guten und vor allem viele Szenen enthalten, die die Innerlichkeit der Herzen rühren und den Lesern Tränen der Genugtuung entlocken können, damit ihre Seelen sich durch die Abbildung guter und tugendhafter Handlungen in angenehme und entzückende Bewegungen versetzen können." (Morozov, Kučerov 1933, 207 f.)

Ichentwürfe

schrift zusammenstellen und als ganzes Buch binden lassen konnte, das für jeden Tag im Jahr eine Regel enthielt, die ich mir selber vorgeschrieben hatte. Dies ist ein Büchlein, das ich bis heute gewissermaßen als Andenken [монумент] meiner damaligen Beschäftigungen und Übungen und gleichzeitig als ersten schwachen Versuch meiner sittenlehrenden Werke aufbewahre und dem ich gemäß meiner ursprünglichen Absicht nie eine andere Bezeichnung gab als einfach nur Erinnerungsbuch [памятную книгу]. (I, 982, vgl. auch II, 66 f.)

Man darf dieses Erinnerungsbuch durchaus als Vorstufe zu Bolotovs Autobiographie betrachten. Das Besondere dieses Notizbuchs liegt in der schriftlichen Fixierung von Intimität (und nicht etwa von Zeitzeugenschaft!). Bolotov etabliert hier ein persönliches Kommunikationsmodell, in dem er nicht nur als Autor und Protagonist, sondern zusätzlich auch als Leser auftritt. Durch die Lektüre der eigenen Gedanken und Taten wird das gegenwärtige Ich an das vergangene Ich rückgekoppelt und bestimmt auf diese Weise auch das Selbstverständnis und Handeln des zukünftigen Ich. Damit wird das eigene Ich auf doppelte Weise erfahrbar. Zum einen ist eine maximale Ausdifferenzierung verschiedener Rollen des Ich festzustellen: Das Ich beobachtet, es wird beobachtet, es schreibt, es analysiert, es liest, es handelt. Zum anderen impliziert diese theatralische Selbstaufspaltung des Ich, daß die einzelnen Darsteller auch wirklich ein einziges zusammenhängendes Stück (*Andrej Bolotovs Leben und Abenteuer* [*Žizn' i priključenija Andreja Bolotova*]) spielen. Die schriftliche Fixierung von Individualität in einem Notizbuch schafft eine Ichkonstanz, die um die eigene „Verbuchung" und auch um die künftige „Verbuchbarkeit" weiß.

Das Erinnerungsbuch findet seine Fortsetzung in der Anlage eines Tagebuchs, auf dessen Grundlage Bolotovs Autobiographie entstanden ist. Die unmittelbare Mitschrift des eigenen Lebenstextes stellt das Ideal von Bolotovs Selbstdokumentation dar. Die zeitliche Distanz zwischen erlebendem und erzählendem Ich soll so klein wie möglich gehalten werden. Deshalb nähert Bolotov seine Lebensbeschreibung der Form eines Tagebuchs an. Bei emotionalen besonders markierten Abschnitten werden Tagebucheintragungen in den Text der Autobiographie eingeschaltet, die ein Erlebnis in seiner aktuellen, nicht durch die Erinnerung verfälschten Gefühlsintensität wiedergeben sollen. Anlaß zur Aufbietung solchermaßen gesteigerter Authentisierungstechniken bieten etwa die Geburt des Sohnes (II, 1075) oder schwere Krankheiten (IV, 229).

Bolotov

Eine ähnliche Technik besteht in der direkten Wiedergabe einzelner Episoden, wie sie Bolotov in Briefen an den Sohn (IV, 587-724)[16] oder die Schwiegermutter (III, 68-92) festgehalten hatte. Wichtige Ereignisse wie etwa die Plünderung eines Klosters, die Bolotov nicht als Augenzeuge miterlebt hat, können in den Worten Dritter geschildert werden, Bolotov beruft sich dabei auf fremde Briefe und Dokumente (III, 21-27).

Wie besorgt Bolotov um die authentische Orientierung [ustanovka na podlinnost'] seiner Aufzeichnungen ist, zeigt ein Vorbehalt gegenüber der Präzision seiner Autobiographie für einen Zeitraum, der wegen des Verlusts von Papieren unzureichend dokumentiert ist:

> [...] Ich muß vorweg mitteilen, daß von nun an die in diesem wie auch in den folgenden Briefen enthaltene Fortsetzung meiner Erzählung aller in meinem Leben vorgefallenen Ereignisse nicht mit der selben Genauigkeit und Ausführlichkeit zusammengestellt sein wird, mit der ich sie in den bisherigen Briefen beschrieben habe. Der Grund dafür liegt darin, daß ein unglücklicher Brandfall im Jahr 1782, bei dem viel verloren ging, mir unter anderem zu meinem besondere Bedauern auch alle meine Tagebücher und Aufzeichnungen geraubt hat, die diesen Zeitraum betreffen und deren ich mich bisher bei der Beschreibung meines Lebens bedient habe. Deshalb bin ich bei der nachfolgenden Schilderung meines Lebens gezwungen, zu meinem Gedächtnis und zur kleinen Anzahl derjenigen Papiere Zuflucht zu nehmen, die Feuer und Flamme überstanden haben. Aber weil das erstere wegen der lang verflossenen und dreißigjährigen Zeit sich schon sehr abgeschwächt hat und nicht in der Lage ist, mir alles Gewesene in allen Einzelheiten in Erinnerung zu rufen, so muß ich mich natürlicherweise mit dem begnügen, woran ich mich erinnern kann und was ich in den erwähnten wenigen, vom Brand verschonten Papieren und anderen schriftlichen Dokumenten finden konnte, und über alles in geraffter Form und manchmal ohne Beachtung der präzisen zeitlichen Abfolge berichten. (III, 334 f.)

---

[16] Dieser Briefwechsel ist derart langatmig, daß sogar der geduldige Herausgeber der „Russkaja Starina"-Ausgabe Kürzungen vorgenommen hat: „Nachdem wir oben vollständige Beispiele von Bolotovs Briefwechsel mit seinem Sohn vorgestellt haben, lassen wir nun mit dem Einverständis des Eigentümers der Aufzeichnungen, V.A. Bolotov, die gänzlich uninteressanten Stellen weg [...]." (IV, 696)

Ichentwürfe

Bolotovs Poetik einer maximalen Authentizität ist jedoch nicht nur als literarischer Kunstgriff relevant, sie impliziert auch eine erstaunliche Schicksalsgewißheit. Die Interpretationsabstinenz des fünfzigjährigen Memoirenschreibers Bolotov ist erstaunlich: Kaum je findet sich eine Bewertung oder Verurteilung des eigenen Handelns in der Vergangenheit. Bolotovs Selbstdarstellung ist durch und durch optimistisch: Nicht nur im Rückblick, sondern auch in der auf der Zeitachse langsam vorrückenden Gegenwartsperspektive gelingt der eigene Lebensentwurf. Kapitale Fehlentscheidungen, falsche Weichenstellungen, fatale Irrtümer haben hier keinen Ort. Die zur erfolgreichen Gestaltung des eigenen Lebens verfügbare Information ist zu jedem Zeitpunkt ausreichend, jede getroffene Entscheidung erweist sich deshalb als optimale Lösung.

Bolotov amalgamiert in der positiven Bewertung seiner Biographie zwei Diskurse, deren Konfliktträchtigkeit er gar nicht wahrnimmt. Einerseits steht er auf dem Boden der traditionellen religiösen Verhaltenskultur, die eine göttliche Lenkung des menschlichen Schicksals annimmt; andererseits vertritt er aufklärerische Prinzipien, die dem Ich beträchtliche Entscheidungskompetenzen einräumen. Die göttliche Vorsehung taucht in Bolotovs Autobiographie zwar gelegentlich als Agens auf, es ist aber interessant zu sehen, daß Bolotov das Wirken Gottes nicht einfach fatalistisch hinnimmt, sondern als willkommenes Erklärungsangebot in seine Kontingenzerfahrung integriert. Trotz des Rekurrierens auf die göttliche Vorsehung kann man eine Emanzipation von der offiziellen Glaubenskultur feststellen: Bolotovs Religiosität ist eine zutiefst individuelle und beruft sich nur fallweise auf die Institution der orthodoxen Kirche (Rekschojzer 1996, 249).

> Da ich bereits seit langem und ein für allemal mein ganzes Schicksal meinem Gott anvertraut hatte und beschloß, alles von seiner für mich heiligen Vorsehung anzunehmen, trainierte ich mich [приучил] dazu, nachdem ich sie näher kennengelernt hatte, in jedem Fall mich in meiner Trauer Gott zuzuwenden und mich durch nichts allzu sehr betrüben zu lassen, sondern alles ruhig von ihm hinzunehmen; dieses Hoffen und Vertrauen auf seine heilige Obhut über mich tröstete mich in vielen Fällen und verhinderte weiteres Unglück, und im Laufe der Zeit hatte ich vielfach Gelegenheit, mich durch eigene Erfahrung zu vergewissern, daß diese Selbstüberantwortung in den vollkommen göttlichen Willen und dieses feste Vertrauen auf seine heilige und allmächtige Hilfestellung und in vielerlei Fällen seine Hilfe das Wertvollste und Nützlichste im Leben eines Menschen ist, so daß ich jetzt an meinem Lebensabend direkt sagen und durch mein eigenes Beispiel heilig

Bolotov

bezeugen kann, daß ich mich während meines ganzen Lebens dieses Hoffens und Vertrauens niemals zu schämen brauchte und dies niemals bereute, sondern tausendfach Grund und Anlaß hatte, dessen zufrieden zu sein. (II, 68)

Der Widerspruch zwischen traditioneller Schicksalsrhetorik[17] und modernen Autonomiestrategien wird sinnfällig in einem logisch mißglückten Versuch, beide Konzepte, die sich gegenseitig ausschließen, miteinander zu vermitteln. Bolotovs Nichtbeförderung zum Offizier im Jahr 1755 scheint zunächst ein großes Unglück zu sein, bietet aber später Anlaß zu selbständigem Handeln (die persönliche Vorsprache bei einem General in Petersburg erreicht das gewünschte Ziel):

Der göttlichen Vorsehung gefiel es, mir ein Unglück zu schicken, recht eigentlich in der Absicht, mich der Hoffnung auf alle Hilfe von dritter Seite zu berauben und mich meiner eigenen Obhut zu überlassen. (I, 292)

Die Unterordnung des Ich unter die göttliche Autorität (und Autorschaft) ist ein rhetorisches und ideologisches Zugeständnis an einen Zeitgeist, der in Bolotovs Werk schon nicht mehr weht. Gerade die von Viktor Šklovskij parodierte Tendenz zur Selbstmonumentalisierung (IV, 931) zeigt deutlich, daß das wahrhaft Memorable nicht Gottes, sondern Bolotovs Wirken ist.

Bolotov – als gewissenhafter Buchhalter seines Lebenskontos – bevorzugt im Alter sogar eine doppelte Buchführung, die ihm eine persönliche Querkontrolle ermöglicht.[18] Am 7. Dezember 1787 (IV, 198) beginnt er mit der Übertragung seiner Lebensinformation, die bislang nur in Tagebüchern und Aufzeichnungen gespeichert ist, in das Hauptbuch seiner Autobiographie. Anfang 1789 vermeldet Bolotov zusätzlich, daß er das Geschäft der Selbstdokumentierung nunmehr mit professioneller Regelmäßigkeit betreibe:

---

[17] „Die Ratschlüsse und die Vorsehung Gottes sind unerforschlich und für uns undurchdringbar [судьбы и промысл Господни неисповедимы и нами непроницаемы]." (I, 319)

[18] Am 7. Oktober 1802, seinem 64. Geburtstag, beginnt Bolotov mit einer weiteren Chronik mit dem Titel: „65-oj god moej žizni ili podrobnoe opisanie vsego proischodivšego so mnoju s 7 čisla oktjabrja 1802 g". Der erste Brief ist abgedruckt in Morozov, Kučerov (1933, 166-172).

Ichentwürfe

> Der nächste Morgen ist deshalb erwähnenswert, weil ich damals zum erstenmal das geordnete tägliche Aufzeichnen aller meiner Erlebnisse begründete [я в оное впервые основал порядочную ежедневную записку всем случающимся со мною происшествиям], und eben dieses historische Journal, das ich in diesem Jahr begonnen habe, führte ich weiter und führe es ohne Unterbrechung noch heute (sc. 1811, U.S.). Daraus ergaben sich bereits mehrere gebundene Bücher, die bei Bedarf zur Weiterführung meiner Lebensbeschreibung dienen können oder wenigstens das beste Material für das zu jener Zeit von mir ausgedachte besondere Werk darstellen, das die geordnete Beschreibung meines ganzen Lebens enthalten soll, zum Nutzen meiner Kinder und Nachfahren [...]. (IV, 495)

Bolotov erweist sich damit als Chronist in doppelter Hinsicht: Zu archivieren ist sowohl die Vergangenheit als auch die Gegenwart. Die störenden Interferenzen zwischen Bolotovs beiden Lebensbüchern sind minimal.[19] Bolotov geht es bei der Niederschrift seiner Autobiographie nicht um die Ausdeutung von Erlebtem aus der abgeklärten Sicht des Alters, sondern um die möglichst authentische und lückenlose Dokumentierung seines gesamten Lebenswegs aus der jeweils unmittelbarsten Perspektive.

Das kühne Unternehmen, das Leben eines durchschnittlichen Provinzadligen in Literatur zu verwandeln, ist im Rußland des 18. Jahrhunderts weitgehend unbekannt. Das Genre der Autobiographie wird in dieser Zeit von einer offiziösen Schreibweise dominiert: Erst ein „erfolgreiches" Leben legitimiert eine Niederschrift, und der „Erfolg" bemißt sich bis ins 19. Jahrhundert hinein nach institutionellen Kritierien. Mit anderen Worten: Das Verfassen einer Lebensbeschreibung ist Sache von Potentaten und Staatsmännern, wobei ausschließlich die einzelnen Karrierestationen Eingang in die Biographie finden (Tartakovskij 1991, 244-261).

Die Bedeutung von Bolotovs Autobiographie verdankt sich einer entscheidenden Entdeckung der Neuzeit: der Anerkennung des Privaten als einer das ganze Ich repräsentierenden und deshalb mitteilenswerten Lebensdimension.[20] Das Konzept des „Privaten" ist weder kulturhistorisch noch etymologisch genuin russisch, sondern importiert. Bezeichnender-

---

[19] So flicht Bolotov bei der Schilderung der eigenen Kindheit (1749) nebenbei eine Kritik an der zeitgenössischen Pädagogik (1789) ein. (I, 107, 134)

[20] Wie weit Bolotov in dieser Hinsicht seiner Zeit voraus ist, zeigt sich auch daran, daß noch Osip Mandel'štam den Philosophen Petr Čaadaev (1794-1856) als einen der ersten „privatiers" in Rußland bezeichnen wird (1967, II, 284).

Bolotov

weise bezieht sich das russische Wort „častnyj" nicht auf ein Reservat des Individuums vor der Öffentlichkeit, sondern auf ein eigenes, unwiederholbares Schicksal [učast']. Bolotov ist deshalb gezwungen, bei der Beschreibung des Privatlebens von Pavel I. auf den Gallizismus „privatnaja žizn'" zurückzugreifen (Boym 1994, 310).

Bolotovs Autobiographie stellt in doppelter Hinsicht ein privates Dokument im modernen Sinne dar. Zum einen ist dem Autor sein privates Leben interessant genug, um zunächst peinlich genau ein Tagebuch darüber zu führen und schließlich 27 Jahre über der Reinschrift zu verbringen. Auf der anderen Seite ist Bolotovs Lebensbericht nicht für ein öffentliches Publikum gedacht, der implizite Leser seiner Memoiren wird programmatisch bereits im Titel genannt [для своих потомков]. In einer Vorbemerkung rechtfertigt Bolotov sein Unterfangen unter Berufung auf eben diesen Umstand:

> Nicht Eitelkeit und nicht irgendwelche andere Absichten haben mich veranlaßt, diese Geschichte meines Lebens zu schreiben; in ihr gibt es keine außergewöhnlichen und so erwähnenswerten und wichtigen Ereignisse, die es wert wären, der Welt übergeben zu werden, sondern der folgende Umstand war der Grund.
> Während meines ganzen Lebens war es mir betrüblich, daß meine Vorfahren so unbekümmert [нерадивы] waren, daß sie keinerlei schriftliche Mitteilung über sich hinterließen, und uns, ihren Nachkommen, auf diese Weise das angenehme Vergnügen nahmen, über sie und darüber, wie sie lebten und was mit ihnen während ihres Lebens geschah und passierte, auch nur eine begrenzte Ahnung und Vorstellung zu haben. (I, 1 f.)

Den Hinweis auf die private Leserschaft verknüpft Bolotov schließlich mit einem traditionellen Bescheidenheitstopos, in dem er sich für seine kunstlose Schriftstellerei entschuldigt:

> Und weil ich all dies nicht in der Absicht geschrieben habe, es öffentlich in gedruckter Form herauszugeben, sondern allein zur Befriedigung der Neugier meiner Kinder und derjenigen meiner Verwandten und zukünftigen Nachkommen, die etwas über mich wissen wollen, habe ich mir um den Umfang und die Größe dieses Werks keine Sorgen gemacht, sondern habe mich nur bemüht, daß nichts ausgelassen werde. Deshalb bitte ich für den Fall, daß ein Außenstehender dieses direkt ins Reine geschriebene Werk liest, um geneigte Nachsicht dafür und für meine Fehler. (I, 2)

Ichentwürfe

Wie ernst es Bolotov mit diesem Programm ist, zeigt deutlich seine Schelte für P.Z. Chomjakovs Autobiographie, die 1790 unter dem Titel *Abenteuer eines Russen, wahrhaftige, von ihm selbst niedergeschriebene Erzählung, welche die Geschichte seines Militärdienstes und seiner Feldzüge mit den Erlebnissen und den von ihm gehörten Berichten enthält* [*Pochoždenie nekotorogo Rossijanina, istinnaja povest', im samim pisannaja, soderžaščaja v sebe istoriju ego služby i pochodov s priključenijami i slyšannymi im povestjami*] in Moskau anonym erschienen war:

> Es ist wirklich unmöglich zu verstehen, was ihn [sc. den Autor, U.S.] dazu veranlaßt hat, der Öffentlichkeit ein solches Geschenk zu machen. Sein ganzer, ziemlich langer Bericht enthält keine Vorfälle, die auf irgendeine Weise wichtig, einzigartig, interessant wären oder den Leser wenigstens ein bißchen beschäftigen könnten, sondern besteht aus der Erzählung von lauter Details, bedeutungslosen Reisen, Ausflügen, Dienstleistungen und Erfahrungen. [...]
> Kurz, dieser Herr hat seine Aufgabe schlecht erfüllt, und es wäre viel besser gewesen, wenn er in Ruhe irgendwo sitzen und schweigen würde. [...]
> Bei diesen Umständen kann man nur bedauern, daß dieses Buch überhaupt erschienen ist. Es bringt unserem Vaterland keine Ehre und ist überhaupt nicht wert, einen Platz in einer Bibliothek einzunehmen, es sei denn zum Nachweis, welche Ausmasse die Selbstliebe und der Drang zur Selbsverherrlichung mittels Briefen annehmen kann [до чего может простираться самолюбие и охота к прославлению себя писемиями] und was die Druckfreiheit und der Mangel an Zensur in einzelnen Typographien zu bewirken vermag. (Morozov, Kučerov 1933, 196-198)

Der entscheidende Unterschied zwischen Bolotovs eigener Autobiographie und der inkriminierten Selbstexhibition Chomjakovs besteht in Bolotovs Verzicht auf eine Veröffentlichung seiner Aufzeichnungen. Bolotov präsentiert sein Werk nicht als literarisches Kunstwerk, das gewissen ästhetischen Maßstäben zu genügen hat, sondern als faktographische Fixierung seiner Privatexistenz. Allerdings zeigt bereits die Tatsache der Anrede eines fremden Lesers, daß Bolotov sich einer Zirkulation seines Werks in Manuskript- oder Buchform bestimmt nicht widersetzt hätte. Tartakovskij (1991, 70) weist zu Recht darauf hin, daß Bolotov sein Werk nach sentimentalistischen Klischees modelliert hat. Bereits die Bezeichnung *Andrej Bolotovs Leben und Abenteuer* [*Žizn' i priključenija Andreja Bolotova*] lehnt sich an die russische Buchkultur des 18. Jahrhunderts an, indem sie den Titel der russischen Übersetzung der *Manon Lescaut* in Erinnerung ruft: *Die Abenteuer des Marquis G... oder Das Leben eines adligen Menschen, der die Welt verlassen hat* [*Priključenija markiza G... ili Žizn' blagorodnogo čeloveka, ostavivšego svet*] (SPb. 1756-1765). Ein weiterer Rekurs auf die zeitgenössische europäische Literaturtradition besteht in der Briefform, die sich für das Genre der Autobiographie ja keineswegs aufdrängt.[21] Bolotovs Aggressivität gegenüber Chomjakov läßt sich vielleicht am besten durch einen heimlichen Neid auf den Rivalen erklären: Chomjakov hat die autobiographische Sinnstiftung durch die Publikation seines Werkes konsequent zu Ende geführt (die narrative Konstruktion des Ich wirkt nur identitätsstiftend durch gesellschaftliche Kenntnisnahme), während Bolotov seiner Eitelkeit zwar mit dem allenfalls vorhandenen Interesse eines Dritten schmeichelt, es aber nicht wagt, die an sich schon gewagte Beschäftigung mit sich selbst auch öffentlich zu verkünden (Tartakovskij 1991, 96).[22] Wie begründet Bolotovs Publikationsskrupel waren, zeigt schon die Tatsache, daß einige Mitglieder der Familie Bolotov jeglichen Kontakt zu ihrem schriftstellernden Verwandten abbrachen (97).

Bolotovs zaghafte Literarisierung und die damit verbundene Betonung eines dokumentarischen Interesses bestimmen auch die Poetik seiner Autobiographie. Am deutlichsten äußert sich diese Absicht in Bolotovs Ordnungsprinzip: Bis auf wenige Ausnahmen hält sich Bolotov an die Chronologie der Ereignisse. Wenn die Schilderung eines bestimmten Ereignisses eine Digression von seiten des Erzählers erfordert, versäumt Bolotov es nicht, sich für die Unterbrechung des chronologischen Erzählprinzips zu entschuldigen:

> Um Euch zu erklären, woher dieser von mir am wenigsten erwartete Umschwung rührte, muß ich mich, indem ich den Faden der Erzählung für ein Stündchen unterbreche [прервав на часок нить моего повествования], ein wenig rückwärts wenden und einige Begleitumstände [побочности] erzählen. (III, 971)

---

[21] Rice (1976b, 37) vermutet hier als poetologisches Vorbild Adam Beauvius' Briefroman *Henriette oder der Husarenraub* (1779), der von Bolotov übersetzt wurde.

[22] Der letzte Satz von Bolotovs vernichtender Rezension lautet denn auch bezeichnenderweise: „Wenn von diesem Buch irgendein Nutzen ausgehen kann, so nur in dem glücklichen Fall, wenn es ihm gelingt, einen Russen zu einem ähnlichen Unternehmen zu bewegen, d.h. zur Beschreibung des eigenen Lebens, allerdings nicht auf diese Weise, sondern mit besserem und richtigerem Stil." (Morozov, Kučerov 1933, 198)

Ichentwürfe

Die Formel „Ich habe mich von der Ordnung meiner Erzählung entfernt und kehre nun zurück [но я удалился уже от порядка моего повествования, и теперь, возвращаясь к оному, скажу ...]" wird beinahe zur stehenden Wendung (I, 150, 155, 699 und passim). Bolotovs narratives Schema besteht fast ausschließlich in der chronologischen Ausrichtung des anfallenden biographischen Materials. Eine Selektion des zu Beschreibenden ist dabei gar nicht vorgesehen:

> Bei dieser Beschreibung [sc. meines Lebens, U.S.] bemühte ich mich, nicht ein einziges Ereignis auszulassen, an das ich mich erinnern konnte, und berücksichtigte auch einige sehr unbedeutende Vorfälle, die sich noch während der zartesten Jahre meiner Kindheit ereigneten. (I, 2)

Wo nichts ausgelassen werden darf, erübrigt sich ein besonderer Plan für die Niederschrift eines auch noch so umfangreichen Textes. In einer unveröffentlichten Fortsetzung seiner Memoiren aus dem Jahr 1826 erlaubt sich Bolotov einen Exkurs über seinen Schreibprozess, der an eine „écriture automatique" avant la lettre erinnert:

> Ich ergreife die Feder, lasse ein Blatt frei für den Titel, den ich jetzt noch nicht weiß, und beginne ohne weitere Vorbereitung und Pläne (die bei mir ohnehin immer schlecht waren) zu schreiben, einfach wie die Gedanken von selbst kommen, der erste gebiert den zweiten und der den dritten. – Ich schreibe eine Stunde, meine Sache läuft, und das auf elegante Weise. Fast unbemerkt habe ich mein Heft schon vollgeschrieben, und ich wundere mich darüber, daß ich es so schnell vollgeschrieben habe. Schnell nähe ich ein zweites zusammen, und schreibe weiter für eine weitere Stunde. Die Sache läuft! Die Materie [материя] sprudelt und fließt so elegant wie sich zum Beispiel unser Bach aus dem Teich unter der Weide in einer flachen Rinne so hell und schön und mit leisem, aber angenehmen Rauschen in unser Bad ergießt. (Newlin 1994, 150 f., 198)

Eine ähnliche Schreiblust artikuliert sich bereits 1760 in einem Brief des jungen Bolotov an seinen Freund Tulub'ev:

> Ist dies nicht eine gute Gelegenheit, Papier vollzuschmieren [марать бугмау], und sich in Gedanken mit einem liebenswürdigen Menschen zu unterhalten? O, wieviel ich vollschmiere; ich glaube, daß Sie eher beim Lesen müde werden als ich beim Daherschwat-

zen dessen, was mir in den Sinn kommt [мне думается что вы скорей устанете читаючи нежели я болтая что пришло в голову]. (Newlin 1994, 32, 194)

Allerdings geht Bolotovs Sorge um die Aufmersamkeit seiner Adressaten nicht allzu tief. Das gilt auch für seine Autobiographie. Die Gefahr, daß der Leser sich aus Langeweile von der weit ausholenden Alltagsbeschreibung eines russischen Durchschnittsadeligen abwenden könnte, ist durch den Hinweis auf die implizite Leserschaft gebannt. Bolotov adressiert seinen Text doppelt: Einerseits richtet sich die Autobiographie als familiengeschichtliche Informationsquelle an die eigenen Nachkommen. Andererseits konstruiert Bolotov die Figur eines fiktiven Freundes, an den seine in 300 Briefe gegliederte Lebensbeschreibung gerichtet ist. Dieser Freund personifiziert in idealer Weise jenen monotonitätsresistenten impliziten Leser, dem allein die problemlose Rezeption dieses alle literarische Rahmenbedingungen sprengenden Werks gelingen kann. Im ersten Brief erklärt Bolotov, daß er dem Drängen des Freundes zur Niederschrift seines durchaus gewöhnlichen Lebens nachgegeben habe. Dieser Kunstgriff impliziert eine bezeichnende Verschiebung der Spannungserzeugung. Nicht mehr der Autor, sondern der Leser ist nun verantwortlich für die Interessantheit des Textes:

> Ich erfülle Euren Wunsch; aber wenn die nachfolgende Beschreibung meines Lebens nicht so interessant, fröhlich und elegant [любопытно, весело и приятно] sein wird, wie Ihr Euch dies vorstellt, so müßt Ihr schon Euch selbst die Schuld geben, und nicht mir; denn mir bleibt nichts übrig, als Euch nur das zu erzählen, was sich wirklich mit mir zugetragen hat, und Ihr würdet bestimmt selbst nicht wollen, daß ich zur Ausschmückung meines Werks oder zu seiner Ausstattung mit mehr Eleganz mir irgendwelche Lügen ausdenken würde oder in meinen tatsächlichen Erlebnissen irgendetwas arrangieren oder hinzufügen würde [вы сами того верно не похотели-б, чтоб я для украшения моего сочинения, или для придания ему более приятности стал выдумывать небылицы, или затевать и прибавлять что-нибудь лишнее, к бывшим действительно приключениям]. (I, 3 f.)

Die Aufmerksamkeit des Lesers wird nicht in erster Linie von der Qualität des Textes hervorgerufen und genährt, das Leserinteresse wird vielmehr vorausgesetzt. Bolotov benennt diesen Zusammenhang explizit:

Ichentwürfe

> Ich erzähle Euch, liebenswürdiger Freund, nun alles, was sich mit mir während meines Militärdienstes zutrug, und obwohl er nicht besonders lange dauerte und während der ganzen Zeit keine wichtigen oder außerordentlichen Ereignisse in bezug auf mich vorfielen, hege ich doch die Hoffnung, daß Euch diese Beschreibung nicht langweilig wird und daß Ihr sie mit ebenderselben Neugier [любопытство] lesen werdet, wie die Geschichte meiner Kindheit. (I, 272)

Die Neugier des Lesers und nicht die spannende Konstruktion des Textes soll die Rezeption von Bolotovs Autobiographie vorantreiben. Bolotov äußert zwar gelegentlich Zweifel an der Effizienz dieser Konzeption, zeigt sich aber nicht bereit, sie grundsätzlich abzuändern:

> Ich weiß nicht, ob ich bei der Beschreibung all dieses genug Dinge finde, die sich irgendwie Eurer Neugier würdig erweisen und Eure Aufmerksamkeit bei der Lektüre derselben aufrechterhalten. Und Ihr müßt mich schon entschuldigen, wenn ich aus Mangel an wichtigen Dingen Euch manchmal irgendwelche Kleinigkeiten und Nichtigkeiten erzählen werde [буду я иногда рассказывать вам о самых мелочах и безделках] und dies mehr deshalb tue, weil diese wenn nicht für Euch, so doch für meine Nachfahren interessant und anziehend [интересны и любопытны] sein können. Kurz, ich fahre genauso weiter, wie ich es früher getan habe und werde Wichtiges mit Unwichtigem mischen und dadurch meiner Erzählung mehr Lebhaftigkeit und Eleganz verleihen [дело стану мешать с бездельем и самым тем придавать повествованию своему сколько-нибудь более живости и приятности]. (II, 301)

Der fehlende Spannungsbogen wird in Bolotovs Werk durch Ritualität kompensiert. Der Autor verwickelt seinen Leser in ein Lektüreritual, das durch immer wiederkehrende Formeln geprägt ist. Jeder der 300 Briefe beginnt mit der unveränderten Anrede „Liebenswürdiger Freund! [Любезный приятель!]" und endet mit der Versicherung „Und damit erlaubt mir, diesen Brief zu beenden und Euch zu versichern, daß ich usw. [Но сим и дозвольте мне и письмо сие кончить, а между тем сказать вам, что я есмь ваш, и прочая]".

Der sprachlichen Ritualisierung entspricht die inhaltliche. In regelmäßigen Abständen informiert Bolotov den Leser über die Zusammensetzung seiner Familie (III, 729, 920, 1211, IV, 70, 210), über den Zustand seiner Wohnung bzw. Landsitzes (I, 152 ff. [mit Grund- und Aufriß], 758 f., II,

Bolotov

315-330 [mit Lageplan], 803), über die Anzahl der neu erworbenen und gelesenen Bücher[23] (I, 411, II, 67, 743, IV, 764, 873), über seine wissenschaftliche Tätigkeit (III, 952, IV, 870), über die Verwaltung seines Landguts (III, 201 ff., IV, 71), über den Kontostand seines Kapitals (IV, 211, 498, 527).

Zur fortlaufenden Inventarisierung des eigenen Leben gehört auch das Auszählen der verlebten Tage. Immer wieder vermerkt Bolotov das Erreichen einer runden Zahl als Ereignis, 19500 und 20000 für sich selbst (IV, 904, 1094), 7777 für seinen geliebten Sohn (IV, 931). Aber auch ganz bedeutungslose Zahlen wie 19804 oder 20539 finden zumindest in einem Nebensatz Erwähnung (IV, 1055, 1220). Bolotov erstellt eine Enzyklopädie seines Privatlebens, die sich in erster Linie um Vollständigkeit bemüht.

Komplementär zur Alltäglichkeit des Erzählten verhält sich das Selbstbewußtsein des Autor. Erzählwürdig ist nicht das Außergewöhnliche, sondern was in einem Bezug zum Autor steht. Die Person des Autors bestimmt das Korpus des Textes. Grundsätzlich wird die Privatgeschichte in ihrer Relevanz für die Autobiographie sogar der Weltgeschichte vorgeordnet. Eine historische Erläuterung, die im 83. Brief einsetzt, bedarf einer eigenen Rechtfertigung:

> Liebenswürdiger Freund! In Eurem letzten Brief fordert ihr von mir, was ich schon selbst tun wollte, nämlich daß ich Euch auf dieselbe Weise unseren Krieg mit Preussen im Jahr 1760 beschreiben solle, wie ich dies schon für die Zeit vor 1759 getan habe, und Ihr sagt, daß Ihr es zufrieden seid, wenn ich dies in aller Kürze schildere; anders kann ich auch gar nicht, denn sonst würde mich dies auf ein weites Feld führen und allzusehr von meiner eigenen Geschichte entfernen. (II, 5)

Bolotovs ungebrochenem Selbstbewußtsein als Privatier kann man durchaus auch eine politische Pointe abgewinnen. Als Kontrastmodell zur eigenen gelungenen Persönlichkeitsbildung wählt Bolotov keinen Geringeren als Petr III. Der Charakter des russischen Zaren wird in beinahe denselben Formulierungen beschrieben, die Bolotov bereits auf sich angewendet hatte – nur diesmal in negativer Form:

---

[23] 1757 besitzt Bolotov 30 Bücher, 1768 bereits 660, 1790 schließlich über 3000. Allein im Jahr 1791 kauft Bolotov 300 Bände, von denen er 220 gelesen haben will. Daneben abonniert er auch sämtliche Zeitungen und Zeitschriften, die in Rußland erscheinen (Rice 1976b, 43).

Ichentwürfe

Unglücklicherweise trug es sich zu, daß der erwähnte Prinz [sc. Petr, U.S.], der von Natur her über keinen sonderlich guten Charakter verfügte [будучи от природы неслишком хорошого характера], schon in Holstein nicht besonders gut erzogen wurde und daß sich seine Aufsichtspersonen nach seiner Übersiedlung zu uns in der weiteren Erziehung große Unterlassungen zuschulde kommen ließen; und deshalb steckte er sich in seiner Kindheit mit vielen schlechten Eigenschaften an und wuchs mit einem bereits gründlich verdorbenen Charakter heran [и потому с самого малолетства заразился уже он многими дурными свойствами и привычками и возрос с нарочито уже испорченным нравом]. [...] Zu allem Unglück hatte er schon seit seiner Kindheit fast keine Neigung zu den Wissenschaften und liebte es nicht, sich mit nützlichen Dingen zu beschäftigen [К вящему несчастию не имел он с малолетства никакой почти склонности к наукам и не любл заниматься ничем полезным], und was noch schlimmer als dies war: er zeigte seiner Gattin gegenüber nicht diejenige Liebe, die vorhanden sein sollte, sondern lebte mit ihr in Zwietracht. (II, 164 f.)

Erstaunlich ist hier nicht nur die Selbstverständlichkeit, mit der sich der sonst bis aufs Knochenmark loyale Bolotov hier eine Urteilskompetenz über den Charakter des russischen Selbstherrschers zutraut (freilich post festum und aus der sicheren zeitlich Distanz des Jahres 1800 [Niederschrift], bzw. 1805 [Überarbeitung]), sondern vor allem auch das implizite Bewußtsein des eigenen Erfolgs in einem Bereich, in dem das Staatsoberhaupt versagt hatte.[24]

[24] Vgl. auch den impliziten Vergleich im Umgang mit Tabak. Bolotov legitimiert das Rauchen im Verbund mit Tee als Heilmittel gegen Verstopfung, entsprechend maßvoll setzt er die Pfeife ein: „Die besten Ärzte halten das Rauchen beim Tee für die beste Vorbeugung gegen viele Krankheiten und erklären dies dadurch, daß diese Art Rauchen immer die offenbarte Natur enthält; ganz zu Recht, wie mir mein eigenes Beispiel zeigte, man muß nur die Regel heilig halten, daß man nur zur Teezeit raucht, und auch dann nicht länger, als man ihn trinkt." (I, 897) Der Zar hingegen zeichnet sich durch Maßlosigkeit sowohl beim Rauchen als auch beim Trinken aus: „Weil der Zar gerne rauchte und es gern sah, wenn andere auch rauchten, und alle natürlich es dem Zaren recht machen und ihn nachahmen wollten, befahl der Zar überall, wo er hinfuhr, einen ganzen Korb mit holländischen Pfeifen und eine Menge Dosen mit Knaster und anderen Tabaken mitzuführen, und kaum war er angekommen, wurden mehrere Dutzende Pfeifen angesteckt und im Nu war das ganze Zimmer mit dichtem Rauch gefüllt, dem Zaren war dies lieb, und während er im Zimmer umherging, scherzte er, lobte und lachte. [...] Kaum hat man sich zu Tisch gesetzt, erklingen auch

Bolotov

Bolotovs Aufklärungsrhetorik kann im strengen Regelsystem der russischen Beamtenhierarchie eine durchaus subversive Potenz entfalten, die aber nur einen alternativen Prestigeraum eröffnet und keine politischen Ambitionen impliziert: [25]

> Mit anerkannten Würden, Rängen oder Titeln konnte ich mich nicht rühmen, aber Gott sei dank habe ich niemals mit solchen Dingen kokettiert, sie nicht einmal angestrebt. [...] Ich war zwar ein kleiner Mensch, [...] aber dies wußte ich: Daß man mich für einen ehrlichen, braven und guten Menschen hielt, und etwas Angenehmeres als diesen Ruf gab es für mich nicht [По крайней мере был я хотя маленьким человеком, [...] но то знал, что меня почитали честным, добрым и хорошим человеком, а сего звания для меня не было приятнее]. (III, 105).

Die Apologie des Privatiers grenzt bisweilen an Selbstgerechtheit. Bolotovs Autobiographie wird ganz von seiner Identitätsgewißheit getragen: Krisen sind hier ausgeschlossen. Bolotovs Selbst ist von einer konstanten Zufriedenheit geprägt, die sogar einen pharisäerhaften Dank an den Herrgott einschließt. Gleichzeitig wird deutlich, daß Bolotov trotz seiner privilegierten Position außerhalb der staatlichen Hierarchie nicht bereit ist, entsprechende Privilegien auch nach unten zu gewähren:

> Wenigstens wußte ich und war stets dessen eingedenk, daß es viele Millionen Menschen gibt, die mir in allem ähnlich sind [есть многие миллионы людей, во всем подобных мне созданий], die unvergleichlich ärmer und unvermögender als ich sind und vor denen ich mich als Krösus bezeichnen könnte, wenn ich wollte. Fast 600 Menschen beiderlei Geschlechts – Geschöpfe wie ich [равных мне тварей] – standen mir zu Gebote: Alle arbeiteten für mich

---

schon die Schnapsgläser und Pokale, und zwar so eingehend, daß alle, nachdem sie vom Tisch aufgestanden sind, zu kleinen Kindern werden und mit Lärmen, Schreien, Lachen und wahrem Unsinn anfangen." (II, 204 f.)

[25] Bezeichnenderweise findet die französische Revolution in Bolotovs Aufzeichnungen kaum Erwähnung, sie bietet höchstens das historische Material zu wissenschaftlichen Beschäftigungen (IV, 1110). Verurteilt wird nur der Terror, zu den ideologischen Voraussetzungen der Revolution schweigt sich Bolotov aus: „Übrigens ist es erwähnenswert, daß zu jener Zeit [Februar 1793, U.S.] überall bei uns das Gerücht und die ganz Europa erschütternde Nachricht über das Wüten der französischen Revolutionäre und über die Enthauptung ihres guten und unschuldigen Königs Ludwig XVI. umging." (IV, 1077)

Ichentwürfe

und waren bestrebt, mich mit ihrer Arbeit und ihrem Schweiß zu ernähren, zu tränken, zu kleiden, zu wärmen, zu beruhigen und mir tausend Vergnügungen zu bereiten. War das nicht ein großer Vorteil für mich und mußte ich Gott dafür nicht danken? (III, 103)

Ihren deutlichsten Ausdruck findet diese Haltung in einem langen Poem aus der Feder des alternden Bolotov, das die Zufriedenheit des Privatiers in der Formel des „vom Schicksal Bevorzugten" verdichtet:[26]

Если свет обозревая Взорами души своей, Я все мысли устремляю На живущих в нем людей, Исчисляю миллионы Тварей сих, подобных мне, Обитающих со мною В то же время на земле; [...]	Wenn ich die Welt mit den Blicken meiner Seele anschaue, alle Gedanken auf die Menschen, die darin leben, richte und Millionen dieser mir ähnlichen Geschöpfe zähle und gleichzeitig mit mir auf der Erde wohnen, [...]
То от взора содрагаюсь, Миллионы находя Тварей низких и несчастных, Век живущих в нищете, Осужденных жить в презрении, В крайней нужде во всю жизнь, Подвергаясь стуже, зною И стоная от турдов. [...]	dann erbebe ich bei diesem Anblick, weil ich Millionen niedriger und unglücklicher Geschöpfe finde, die ihr Leben in Armut verbringen, verdammt, in Verachtung zu leben, in größter Not während des ganzen Lebens, geplagt von Kälte und Hitze und stöhnend vor Arbeit [...].
Ужас дух мой весь объемлет, Я когда воображу Все, что терпят сии твари, Переносят в жизнь свою, Что равно они на свете	Schrecken ergreift meinen ganzen Geist, wenn ich mir all das vorstelle, was diese Geschöpfe erdulden, in ihrem Leben erleiden, weil sie trotzdem auf der Welt

---

[26] Eine ähnliche Argumentation findet sich auch in einer Geburtstagsbetrachtung von Bolotov aus dem Jahr 1811 (Newlin 1994, 39).

Суть такие же, как я,	genau gleich sind wie ich
И во всем другим подобны	und in allem
Человекам на земле. [...]	den anderen Menschen auf der Erde ähnlich sind.
О! коликою я должен	Oh! Zu welcher Dankbarkeit bin ich
Благодарностью за то,	verpflichtet dafür,
Что в число толико многих	daß das Schicksal mich nicht
Миллионов сих людей	in die Zahl sovieler Millionen
Не включен и я судьбою	Menschen eingeschlossen hat
И не так же осужден	und daß ich nicht dazu verurteilt bin,
Весь свой век влачить в неволе,	mein ganzes Leben in Unfreiheit zu verbringen,
В нуждах, в горе и трудах;	in Not, Leid und Arbeit;
Но пред ними бесконечно	sondern daß ich vor ihnen unendlich
Я судьбою предпочтен	vom Schicksal bevorzugt bin
И в число лишь тех немногих	und in die Zahl jener nur wenigen
Тварей в свете помещен,	Geschöpfe in der Welt gestellt wurde,
К коим ей было угодно	welche durch die Gunst des Schicksals
Милость и любовь явить	Gnade und Liebe erhalten
И отменную щедроту	und auf diese Weise in diesem Leben
В жизни тем им оказать	außergewöhnliche Wohltaten genießen
[...].	[...].
(IV, 1210 f.)	

Bolotov repräsentiert das neuzeitliche Individuum also nur in beschränktem Maß. Zwar gelingt ihm die Etablierung eines persönlichen Selbstbewußtseins, das nicht nur ausführlichster Dokumentation, sondern auch des Gedenkens der Nachwelt würdig ist. Bolotovs Ich braucht auch einen königlichen Vergleich nicht zu scheuen, Standesschranken nach oben bilden für das eigene Selbstbewußtsein kein unüberwindbares Hindernis.

Bolotovs Ich bleibt allerdings eine einzigartige Erscheinung. Ein allgemeines, staatsbürgerliches Selbstbewußtsein läßt sich daraus nicht ableiten. Der Grund dafür liegt allerdings nicht etwa in Bolotovs mangelndem Sinn für Moral; Bolotov ist im Gegenteil fähig, dem Elend der Massen beredten (und sogar poetischen) Ausdruck zu verleihen. Gerade weil Bolotov über ein unwiederholbares Selbstbewußtsein verfügt, konzentriert er seine Lebensgeschichte auf seine eigene Person. Andere Menschen treten nur als Interaktionspartner des autobiographischen Ich und nicht als Träger eines gleichwertigen Selbstbewußtseins in Erscheinung. Die Würde solcher Indi-

Ichentwürfe

vidualität läßt sich höchstens auf einen biologisch legitimierten Nachfolger übertragen. Bolotov ist bereit, seinen Sohn in einer bemerkenswerten Formulierung als sein alter ego [другой я] anzuerkennen (IV, 874). Individualität wird mithin zu einer substantivierbaren Qualität, die in einer doppelten Hinterlassenschaft konserviert werden kann: In der Person des Sohnes und im Text der Autobiographie. Es ist die Ehrfurcht vor der Memorabilität des eigenen Lebens, oder negativ formuliert: die Furcht vor dem Vergessenwerden, die Bolotov zur lebenslangen Dokumentierung des eigenen Ich antreibt. Daß dabei das Selbstbewußtsein des modernen Individuums aus der Wiege gehoben wird, bleibt vom Autor selbst fast unbemerkt.[27]

---

[27] Bezeichnenderweise konnte Bolotovs Werk noch in den 1870er Jahren für Gercens Neffen D.D. Golochvastov den Anstoß zur Niederschrift einer eigenen Autobiographie geben: „Bolotovs Aufzeichnungen haben meinen Zweifeln ein Ende gesetzt. Ich beginne, die meinen zu schreiben und denke, daß sie außer dem Vergnügen, das mir ihre Niederschrift hoffentlich bereitet, auch nützlich sein werden – heute mir, später anderen." (Tartakovskij 1991, 18)

4. Moralität als Individualitätssurrogat: Fonvizins Rousseau-Adaption

Andrej Bolotov hat nicht nur zu seiner Vergangenheit, sondern auch zu seinen Schriften ein unkompliziertes Verhältnis. In seinem Leben gibt es keine unvorhergesehenen Schicksalsschläge, folgenschweren Fehlentscheide oder bedrohlichen Unwägbarkeiten; dementsprechend nimmt Bolotov auch keine Brüche in seiner schriftstellerischen Produktion wahr. Texte aus allen Lebensabschnitten lassen sich problemlos kombinieren, Bolotovs ideologische Position bleibt während seines ganzen Lebens konstant. Bolotovs Identität ruht ganz in seiner Entität, das eigene Sein ist zugleich auch das eigene Sosein. Dies macht nicht nur den letzten Anker von Bolotovs Leben aus, hier liegt gleichzeitig auch die raison d'être seiner monumentalen Autobiographie. Das, was ist, muß protokolliert werden, damit die eigene Identität als konsequentes Resultat einer linearen historischen Entwicklung ausgewiesen werden kann. Ein „Möglichkeitssinn" (Musil) hat in dieser Konzeption keinen Ort. Nur das Wirkliche ist aus Bolotovs Sicht handlungsrelevant und damit zukunftsbestimmend.

Denis Fonvizin (1745-1792) erweitert den autobiographischen Diskurs in Rußland um ein wichtiges Element. Er beurteilt sein eigenes Leben im Rückblick unter dem Aspekt, wie es auch hätte anders verlaufen können. Der entscheidende Anstoß zu dieser Erweiterung kommt allerdings von außen. Im Jahr 1782 erscheinen in Genf Jean-Jacques Rousseaus (1712-1778) *Confessions*, denen für die Autobiographie des 19. Jahrhunderts modellhafte Bedeutung zukommt. Der inquisitorische Rückblick auf das eigene Leben konstituiert die neue Aussagesituation.

Fonvizin präsentiert sein Leben nicht mehr als monolithischen Block, in dem Sein, Sosein und Seinsollen zusammenfallen, sondern als Doppelstruktur: Die erste Periode seines Lebens ist von Unreife und Leichtsinnigkeit geprägt, während die zweite mit ihrer tieferen Einsicht die Beurteilungsgrundlage für die Disqualifikation der Jugend bildet. Nicht zu übersehen ist allerdings, daß Fonvizins Rousseau-Adaption sich auf höchst widersprüchliche Weise mit der autochthonen Tradition der Moralliteratur verbindet. Der Riß verläuft mitten durch die Konzeption von Fonvizins Autobiographie. Auf der einen Seite versucht er, sein eigenes Ich den Anforderungen des modernen psychologisierenden Diskurses anzupassen, auf der anderen Seite greift er immer wieder auf das Grundschema der Heiligenvita zurück (Witte 1996, Cooper 1996, 619). Fonvizins Lebensbericht ist mithin überdeterminiert: Die psychologische Plausibilität des eigenen Handelns wird von Vitentopoi überlagert und umgekehrt.

Ichentwürfe

Daß Fonvizin noch nach dem Erscheinen der *Confessions* nicht auf das hagiographische Muster verzichten will, liegt zunächst in der ideologischen Geschlossenheit seines Denkens begründet. Fonvizins kohärentes Moralsystem läßt sich in mehr oder minder deutlicher Ausprägung in all seinen Werken ausmachen. In einem breiteren kulturgeschichtlichen Kontext darf Fonvizin mit seinem Schwanken zwischen Tradition und Innovation aber auch als typischer Exponent des Zeitalters Ekaterinas II. gelten. Der politische Diskurs im Rußland des ausgehenden 18. Jahrhunderts zeichnet sich ebenfalls durch eine eigenartige Ambivalenz aus: Auf der einen Seite bemüht sich die Zarin um die Einführung rechtsstaatlicher Prinzipien nach westeuropäischem Vorbild, auf der anderen Seite bleibt die Erhaltung der autokratischen Macht ihr oberstes pragmatisches Ziel. Sowohl für Ekaterina II. als auch für Fonvizin gilt jedoch, daß sie die gegenläufigen Tendenzen ihrer Ideologien nicht als Widerspruch wahrnehmen.

Fonvizin hat sich in erster Linie als Dramatiker, der den Wahrheitsanspruch seiner Position in szenischen Gedankenexperimenten vorführt, einen Namen gemacht. Daß Fonvizin die satirische Komödie bevorzugt, ist nicht nur im Gattungssystem des ausgehenden 18. Jahrhunderts begründet: Fonvizins Ideologie kennt keine rivalisierende Position, die ernst zu nehmen wäre. Die Perseveranz, mit der Fonvizin die Laster seiner Zeit verlacht, zeugt von einer erstaunlichen Selbstsicherheit: Die Qualität der fremden Ideologie ist – recht besehen, und das heißt in diesem Fall: in entblößtem Zustand – lächerlich. Fonvizin erweist sich als optimistischer Aufklärer: Wer vernünftig denkt, handelt auch moralisch. Die richtige Sicht der Dinge verbürgt ein im doppelten Wortsinn seriöses Leben. Intellekt und Moralität treten nur gekoppelt auf, oder negativ formuliert: Wer das eine nicht hat, verfügt auch nicht über das andere.

Allerdings gehört Fonvizin nicht zu jenen Aufklärern, die der Vernunft eine konkurrenzlose Position als höchstes Prinzip zugestehen.[1] Immer wieder insistiert Fonvizin auf der regulativen Funktion der moralischen „Organe" Herz und Gewissen. Auf sinnfällige Weise hat Fonvizin sein Modell menschlicher Verhaltenssteuerung im „Landjunker [Nedorosl']" (1782) durchgespielt. In den vielen Slapstick-Elementen dieses Stücks spiegeln sich die zentralen Inhalte von Fonvizins Ideologie. Die Klassifizierung der handelnden Personen ist denkbar einfach. Zwei Gruppen können unterschieden werden: die positiven Charaktere (Starodum, Milon, Pravdin, Sof'ja) und die negativen (Prostakova, Mitrofan, Skoti-

---

[1] Damit erweist sich Fonvizin als Vertreter eines Aufklärertums, das nicht nur die Aufklärung des Verstandes, sondern auch die Bildung des Herzens forderte (Kočetkova 1994, 38).

Fonvizin

nin). Die Mobilität zwischen diesen beiden Gruppen ist minimal: Der Name einer Figur zeigt nicht nur ihre moralische Qualität nach außen an, er determiniert gleichzeitig die Konstanz des Charakters einer Person: Der Charakter ist ebenso unveräußerlich wie der Name. Der eigentümliche moralische Fatalismus, der Fonvizins Stück durchzieht, hebt sich deutlich von einem aufklärerischen Humanitätspathos ab, das ausnahmslos allen Menschen dieselbe Würde zugesteht.[2]

Fonvizins ideologische Zuordnung seiner Figuren in zwei moralische Lager hat eine wichtige Auswirkung auf die Kommunikationssituation im „Landjunker [Nedorosl']". Ein echter Dialog kann gar nicht gelingen. Zwischen den beiden Gruppen ist ein Verstehen ausgeschlossen, das konstante Mißverständnis konstituiert nachgerade die moralische Identität der Figuren und damit die Pointe des Stücks (Alexandrov 1985, 129 f.).

Die bevorzugte Denkfigur der negativen Figuren ist die Tautologie, deren Anwendung gerade im Alltagsleben komisch wirkt. Als Starodum im Haus der Prostakova eintrifft, spielt sich folgende Vorstellungsszene ab:

Starodum (umarmt unwillig Frau Prostakova): Diese Herzlichkeit ist überflüssig, gnädige Frau! Ich könnte sehr gut ohne sie auskommen. *(Er reißt sich aus ihren Armen los, wendet sich zur anderen Seite, wo ihn Skotinin, der bereits mit ausgebreiteten Armen dasteht, sogleich ergreift.)* Wohin bin ich denn nun geraten?
Skotinin: Ich bin's, der Bruder meiner Schwester.
Starodum (erblickt noch zwei, ungeduldig): Und wer ist das?
Prostakov (ihn umarmend): Ich bin der Mann meiner Frau.
Mitrofan (seine Hand ergreifend): Und ich bin das Söhnchen meiner Mutter. (I, 137)

Die Tautologie erlaubt ein Sprechen ohne relevante Information. Starodum erkundigt sich nach Namen und Stellung der anwesenden Personen,

---

[2] Lotman (1969, 578) macht in diesem Zusammenhang auf Fonvizins bezeichnende Abwandlung der aufklärerischen Formel друг человечества in друг честных людей aufmerksam. Damit etabliert Fonvizin eine Opposition (честные люди – нечестные люди), die für seinen moralischen Elitarismus konstitutiv wird. Vgl. auch in „Nedorosl'" Starodums Entgegnung auf Pravdins Vorschlag, schlechte Menschen moralisch zu bessern: „Es ist unnütz, einen Arzt zu unheilbar Kranken zu rufen. Hier kann der Arzt nicht helfen, er kann sich höchstens selbst anstecken." (Fonvizin 1959, I, 133) In „K umu svoemu" findet sich die Zeile: „Ein Dummkopf bleibt auf ewig ein Dummkopf." (I, 216)

Ichentwürfe

erhält aber eine Antwort, die keinen eigentlichen Informationswert aufweist.

Ein dialogischer Informationsaustausch ist aber nicht nur zwischen positiven und negativen Figuren, sondern auch innerhalb der einzelnen Gruppen unmöglich. Jede der negativen Figuren ist typenhaft auf eine Leidenschaft fixiert. Gespräche erweisen sich hier als lose Reihung einzelner Aussagen, die kaum aufeinander eingehen, sondern Ausdruck der Gesinnung der Sprecher sind.

Aus einem anderen Grund entsteht kein gegenseitiges Verständnis in der positiven Gruppe. Fonvizin begreift Wahrheit nicht als Resultat eines sokratischen Dialogs von Frage und Antwort, Zweifel und Bestätigung. Wahrheit ist vielmehr archetypisch gegeben, den Prozeß ihrer Proliferation muß man sich in religiöser Metaphorik vorstellen. Gleich dem Evangelium kann die Wahrheit verkündigt werden. Als ihr Prophet tritt Starodum auf, den Fonvizin zum Sprachrohr seiner eigenen moralischen Vorstellungen macht. Die übrigen positiven Figuren befinden sich bereits im Wirkungsbereich der Wahrheit, ihnen fehlt nur noch die Fähigkeit, die Wahrheit zu artikulieren. Ihre moralische Qualifikation steht dabei aber außer Frage: Die vorteilhaften inneren Anlagen werden durch die Personennamen signalhaft angezeigt, die positiven Figuren erkennen sich denn auch sogleich und finden unverzüglich eine gemeinsame Sprache. Konversationen in dieser Gruppe erweisen sich deshalb im Grunde genommen als Monolog, dessen Bruchstücke von verschiedenen Personen mit derselben Geisteshaltung geäußert werden. Die handelnden Figuren fallen sich beständig ins Wort, um den vertrauten Gedankengang weiterzuführen – so entsteht eine Art dialogisierter Monolog (Alexandrov 1985, 128):

> *Pravdin:* Die damalige Erziehung bestand wirklich nur aus einigen wenigen Regeln ...
> *Starodum:* Aus einer. Mein Vater lehrte mich immer nur das Eine: Habe ein Herz, habe eine Seele, und du wirst immer ein Mensch sein. Alles übrige ist der Mode unterworfen: der Verstand, das Wissen, sie sind wie Schnallen und Knöpfe.
> *Pravdin:* Ihr sprecht die Wahrheit. Die höchste Würde des Menschen ist die Seele ...
> *Starodum:* Ohne sie ist das aufgeklärteste Genie nur ein jämmerliches Wesen. (*Mit Gefühl.*) Ein Ignorant ohne Seele ist ein wildes Tier. Jede kleine Handlung führt ihn ins Verbrechen. Zwischen dem, was er tut, und dem, wofür er es tut, gibt es keinen Unterschied. Von solchen Tieren befreien will ich ...
> *Pravdin:* Ihre Nichte. Ich weiß. (I, 130)

Fonvizin

Diese Passage zeigt nicht nur, wie Fonvizins Dramentext innerhalb der positiven Gruppe zustande kommt, sondern führt gleichzeitig den Kern von Starodums Ideologie vor. Die Apotheose des Herzens als Ort menschlicher Aufrichtigkeit und Moralität steht in der sentimentalistischen Tradition und bildet das ideologische Zentrum des Stücks. Mit der unfehlbaren Intuition der zur Wahrheit Berufenen weiß auch Sof'ja, welche Instanz Starodums Belehrungen zu speichern hat:

> *Sof ja:* Eure Belehrungen, lieber Onkel, werden mein ganzes Wohlergehen bestimmen. Gebt mir die Regeln, denen ich folgen soll. Führt mein Herz. Es ist bereit, sich Euch zu unterwerfen.
> *Starodum:* Ich freue mich über die Einstellung deiner Seele. Gerne gebe ich dir meine Ratschläge. Höre mir ebenso aufmerksam zu, wie ich aufrichtig sprechen werde. Komm ein wenig näher.
> *Sof ja bewegt ihren Stuhl.*
> *Sof ja:* Lieber Onkel! Jedes Wort von Euch wird in mein Herz eingeritzt werden. (I, 150)

Während Fonvizins Verhaltenskybernetik dem Herzen die doppelte Funktion des Speichers moralischen Wissens und des Motors für richtiges Handeln zuordnet, wacht das Gewissen über die Einhaltung der ins Herz eingeschriebenen Regeln:

> *Sof ja:* Wer bewahrt den Menschen, wer läßt es nicht zu etwas kommen, wofür ihn nachher das Gewissen plagt?
> *Starodum:* Wer ihn bewahrt? Eben das Gewissen. Wisse, daß das Gewissen immer wie ein Freund bewahrt, bevor es wie ein Richter bestraft. (I, 150)

Fonvizin entwirft im „Landjunker [Nedorosl']" ein Kommunikationsmodell, das die richtige Rezeption von Starodums Ideologie auf der Bühne vorführt. Die Transkription der authentischen Herzensschriften bildet den Kern der Verständigung zwischen Onkel und Nichte und wird zum Vorbild der noch zu etablierenden Verbindung zwischen Autor und Leser. Das Wissen um die geeigneten Kommunikationsinstanzen (Herz und Gewissen) sichert nicht nur einen störungsfreien Kommunikationskanal, sondern begründet auch eine ethische Kommunikationsgemeinschaft, in der die wichtigsten Grundpositionen bereits allen Teilnehmern vertraut sind. Dem Akt des Sprechens kommt in diesem Modell deshalb nicht in erster Linie

Ichentwürfe

eine informative[3], sondern eine phatische Funktion zu: Die Artikulation des insgeheim schon immer Gewußten stiftet im Rezipienten das Gefühl der Zugehörigkeit zu einer moralischen Gemeinschaft, die in Fonvizins System am einfachsten mit dem Schlagwort „starodumstvo" umrissen werden kann.

Starodum stellt in Fonvizins ideologischem System mehr dar als eine Figur in einem Theaterstück. Im Jahr 1788 konzipiert Fonvizin eine „der Wahrheit gewidmete" (II, 40) Zeitschrift mit dem Titel „Der Freund ehrlicher Leute oder Starodum [Drug čestnych ljudej ili Starodum]". In einem ersten Brief bittet der „Autor des ‚Landjunkers [Nedorosl']'" Starodum um Mitarbeit bei dieser Zeitschrift, die seinen Namen als Titel trägt. Damit ist ein Doppeltes gewonnen: Starodum stellt nicht nur – als Titel der Zeitschrift – die Signatur eines sittenlehrenden Mediums dar, sondern wird zusätzlich – als realer Briefpartner des Autors – dem Bereich literarischer Fiktion enthoben.

Fonvizins Unternehmen ist zunächst an der zu geringen Zahl von Subskribenten gescheitert,[4] vielleicht aber auch an einem inneren Widerspruch des angestrebten Ziels. Die Gedanken Starodums lassen sich nämlich adäquat nur als „Herzensschrift" wiedergeben, sein Diskurs ist wesentlich privat. Jeder Versuch der Veröffentlichung begibt sich in den Verdacht der Unaufrichtigkeit. Die Opposition „Herzensschrift" – „Schönrednerei [красноречие]" wird in Fonvizins Zeitschrift eigens thematisiert. Eine „allgemeine höfische Grammatik [vseobščaja pridvornaja grammatika]" verurteilt den öffentlichen Gebrauch der Sprache, der nichts als Heuchelei und Lüge hervorbringt:

> *Frage:* Was ist die Höfische Grammatik?
> *Antwort:* Die Höfische Grammatik ist die Wissenschaft, mit Zunge und Feder schlau zu schmeicheln.
> *Frage:* Was heißt schlau schmeicheln?
> *Antwort:* Das heißt, eine solche Lüge auszusprechen und zu schreiben, die den Magnaten angenehm, dem Schmeichler aber nützlich ist. (II, 48)

---

[3] Vgl. Sof'jas Ausruf: „Eure Erklärung, lieber Onkel, ist meinem inneren Gefühl ähnlich, das ich nicht ausdrücken konnte." (I, 153)

[4] Fonvizin stellt die Konditionen in einer Fußnote zum Titel selbst vor: „Dieses Werk ist zwar bereits geschrieben, wird aber erst gedruckt, wenn bis zum 1. März 750 Subskriptionen vorliegen, nach diesem Termin ist die Subskription beendet. Wenn aber bis zu diesem Termin die erwähnte Anzahl Subskriptionen nicht vorliegt, kann das Werk nicht gedruckt werden." (II, 41)

Fonvizin

Fonvizin versucht mit seinem „starodumstvo" zwei Qualitäten zu koppeln, die in seiner Sicht bis anhin nur getrennt existierten: Aufrichtigkeit und Öffentlichkeit. In einem weiteren Beitrag zu Fonvizins Zeitschrift denkt Starodum über die Frage nach, weshalb es in Rußland so wenige Redner gebe. Er findet die Antwort in der fehlenden Tradition einer öffentlichen Meinungsbildung:

> Der wahre Grund der kleinen Anzahl von Rednern ist der Mangel an Gelegenheiten, an denen sich rhetorisches Talent zeigen könnte. Wir haben keine Volksversammlungen, die dem Redner das große Tor zum Ruhm öffnen und wo der Sieg der Rhetorik nicht mit leerem Lob, sondern mit Präturen, Archontien und Konsulaten belohnt wird. Demosthenes und Cicero wären in dem Land, in dem sich rhetorisches Talent allein auf Lobreden beschränkt, kaum bessere Rhetoren als Maksim Tirjanin; Prokopovič, Lomonosov, Elagin und Popovskij hingegen wären in Rom und Athen Demosthenes und Cicero [...]. (II, 64)

Fonvizins erklärtes Ziel besteht in der Schaffung eines neuen öffentlichen Diskurses, dessen gefährdete Aufrichtigkeit durch die Instanzen des Herzens und des Gewissens abgesichert wird. Formal äußert sich die Verbindung von Privatem und Öffentlichem in der Briefform, in der die meisten moralischen Lektionen abgefaßt sind. Starodums Briefe an den Herausgeber richten sich jedoch nicht in erster Linie an den Adressaten, sondern an die Leser der Zeitschrift. Die Veröffentlichung des zunächst privaten Dokuments erscheint als notwendiges Übel, das die wichtige Funktion eines Multiplikators erfüllt. Es steht aber außer Zweifel, daß die ideale Kommunikationssituation solcher moralischer Belehrung das vertrauliche Zwiegespräch ist, dessen Modell Starodums Unterredung mit Sof'ja darstellt.[5]

In gedrängter Form findet sich ein negatives Kontrastmodell dieser Problematik in einem weiteren Beitrag zu Fonvizins Zeitschrift. Der Text „Belehrung des Onkels an seinen Neffen [Nastavlenie djadi svoemu plemjanniku]" kreist um das Ideal des reinen Herzens [чистосердечие]. Der Lebensbericht eines reichen und erfolgreichen Onkels dient hier als abschreckendes Beispiel. Der Onkel, ursprünglich ein reinherziger Mensch, verwandelt sich um der Karriere willen in einen Heuchler und Schmeichler, wird schnell befördert und heiratet eine schöne Frau. Beim Tod eines

---

5 Dieses Ideal deckt sich mit Rousseaus Präferenzen (France 1990, 49).

Ichentwürfe

Freundes wird sich der Onkel jedoch der Falschheit seines Lebens bewußt und folgt „der Stimme des Gewissens":

> Weil ich fühlte, daß ich einen ebenso quälenden Tod zu sterben hätte, wechselte ich erneut mein System und besänftige, indem ich auf die Stimme des Gewissens hörte, so gut wie möglich jene, die unter mir zu leiden hatten. Dich aber, lieber Neffe, bitte ich, reinherzig zu sein [будь чистосердечен] [...]. (II, 78)

Es liegt nahe, Fonvizins Autobiographie als Anwendungsfall seiner Morallehre zu lesen. Bereits der Titel dieses fragmentarischen Rechenschaftsberichts[6] verweist auf den Kern des „starodumstvo": „Reinherziges Bekenntnis meiner Taten und Gedanken [Čistoserdečnoe priznanie v delach moich i pomyšlenijach]". Reinherzigkeit ist nicht nur das Leitprinzip von Fonvizins Autobiographie, sie verbürgt gleichzeitig auch ihre Wahrheit (Kočetkova 1984, 92). Gekleidet ist die Lebensbeschreibung in die Form des Geständnisses. Fonvizin radikalisiert hier eine Strategie, die er bereits in der Zeitschrift „Freund ehrlicher Leute [Drug čestnych ljudej]" verfolgt hatte: Ein intimes Zwiegespräch (Brief, Beichte) wird publiziert und der Öffentlichkeit zugänglich gemacht. Der Wahrheitsbegriff, der diesem Verfahren zugrunde liegt, ist nach einem hermetischen Vorbild modelliert: Wahrheit ist nicht evident, sondern geheim. Damit ist allerdings nicht ein Verborgenheitszustand gemeint, der durch einfache Benennung aufgehoben werden könnte. Die Offenbarung des Geheimnisses erfolgt nicht durch Proklamation, sondern durch Einweihung. Der Diskurs der Intimität, der von Fonvizin eingesetzt wird, etabliert mithin zwischen Autor und Leser ein Verhältnis der Komplizenschaft. Ein dem Leser vorgelegter Text soll nicht einfach eine Botschaft übertragen. Der Text wird hier vielmehr zum Erkennungszeichen einer Ideologie, die Autor und Leser verbindet. Das Geständnis setzt ein Machtgefüge voraus, das vom Gestehenden (Autor) und vom Abnehmer der Beichte (Leser) stillschweigend akzeptiert wird. Ein Geständnis macht nur Sinn, wenn es vor einer Autoritätsinstanz abgelegt wird, die zum Eindringen in das höchstpersönliche Geheimnis befugt ist. Wichtig ist allerdings, daß das Geständnis unter dem Siegel der Verschwiegenheit erfolgt. Bereits der Begriff des Beichtgeheimnisses zeigt an, daß ein bestehendes Geheimnis durch das Geständnis nicht etwa aufgehoben wird. Die Ausweitung des Geheimnisses erzeugt vielmehr ein Gemein-

---

[6] Makogonenko (1961, 369 ff.) äußert die Vermutung, daß Fonvizin seine Autobiographie zwar fertiggestellt hat, delikate Passagen jedoch von seinen Angehörigen zurückgehalten wurden.

schaftsgefühl, das im kollektiven Erkenntnisvorsprung der Eingeweihten gründet.

Die Veröffentlichung des Geständnisses – ein auf den ersten Blick paradoxer, ja destruktiver Vorgang – weist im Licht dieser Überlegungen einen tieferen Sinn auf. Es geht nicht darum, die konstitutiven Bedingungen der Beichte zu untergraben, im Gegenteil: Die Publikation des Privaten weitet den Kreis der in das Geheimnis Eingeweihten maximal aus – grundsätzlich kann jeder Leser daran teilhaben. Die intime Adressierung stellt sicher, daß jeder Leser einzeln angesprochen ist – die Vorstellung einer anonymen Leserschaft ist dem Geständnis fremd. Damit rückt die Apellfunktion dieses Textes in den Vordergrund: Der Eintritt des Lesers in den Kreis des Geheimnisses kann nicht mit emotionaler Gleichgültigkeit vor sich gehen.

Fonvizin schließt seine Beichte explizit an einen ebenso jungen wie zugkräftigen Literaturtrend an. Im ersten Satz von „Reinherziges Bekenntnis [Čistoserdečnoe priznanie]" nennt der Autor sein Vorbild (Kočetkova 1994, 242-247):

> Der berühmte französische Schriftsteller Jean-Jacques Rousseau hat seine „Geständnisse" herausgegeben, in denen er von Kindheit an alle seine Angelegenheiten und Gedanken offenlegt – kurz, er hat seine Beichte niedergeschrieben und denkt, sein Buch werde keine Nachahmer finden, da es seinerseits ohne Beispiel sei.
> Ich will, sagt Rousseau, einen Menschen in aller Wahrheit der Natur zeigen, indem ich allein mich darstelle. (II, 81)

Fonvizin paraphrasiert hier fast wörtlich die berühmten Eingangssätze aus Rousseaus *Confessions*, die programmatisch den Inhalt der autobiographischen Selbstdarstellung definieren:

> Ich plane ein Unternehmen, das kein Vorbild hat und dessen Ausführung auch niemals einen Nachahmer finden wird. Ich will vor meinesgleichen einen Menschen in aller Wahrheit der Natur zeigen, und dieser Mensch werde ich sein.
> Einzig und allein ich. Ich fühle mein Herz – und ich kenne die Menschen. Ich bin nicht gemacht wie irgendeiner von denen, die ich bisher sah, und ich wage zu glauben, daß ich auch nicht gemacht bin wie irgendeiner von allen, die leben. Wenn ich nicht besser bin, so bin ich doch wenigstens anders. (37)

Rousseau ist nicht nur der „erste moderne Mensch" (Nietzsche), sondern auch einer der ersten modernen Schriftsteller, deren Name zum Gütezeichen ihrer Werke wird. Rousseaus Berühmtheit als Autor übertrifft bereits zu seinen Lebzeiten alles bisher Bekannte. Verbunden mit dem Hervortreten des Autors aus dem Schatten seines Werks ist das Phänomen der Fanpost, das ebenfalls mit Rousseau seinen Anfang nimmt (Darnton 1984). Rousseau hat Reaktionen auf sein Werk bewußt provoziert – die direkte Leseranrede gehört zu einem der häufigsten Kunstgriffe seiner Autobiographie.[7]

Der Skandalerfolg von Rousseaus *Confessions* hat weit über die französischen Landesgrenzen hinaus die Gemüter bewegt. In Rußland gehörte Rousseau gegen Ende des 18. Jahrhunderts neben Goethe, Young und Richardson zum Kanon der sentimentalistischen Starautoren (Kočetkova 1983, 131-139). Jurij Lotman hat darauf hingewiesen, daß Rousseau für das russische Lesepublikum zum Inbegriff der gegenseitigen Verwobenheit von Autor und Werk wurde: Man begann, den Autor durch sein Werk und das Werk durch den Autor zu begreifen (1967, 244).

Rousseaus Versuch, die eigene Person in einen Text zu verwandeln (die Metapher der Lesbarkeit des Ich erscheint in den *Confessions* mehrfach), hat seine Wirkung auf die russischen Schriftsteller zwar nicht verfehlt, wurde aber auch sehr schnell zum Gegenstand scharfer Kritik. Die berühmteste Replik auf Rousseaus Selbstdarstellung hat Karamzin mit „Moja ispoved'" (1802) geliefert. Die Spitze gegen Rousseau wird bereits in der Einleitung deutlich:

> Ich beabsichtige, über mich selbst zu schreiben: Mir ist es so in den Sinn gekommen und ich schreibe – meine Beichte ohne mich darum zu kümmern, ob sie dem Leser angenehm ist. Unser Zeitalter kann man das Zeitalter der *Offenheit* [веком откровенности] im physischen wie im moralischen Sinne nennen: Schaut nur auf unsere lieben schönen Damen! ... Einst verbargen sich die Leute in dunklen Häusern und unter dem Schutzschild hoher Zäune. Jetzt gibt es überall helle Häuser und große Fenster zur Straße hin: Schaut her! Wir wollen hinter durchsichtigem Glas leben, denken, handeln. Die Leute reisen heutzutage nicht mehr, um fremde Länder zu erkunden und zu beschreiben, sondern um eine Gelegenheit zu haben, von sich selbst zu sprechen. Heutzutage beeilt sich jeder Romanschreiber, so schnell wie möglich, seine Ge-

---

[7] So schließt Rousseau etwa die Beschreibung, wie er eine Frau während eines Rittes zu zweit auf einem Pferd unzüchtig umarmt, mit folgenden Worten: „Manche Frau würde mich, wenn sie dieses liest, vielleicht gerne ohrfeigen – und hätte nicht unrecht damit." (209)

danken zu allen wichtigen und unwichtigen Angelegenheiten mitzuteilen. Wieviele Bücher erscheinen unter dem Titel: „Meine Memoiren", „Geheimes Journal meines Herzens"! Wer die Feder zur Hand nimmt, schreibt gleich ein aufrichtiges Geständnis. Je weniger altmodische, barbarische Scham im Menschen, desto einfacher wird man zum *Autor einer Beichte*. Hier braucht man sich nicht den Kopf zu zerbrechen: Man muß sich nur an seine Streiche erinnern, und fertig ist das Buch. (1984, I, 534 f.)

Das satirische Element, von dem Karamzins Erzählung getragen ist (Page 1985, 145), richtet sich allerdings nicht ausschließlich gegen Rousseau. In ironischer Brechung wiederholt der Ich-Erzähler genau jene Vorwürfe, die auch gegen Karamzin als Verfasser der Reisebriefe laut geworden waren (Lotman 1969, 585). In seinem Aufsatz „Was braucht ein Autor [Čto nužno avtoru]" (1793) hatte Karamzin die Beschäftigung mit dem eigenen Selbst noch als tragfähige Basis der Schriftstellerei gepriesen:

Du nimmst die Feder zur Hand und willst ein Autor sein. Frage dich selbst, allein, ohne Zeugen, aufrichtig: „*Wer bin ich?* [каков я]" Denn du willst ja ein Portrait der Seele und deines Herzens zeichnen. (II, 60)

Der Name Rousseau wird in diesem Aufsatz explizit genannt. Die geforderte Selbstanalyse findet in der Person Rousseaus einen würdigen Untersuchungsgegenstand: Das Herz, das es hier zu beschreiben gilt, bewahrt seine Reinheit unter allen Umständen:

Warum gefällt uns Jean-Jacques Rousseau mit all seinen Schwächen und Verirrungen? Warum lesen wir ihn auch dann gern, wenn er träumt oder sich in Widersprüchen verstrickt? – Deshalb, weil selbst in seinen Verirrungen die Funken wahrer Menschenliebe aufflackern; deshalb, weil selbst seine Schwächen eine bestimmte liebenswürdige Gutmütigkeit aufweisen.[8] (II, 62)

Karamzin streicht hier an Rousseau jene Qualität heraus, die ihm als conditio sine qua non der Schriftstellerei gilt: die auf unverdorbener Moral beruhende Empfindsamkeit. In einem kurzen Fragment, das 1792 anonym

---

[8] Karamzin reproduziert hier das von der offiziösen Publizistik vermittelte Rousseaubild: „Schwäche [слабость]" und „Verirrung [заблуждение]" waren die geläufigen Attribute, die den *Confessions* zugeschrieben wurden, der politische Diskurs Rousseaus galt als „Träumerei [мечтательство]" (Lotman 1967, 273).

Ichentwürfe

in der „Moskauer Zeitschrift [Moskovskij žurnal]" erschien, sieht Karamzin dieses Prinzip vorbildhaft in den *Confessions* verkörpert:

> Nachdem ich [...] die *Confessions* gelesen hatte, gewann ich Rousseau noch viel lieber als früher. Wer sich durch vielfache Erfahrung vergewissert hat, daß der Mensch immer ein Mensch ist, daß wir nur eine Ahnung von der Vollkommenheit haben und immer unvollkommen bleiben – in dessen Augen besteht die rührendste Liebenswürdigkeit an einem Menschen in der mutigen, edlen Aufrichtigkeit, mit der er spricht: „Ich bin schwach!" (das heißt: *Ich bin ein Mensch!*).[9] (II, 40)

In den Reisebriefen wird die autobiographische Introspektion nachgerade zum Garanten psychologischer Wahrheit, die auch durch Wissenschaftlichkeit nicht zu überbieten ist:

> J.-J. Rousseaus *Confessions*, Stillings Jugendgeschichte und Anton Reiser ziehe ich allen systematischen Psychologien auf der Welt vor. (I, 104)

Wo liegen die Gründe für Karamzins radikalen Kurswechsel in der Bewertung einer literarischen Tradition, als deren wichtigster Exponent Rousseau gelten darf, – einer Tradition überdies, der sich Karamzin wenige Jahre zuvor selbst verschrieben hatte?

Von entscheidender Bedeutung ist der Zeitpunkt des Umschwungs in Karamzins Ansichten. Die Abwertung Rousseaus fällt in die Jahre der französischen Revolution und des nachfolgenden Terrors. Noch in einem Reisebrief aus dem Jahr 1789 erscheinen Rousseaus Ideen als tauglich für die politische Praxis. Karamzin läßt einen Zürcher Jüngling sein Lied von der Glückseligkeit zivilisationsloser Selbstbestimmung anstimmen:

> Wir leben in brüderlichem Bund; wir lieben einander, fürchten uns nicht und ehren denjenigen, der gut und weise ist. Wir kennen keinen Luxus, der Freie in Sklaven und Tyrannen verwandelt. Wozu brauchen wir den Glanz der Kunst, wenn uns die Natur in ihrer ganzen Schönheit leuchtet – wenn wir aus ihrem Busen Seligkeit und Entzücken trinken? (I, 179)

---

[9] Vgl. auch die uneingeschränkt positive Bewertung der *Confessions* in den Reisebriefen: „Mit unbeschreiblichem Vergnügen las ich in Genf die *Confessions*, in denen Rousseaus Seele und Herz so lebendig abgebildet sind. Während einiger Zeit beschäftigte sich meine Einbildungskraft nur mit ihm, sogar im Schlaf." (I, 228)

Fonvizin

Der Rousseauismus, der in diesem Lied anklingt, erschöpft sich allerdings nicht in einem naiven Naturpathos. Wichtig ist hier vor allem die Affirmation der Selbstgenügsamkeit der menschlichen Ethik. Die Etablierung einer moralischen Kraft, die ihren letzten Grund in der Innerlichkeit des Menschen findet, gehört zu den bleibenden philosophischen Verdiensten Rousseaus (Taylor 1989, 362). Karamzin begrüßt dieses Konzept zunächst, die historische Wirklichkeit führt den empfindsamen Philanthropen dann aber zu einer anderen Einschätzung. Die Denkfigur „Rousseau als Theoretiker der Revolution" war Karamzin durchaus vertraut (Lotman 1969, 581, Starobinski 1957, 36). Der Revolution als Ausdruck eines bürgerlichen Aktivismus steht Karamzin zurückhaltend gegenüber, der Terror hingegen findet seine scharfe Ablehnung (Lotman 1969, 583).[10] Mit dem Einsetzen des Blutvergießens beginnt Karamzins Vertrauen in die Tugendhaftigkeit der sich selbst überlassenen Menschheit zu wanken.

Damit gerät auch Rousseaus Konzept der naturgegebenen Moral in ein schiefes Licht. Die Innerlichkeit, bislang Garant der Humanität, setzt sich nun dem Verdacht aus, Spielball der animalischen Triebe des Menschen zu sein. Hand in Hand mit der Disqualifikation der Innerlichkeit geht die Abwertung der Introspektion als Quelle schriftstellerischer Produktion. Das Ich ist nicht nur als Sitz moralischen Verhaltens fragwürdig geworden, sondern auch als wahrheitsverbürgende Instanz im Literaturbetrieb. Aus dieser Sicht erscheint es nur konsequent, daß Karamzin alsbald das Schriftstellermetier aufgegeben hat und zum Historiographen geworden ist: Die Geschichte schien ihm aufs Alter zuverlässiger zu sein als der Mensch.[11]

[10] Mit betonter Zurückhaltung äußert sich Karamzin in einer Selbstrezension seiner Reisebriefe (1797) zur französischen Revolution: „Endlich spricht der Autor von der Revolution ... Man würde einen langen Brief erwarten, aber er enthält nur wenige Zeilen; hier sind sie: ,Die französische Revolution ist eines jener Ereignisse, die die Schicksale der Menschen für viele Jahrhunderte bestimmen. Eine neue Epoche beginnt; ich *sehe* sie, aber Rousseau hat sie *vorausgesehen*. Lesen Sie eine Anmerkung zu *Emile*, und das Buch wird Ihnen aus der Hand fallen. Ich höre Rufe dafür und dagegen, aber ich bin weit davon entfernt, diese Schreier zu imitieren. Ich gestehe, daß meine Ideen darüber noch nicht reif genug sind. Die Ereignisse folgen sich wie die Wellen auf einem bewegten Meer; und man will die Revolution bereits für beendet erklären! Nein! nein! Man wird noch viele erstaunliche Dinge sehen; die höchste Erregung der Gemüter ist ihr Vorbote. Ich ziehe den Vorhang." (Grot, Pekarskij 1866, 480)

[11] Die Frage der Einheitlichkeit von Karamzins Rousseaubild ist schwierig zu entscheiden. Barran (1984, 237-243) vertritt gegen Lotman die These, Karamzin habe im Jahr 1803 die *Confessions* aus Rousseaus Werk ausgegliedert und nur diesen Teil abgewertet. Es scheint allerdings zweifelhaft, ob Karamzin ein solch

Ichentwürfe

Auch Denis Fonvizins Rousseaubild ist tiefgreifenden Veränderungen unterworfen. Seine Position bewegt sich jedoch in der entgegengesetzen Richtung: Während sich Karamzin von einem Anhänger Rousseaus zu einem scharfen Kritiker gewandelt hat, kann man Fonvizins Verhältnis zu Rousseau als Prozeß einer allmählichen Annäherung deuten.

Im seinem frühen satirischen Gedicht „Sendbrief an Jamščikov [Poslanie k Jamščikovu]" (1763)[12] erweist sich Fonvizin als Vertreter jenes religiös gefärbten Aufklärertums, das eine im Rußland des ausgehenden Jahrhunderts übliche Absage an Rousseau einschließt:

Без грамоты пиит, без мыслей философ,
Он, не читав Руссо, с ним также согласился,
Что чрез науки свет лишь только развратился.
Ein Dichter ohne Grammatik, ein Philosoph ohne Gedanken,
Stimmte er mit Rousseau überein, ohne ihn gelesen zu haben,
Daß die Wissenschaft die Welt nur verdorben habe. (I, 213 f.)

Rousseau als Zivilisationsverdammer – dies ist das Klischee, das den Genfer Philosophen zum Feindbild der aufgeklärten Intelligencija in Rußland macht. Noch während seines Parisbesuchs im Jahr 1778 bezeichnet Fonvizin in einem Brief an seine Schwester Rousseau als „Ungeheuer [урод]" und formuliert despektierlich:

Dein Rousseau lebt in Paris wie ein Bär in seiner Höhle. (II, 438, vgl. auch 443)

Fonvizins herablassende Haltung hindert ihn jedoch nicht daran, eine Visite bei Rousseau ins Auge zu fassen. Der Besuch kommt indes nicht zustande: Rousseau stirbt kurz vor der bereits vereinbarten Begegnung (Strycek 1981, 276).

Rousseaus Tod leitet einen deutlichen Umschwung in Fonvizins Einschätzung ein: Rousseau wandelt sich in den Augen Fonvizins vom Aufklärungsfeind zum Anwalt der natürlichen Reinherzigkeit. Im August 1778 schreibt Fonvizin an seine Schwester:

Und so hat es mir das Schicksal nicht bestimmt, den berühmten Rousseau zu sehen! Du hast allerdings recht, daß er von den Her-

gespaltenes Rousseaubild über längere Zeit aufrechterhalten konnte. Außerdem fehlen Belege, die für die Zeit nach 1803 den Philosophen Rousseau positiv vom Schriftsteller Rousseau abheben würden.

[12] Zur Datierung Strycek (1976, 144).

Fonvizin

ren zeitgenössischen Philosophen wohl der aufrichtigste und ehrlichste ist. Auf alle Fälle war seine Uneigennützigkeit sehr streng. (II, 452)

Bereits vor dem entscheidenden Jahr 1778 hatte Fonvizin gesellschaftskritische Positionen vertreten, die Rousseau nicht fern stehen. Am 6. April 1772 schreibt er an Petr Panin:

> Es ist wahrhaftig besser, mein Herr, überhaupt nicht gebildet zu sein als in solch verdorbener Weise, wie viele von uns es sind. Wir kümmern uns im selben Maß um die Verbesserung der Vernunft, wie wir die Verbesserung des Herzens vernachlässigen, indem wir außer Acht lassen, daß ein tugendhaftes Herz die höchste Würde eines Menschen ist, und daß man allein darin Glück in diesem Leben suchen und finden kann. (II, 377)

Spätestens zur Zeit der Abfassung der Briefe an P. Panin aus Frankreich in den Jahren 1777 und 1778 gewinnt Fonvizins Gesellschaftskritik auch eine politische Dimension (Serman 1988, 118). Ihren deutlichsten Ausdruck findet Fonvizins Plädoyer für einen konstitutionellen Rechtsstaat und gegen eine unbeschränkte monarchische Macht in seinem „Traktat über die notwendigen staatlichen Gesetze [Rassuždenie o nepremennych gosudarstvennych zakonach]", der ebenfalls in diesen Jahren entsteht. Jurij Lotman hat die geistige Abhängigkeit dieses Aufsatzes von Rousseaus „Contrat social" einsichtig gemacht (1967, 251 f.). Man darf allerdings auch die Unterschiede zwischen Rousseaus und Fonvizins politischen Konzeptionen nicht aus den Augen verlieren: Rousseaus Mißtrauen gilt jedem Regime, das nicht auf einem gesellschaftlichen Vertrag gründet und den gemeinsamen Willen aller zum Ausdruck bringt, Fonvizin hingegen erweist sich als Royalist, der für die Kodifizierung der Bürgerrechte einsteht (Barran 1982, 9).

Wenige Jahre danach wird der rousseauistische Unterton in Fonvizins Ideologie unüberhörbar. Starodum im „Landjunker [Nedorosl']" erweist sich als prominentester Adept des nun auch von Fonvizin dezidiert vertretenen Kulturpessimismus. Natürlichkeit wird – wie in dem bereits zitierten Brief an Panin – höher gewertet als eine falsche Erziehung. Solche Authentizität beginnt bei der Form der Anrede:

> Damals nannte man einen Menschen *Du*, nicht *Ihr*. Damals konnte man noch nicht soviele Leute anstecken, daß jeder sich für viele hielt. Dafür sind heute viele nicht einen einzigen wert. (I, 129)

Ichentwürfe

Starodums schärfste Spitze richtet sich indessen gegen den Hof als Inbegriff der größten Selbstentfremdung des Menschen. Karrierismus, Intrigen, Eigennutz und Heucheleien prägen das geistige Klima dieses Orts. Die Beschäftigung mit sich selbst führt hier nicht zur moralischen Vervollkommnung, sondern zu einem eitlen, gegenwartsverhafteten Treiben:

> Dort gibt es nicht Eigenliebe [самолюбие], sondern, wenn man so sagen kann, Selbstliebe [себялюбие]. Dort liebt man vorzugsweise sich selbst; man sorgt nur für sich selbst; man kümmert sich nur um die Gegenwart. Du wirst es nicht glauben. Ich habe dort viele Leute gesehen, denen in ihrem ganzen Leben weder Vorfahren noch Nachkommen je in den Sinn gekommen wären. (I, 132).

Die Differenzierung zwischen „Eigenliebe [samoljubie]" und „Selbstliebe [sebjaljubie]" wird für Starodum notwendig, weil der Vorwurf, der gegen sein eigenes Handeln erhoben werden könnte, genau im Egoismus besteht. Starodums politische Kritik bewegt sich zwischen zwei Extremen, die beide in gleichem Maße inakzeptabel sind: Der Staatsdienst führt zur Korruption, die Agitation gegen den Staat führt zur Revolution. Starodums Wahl, die Existenz als Privatier, setzt sich – ähnlich wie das Mönchstum – dem Verdacht des Quietismus aus. Starodum entwertet dieses Argument mit dem Hinweis auf eine Interessenabwägung:

> *Pravdin:* Ist es denn einem Adligen in keinem Fall erlaubt, sich zurückzuziehen?
> *Starodum:* Nur in einem: wenn er innerlich überzeugt ist, daß sein Dienst dem Vaterland keinen unmittelbaren Nutzen bringt. Ah! Dann geh. (I, 131)

Diese äsopische Formulierung bezieht ihren subversiven Sinn aus der impliziten Opposition Vaterland – Staat. Diese beiden Begriffe sind in Starodums Sicht nicht mehr identisch. Was dem Staat nützt, kann dem Vaterland Schaden bringen. Der Rückzug ins Privatleben erscheint als valable Alternative zur Kollaboration mit einem korrupten Regime.[13] Unverkennbar ist der Stolz, mit dem Starodum fehlende Gratifikationen mit moralischer Integrität aufwiegt:

---

[13] Diese Position erscheint um so gewagter, als gerade im 18. Jahrhundert der Staatsdienst unter Adligen als höchster Lebenszweck galt. Exemplarischen Ausdruck hat diese Haltung in den Autobiographien von V.A. Naščokin, I.I. Nepljuev und Ja.P. Šachovskoj gefunden (Tartakovskij 1991, 49).

Fonvizin

Ich verließ den Hof ohne Landgüter, ohne Orden, ohne Rang, trug allerdings das Meine unbeschädigt nach Hause, meine Seele, meine Ehre, meine Regeln. (I, 133)

Fonvizin rekurriert hier auf ein Argumentationsmodell, das bereits Rousseau in *Emile* vorgestellt hatte (Barran 1982, 7). Unter der Voraussetzung, daß ein Regime nicht die geforderte demokratische Legitimität aufweist, kommt dem Privatier die wichtige Aufgabe der Sittenbewahrung zu, die ihrerseits beispielhaft wirken kann.

Fonvizins ideologisches System übernimmt grundsätzlich dieselben Oppositionsreihen, die auch Rousseaus Denken prägen: Rousseau trennt Kopf und Herz, Vernunft und Gefühl, Zivilisation und Natur, Gesellschaft und Individuum, Stadt und Land (Gutman 1988, 107). Die einzelnen Elemente dieser Reihe übernehmen eine doppelte Funktion: Die negative bzw. positive Wertung korreliert mit Fonvizins Einschätzung des Ist- bzw. Soll-Zustandes. Ihren deutlichsten Ausdruck findet diese Position in dem Fragenkatalog, den Fonvizin 1783 unter dem Titel „Einige Fragen, die bei klugen und ehrlichen Leuten besondere Aufmerksamkeit hervorrufen können [Neskol'ko voprosov, moguščich vozbudit' v umnych i čestnych ljudjach osoblivoe vnimanie]" der Zarin Ekaterina II. unterbreitet hatte.[14] Die Frage 7 lautet:

Warum richtet sich das Bemühen des größten Teils der Adligen nicht darauf, aus ihren Kindern so schnell wie möglich Menschen zu machen, sondern darauf, aus ihnen ohne Dienstzeit so schnell wie möglich Gardeunteroffiziere zu machen? (II, 273)

Fonvizins rousseauistisches Bildungsideal, das dem Menschen seine eingeborene Moralität bewußt machen soll, zielt auf Authentizität. Typisch für Fonvizin ist hierbei die Etablierung eines Mentors, der junge Menschen auf dem Weg zu ihrer Innerlichkeit begleitet. Meistens steht dieser Mentor zu seinem Zögling im Verwandtschaftsverhältnis eines Onkels (Starodum,

---

[14] Für eine sowjetische Interpretation dieser Fragen vgl. Pigarev (1954, 216-225). Es ist gewiß verfehlt, Fonvizin zu einem kompromißlosen Gegner der Monarchie stilisieren zu wollen. Berelowitch (1989, 201 ff.) hat den subversiven Kern von Fonvizins politischer Theorie herausgearbeitet: Die moralische Integrität ist nicht mehr selbstverständliches Attribut des Monarchen, sondern ein Ideal, das es anzustreben gilt. Die Souveränität des Zaren wird begrenzt durch das politische Interesse seiner Untertanen, das in Gesetzen kodifiziert werden muß. Fonvizins Plädoyer für eine konstitutionelle Monarchie meint letztlich nichts anderes als die politische Inthronisation des „starodumstvo".

Ichentwürfe

„Belehrung des Onkels an seinen Neffen [Nastavlenie djadi svoemu plemjanniku]"), in Fonvizins Autobiographie erfüllt der Vater diese Rolle (Barran 1984, 118).

Nicht zufällig beginnt „Reinherziges Bekenntnis [Čistoserdečnoe priznanie]" mit einem Charakterbild des Vaters, das die wichtigsten Züge des „starodumstvo" in sich vereinigt:

> Mein Vater war ein Mensch mit viel gesundem Verstand, obwohl er wegen des damaligen Bildungssystems keine Gelegenheit hatte, sich zu bilden. [...] Er war ein tugendhafter Mensch und ein wahrhaftiger Christ, liebte die Wahrheit und duldete keine Lüge, so daß er immer rot wurde, wenn jemand sich nicht schämte, in seiner Gegenwart zu lügen. [...] Mein Vater lebte mehr als achtzig Jahre lang. Der Grund dafür war ein enthaltsames, christliches Leben. Er trank keine starken Getränke, ernährte sich gesund, überaß sich nicht. Er war zweimal verheiratet und kannte während seiner Ehe keine anderen Frauen als seine Ehefrauen. Keine einzige Nacht verbrachte er beim Kartenspiel und fühlte keine Leidenschaft, die die menschliche Gemütsruhe stört. [...] Schließlich muß ich zur Ehre meines Vaters sagen, daß er, der nicht mehr als fünfhundert Seelen besaß, in Gesellschaft mit guten Adligen lebte, acht Kinder großzog, es verstanden hat, ohne Schulden zu leben und zu sterben. (II, 82 f.)

Fonvizins Vater- und Onkelfiguren verkörpern im buchstäblichen Sinn des Wortes konservative Tugenden. Zu konservieren gilt es die von aller Zivilisation unbefleckte Natürlichkeit, die von Fonvizin unablässig gepriesene Reinherzigkeit. Nicht von ungefähr erscheint Fonvizins Vater als resistent gegen die klassischen Bedrohungen des zivilisierten Lebens: Alkohol, Tee, Kaffee, Sex und Geld. Der Vater bzw. Onkel wird in Fonvizins ideologischem System zum Sprachrohr der Natur und des reinen Herzens.

Die natürliche Erziehung der Söhne und Neffen zum Ideal der „Reinherzigkeit [čistoserdečie]" besteht hauptsächlich in der Nachahmung des tadellosen Lebenswegs der Väter und Onkel. Solche Nachfolge wird durch einen zusätzlichen Fakor erleichtert: Bei der Schilderung der eigenen Kindheit stellt Fonvizin nicht einmal die moralische Wünschbarkeit eines „reinherzigen" Charakters in den Vordergrund. Das richtige Verhalten kann zu einem durchaus persönlichen Lustgewinn führen. Fonvizin hegt eine kindliche Leidenschaft für Spielkarten (notabene nur aus ästhetischem Interesse), von denen er neue Exemplare nur auf seinen „reinherzig" geäußerten Wunsch hin erhält:

Fonvizin

> Ich geriet in Begeisterung über diese Antwort [sc. das Versprechen, neue Spielkarten zu bekommen, U.S.] und fühlte schon damals, daß es sich auszahlt, auf dem direkten Weg zu gehen, und nicht auf Schlichen. (II, 85)

Die Konvergenz von Moralität und persönlichem Vorteil enthält auch eine pädagogische Pointe. Sobald ein Kind merkt, daß „reinherziges" Verhalten zur Wunscherfüllung führt, kann eine entsprechende Erziehungsstrategie entscheidend zur gewünschten Charakterbildung beitragen:

> Ich bin innerlich fast überzeugt, daß es Erziehern, die ihre Zöglinge dazu ermuntern, in allem den geraden Weg einzuschlagen, viel besser gelingt, ihnen eine Anhänglichkeit an die Wahrheit einzugeben und sie zur Reinherzigkeit hinzuführen, als wenn sie ihre schlechten Handlungen, in denen sich ihre seelischen Eigenschaften äußern können, ohne Bemerkungen durchgehen lassen. (II, 85 f.)

Die Umsetzung des theoretischen Ideals der „Reinherzigkeit [čistoserdečie]" in die Praxis geht allerdings nicht immer problemlos vor sich. Fonvizin räumt für seinen eigenen Daseinsvollzug vom Leben diktierte Abweichungen ein:

> Ich muß jedoch gestehen, daß ich mich während meines Lebens nicht immer an diese Regel [sc. des reinherzigen Handelns, U.S.] gehalten habe, denn ich geriet in solche Umstände, in denen ich entweder untergehen oder zur Hinterlist [лукавство] greifen mußte. (II, 85)

Zwar setzt das Eingeständnis der Unaufrichtigkeit das verletzte Ideal der Reinherzigkeit wieder in sein Recht, das Vorzeigen einer Lüge als Beweis der eigenen Glaubhaftigkeit bleibt jedoch eine fragwürdige Strategie.

Fonvizins Insistieren auf der Aufrichtigkeit seines Lebensberichts ist symptomatisch für die Aufgabe, die er sich gestellt hat. Die Lüge ist die größte Bedrohung der Beichte: Gerade das Erfordernis der höchsten Aufrichtigkeit macht die Beichte aufgrund einer strukturellen Ähnlichkeit anfällig für die Lüge. Sowohl Geheimnis als auch Lüge sind nur vor dem Hintergrund einer Unterscheidung von in-group und out-group möglich. Die Lüge präsentiert sich mithin als die negative Form des Beichtgeheimnisses: Während das Beichtgeheimnis gemeinschaftstiftend wirkt, führt die Lüge in die Isolation.

Ichentwürfe

Fonvizins Hauptproblem liegt in der Kommunizierbarkeit seiner Aufrichtigkeit. Die persönliche Wahrheit gehört grundsätzlich einem privaten Diskursbereich an. Deshalb steht jede Veröffentlichung des eigenen Lebenstextes im Verdacht der Unaufrichtigkeit. In aller Deutlichkeit spricht Fonvizin diesen Gedanken in einem Brief an P. Panin vom 20. Januar 1772 aus:

> Alle großen Leute, deren Geschichte während ihres Lebens geschrieben wurde, sollten fest daran glauben, daß man sie nicht nach diesen Beschreibungen, die sie selber gelesen haben, beurteilen wird, sondern nach denjenigen, die nach ihrem Tod erscheinen. Erst dann verstummt der Neid, verschwindet die Heuchelei, und alle Leidenschaften sinken wie grober Schlamm ohne Aufsehen zum Grund, und nur die Wahrheit allein schwimmt obenauf. (II, 369)

Die Konsequenz, die sich aus dieser Konzeption für Fonvizins Autobiographie ergibt, scheint klar zu sein: Der eigene Tod wird zur Bedingung der Aufrichtigkeit des Lebenstextes. Die Veröffentlichung der Autobiographie macht den Text vor dem eigenen Ableben zur Lüge, nachher wird er zur Offenbarung.[15]

In weniger radikaler Weise kann Authentizität durch die Erschwerung der Kommunizierbarkeit des delikaten Lebenstextes gewährleistet werden. In einer religiös eingefärbten Betrachtung („Traktat über das eitle menschliche Leben [Rassuždenie o suetnoj žizni čelovečeskoj]") rückt Fonvizin genau diesen Aspekt in den Blick:

> Alle, die mich kennen, wissen, daß ich an den Folgen eines apoplektischen Schlages leide; in einem Jahr erlitt ich nicht weniger als vier solcher Schläge; aber der Herr, der Behüter meines Lebens [защитник живота моего], wandte jedesmal die drohende Todesgefahr ab. Seinem heiligen Willen gefiel es, mich vom Gebrauch des Arms, des Beins und eines Teils der Zunge zu entledi-

---

15 „Čistoserdečnoe priznanie" wurde auszugsweise erstmals 1798 in *Sankt-Peterburgskij žurnal* veröffentlicht. Allerdings scheint Fonvizin das Manuskript bereits zu Lebzeiten aus den Händen gegeben zu haben. Im September 1792, knapp drei Monate vor Fonvizins Tod, erscheint in I.A. Krylovs *Zritel'* eine bissige Bemerkung über Fonvizins Beichte: „Ich fürchte, daß auch Sie dieselbe Reue an den Tag legen wie Herr F. in seiner handschriftlichen Beichte, wo er mit äußerster Herzensruhe und Bedauern bekennt, daß er sein ganzes Leben lang außerordentlich klug war. Gott behüte uns vor solcher Reue." (Tartakovskij 1991, 89, 91)

Fonvizin

gen: Der Herr hat mich gestraft, jedoch nicht dem Tod übergeben [наказуя наказа мя Господь, смерти же не предаде]. Aber diesen Verlust erachte ich als Akt unendlicher Barmherzigkeit mir gegenüber: Denn ich erinnere mich, daß ich der vom Schlag getroffenen Glieder genau zu jener Zeit verlustig ging, als ich nach der Rückkehr aus fremden Ländern von meinem Wissen träumte, als meine unsinnige Hoffnung auf meinen Verstand alle Maße überstieg und als sich, so schien es, die Gelegenheit zur Erhöhung in eitle Berühmtheit bot, – damals nahm mir der Allessehende alle Möglichkeiten, mich schriftlich und mündlich auszudrücken, weil er wußte, daß meine Begabung mehr schädlich als nützlich sein konnte, und erleuchtete mich in der Erforschung meiner selbst [и просветил меня в рассуждении меня самого]. Mit Seligkeit trage ich das mir auferlegte Kreuz und werde nicht aufhören, bis zu meinem Lebensende auszurufen: Herr! Wohl mir, daß du dich meiner erbarmt hast! (II, 80)

Fonvizin benennt hier explizit die logische Verbindung, die zwischen der Selbsterkenntnis und dem dazugehörenden privaten Diskurs besteht. Die Lähmung von Schreib- und Sprechorganen sichert die von der Öffentlichkeit bedrohte Authentizität des Ich. Genauer noch: Das Gebrechen schützt das Ich vor seinen eigenen unheilbringenden Ambitionen.

In einem wenig beachteten Prosafragment hat Fonvizin als Gedankenexperiment die maximale Annäherung eines ebenfalls kommunikationsbehinderten Subjekts an das Ideal der Reinherzigkeit durchgespielt. „Die Erzählung eines vermeintlichen Taubstummen [Povestvovanie mnimogo gluchogo i nemogo]" (1783) ist als fiktive Autobiographie eines Ich-Erzählers angelegt. Ein reinherziger Vater rät seinem Sohn, sich taubstumm zu stellen, damit der Sohn einerseits dem unheilbringenden Einfluß der Gesellschaft entgehen und andererseits die Herzen der Menschen erkennen kann:

Ich habe nicht das Recht, für dich ein Schicksal auszusuchen, dem du dich dein ganzes Leben anvertrauen mußt, um so mehr, als es ungewöhnlich ist und große Schwierigkeiten und einige Opfer mit sich bringt. Auf der anderen Seite habe ich die Erfahrung gemacht, daß der gesellschaftliche Umgang und der Dienst Verrat, Winkelzüge, Neid, Übeltaten und sogar die Abtötung des Geistes nach sich ziehen. Deshalb ist es mein größter Wunsch, einen Weg zu finden, wenn dies möglich ist, wie du dich von der Welt entfernen und sie erkennen kannst. Ich wünsche mir, daß du die Herzen der Menschen erkennst, ohne jedoch ihren üblen Winkelzügen

Ichentwürfe

zum Opfer zu fallen, daß du alle Seligkeit genießt, die einem Sterblichen zu kosten bestimmt ist, und dein Herz, das unbefleckt bleiben soll, nicht zerrissen und verletzt wird von Pfeilen, die nicht selten in den Händen der Mächtigen zum Angriff auf die Tugend vorbereitet werden. (II, 9)

Der rousseauistische Hinweis auf die Korruption der Gesellschaft rechtfertigt hier die Verstellung als einziges Mittel, das die Aufrechterhaltung des Ideals der Reinherzigkeit sichern kann. Unter den Bedingungen von Fonvizins Kommunikationsmodell, das seine deutlichste Ausprägung im „Landjunker [Nedorosl']" gefunden hat, erscheint die Flucht in die vorgetäuschte Taubstummheit als logische Konsequenz.

Der „Taubstumme" kappt die Kommunikationsdrähte zur Außenwelt in beiden Richtungen: Er kann nicht mehr senden (sprechen) und nicht mehr empfangen (hören). Da nun aber in Fonvizins Modell Kommunikation entweder überflüssig (innerhalb der positiven Gruppe) oder unmöglich (zwischen positiven und negativen Charakteren) ist, erscheint der Verlust von Gehör und Sprache in einem milden Licht. Der Gewinn, den die Verstellung bringt, ist in der Tat verlockend. Niemand nimmt vor einem Taubstummen ein Blatt vor den Mund:

Deshalb habe ich den Schlüssel zu der verborgenen menschlichen Innerlichkeit [к сокровенной человеческой внутренности]. (II, 12)

„Die Erzählung eines vermeintlichen Taubstummen [Povestvovanie mnimogo gluchogo i nemogo]" ist nicht als Auto-, sondern gewissermaßen als Allobiographie konzipiert. Die eigene kommunikative Inkompetenz wird aufgewogen durch die gesteigerte Fähigkeit zur Introspektion in andere Personen. Nicht die Mitteilung der eigenen Herzensschrift steht deshalb im Vordergrund, sondern die Entblößung der fremden Herzen. Der Ich-Erzähler erklärt den Zweck seiner Memoiren in einer einleitenden Fußnote:

An die Herren Herausgeber des „Gesprächspartners [Sobesednik]": Wenn ich Ihnen hier mein seltsames Schicksal vorlege, befriedige ich nicht nur meine Selbstliebe, die uns üblicherweise dazu führt, über uns selbst und über uns Betreffendes mit Vergnügen zu sprechen, sondern biete Ihnen auch meine Dienste an. Sie werden aus meiner Lebensgeschichte ersehen, daß ich die besondere und vollkommen ungewöhnliche Gelegenheit hatte, die entblößten Herzen und Sitten zu beobachten und die verborgensten menschlichen Geheimnisse zu durchdringen. Deshalb kann ich zur Aufnahme in

Fonvizin

ihren „Gesprächspartner [Sobesednik]" verschiedene Charaktere vorstellen, die von Zeitschriften wie ihrer nicht ausgeschlossen werden sollten, weil nichts unsere Aufmerksamkeit in solchem Maße verdient wie die menschlichen Herzen, die von Stunde zu Stunde einem Labyrinth immer ähnlicher werden, weil man uns – ganz zu schweigen von bisher üblichen Methoden zur Verbergung von Schwächen und Leidenschaften, d.h. Erziehung, bon ton und manière de vivre – zusätzlich in eine Einheitlichkeit gepreßt hat, die unser Äußeres so einheitlich macht, daß jeder von uns weder sich selbst noch irgend jemandem sonderlich gleicht, sondern alle wie aus einer Form gegossen erscheinen. Meine Philosophie besteht im Bestreben, nur die menschlichen Herzen zu erkennen; ich verfolge nicht den Gang der Sterne, ich will nicht das System der Welt durchdringen, ich verliere mich nicht wie Euler in der Aufspaltung unendlich kleiner Größen – die Bewegung tugendhafter Seelen und die Handlungen edler Herzen bemühe ich mich zu erkennen. (II, 7 f.)

Die prinzipielle Austauschbarkeit von Auto- und Allobiographie legt eine wichtige Eigenheit von Fonvizins Menschenbild frei: Das Qualifikationskriterium des Humanen ist nicht in erster Linie Individualität, sondern Moralität. Nicht die Ausbildung eines besonderen Charakters macht den Menschen zum Menschen, sondern der Besitz des reinen Herzens, das indessen für alle Träger grundsätzlich die gleiche Qualität aufweist. Gleichzeitig baut Fonvizin in seine Morallehre auch eine Zivilisationskritik ein, die sich gegen anerzogene Verhaltensweisen richtet. Es ist bezeichnend, daß Fonvizin an dieser Stelle französische Begriffe ins Spiel bringt: Durch Erziehung schematisiertes Verhalten ist doppelt falsch – es zerstört gleichzeitig die persönliche und die nationale Identität, die beide innengesteuert sind. Eine solche moralisch fundierte Identität ist in Fonvizins Konzeption grundsätzlich für jedes Individuum erreichbar.

Mit Nachdruck hat Jurij Lotman auf diese bedeutsame Abwandlung von Rousseaus Konzeption hingewiesen (1967, 256). Während Rousseau auf seinem Anderssein insistiert und das Existenzrecht seiner Autobiographie aus seiner einzigartigen Individualität ableitet, rückt bei Fonvizin die Abwesenheit von Individualität in den Vordergrund. Rousseaus Beschreibung der eigenen Lebensgeschichte als einer fortschreitenden Tragödie entspricht dem Verlauf der Menschheitsgeschichte. „Gerade weil Rousseaus Schicksal als einziges ganz und gar aus dem üblichen Schema des Lebensgangs herausfällt, ,anders' ist, symbolisiert es das der Menschheit überhaupt, deren Existenz doch auch der Normalität des natürlichen Le-

Ichentwürfe

bens der Gattungen widerstreitet und eben dadurch unendliches Leiden mit sich bringt." (Puder 1986, 242) Fonvizins Beschreibung des eigenen Ich hingegen will einen ähnlichen Selbsterkenntnisvorgang auch im Leser auslösen.

Sowohl Rousseau als auch Fonvizin schreiben ihrer Autobiographie exemplarische Gültigkeit zu – das zu exemplifizierende Objèkt ist allerdings verschieden. Voraussetzung solcher Beispielhaftigkeit des eigenen Lebens ist in beiden Fällen das Erreichen einer höheren Bewußtseinsstufe. Rousseau duldet in seinem individuellen Nachvollzug der Menschheitsgeschichte, die er als Niedergang vom Naturparadies in die Zivilisationshölle begreift, keinen Konkurrenten neben sich. Rousseau erblickt in seiner Einzigartigkeit den höchsten Beweis für die Richtigkeit seiner Ideologie und klammert deshalb andere Musterbiographien, die einen alternativen geschichtsphilosophischen Wahrheitsanspruch vertreten, mit feindlichem Schweigen aus. Besonders auffällig ist die Nichterwähnung des zweiten berühmten „Bekenners" der abendländischen Geistesgeschichte – Augustins (Archambault 1987, 6).

Fonvizins Autobiographie hingegen schließt ein Identifikationsangebot an seinen Leser ein. Das Bekenntnis des Ich soll den Durchbruch des Du zum eigenen Herzen erleichtern. Diese Spielart der Herzensentblößung beansprucht im Gegensatz zu Rousseau keinen Originalitätswert. Fonvizin schreibt sich mit seiner Autobiographie in die religiöse Bekenntnisliteratur ein. Zu Beginn jedes Abschnitts steht ein Psalmenzitat, das eigene Vorhaben wird in kirchensprachlicher Diktion angekündigt:

> Reinherzig offenbare ich die Geheimnisse meines Herzens und verkünde meine Verfehlungen [чистосердечно открою тайны сердца моего и *беззакония моя аз возвещу*]. (II, 81)

Fonvizins „Bekenntnis [priznanie]" wird gleichzeitig zur „Belehrung [nastavlenie]": Der eigene Bildungsweg präsentiert sich als Exempel (im positiven wie im negativen Sinne), das dem Leser als Richtschnur dienen kann. Fonvizin spielt mithin sowohl die Rolle des Neffen als auch die des Onkels: Als Protagonist seiner Autobiographie ist er Objekt der Belehrung, als Bekenner und Schriftsteller deren Subjekt.

Fonvizin setzt seinen Lebenstext als Belehrungstext ein. Die eigene Charakterschilderung wird in pädagogische Ratschläge aufgelöst:

> Die Natur gab mir einen scharfen Verstand, aber keine gesunde Urteilskraft. [...] Als ich bemerkte, daß man mich überall für einen klugen Menschen hielt, kümmerte ich mich wenig darum, ob mein Verstand auf Kosten meines Herzens gelobt wurde, und ich

Fonvizin

verschaffte mir auf diese Weise mehr Feinde als Freunde. Junge Leute! Denkt ja nicht, daß euer Ruhm in witzigen Worten liege; gebietet der Kühnheit eures Geistes Einhalt und wißt, daß das Lob, das ihr erntet, ein wahres Gift für euch ist; besonders wenn ihr eine Neigung zur Satire verspürt, dann unterdrückt sie mit all euren Kräften. Denn sonst wird es euch zweifellos genauso wie mir ergehen. (II, 90)

Fonvizin führt in verschiedenen Lebensbereichen seinen Weg vom Laster zur Tugend vor. Sogar der heikle Bereich der Sexualität bleibt nicht ausgespart. Die von unziemlicher Lektüre entflammte Phantasie stürzt den Jüngling Fonvizin in eine sinnliche Affäre:

Nachdem ich in der Theorie alles erfahren hatte, was zu wissen noch viel zu früh für mich war, suchte ich gierig nach einer Gelegenheit, meine theoretischen Kenntnisse in die Praxis umzusetzen. Dazu schien mir ein Mädchen geeignet, von dem man nur sagen konnte: Dick, dick! Dumm, dumm! [...] Ich verband mich mit ihr und der einzige Grund für diese Verbindung war die Verschiedenheit des Geschlechts: Es gab nichts anderes, worin man sich hätte verlieben können. (II, 89)

Später versteht es Fonvizin, sich von der geschlechtlichen Anziehungskraft zu befreien – der persönliche Lernerfolg wird in der Autobiographie durch die kontrastive Reminiszenz an das jugendliche Fehlverhalten hervorgehoben. Die nächste Liebe gründet auf Geistesverwandtschaft und bleibt deshalb außerhalb der gefährlichen Sexualität:

[...] ich verliebte mich so in sie, daß ich sie nie verlassen konnte, und seit dieser Zeit bis heute ist mein Herz von ihr besetzt. Denn meine Leidenschaft war auf Achtung gegründet und hing nicht vom Geschlechtsunterschied ab. (II, 96)

Ähnliches gilt für die religiöse Entwicklung. Zunächst pflegt der junge Fonvizin Umgang mit einem gottlosen Grafen, der viel flucht. Lästerungen läßt sich Fonvizin zwar nicht zuschulden kommen, allerdings spottet auch er über Ehrwürdiges. Entscheidend bleibt aber auch bei diesen Verfehlungen Fonvizins gutmütiges Herz (сердце предоброе, II, 90), das immer Gott zugeneigt ist:

Aber Herr! Du kennst mein Herz; du weißt, daß es dich immer verehrt hat und daß dieses Werk (sc. „Sendbrief an Šumilov [Po-

Ichentwürfe

slanie k Šumilovu]", U.S.) eine Folge nicht meines Unglaubens, sondern meiner unvernünftigen Spötterei war. (II, 95)

Einige Jahre später beteiligt sich Fonvizin nach dem Besuch bei einem Atheisten schon nicht mehr an gottlosen Gesprächen, allerdings fühlt er sich verunsichert:

> Sein Raisonnement war sophistisch und klarer Wahnsinn; aber eben dadurch erschütterte es meine Seele. (II, 100)

Mittlerweile aber ist Fonvizin in der Lage, sein Schwanken auf positive Weise aufzulösen. Er überschreitet eine Epochenschwelle seines Lebens und stellt seine Urteilskraft in den Dienst der Religion. Das Dasein Gottes steht nun nicht mehr im Widerspruch zu den Aussagen der Vernunft, sondern kann vielmehr mit Vernunftsgründen untermauert werden:

> [...] nachdem ich gut nachgedacht und Gott zu Hilfe gerufen hatte, wollte ich mein System durch Rationalisierung des Glaubens bestimmen. Diese Zeit halte ich für den Eintritt in die Volljährigkeit, denn ich begann die Wirkung der gesunden Urteilskraft zu spüren. (II, 101)

Obwohl Fonvizins Autobiographie unvollendet geblieben ist, kann man eine generelle ideologische Ausrichtung feststellen. Fonvizins Lebensweg nimmt seinen Anfang beim Ideal des reinen Herzens, das in der Jugend zunächst von verschiedenen Leidenschaften überschattet wird. Die Störungen des reinen Herzens kommen immer von außen: Die sexuelle Leidenschaft wird durch sittenlose Lektüre induziert, religiöse Verfehlungen entspringen schlechter Gesellschaft. In einem dialektischen Prozess des Zu-Sich-Selbst-Kommens wird aber das reine Herz nach Perioden der Verirrung wieder in sein Recht gesetzt. Man hat es hier wohlgemerkt nicht mit einer Selbstdisziplinierung zu tun: Fonvizins Ideologie rechnet nicht mit schlechten Trieben im Menschen, die durch Sozialisation gebändigt werden müssen. Das reine Herz ist ihm vielmehr der Urgrund des menschlichen Charakters, den es nur auf die richtige Weise zu erkennen gilt.

In Fonvizins Konzeption des reinen Herzens hat das Böse um des Bösen willen keinen Ort. Bezeichnend ist in diesem Zusammenhang eine Fehlleistung Fonvizins bei der Wiedergabe einer Schlüsselstelle aus Rousseaus *Confessions*:

> Ein Leser dieses Werks berichtet, daß er [sc. Rousseau, U.S.] unter anderem eine Begebenheit erwähnt, die sich in seiner Jugend

Fonvizin

zugetragen hat. Im Haus, in dem er lebte, war ebenfalls eine Magd, in die er sich verliebte. Einmal kam ein Kaufmann mit verschiedenen Waren zur Herrschaft. Rousseau war arm und weil er nichts hatte, das er seiner Geliebten hätte schenken können, gab er der Versuchung nach, eines der feilgebotenen Dinge zu stehlen. Weil er wußte, daß das Mädchen tugendhaft war und aus seinen Händen nichts angenommen hätte, legte er das gestohlene Ding in ihre Truhe, in der Annahme, er bereite ihr damit ein außerordentliches Vergnügen. Unterdessen wurde der Verlust bemerkt. Man begann überall zu suchen und fand das Gesuchte in der Truhe des Mädchens. Die Unglückliche nahm den Diebstahl auf sich, weil sie sich vor dem Verhör fürchtete. Rousseau hatte nicht den Mut, die Sache richtigzustellen, und die Unschuldige wurde wie eine Verbrecherin bestraft. (II, 479)

Rousseaus eigene Version der berühmte Episode des gestohlenen Bandes schließt eine wesentlich ungünstigere Beurteilung des Vorfalls ein. Im Original liegt Rousseaus Schuld nicht einfach im fehlenden Mut, den Diebstahl zuzugeben, sondern in seiner frechen Verleumdung des Dienstmädchens: Sie habe das Band gestohlen und es Rousseau geschenkt.

Fonvizins Akzentverschiebung macht aus Rousseau den Prototypen eines reinherzigen Menschen, der zur sinnlosen Übeltat unfähig ist und jenes „facinus gratuitum" (Augustinus 1980, 88), das später für Dostoevskij so wichtig wird, nicht kennt[16] (Puder 1986, 240, Coetzee 1985, 193). Der

---

[16] Zwar versäumt es Rousseau bei der Schilderung seiner Niederträchtigkeit nicht, seine eigentlich gute Absicht hervorzuheben: „Niemals war alle Bosheit so fern von mir wie in jenem grausamen Augenblick, da ich das unglückliche Mädchen beschuldigte, und, so sonderbar es klingen mag, in Wahrheit war meine Freundschaft zu ihr daran schuld. [...] Ich beschuldigte sie, das getan zu haben, was ich wollte, nämlich mir das Band geschenkt zu haben, da es meine Absicht gewesen war, es ihr zu schenken. Als sie dann herbeigerufen wurde, zerriß mir ihr Anblick das Herz, aber die Gegenwart so vieler Menschen war stärker als meine Reue. Die Strafe fürchtete ich wenig, ich fürchtete nur die Schande [...]. Hätte man mich zu mir kommen lassen, würde ich unweigerlich alles gestanden haben." (144) Soweit ist Rousseaus eigene Schilderung mit Fonvizins Lektüre konsistent. Allerdings ist Rousseau der „abyssus humanae conscientiae" (Augustinus 1980, 486) nicht fremd: „[...] es gibt Zeiten, in denen ich mir so wenig gleich bin, daß man mich für einen Menschen von genau entgegengesetztem Charakter halten könnte." (198) Später räumt Rousseau ein, jedem Menschen sei das Böse inhärent. Die eigene Moralität, die indessen nicht in Frage gestellt wird, liegt deshalb nicht so sehr in tadellosem Verhalten als vielmehr in der uneingeschränkten Aufrichtigkeit: „[...] ich, der ich mich alles in allem stets für den besten aller Menschen gehalten habe und noch halte, wußte wohl, daß es kein

Ichentwürfe

einzige Fehler, mit dem Fonvizins reinherzige Menschen behaftet sein können, liegt in der Schwachheit, das Gute, das man ja eigentlich tun will, ins Werk zu setzen. Auf dieser Generallinie bewegt sich Fonvizins Rezeption der *Confessions*:

> Das Buch, das er [sc. Rousseau, U.S.] verfaßt hat, ist nichts anderes als eine Beichte all seiner Taten und Gedanken. In der Annahme, daß niemand es vor seinem Tod lesen werde, hat er seine ganze Seele ohne die geringste Verstellung beschrieben, wie niedrig sie in bestimmten Momenten war, wie diese Momente ihn in die größten Übeltaten stürzten, wie er zur Tugend zurückkehrte; kurz, er hat sein Herz offenbart und wollte der Menschheit einen Dienst erweisen, indem er ihr zeigte, wie das menschliche Herz in all seiner Schwachheit beschaffen ist. (II, 479)

Fonvizin erweist sich mithin als höchst eigenwilliger Rousseau-Leser. Nur teilweise stimmt Fonvizin mit Rousseaus These der natürlichen Unverdorbenheit aller Menschen überein. Fonvizin vertritt einen moralischen Fatalismus, der nur reinherzigen Menschen die Fähigkeit zu ethischem Verhalten zutraut. Den Trägern des reinen Herzens ist das moralische Organ angeboren, der Erziehung kommt die vordringliche Aufgabe zu, das Herz in seinem natürlichen Zustand zu konservieren. Rousseaus Innerlichkeitspathos materialisiert sich bei Fonvizin gewissermaßen, wird zu einem nachweisbaren Körperteil. Aus dieser Sicht erscheint es nur konsequent, daß Figuren, denen das moralische Organ fehlt, den entscheidenden Übergang von Tier zu Mensch noch nicht bewältigt haben (Skotinin).

Die Entwicklung der tugendhaften Anlagen wird in Fonvizins ideologischem System von ratschlagenden Onkeln unterstützt, die der Natur ihre Stimme leihen und vor den Gefahren der Zivilisation warnen.

Eine entscheidende Abwandlung erfährt auch die Funktion der Autobiographie. Während Rousseau an seinem eigenen Beispiel vorführen will, was ein Mensch ist, steht für Fonvizin das Sündenbekenntnis im Vordergrund. Deshalb spricht Rousseau vornehmlich von sich, Fonvizin aber von seinen Sünden (Lotman 1967, 257). In einem gewissen Sinne „re-augustinisiert" Fonivizin Rousseaus Beichte, indem er sie in wieder in einen religiösen Kontext überführt. Rousseaus *Confessions* lassen sich als Versuch einer säkularisierten Ichkonstitution unter den Bedingungen „transzendentaler Obdachlosigkeit" lesen (Galle 1983, 60 f.). Deshalb begreift

> menschliches Inneres gäbe, so rein es auch immer sein mochte, das nicht irgendein verabscheuungswürdiges Laster in sich schlösse." (714).

Fonvizin

Rousseau denn Sinn seines Lebens nicht mehr in der Sammlung göttlicher Gnadenbeweise, sondern unterbreitet es seinen Lesern als letzter richtender Instanz zur Beurteilung (Jauß 1982, 242). Fonvizins Leser ist nicht Richter, sondern – in seiner Terminologie – Neffe. Fonvizin legt wie Augustin seinen Lebensbericht Gott vor, die Autobiographie soll auf den Leser eine didaktische Wirkung haben. Rousseau konstruiert in seinen *Confessions* ein einzigartiges Ich, dessen Bewunderungswürdigkeit durch Individualität verbürgt wird und deshalb auch nicht nachgeahmt werden kann. Fonvizin hingegen erschafft in seiner Autobiographie ein Modell-Ich, das sich unter den Bedingungen der Reinherzigkeit in jedes beliebige Du verwandeln kann.

5. Spirituelle Beamte und servile Humanisten: Die gescheiterte Expedition der Freimaurer in die eigene Innerlichkeit

Fonvizins komplizierte Rousseau-Rezeption legt ein Dilemma offen, das für russische Autobiographen des frühen 19. Jahrhunderts zentrale Bedeutung gewinnt. Aus dem westlichen Ausland dringen moderne Ichentwürfe in das kollektive Bewußtsein der intellektuellen Elite ein, gleichzeitig bleibt der autobiographische Diskurs aber von traditionellen Schreibweisen dominiert. Fonvizin gelingt es bei der Niederschrift seiner Autobiographie nicht, sich die neue Konzeption Rousseaus anzueignen; er fällt immer wieder in moralisierende Schreib- und Deutungsmuster zurück.

Exemplarisch läßt sich die Bruchstelle, die sich durch die autobiographische Literatur zieht, in den Lebensberichten der russischen Freimaurer beobachten. Auch hier kollidieren Ideologieimport und autochthone Tradition. Das dominante russische Modell ist in diesem Fall jedoch bereits nicht mehr die Hagiographie, sondern die Karrierebeschreibung. Die stolze Auflistung der eigenen Diensterfolge wird im ausgehenden 18. Jahrhundert zum Stereotyp der Selbstdarstellung. Als bereits ans Pathologische grenzende Späterscheinung dieses Autobiographietyps müssen Deržavins *Aufzeichnungen* [*Zapiski*] betrachtet werden (vgl. Kap. 6).

Der grundlegende Konflikt, der sich durch die freimaurerischen Autobiographien zieht, kann auf das Auseinandertreten von geforderter Innerlichkeitsdarstellung einerseits und tatsächlicher Beschränkung auf biographische Tatsachen andererseits zurückgeführt werden. Die vor allem aus England stammenden Theoriekonzepte rücken eine eingehende Subjektivitätsanalyse in den Vordergrund, während das russische Dienstbiographiemodell den Schreibenden auf die Beschreibung offizieller und gesellschaftlich anerkannter Karriereschritte verpflichtet. Das Resultat dieser divergierenden Anforderungen ist ein hybrider Text. Oft künden die Freimaurer in der Einleitung zu ihren Autobiographien subjektive Introspektion an, verfallen dann aber bei der Beschreibung des eigenen Lebens in das etablierte Muster der Dienstautobiographie.

Obwohl der Versuch der Freimaurer, eine biographische Alternative zur petrinischen Rangtabelle einzuführen, als gescheitert gelten muß, hat diese Bewegung in Rußland eine enorme Wirkungskraft entfaltet. Allein schon die Tatsache, daß die offizielle Norm durch ein anderes Modell herausgefordert wird, darf im streng geregelten Gesellschaftssystem des autokratischen Rußland nicht unterschätzt werden. Neben das von Gesellschaft und Institutionen anerkannte Lebensmuster tritt eine neue biogra-

Ichentwürfe

phische Variante, die erweiterte, wenn auch vorerst wenig genutzte Diskursmöglichkeiten in sich birgt.

Eine detaillierte Beschreibung des russischen Freimaurertums findet sich in Tolstojs *Krieg und Frieden* [*Vojna i mir*].[1] Im zweiten Band nimmt die Schilderung von Pierre Bezuchovs Initiation breiten Raum ein. Das Bild, das Tolstoj hier von der Freimaurerei entwirft, ist durchaus zutreffend: Pierre wird nach seinen Beweggründen für sein Aufnahmegesuch befragt und in einem komplizierten Ritual in die Geheimnisse der Loge eingeweiht (Tolstoj 1935, X, 73-83).[2] Es ist allerdings für Tolstojs ambivalente Einschätzung der Freimaurerei bezeichnend, daß Pierre alsbald Unzufriedenheit verspürt: Die Wohltätigkeit der Loge beschränkt sich auf den Unterhalt eines einzigen Armenhauses, Pierre bringt die Mittel dazu fast allein auf. Tolstojs Mißtrauen wird vor allem durch zwei Aspekte des Freimaurertums geweckt: die spekulative Mystik und die Aufteilung der Menschheit in Eingeweihte und Profane. Die rigorose Moralität eines einzelnen Freimaurers (Bazdeev)[3] findet jedoch Tolstojs Sympathie (Novikov 1993, 48). Diese positive Mentorfigur bekräftigt gegenüber dem enttäuschten Pierre die Ideologie der Freimaurer:

> Die oberste Pflicht eines wahren Freimaurers besteht, wie ich Ihnen gesagt habe, in der Selbstvervollkommnung [в совершенствовании самого себя]. Oft glauben wir, daß wir dieses Ziel eher erreichen, wenn wir alle Schwierigkeiten unseres Lebens von uns fernhalten; wir können aber im Gegenteil unsere drei wichtigsten Ziele nur innerhalb der weltlichen Unruhe erreichen: 1. Selbsterkenntnis [самопознания], denn der Mensch kann sich nur durch Vergleichen erkennen, 2. Vervollkommnung [совершенствования], die nur durch Kämpfen erreicht werden kann, und 3. das Erreichen der größten Tugend – der Liebe zum Tod [любви к смерти]. Nur die Laster des Lebens können uns dessen Eitelkeit zeigen und können unsere angeborene Liebe zum Tod oder zur

---

[1] Einen Überblick über die Geschichte der russischen Freimaurerei bieten Frick (1973, II/2, 438-460), Solov'ev (1988) und Leighton (1994, 21-33, vgl. auch seine Bibliographie 205-215).

[2] Über die freimaurerischen Riten in Rußland informieren Wachsmann, Pierre (1987) und Beresniak (1992, 13-17).

[3] Der Prototyp Bazdeevs ist der konservative O.A. Pozdeev (1742-1820) (Bakunina 1934, 43, Bakounine 1967, 419 f., Bourychkine 1967, 172).

Freimaurer

Wiedergeburt zu einem neuen Leben fördern.[4] (Tolstoj 1935, X, 177)

Bazdeev vertritt ein orthodoxes Freimaurertum, wie es im frühen 18. Jahrhundert in England ausgearbeitet wurde. Die Freimaurerideologie stützt sich philosophisch auf einen aufklärerischen Deismus (Surovcev 1901, 21): Gott hat sich nach der Erschaffung der Welt von seiner Schöpfung abgewandt und überläßt sie ihrem Schicksal. Auf diese Weise wird die Präsenz des Bösen in einer Welt von göttlichem Ursprung gerechtfertigt. Die gleichzeitig postulierte Passivität eines Gottes, der nicht mehr regulierend in seine Schöpfung eingreift, hat allerdings weitreichende Folgen für die moralische Supervision der Menschen. Die deistische Lösung der Theodizee muß durch die Säkularisierung lebensweltlicher Moralität erkauft werden. Wenn Gott nicht mehr die Aufsicht über das menschliches Verhalten führt, verliert auch die Religion ihre moralische Präventivwirkung.

Das Freimaurertum muß vor diesem Hintergrund als kompensatorisches Phänomen verstanden werden. Das Konzept eines „deus absconditus" verweist das Individuum hinsichtlich der Regulierung seiner Moralität auf sich selbst. Das bedeutet nun aber gerade nicht die Freigabe aller Handlungsmöglichkeiten. Die Hürde zur Erlangung moralischer Vollkommenheit bleibt gleich hoch. Der Unterschied besteht darin, daß die Grenze zwischen Neigung und Pflicht nun nur nicht mehr zwischen Mensch und Gott verläuft, sondern zwischen dem äußeren Menschen und seiner eigenen Innerlichkeit.

Der Durchbruch zur Moralität gelingt dem Freimaurer in der Analyse des eigenen Ich – religiöse Übungen sind von untergeordneter Wichtigkeit. Auch dieser Aspekt der Freimaurerideologie findet bei Tolstoj seine künstlerische Gestaltung. Bazdeev rät Pierre, seine Selbsterkenntnis auf schriftlichem Weg ins Werk zu setzen. Der entsprechende Eintrag in Pierres „journal intime" lautet:

Mir persönlich riet er [sc. Bazdeev, U.S.], vor allem mich selbst zu überwachen, und zu diesem Zweck gab er mir ein Heft, das-

---

[4] Vgl. hierzu Novikovs Definition: „Unter dem Namen des wahren Freimaurertums verstanden wir dasjenige, was mittels Selbsterkenntnis und Bildung auf dem kürzesten Weg gemäß der christlichen Morallehre zur sittlichen Verbesserung führt." (1951, 608)

Ichentwürfe

selbe, in das ich jetzt und in Zukunft alle meine Handlungen eintrage.[5] (X, 177)

Das Tagebuch dient hier nicht mehr als Chronik des Vorgefallenen, sondern als Instrument der Selbstanalyse[6] – das Freimaurertum setzt für den autobiographischen Diskurs bisher kaum geahnte Entwicklungsmöglichkeiten frei. Allerdings muß sogleich einschränkend vermerkt werden, daß in Rußland diese Möglichkeit einer neuen, säkularen Introspektion nur ansatzweise genutzt wird.[7]

Die private Kontrollschrift verfügt in den Augen der Freimaurer über einen nicht zu überschätzenden Vorteil: Sie ist authentisch, weil die Verbindung zwischen Autor und Schrift unmittelbar erkennbar ist. Damit diese Qualität bewahrt werden kann, muß der Autor aber in aller Regel von einer Publikation seiner Selbstanalyse absehen. Mit besonderer Verve spielt der Freimaurer A. Labzin das handschriftliche Original gegen die gedruckte Kopie aus:

> Mit der Erfindung des Buchdrucks strömten Wissensinhalte überallhin und zerstörten durch ihren reißenden Fluß viele Verstandesgebäude [многие здания ума], unterwuschen und untergruben die Grundlagen langjähriger Erfahrung und setzten viele Stellen unter Wasser und verwüsteten andere. Kleinigkeiten schwammen obenauf und verdeckten unter sich gewichtige Werke; die Leute begannen, das zu fangen, was obenauf schwamm; und was obenauf schwamm, begann, die Leute zu fangen; die Schreibleidenschaft trat hervor; es erschienen Nachahmer und Kopisten, es erschienen Nachahmungen von Nachahmungen und Kopien von Kopien; die Originale verschwanden, und der schöpferische Verstand [творческий ум] wurde gleichsam von der Druckerpresse erdrückt. (Sacharov 1996, 341)

---

[5] Ščerbakov (1996, 132-141) weist nach, daß Tolstoj sich hier bis in einzelne Formulierungen auf das Tagebuch des Freimaurers P.Ja. Titov (1758-1818) stützt, das gerade auch in seiner sexuellen Aufrichtigkeit ein Musterbeispiel freimaurerischer Selbsterforschung darstellt.

[6] A.M. Kutuzov schreibt in einem Brief an N.M. Karamzin aus dem Jahr 1791 explizit: „Unsere Schriften sind Abbildungen unseres inneren Zustandes." (Sacharov 1995, 11)

[7] Entsprechende Anleitungen bleiben weitgehend ohne praktische Resonanz, vgl. etwa I.P. Turgenevs Übersetzung von John Masons Traktat *Self-Knowledge: A Treatise showing the Nature and Benefit of this Important Science and the Way to Attain it* (London 1745) (*O poznanii samogo sebja*. Moskva 1783).

Freimaurer

Als bekanntestes Beispiel der literarischen Umsetzung einer freimaurerischen Selbstanalyse darf A.N. Radiščevs (1749-1802) „Dnevnik odnoj nedeli" (1773 [?]) gelten. Dieses Tagebuch präsentiert ein Bewußtsein, das ausschließlich auf die Furcht vor dem Alleinsein fixiert ist und die Ankunft anonym bleibender Freunde ersehnt. In der Einsamkeit wird das Bewußtsein immer nur auf das eigene Suchen zurückgeworfen:

> Aber ich bin allein, – mein Glück, die Erinnerung an meine Freunde war nur momenthaft, mein Glück war ein Traum. Meine Freunde sind nicht bei mir, wo sind sie? Weshalb sind sie fortgefahren? Natürlich, die Glut ihrer Freundschaft und Liebe war so klein, daß sie mich verlassen konnten! – Unglücklicher! Was sagst du? Hüte dich! Dies ist ein Donnerwort, der Tod deines Wohlbefindens, der Tod deiner Hoffnungen! – Ich erschrak vor mir selbst – und ging wenigstens eine momenthafte Ruhe außerhalb meines Wesens suchen [Я убоялся сам себя – и пошел искать мгновенного хотя спокойствия вне моего существа]. (1938, II, 140)

Die Modernität von Radiščevs Tagebuch liegt in der Tatsache, daß sich hier ein Ich nicht einfach in seiner gewordenen Einheit präsentiert, sondern sich selbst problematisch wird. Das Ich spaltet sich sogar zeitweise auf: Es gibt einerseits ein Ich, das instinktiv nach den gültigen kulturellen Codes des 18. Jahrhunderts handeln will, andererseits aber auch ein reflektierendes Ich, das den ersten Verhaltensreflex als Pose entlarvt:

> Man ruft zum Essen – ich soll essen? Mit wem? Allein? – Nein – laß mich allein, damit ich die ganze Beschwerlichkeit der Trennung fühlen kann – laß mich allein. Ich will fasten. Ich opfere ihnen [sc. den abwesenden Freunden, U.S.] ... Warum lügst du dich selbst an? Hier gibt es gar nichts Würdevolles. Dein Magen ist zusammen mit deinen Kräften erschlafft und fordert ganz einfach keine Nahrung [...]. (141)

Das Ich tritt mit sich selbst in einen Dialog und redet sich sogar als ein „Du" an. Dies ist genau jene Art von Selbsterkenntnis, die von den Freimaurern gefordert wird. Das Ich nimmt dabei eine Doppelrolle ein: Es ist gleichzeitig Inquisitor und Angeklagter. Die Sachlage kompliziert sich allerdings noch weiter: Schriftlich fixiert wird nicht einfach das zu untersuchende Ich, sondern der gesamte Untersuchungsvorgang in seiner ganzen zeitlichen Erstreckung. Der eigentliche Gegenstand der Selbsterkenntnis ist mithin nicht das Ich, sondern der Prozeß der Selbstkontrolle.

Ichentwürfe

Radiščev hat neben dem Tagebuch auch eine andere Spielart des biographischen Schreibens praktiziert. Im äußerst heterogenen Text *Das Leben des Fedor Vasil'evič Ušakov* [Žitie Fedora Vasil'eviča Ušakova] (1789) beschreibt Radiščev das Lebens seines Freundes Ušakov in einer Weise, die sich deutlich am Muster des zeitgenössischen Schelmenromans orientiert. Allerdings liegt das zentrale Anliegen dieses Textes nicht in der psychologischen Introspektion, sondern in der Vermittlung eines gesellschaftspolitischen Programms. Deutlich zum Ausdruck kommt diese Akzentverschiebung in der zweigeteilten Struktur von Radiščevs Schrift: Im ersten Teil werden einzelne Episoden aus Ušakovs Leben geschildert, der zweite Teil besteht aus drei Traktaten, die angeblich aus der Feder Ušakovs stammen: „Über das Recht zur Bestrafung und über die Todesstrafe [O prave nakazanija i o smertnoj kazni]", „Über die Liebe [O ljubvi]", „Briefe über den ersten Band von Helvetius' Werken, über die Vernunft [Pis'ma o pervoj knige *Gel'vecieva* sočinenija, o razume]".[8] Die Brisanz der hier angeschnittenen Themen kann man bereits an den Titeln ablesen. Ein Plädoyer gegen die Todesstrafe, eine Analyse der sozialen Bedingtheit erotischen Verhaltens und schließlich eine Apologie des verfemten Materialisten Helvetius – solch gefährliches Gedankengut kann nur in getarnter Form publiziert werden. Die Rezeptionsgeschichte des *Žitie* hat gezeigt, daß Radiščevs Kalkül aufgegangen ist. So zweifelt etwa Ekaterina Daškova daran, ob ein so unbedeutender Mensch wie Ušakov überhaupt biographiewürdig sei (Gareth Jones 1989, 67). Es ist aber gerade die Dekanonisierung der Biographie, die es Radiščev überhaupt erlaubt, Exzerpte seiner höchst unorthodoxen Sozialphilosophie zu drucken: Erst die vorausgeschickte biographische Disqualifizierung des vorgeschobenen Autors als Schelm ermöglicht nämlich die nachfolgende Herausgeberfiktion. In diesem Fall dient der Bruch mit der biographischen Tradition einem subversiven Ziel. Die Autorschaft der brisanten Traktate wird einem Subjekt zugeschrieben, das sich durch seine belanglose Biographie als ungefährlich ausgewiesen hat. Auch wenn Radiščev hier die Biographie gewissermaßen als Vehikel einer subversiven Schrift instrumentalisiert, so erreicht er doch gleichsam nebenbei eine entscheidende Aufwertung dieser Textsorte. Die Biographie wird von der Kategorie des Denkwürdigen abgelöst und erhält eine Daseinsberechtigung per se:

---

[8] Alle wissenschaftlichen Ausgaben des *Žitie* bezeichnen im Kommentar fraglos Ušakov als Verfasser dieser Traktate (zuerst 1938, I, 463). Gerade die pragmatische Situierung der Traktate als Annex einer Biographie legt jedoch die Autorschaft Radiščevs für den Gesamttext nahe.

Freimaurer

Ich schreibe dies zu meinem eigenen Vergnügen [...], deshalb kümmert es mich wenig, wenn jemand diese Lektüre langweilig findet, weil er in meiner Erzählung kein einziges Ereignis gefunden hat, das wegen seiner Niedertracht oder Großartigkeit eines leuchtenden Andenkens würdig wäre. (1938, I, 178)

Radiščevs programmatische Privatisierung der Biographie – auch wenn sie hintergründig der Verbreitung des philosophischen Traktats dient – bildet die Grundlage für eine schriftliche Selbstanalyse, deren Notwendigkeit vielen Freimaurern zumindest theoretisch bekannt ist.

So schickt der Priester und Freimaurer Gavriil Dobrynin (1752-1830 [?]) seiner Autobiographie eine Notiz voraus, in der die Selbsterkenntnis als Selbstüberwachung ins Zentrum der Aufmerksamkeit rückt:

Nein, ich glaube, es gibt keinen mit Denkvermögen ausgestatteten Menschen, dem nicht irgendwann einmal der Gedanke gekommen wäre: Wer bin ich? Wo bin ich? Woher bin ich gekommen? Was sehe ich? Wohin gehe ich? Und ähnliche Fragen. Aber alle, die so denken und dieses vor allen Sterblichen verborgene Geheimnis erfassen und lösen wollen, bleiben wie zuvor in tiefer Unwissenheit. [...] Meine Absicht besteht darin, daß ich die reine Wahrheit aufschreibe, um mir jetzt und fortan meine vergangenen Jahre und Abenteuer ins Gedächtnis zu rufen; daß ich so schreibe, wie man Tagebücher schreibt. Folglich käme das Schreiben von Lügen und Hirngespinsten einem Selbstbetrug [обманывать самого себя] gleich. (1871, 121)

Dobrynins Text zeigt sich allerdings der gestellten Aufgabe nicht gewachsen. Seine Autobiographie dokumentiert weder eine metaphysische Selbstsuche (Wer bin ich?) noch eine kosmologische Daseinsanalyse (Wo bin ich?). Dobrynin verliert sich in der Aufzählung seiner „Abenteuer", die zumindest theoretisch fraglich gewordene Tatsache des eigenen Lebens wird von der Ereignishaftigkeit eben dieses Lebens überdeckt.

Ähnliches trifft auf die Autobiographie von Ivan Vladimirovič Lopuchin (1756-1816) zu, der als einer der eifrigsten Freimaurer der Epoche Ekaterinas II. gilt. Seine in den Jahren 1808 und 1809 entstandenen *Aufzeichnungen* [*Zapiski*] haben vor allem seine beeindruckende Karriere als Richter und hoher Beamter zum Gegenstand. Der freimaurerischen Introspektion kommt in Lopuchins Lebensbeschreibung ein recht marginaler Stellenwert zu. Zwar nennt Lopuchin die Ziele und die Ideologie der Freimaurer, seine Beschreibung ist aber kaum mehr als ein lebloses Raisonnement:

Ichentwürfe

Diese moralische Wiedergeburt, durch die allein der Mensch zum Ebenbild Gottes wird [человек становится образом и подобием Божиим] und die allein der Hauptgegenstand aller Lehren und Übungen der christlichen Kirche sein muß, kann selbstverständlich nicht ohne die Kraft des Allmächtigen vor sich gehen; aber auch der menschliche Wille [воля человеческая], dem von Gott als höchstes und insbesondere die Größe des Menschen ausmachendes Geschenk Freiheit verliehen worden ist, muß unbedingt dabei mitwirken [содействовать]. Die Erkenntnis selbst muß dieses Zusammenwirken [содействие] leiten, indem sie dem Menschen offenbart, wie weit er sich vom wahren Weg entfernt hat, vom Weg seines unantastbaren Glücks. Die Erkenntnis des Schöpfers und der Schöpfung offenbaren dem Menschen seine Verbindung mit ihnen und den Zweck seiner Erschaffung. Ohne diese Erkenntnis kann es keine gründliche Selbsterkenntnis geben. Ohne Selbsterkenntnis wiederum kann man keine Weisheit haben. Die Gottesfurcht ist ihr Anfang. (1860, 22)

Lopuchin gestaltet hier einen zentralen Glaubenssatz des Freimaurertums: den durch einen rituellen Tod markierten Übergang in ein neues Leben (Levitsky 1988, 423).[9] Das Ziel dieses „Stirb und Werde" liegt in der Wiederherstellung des Paradieses, zunächst im Inneren erleuchteter Menschen, später auf der ganzen Welt (Baehr 1991, 90-93). Lopuchin schaltet einen ganzen Katechismus in seine Autobiographie ein und beschließt ihn mit der Vision einer glückseligen, in Gott vereinten Menschheit:

Frage: Wann wird alle Mühe und Arbeit enden?
Antwort: Wenn auf der Erde kein einziger Wille mehr existiert, der sich nicht vollkommen Gott anvertraut; wenn das Goldene Zeitalter, das Gott erst innerlich in seinem kleinen auserwählten Volk errichten will, sich überall verbreitet und auch äußerlich erscheint, und wenn das Reich der Natur sich von allem Fluch befreit und in den Mittelpunkt der Sonne zurückkehrt. (1860, 37)

---

[9] Eine interessante Variante dieser Konzeption stellt die Idee der Erschaffung eines künstlichen Menschen (Homunculus) dar, wie sie Goethe im 2. Teil des Faust literarisch gestaltet hat. Pypin (1916, 482-497) weist auf die russische Rezeption der Homunculus-Episode hin.

Freimaurer

Das Mittel zur Wiederherstellung des Paradieses liegt in der Erkenntnis Gottes, die allerdings mit der Selbsterkenntnis einsetzen muß. Die logische Voraussetzung der stufenweise aufsteigenden Erkenntnis liegt in der Konzeption des Menschen als Mikrokosmos (Vernadskij 1917, 149). Der Mensch ist nichts anderes als ein Analogon des gesamten Weltenbaus, der seinerseits die Herrlichkeit Gottes offenbart (Surovcev 1901, 42 f.). Lopuchin formuliert diesen Gedanken in einem spirituellen Werk mit dem Titel „'Ο Ζηλόσοφος. Der Weisheitssucher oder der Geistige Ritter [Iskatel' premudrosti, ili Duchovnyj Rycar']" (1791):

> *Frage:* Was ist der Mensch?
> *Antwort:* Eine kleine Welt [Малый Мир], denn er ist eine Ableitung, ein Extrakt aus allen Wesen: und deshalb ist er der Großen Welt ähnlich [и потому подобится Великому Миру]. Gott selbst ist er ähnlich durch seine vernünftige Seele, die göttlich mit dem lebendigen himmlischen Geist verschmolzen ist, der den aus den Elementen gebauten menschlichen Körper lenkt. (1913, 27)

Die Titelmetapher des „Geistigen Ritters [Duchovnyj Rycar']" bezeichnet präzise die freimaurerische Konzeption der Selbsterkenntnis. Das Ich muß sich zu einem Kreuzzug aufmachen und in die eigene unbekannte Innerlichkeit ziehen. In seinem Katechismus fordert Lopuchin in der Tat ritterliche Qualitäten für denjenigen, der dieses abenteuerreiche Unternehmen in Angriff nimmt:

> Er muß so beschaffen sein: Auch wenn er ein Mittel zur Heilung aller körperlichen Krankheiten wüßte und nach dem Vorbild der alten Vorväter einige hundert Jahre leben könnte, müßte er dabei, geduldig und ohne sich zu helfen, den grimmigsten Schmerz ertragen und bereit sein, am nächsten Tag ohne Murren zu sterben; auch müßte er bereit sein, äußerste Armut zu ertragen, auch wenn er über Mittel verfügte, Reichtümer hervorzubringen, die alle Reichtümer dieser Erde übertreffen, und wenn er mit den Engeln sprechen könnte, müßte er bescheiden in tiefster Unwissenheit leben, wenn dies dem Willen des Weltursprungs entspräche: Und wenn er mit Jesus Christus die Macht hätte, die Sonne anzuhalten, und mit Elias, den Himmel sowohl zu öffnen als auch zu schließen, müßte er sich doch als den Geringsten erachten; und wäre fähig, ohne Murren durch die Welt zu irren ohne einen Ort zu haben, an dem er sein Haupt hinbetten könnte. Mit einem Wort: Er sehnte sich nach keinem Genuß und entschlösse sich zu allem,

Ichentwürfe

wenn dies zur Erfüllung des Willens seines himmlischen Herrschers erforderlich wäre. (1860, 33)

Der heimatlose Held auf der Suche nach sich selbst – dies ist das erstaunlich modern anmutende Thema freimaurerischer Selbsterkenntnis. Als Ziel steht den Freimaurern die vollständige Umgestaltung der eigenen Identität vor Augen. In diesem Sinne ist ihre Ich-Konzeption zugleich eine Anti-Ich-Konzeption.

Lopuchin schildert in einem weiteren Traktat mit dem Titel „Einige Bemerkungen über die innere Kirche, den einzigen Weg der Wahrheit und über verschiedene Wege der Verirrung und des Verderbens [Nekotorye čerty o vnutrennej cerkvi, o edinom puti istiny i o različnych putjach zabluždenija i gibeli]" den asketischen Weg vom alten zum neuen Ich auf metaphernreiche Weise:

> Das innere Kreuz reinigt die ganze Sündenschlacke durch rettende Quälung und treibt ihre widerlichen Ansammlungen aus, die durch die Arbeit der Erbsünde hervorgebracht wurden, es zerstört den dichten Wall um das unreine fleischliche Herz, um den Weg zur Geburt eines geistigen, neuen, reinen Herzens freizumachen; es löst bis zum letzten Faden das alte Seelengewand auf, das das Sündennest bedeckt, und das Ich, dieser Ursprung aller Sünde, wird entblößt und erschrickt vor sich selbst.
>
> Das rettende innere Kreuz verbrennt zur Vollendung seiner Sache in einem reinigenden Feuer das ganze Wesen dessen, der wiedergeboren werden soll, und glättet bis zum letzten Punkt die Unreinheit des alten Menschen; wenn auch nur der kleinste Flecken von Unreinheit bestehen bleibt, dann kann das Gottesreich nicht vollständig in der Seele entstehen, und der Bewohner der Dreieinigkeit kann sich darin nicht erschaffen. (1913, 55 f.)

Was hier – vermutlich als Digest einer ganzen Tradition hermetischer Literatur – eine theoretische Ausprägung findet, wird von Lopuchin allerdings nicht als Anwendungsfall für die eigene Selbstdarstellung erkannt. Lopuchin verfolgt mit seiner Autobiographie keineswegs das Ziel, den Kampf mit dem eigenen, alten Ich nachzuzeichnen. Seine Lebensbeschreibung stellt vielmehr eine Neuauflage des bekannten Typus einer kalendarischen Auflistung dienstlicher Aufgaben und ihrer pflichtbewußten Bewältigung dar. Ein hervorstechendes Merkmal von Lopuchins Selbstverständnis liegt in seiner an Servilität grenzenden loyalen Haltung gegenüber dem Regime (Lipski 1967, 180). Gerade Ekaterina II. bringt nach der französischen Revolution wenig Verständnis für Geheimzirkel auf, in de-

Freimaurer

nen alternative Lebensentwürfe geprobt werden. 1792 verbietet sie alle Logen, ihr unzimperlicher Umgang mit den beiden berühmtesten Exponenten des russischen Freimaurertums Radiščev und Novikov ist bekannt.[10]

Im Zuge der zahlreichen Verhöre wird auch Lopuchin einvernommen. Seinem eigenen Bekunden nach verhält sich Lopuchin „äußerst ruhig" (1860, 49). Die Tatsache, daß Lopuchin als einziger der Verhörten straffrei ausgeht, läßt indessen Zweifel an seiner Standfestigkeit aufkommen (Piksanov 1914, 231). Nicht auszuschließen ist auch, daß Lopuchin für seine loyale staatsbürgerliche Gesinnung belohnt wird, die er seit 1790 (dem Jahr der Radiščev-Affäre) immer wieder zur Schau stellt. Lopuchin rechnet damit, daß seine Korrespondenz von der Geheimpolizei überwacht wird, und versäumt nicht, in seinen Privatbriefen den Namen Radiščev immer mit dem Signalwort „Verirrung [заблуждение]" zu koppeln (Barskov 1915, 15, 46). Im Rückblick präsentiert er die Freimaurerprozesse in einem äußerst milden Licht:

Wir waren natürlich unschuldig; aber die Zarin hielt uns in höchstem Maß für schuldig aufgrund ihrer allgemeinen Überzeugung, vor der sich kaum ein Sterblicher verstecken kann; und von welch undurchdringlichen Wänden auch immer die Wahrheit vor den Augen der Zarin verborgen bleibt, dem Einzigen Allessehenden ist sie immer bekannt. Und wenn man in Betracht zieht, daß wir nach den Begriffen der Zarin schwere Verbrecher waren, so muß man gerechterweise zugestehen, daß Ekaterinas Gericht über uns äu-

---

10 Zunächst hatte Ekaterina II. die Freimaurer in drei satirischen Komödien („Der Betrüger [Obmanščik]", „Der Verführte [Obol'sennyj]", „Der sibirische Schamane [Šaman sibirskij]", 1785 ff.) nur verspottet (Beresniak 1992, 27). Am 9. Juli 1791 schreibt sie an Grimm: „Die Freimaurerei ist eine der größten Verirrungen, der die Menschheit je erlegen ist. Ich hatte die Geduld, all ihren Unsinn, mit dem sie ihre Sache befördern, sowohl im Druck wie in Handschriften zu lesen, und habe mit Widerwillen erkannt, daß sie sich weigern, weiser, aufgeklärter oder vorsichtiger zu werden, gleichviel wie sehr man sie verspottet. Die Freimaurerei ist reiner Humbug, und man wundert sich, weshalb ein empfindsamer Mensch, der von allen verlacht wird, immer noch an seinen Illusionen festhält. Wenn es nach mir ginge, so würde ich all diese Dummheiten dem Vergessen anheimgeben. Ich kann nicht verstehen, wie Menschen einen solchen Unsinn aushalten können oder wie die Freimaurer das Lachen unterdrücken können, wenn sie sich treffen. Ich bin durch ihren dummen Unsinn gewatet, der mich mit reichem Material versorgt hat, mich hundert Mal am Tag über sie lustig zu machen." (Tompkins 1953, 61) Zu Ekaterinas negativer Einschätzung des Freimaurertums vgl. Billington (1966, 252-255), Lipski (1967, 179), Nekrasov (1994, 8).

Ichentwürfe

ßerst mild ausfiel; und ihre jahrelange Unentschlossenheit zu diesem Schritt zeugt von erstaunlicher Selbstbeherrschung und Sanftmut. (1860, 70)

Obwohl Staatstreue im Ehrenkodex der Freimaurer festgeschrieben ist, gibt es einige Punkte, in denen sich das Freimaurertum mit der staatlichen Gesellschaftsordnung als unvereinbar erweist. Der tiefgreifendste Konflikt entzündet sich an der Frage der Gleichheit der Menschen: Während die gesellschaftliche Hierarchie eine der Säulen des absolutistisch gelenkten Staates darstellt, beruht der freimaurerische Humanismus gerade auf der Idee der Brüderlichkeit. Im Konfliktfall gibt Lopuchin der Loyalität den Vorzug. Bei der unorthodoxen Lösung der Gleichheitsfrage kommt ihm außerdem die freimaurerische Kosmologie zu Hilfe. Lopuchin begreift die Gesellschaftshierarchie als getreues Abbild des ungleichen Weltenbaus (Piksanov 1914, 240). An seinen Freimaurerbruder A.M. Kutuzov schreibt Lopuchin am 14. Oktober 1790:

> Weißt du, Bruder, was kluge Köpfe sich neustens über unsere Bücher und über unser System ausgedacht haben? Daß sie die égalité des conditions einführen. Was für ein Unsinn! Wo wird deutlicher und grundlegender über die Notwendigkeit einer Regierung, über die Unterwerfung, über die Unterordnung gesprochen als in der christlichen Lehre? (Barskov 1915, 17)

Die gottgegebene Ungleichheit schließt auch Freiheit aus. In seinen *Aufzeichnungen* [*Zapiski*] rechtfertigt Lopuchin die Leibeigenschaft im Namen des Gemeinwohls:

> Ich füge noch hinzu, daß ich vermutlich als erster wünschte, daß es in Rußland keinen einzigen unfreien Menschen mehr gäbe, wenn dies nur ohne Schaden für Rußland möglich wäre. Aber das Volk muß in seinem eigenen Interesse gezügelt werden. (1860, 195, vgl. auch 171)

Man darf allerdings annehmen, daß Lopuchins Argumentation nicht nur einem billigen Opportunismus entspringt. Die Ablehnung der Revolution findet sich in seinen Schriften immer wieder. Lopuchin leitet seinen Traktat „Der Geistige Ritter [Duchovnyj Rycar']" mit einem in Regelform abgefaßten Bekenntnis zur Autokratie ein:

> II. Unerschütterliche Treue zum Zaren und Unterordnung, mit einer besonderen Verpflichtung zur Erhaltung seines Throns, nicht

Freimaurer

nur aufgrund des allgemeinen Untertaneneids, sondern auch im Bestreben, mit allen Kräften alle möglichen geeigneten vernünftigen Mittel dazu zu erfinden und anzuwenden; und damit die warnende Abwendung von allem ihm verborgen und offen Entgegenstehendem, vor allem in den jetzigen Zeiten des Höllischen Aufruhrs gegen die Staatsmächte. [...]

IV. Die vollständige Unterordnung unter die offiziellen Regierungsorgane und beispielhafte Befolgung der Staatsgesetze.

V. Die Abwehr des aufrührerischen und verderbenden Systems einer vermeintlichen Freiheit und Gleichheit durch jeden einzelnen und [...] das Bestreben, es mit allen erdenklichen Mitteln der Verstandestätigkeit und auf jegliche gute Weise auszurotten. (1913, 3 f.)

Den einzigen Grundwert der französischen Revolution, den Lopuchin aus naheliegenden Gründen von der Verdammung ausnimmt, ist die Brüderlichkeit. Lopuchin beeilt sich in seinen *Aufzeichnungen* [*Zapiski*] denn auch, die Freimaurer deutlich von den Jakobinern zu trennen, mehr noch: sie als direkte Opponenten darzustellen.

All dies [sc. Verleumdungen gegen das Freimaurertum, U.S.] verstärkte sich noch mit dem Ausbruch der Revolution in Paris im Jahr 1789. Dieses Ereignis wurde damals geheimen Gesellschaften und philosophischen Systemen zugeschrieben; der Fehler in diesem Schluß bestand darin, daß sowohl jene Gesellschaften als auch jene Systeme den unseren überhaupt nicht ähnlich waren. Das Ziel unserer Gesellschaft war die Tugend und das Bemühen, Vollkommenheit durch Selbstverbesserung zu erreichen [...] – und unser System war, daß Christus Anfang und Ende aller Glückseligkeit und Güte in diesem und dem künftigen Leben sei. Das System jener Philosophie hingegen bestand in der Ablehnung Christi, im Zweifel an der Unsterblichkeit der Seele, im schwankenden Glauben an Gott und in stolzer, aufgeblasener Selbstliebe. Das Ziel jener Gesellschaften war die aufrührerische Verschwörung, die von dummem Streben nach Zügellosigkeit und unnatürlicher Gleichheit diktiert war. (1860, 27)

Innerhalb der Grenzen seiner Staatstreue erweist sich Lopuchin indessen als überzeugter Humanist. Immer wieder plädiert Lopuchin bei der Schilderung seiner Richtertätigkeit für eine milde Bestrafung der Verbrecher

Ichentwürfe

(1860, 5, 10) – ein Plädoyer, das in der scharfen Ablehnung der Todesstrafe gipfelt. Lopuchin brandmarkt die Todesstrafe als Eingriff in den göttlichen Heilsplan (13 f.), als grausames Gericht einer sozial privilegierten Schicht über einen verzweifelten Täter (103) und schließlich als wirkungslose Abschreckung (178).

Die Ambivalenz von Lopuchins sozialpolitischem Engagement wurde bereits von seinen Zeitgenossen bemerkt. Aleksandr Turgenev schreibt:

> Ivan Vladimirovič erlaubt sich manchmal eine gewisse Selbstverliebtheit. Zwar sagt er dem Zaren oft die Wahrheit und spricht sie auch reinherzig mit einer Dolgorukovschen Härte aus, aber I.V. vergoldet die Pille oft und ohne Notwendigkeit. (Piksanov 1914, 235)

Lopuchins Autobiographie stellt ein Übergangsphänomen dar: Prononciert meldet sich eine modern anmutende moralische Selbstverantwortung zu Wort, gleichzeitig erlaubt sich Lopuchin aber nicht die geringste Abweichung von seiner staatstreuen Linie. Loyalität und Humanität markieren die beiden Pole jenes Spannungsfelds, durch das Lopuchins Existenz bedingt wird. Lopuchins *Aufzeichnungen* [*Zapiski*] können mithin als Versuch einer Vermittlung der Ansprüche gelesen werden, die von diesen beiden letztlich unvereinbaren Positionen ausgehen. Der Text wird hier zur Therapie: Lopuchin verfaßt einen Rechenschaftsbericht, der sowohl auf öffentliche wie auch auf private Selbstzwänge Rücksicht nimmt.

Genau an diesem Punkt wird das aus Westeuropa importierte Konzept der Innerlichkeit wirksam. Die russischen Freimaurer sind zwar erst ansatzweise in der Lage, Innerlichkeit zu analysieren; eine um so wichtigere Rolle spielt Innerlichkeit aber als Garant richtigen Verhaltens. Lopuchin schildert eine bezeichnende Episode: Seine subjektive Intuition erkennt die gefährliche Lektüre ausländischer Autoren nach kurzer Zeit als verderblich; das eigene Denken wird alsbald durch intellektuelle Selbstdisziplinierung wieder auf die richtige (und das heißt in Lopuchins Leben immer: die traditionelle) Bahn gelenkt:

> Ich war nie über längere Zeit ein Freidenker, obwohl es scheinen mag, daß ich mich bemühte, mich in der Freidenkerei zu bestärken [...]; gerne las ich Voltaires Spott über die Religion, Rousseaus Widerlegungen und ähnliche Werke. Ein bemerkenswerter Vorfall änderte meinen Lektüregeschmack und entfernte mich von der Freidenkerei.
>
> Nachdem ich das berühmte Buch „Système de la Nature" gelesen hatte, las ich am Schluß mit Begeisterung eine Zusammen-

Freimaurer

fassung des ganzen Buchs mit dem Titel: Die Grundsätze der Natur (Code de la Nature), ich übersetzte diese Grundsätze. Ich freute mich über meine Übersetzung. Drucken konnte man sie nicht. Ich unternahm es, sie in Abschriften zu verbreiten. Aber kaum war die erste in schöner Schrift fertig, als ich plötzlich ein unbeschreibliches Reuegefühl empfand. Ich konnte nicht früher einschlafen, bevor ich nicht mein schönes Heft und die Abschrift verbrannt hatte. Ich kam immer noch nicht zur Ruhe und schrieb gleichsam zu meiner Reinigung „Überlegungen über den Mißbrauch des Verstandes durch einige neue Autoren usw.", die zum ersten Mal, wenn ich mich recht erinnere, im Jahr 1780 gedruckt wurden. (1860, 19 f.)

Von entscheidender Bedeutung ist die Rolle, die der Schrift als Medium intuitiver Selbstvergewisserung zukommt. Der spontane Schreibakt verbürgt gewissermaßen die Wahrheit des Geschriebenen. Gerade die Abwesenheit des kalkülierten Arrangements weist Lopuchins Text als vernunftfreies Produkt jener Innerlichkeit aus, für die das 18. Jahrhundert die Chiffre „Herz" als Inbegriff unverdorbener Moralität bereit hält. Die Freimaurer übernehmen dieses Konzept unverändert. In einem Logenprotokoll aus Orel wird dem Herzen bei gleichzeitiger Abwertung der Vernunft eine zentrale Rolle zugeschrieben:

Die Vernunft ist nicht mehr als ein zeitlich begrenztes Licht, das den Weg nicht weit weisen kann. Die Quelle der Selbsterkenntnis und der Mittel zu unser Seligkeit liegt im Herzen. (Vernadskij 1917, 141)

Vor dem Hintergrund dieses freimaurerisch-sentimentalistischen Innerlichkeitspathos wird verständlich, warum Lopuchin auf dem eruptiven Charakter seiner schriftstellerischen Tätigkeit insistiert. Die Niederschrift des „Geistigen Ritters [Duchovnyj Rycar']" wird wie folgt geschildert:

Plötzlich, nach dem Mittagessen, kam mir der Gedanke dazu in den Sinn. Nachdem ich gespeist hatte, ging ich sogleich spazieren. Während des Spaziergangs wurde der ganze Plan entworfen; und ich, der ich von Pokrovka nur bis zu den Nürnberger Läden gelangt war, eilte mit schnellen Schritten nach Hause und begann zu schreiben; kaum ohne aufzustehen schrieb ich sechs Stunden und beendete dieses Werk, das vier Druckbögen in 8 Punkt-Schrift enthält. (1860, 38. Vgl. 1913, 50)

Ichentwürfe

Pikanterweise kann die unmittelbare Transkription von Innerlichkeit nicht nur dem Freimaurertum, sondern auch der Bezeugung von Staatstreue dienstbar gemacht werden. Während seines Verhörs verfaßt Lopuchin eine zwanzigseitige Antwort auf einen Fragebogen mit 18 Punkten, nicht ohne stolz hervorzuheben, daß er nur an zwei Stellen eine kleine Korrektur anbringen muß: „Das ist natürlich bei aller Selbstliebe weder meiner Kunstfertigkeit noch meinem Verstand zuzuschreiben." (1860, 51) Lopuchins understatement zielt genau auf die Vorstellung eines Diktats des Herzens, das sich in einem stockungsfreien Schreibvorgang bemerkbar macht und höchste Authentizität garantiert.

Es steht außer Zweifel, daß dieses Modell auch das Ideal für Lopuchins Autobiographie darstellt. Lopuchin verbindet den Wahrheitsanspruch seiner diktierten (!) Aufzeichnungen mit einem traditionellen Bescheidenheitstopos:

> Ich habe bereits gesagt, daß ich kein Gelehrter bin – deshalb ist meine Nichtbeachtung wissenschaftlicher Regeln entschuldbar, besonders in diesen Aufzeichnungen, die ich nur für Freunde und Interessierte schreibe, von denen Märchenfreunde meinen Tatsachenbericht vielleicht um so lieber lesen, als er wirklich ein Tatsachenbericht ist [может быть охотники до сказок будут быль мою читать тем охотнее, что это подлинно быль]. (1860, 30)

Während Lopuchin seine Autobiographie an ein grundsätzlich offenes Publikum adressiert, stellt die kurze „Erzählung über sich selbst [Povest' o samom sebe]" des ersten russischen Großmeisters Ivan Perfil'evič Elagin (1725-1793 [?]) ein Geheimdokument dar. In einer testamentarischen Verfügung, die dieser kurzen Autobiographie vorausgeht, regelt Elagin die Lektürebefugnis wie folgt:

> Diesen von mir ausgewählten liebenswürdigen Brüdern widme ich dieses Werk nicht als einer, der Ruhm und Ehre eines Schriftstellers sucht, sondern als einer, der wahrhaftig nach ihrer Freundschaft und nach der Bezeugung seines Namens sucht. Im Gegenzug zu meinem Vertrauen bitte und beschwöre ich sie beim schrecklichen Namen und Gericht des lebendigen Gottes, daß sie mein Vermächtnis absolut geheimhalten. Als gegenseitiges Erkennungszeichen soll ihnen der auf die Lippen gelegte Harusfinger dienen. Nachdem ich die Schwelle des Todes überschritten habe, sollen meine Schriften von ihnen und den dabei Anwesenden einem einzigen Bruder zur Aufbewahrung übergeben werden, dessen Name im Titel dieses ersten Teils geschrieben steht, mit der Auflage, daß

Freimaurer

niemals Abschriften angefertigt werden und daß er sie bei seinem Tod wiederum nur einem einzigen übergibt. (1864, 98)

Die radikale Einschränkung des Lesepublikums ist nicht auf die Delikatheit der Informationen zurückzuführen, die Elagin in seiner Autobiographie preisgibt. Die Sensibilität dieses Schriftstücks liegt vielmehr in seinem pragmatischen Wert beschlossen: Elagins Autobiographie ist eine Legitimationsschrift, mit der sich der Verfasser über seine freimaurerischen Qualifikationen ausweist. Alles, was nicht diesem Zweck dienen kann, wird ausgeblendet: Geburt, Erziehung, Privatleben, berufliche Karriere finden nicht einmal Erwähnung. Elagin definiert sein Ich in dieser Selbstpräsentation hauptsächlich als Produkt seines freimaurerischen Werdegangs und der damit verbundenen moralischen Bildung. Die Autobiographie setzt mit einem offenherzigen Bekenntnis über die eigenen Motivationen zum Beitritt zu den Freimaurern ein:

> In sehr jungen Jahren trat ich in die Gesellschaft der sogenannten Freimaurer ein – aus gefallsüchtiger Neugier, daß ich das Geheimnis erfahre, das sich angeblich unter ihnen befindet, aus Eitelkeit, daß ich wenigstens für eine Minute Leuten gleichgestellt wäre, die im gesellschaftlichen Leben berühmt und durch Ränge, Würden und Orden von mir entfernt sind, denn durch die Indiskretion der Brüder hatte ich all dies schon erfahren. Auf diese Weise trat ich in die Brüderschaft ein, ich besuchte sie mit Vergnügen. Dabei erschien mir die Arbeit als vollständige Spielerei, die zum Zeitvertreib ersonnen wurde. Dabei zog mich auch die vermeintliche Gleichheit, die dem menschlichen Ehrgeiz und dem Stolz schmeichelt, mehr und mehr in diese Versammlungen. Wenigstens für kurze Zeit bin ich Potentaten gleich, die manchmal sogar unser Schicksal lenken. Dazu kam auch die eitle Hoffnung, daß ich in der Bruderschaft bei einflußreichen Männern Protektion und Freundschaft erhalten und so mein Glück befördern könne. (1864, 99)

Durch diese Exposition kann Elagins „Erzählung [Povest']" jenem Autobiographietypus zugeordnet werden, als dessen Prototyp Augustins *Confessiones* gelten dürfen: Dem offenherzigen Geständnis einer sündigen Jugend folgt die Bekehrung und Erleuchtung. Das Aufzählen aller möglichen Fehler verfolgt offensichtlich nur ein Ziel: Je größer die Anzahl begangener Sünden und je intensiver die Reue, desto geringer ist das Risiko einer neuerlichen Verirrung. Jede tatsächliche Verfehlung wirkt – einmal erkannt und bereut – moralitätsstabilisierend. Gerade die negative Darstellung der eigenen Vergangenheit imprägniert somit die Gegenwart gegen die Anfechtungen der Versuchung. Elagin formuliert das Ziel der Selbstlegitimierung vor den Brüdern im ersten Satz seiner „Erzählung [Povest']":

> Meiner Ankündigung folgend, unterbreite ich eurer Aufmerksamkeit, liebe Brüder, eine kurze Erzählung über mich selbst, damit ihr erfahrt, wer meine Lehrer sind und womit ich beweisen kann, daß ich in meinen künftigen Gesprächen die Wahrheit sprechen werde und es unternehme, eine wahre und nicht ausgedachte Lehre zu predigen, damit ihr, von unzweifelndem Glauben erfüllt, mir festen Schrittes zum Tempel der Weisheit folgen könnt und unbeschwert vom Joch des Aberglaubens sein heiliges Fundament, das im Anfang der Zeit gelegt wurde und seither existiert, als Beweis mit offenen Augen erblicken könnt. Denn ich führe euch zum Ursprung, aus dem unsere königliche Lehre entsprungen ist und sich nun in verschiedenen Flüssen über die Erde ausbreitet, bis sie in aller Reinheit unsere Zeit und uns erreicht hat. Aber dazu halte ich es für unerläßlich, euch zu erklären, woher dies zu mir kam. (1864, 99)

Zentrale Bedeutung kommt in der Schilderung von Elagins Wahrheitserwerb der Lektüre zu. Als besonders schädlich erweisen sich die aufklärerischen Atheisten Voltaire, Rousseau und Helvetius, die Elagins Herz mit „dem süßen Gift der Rhetorik" (101) fesseln. Elagin vergißt seine christliche Erziehung und wird selbst zum Atheisten. Seine Bekehrung wird eingeleitet durch die Begegnung mit einem englischen Freimaurer, der zu einer wichtigen Mentorfigur in Elagins Leben wird. Elagin erkennt die Falschheit seiner Ansichten und seines Verhaltens. Die falsche Lektüre wird homöopathisch kuriert:

> Außerdem verbrachte ich ganze fünf Jahre [...] über der unermüdlichen Lektüre der Heiligen Schrift. Das Alte und das Neue Testament waren und sind mir immer noch die liebsten Lehrer. (107)

Am Ende seines Bildungsberichts kann Elagin stolz auf seine moralische und intellektuelle Qualifikation als Meister hinweisen:

> Aus allem oben Vermeldeten habt ihr, liebe Brüder, mein reinherziges Geständnis sowohl über mich selbst als auch über meine geringe Gelehrtheit erfahren. Ihr könnt nun nach eigenem Gutdünken darüber urteilen, ob ihr nicht eure Zeit vergeblich zur Anhö-

Freimaurer

rung meiner Reden verschwendet und ob ich eures Vertrauens würdig bin. (109)

Der eng umrissene pragmatische Zweck von Elagins „Erzählung über sich selbst [Povest' o samom sebe]" – die Selbstlegitimierung als Leitfigur – macht diesen Text unter den Freimaurerautobiographien zur Ausnahme. Viel häufiger wird der freimaurerische Bildungsgang von der dienstlichen Karriere überlagert. Geistliche Übungen und freimaurerischen Aktivitäten finden bestenfalls kurze Erwähnung. Charakteristisch für solche Berufsautobiographien ist die traditionelle Abwertung des Ich, das nur unter der Bedingung eines erfolgreich absolvierten Lebens interessant werden kann. Als repräsentativ für diesen Typus darf die Autobiographie von Aleksandr Dmitrievič Borovkov (1788-1856) gelten, der die bedingte Aussagekraft seiner Lebensbeschreibung bereits in den ersten Abschnitten deutlich macht:

Das Führen eines Tagebuchs wird für jedermann nicht überflüssig sein: Wenn jemand selbst oder jemand aus seiner Familie während seines Lebens berühmt wird, dann kann dieses Tagebuch für einen Biographen nützlich sein. Wenn aber eine Person keine Berühmtheit erlangt, dann können seine Aufzeichnungen manchmal ihm selber Freude verschaffen, indem er sich an Vergangenes erinnert, und nach seinem Tod für Verwandte und Freunde interessant sein. (1898, 549)

Zur Beschränkung der autobiographischen Beschäftigung auf dokumentarische Zwecke paßt die Tatsache, daß Borovkov in seinen Aufzeichnungen kein Wort über das Freimaurertum verliert, obwohl er häufig als Redner in Versammlungen der Loge auftritt und 1822 sogar Meister vom Stuhl wird. Die freimaurerische Verpflichtung zu Introspektion und Selbstkontrolle ist hier zum toten Buchstaben verkommen, den Borovkov zwar als Redner reproduzieren, nicht aber als Autobiograph aktualisieren kann.

Trotz der in der Regel scheiternden Umsetzung des freimaurerischen Katechismus in lebenspraktische Folgerungen darf man das Freimaurertum in seiner Bedeutung für die russische Autobiographie nicht unterschätzen. Allein schon die Tatsache, daß die Konzentration auf das eigene Ich theoretisch geübt wird, stellt eine wichtige Voraussetzung für die Ausbildung eines modernen Individualitätsbewußtseins bereit. Gerade an den pflichtschuldig abgefaßten Dienstautobiographien eines Dobrynin oder Borovkov wird die Bruchstelle deutlich, die sich durch ihre Texte zieht. Wo die eigene Ideologie einen neuen Fokus fordert, wird die Tradition zum Ana-

Ichentwürfe

chronismus: Nicht die Stationen einer Karriere sind nämlich aus freimaurerischer Sicht das Interessante, sondern die Entwicklung des eigenen Ich.

6. Der Autor der Zaren: Deržavins Selbstheroisierung

Den meisten Freimaurerautobiographien liegt als strukturbildendes Modell die Dienstautobiographie zugrunde. Die überragende Bedeutung dieses Typs in Rußland kann sozialhistorisch erklärt werden: Die petrinische Bürokratie verwandelt die russische Gesellschaft in ein Regelsystem, das Stellung und Rang jedes Individuums mit unüberbietbarer Präzision definiert. Das Gelingen einer persönlichen Biographie bemißt sich entsprechend nach der erreichten Stufe auf der Rangtabelle. Die Dominanz der Dienstautobiographie kann als Folge der strikten administrativen Kodifikation des Sozialprestiges gedeutet werden: Wer in seinem Lebensbericht die Beschreibung der eigenen Karriere ausläßt, verzichtet auch auf die soziale Anerkennungsprämie, die mit der erfolgreichen Absolvierung des Staatsdiensts verbunden ist.

Als Extremfall der Dienstautobiographie dürfen Gavriil Deržavins (1743-1816) *Aufzeichnungen* [*Zapiski*] gelten. Mit ihrer ausschließlichen Konzentration auf Deržavins offizielle Tätigkeit widerspiegeln sie in aller Deutlichkeit das gesellschaftliche Wertesystem. Deržavin konstruiert seine Biographie als Geschichte eines Staatsmannes und blendet dabei seine Rolle als Dichter nahezu vollständig aus. Allerdings erweist sich auch die offizielle Seite dieser Autobiographie als problematisch. Gerade das Stagnieren seiner Karriere, die äußerst vielversprechend beginnt, löst in Deržavin Kompensationsphantasien aus, die sich letzlich zum Größenwahn steigern.

Als Deržavins *Aufzeichnungen* [*Zapiski*] im Jahr 1859 in der Zeitschrift *Russisches Gespräch* [*Russkaja Beseda*] und ein Jahr später als Monographie erscheinen, fällt das Echo scharf ablehnend aus (Zapadov 1964). Am 30. Mai 1859 schreibt die liberale Zeitung *St. Petersburger Nachrichten* [*Sankt-Peterburgskie vedomosti*]:

> Wir erkennen den brillanten Sänger der „Felica" und den inspirierten Ankläger gesellschaftlicher Laster nicht wieder. Wir sehen in Deržavins Aufzeichnungen einen trockenen, leblosen, holprigen Stil und eine analphabetische Sprache; wir sehen Belanglosigkeiten aus dem persönlichen Leben des Dichters, seine kleinliche, aber sehr penetrante Eigenliebe [его крошечное, но очень едкое самолюбие], seine Rauflust und andere nicht ganz saubere Heldentaten. [...] Kurz, Deržavins *Aufzeichnungen* [*Zapiski*] erwecken vorläufig einen durchaus unangenehmen Eindruck. (Zorin 1987, 86)

Ein Jahr später heißt es in einem weiteren Artikel derselben Zeitung noch deutlicher:

155

Ichentwürfe

Wenn Deržavins *Aufzeichnungen* [*Zapiski*] einen ausschließlich autobiographischen Charakter trügen, so fänden sich wohl wenige Leute, die ihnen eine besondere Bedeutung beimessen wollten. Von allen verschiedenen Meinungen, die bisher über Deržavin geäußert wurden, hat sich endlich eine wenn nicht allgemeine, so doch dominierende gebildet, nämlich daß Deržavins Persönlichkeit nicht so beschaffen sei, daß man sich lange mit ihr zu beschäftigen hätte und sie ausführlich erforschen müßte. (Zorin 1987, 86 f.)

Zu den bissigsten Kritikern von Deržavins Autobiographie zählt N.G. Černyševskij. Unter dem Titel „Urgroßväterliche Sitten [Pradedovskie nravy]" publiziert er 1860 auf den Seiten des *Zeitgenossen* [*Sovremennik*] einen Rundumverriß der *Aufzeichnungen* [*Zapiski*]. Der erste Abschnitt lautet:

Die Einschätzung, die sich seit langem über die persönlichen Qualitäten Deržavins gebildet hat, bestätigt sich vollkommen in seinen *Aufzeichnungen* [*Zapiski*]. Er war ein gutmütiger Mensch (für die damalige Zeit), sogar mutig (für die damalige Zeit) im Dienste der Gerechtigkeit; hinsichtlich seiner Bildung war er auch für die damalige Zeit ein Mensch mit überholten Ideen; sein Verstand war nicht genial – möglicherweise sogar sehr beschränkt (vielleicht ergaben sich seine merkwürdigen Gedankengänge, die eine Folge der Beschränktheit seines Verstandes zu sein scheinen, ganz einfach aus einer völligen Unterentwicklung, schwer zu entscheiden); die Hitzigkeit seines Charakters verwickelte ihn unablässig in Fehler, die ihn allerdings nicht daran hinderten, seine Karriere auf bewundernswerte Weise einzurichten; selbstzufrieden hielt er sich für einen grossen Staatsmann, der das Reich beinahe alljährlich vor dem Untergang bewahrte; sensible und praktische Kollegen konnten ihn zu Recht für einen leeren Menschen halten; ihm selbst hingegen erschienen Staatsmänner mit aufgeklärten Ideen wie z.B. Speranskij höchst schädlich; trotzdem war er mit all seinen Mängeln ein an sich ehrenwerter, ehrlicher, wahrheitsliebender, seinem Vaterland Gutes wünschender Mensch, obwohl er entschieden keine Ahnung davon hatte, worin dies bestand. All dies war bereits über Deržavin bekannt, lange bevor seine *Aufzeichnungen* [*Zapiski*] erschienen, und es wird auf jeder Seite bestätigt. Als er sie abfaßte, wollte er sich als weisen Lenker, als Menschen darstellen, der seinem Vaterland große Dienste erwiesen hat – dies ist ihm nicht gelungen. Dafür aber hat er sich selbst wunderschön dargestellt, wie er wirklich war, in Verletzung seines Vorsatzes, sich

Deržavin

nicht so darzustellen, wie er war, sondern so, wie er sich in seinen selbstzufriedenen Träumen erschien. (Černyševskij 1950, 325)

Černyševskijs spitze Darstellung trifft in vielem den Kern der Sache, zu Recht moniert er auch die in der Tat miserable stilistische Qualität von Deržavins *Aufzeichnungen* [*Zapiski*].[1] Gegen eine Verdächtigung muß man allerdings Deržavin in Schutz nehmen. Deržavins Selbstpräsentation – so tendenziös sie auch sein mag – stellt keine bewußte Verfälschung der Tatsachen dar. Man darf im Gegenteil davon ausgehen, daß Deržavins „selbstzufriedene Träume" für sein eigenes Bewußtsein höchsten Realitätswert hatten. Allein der Umstand, daß ein memoirenschreibendes Subjekt sich das Vergangene nach Maßgabe nicht des Realitäts-, sondern des Lustprinzips vergegenwärtigt, reicht nicht aus, um die „objektive Wahrheit" des Lebensberichts in Frage zu stellen.[2] Paradox formuliert gilt hier sogar: Eine objektive Information des Lesers, wenn sie denn zu haben ist, liegt in der äußersten Subjektivität der Darstellung.

Im Falle von Deržavins *Aufzeichnungen* [*Zapiski*] liegen die Verhältnisse allerdings noch komplizierter: Die in der Tat höchst subjektive Schilderung der eigenen Verdienste (hier ist Černyševskij recht zu geben) tritt in der Maske historischer Objektivität auf. Deržavin setzt eine Reihe von literarischen Verfahren ein, die diesen Eindruck verstärken sollen.[3]

Als auffälligste Eigenschaft von Deržavins Autobiographie sticht ins Auge, daß sie in der dritten Person abgefaßt ist. Die Distanznahme, die sich in diesem Kunstgriff äußert, ist allerdings eine vorgeschobene: Das Auseinandertreten von Autor und Erzähler präsentiert eine Autobiographie unter dem Deckmantel einer Biographie und erweckt damit den Eindruck

---

[1] „Man muß die Wahrheit sagen: Deržavin schrieb seine Prosa mehr schlecht als recht direkt aufs Papier, oder noch deutlicher: er schrieb ziemlich analphabetisch." (Černyševskij 1950, 326)

[2] In dieser Hinsicht ist die psychologische Wahrheit von Deržavins Selbstdarstellung der Hochstapelei D.I. Zavališins vergleichbar. Lotman (1992, 339-350) deutet Zavališins Memoiren als Musterbeispiel einer Kompensationsleistung, die den Stellenwert der eigenen Person nach Maßgabe narzißtischer Phantasien korrigiert. Als Kontrasttypus führt Lotman Chlestakov an: Zwar erweisen sich sowohl Zavališin als auch Chlestakov als notorische Lügner. Während Chlestakov aus Selbstverachtung lügt (er übernimmt eine fremde Rolle), sind Zavališins Wirklichkeitsdeformationen Ausdruck seiner Selbstbestätigung.

[3] Diese Technik hat ihre Wirkung zumindest in zwei Fällen nicht verfehlt. Die Deržavin-Biographien von Grot (1880) und Clardy (1967) übernehmen fast durchweg Deržavins Perspektive, manchmal sogar einzelne Formulierungen. Zu Grots Verharmlosung von Deržavin vgl. Zapadov (1980, 126).

Ichentwürfe

einer „objektiven" Erzählweise, die in diesem Fall ja ausgeschlossen ist. Deržavins Verfremdungstechnik erschafft aus dem Nichts einen unabhängigen Standpunkt, von dem aus Deržavins Leben wahrheitsgetreu berichtet werden kann. Der vorgetäuschte Ausbruch aus dem autobiographischen Erzählen zielt damit auf eine gesteigerte Authentizität: Die dritte Person scheint für wirklichkeitsverfälschende Manipulationen weniger anfällig zu sein.[4] Der Eindruck, daß Deržavin krampfhaft bemüht ist, die Zuverlässigkeit seines Lebenstextes zu unterstreichen, verstärkt sich durch den sachlichen, ja trockenen Ton, der Deržavins *Aufzeichnungen* [*Zapiski*] von der ersten bis zur letzten Seite durchzieht.[5] Die Autobiographie wird hier zur Akte: Die beinahe militärisch anmutende Berichterstattung über das eigene Leben konzentriert sich auf die Beschreibung zahlreicher Staatsgeschäfte, die Deržavin zur Bearbeitung übergeben wurden.

Schließlich ist auf den vollständigen Titel von Deržavins Autobiographie hinzuweisen:

> Aufzeichnungen aus allbekannten Ereignissen und tatsächlichen Angelegenheiten, die das Leben Gavrila Romanovič Deržavins enthalten. [Записки из известных всем происшествиев [sic!, U.S.] и подлинных дел, заключающие в себе жизнь Гаврилы Романовича Державина]. (Deržavin 1864, VI, 401)

Mit Nachdruck wird hier einerseits auf den öffentlichen Charakter, andererseits auf die Wahrhaftigkeit des Beschriebenen verwiesen. Das eine bedingt das andere: Die bereits vorausgesetzte Bekanntheit des Stoffes gibt dem Leser ein höchst wirksames Verifikationsinstrument in die Hand. Jede Verfälschung von seiten des Autors kann durch den stets möglichen Vergleich mit dem Leserwissen prinzipiell aufgedeckt werden. Allerdings erweist sich auch diese demonstrative Offenheit als literarische Taktik: Die Tarnung der eigenen Erzählung als Nacherzählung weckt nicht die kritische Aufmerksamkeit des Lesers, sondern schläfert sie vielmehr ein. Dem allseits Bekannten und grundsätzlich Überprüfbaren begegnet der Leser nicht mit Mißtrauen. Der Autor schafft durch die Ankündigung der Verifi-

---

[4] Grundsätzlich könnte die Transformation in die dritte Person auch eine Fiktionalisierungsleistung bedeuten. In Deržavins Autobiographie spricht aber vor allem der rapportierende und gerade nicht romanhafte Erzählstil gegen diese Möglichkeit.

[5] Deržavin hat sogar seine zunächst in der ersten Person abgefaßten Tagebuchaufzeichnungen über den Pugačev-Aufstand, die Eingang in die *Zapiski* gefunden haben, in die dritte Person übertragen. Dabei sind ihm jedoch einige Unterlassungen unterlaufen (VI, 466).

Deržavin

zierbarkeit eine Atmosphäre der Arglosigkeit, die sich in den Dienst der erstrebten (Pseudo-) Objektivität des Lebensberichts stellt.

Daß Deržavins Autobiographie sich hauptsächlich in der Schilderung seines Staatsdienstes erschöpft, liegt nicht nur an der angestrebten Öffentlichkeit, sondern hängt auch eng mit seinem Gesellschaftsmodell zusammen. In groben Zügen kann dieses wie folgt skizziert werden: Die russische Gesellschaft ist geprägt von einem tiefgreifenden Antagonismus. Da ist auf der einen Seite der Souverän, der in elterlicher Fürsorge sein Volk behütet. Auf der anderen Seite befinden sich das Volk und der Adel – beide sind gleichermaßen unzuverlässige und gefährliche Untertanen. Im Volk gilt es die ewig drohende Rebellion zu unterdrücken, der eigennützige Adel muß ebenfalls in Schach gehalten werden.

Deržavin begreift seine Lebensaufgabe vor dem Hintergrund dieses Spannungsverhältnisses. Seine Berufung besteht in der unbestechlichen Hingabe an den Staatsdienst, in der absoluten Loyalität zum Selbstherrscher, in der Abwehr aller Bedrohungen gegen den Staat (Vasilevskaja 1983, 30).[6] Die alles überragende Bedeutung des Staatsdienstes für Deržavins Selbstverständnis wird schon bei einem Blick auf die Überschriften der acht Teile der *Aufzeichnungen* [*Zapiski*] deutlich. Die entscheidenden Periodisierungsmarken des eigenen Lebens werden in Abhängigkeit von den politischen Ereignissen gesetzt:

1. Abteilung: Geburt und Erziehung, 1743-1762
2. Abteilung: Militärdienst bis zur Pugačevščina, 1762-1773
3. Abteilung: Dienst während der Zeit der Pugačevščina, 1773-1776
4. Abteilung: Staatsdienst bis zum ersten Ruhestand, 1777-1784
5. Abteilung: Gouverneur in Petrozavodsk und Tambov, 1784-1788
6. Abteilung: Verzicht auf die Gouverneursstelle und weiterer Dienst unter Ekaterina II., 1788-1796
7. Abteilung: Herrschaft Pavels, 1796-1801
8. Abteilung: Herrschaft Aleksandrs I., 1801-1812 (VI, 791-802)

Deržavin imaginiert sein eigenes Leben mithin als Korrelat der russischen Zeitgeschichte. Über jeden Zweifel erhaben ist dabei für den Autor seine aktive Rolle bei der Lenkung der Staatsgeschicke. Deržavin sieht sich auf doppelte Weise zu seiner außergewöhnlichen Mission legitimiert: Zum einen hat ihn die göttliche Vorsehung auserwählt. Als Beweis hierfür gilt

---

[6] Ryleev reproduziert diesen Identitätsentwurf in seinen *Dumy*: „Таков наш бард Державин был, – / Всю жизнь он вел борьбу с пороком; / Судьям ли правду говорил [...]" (1971, 172)

Ichentwürfe

ihm sein erstes Wort, das er als einjähriges Kleinkind beim Anblick eines Kometen spricht: „Gott." Deržavin mißt diesem Vorfall große Bedeutung bei:

> Diese beiden Ereignisse waren vollständige Wahrheit [Два сии происшествия совершенная были правда] und vielleicht hat die Vorsehung durch sie folgendes angezeigt: erstens seinen schwierigen Lebensweg, den er sozusagen durch Feuer und Wasser zurücklegte, zweitens daß er die von allen gelobte Ode „Gott" schreiben wird. (VI, 402)

Deržavins zweite Legitimation ist eine diesseitige. Sie besteht in der Offizialität seines Amtes, genauer gesagt: seiner Ämter. Programmatisch setzt Deržavins Autobiographie mit einer respekterheischenden Aufzählung aller Titel und Ämter ein, die er im Lauf seines Lebens angehäuft hat:

> Der ehemalige Staatssekretär unter der Imperatorin Ekaterina II., Senator und Präsident des Kommerz-Kollegiums, später unter Imperator Pavel Mitglied des Höchsten Rates und Finanzminister und unter Imperator Aleksandr Justizminister, Wirklicher Geheimrat und Ritter verschiedener Orden Gavriil Romanovič Deržavin wurde in Kazan' von adligen Eltern am 3. Juli 1743 geboren. (VI, 401)

Unter den Auspizien dieser doppelten Ermächtigung durch religiöse und säkulare Gewalt vollzieht sich ein Leben, das nicht anders als außergewöhnlich sein kann. Georg Witte beschreibt den gemeinsamen Nenner verschiedener Rollen, die sich Deržavin in narzißtischer Selbstüberschätzung zuordnet, wie folgt:

> Der Held zerfällt in eine Vielzahl kurzlebiger, sich vor- und übereinanderlagernder Rollen. Er ist – während des Pugačev-Aufstands – grausamer und blutiger Rächer an den Verrätern der zaristischen Sache und listiger Spion (in seiner Eigenschaft als geheimer Kundschafter General Bibikovs), er ist gerechter kaiserlicher Missionär (in seiner Eigenschaft als Gouverneur und als Sonderbevollmächtigter, zum Beispiel während der Bekämpfung der Hungersnot in Weißrußland), er ist väterlicher Freund der bedrängten Opfer juristischer Willkür (in seiner Eigenschaft als Senator und Minister), er ist Auslöser gewaltiger politischer Prozesse (etwa der Revision der Senatsverfassung in der Ära Aleksandrs I.), und er ist, dieses ist das rekurrenteste Bild, der große Unbestechliche in

Deržavin

einem finsteren Labyrinth aus Intrige und Korruption. (Witte 1992, 49 f.)

Das heroische Substrat in Deržavins Persönlichkeit wird bereits in der Schilderung seiner Jugend sorgfältig herausgearbeitet. Der zwanzigjährige Jüngling sieht sich in Abenteuer verstrickt, in denen er seine bevorzugte Rolle spielen kann: die des „Helden" oder des „Ritters". Eine erste Bewährungsprobe ereignet sich vor den Augen eines schönen Mädchens, das Deržavin nach Kazan' begleiten soll. Bei der Überfahrt über die Kljazma verlangen die Schiffer ein überrissenes Fährgeld:

Der junge Held, der von hitzigem Gemüt war, hielt diesen Betrug nicht aus, geriet außer sich, ergriff einen Stock und versetzte dem Steuermann einige Schläge. Dieser ergriff seinen Bootshaken und rief seinen Kumpanen zu: „Laßt ihn nicht entwischen, Leute!"; auf diesen Ruf hin stürzten sich alle Fährleute, die da waren, mit Rudern und Stöcken auf den ritterhaften Korporal [напали на рыцарствующего капрала], der, sosehr er auch mit seinem Säbel um sich schlug, gezwungen war, nachdem er sich in ein Fuhrwerk geworfen hatte, sein geladenes Gewehr zu ergreifen, er legte an und wollte abdrücken; aber zum Glück war das Gewehr neu, er hatte es vor seiner Abreise aus Moskau gekauft und nie erprobt, der Abzug war kräftig und konnte nicht einfach ausgelöst werden. Als die Bauern seine Wut sahen, flohen sie sogleich, weil sie sich vor dem Tod fürchteten. (VI, 429)

Deržavins Phantasie ergänzt das Bild des für die schöne Dame kämpfenden Ritters mit weiteren Facetten. Ein weiterer Auftritt zeigt Deržavin in der Rolle eines unerschrockenen Jägers. Der eigene Heldenmut wird noch unterstrichen durch die poetisch verdeutlichte Gefährlichkeit der Situation:

Er erblickte plötzlich eine Gruppe von Wildschweinen oder Ebern mit jungen Ferkeln. Ein ausgewachsener Eber mit schwarzem Fell entfernte sich sogleich aus der Herde. Seine Augen blitzten wie glühende Kohlen, die Borsten auf dem Rückgrat sträubten sich, aus seinem Rachen strömte weißer Schaum. Der Jäger, der die Gefahr bemerkte, wollte auf die andere Seite des Baches springen, weil dieser sehr schmal war; aber er war kaum dort angelangt, als er den Eber erblickte, der auf ihn zu galoppierte, und in diesem Augenblick fühlte er, wie er einige Schritte weit flog; als er instinktiv wieder auf die Beine sprang, erblickte er blitzendes Blut auf dem Schaum vor dem Mund der Bestie, er schoß mit seinem

Ichentwürfe

> Gewehr, das er mit aufgezogenem Hahn in den Händen hielt, aus dem Hüftanschlag. Der erneut angreifende Eber stürzte, und weil er schon sehr nahe war, streckte die Ladung, die zwar nur aus feinem Entenschrot bestand, ihn jedoch mitten ins Herz traf, den Eber leblos zu Boden. Der Sieger wollte zu seinem Feind hintreten und seine Wunde begutachten; da fühlte er plötzlich selbst eine Schwäche, fiel nieder und erblickte an seinem linken Bein die beinahe ganz vom Schienbein abgerissene Wade und in Strömen fließendes Blut. (VI, 430)

Die Geschicklichkeit im Umgang mit der Waffe erweist sich hier als Element einer Wildwestmentalität avant la lettre, die sich in Deržavins Charakter deutlich bemerkbar macht. Auch später, während des Militärdiensts, zeichnet sich Deržavin aufgrund seiner Tapferkeit vor allen anderen aus. Deutlich wird dies vor allem bei der Niederschlagung des Pugačev-Aufstandes. Deržavin ist hier der vorbildliche Soldat, der sich zu gefährlichen Aufträgen freiwillig meldet, wenn alle anderen feig zurückstehen (VII, 454, 480). Der offizielle Auftrag eröffnet Deržavins Heldenmut alle Handlungsmöglichkeiten, seine Durchsetzungsfähigkeit kennt vor dem Hintergrund seines Pflichtbewußtseins keine Grenzen mehr:

> Auf seinem Weg bemerkte er im Volk Widerstandsgeist, weil man ihm nicht einmal Pferde geben wollte, die er sich mit Gewalt verschaffen mußte, indem er manchmal dem Dorfältesten die Pistole an die Gurgel setzte. (VI, 455)

Es ist wohl Deržavins ästhetischer Empfindsamkeit zuzuschreiben, wenn er immer auch bestrebt ist, seinen heroischen Auftritten im Dienst der gerechten Sache den entsprechend pompösen Hintergrund zu verschaffen. Eine Strafaktion gegen rebellische Bauern wird von Deržavin nach dramatischen Gesichtspunkten regelrecht inszeniert. Die Dorfbevölkerung spielt die Rolle der vor der staatlichen Autorität zitternden Masse, als Vertreter der furchterregenden Macht tritt niemand anders als Deržavin selbst auf:

> Deržavin unterzog sie [sc. die Bauern, U.S.] unverzüglich einem Verhör und fand heraus, daß vier Männer die Hauptverräter waren. Von diesen war einer geflohen, die übrigen verurteilte er aufgrund der ihm von der Generalität übertragenen Gewalt zum Tode. Um den wankelmütigen Pöbel einzuschüchtern und zu unterwerfen, befahl er allen Bewohnern sowohl männlichen wie weiblichen Geschlechts, am nächsten Tag zur festgesetzten Stunde

Deržavin

auf den nahe beim Dorf gelegenen Sokol-Berg zu steigen; den Priestern aller Kirchen, deren es sieben gab, befahl er, den Ornat anzulegen, den zum Tode verurteilten Übeltätern hingegen Leichengewänder. Eine mit Kartätschen geladene Kanone und 20 Füsiliere mit einem Unteroffizier stellte er mit dem Rücken zum steilen Wolga-Ufer auf, das schwer zu erklimmen war. Den Husaren befahl er, mit gezogenen Säbeln um das Dorf zu reiten und niemanden herauszulassen, mit dem Auftrag, jeden erbarmungslos niederzumetzeln, der zu fliehen versuchen sollte. Nach diesen Anordnungen führte er die Verbrecher mit angezündeten Kerzen und unter Glockenklang durch das ganze Dorf zur Hinrichtungsstätte. Dies schüchterte das zusammengekommene Volk aus dem Dorf und den umliegenden Siedlungen derart ein, daß – obwohl es mehrere Tausend waren – eine solche Stille herrschte, daß niemand den Mund aufzumachen wagte. Dies ausnützend befahl er, nachdem er das Urteil verlesen hatte, die erwähnten Hauptübeltäter aufzuhängen, und 200 Männer, die bei dem irgisischen Zwischenfall dabeiwaren und ihn, nachdem sie ihn gefangen hatten, Pugačev übergeben wollten, mit Ruten auszupeitschen. All dies, auch das Amt des Henkers, wurde vollzogen von niemand anderem als denjenigen Dorfbewohnern, die des Verrats angeklagt waren. Deržavin schritt zwischen ihnen hin und her und ermahnte sie, daß sie fortan ihrem Eid zur Zarin treu blieben. Das Volk schrie auf den Knien: „Wir sind schuldig" und „Wir dienen gern in guter Treu und festem Glauben".[7] (VI, 488)

Für Deržavins Selbstentwurf sind zwei Elemente aus dieser Schilderung besonders wichtig: seine Unerbittlichkeit und seine Einsamkeit.[8] Beide Aspekte erzeugen jene Aura einer alles überragenden Individualität, die Deržavin so eifrig herzustellen bestrebt ist. Deržavin ist anders als alle anderen – er ist deshalb auch unfähig, in einem Team zu handeln.

Nach dem Übertritt in den zivilen Staatsdienst zieht sich die Darstellung des auf sich selbst gestellten Kämpfers für die Gerechtigkeit weiter – allerdings gezwungenermaßen in weniger martialischen Bildern.

---

[7] In einer Notiz für seine *Istorija Pugačevskogo bunta* zitiert Puškin I. Dmitriev, der die Ansicht vertrat, Deržavin hätte die geschilderte Hinrichtung mehr aus „poetischer Neugier [из поэтического любопытства]" vollzogen, als aus wirklicher Notwendigkeit (1937, IX, 373).

[8] Lotman (1992, 344) weist auf die kultursemiotische Relevanz Napoleons als Vorbild für diesen Typus hin.

Ichentwürfe

Die Schilderung von Deržavins Leistungen erreicht ihre imposantesten Ausmaße vor dem Hintergrund der Unzuverlässigkeit und fachlichen Inkompetenz seiner Mitarbeiter. Die kontrastive Darstellungsweise stellt sich bei Deržavin konsequent in den Dienst einer Selbstheroisierung – selbst in der an sich wenig spektakulären Rolle eines zaristischen Finanzbeamten. Die personelle Zusammensetzung einer Untersuchungskommission bietet Deržavin einmal mehr Gelegenheit sich hervorzutun:

> Der Vorsitzende war der Wirkliche Staatsrat aus den Reihen der Obersekretäre des Senats Herr Eremeev, ein bereits greiser Mann. Die Räte: Herr Sablukov, Gardebrigadegeneral a.D. (was heute einem Wirklichen Geheimrat entspricht), und der Kollegienrat Nikolaj Ivanovič Buturlin; weil der erste bereits alt war, die Administration und Verwaltung nicht kannte, oder besser, weil er einen schüchternen Charakter hatte, der ihn seit frühester Jugend im Kanzleidienst hielt, weil der zweite am Hof gedient hatte, Kammerpage war und nachher in der Garde, weil der dritte, d.h. Buturlin, überhaupt ein geschäftsuntüchtiger Mensch war und das eitle Leben liebte, ein Spieler und Müssiggänger, und nur in die Kommission geraten war, weil er der Schwiegersohn von Ivan Perfil'evič Elagin war, so fiel die gesamte Verantwortung dieser Kommission auf Deržavin, obwohl dieser genausowenig Bescheid in Staatsangelegenheiten und besonders in der Verwaltung wußte wie jene. Weil er jedoch unternehmungsfreudig, kühn und gewandt war und weil ihm der Generalprokuror bereits die Untersuchung über die Senatssekretäre anvertraut hatte, die ihren Dienst nachlässig versahen und ihre Aufgaben nur schleppend erledigten, so galt er bereits auf gewisse Weise als Macher [дельцом], mehr als seine Kollegen. (VI, 528)

Deržavins unerschütterliches Selbstbewußtsein setzt sich gegen alle Anfechtungen durch: Zweifel am eigenen Handeln haben in seiner Psyche keinen Ort. Wenn seine Leistungen nicht überall die ihnen gebührende Anerkennung finden, so hält Deržavins Selbstbewußtsein eine einzige Erklärung bereit, die als Stereotyp immer wiederkehrt: Es sind die erfolglosen Neider, die gegen den treuen Staatsdiener Verschwörungen anzetteln. Die fachliche Inkompetenz seiner Kollegen paart sich mit einer außerordentlichen Verschlagenheit, wenn es darum geht, Deržavin bei der Obrigkeit zu diskreditieren. Das Schlüsselwort in Deržavins Rhetorik lautet hier „Hetze [gonenie]" (VI, 565, 572).

Es gibt in Deržavins politischer Karriere einige kritische Momente, in denen seine Position in ernsthafte Gefahr gerät. Allerdings – und hier ver-

Deržavin

fährt Deržavin mit äußerster Konsequenz – wird jede Selbstkritik aus der Schilderung der Umstände ausgespart, die ihn in die Bredouille geführt haben. Als Deržavin wegen der Verweigerung einer Proviantlieferung an die Armee seines Gouverneurspostens in Tambov erhoben wird, deutet er dies als Folge von „Lügen und Verleumdungen einer schwarzen Seele" (VI, 571). Es ist in besonderem Maße die Anonymität des Hofes, welche die Hetze gegen den ehrlichen Gouverneur begünstigt:

> Inzwischen hatte Deržavin innerhalb der gesetzten Frist eine Rechtfertigung geschrieben; aber diese wurde dem Senat nicht unterbreitet, man las sie vielmehr im geheimen in verschiedenen Kabinetten, und nachdem man die Unschuldigkeit des Verhetzten in allen Punkten erkannt hatte, ließ man sie klammheimlich verschwinden und dachte sich verschiedene Ränke und Intrigen aus, womit man Deržavin beschuldigen und den Zorn der Imperatorin auf ihn lenken könnte [увидев гонимого во всем невинность, положили безгласным под красное сукно, вымышляя между тем способы и разные козни, чем бы обвинить Державина и подвигнуть на него гнев Императрицы]. (VI, 572)

Nach Ekaterinas Tod verstärkt sich bei Deržavin der Eindruck, in seiner Staatstätigkeit Opfer von Neid, Mißgunst und Vetternwirtschaft zu sein.[9] So ist das Scheitern von Deržavins gloriosem Projekt, die polnische Szlachta aus Weißrußland in östliche Gebiete zwangsumzusiedeln, nur durch eine rußlandfeindliche Verschwörung zu erklären, die von Speranskij angeführt wird (VI, 768 f.). Hier taucht das düstere Bild einer „Staatsmaschine" auf, die das Schicksal des russischen Volkes bestimmt und gegen die ein ehrliches Kämpfen kaum möglich ist:

> Die Ministeriumskanzleien hatten untereinander freundschaftliche Verbindungen, und weil die meisten Sachbearbeiter Seminaristen waren, die von Speranskij ausgewählt und eingesetzt wurden, der sie alle wie eine verborgene Maschine bewegte und manipulierte [который всеми ими, как скрытою так-сказать машиною, двигал и руководствовал], so daß er jedes Geschäft, das von ei-

---

[9] Deržavins Diagnose der bürokratischen Mißstände in Rußland trifft im allgemeinen wohl zu. Nach dem Tod Ekaterinas II. meldet der preußische Gesandte nach Berlin: „Die Regierung der unsterblichen Katharina, des Phantoms von Ruhm und Größe entkleidet, hinterläßt in Wahrheit nur ein unglückliches Reich und eine in allen Zweigen verderbte Verwaltung." (Gitermann 1944, II, 297)

Ichentwürfe

nem Minister – besonders von Deržavin – zur Unterbreitung vorbereitet wurde, approbiert und in die Mappe gelegt war, bereits kannte, und deshalb wurde der Zar bereits vorgängig durch geheime Seitenbemerkungen gegen die Gerechtigkeit und das wahre Wesen einer Angelegenheit beeinflußt, wenn sie nicht seinem [sc. Speranskijs, U.S.] Gutdünken entsprach, oder genauer: dem Gutdünken jenes ihm nahestehenden Triumvirats [sic!, U.S.] von Geheimräten, Czartoryski [im Originaltext: Čertoriжskij, U.S.], Novosil'cov, Kočubej und Stroganov und anderer hinterlistiger und eigennütziger Leute. (VI, 769)

Aus diesem Ausfall gegen den persönlichen Sekretär des Zaren, M.M. Speranskij (1772-1839), kann man gewissermaßen ex negativo das politische Ideal Deržavins rekonstruieren. Während Speranskij versucht, Rußland in eine konstitutionelle Monarchie mit Gewaltenteilung zu verwandeln, vertritt Deržavin ein feudales Herrschaftsverständnis, das sich im Grunde genommen in der Vorstellung einer tadellos funktionierenden Befehlskette erschöpft. Im Konflikt zwischen Speranskij und Deržavin treffen zwei gegensätzliche Staatsideale aufeinander, deren Zentralbegriffe auf der einen Seite „Rechtsstaatlichkeit" und auf der anderen Seite „Loyalität" lauten.

Deržavin nimmt den russischen Staat in einem Zustand äußerster Korrumpiertheit wahr: Die von allen Beamten geforderte Loyalität zum Zaren ist auf die eigene Person zusammengeschrumpft. Die einzige Handlungsmöglichkeit, die sich dem bedrängten Staatsdiener noch anbietet, liegt in der direkten Rücksprache mit dem Imperator selbst. Die Benutzung dieses von aller trügerischen Einsprache noch ungestörten Kommunikationskanals liegt für Deržavin um so näher, als er sich im Grunde genommen als Kaiser sui generis imaginiert. Deržavin ist zwar kein politischer Herrscher, aber er ist der „Herr der Schrift" (Witte 1992, 60). Der Dichter und der Zar – die strahlende Kollegialregierung von poetischem und politischem Machthaber ist das Kernstück von Deržavins narzißtischer Phantasie. Ihren formelhaften Ausdruck findet diese Konzeption in den folgenden Zeilen aus der Ode „Bildnis der Felica [Izobraženie Felicy]":

Das eiserne Szepter der Selbstherrschaft
vergolde ich mit meiner Freigebigkeit.[10]

---

[10] Bezeichnenderweise wurden genau diese Zeilen von der Zensur verboten. Ihre Wichtigkeit für den Verfasser läßt sich indessen an der Tatsache ermessen, daß

Deržavin

Beide Autoritäten sind voneinander abhängig: Der Dichter benötigt die politische Protektion des Zaren, der Zar ist auf die Schriftgewalt des Dichters als Medium der Exekutivmacht angewesen. Dieses Ideologem erklärt den Haß Deržavins auf das fatale Räderwerk von Speranskijs „Staatsmaschine", das wichtige Aktenstücke einfach verschwinden läßt: Das undurchsichtige Herumschieben von Dokumenten bedeutet einen Anschlag auf den souveränen Herrschaftsbereich des Dichters. Allein Deržavin ist zur Regelung des Schriftverkehrs von und zum Imperator befugt. Mit einer für das narzißtische Bewußtsein bezeichnenden Lust am Extremen kontrolliert Deržavin als Bevollmächtigter in einer Episode aus seiner Autobiographie ganze Wagenladungen von Akten, die zur Durchsicht herangeschafft werden (VI, 607). Die enge Zusammenarbeit von Deržavin und Ekaterina II. vollzieht sich hier auf ideale Weise. Während vier Monaten des Jahres 1792 erstattet Deržavin der Zarin täglich zwei Stunden lang Bericht. Die Vertrautheit zwischen den beiden Lenkern gipfelt in folgender Szene:

> Sie [sc. Ekaterina II., U.S.] lächelte und seit jener Zeit begann sie ihn deutlich auszuzeichnen, so daß sie ihm während öffentlicher Versammlungen, im Garten oder indem sie ihn manchmal neben sich auf das Kanapee setzte, unbedeutende Worte ins Ohr flüsterte und so tat, als rede sie über wichtige Dinge. Was hatte dies zu bedeuten? Deržavin wußte es selbst nicht, [...] er hatte jedoch Grund anzunehmen, daß die Imperatorin, die seine Charakterstärke bemerkt hatte, beabsichtigte, ihm bestimmte Anweisungen hinsichtlich der Thronfolge anzuvertrauen. (VI, 608)

Deržavin als Testamentsvollstrecker der Zarin: Diese Phantasie beschreibt in aller Deutlichkeit die Transformierbarkeit von politischer Macht in dichterische Sprachgewalt und – hier liegt die eigentliche Pointe von Deržavins Größenwahn – die Umkehrbarkeit dieses Prozesses. Der letzte Wille der Zarin wird von Deržavin konserviert und – im Falle ihres Ablebens – vom Dichter mit quasi-kaiserlicher Autorität proklamiert.

Mißstände entstehen in diesem Modell nur durch Schriftproduzenten, die ihre Pamphlete unbefugterweise in das staatliche Regelsystem einschleusen. Die Ungesetzlichkeit solchen Vorgehens besteht in der fehlenden Autorisierung, die – im doppelten Wortsinn – ja nur Deržavin vornehmen kann. Eine Schlüsselszene in den *Aufzeichnungen* [*Zapiski*] belegt

Deržavin in vielen Exemplaren die ausgelassenen Verse von Hand wieder einfügte. (Zapadov 1980, 98, vgl. auch Gukovskij 1933, 370)

Ichentwürfe

diesen Zusammenhang. Während einer Privataudienz am 1. August 1789 bei Ekaterina II., die – nebenbei bemerkt – mit ihrer Frage wohl ins Schwarze trifft, rechtfertigt sich Deržavin genau durch den Hinweis auf sein Amt als oberster Schriftführer der Zarin, das keine Mittler duldet:

> „Aber liegt es nicht an Ihrem Charakter, daß Sie mit niemandem zurechtkommen? [но не имеете ли вы чего в нраве вашем, что ни с кем не уживаетесь?]" – „Ich weiß nicht, Herrscherin", sagte Deržavin kühn, „ob ich etwas Störrisches in meinem Charakter habe, aber das kann ich sagen, daß ich die Gesetze zu befolgen verstehe, wenn ich mich als armer Adliger ohne jede Protektion zu einem solchen Rang emporgedient habe, daß man mir die Leitung von Gouvernements anvertraut hat, in denen nie Klagen gegen mich laut geworden sind." – „Aber weshalb sind Sie nicht mit Tutolmin [dem Olonecker Generalgouverneur, U.S.] ausgekommen?" – „Weil er mich zwingen wollte, mein Gouvernement nach einem eigenmächtig verfaßten, gesetzeswidrigem Dokument zu leiten [он принуждал управлять губерниею по написанному им самопроизвольно начертанию, противному законам]; ich aber habe geschworen, ausschließlich die Gesetze der souveränen Gewalt auszuführen, und keine anderen, und so konnte ich niemand anderen als meinen Herrscher anerkennen als Eure Hoheit." – „Weshalb sind Sie nicht mit Vjazemskij [dem Generalprokuror, U.S.] ausgekommen?" Deržavin wollte nicht alles bereits Erwähnte hinsichtlich Nichtbeachtung und Unordnung in der Staatsverwaltung erzählen, um nicht als Denunziant zu erscheinen, sondern antwortete kurz: „Herrscherin! Sie wissen, daß ich die Ode an Felica geschrieben habe. Seiner Exzellenz hat sie nicht gefallen. Er begann, mich deutlich zu verspotten, zu tadeln und zu verhetzen, indem er mich wegen jeder Kleinigkeit schikanierte; und ich habe nichts weiter gemacht, als daß ich um meinen Rücktritt nachgesucht habe und gemäß Eurem Willen entlassen wurde." – „Was ist der Grund des Konflikts mit Gudovič [dem Tambover Generalgouverneur, U.S.]?" – „Das Interesse Eurer Hoheit, das ich mich erkühne Eurer Hoheit auseinanderzusetzen, und wenn Sie belieben, so kann ich ein ganzes Buch vorlegen, das ich dort gelassen habe." (VI, 584 f., vgl. auch III, 496)

Alle Streitfälle entzünden sich am Umgang mit der Schrift. Die Usurpation der Gesetzesschrift durch Unbefugte (Titulmin), die Nichtanerkennung von Deržavins Schrift durch Neider (Vjazemskij), das Schriftdefizit, das von Deržavin prompt durch das Vorlegen eines ganzen Buches beho-

Deržavin

ben wird (Gudovič) – der Konflikt weist immer die gleiche Struktur auf. Die Überheblichkeit derjenigen, die nicht über die Schrift verfügen, kollidiert notwendig mit Deržavins Amt: Er ist der einzige Verfasser und oberster Hüter der Schrift.

Vjazemskijs Neid auf Deržavin (VI, 534 f.) enthüllt einen weiteren wichtigen Aspekt des Verhältnisses zwischen Ekaterina II. und Deržavin. In der Mißgunst des Staatsmanns auf den Dichter äußert sich – immer aus der Sicht Deržavins – nicht nur die Kenntnisnahme einer exklusiven Gunstbezeugung, sondern die indirekte Anerkennung eines viel weiter gehenden Anspruchs. Deržavin konstruiert ein ökonomisches Gleichgewicht zwischen Kompetenzen und Schuldigkeiten von Zarin und Dichter. Die Zarin regiert durch die Schriftgewalt des Dichters, der Dichter schreibt durch die Ermächtigung der Zarin. Zwischen Deržavin und Ekaterina besteht mithin nicht einseitige Abhängigkeit, sondern eine gegenseitige Verpflichtung. Die Leistungen der jeweils anderen Regierungsinstanz werden durch Erzeugnisse aus dem eigenen Herrschaftsbereich abgegolten: Ekaterina läßt Deržavin wertvolle Geschenke und Geld zukommen (III, 484, VI, 356 f.), Deržavin beliefert Ekaterina seinerseits mit Dankesreden (VII, 21 ff., 29 ff.) und Oden. Besonders deutlich tritt diese Konzeption zutage, nachdem Deržavins Anklage in der Proviantangelegenheit gegen Gudovič zu Deržavins Gunsten entschieden worden ist. Am 18. Juli setzt Deržavin einen triumphierenden Brief an V.V. Kapnist auf:

> Ich eile, mein lieber Freund Vasilij Vasil'evič, dir unser Vergnügen mitzuteilen. Meine Sache ist entschieden. Gudovič ist dumm und ich bin schlau [Гудович дурак, а я умен]. Ihre Herrschaftliche Hoheit, die allerliebste Zarin [...] befahl, mir durch den Staatssekretär ihre Gunst mitzuteilen, genau mit folgenden Worten: „Wenn schon der Senat ihn gerechtfertigt hat, kann ich dann in irgendeiner Weise den Autor der Felica beschuldigen?" [...] Als sie mir die Hand reichte, sagte sie den Umstehenden: „Dies ist mein eigener Autor, den man bedrängt hat [это мой собственный автор, которого притесняли]." [...] Ich bin euer eifriger und untergebener, Ihrer Herrschaftlichen Hoheit eigener Autor G. Deržavin. (VII, 805 f.)

Dieser Brief zeigt Deržavin auf dem Gipfel seines Glücks. Die Zarin erweist ihm nicht nur ihre Huld, sondern anerkennt ihn – so interpretiert es zumindest Deržavin – auch als ihren (einzigen) Autor, – eine Formel, die der Dichter sogleich als Ehrentitel in seiner Unterschrift einsetzt. Die präzise Benennung des „Vertrags" zwischen Ekaterina und Deržavin findet

Ichentwürfe

sich in diesem Brief fast wörtlich: Du bist meine Zarin, ich bin dein Autor.

Das Problem dieses stillschweigenden „Vertrags" liegt darin, daß er nur im Bewußtsein der einen Partei (Deržavin) existiert. In Ekaterinas Leben kommt Deržavin bestenfalls marginale Bedeutung zu; wenn man nach der Häufigkeit der Erwähnung seines Namens in Ekaterinas Memoiren urteilen will, gar keine. Wesentlich nüchterner klingen auch die Worte der Zarin bei der eben zitierten Unterredung vom 1. August 1789 in der Wiedergabe des Staatssekretärs A.V. Chrapovickij:

> Am dritten Ort konnte er sich nicht einleben, er muß den Grund dafür in sich selbst suchen. Er erhitzte sich auch in meiner Gegenwart. Soll er doch Gedichte schreiben [пусть пишет стихи]. Il ne doit pas être trop content de ma conversation. Es wurde angeordnet, ihm den nicht ausbezahlten Lohn zu geben, und Graf Bezborodko ergänzte den Ukas, damit er auch zukünftig bis zur Zuweisung einer Stelle Geld erhalte.[11] (1901, 175)

Die nur einseitige Einhaltung des „Vertrags" kann auch Deržavin nicht über längere Zeit verborgen bleiben. Zunächst begnügt sich Deržavin in nur vordergründiger Bescheidenheit mit der Rolle des geheimen Machthabers im Hintergrund – jenseits aller offiziellen Ämter. Unverkennbar ist jedoch die Enttäuschung, die in der Schilderung von Deržavins Nichternennung zum Generalprokuror mitschwingt:

> Kurz, er enthielt sich der Bitte um die Generalprokurorstelle, obwohl sie ihm mehr als den anderen zugestanden hätte, weil er, indem er die Senatsakten kommentierte und den Oberprokuroren Ratschläge gegeben hatte, den Senat sozusagen während zwei Jahren geleitet hatte. (VI, 637)

---

[11] Vgl. bei Deržavin: „Indem sie [sc. Ekaterina, U.S.] die Hand hinstreckte, fügte sie hinzu, daß sie seine Lohnforderungen befriedigen und ihm eine Stelle verschaffen werde. Am nächsten Tag erging in der Tat ein Ukas, in dem angeordnet wurde, Deržavin den ihm zustehenden Lohn auszubezahlen bis zur Zuweisung einer Stelle. Dies traf Vjazemskij wie ein Blitz, und er war wie gelähmt. Deržavin fuhr jedoch aus alter Gewohnheit manchmal zu seinem Haus und wurde ziemlich freundlich empfangen. Dies zog sich einige Monate hin, und obwohl er an Sonntagen zum Hof fuhr, aber weil er keinen Vertreter hatte, der die Imperatorin an die versprochene Stelle erinnert hätte, geriet er fast in Vergessenheit [стал он как бы забвенным]." (VI, 585 f.)

Deržavin

Der geheimen Leitung des Senats ohne Amt folgt in Deržavins Perspektive die Kontrolle des Generalprokurors:

> Später, nachdem sie [Ekaterina II., U.S.] Samojlov berufen hatte [sc. zum Generalprokuror, U.S.], befahl sie ihm, daß er sich in Zweifelsfällen und wichtigen Angelegenheiten mit mir beraten und nach meinen Anweisungen verfahren soll [...]. (VI, 638)

Deržavin ist mithin Generalprokuror malgré tout. Trotz der Ernennung eines anderen hat die Zarin im Grunde genommen Deržavin mit der Ausübung dieses Amtes beauftragt. Ihren deutlichsten Ausdruck findet Deržavins Sicht der Dinge in einem anderen Bericht dieses Vorfalls (aus den „Erklärungen [Ob"jasnenija]"):

> Der Autor verbeugte sich und wurde in der Folge einige Male zur Beratung mit dem Generalprokuror eingeladen; aber weil sie in verschiedenen Dingen nicht übereinstimmten und der Generalprokuror sich Federfuchsern unterwarf, oder genauer gesagt: dem Leiter seiner Kanzlei, einem halsstarrigen Menschen von geringem Verstand und Kenntnissen, so entfachte dieser zwischen dem Grafen und dem Autor einen Streit. So sehr die Imperatorin auch wünschte, daß der Autor durch die Person des Generalprokurors das Generalprokuroramt ausübte, so gelang dies doch nicht und die Wahrheit mußte ans Licht kommen, indem sie die Schwachheit der Lenkung der Regierung, d.h. des Generalprokurors offenbarte. (III, 516)

Deržavins doppelter Mißerfolg (erst erhält er die gewünschte Stelle nicht, dann scheitert auch die Machtausübung ohne Amt) leitet eine Veränderung seiner Haltung gegenüber Ekaterina II. ein. Zunächst fällt nur ein Schatten auf das Bild der idealen Kaiserin, weil sie dem finsteren Treiben an ihrem Hofe nicht Einhalt gebieten kann:

> Vielleicht [fühlte Deržavin eine Abkühlung in seinem Herzen zu Ekaterina, U.S.] auch deshalb, weil er sich nicht ermannte, in Anbetracht der höfischen Intrigen und der unablässigen Schläge gegen ihn, ihrem Wunsch gemäß solch subtile Lobpreisungen zu schreiben, wie in der Ode an Felica und ähnlichen Werken, die von ihm noch während seiner Abwesenheit vom Hofe geschrieben wurden: Denn jene Gegenstände, die ihm göttlich erschienen und seinen Geist entflammten, erschienen ihm bei Annäherung an den Hof als ganz menschlich, sogar niedrig und der großen Ekaterina unwür-

dig. Sein Geist erkaltete derart, daß er mit heißem, reinem Herzen fast nichts mehr zu ihrem Lob schreiben konnte. Ich sage etwa, daß sie den Staat und die Justiz mehr nach politischen und eigenen Gesichtspunkten lenkte als nach der heiligen Wahrheit. (VI, 626 f.)

Der Anwalt der heiligen Wahrheit ist natürlich Deržavin selbst, und diese Eigenschaft ermächtigt ihn zur Kritik an der Zarin. Der Hauptpunkt von Deržavins Unzufriedenheit besteht in Ekaterinas Blindheit: Sie hat ihren wahren Verbündeten, Deržavin, nicht erkannt und sich statt dessen von unwürdigen Intriganten beeinflussen lassen (VI, 669). Damit vernachlässigt Ekaterina die Pflichten, die ihr aus dem „Vertrag" mit ihrem Autor erwachsen. Solche Säumigkeit nimmt Deržavin nach Ekaterinas Tod zum Anlaß, den Stand von Leistungen und Abgeltungen beiderseits peinlich genau nachzurechnen. Das Resultat weist die Zarin als grosse Debitorin aus:

Was ihn [Deržavin, U.S.] betrifft, so stieg er, der ihr [Ekaterina, U.S.], wie oben ersichtlich, als Soldat zu dienen begonnen hatte, nach mehr als 35 Jahren zu bedeutenden Rängen auf, erfüllte tadellos und uneigennützig alle ihm übertragenen Aufgaben, erhielt die Ehre, persönlich bei ihr zu sein und ihre vertraulichen Aufträge entgegenzunehmen und auszuführen; niemals jedoch befand er sich in ausgezeichneter Gunst oder erhielt für seinen treuen Dienst irgendeine besondere Belohnung (wie seine übrigen Kollegen, Troščinskij, Popov, Gribovskij und viele andere: er bat sogar aus äußerstem Mangel heraus um die Verwandlung seines Lohns in eine Rente, aber auch dies erfolgte nicht vor seiner Entlassung als Staatssekretär), die in Dörfern, wertvollen Gegenständen und Geld, bedeutenden Summen bestehen konnte, außer daß ihm für die Rettung von Kolonien [während des Pugačevaufstands, U.S.], wie oben erwähnt, 300 Seelen in Weißrußland geschenkt wurden, von denen er alles in allem nicht mehr als drei Silberrubel pro Seele erhielt, d.h. 1000 Rubel, und in Assignatien in der letzten Zeit 2000 Rubel, und zu verschiedenen Zeiten für seine Gedichte Geschenke, und zwar: für die Ode an Felica eine goldene Tabakdose mit Brillanten und 500 Červoncen, für die Ode auf die Einnahme Izmails ebenfalls eine goldene Tabakdose, für den Tarif ebenfalls eine Tabakdose mit Brillanten, die er schon nach ihrem Tod auf ihre Anweisung von Imperator Pavel mit einem Billet von ihrer Hand geschrieben: *für Deržavin* erhielt. (VI, 668 f.)

Deržavin

Es wäre falsch, Deržavins selbstverliebter Pedanterie jegliche Logik abzusprechen, wie dies etwa Černyševskij getan hat (1950, 355).[12] Die beleidigte Rekapitulation folgt der Logik des Megalomanen, der allerdings in der Tat nie zufriedengestellt werden kann: Der Dichter ist seinen Verpflichtungen nachgekommen, die Zarin den ihren nicht. Nach diesem Befund ist es für Deržavin nur ein kleiner Schritt, sich bewußtseinsmässig über Ekaterina II. zu stellen. Am deutlichsten artikuliert sich Deržavins Größenwahn in einem Moment äußerster Schwäche der Kaiserin, während ihres Sterbens. Georg Witte hat die Rivalität, die sich durch Deržavins Bericht von Ekaterinas Ende zieht, deutlich herausgearbeitet:

> Betrachten wir die Schilderung von Ekaterinas Tod: Sie stirbt schreibend. Taucht die Feder in's Tintenfaß, steht auf, „ohne den begonnenen Satz zuende geschrieben zu haben", um einem „natürlichen Bedürfnis" nachzukommen, und erliegt einem epileptischen Anfall. Das ist ein Triumph dessen, der alles zuendeschreibt. Der sein Leben – ganz! – beschreibt (das ist ihm hier besonders wichtig): „Man schreibt die Ursache eines solch plötzlichen Todes einer Entzündung ihres Blutes zu, die entstanden sei wegen des Ärgers über den Starrsinn des schwedischen Königssohns, nämlich daß er von der Heirat der Großfürstin Alexandra Pavlovna Abstand nahm; doch da diese Materie nicht in die Abenteuer des Lebens Deržavins eingeht, findet sie hier keinen Platz." [VI, 668, U.S.]
> Der vordergründig bescheidene Verzicht auf die weltpolitische Dimensionierung der eigenen Lebensgeschichte erweist sich als versteckte Genugtuung des eigenen Größenwahns: Du stirbst in jämmerlichen Verkrampfungen, den allergewöhnlichsten körperlichen Bedürfnissen ausgeliefert, im Schreiben (der Reichsgeschichte!) versagend – das „findet Platz" in den „Abenteuern meines Lebens". Deine – vergangenen – kaiserlichen Motivationen „finden nicht Platz" und bleiben draußen. Deine dynastischen Sorgen interessieren nicht mehr – Thronfolger im transpolitischen Sinne bin ich. (1992, 59 f.)

---

12 Es ist interessant, daß auch die Zarin selbst einen deutlichen Hang zur Bilanzierung der eigenen Erfolge aufweist. In einem Brief an Grimm aus dem Jahr 1781 bildet Ekaterina II. eine absurde Summe von Gouvernementsbildungen, Städtegründungen, militärischen Siegen und Erlassen während ihrer bisherigen Regierungszeit: „Le résultat laconique. Pendant ces dernières 19 années: Gouvernements érigés selon la nouvelle forme 29, Villes érigees et bâties 144, Conventions et traités conclus, Victoires remportées, Edits mémorables portant lois ou fondations 88, Edits pour soulager le peuple 123 = 492." (Gitermann 1944, II, 201)

Ichentwürfe

Die ausgezeichnete moralische Kompetenz, über die Deržavin auch laut eigenem Bekunden verfügt (VI, 670), erlaubt es ihm, die Geschichte der Kaiserin nicht nur zu Ende zu schreiben, sondern sie auch in der einzig gültigen Weise zu bewerten:

> Kurz, wenn diese weise und mächtige Kaiserin nicht auf Ewigkeit im Urteil der strengen Nachkommenschaft den Namen der Großen bewahren kann, so nur deshalb, weil sie sich nicht immer an die heilige Gerechtigkeit hielt, sondern ihrem Hofstaat nachgab; am häufigsten den Favoriten, weil sie fürchtete, sie zu verstimmen; und deshalb konnte sich die Tugend nicht immer einen Weg durch dieses Dickicht bahnen und sich zur gebührenden Höhe erheben. Aber wenn man in Betracht zieht, daß sie auch nur ein Mensch war, daß der erste Schritt ihrer Thronbesteigung nicht ohne Tadel war, so war sie gezwungen, sich mit ungerechten Leuten und Profiteuren ihrer Leidenschaften zu umgeben, gegen welche offen vorzugehen sie sich vielleicht hütete; denn diese unterstützen sie. (VI, 669 f.)

Die Einsicht in das Menschliche, Allzumenschliche auch einer kaiserlichen Seele zieht sich als roter Faden durch Deržavins Staatsdienst nach Ekaterinas Tod.[13] Deržavin bekleidet in der Folge höchste Ämter: Unter Pavel I. dient er als Finanzminister, unter Aleksandr I. als Justizminister. Das Bewußtsein der eigenen moralischen Überlegenheit über Pavels exzentrische Persönlichkeit (VI, 695) erlaubt Deržavin die Wahrung seiner contenance auch in kritischen Fällen. Zu Beginn von Pavels Regierungszeit wird Deržavin zum Leiter der Ratskanzlei ernannt. Als er sich beim Imperator nach seinen Aufgaben erkundigt und ihm unter anderem auch die Frage vorlegt, ob er bei den Ratssitzungen stehen oder sitzen soll,[14] explodiert der Zar und entzieht ihm seine Gunst. Deržavins Reaktion besteht in einem „bitteren Lachen" (VI, 674). Bezeichnend ist auch der kalkulierte Einsatz von Deržavins Schriftgewalt zur Behebung des Schadens:

---

[13] Vgl. „Vlastiteljam i sudijam": „Цари! Я мнил, вы боги властны / Никто над вами не судья, / Но вы, как я подобно, страстны, / И так же смертны, как и я."

[14] Die Unterscheidung von Wesentlichem und Unwesentlichem scheint nicht zu Deržavins Stärken gehört zu haben. Bereits Chrapovickij vermerkt am 2. März 1792 in seinem Tagebuch: „Er kommt mit jedem Unsinn zu mir [он со всяким вздором ко мне лезет]." (1901, 229)

Deržavin

[...] schließlich kam er ohne Hilfe von außen auf den Gedanken, die Gunst des Monarchen mittels seines Talents wieder zu erlangen. Er schrieb die Ode auf seine Thronbesteigung [...]. (VI, 675 f.)

Deržavins Macht als Autor kann nicht nur die Gunst des Zaren wiederherstellen, sondern stellt auch eines der wichtigsten Handlungsinstrumente in seinem Kampf gegen die Staatsfeinde dar. Der Dichter kann durch die Veröffentlichung seiner Werke auf Mißstände aufmerksam machen:

Deržavin [...] ging häufig gegen die Generalprokuroren los, gegen Fürst Kurakin und nachher gegen Fürst Lopuchin, ebenso gegen den Schatzmeister Vasil'ev, weil sie aus Leidenschaft und Eigennutz die Freigebigkeit des Herrschers mißbrauchten; aber weil diese sich überhaupt nicht darum kümmerten, so verfaßte er das aus dem dritten Teil seiner Werke bekannte Lied („An mich selbst [K samomu sebe"], U.S.):

Что мне, что мне суетиться,	Warum bemühe ich mich darum,
Вьючить бремя должностей,	die Last der Ämter zu tragen,
Если свет за то бранится,	wenn die Welt mich dafür tadelt,
Что иду прямой стезей?	daß ich gerade voranschreite?
Пусть другие работают,	Sollen doch andere arbeiten,
Много умных есть господ:	es gibt viele kluge Herren.
И себя не забывают,	Sie denken an sich selber,
и царям сулят доход.	und verheißen auch den Herrschern gute Einkünfte.

Er verteilte es in der Stadt, in der Hoffnung, daß es bis zum Herrscher gelangte und daß man ihn fragte, worauf es gemünzt sei: Dann hätte er die ganze Wahrheit erzählt; aber weil man sich fürchtete, den Herrscher mit etwas bekannt zu machen, das alle ihre Schändlichkeiten offenbarte, so erduldeten sie es, waren heimlich wütend und machten ihn inzwischen beim Imperator schlecht. Als Folge davon fauchte dieser an einem Sonntag, als er zur Kirche ging und unter den im Vorzimmer Versammelten Deržavin erblickte, indem er nach seiner Gewohnheit die Nüstern blähte, derart, daß viele es bemerkten und dachten, daß er bestimmt Deržavin in die Verbannung oder zumindest von der Stadt aufs Land schicken würde; aber Deržavin, sich auf seine Unschuld verlassend, schritt in die Kirche, als ob er nichts bemerkt hätte, betete zu Gott und gelobte sich selbst, zum Lob Gottes folgende Aufschrift für sein Wappen zu erbitten: *Ich halte mich durch höhere Gewalt* [...]. (VI, 711 f. Vgl. II, 108 ff., III, 596)

Ichentwürfe

Pavels Tod bietet für Deržavin wiederum Anlaß, Bilanz zu ziehen. Wie schon bei der Schilderung von Ekaterinas Ära berichtet Deržavin an prominenter Stelle (am Ende des Kapitels) über die Belohnungen, die er erhalten hat. Damit erhält die finanzielle Zufriedenstellung Deržavins historische Bedeutung: Die Bewertung eines Zaren bemißt sich nach dem Wert der Geschenke, die er Deržavin in Anerkennung der geleisteten (und im Grunde genommen unbezahlbaren) Dienste zukommen lassen hat. Daß das Ergebnis auch für Pavel nicht allzu günstig aussieht, kann deshalb kaum überraschen:

> Er erhielt vom Imperator Pavel folgende Belohnungen: 1. für die Ode auf die Geburt des Großfürsten Michail Pavlovič eine Tabakdose mit Brillanten, 2. eine ebensolche für die Ode auf den Malteserorden, 3. ein brillantenes Malteserkreuz für die Erstellung des Konkursgesetzes [...]. Schließlich erhielt Deržavin noch eine Belohnung für die Berichterstattung über die Staatseinkünfte im Jahr 1801, wofür seine Vorgänger im Amt des Schatzmeisters 100 000 Rubel erhielten, die der Imperator auch in diesem Fall ausgeben wollte; aber seine Berater überzeugten den Zaren, daß für Deržavin wegen seiner kurzen Amtsausübung eine solche Summe zuviel sei, und es wurden ihm nur 10 000 Rubel gegeben, die übrigen 90 000 Rubel aber teilten sie unter sich auf, und zwar so: Obol'janinov erhielt 30 000, Admiral Kušelev 30 000, Fürst Gagarin 30 000, Deržavin jedoch erhielt nie von jemandem irgendeine Belohnung und war damit zufrieden: obwohl er Enttäuschung verspürte, verbarg er sie jedoch in seinem Herzen [но Державин никогда ни от кого никакого не получал награждения и тем был доволен: хотя и чувствовал обиду, но скрыл в своем сердце]. (VI, 721)

Unter Aleksandr I. setzt Deržavin seinen unerschrockenen kämpferischen Alleingang gegen Kabale und Ränke seiner Ministerkollegen fort.[15] Das Ausmaß der Kritik, das an seiner eigenen Handlungsweise laut wird, ist ihm nur Gradmesser der eigenen Unbestechlichkeit:

---

[15] Deržavin zeichnete sich auch hier durch Hitzigkeit aus (Zapadov 1992, 69) und nannte etwa die Gruppe um den Generalprokuror Beklešov (vgl. VI, 723 ff.) wegen ihrer konstitutionellen Reformvorschläge eine „jakobinische Bande [якобинская шайка]" (Šil'der 1904, 41).

Deržavin

> Kurz, einerseits wegen der bei den Ministern herrschenden Unordnung und andererseits wegen der ständigen Einsprachen Deržavins und seinen dem Zaren unangenehmen Berichten, verhielt sich der Imperator immer kühler zu ihm, die Minister aber immer feindlicher. (VI, 749)

Deržavin agiert aus dem Bewußtsein heraus, den Vorteil des Zaren besser zu kennen als der Zar selbst:

> Wie dem auch sei, solche Angelegenheiten und Umstände schufen Deržavin viele Feinde und ließen durch zahlreiche Einflüsterungen auch den Zaren zu ihm erkalten, was er auch von seiner Seite noch verstärkte, indem er sich strikt an die Gerechtigkeit hielt, ohne von ihr ein Haarbreit abzuweichen, sogar zum Nutzen des Zaren. (VI, 771)

Ihren gedrängtesten Ausdruck findet diese Auffassung in einer Zeile aus Deržavins berühmter Horaz-Adaption „Denkmal [Pamjatnik]" (Fomenko 1983, 156 f.):

> Ich wagte es als erster [...]
> Den Zaren lächelnd die Wahrheit zu sagen.

Allerdings scheint Aleksandr I. Deržavins pädagogische Ader nicht besonders geschätzt zu haben.[16] Als Deržavin den Zaren wieder einmal über die richtige Regierung seines Staates belehrt, erhält er eine schroffe Abfuhr:

> „Du willst mich immer belehren", sagte der Zar zornig, „ich bin der souveräne Herrscher, und ich will es so." (VI, 768)

Die bitterste Pille für Deržavin ist jedoch seine Absetzung als Justizminister im Jahr 1803.[17] Als auf ein Rechtfertigungsschreiben an Aleksandr I.

---

[16] Noch 1812 gefällt sich Deržavin im Entwurf zu einem „Rassuždenie o dostoinstve gosudarstvennogo čeloveka" in der Rolle des praeceptor mundi: „Wenn ich mich erkühnte, Ekaterina zu sagen, daß sie sich für jede Träne und jeden Blutstropfen vor dem Allerhöchsten zu verantworten habe, Pavel, daß nur der Weltenherrscher immer recht habe, Aleksandr, daß er auch auf dem Thron ein Mensch sein solle, so scheute ich keine Unannehmlichkeit für die Wahrheit." (VII, 637)

[17] Graf A.R. Voroncov beklagt im Jahr 1803 wiederholt Deržavins Unfähigkeit im Amt: „Nous avons un Procureur Général désorganisateur, si jamais il y en a eu; j'ai toujours eu très mauvaise idée de la tête mais jamais je n'ai cru que cela serait a ce point là." (Vjazemskij 1881, 217, vgl. auch 221, 226)

Ichentwürfe

keine Antwort erfolgt, versteigt sich Deržavins Imagination, die ja bereits Erstaunliches geleistet hat, in eine Wahnvorstellung: Der bedrängte Minister fürchtet, zum Opfer eines Mordkomplotts zu werden. Der Hinweis auf das geplante Attentat stellt für Deržavin die letzte Möglichkeit dar, seiner Persönlichkeit, der im Amt die Marginalisierung droht, die gebührende Aufmerksamkeit zu verschaffen (VI, 782).

In einem Geheimtreffen erläutert der Zar seinem Minister den Grund der Entlassung: „Du dienst sehr eifrig [ты очень ревностно служишь]." (VI, 783) Deržavin reagiert äußerst beleidigt auf diese Geringschätzung seiner Dienste. Bezeichnenderweise verändert sich an dieser Stelle die Architektur von Deržavins Lebenstext. Von der Schilderung der unverdienten Erniedrigung geht Deržavin über zu einem fünfseitigen Katalog seiner eigenen Leistungen (VI, 783-788). Die Formulierung dieses „Gegentextes" nimmt genau jenes Wort [ревностно] auf, das für Aleksandr I. einen Entlassungsgrund darstellt, und wendet es ins Positive:

> Hier ist es angebracht aufzuzählen, welche eifrigen Dienste [ревностные услуги] er dem Staat erwiesen hat (in bedeutender Stellung, versteht sich), für die ihm das Recht auf Belohnung zugestanden hätte, er aber mußte im Gegenteil verschiedene Unannehmlichkeiten und Hetzen hinnehmen [претерпел разные неприятности и гонения], die oben beschrieben wurden. (VI, 783)

Deržavin zieht sich vom Staatsdienst zurück. Bezeichnenderweise endet an diesem Punkt auch seine Autobiographie. Das Privatleben bietet keinen mitteilenswerten Stoff mehr. Im Jahr 1806 unterbreitet Deržavin dem Kaiser nochmals einen Aktionsplan zur Abwehr Bonapartes – einer Gefahr, „die er klar vorausgesehen hatte" (VI, 788). Allerdings schenkt Aleksandr seinem eifrigen Berater auch diesmal kein Gehör. Ein letzter Versuch Deržavins, an der Lenkung der Staatsgeschicke wenigstens mittels schriftlicher Ratschläge an die Regierung teilzunehmen, scheitert wenige Jahre später kläglich:

> Seit jener Zeit zog sich Deržavin in jeder Hinsicht vom Hof zurück und ließ ihm keine eifrigen Vorschläge zum Nutzen des Vaterlandes mehr zukommen, außer daß er im Jahr 1812 während der französischen Invasion in das Imperium anläßlich der Mobilisierung der allgemeinen Landwehr durch ein Manifest am 14. Juli aus Novgorod über einige Verteidigungsmaßnahmen schrieb, aber er erhielt keinerlei Meldung, was damit geschah, weder vom Imperator noch von irgendjemand anderem, auch erfuhr er nicht, ob dieses Schreiben in die Hände Ihrer Hoheit gelangte, denn es

Deržavin

wurde in Novgorod persönlich seiner Exzellenz dem Prinzen Georgij von Oldenburg zur Weiterleitung an Ihre Hoheit übergeben. (VI, 789)

Deržavins Leben hätte nach dieser in der Tat ernüchternden Reihe von Niederlagen und Mißerfolgen in Stummheit enden können. Deržavin stellt aber sein beschädigtes Selbstwertgefühl mit einem bewährten Mittel wieder her: der Schrift. In diesem Bereich ist er der Selbstherrscher und Autokrat von Gottes Gnaden (Kulakova 1969, 31), hier ist er derjenige, der ernennt und absetzt (Zapadov 1992).[18]

Bereits 1804 nimmt Deržavin poetische Rache an den wankelmütigen Zaren und stellt in seinem Gedicht „Der Schwan [Lebed']" den Ruhm des Dichters höher als den eines Staatsmanns:

Да так! Хоть родом я не славен;	Zwar ist mein Geschlecht nicht berühmt,
Но будучи любимец муз,	dafür bin ich aber ein Liebling der Musen,
Другим вельможам я не равен,	deshalb gleiche ich nicht anderen Würdenträgern
И самой смертью предпочтусь.	und werde sogar vom Tod bevorzugt.
Не заключит меня гробница	Ich werde nicht im Grab eingeschlossen sein,
Средь звезд не превращусь я в прах;	ich werde mich auch zwischen den Sternen nicht in Staub verwandeln;
Но будто некая пеница,	Wie eine Sängerin
С небес раздамся в голосах.[19]	Werde ich aus himmlischen Stimmen erklingen.

---

[18] Vgl. etwa Deržavins vernichtenden Brief an V.V. Kapnist vom 31.12.1789: „[...] Deine letzten Werke sind keiner Beachtung würdig." (V, 812) In diesem Zusammenhang ist auch auf die oft kolportierte Szene hinzuweisen, in der der abtretende „Herr der Schrift" Deržavin den Gymnasiasten Puškin zu seinem Nachfolger ernennt: Zu den Kompetenzen eines Kaisers gehört die Regelung der Thronfolge. An diesem Mythos einer poetischen translatio imperii bastelt auch Chodasevič (1931, 290, 296).

[19] In einer Anmerkung hat Deržavin dieses Gedicht wie folgt kommentiert: „Es wäre unverzeihlich, sich in solchem Maße selbst zu loben, aber weil Horaz und andere antike Dichter sich diesen Vorzug erlaubt haben, so bedient auch er [sc. Deržavin, U.S.] sich seiner und glaubt nicht, daß er deswegen von seinen Landsleuten verurteilt wird, um so mehr, als dieses Gedicht eine wahres Naturbild darstellt." (Kononko 1975, 125)

Ichentwürfe

Weiteren Auftrieb gibt der schriftlichen Selbsttherapierung eine Anfrage des Kiever Metropoliten Evgenij Bolchovitinov, der die Herausgabe eines Schriftstellerlexikons plant und deshalb Deržavin um eine Lebensbeschreibung bittet. Im Jahr 1805 verfaßt Deržavin eine kurze autobiographische Skizze mit dem Titel „Einiges über Deržavin [Nečto o Deržavine]" sowie eine Liste von „Anmerkungen [Primečanija]" zu seinen poetischen Werken (Serman 1988, 20). Daß Deržavin auf Bolchovitinovs Bitte mit einer doppelten Antwort reagiert, ist in höchstem Maße signifikant. Durch die gleichzeitige Kommentierung von Leben und Werk wird die höchste auktoriale Gewalt des Dichters wieder in ihr Recht gesetzt. In einem Moment, in dem sowohl Deržavins Lebenstext als auch seine poetischen Texte einen Sinn anzunehmen drohen, der dem eigenen Selbstentwurf grundlegend widerspricht, greift Deržavin zu seiner wirkungsvollsten Waffe, der Schrift, und errichtet durch seine Selbstkommentierung ein Deutungsmonopol nicht nur über alle Schriftstücke, die er je produziert hat, sondern auch über das eigene Leben. Gegenüber A.F. Merzljakov erklärt Deržavin:

> Als inspirierter Poet mußte ich die Wahrheit sagen; als dienstleistender Politiker und Höfling war ich gezwungen, die Wahrheit durch Allegorien und Anspielungen zu verbergen, woraus selbstverständlich folgt, daß viele, die heute meine Werke lesen, nicht vollständig verstehen, was sie lesen. [...] Alle Kommentatoren und Forscher, die sich mit meinem Leben befassen, werden falsch urteilen ohne besondere Anmerkungen, die ich für den Fall meines Todes hinterlassen habe. (Kononko 1973, 109)

Der von Deržavin dekretierte Sinn bringt alle Ereignisse seines Lebens auf eine Generallinie. Die für Bolchovitinov verfaßte autobiographische Notiz liest sich wie die Erfolgsstory eines Staatsmannes von außergewöhnlichen Fähigkeiten. Vorfälle, die diesen Eindruck trüben könnten, werden nur am Rande erwähnt und immer durch den Hinweis auf Intrigen gerechtfertigt. In der endgültigen Redaktion, die von Deržavin selbst vorbereitet wurde,[20] sind die entscheidenden Bruchstellen in seiner Karriere sorgfältig geglättet:

---

[20] Bolchovitinov schreibt: „Mit der nächsten Post schicke ich Deržavins Biographie an Bantyš-Kamenskij, die bei ihm selbst in seinem Kabinett überarbeitet und mit allen Einzelheiten versehen wurde. Aber er fordert, daß all dies gedruckt werde. Lassen wir unserem verehrten Horaz dieses Vergnügen." (VIII, 891)

Deržavin

Auf diese Weise durchlief er durch sein Handeln seit 1762 alle niederen Ränge des Militärdienstes; am 1.1.1772 wurde er zum Gardefähnrich ernannt, 1773 der Anciennität nach zum Leutnant, im Dezember desselben Jahres wurde er durch einen persönlichen Ukas mit einigen Gardeoffizieren, die Aleksandr Il'ič Bibikov als Assistenten zugeteilt waren, wegen des Aufruhrs in entfernteren Gouvernements nach Kazan' beordert. Dieser General, der seine Fähigkeiten erkannt hatte, vertraute ihm besondere, verschiedene und geheime Expeditionen an [...]. [Deržavin wird erst nach wiederholtem eigenen Bitten von Bibikov eingesetzt, VI, 450, U.S.] Für all seine Heldentaten [подвиги] wurde er vom Artilleriekapitänleutnant (diesen Rang hatte er seit 1.1.1777 inne) zum Obersten in der Armee befördert [Deržavin schlug sich zwar selbst zur Beförderung zum Obersten vor, wurde aber abgelehnt und gegen seinen Willen aus der Armee entlassen, U.S., VI, 517, Kononko 1972, 83]; wegen einigen Hindernissen wurde er am 15.2. desselben Jahres durch einen besonderen persönlichen Ukas zum Kollegienrat im Zivildienst befördert, als Belohnung erhielt er 300 Seelen im weißrussischen Gouvernement; im August wurde er zum Exekutor im 1. Senatsdepartement ernannt. Ende 1779, als die Untersuchung der staatlichen Einnahmen eingeleitet wurde, versetzte man ihn als Berater dorthin. 1782 wurde er zum Staatsrat befördert. Am 15.2.1784 wurde er auf eigenen Wunsch als Wirklicher Staatsrat aus dem Dienst entlassen [nachdem er sich mit dem Generalprokuror Vjazemskij zerstritten hatte, U.S., VI, 537], aber im selben Jahr wurde er am 20.5. in Olonec zum Gouverneur ernannt. 1785 wurde er mit demselben Amt nach Tambov versetzt und nach drei Jahren Aufenthalt dort mit dem Orden des Hl. Vladimir 3. Stufe belohnt. Ende 1789 verließ er diesen Ort [выбыл он оттуда] [Deržavin stand unter Anklage und wurde seines Amtes enthoben, U.S., VI, 574]; 1791 geruhte die Imperatorin ihn als Staatssekretär in ihre Dienste zu nehmen. Anläßlich der Feier des Friedens mit den Türken und der Hochzeit Ihrer Kaiserlichen Hoheit des Großfürsten und späteren Imperators Aleksandr Pavlovič am 8.9.1793 wurde er zum Geheimrat befördert und erhielt den Orden des Hl. Vladimir 2. Stufe, mit dem Auftrag, im Senat anwesend zu sein. 1794 wurde er unter Beibehaltung des bisherigen Amtes zum Präsidenten des Kommerzkollegiums ernannt. Nach der Thronbesteigung Pavels I. wurde er mit der Leitung der Kanzlei des Staatsrates beauftragt; diese Stellung wurde jedoch bald aufgehoben [однако же вскоре сие положение отменено] [Pavel enthob in einem Wutausbruch Deržavin seines Amtes, da

Ichentwürfe

dieser nicht wußte, worin seine Aufgaben bestehen, U.S, VI, 671 f.] 1798 erhielt er zusammen mit den übrigen Senatoren den Orden der Hl. Anna 1. Klasse. 1799 und 1800 wurde er in allerhöchstem Auftrag nach Weißrußland entsandt und für die erfolgreiche Ausführung des Befohlenen unter Verleihung des Ordens des Hl. Johannes vom großen Jerusalemer Kreuz zum Wirklichen Geheimrat befördert. Im August 1800 wurde er erneut zum Präsidenten des Kommerzkollegiums ernannt, am 23.11. zum Schatzmeister, bei der Einreichung der Tabellen erhielt er zur Belohnung 10 000 Rubel. Nach der Thronbesteigung des Imperators Aleksandr Pavlovič übte er nur das Amt eines Senators aus, sein Lohn entsprach seinem Amt, die Spesenvergütung der eines Schatzmeisters. Im selben Jahr wurde er am 15.9. anläßlich der wohl ablaufenden Krönung für Leistungen, die Ihrer Hoheit bekannt waren, mit dem Orden des Hl. Aleksandr Nevskij belohnt; am Ende dieses Jahres wurde er mit einer ihm besonders anvertrauten allerhöchsten Mission nach Kaluga entsandt. Am 8.9.1802 wurde er zum Justizminister ernannt; am 7.10.1803 wurde er auf eigenen Wunsch aus dem Staatsdienst entlassen unter Weiterbezahlung des früheren Lohns und der Spesenvergütung eines Schatzmeisters. [Deržavin wurde gegen seinen Willen von Aleksandr als Minister entlassen, U.S., VI, 783]. (Bolchovitinov 1845, 168-171, vgl. die erste Fassung dieses Textes bei Kononko 1972, 83)

Während Deržavin in dieser Selbstdarstellung von Beförderung zu Beförderung, von Ordensverleihung zu Ordensverleihung eilt, ist der Grundton der Anmerkungen zu seinen Gedichten ein anderer. Komplementär zu der (wohlverdienten) offiziellen Anerkennung von Deržavins Leistungen verhält sich seine Rolle als unbestechlicher Mahner,[21] der den Zaren die Wahrheit sagt. Deržavin präsentiert sich hier zwar als Verbündeter der Herrscher,[22] gleichzeitig aber schwingt bei der Schilderung des Hoflebens häufig ein kritischer Unterton mit:

---

[21] „Der Autor war seiner Natur und Erziehung nach der Wahrheit zugetan, so daß jede Ungerechtigkeit ihn mit großer Macht, wie eine Krankheit, sogar physisch, niederschlug [...]." (Kononko 1974, 86)

[22] In der Anmerkung zur Ode „Providenie" (1794) schreibt Deržavin: „[...] er dachte, daß er kühn gegen das wilde Andrängen seiner damaligen Feinde gehen könne, die gegen ihn rebellierten, als er Präsident des Kommerzkollegiums war, und daß Ekaterina sein Schutzschild sei, wenn seine Wege unschuldig und sein Herz rein sei und

Deržavin

Das Vorwort [zu seinen Oden, U.S.] wurde von ihm während seines Diensts als Staatssekretär unter Ekaterina II. im Jahr 1793 verfaßt. Er brachte es dieser Herrscherin im Jahr 1795 dar, weil sie einige Male ihren Wunsch geäußert hatte, er möge doch mehr schreiben, und drängte ihn sozusagen dazu; aber weil er damals durch viele Umstände verstimmt war, so war ihm nicht danach, etwas Neues zu schaffen, besonders in der Art der Felica, so wie sie es wünschte [...]. (Kononko 1973, 110)

Der Dichter, der sich den kapriziösen Stimmungen der Imperatorin ausgesetzt sieht, zahlt ihr mit gleicher Münze heim: Gewissermaßen als Strafe für ihre mangelnde Anerkennung verweigert er sich der Inspiration.

Grundsätzlich aber verfügt Deržavin über die Fähigkeit, die Herzen seiner Mitmenschen zu erkennen und zu rühren. Die Anmerkung zur Ode „Felica" offenbart die Macht des Dichters. Nach der Lektüre der Ode ruft Ekaterina II. die Fürstin Daškova zu sich:

Die Imperatorin [...] war ganz verweint und fragte: Wer ist der Autor, der „Felica" verfaßt hat und mich so genau kennt? (113)

Deutlicher noch als in seinen *Aufzeichnungen* [*Zapiski*] hebt Deržavin in den „Anmerkungen [Primečanija]" die politische Brisanz der „Ode an Felica" hervor:

Dieses Werk war der erste Grund für die Hetze seitens des Fürsten Vjazemskij und anderer. (114)

Zentrale Bedeutung kommt in Deržavins ideologischem System der Anmerkung zur Ode „Dankbarkeit gegenüber Felica [Blagodarnost' Felice]" zu. Deržavin begreift hier das Verhältnis von politischem und poetischem Talent nicht als Gegensatz, sondern als Verwandtschaft:

Was folgende Wendung betrifft, wo der Autor sagt: Wenn er in der Last der Aufgaben eine freie Stunde hat, so besingt er seine Heldin. Dies bezieht sich ausschließlich darauf, daß Fürst Vjazemskij diejenigen, die sich in der Poesie übten, für unfähig und faul im Amt hielt, wovon er sogar die Imperatorin überzeugt hatte. Denn obwohl diese die Schriftstellerei liebte, schrieb sie keine Gedichte und konnte sie auch nicht schreiben, und deshalb

wenn er seinen Glauben zu Gott und seine Treue zum Monarchen bewahre." (Kononko 1974, 90)

> verwendete der Autor während seines Staatsdienstes alle seine Kräfte auf den Nachweis, daß dieser Schluß ungerecht sei, denn, wenn man wahrhaftig begabt ist, kann man im einen wie im andern sehr erfolgreich sein, wenn man sich nur Mühe gibt. Und es scheint im Gegenteil, daß der Kopf des Dichters zum Ersinnen neuer Gesetze fähiger ist, was vom Autor auch in der Tat bewiesen wurde. (114)

Die subversive Pointe dieses Abschnittes liegt darin, daß die Disqualifizierung der Imperatorin im poetischen Bereich (sie kann keine Gedichte schreiben!) gleichzeitig auch eine politische Disqualifizierung impliziert. Die hervorragende schriftstellerische Kompetenz Deržavins prädestiniert ihn in seiner Sicht deshalb nicht nur zum Staatsmann, sondern ermächtigt ihn auch zur Kritik an allen anderen Politikern – bis hinauf zur Zarin.

Im nachhinein möchte Deržavin sich kritischer sehen, als er es in der Rolle von Ekaterinas „eigenem Autor" in der Tat war. Er sieht deshalb das wichtigste poetische Instrument politischer Einflußnahme in der Ironie. In der Anmerkung zur Ode „Einem zurückgezogenen athenischem Helden [Ostavnomu afinejskomu vitjazju]" schreibt Deržavin:

> In diesem Couplet beginnt die subtile Kritik oder Ironie [тонкая критика или ирония] auf die letzten Tage der Regierungszeit der Imperatorin, als sie bereits vom Alter geschwächt war. [...] Aber in der letzten Zeit war die Imperatorin schon nicht mehr so [sc. willensstark, U.S.] und konnte solche Wahrheiten nicht ertragen. (Kononko 1975, 115)

Derselbe Mechanismus nachträglicher Verschärfung eines politisch harmlosen, sogar loyalen Textes findet sich in der Anmerkung zum „Sendschreiben an den Zarensohn Chlor [Poslanie k Chloru careviču]":

> Chlor meint den Imperator Aleksandr I., dem in diesem Gedicht wie Felica ein ironisches Loblied gesungen wird, das seine Denkensart, seinen Charakter und sein Handeln erklärt. (119)

Das Bedürfnis zur Selbstkommentierung macht sich in Deržavins letzten Lebensjahren immer deutlicher bemerkbar. Nach der Niederschrift der Skizze „Einiges über Deržavin [Nečto o Deržavine]" (Kononko 1972, 81-85) und der „Anmerkungen [Primečanija]" (Kononko 1973, 1974, 1975) im Jahr 1805 kündigt Deržavin im Vorwort zu seiner Werkausgabe (1808) neue Erklärungen zu seinen Gedichten an:

Deržavin

Ich werde sie [sc. meine Werke, U.S.] mit Anmerkungen ausstatten, für allegorische Stellen ebenso wie für Eigennamen, die nur mir selbst bekannt sind und aus Bescheidenheit nicht genannt werden, damit man das über sie Gesagte nicht für plumpe Schmeicheleien oder für Eigenlob hält. (VII, 528)

1809 hat Deržavin sein Vorhaben in die Tat umgesetzt und umfangreiche „Erklärungen [Ob"jasnenija]" verfaßt, eine Ausdeutung von „dunklen Stellen, die sich in ihnen [sc. den Werken Deržavins, U.S.] befinden, von Eigennamen, Allegorien und zweideutigen Aussagen, deren ursprünglicher Sinn nur dem Autor bekannt ist; ebenso eine Erklärung der Bilder, die sich darin befinden, und Anekdoten, die sich während der Niederschrift ereigneten." (III, 474) 1813 schließlich schreibt Deržavin seine *Aufzeichnungen* [*Zapiski*], die den umfangreichsten Rechenschaftsbericht des eigenen Lebens darstellen.

Ein Vergleich der vier autobiographischen Texte Deržavins zeigt ihre starke Abhängigkeit von dem beabsichtigten Publikationsmodus. Deržavin neigt zu einer stereotypenhafteren Stilisierung seiner Selbstdarstellung, wenn der entsprechende Bericht unmittelbar veröffentlicht werden soll („Einiges über Deržavin [Nečto o Deržavine]"). Deržavins ausführliche *Aufzeichnungen* [*Zapiski*] hingegen erfüllen mehr die Funktion einer privaten Selbstvergewisserung. Die ausgeprägte Viktimisierung der eigenen Person stellt sich in den Dienst der Selbstrechtfertigung: Die interpretierende Niederschrift des eigenen Lebens verleiht auch jenen Ereignissen einen positiven Sinn, die für Deržavins Selbstwertgefühl schwere Schläge bedeuten.

In allen Fällen aber muß man Deržavins literarische Beschäftigung mit der eigenen Biographie als Ausdruck seines Bestrebens werten, das auktoriale Recht zur Sinnstiftung nicht aus der Hand zu geben. Als konsequente Pointe dieses Beharrens kann man die Tatsache ansehen, daß Deržavin die möglichst lückenlose Kommentierung seines Lebens und seiner Werke sogar auf den eigenen Tod ausgedehnt hat. Deržavins Autobiographie verdichtet sich in seinem Autoepitaph zu folgender Formel, die seinen Ichentwurf am knappsten beschreibt:

Hier ruht Deržavin, der die Gerechtigkeit hochhielt, aber, von Ungerechtigkeit niedergedrückt, bei der Verteidigung der Gesetze fiel [Здесь лежит Державин, который поддерживал правосудие, но, подавленный неправдою, пал защищая законы]. (Travnikov 1993, 82)

7. Das Ich in Uniform: I. Dmitrievs Verdrängung des Intimen durch das Offizielle

Die Dienstautobiographie bietet dem Schreibenden ein einfaches Modell der Identitätssicherung. Identität konstituiert sich hier als weitgehende Gleichschaltung jeglicher Individualität im Normengefüge des Staatsdiensts. Persönliche Entität leitet sich aus der Befolgung des vorgeschriebenen Musters ab: „Je sers, donc je suis."

Neben der psychologischen Attraktivität eines Lebensmodells, das seine sozialen Lustprämien relativ schnell ausbezahlt, verfügt die Dienstbiographie über einen weiteren Vorteil: Sie schränkt die Menge des Berichtenswerten auf den Diskurs staatlich definierter Normen ein. Allerdings läßt sich auch hier ein Phänomen beobachten, das dem Dilemma der Freimaurerautobiographien gleicht: Das starre Schema der Karriereberichts kollidiert ein weiteres Mal mit der Forderung nach Innerlichkeitsdarstellung. Im frühen 19. Jahrhundert wird diese Forderung indes nicht mehr in erster Linie philosophisch begründet, sondern entspringt sentimentalistischen und frühromantischen Charakterkonzeptionen. Ein anschauliches Beispiel für den Konflikt zwischen traditioneller Lebensbeschreibung einerseits und erwachendem indiskreten Leserinteresse andererseits bietet die Autobiographie des Dichters Ivan Dmitriev (1760-1837).

Am 22. November 1818 bittet Žukovskij den alternden Dmitriev in einem Brief um die Niederschrift seines Lebens: „Vergessen Sie nicht, daß Sie versprochen haben, Ihre Memoiren [записки] zu schreiben. [...] Es wäre ein unverzeihlicher Fehler von Ihnen, uns Ihre Memoiren vorzuenthalten." In seinem Neujahrsschreiben auf das Jahr 1819 antwortet Dmitriev ausweichend: „Das Alter hat mich faul gemacht, [...] ich habe keine Übung in der Prosa [старость обленила меня; [...] не сделав авторского навыка в прозе]." (Dmitriev 1895, II, 242).[1] Vier Jahre später wiederholt Žukovskij seinen „alten Refrain": „Memoiren! Memoiren! Dafür ist Ihre scharfe und malerische Feder zugeschnitten [Еще повторяю старый припев: Записки! Записки! Для них очинено перо ваше, острое и живописное]." (1959, IV, 576) Diesmal ist Žukovskij mehr Erfolg beschieden. Dmitriev antwortet am 18. Februar 1823: „Was

---

[1] P.A. Vjazemskij schreibt am 29. August 1819 an A.I. Turgenev: „Gebe Gott, daß Dmitriev seine Memoiren schreibt: Ich habe ihn mehrmals dazu aufgefordert. [...] Vom literarischen Standpunkt sind seine Erinnerungen wertvoll: Er hat in der Tat genug zum Erinnern. [...] Mag er auch manchmal als alter Mann die guten alten Zeiten loben und die Gegenwart kritisieren: das ist nett. Jeder muß sich an seine Sache halten und seine Rolle spielen." (Saitov 1899, 300)

meine Memoiren betrifft, so denke ich selber häufig daran, gleichzeitig zögere ich aber. Karamzin hat mich schon lange entmutigt, Prosa zu schreiben [Что же касается до записок, я часто и сам помышляю о них, и в то же время робею. Карамзин давно отчаял меня сочинять в прозе]."

Dmitrievs Autobiographie nimmt in der Folge schnell Gestalt an: Die Einleitung datiert vom 20. Juli 1823. Bereits am 10. Januar 1824 schließt Dmitriev den ersten Teil seiner Memoiren ab, am 24. Juni stellt er den zweiten Teil fertig, am 9. April des folgenden Jahres schließlich ist auch der dritte Teil niedergeschrieben. Die Dreiteilung seiner Aufzeichnungen kündigt Dmitriev bereits in der Einleitung an: Der erste Teil schildert kurz Dmitrievs Kindheit und Jugend und befaßt sich anschließend mit literarischen Angelegenheiten, der zweite und dritte Teil sind der Beschreibung von Dmitrievs Staatsdienst gewidmet (Dmitriev war von 1810 bis 1819 Justizminister). Dmitriev, der bereits im ersten Teil seiner Autobiographie mit persönlichen Informationen durchaus geizt, beschränkt sich in den beiden letzten Teilen ausschließlich auf die Wiedergabe politischer Ereignisse (Makogonenko 1967, 32).

Dmitrievs Memoiren zirkulierten zunächst in drei Abschriften in seinem nächsten Freundeskreis (Grot, Pekarskij 1866, 0160). Zu den ersten Lesern gehörten N.M. Karamzin, P.A. Vjazemskij, V.A. Žukovskij und schließlich keine Geringere als die Zarengattin Elizaveta Alekseevna.[2]

Ausschnitte aus Dmitrievs Memoiren wurden in den vierziger und sechziger Jahren in verschiedenen Zeitschriften veröffentlicht,[3] die erste vollständige Publikation in Buchform erfolgte 1866.[4] Dieser Text wurde nur 1895 in der zweibändigen Werkausgabe neu abgedruckt (Cross 1974, iii).

Bereits Karamzin und Žukovskij beklagten die Kürze von Dmitrievs Memoiren (Grot, Pekarskij 1866, 367, 370). N.P. Barsukov bezeichnete Dmitrievs Autobiographie als „Skelett seiner lebhaften Gespräche" (Tartakovskij 1991, 161), N.A. Polevoj kritisierte, daß Dmitriev von sich wie

---

[2] Die Zarin hatte auf Aleksandrs Ersuchen die Schilderung von Dmitrievs Verhaftung abgeschrieben (Grot, Pekarskij 1866, 376 f.). Im Jahr 1796 war der Dichter wegen einer Denunziation einige Tage inhaftiert gewesen (II, 67-73).

[3] *Moskvitianin* (1841, 1842, 1844), *Russkij Vestnik* (1860), *Sanktpeterburgskie Vedomosti* (1863), Cross 1974, iii.

[4] Eine Übersicht über die wichtigsten Kritikerstimmen zu dieser Ausgabe gibt Čulickij (1902, 367 f.). M.P. Pogodin beklagt die zurückhaltende Kürze und Gerafftheit von Dmitrievs Aufzeichnungen, ähnlich bemängeln auch die anonymen Rezensenten des *Knižnij Vestnik* und der *Iskra* die Trockenheit, Kälte und Farblosigkeit der Memoiren.

Dmitriev

über eine „unbeteiligte Person [как о постороннем лице]" spreche (Čulickij 1902, 368).[5] Daß die zeitgenössischen Leser sich nicht mit offiziellen Informationen zufriedengaben und auch ein persönliches Charakterbild forderten, belegt auch der Eintrag „Dmitriev" in Bantyš-Kamenskijs biographischem Lexikon. Hier ergänzen Beobachtungen des Biographen die kargen Angaben Dmitrievs:

> Ivan Ivanovič Dmitriev, Mitglied der Kaiserlichen Russischen Akademie (seit 1797), der Kaiserlichen Universitäten von Moskau und Char'kov und vieler gelehrter Gesellschaften, war hochgewachsen, hatte eine eindrückliche Körperhaltung, eine erhabene Stirn, ein trotz unregelmäßiger Züge angenehmes Gesicht; ein spöttisches Lächeln; eine auffahrende Natur, ein gutes und empfindsames Herz; er schien von äußerlicher Kühle, unzugänglich; im Umgang war er liebenswürdig, respektvoll, offen; er war ein leidenschaftlicher Verehrer des schönen Geschlechts, zurückhaltend und scheu in weiblicher Gesellschaft. (1847, I, 557)

Seinen Aufzeichnungen mit dem Titel *Blick auf mein Leben* [*Vzgljad na moju žizn'*] stellt Dmitriev ein nostalgisches Motto voran: „Am Abend unserer Tage leben wir von der Erinnerung [склонясь к закату дней, живем воспоминаньем]." Dmitriev begreift die Niederschrift des eigenen Lebensberichts weniger als Vermächtnis an die Nachwelt denn als Therapie seiner Einsamkeit.[6] Die Erinnerung an das eigene Leben wird zum Ersatz für einen fehlenden Gesprächspartner:

> Nun bin ich gezwungenermaßen noch mehr zum Stubenhocker geworden [стал еще более домоседом] [sc. als in der Jugend, U.S.]: Die Beine versagen mir ihren Dienst, die Augen ebenfalls, die alten Bindungen haben sich gelöst, neue zu knüpfen ist schwie-

---

[5] Chvostov (1890, 678) beklagt ebenfalls die „Trockenheit" von Dmitrievs Lebensbeschreibung und leitet über zu einer äußerst negativen Charakteristik des Dichters.

[6] Dmitrievs Neffe bestätigt in seinen eigenen Erinnerungen das „Einsiedlerdasein" seines Onkels: „All dies [der Tod der alten Freunde und die fehlende Achtung der jungen Generation, U.S.] machte die letzten Jahre seines Lebens etwas langweilig, und die Zahl der ihm nahestehenden Personen verringerte sich zusehends; immer öfter verbrachte er die Abende allein, mit Büchern. Selbstverständlich findet ein kluger und gebildeter Mensch in sich selbst immer Mittel gegen die Langeweile [Конечно, человек умный и образованный всегда найдет в самом себе средства против скуки], aber dieses Einsiedlerdasein [отшельничество] war trotzdem schwer für ihn in seinen letzten Jahren." (1869, 149 f.)

rig, und wenn es gelingt, so sind sie nicht von langer Dauer. Ich mußte Beschäftigung in mir selbst suchen und mit der Erinnerung leben [Пришлось искать занятия в самом себе и доживать воспоминанием]. (II, 1)

Relevanz kommt in Dmitrievs Lebensbeschreibung in erster Linie jenen Erinnerungen zu, die mit besonderen Gefühlen besetzt sind. Die sentimental eingefärbte Schilderung eines Besuchs bei seinem alternden Vater rechtfertigt Dmitriev mit dem Hinweis auf die rein private Funktion des Memoirenschreibens:[7]

> Meine Ministerkollegen mögen mir die Erwähnung solcher Kleinigkeiten verzeihen [...]. Ich schreibe nicht aus Prunksucht, nicht für die Nachkommenschaft, sondern allein für mein privates Vergnügen [Я пишу не для щегольства, не для потомства, а для собственного удовольствия]. (II, 133)

Das Resultat von Dmitrievs autobiographischer Beschäftigung widerspricht allerdings diesem Programm: Der Inhalt der beiden letzten Teile beschäftigt sich fast ausschließlich mit aktuellen politischen Fragen und der Schilderung des eigenen Staatsdienstes; im ersten Teil nähert sich Dmitriev jenem Genre an, in dem sich in Rußland zweitrangige Dichter und Kritiker unter dem Titel „Literarische Erinnerungen [литературные воспоминания]" mit erstaunlicher Regelmäßigkeit üben. So kolportiert Dmitriev Situationen, in denen Deržavin über Formulierungen nachdenkt, die später in seinen Gedichten auftauchen (II, 37). Eine besondere Rolle kommt in Dmitrievs Autobiographie Karamzin zu. Dmitriev gehört zu den vorbehaltlosen Bewunderern von Karamzins Talent. Bereits ein Zusammentreffen im Knabenalter (Dmitriev ist zehn, Karamzin fünf Jahre alt) findet als denkwürdiges Ereignis Eingang in die Lebensbeschreibung (II, 23), später erstattet Dmitirev ausführlich Bericht über Karamzins Editionstätigkeit (II, 47, 53, 57). Karamzins historische Erzählung „Marfa Posadnica" wird von Dmitriev in den höchsten Tönen gelobt – sie ist nicht

---

[7] Dmitriev selbst hat nie den Versuch unternommen, seine Autobiographie zu veröffentlichen. Allerdings hat er aus seiner Beschäftigung auch nie einen Hehl gemacht und seine Aufzeichnungen bereits zu Lebzeiten zirkulieren lassen. Dmitrievs Autobiographie gehört zu den ersten, die zumindest auszugsweise zu Lebzeiten des Verfassers veröffentlicht wurden (Puškin verwendete Dmitrievs Augenzeugenbericht von Pugačevs Enthauptung für seine *Istorija Pugačeva*, Vjazemskij erhielt Dmitrievs Zustimmung zur Publikation ausgewählter literarischer Erinnerungen) (Tartakovskij 1991, 159-165).

nur Ausweis der poetischen, sondern auch der menschlichen Qualitäten des Dichters:

> Darin [sc. „Marfa Posadnica", U.S.] zeigte sich sein Talent bereits in vollem Glanz und aller Reife. Wir fügen noch hinzu, daß Karamzin diese Erzählung während einer schweren Krankheit seiner Frau zu schreiben begann, von Sorgen und seelischen Leiden bedrückt, und in den ersten Monaten nach ihrem Tod fertigstellte. Beweist dies nicht die ganze Kraft seiner Begabung und seines Geistes? (II, 58)

Die Erinnerung an Freunde, zumal an berühmte, bildet einen integralen Bestandteil des literarischen Genres der Autobiographie. In Dmitrievs Fall bleibt aber das Ungleichgewicht zwischen der ausführlichen Information über Dritte und seiner Zurückhaltung hinsichtlich der eigenen Person frappant. Bereits 1805 entwirft Dmitriev in einem Brief an A.F. Merzljakov mit spürbarem Widerwillen eine Kurzautobiographie,[8] die sein privates Leben vollständig ausspart:

> Ich habe die Ehre, Ihnen zu melden, daß ich 1760 geboren wurde; ich war Gardehauptmann, danach Oberprokuror im Senat, in diesem Amt erhielt ich den Orden der Hl. Anna 2. Klasse. Zur Zeit bin ich Geheimer Staatsrat. Das ist mein öffentliches Leben, meine Bildung besteht nur darin, daß ich begonnen habe, mich mit der französischen Grammatik zu beschäftigen, aber wegen des Pugačev-Aufstandes habe ich sie nicht zu Ende gelernt, in der russischen bin ich überhaupt nicht unterwiesen; ich habe drei Bändchen mit irgendwelchen Gedichten herausgegeben und geriet – ich weiß selbst nicht wie – in die Russische Akademie und wurde Ehrenmitglied der Moskauer Universität [издал три томика кой-каких стихотворений и попал, не понимаю и сам каким образом, в число Русской Академии и в почетные члены Московского университета.] All das schreibe ich nur für den liebenswürdigen Aleksej Fedorovič und überlasse es seinem Gutdünken, das auszuwählen, was ihm paßt ... (II, 191)

Dmitriev versucht auch in *Blick auf mein Leben* [*Vzgljad na moju žizn'*], den auffälligen Verstoß gegen den enthüllenden Diskurs der Autobio-

---

8 Diese Information war für N.N. Bantyš-Kamenskijs *Slovar' dostopamjatnych russkich ljudej* (SPb. 1847) bestimmt.

Ichentwürfe

graphie in selbstanalytischen Passagen aufzufangen, die sich allerdings als Leerformeln erweisen. Er leitet den zweiten Teil seiner Lebensbeschreibung mit der Schilderung eines ungewöhnlichen Vorfalls ein: Kurz nach der Thronbesteigung Pavels I. gerät Dmitriev aufgrund einer Denunziation in den Verdacht, ein Attentat auf den Zaren zu planen, und wird verhaftet. Nach drei Tagen klärt die Polizei jedoch die Verleumdung auf und entläßt Dmitriev in die Freiheit. Im Rückblick scheint Dmitriev diesem Ereignis enorme Bedeutung beizumessen und kündigt es in den letzten Sätzen des ersten Teils mit folgenden Worten an:

> Die Erinnerungen an meinen Staatsdienst bilden den Inhalt des zweiten und dritten Teils meiner Aufzeichnungen, ich beginne den nächsten Teil mit der Beschreibung eines Vorfalls, der mich mehr als alles andere mit mir selbst bekannt machte, vielleicht einen Einfluß auf meine Sittlichkeit und auf alle bedeutenden Ereignisse hatte, die sich mit mir zutrugen, und deshalb in meinem Leben als Epoche bezeichnet werden kann [я начну следующую описанием такого случая, который ознакомил меня более, нежели что другое, с самим собою, имел, может быть, влияние на мою нравственность и на все последовавшие со мною значительные события, а потому и может назваться в жизни моей эпохою]. (II, 67)

Über den Einfluß der willkürlichen Inhaftierung auf seine Sittlichkeit schweigt sich Dmitriev in der Folge aus, die in der Tat wichtige Folge dieses Vorfalls – Dmitrievs Ernennung zum Oberprokuror (II, 75) – wird ohne Schilderung eines entscheidenden Zuwachses an Selbsterkenntnis erwähnt. Der nun folgende Inhalt von Dmitrievs Memoiren erschöpft sich in der Wiedergabe von Klatsch, beruflichen Sorgen, Hofintrigen, Ordensverleihungen und Gunstbezeugungen des Zaren.

Daß Dmitrievs persönliches Erleben in seiner Autobiographie eine Leerstelle bleibt, ist auch den Zeitgenossen nicht entgangen. P. Vjazemskij hat Dmitrievs Memoiren treffend charakterisiert:

> Dmitrievs Aufzeichnungen enthalten viel Interessantes und bei unserer Mißernte sind sie nahrhaft; es ist aber schade, daß er sie in Uniform schreibt [но жаль, что он пишет их в мундире]. (1929, 57)

Offizialität als Schutz der eigenen Intimsphäre – mit dieser Formel läßt sich Dmitrievs Haltung am besten erklären. Nicht daß es aus Dmitrievs Privatleben nichts zu vermelden gäbe, im Gegenteil: Das zu Berichtende war zwar nicht gerade verboten,[9] trägt aber das Stigma des Skandalösen. Was der Justizminister Dmitriev mit einem Tabu belegt, ist in der Tat delikat genug: Es gilt, die eigene Homosexualität zu verbergen (Karlinsky 1991, 105).[10]

Bei der Interpretation eines solch heiklen Themas ist höchste Vorsicht geboten. Oft werden heutige Vorstellungen auf ein anderes kulturhistorisches Umfeld projiziert; daraus ergeben sich nicht selten anachronistische Deutungen. Deshalb ist zunächst auf den Ort der Homosexualität im kollektiven Bewußtsein des frühen 19. Jahrhunderts hinzuweisen. Daß Homosexualität durchaus gesellschaftlich wahrgenommen wurde, zeigt etwa Puškins böses Epigramm auf M.A. Dondukov-Korsakov, der als Uvarovs Geliebter 1835 zum Vizepräsidenten der Akademie der Wissenschaften ernannt wurde (Gillel'son, Kumpan 1988, 257, 603). Außerdem berichtet Puškin über F.F. Vigel's Vorliebe für das Konversationsthema „muželožstvo" (1937, XII, 381).

Dmitriev selbst war eine recht auffällige Erscheinung. P.A. Vjazemskij berichtet über Dmitrievs bunte, ja sogar „phantastische" Aufmachung [У Дмитриева были и серые, и коричневые, и зеленые фраки, парики всех цветов, даже почти фантастических], M.N. Makarov hebt seinen Hang zur Eitelkeit hervor [Дмитрев всегда был щеголем. У него одна прическа иногда изменялась по-хамелеоновски] (Čulickij 1902, 391). Dmitriev liebte es, sich mit einer Schar junger Männer zu umgeben, denen er nicht selten auch eine Anstellung im Justizministerium verschaffte (Saitov 1899, 392, Vigel' 1891, IV, 141). So reportiert etwa F.F. Vigel' in seinen Aufzeichnungen Dmitrievs Umzug aus Moskau in die Hauptstadt nicht ohne ironischen Unterton:

> Kaum einen Monat nach seiner Ernennung zum Justizminister kam Dmitriev in Petersburg an; und er kam nicht allein, sondern brachte eine kleine, aber auserwählte Freundesschar [дружину] mit sich. Ihn begleiteten drei Jünglinge, Milonov, Gramatin und

---

[9] Allerdings bestraften die slavischen orthodoxen Kirchen Homosexualität mit mehrjährigem Fasten (Levin 1989, 200).

[10] Dies scheint auch gelungen zu sein: Um 1800 machten Gerüchte von Heiratsplänen Dmitrievs die Runde (Grot, Pekarskij 1866, 104, Deržavin 1876, VI, 162). Allerdings ging die Initiative nicht von Dmitriev aus: Die Avancen der Dichterin Anna Bunina wurden von ihm denn auch zurückgewiesen (Rosslyn 1997, 62-67). – Auf Kritik stieß allerdings die Tatsache, daß Dmitriev seinen Favoriten, den jungen, aber arroganten Grafen M.A. Dmitriev-Mamonov, zum Oberprokuror ernannte (Grot, Pekarskij 1866, 126, Malinovskij 1868, 969, Vjazemskij 1929, 106).

Ichentwürfe

Daškov; die ersten beiden waren gerade erst zu Dichtern geworden, der dritte wollte es noch werden. (1891, III, 150)

Bisweilen scheint es unter Dmitrievs Günstlingen auch zu Eifersuchtsszenen gekommen zu sein. In einem Brief vom 20. Januar 1819 berichtet Petr Vjazemskij Aleksandr Turgenev von einem solchen Vorfall:

> Žicharev ist hier angekommen, und schaffte es bereits gestern, betrunken Dmitriev mit Tränen zu begießen, und mit Šalikov zu wetteifern [состязаться], der ihn in seinem Verhältnis zu Dmitriev der Schmeichelei bezichtigte, und Dmitriev sitzt hier. Sie lügen lästerlich [Врут по м–], und Dmitriev sitzt hier als „freier Bürger eines freien Tisches". (Saitov 1899, 190)

Dmitrievs ostentative Gemütsruhe ist für seinen Umgang mit dem Thema Homosexualität symptomatisch: Er versucht, die eigene problematische Intimität der gesellschaftlichen Wahrnehmung zu entziehen und dem literarischen Diskurs der Epoche als Mimikry einzuschreiben. Dmitriev hütet sich, in seinen Gedichten die gleichgeschlechtliche Liebe explizit zu besingen. Auffällig ist immerhin der Kunstgriff, die Stimme eines weiblichen lyrischen Ich einzusetzen – die Liebeserklärung an ein männliches Gegenüber kann auf diese Weise skandalfrei erfolgen („Ach! kogda b ja prežde znala", „O ljubeznyj, o moj milyj", Dmitriev 1967, 132, 302). In seinen Fabeln erlaubt sich Dmitriev eine direktere Aussage, die aber immer im Rahmen des Geziemenden verbleibt („Dva golubja", „Dva druga", 197, 205). Schließlich lokalisiert Dmitriev seine Erotika nicht selten in einer utopischen Schäferidylle, in der nicht nur die Kategorien Raum und Zeit nicht an einem realistischen Maßstab zu messen sind, sondern auch die Kategorie des Geschlechts („K Chloe", „Gde Dafnis? Gde on vospevaet", 287, 329).

Rousseaus *Confessions* haben in Sachen sexueller Offenheit den Standard für den autobiographischen Diskurs gesetzt – einen Standard, der in Rußland zwar nie als Norm galt, aber immerhin zur Kenntnis genommen wurde. Während Rousseaus Vorbild eine Verhüllungsstrategie erschwerte, kam der literarische Geschmack der Epoche Dmitrievs Darstellung durchaus entgegen. Auf der einen Seite war es für Dmitriev ein Leichtes, seine Widerstandsfähigkeit gegenüber weiblichen Verlockungen in tugendhaftes Verhalten umzudeuten. In seinen Erinnerungen preist N.D. Ivančin-Pisarev (1794-1849), ein persönlicher Freund, Dmitrievs keusches Naturell:

Dmitriev

Dmitriev liebte es, das Leben zu genießen, aber immer auf edle Weise [благородно]. Er gab Geld (außer für seine Bibliothek, Stiche, Büsten und ähnliches) für die Verschönerung seines Hauses und seines Gartens aus; der Verstorbene liebte auch elegante Kutschen; er liebte es, gut zu speisen, obwohl er meistens einfach aß. Aber niemals gab er sich übermäßig den Freuden Bacchus' und Aphrodites hin. Seltene und verhaltene Neigungen [редкие и скрытные уклонения] zur letzteren bedeuten nichts im Charakter und Leben eines Menschen, der mehr als drei Viertel eines Jahrhunderts durchlebt hat. Ich kann vielmehr kühn behaupten, daß Jünglinge dreier Generationen in jedem Lebensabschnitt Dmitrievs nach Gesprächen mit ihm ebenso unschuldig nach Hause kamen, nur klüger und sogar gesitteter als vorher [только умнее и даже добрее прежнего]. Darüber hinaus war er noch umsichtiger, wenn er die Schamhaftigkeit oder die strikten Regeln eines Gesprächspartner kannte, und er achtete darauf, daß in seiner Anwesenheit kein unziemliches Wort fiel. Er vermochte *alle zu schätzen*: Auf diese Weise verfügte er über die größte Weisheit, die auf Erden nur möglich ist. Selten mischte er sich, den Pflichten eines Gastgebers folgend, in ein freieres Gespräch ein. Aber wo er diesen Pflichten nicht zu folgen hatte, war er immer *sich selbst*. Ich war einmal Zeuge seiner beinahe jungfräulichen Schamhaftigkeit und Edelmütigkeit, sogar Erhabenheit seines Charakters. In einer Männergesellschaft wurde die Stimme eines Würdenträgers laut, der älter als er und mit Orden ausgezeichnet war: „Ivan Ivanovič! Waren Sie schon mal im ... (hier verwendete er die Volksbezeichnung eines Tempels der Aphrodite)?" – „Nein, und ich schäme mich dessen nicht." – „Ich war, gehe immer noch hin, und schäme mich dessen auch nicht." – „Da kann ich Ihnen nur zu Ihrem ungewöhnlich fleckresistenten Gewissen gratulieren." – Wer von den wohlerzogenen, wer von den tugendhaften Freunden wäre da nicht aufgesprungen, um die Hände Dmitrievs zu küssen, dessen Bescheidenheit und Charakterstärke hier die ehrwürdigen Anwältinnen der Sittlichkeit waren? (Grot 1902, 32 f.)

Auf der anderen Seite war ein empfindsamer Freundschaftskult, wie ihn Dmitriev mit dem jungen Karamzin pflegte, um die Jahrhundertwende

Ichentwürfe

durchaus en vogue.[11] Karamzins Briefe aus den neunziger Jahren enthalten überschwengliche Liebesbeteuerungen, die den sentimentalistischen Code der Zeit reproduzieren und eine von aller Realität entschärfte erotische Rhetorik aufweisen: „Ich habe dich geliebt, liebe dich und werde dich immer lieben" (Grot, Pekarskij 1866, 47), „Glaube niemals, niemals, daß meine Liebe zu dir erkalten oder abnehmen könnte; ich liebe dich und werde dich immer lieben" (55), „Ich liebe dich von ganzem Herzen, mein lieber Ivan Ivanovič, und diese Liebe wird nie vergehen." (80). Karamzin stellt Dmitriev sogar einen „Blankoscheck" aus: „Schreib für mich alle Freundschaftsbeteuerungen auf – ich unterschreibe, und werde von meiner Unterschrift nicht abweichen, solange Du mich liebst." (83) Dmitrievs Briefe an Karamzin sind nicht erhalten. Ein Gedicht, das Dmitriev auf der Rückseite eines Briefes von Karamzin notiert hat, zeigt allerdings deutlich, daß auch Dmitriev in dieser Korrespondenz eine sentimentale Saite anschlägt:

Мой друг, судьба определила,	Mein Freund, das Schicksal hat mir bestimmt,
Чтоб я терзался всякий час;	daß ich mich allzeit quäle,
Душа моя во мне уныла,	Meine Seele ist verzagt,
И жар к поэзии погас.	und das poetische Feuer ist erloschen.
Узрю ль весну я? Неизвестно,	Werde ich den Frühling erblicken? Ich weiß es nicht,
Но только то скажу нелестно,	aber das sage ich ohne zu schmeicheln,
Что если счастлив я в тебе,	daß mir die Natur
Любезна для меня природа	in allen vier Jahreszeiten lacht,
Во все четыре время года	wenn ich in dir glücklich bin,
И не пеняю я судьбе.	daß ich dann dem Schicksal keine Vorwürfe mache.

(Grot, Pekarskij 1866, 6; Dmitriev 1967, 251 f.)

Dmitrievs Autobiographie schließt im Ton verklärter Nostalgie dieser von aller Weiblichkeit ungestörten Jugendfreundschaft. In vorgerücktem Alter bezieht Dmitriev in Carskoe selo ein Haus neben Karamzin, die Nachbarschaft kann allerdings die frühere Vertrautheit nicht wiederherstellen:

---

[11] Die Rhethorik der romantischen Freundschaft bedient sich eines intimen Vokabulars, muß aber nicht notwendig eine homosexuelle Beziehung implizieren. Kon (1979, 150) führt zur Charakterisierung eines solchen Freundschaftsverhältnisses den Begriff „Homosozialität" ein. Vgl. auch Kon (1979, 70, 1985, 310).

Dmitriev

So angenehm es für mich auch war, mit meinem alten, einzigen Freund fast unter einem Dach zu leben, ihm zuzuhören und sich an den Zügen seiner schönen Seele zu erfreuen, sich an seinem Ruhm und seinem häuslichen Glück zu ergötzen, so bekenne ich doch, daß ich keinen jener Morgen und Abende mit jenen vergleichen konnte, die wir in Moskau verbrachten, zu zweit, als Karamzin noch vor seiner ersten Hochzeit in der Nikol'skaja wohnte, in vier kleinen Zimmern, im Erdgeschoß. Hier waren wir bisweilen tagelang unzertrennlich, aber ich erinnere mich nicht, daß wir auch einmal nur für eine Viertelstunde ohne Zeugen waren. Es schien, als träfen wir uns nur nebenbei. Der Hof, manchmal auch die Geschichte, Neuigkeiten aus der Stadt waren unsere einzigen Gesprächsthemen, und mein Herz war nicht einmal von seinem Herzen angesprochen. Ich war auch damals seiner Liebe sicher, aber ich fühlte Traurigkeit und konnte nicht ganz zufrieden sein. (II, 150 f.)

Hier, auf den letzten Seiten von Dmitrievs Autobiographie, klingt jener persönliche Ton an, den der Autor so erfolgreich zu unterdrücken verstanden hat. Hier ist Dmitriev aber auch am verwundbarsten: Was als exaltierte Jugendfreundschaft gesellschaftlich durchaus akzeptabel war, trägt im Alter bereits den Beigeschmack einer süßlichen Larmoyanz. Der marginale Stellenwert solcher Äußerungen zeigt, daß auch Dmitriev das Vergangene als Verlorenes interpretiert.

Dmitrievs grundlegendes Dilemma liegt in der Unvereinbarkeit der Zeichensysteme von Form und Inhalt seiner Lebensbeschreibung: Während der zeitgenössische Literaturgeschmack gerade Formen des Intimen und Privaten mit dem Vorzug des Interessanten auszeichnet (vgl. etwa Èmins *Èrnests und Doravras Briefe* [*Pis'ma Èrnesta i Doravry*] [1766], Radiščevs „Tagebuch einer Woche [Dnevnik odnoj nedeli]" [ca. 1773] oder Karamzins „Meine Beichte [Moja izpoved']" [1802]), existiert in Dmitrievs Fall für das Darzustellende keine Semiotik. Literarische Kunstgriffe wie Geschlechtswechsel, Transponierung in die Fabel oder Mythologisierungen sind mit der Gattung der Autobiographie und ihrer Forderung nach Authentizität („ustanovka na podlinnost'") unvereinbar.

Dmitrievs Rückzug in die Offizialität produziert eine Autobiographie, die gerade wegen ihrer Wahrheitstreue beinahe ohne relevante Information über das eigene Ich bleibt. Dabei hätte gerade der sentimentalistische Epochendiskurs die Möglichkeit eines literarischen Selbstporträts eröffnet: Die gesteigerte Aufmerksamkeit für subjektive Emotionalität und private Liebesangelegenheiten kann nicht ohne eine Ichkonzeption auskommen. Es ist kein Zufall, daß gerade um diese Zeit das Personalpromonen „Ich" neu

Ichentwürfe

auch substantiviert werden kann: „mein Ich". Dmitriev schreibt sich in diesen Sprachgebrauch ein, als er im Jahr 1791 ein Gedicht mit dem programmatischen Titel „Ich [Я]" verfasst – die interessante Selbstanalyse wird hier allerdings durch den konventionellen Schluß abgeflacht:

Умен ли я, никем еще в том не уверен;	Noch niemand hat mir bestätigt, daß ich klug bin,
Пороков не терплю, а в слабостях умерен;	Laster dulde ich nicht, meine Schwächen sind mäßig;
Немножко мотоват, немножко я болтлив;	Ein wenig verschwenderisch bin ich, ein wenig schwatzhaft;
Немножко лгу, но лгу не ко вреду другого,	Ein wenig lüge ich, aber nicht zum Schaden anderer,
Немножко и колю, но не от сердца злого,	Ein wenig stichle ich auch, aber nicht aus böser Gesinnung,
Немножко слаб в любви, немножко в ней стыдлив	Ein wenig gebe ich der Liebe nach, ein wenig bin ich schamhaft
И пред любовницей немножко боязлив.	Und vor der Geliebten ein wenig ängstlich.
Но кто без слабостей?.. Итак, надеюсь я,	Aber wer ist ohne Schwächen? Und deshalb hoffe ich,
Что вы, мои друзья, Не будете меня за них судити строго.	Daß ihr, meine Freunde, mich dafür nicht zu streng verurteilt,
Немножко дурен я, но вас люблю я много.	ich bin ein wenig schlecht, aber euch liebe ich sehr.

(Dmitriev 1967, 267)

Dmitriev erweist sich damit – ähnlich wie Fonvizin – als Autobiograph, der an der Grenze zweier Epochendiskurse steht. Zwar nimmt Dmitriev die zeitgenössische Forderung nach einer sentimentalistischen Subjektivitätsdarstellung wahr und setzt sie sogar poetisch um, in seiner Lebensbeschreibung rekurriert er jedoch auf das starre Muster der Dienstautobiographie und erlaubt sich nur gegen Schluß eine emotionale Note, die aber keineswegs für den Gesamttext als repräsentativ gelten darf.

8. Weibliche Antikarrieren: Natal'ja Dolgorukaja und Anna Labzina

Der dominierende Autobiographietyp des 18. Jahrhunderts ist die Beschreibung einer Dienstkarriere. Solche Selbstpräsentation spiegelt ein gesellschaftlich normiertes Lebensideal: Der biographische Erfolg eines Individuums bemißt sich nach der Erfüllung einer öffentlichen Funktion (sei es im Staats- oder im Militärdienst). Andere Werte wie privates Glück oder Selbstverwirklichung bleiben im Hintergrund. Es kommt noch nicht einmal zum Konflikt zwischen autonomen und heteronomen Biographiewünschen. Die lebenssinnstiftende Autonomie eines Menschen des russischen 18. Jahrhunderts liegt gerade in der Bejahung aller heteronomen Forderungen, denen er zu genügen hat. Besonders deutlich zeigt sich dieser Mechanismus in den Autobiographien von G. Deržavin und I. Dmitriev. Sowohl Deržavin als auch Dmitriev durchlaufen eine doppelte Karriere: als Staatsmann und als Dichter. Hier hätte sich die Möglichkeit eines alternativen, nicht offiziell definierten Lebenssinns eröffnet. In beiden Fällen tritt aber der Dichter hinter den Staatsmann zurück. Die Selbstpräsentation als Dichter beschränkt sich bestenfalls auf die marginale Erwähnung von Lebenssituationen, die den Anlaß zur Niederschrift einzelner Werke geboten haben. Die Dominanz der Dienstautobiographie ist vermutlich weniger auf das zweifelhafte Prestige eines Dichters als auf die fehlende soziale Kodifikation seiner Existenz zurückzuführen. Literarisches Schaffen wird in russischen Biographien des 18. Jahrhunderts nur als Episode und nicht als Plot eingesetzt. Man kann zwar Gedichte schreiben und auch entsprechende Zeichen der Anerkennung dafür erhalten (Deržavins Tabakdosen, je nach Grad der Gunst mit oder ohne Brillanten), aber Dichten ist kein Beruf, sondern nur eine Beschäftigung.

Es steht außer Zweifel, daß das Karrieremuster, das hinter dem Typus der Dienstautobiographie steht, ein männliches ist. Frauen haben im Rußland des 18. Jahrhunderts in der Regel keine eigene Biographie. Ihre Rolle reduziert sich auf die Unterstützung der Karriere des Gatten und die Hervorbringen von männlichen Individuen, die nach dem väterlichen Vorbild ebenfalls einer offiziell anerkannten Identität zugeführt werden.

Der sozialen Marginalisierung entspricht die literarische. Im Literaturbetrieb des 18. Jahrhunderts kommt Frauen eine vorwiegend rezeptive Rolle zu. Männer schreiben, Frauen lesen. Als repräsentativ für dieses Modell darf Konstantin Batjuškovs Definition des idealen Autors gelten, „der so schreibt, wie er spricht und den die Damen lesen [кто пишет так, как говорит, кого читают дамы]" (1964, 152).

Ichentwürfe

Die wichtige, ja sogar normbildende Funktion der Frauen als Literaturkonsumentinnen läßt sich allerdings nicht ohne weiteres als Argument für weibliches Schreiben verwerten. Zu nahe liegt im Rußland des 18. Jahrhunderts die Assoziation von veröffentlichender Schriftstellerin und öffentlichem Mädchen (Vowles 1994, 39). Die Gefahren weiblicher Autorschaft erscheinen jedoch nicht immer in einem solch drastischen Licht. Viel näher liegt jedenfalls die Warnung Vladimir Majkovs, der eine männliche Urangst artikuliert: „Wenn sie schreibt, dann wird ihr Ehemann keine gute Kohlsuppe haben. Er schreibt, sie schreibt, wer soll da noch die Suppe kochen?" (38)

Frauen haben sich grundsätzlich der männlichen Rollenerwartung gefügt. Von dieser Regel lassen sich jedoch zwei Ausnahmen registrieren. Da sind einerseits jene weiblichen Lebensläufe, die – gewissermaßen unter völliger Nichtbeachtung des eigenen Geschlechts – ein männliches Karrieremuster reproduzieren. Die prominentesten Beispiele für diesen Typus sind die Autobiographien der Zarin Ekaterina II. und der ersten Präsidentin der russischen Akademie, Fürstin Daškova. Beide Frauen haben ein hohes Amt inne, das sie aber keineswegs geschlechtsspezifisch definieren. Deshalb können sie auch ihre Lebensgeschichten in durchaus traditioneller Weise abfassen (Göpfert 1992, 16-22, 32-36).

Als einzigartige, aber konsequent durchgeführte Variante der weiblichen Imitation einer männlichen Existenz ist die Autobiographie der Nadežda Durova zu werten. Die Möglichkeit ihrer militärischen Karriere verdankt sich einem vorgetäuschten Geschlechtswechsel, der bereits programmatisch im Titel ihrer Autobiographie erscheint: Der *Mädchenkavallerist* [*Kavalerist-devica*] (vgl. Kap. 9).

Andererseits macht sich in zwei autobiographischen Texten des 18. Jahrhunderts ein weibliches Selbstbewußtsein bemerkbar, das eine eigene, deutlich von männlichen Mustern unterschiedene Daseinsform für beschreibenswert hält. Das Ziel der sich zögerlich artikulierenden Weiblichkeit ist jedoch weder Emanzipation noch Revolution. Die soziale Rolle der Frau wird in den Autobiographien der Natal'ja Dolgorukaja und der Anna Labzina niemals auch nur ansatzweise in Frage gestellt. Beide Frauen beziehen ihre Identität und ihren Lebenssinn nicht aus der Auflehnung gegen ein ungerechtes System, sondern aus der eigenen Viktimisierung. Das Leiden, das aus der pflichtbewußten Erfüllung gesellschaftlicher Anforderungen erwächst, führt deshalb – anders als man erwarten würde – gerade zu einer *Bestätigung* des herrschenden Systems. Die katastrophale Bilanz von enormen emotionalen Kosten einerseits und karger Glücksdividende andererseits kann nur vor dem Hintergrund einer religiösen Heilserwartung aufrechterhalten werden. Das Unglück wird nicht als Mangelzustand interpretiert, den es zu beheben gilt, sondern als

Dolgorukaja und Labzina

Prüfung, von deren Bestehen das eigene Seelenheil abhängt. Die scheinbare Gottverlassenheit erweist sich mithin als Zustand maximaler Gottespräsenz: Gerade in der eigenen Kraft, den Leidensdruck auszuhalten, tut sich der Beistand Gottes kund.

Die religiöse Grundhaltung der *Eigenhändigen Aufzeichnungen* [*Svoeručnye zapiski*] von Natal'ja Dolgorukaja (1714-1771) wird bereits von der Schreibsituation bestimmt. Die Fürstin Dolgorukaja verfaßt ihre Autobiographie als Nonne in einem Kiever Kloster. Konsequenterweise werden alle biographischen Ereignisse im Licht göttlicher Vorherbestimmung gedeutet (1972, 12, 26). Gleichzeitig etabliert die Verfasserin eine innere Zensur, die alles Vergängliche abwertet. Bezeichnend ist Natal'ja Dolgorukajas Zurückhaltung bei der Schilderung ihrer Verlobung:

> Es schien mir damals in meinem Unverstand, daß all dies [sc. der Schmuck, U.S.] ewig und für mein ganzes Leben sei, und ich wußte nicht, daß in dieser Welt nichts ewig und alles vergänglich ist. [...] Über die weiteren Verlobungszeremonien und Vergnügungen sage ich nichts, mein jetziges Leben und mein Stand verbieten es. (1972, 16)

Bereits in der Eingangspassage macht sich der tragische Grundton von Natal'ja Dolgorukajas Autobiographie bemerkbar. Ihre Autobiographie konzipiert sie zunächst als Brief an den Sohn und dessen Frau:

> Gleich nachdem ihr von mir weggefahren wart, blieb ich einsam zurück, Verzagtheit suchte mich heim, mein Kopf war so mit unruhigen Gedanken beschwert, daß es schien, als ob ich mich bereits von diesem Gewicht zur Erde beugte. Ich wußte nicht, womit ich diese unruhigen Gedanken vertreiben könnte. Es kam mir in den Sinn, daß ihr mich immer gebeten habt, ein Journal zum Andenken zu hinterlassen, was Erinnerungswürdiges mir in meinem Leben passiert ist und auf welche Weise ich es führte. (11)

An eine Veröffentlichung ihrer Autobiographie scheint die Fürstin nie gedacht zu haben. Die Tatsache, daß der Sohn diesen 1767 geschriebenen Text erst nach dem Tod seiner Mutter zu lesen bekommt (51), deutet vielmehr darauf hin, daß Natal'ja Dolgorukaja ihre Lebensbeschreibung als eine Art geistiges Testament verstanden hat.

Zur verwandtschaftlichen Adressierung paßt der ungezwungene Ton, den Natal'ja Dolgorukaja in ihrem Journal anschlägt. Das Insistieren auf der Nähe des eigenen Berichts zum mündlichen Erzählen („Ich schreibe Ihnen, wie wenn ich mit Ihnen sprechen würde", 14) verweist auf das

Ichentwürfe

Ideal einer persönlichen Kommunikationssituation. Immer wieder streut Natal'ja Dolgorukaja Ausrufe wie „Denkt nur! [Падумаите![1]]" (15, 26, 35) oder „Mein Gott! [Боже мой!]" (17, 20, 34, 36) in ihre Autobiographie ein. Die direkte Anrede des Lesers und die Emotionalisierung der eigenen Rede sind Ausdruck der Sympathieforderung, die Natal'ja Dolgorukaja mit ihrem Text implizit aufstellt. Der Leser soll das traurige Schicksal der Fürstin mit-erleiden [συμπαθεῖν]. Mitleid schließt aber Anonymität aus. Deshalb ist der Brief nach dem (in diesem Fall unmöglichen) persönlichen Gespräch die geeignetste literarische Form für die rhetorischen Zwecke der Fürstin.

Natal'ja Dolgorukajas Leben nimmt einen hoffnungsvollen Anfang. Als Tochter des Feldmarschalls und Malteserritters Boris Petrovič Šeremet'ev (1682-1719) gehört sie zu einer der vornehmsten Adelsfamilien Rußlands. Mit 16 Jahren heiratet sie den Fürsten Ivan Alekseevič Dolgorukij (1708-1738), der als Favorit des Zaren Petr II. über großen Einfluß am Hof verfügt. Als der junge Zar kurz nach Dolgorukijs Verlobung am 30. Januar 1730 stirbt, ändern sich die politischen Verhältnisse grundlegend. Anna Ivanovna besteigt den Thron. Ihr Favorit Biron tritt den Versuchen der Dolgorukij-Familie, die frühere Machtposition wieder einzunehmen, unbarmherzig entgegen. Im selben Jahr muß die Familie in die sibirische Verbannung ziehen, 1738 wird nach der Aufdeckung einer Verschwörung über Ivan Dolgorukij und andere Mitglieder seiner Familie das Todesurteil verhängt.[2]

Natal'ja Dolgorukajas persönliches Schicksal ist aufs engste mit dem Niedergang des Hauses Dolgorukij verbunden. Nach der Hinrichtung ihres Ehemannes bleibt sie noch zwei Jahre in Sibirien. Nach Petersburg zurückgekehrt, widmet sie sich der Erziehung ihrer beiden Söhne, bevor sie im Jahr 1758 als Nonne in ein Kiever Kloster eintritt (Schmücker 1972, XII f.).

Im Rückblick begreift sie die kurze Zeitspanne zwischen ihrer Verlobung und dem Tod Petrs II. als einziges Lebensglück:

Dauerte mein Glück und meine Fröhlichkeit lange? Nicht länger als vom 24. Dezember bis zum 18. Januar. Hier endete meine trügerische Hoffnung. Mir erging es wie dem Sohn des Königs David, Nathan: Er kostete den Honig und mußte gleich darauf ster-

---

1 Natal'ja Dolgorukaja verwendet in ihrem Journal fast durchgehend eine phonetische Orthographie (Schmücker 1972, XXI).
2 Ivan Dolgorukij wurde geviertelt. Eine ausführliche Schilderung der politischen Intrigen bieten Anisimov (1992, 110-128) und Lotman (1994, 291-300).

Dolgorukaja und Labzina

ben. Ebenso erging es mir: Für 26 glückliche oder sozusagen freudige Tage leide ich nun schon 40 Jahre seit diesem Tag; auf jeden Tag kommen fast zwei Jahre, man muß noch 6 Tage abziehen. Wer kennt die Zukunft? Vielleicht wird es [sc. die Rechnung, U.S.] auch aufgehen, wenn mein leidendes Leben fortdauert. (16 f.)

Der Versuch einer arithmetischen Bewältigung des eigenen Leidens ist für Natal'ja Dolgorukajas Lebenshaltung bezeichnend: Sie errechnet noch für die größte Disproportion (26 Tage/40 Jahre) eine Gleichung, die aufgeht (26-6 = 40:2). Damit verleiht sie ihrer Situation einen doppelten ökonomischen Sinn. Einerseits wird das Leiden als Preis für das Verlobungsglück verstanden, andererseits erhält das kurze Wohlbefinden einen Knappheitswert: Je weniger von einem Gut vorhanden ist, desto wertvoller ist es.

Das große Thema von Dolgorukajas Autobiographie bleibt jedoch das Leiden. In der Aufzählung der eigenen Nöte klingt sogar ein gewisser Stolz an:

Von welchem Unglück oder Leid ich in dieser Welt verschont geblieben bin, weiß ich nicht. Wenn ich in meiner Erinnerung mein ganzes Leben seit meiner Kindheit zusammenfasse, dann bin ich selbst erstaunt, wie ich alle Leiden überlebt habe, wie ich weder gestorben noch verrückt geworden bin, wie ich allzeit von der Göttlichen Barmherzigkeit und seiner Führung gestärkt worden bin. Mit vier Jahren wurde ich zur Waise, mit fünfzehn zur Gefangenen, festgehalten wurde ich in einem kleinen, wüsten Ort, wo man kaum Ernährung fand. Wie viele schreckliche Dinge habe ich gesehen, wie viele Nöte erlitten! (46)

Natal'ja Dolgorukaja begreift ihre persönliche Tragödie als Stück auf der Weltbühne, in dem auch die Natur als göttliches Signalsystem eine Rolle spielt. Besonders dramatische Szenen werden durch die Beigabe entsprechender meteorologischer Verhältnisse eindrücklich geschildert. Während des Begräbnisses des jungen Zaren „weint der Himmel" (21), als Biron die Familie Dolgorukij bedrängt, „scheint die Sonne nicht" (25), der beschwerliche Weg in die Verbannung wird von „Blitzen, Donnerschlägen, außergewöhnlichen Winden" (48) begleitet.

Das Thema des Leidens verdrängt alle anderen Gefühlsregungen, die sich allenfalls bemerkbar machen. Zwar beschimpft Natal'ja Dolgorukaja Biron als „allerschlechtesten Menschen [самый подлый человек]" (23) und als „Schuster, der ihrem Onkel Stiefel genäht hat" (24), sie zügelt sich

Ichentwürfe

aber sogleich wieder und bricht ihre Tirade unter dem Hinweis auf die thematische Einheit ihrer Autobiographie ab:

> Ich beabsichtige, mein Leiden zu beschreiben, und nicht fremde Laster bloßzustellen. (24)

Natal'ja Dolgorukaja läßt ihre Autobiographie in eine Verherrlichung ihres Ehemannes münden. Ihre Trauerarbeit bedient sich auch hier eines logischen Tricks: Eine kausale Beziehung wird in eine finale umgedeutet. Natal'ja Dolgorukaja leidet nicht *wegen* ihres Ehemannes, sondern *für* ihn:

> Es ist unmöglich, alle meine Leiden und Nöte zu beschreiben, soviel habe ich ertragen! Was aber am schlimmsten war: Ich konnte mich nicht an demjenigen erfreuen, für den ich zugrunde ging und all diese Unbill erlitt und der mir von allem in dieser Welt das Liebste war. Meine Freude war immer mit Leid gemischt: Er war krank vor unerträglichem Leid; die Quellen seiner Tränen versiegten nie, die Trauer aß sein Herz, wenn er mich in solch beklagenswertem Zustand sah. Sein Gebet zu Gott war unermüdlich, das Fasten und die Enthaltsamkeit aufrichtig; er gab immer Almosen, nie ging ein Bettler bei ihm leer aus; er hielt eine mönchische Regel, er war immer in der Kirche, an allen Feiertagen nahm er an der Eucharistie teil und seine ganze Trauer vertraute er Gott an. Er hegte gegen niemand Feindschaft, war gegen niemanden nachtragend, sein ganzes Leben verbrachte er auf christliche Weise und den Geboten Gottes folgend, nichts auf dieser Welt erbat er sich von Gott, nur das Himmelreich, das ihm gewiß ist.
> Ich schäme mich nicht, seine Tugend zu beschreiben, weil ich nicht lüge. Gott stehe davor, etwas Falsches zu schreiben. Ich erfreue mich selbst daran, wenn ich mich an all seine tugendhaften Handlungen erinnere, und halte mich für glücklich, daß ich mich selbst aufgegeben habe um seinetwillen [я ево ради себя потеряла], ohne Zwang, aus freiem Willen. Ich hatte alles in ihm: Einen liebenden Mann und Vater, einen Lehrer, einen Förderer meines Seelenheils; er lehrte mich, zu Gott zu beten, er lehrte mich, zu den Armen barmherzig zu sein, zwang mich, Almosen zu geben, las immer die Heilige Schrift, damit ich Gottes Wort vernehme, bestand immer auf Gutmütigkeit, damit ich niemandem etwas nachtrage. Er ist der Begründer meines ganzen jetzigen Wohlergehens; d.h. meines Wohlergehens, daß ich in allem den Willen Gottes annehme und alles vergangene Leid in Dankbarkeit ertrage. Er legte mir ans Herz, für alles Gott zu danken. Er war

Dolgorukaja und Labzina

von Geburt an zu aller Tugend geneigt, obwohl er in Luxus lebte, aber als Mensch, beleidigte er nie jemanden oder fügte ihm Böses zu, allenfalls unabsichtlich. (49 f.)

Ivan Dolgorukij wird hier zur Ikone. Es ist bezeichnend, daß Natal'ja Dolgorukaja die Charakterschilderung ihres Ehemanns nach hagiographischen Klischees vornimmt. Keine Erwähnung findet Dolgorukijs politische Tätigkeit, die weniger der christlichen Moral als vielmehr einem kalten Machtkalkül folgte und auch vor der Fälschung des Zarentestaments nicht zurückschreckte (Anisimov 1992, 119). Ebenfalls ausgeblendet werden Dolgorukijs wenig rühmliche Neigungen zur Schürzenjägerei und zu Alkoholexzessen (Lotman 1994, 293). Das Unglück der Fürstin erhält einen metaphysischen Sinn nur dann, wenn es sich auch wirklich zu leiden lohnt. Deshalb wird aus dem politischen Verlierer ein Märtyrer. Durch ihr eigenes Leiden kann Natal'ja Dolgorukaja am (zumindest von ihr so imaginierten) Märtyrertum ihres Mannes teilhaben. Damit erweist sie sich als würdige Gattin, die sich weder vor der Stimme des eigenen Gewissens noch vor dem Urteil der Gesellschaft verstecken muß:

[...] Ich bewies der Welt, daß ich in der Liebe treu bin: In allen Notlagen war ich meinem Mann eine treue Begleiterin. (19)

Natal'ja Dolgorukajas Leben ist gerade durch diese Selbststilisierung zu einem literarischen Muster geworden. Das äußert sich nicht nur in der Tatsache, daß ihre Autobiographie sehr bald bei einem breiteren Lesepublikum auf ein außerordentliches Interesse stößt,[3] sondern auch in der poetischen Gestaltung ihres Schicksals durch andere Schriftsteller. Natal'ja Dolgorukajas Autobiographie erschien erstmals 1810 in I.V. Lopuchins Zeitschrift *Der Freund der Jugend* [*Drug Junošestva*], nachdem N.M. Karamzin bereits 1803 eine Notiz „Über die Tugend der Fürstin Dolgorukaja" in der von ihm redigierten Zeitschrift *Der Bote Europas* [*Vestnik Evropy*] veröffentlicht hatte (Schmücker 1972, XXIII). Das frühe 19. Jahrhundert interpretiert den Lebensweg der Fürstin Dolgorukaja als vorbildliches Verhaltensmuster, das sich als romantische Tragödie beschreiben läßt.[4] K.F. Ryleev aktualisiert in seiner Duma „Natalija Dolgorukova"

---

3 In den letzten Jahren ist Natal'ja Dolgorukajas Autobiographie auch in Rußland mehrfach aufgelegt worden, nachdem während der Sowjetzeit keine Ausgabe möglich war: G.N. Moiseeva (Hg.): *Zapiski russkich ženščin XVIII-pervoj poloviny XIX veka*. Moskva 1990. E. Anisimov, B.E. Minich (Hgg.): *Bezvremen'e i vremenščiki*. Leningrad 1991. N. Dolgorukaja: *Svoeručnye zapiski*. Sankt-Peterburg 1992.

4 Dies gilt auch noch für Michnevič, der dieser Interpretation noch eine nationale Note

Ichentwürfe

(1825) genau diesen Aspekt: Er zeigt die Fürstin am Vorabend ihres Eintritts in das Kloster. Die Protagonistin entsagt der Erinnerung an ihren geliebten Mann und widmet sich einem trostlosen Leben in der Zelle, das eine Erlösung nur im Tod kennt.

Auch I.I. Kozlovs Versdichtung „Knjaginja Natal'ja Borisovna Dolgorukaja" (1827) schöpft das romantische Potential, das in Dolgorukajas Biographie beschlossen liegt, voll aus. Die Darstellung zielt hier in erster Linie auf das Mitleid des Lesers. Natal'ja Dolgorukaja tritt als Pilgerin auf, einen Säugling im Arm, abgehärmt, mit müdem Blick. Kozlov emotionalisiert die Szenerie mit zwei Kunstgriffen. Als Hintergrund für die Präsentation der tragischen Protagonistin dient eine ossianische Landschaft: Ein dichter Wald, ein Tal, das sich dem Blick eröffnet, ein zerfallenes Gut, Abenddämmerung, eine blutige Sonne, die sich ins Wolkengrab senkt, ein sich zum Sturm erhebender Nachtwind. Die Fürstin selbst wird außerhalb jedes Kontextes präsentiert: Keine Vorgeschichte erklärt ihre Situation, niemand begleitet sie. Ihre erste Äußerung macht deutlich, daß sie nach langer Zeit in ihr Heimatdorf zurückkehrt („Kennt man mich wieder?"). Die dreifache Isolierung der Hauptfigur (narrativ, räumlich, zeitlich) stellt sich hier in den Dienst einer Poetik, die das Mitgefühl des Lesers erheischt. Eine künstlerische Präsentation, die den Rezeptionseffekt derart genau kalkuliert, bietet dem Leser gesteigerte emotionelle Partizipationsmöglichkeiten am dargestellten Geschehen. Dies gilt um so mehr, als der Erzähler im Schlußabschnitt der Dichtung seinen eigenen Gefühlssturm beschreibt und so für den Leser die angemessene Rezeption präfiguriert:

> Mich trug ins Dunkel früher Zeiten
> Die Weihe der Begeisterung,
> Und meinen Busen fühlt ich weiten
> Der Leidenschaften mächt'gen Schwung. [...]
> Nataliens Schatten fühlt ich schweben
> Im nächt'gen Nebel über mir.[5]

Einen nicht weniger prominenten Platz nimmt das Leiden auch in Anna Evdokimovna Labzinas (1758-1828) Autobiographie ein. Verursacht wird das andauernde Unglück hier indessen nicht durch die Ränke des politischen Gegners, sondern durch das tyrannische und unmoralische Ver-

---

beifügt (1895, 23, 145-148).
5 Übersetzung von Sigismund Schreiber (1828). Abgedruckt in Dolgorukaja (1972, 63-115, hier 114 f.).

Dolgorukaja und Labzina

halten des Ehegatten. Im Alter von zwölf Jahren wird Anna – noch ein Kind – mit dem fünfzehn Jahre älteren Aleksandr Matveevič Karamyšev (1733-1791) verheiratet.[6] Die nächsten zwanzig Jahre erfährt Anna Karamyševa als eine Zeit unablässigen Leidens – ihr Mann trinkt, spielt und betrügt sie mit anderen Frauen. Nach Karamyševs Tod heiratet Anna den Freimaurer Aleksandr Feodorovič Labzin (1766-1825), mit dem sie eine tiefe Geistesverwandtschaft verbindet. Anna Labzina beschreibt in ihrer Autobiographie nur die erste, unglückliche Ehe – eine vermutlich nicht zufällige Beschränkung.

Grundsätzlich enthält Anna Labzinas Autobiographie genügend brisantes Material, das zu einer feministischen Lektüre geradezu einlädt. Die patriarchale Achse Gott – Ehemann, wie sie von Annas Mutter anläßlich der Heirat formuliert wird, bildet den ideologischen Hintergrund von Labzinas Schicksal:

> Meine Macht über dich ist zu Ende, es bleiben nur noch Liebe und freundschaftliche Ratschläge. Liebe deinen Ehemann mit reiner und tiefer Liebe, ordne dich ihm in allem unter: Du wirst dich nicht ihm unterordnen, sondern Gott, – er [sc. Karamyšev, U.S.] ist dir von Ihm gegeben und als Herr über dich gestellt. Auch wenn er schlecht zu dir ist, mußt du alles geduldig ertragen und ihm willfährig sein. Du darfst dich bei niemandem beklagen: Die Leute werden dir nicht helfen, du wirst nur seine Laster entblößen und dadurch auch Schande auf dich lenken. (1974, 21)

So verführerisch die Möglichkeit einer sozialkritischen Interpretation von Anna Labzinas Lebensbeschreibung auch ist: Eine solcher Ansatz kann den Ichentwurf der Autorin keineswegs erfassen und führt höchstens in einen hermeneutischen Anachronismus.

Der Gedanke an Auflehnung oder Emanzipation ist Anna Labzina absolut fremd. Ihr Leiden in der unglücklichen Ehe interpretiert sie als gottgewollt. Die Rebellion gegen den Gemahl käme für sie einer Rebellion gegen Gott gleich.

Jurij Lotman hat den Versuch unternommen, sich von Anna Labzinas Perspektive zu lösen und ihre Selbstdeutung einer kritischen Analyse zu unterziehen. Lotman reduziert das Sujet von Labzinas Erzählung auf zwei Pole: Auf der einen Seite steht der lasterhafte Mann, der zwar über einen

---

6 Dieses frühe Heiratsalter stellt im Russland des 18. Jahrhunderts keine Seltenheit dar, nicht selten – wie im vorliegenden Fall – verstossen die Bräute sogar gegen das gesetzliche Mindestalter von 13 Jahren (Puškareva 1997, 157).

guten Kern verfügt, aber immer wieder der sündigen Versuchung erliegt, auf der anderen Seite die Autorin selbst, die ihr Leben als dornigen Weg zur eigenen Heiligkeit imaginiert. Der Lebensraum von Anna Labzina ist geschlossen: Sie tritt entweder in ihrem Kabinett oder im ehelichen Schlafzimmer auf. Nur zwei Türen öffnen sich in diesem Lebensraum: Die eine führt zur Seelenrettung, die andere zur Verdammung. Dies ist das kognitive Muster, das Anna Labzina auf ihre Ehe appliziert. Jede Handlung, die nicht religiösen Zwecken dienstbar gemacht werden kann, ist aus dieser Perspektive der zweiten Kategorie zuzurechnen. Tertium non datur (1994, 301 f.).

Die Person Aleksandr Karamyševs fügt sich diesem Schema keineswegs. Als Bergbauingenieur, der in Uppsala bei Linné studiert hat, gehört Karamyšev zu der sich neu formierenden aufklärerischen Intelligenz in Rußland. Lotman deutet Labzinas persönliche Tragödie nicht in erster Linie „als Konflikt zweier grundverschiedener Charaktere, Temperamente und Generationen, sondern als dramatischen Zusammenstoß zweier Kulturen, die über keine gemeinsame Sprache verfügen, nicht einmal über eine elementare gegenseitige Übersetzbarkeit" (304).

Labzinas Autobiographie ist in der Tat von einem Wertesystem getragen, das in seiner Dogmentreue mittelalterlich anmutet. Eine gelungene Sozialisation besteht für Labzina in der kritiklosen Einordnung in ein Herrschaftssystem, dessen Legitimität nicht hinterfragt wird. Aus dieser Haltung wird das immer wieder geäußerte Bedürfnis nach einem Lehrer und Tutor verständlich. Anna Labzina steuert ihr Verhalten weder durch rationales Kalkül noch durch Intuition, sondern durch Anwendung heteronomer Regeln. Zwei Mentorfiguren treten in Labzinas Autobiographie auf: zunächst die Mutter und später der Schriftsteller M.M. Cheraskov (1733-1807). Die Mutter gewöhnt Anna an ein asketisches Leben, an regelmäßiges Beten und an Mildtätigkeit (1974, 5 ff.). Bezeichnend für die Wirksamkeit dieser strengen Erziehung ist Annas entrüstete Zurückweisung der Vermutung, sie könne sich über ihre Zuneigung zum künftigen Bräutigam ein Urteil anmaßen:

> Wie konnten Sie annehmen, daß ich ihnen ohne Zustimmung meiner Mutter antworten würde, ohne die ich nichts in dieser Welt unternehme? Und wenn der Herrgott sie mir wegnähme, so habe ich noch eine Vertraute – meine Amme, auch ohne sie könnte ich nichts machen. Oder wollten Sie meine Jugend und Unerfahrenheit ausnützen? So müssen Sie wissen, daß mir Verhaltensregeln gegeben sind, von denen ich nie abweiche. (16)

Dolgorukaja und Labzina

Konsequenterweise entscheidet die Mutter über Annas Vermählung mit Karamyšev. Anna unterstreicht ihre Fremdbestimmung, indem sie den Heiratsantrag ihres Bräutigams mit den Worten beantwortet: „Ich erfülle den Willen meiner Mutter." (21)

Die Ausrichtung des eigenen Lebens auf den Willen anderer schließt auch das Konzept einer Privatsphäre aus. Annas Vorschlag, beiden Müttern Einblick in die eheliche Gemeinschaft zu gewähren, stößt auf Karamyševs durchaus moderne Ablehnung:

> „Wenn Sie mich lieben, so geben Sie mir Ihr Wort, mir nicht zu verbieten, mit meiner Mutter und meiner Amme zusammen zu sein. Ich werde nichts mit ihnen besprechen, was Ihnen unangenehm sein könnte. Sie selbst werden mir vorschreiben, was ich sagen soll und was nicht. Ich verspreche Ihnen auch, nie mit ihnen allein zu sein, sondern immer nur in Gegenwart Ihrer Mutter, die meine Gespräche hören und meine Handlungen sehen wird. [...]"
> Er schaute mich eindringlich an und sagte: „Sie müssen auch meiner Mutter nicht alles erzählen. Ich will nicht, daß sie alles weiß, was in deinem Herzen und zwischen uns vor sich geht."
> Ich erstarrte wie zu Holz und schwieg einige Zeit; sogar meine Tränen hörten auf zu fließen, ich war wie vor den Kopf gestoßen, und mein Atem ging schwer. (25)

Anna Labzina kann Karamyševs Wunsch nach einer ehelichen Privatsphäre nur als Verrat an der Treuepflicht gegenüber den Eltern deuten. Das Intime ist ihr nicht nur das „Lasterhafte" (24), sondern auch das Unaufrichtige.

Nach dem Tod der Mutter findet Anna Labzina eine zweite Leitfigur in der Person des Freimaurers M.M. Cheraskov. Ihr Zutrauen zu Cheraskov gründet sich nicht auf seine Eigenschaft als berühmter Schriftsteller oder Politiker, sondern auf die Tatsache, daß er die vakant gewordene Stelle einer Kontrollinstanz auszufüllen bereit ist. Freudig stimmt Anna Labzina der erneut etablierten Fremdbestimmung zu:

> Ich war damals fünfzehn Jahre alt, und seit jenem Tag war ich ganz in seiner Macht. Und mir wurde gesagt, daß man von mir unmittelbare und unbegrenzte Unterordnung, Gehorsam, Demut, Sanftheit und Geduld fordern werde, und daß ich keinerlei Überlegungen anstellen dürfe, sondern nur zuhören, schweigen und gehorchen solle. Ich versprach alles ... (49)

Ichentwürfe

Cheraskovs Beziehung zu Anna Labzina kann als „pädagogisches Experiment" (Lotman 1994, 306) gewertet werden. Seine Erziehungsziele liegen auf einer freimaurerisch-asketischen Linie. Nicht die Fähigkeit zu kritischem Denken und selbstverantwortlichem Handeln soll geübt werden, sondern die strikte Befolgung eines Moralkodexes.

Die Grundlage für Cheraskovs unbegrenzte Autorität über Anna Labzina liegt in der totalen Überwachung („Wisse, meine Liebe: Meine Augen und Ohren sind überall dort, wo du bist.", 53). Wo solche Überwachung nicht möglich ist, erpreßt Cheraskov die rückhaltlose Aufrichtigkeit seines Zöglings durch Liebesentzug:

> Die Stunde des Mittagessens nahte, und man saß zu Tisch. Ich bemerkte, daß mein Wohltäter mit bösem Blick auf mich schaute. Ich erriet sogleich, daß er wohl irgendwie gesehen hatte, wie man mir etwas zuflüsterte. Nach dem Mittagessen, ging ich wie gewöhnlich in sein Kabinett. Nachdem ich hinter ihm eingetreten war, fragte ich ihn: „Sind Sie gesund?" – „Ich bin gesund. Was erzählen Sie mir: Wie haben sie den Morgen verbracht, fröhlich?" Ich sagte: „Wie üblich – sehr gut." Er schaute mich sehr eindringlich an und fragte: „Weiter haben Sie mir nichts zu erzählen?" – „Nein, Väterchen, nichts. Mir scheint, daß Sie unzufrieden mit mir sind, sagen Sie mir bitte, warum." – „Selbst kommt Ihnen nichts in den Sinn?" Und ich verspürte eine derartige Lähmung der Zunge, daß ich mich im Bewußtsein meiner Schuld nicht dazu bekennen wollte. Ich wiederholte die vorherige Antwort. „Dann habe ich auch nichts mehr zu fragen! Gehen Sie bitte und machen Sie sich an Ihre Arbeit! Wir haben heute nichts zu besprechen!"
>
> Und so ging ich und tadelte mich innerlich selbst, daß ich nichts gesagt hatte und beschloß, es ihm am Abend zu sagen. Der Abend kam. Ich ging mich von ihm verabschieden und erbat den Segen, wie ich es immer tat. Er verabschiedete sich sehr trocken von mir und segnete mich nicht, aber mein Starrsinn dauerte an. Ich ging, wiederum ohne etwas gesagt zu haben, und legte mich schlafen, aber ich konnte die ganze Nacht nicht schlafen, so quälte mich meine Unaufrichtigkeit! (53)

Am nächsten Morgen eilt Anna als erstes in Cheraskovs Kabinett, „wirft sich in Tränen aufgelöst" ihrem Wohltäter entgegen und gesteht ihre Unaufrichtigkeit. Die Botmäßigkeit wird durch Erneuerung der Zuneigung belohnt: Cheraskov umarmt seine Ziehtochter.

Die totale Kontrolle über Anna schließt auch die Zensur ihrer Lektüre ein. Dem besonderen Verdacht des beflissenen Erziehers sind Romane

Dolgorukaja und Labzina

ausgesetzt: „Es ist für dich noch früh, sie zu lesen, und nicht gut." (48, vgl. auch 34, 59)

Cheraskovs pädagogische Methoden haben Erfolg, weil sie genau jene Verhaltensmuster reproduzieren, die Anna Labzina bereits aus ihrer Kindheit bekannt sind: Die Liebe des Mentors kann nur durch willfähriges Verhalten gesichert werden. Autonomes Handeln hingegen weist das gesteigerte Risiko einer moralischen Verirrung auf und führt in die emotionale Isolierung.

Bei der Trennung gibt Cheraskov Anna einen ganzen Regelkatalog auf den weiteren Lebensweg mit. Dieser Verhaltenskodex spiegelt nicht nur fast wörtlich die Position von Annas verstorbener Mutter, sondern bildet auch den Kern jener mittelalterlichen Ideologie, die Anna Labzinas Leiden überhaupt erst mit Sinn ausstattet:

> Sag ihm [sc. Karamyšev, U.S.] freundschaftlich und sanft, daß er von den Lastern ablassen soll. Aber wenn du bemerkst, daß ihm das unangenehm ist, so laß es bleiben und bete zu Gott, daß Er ihn rette. Ich muß dir auch noch folgendes sagen, obwohl ich dein sanftes und unschuldiges Herz damit bekümmere: Er wird vielleicht Mätressen haben, und seine Kumpane werden dir absichtlich davon erzählen, um dich mit ihm zu entzweien, – glaub ihnen nicht. Wenn du dich davon aber überzeugst, so gib dich ihnen nicht zu erkennen und erzähl auch keinesfalls deinem Mann von diesem Laster, auch wenn es dich betrübt. [...] Nur dies kann euch vor offenem Streit bewahren; sobald du ihm nämlich zu spüren gibst, daß du alles weißt, so hilfst du ihm, die Maske abzuwerfen. Er wird vollends ungezügelt sein und wird sich nicht schämen, diese Unannehmlichkeit auch zuhause zu haben. Ich bitte dich, meine teure Tochter, sei tugendhaft und verhalte dich so, daß niemand dir etwas vorwerfen kann und daß du ihm zu Ruhm und Ehre gereichst. Er bringt mit seinem Verhalten keine Schande über dich und nimmt dir deine Ehre nicht weg, sondern erhöht deine Tugend und macht dich bei allen geachtet und liebenswürdig. [...] Beklage dich bei niemandem über ihn: Niemand kann dir helfen. Verteidige ihn immer, wenn jemand in deiner Anwesenheit schlecht über ihn spricht; danach wird niemand mehr wagen, dir etwas zu sagen. [...] Dies ist die letzte Lehre [наставление], die dir dein Freund und Vater gibt, und du wirst sie natürlich befolgen. Deine Verwandten werden mir über dich schreiben, und ich weiß, daß ich nichts außer Herzensfreude verspüren werde, wenn ich von dir und deinem Verhalten höre. (58 f.)

Ichentwürfe

Cheraskov geht natürlich nicht fehl in der Annahme, daß Annas Verinnerlichung seiner Ratschläge die diskret angedrohte weitere Überwachung überflüssig macht.[7] Die antizipierte Zufriedenheit mit Annas Verhalten schließt von vornherein alle Handlungsalternativen aus.

Die Ideologie, die Cheraskov gegenüber Anna Labzina vertritt, kommt ihren Bedürfnissen in jeder Hinsicht entgegen: Zur Anwendung gelangt ein einziges Bewertungskriterium („Laster"/„Tugend"), das zudem nicht graduiert werden kann. Den Begriff der Verantwortung gibt es für Anna Labzina nicht. Handlungen müssen nicht verantwortet werden, sie können nur richtig oder falsch sein. Das Weltmodell, das hinter einer solchen Konzeption steht, kann wie folgt skizziert werden: Gott tritt in der Rolle eines Experimentators auf, der seine Geschöpfe in eine bestimmte Lebenssituation versetzt und dort beobachtet. Die Moral individuellen Verhaltens bemißt sich nicht nach dem Wert der einzelnen Handlungsmotive, sondern nach der Einhaltung eines festen Kodex, dessen Geltung nicht hinterfragt werden kann. Lebenspraktische Bewährung kommt damit letztlich einer Selbstinfantilisierung gleich. Anna Labzina kann in einer autonomen Existenz keinen Lebenssinn erblicken („Was wäre ich ohne ihn?"). Ihre Selbstentmündigung gipfelt im Bild einer zerbrechlichen Blume, das den eigenen Daseinsentwurf in gültiger Weise beschreibt:

> Ich war damals schon achtzehn Jahre alt, und ich fühlte Gottes Barmherzigkeit sehr, weil er mir einen solchen Wohltäter und Lehrer geschickt hatte [sc. Cheraskov, U.S.], der in die Tiefe meines Herzens blicken konnte und der mir die Schrecklichkeit aller Laster zeigen und mich in der Tugend bestärken konnte. Was wäre ich ohne ihn? Er beschützte mich wie eine schwache Blume vor dem Wind. (56)

Nach dem Abschied von Cheraskov nimmt Anna Labzinas Leiden seinen gewohnten Lauf. Ihr Mann, „aufgeschwollen, zerzaust, ganz dreckig vom Geld, mit vom Ärmel losgerissenen Manschetten" (61), versinkt im Sündenpfuhl, sie selbst erduldet ihr trauriges Schicksal.

---

7 Vgl. etwa Anna Labzinas Tagebuchaufzeichnung vom 4./5. Dezember 1818: „Wir fuhren zur Andreevskaja, die wir sehr krank antrafen. Und ich lobe sie nicht, daß sie ihren Mann als äußerst ehrlosen Menschen hinstellt. Was bewirkt sie damit, und wie will sie später mit einem ehrlosen Mann zusammenleben? Wenn sie ihn schlecht hinstellt, verliert sie auch ihren Ruf. Ich würde eher sterben als jemandem in der Welt die Schlechtigkeit meines Mannes erzählen. Wie immer er auch sei, er ist doch immer noch der Mann!" (1974, 154)

Dolgorukaja und Labzina

Anna Labzinas Schilderung ihres Unglücks ist nicht frei von Selbstmitleid und Larmoyanz. Immer wieder verweist sie auf das diskrete Mitleid von Freunden, manchmal scheint sogar die Natur um sie zu trauern:

> Zu dieser Zeit ging ich früh am Morgen mit Trauer im Herzen in den Garten und sah meinen geliebten Kirschbaum, der in voller Blüte gestanden hatte, ganz welk, ohne Blüten und mit gelben Blättern. Ich stand lange und schaute, schließlich sagte ich: „Trauerst du, liebes Bäumchen, etwa so sehr um mich, daß du deine ganze Schönheit verloren hast und dein Leben dahinschwindet? [...]" Und meine Tränen begannen zu fließen. (80)

Das eigene Leiden findet keine Sprache und kann sich nur in ungehemmtem Tränenfluß artikulieren, dem meistens allein, gegebenenfalls aber auch in sentimentaler Zweisamkeit stattgegeben wird:

> Wenn mir sehr traurig zumute war, fuhr ich zu unserer Sekretärin, die außerhalb der Stadt wohnte. Dort gab ich am Ufer sitzend meinen Tränen freien Lauf, und sie, die über mein ganzes Leben Bescheid wußte, nicht von mir, sondern von den Leuten, weinte mit mir. (90)

Es fällt Anna Labzina nicht schwer, in ihrer Umgebung Modelle für die gewünschte Bekehrung ihres Mannes zu finden. Ein Knecht namens Feklist trägt zwar den „Abdruck begangener Übeltaten auf seinem schrecklichen Gesicht", aber durch die Gnade Christi ist ihm ein „neues Herz gegeben, nicht mehr das alte tierische" (85). Das einzige, was für Anna Labzina zählt, ist Reue über die eigene Bosheit und religiöse Standfestigkeit.

Die Feklist-Episode dient Labzina als kontrastiver Hintergrund für die Darstellung der moralischen Verwerflichkeit ihres Mannes. Karamyševs infames Verhalten erreicht aus Anna Labzinas Sicht den Höhepunkt, als er ihr vorschlägt, sich einen Liebhaber zuzulegen (94 f.). Hier stossen wiederum zwei unvereinbare Argumentationssysteme aufeinander: Karamyšev vertritt einen lebenspraktischen Opportunismus (die Zeugungskraft eines Liebhabers könnte der Kinderlosigkeit Abhilfe schaffen), Anna hingegen ist nicht bereit, von ihren moralischen Prinzipien abzuweichen. Ihr Leiden wird ihr zum Ausweis der eigenen Unbestechlichkeit und kann als solcher durchaus positiv gewertet werden:

> Ich werde wissen, wofür ich leide, und dieses Leiden wird mir sogar noch einen gewissen Genuß verschaffen – aber ich bemitleide Sie. Werden Sie ruhig sein können, und wird Sie nicht das Gewis-

Ichentwürfe

sen plagen, daß Sie jene quälen, die Sie allein lieben will? Aber Sie wollen mich von mir selbst trennen [но вы стараетесь сами меня с собой разделить]. (96)

Anna Labzina verteidigt ihre Weigerung im Namen ihrer persönlichen Einheit. Eine unmoralische Handlung zersetzt eine Identität, die sich gerade aus der strikten Beachtung moralischer Grundsätze ableitet. Für Anna Labzina steht nichts weniger als ihre persönliche Integrität auf dem Spiel – und zwar in einem doppelten Sinne: Der Angriff auf die moralische Integrität kommt einem Angriff auf die physische Integrität gleich. Angesichts der diametral entgegengesetzten Forderungen vom Ehemann einerseits und dem eigenen Identitätsbewußtsein andererseits droht die Selbstspaltung.

Anna Labzina wählt in dieser Situation den naheliegendsten Weg: Sie deklariert ihre totale Handlungsunfähigkeit durch eine körperliche Krankheit (106). Dadurch bewahrt sie nicht nur ihre moralische Identität, sondern verleiht auch ihrem bislang verinnerlichten Leiden seinen manifesten Ausdruck. Das Signal der Krankheit ist an den Mann gerichtet: Im Gegensatz zu einem gewaltsamen Widerstand, der ein vergleichbares Kräfteverhältnis zumindest in der Einschätzung der beiden Parteien voraussetzt, zeigt die umfassende Selbstentwaffnung dem Aggressor gerade durch die gesteigerte eigene Verwundbarkeit, wie ungerecht sein Verhalten ist.

An dieser Stelle bricht Anna Labzinas Autobiographie ab – mitten im Satz. Die Grundzüge ihres Selbstentwurfs und die Strategien, die sie zur Bewältigung ihres Leids einsetzt, sind jedoch aus dem umfangreichen Fragment deutlich ablesbar. Labzinas Leben wird bestimmt von der Suche nach einer Leitfigur [путеводитель, наставник] (78, 90, 94), die vorhandene Moralvorstellungen bestätigt und das predigt, was Labzina seit eh und je praktiziert: Unterordnung. Anna Labzinas Lebensentwurf kann deshalb am ehesten mit der paradoxen Formel der heteronomen Selbstbestätigung beschrieben werden (Autorität kommt nur jenen Leitfiguren zu, die den eigenen Bedürfnissen immer schon entsprechen).

Natal'ja Dolgorukaja und Anna Labzina gestalten in ihren Lebensbeschreibungen einen neuen Autobiographietyp, der deutlich hybride Eigenschaften aufweist. Auf der einen Seite kann die geistige Lebensgrundlage dieser beiden Frauen in ihrer archaischen Religiösität nicht anders als mittelalterlich charakterisiert werden. Auf der anderen Seite zeugt schon allein die Tatsache der Niederschrift des eigenen Schicksals von einem erstaunlich modernen Selbstbewußtsein, das sich vor allem in einem neuen Umgang mit der Schrift äußert: Der Text dient hier nicht nur als Testament, sondern auch als Therapeutikum, das dem eigenen Leiden einen spezifischen Sinn verleiht.

Dolgorukaja und Labzina

Dolgorukajas und Labzinas Texte heben sich deutlich vom dominierenden männlichen Autobiographietyp des 18. Jahrhunderts ab. Männer zeichnen mit teilweise pedantischer Genauigkeit die einzelnen Stationen ihrer dienstlichen Karriere nach und begreifen ihren Lebenslauf im Rückblick als teleologischen Prozeß, der auf den letzten Karriereschritt ausgerichtet ist.

Die genuin weiblichen Autobiographien des 18. Jahrhunderts kennen keine finale Ausrichtung. Sowohl Dolgorukajas als auch Labzinas Lebensschicksal wird im wesentlichen von einem einzigen Ereignis determiniert, das in beiden Fällen zu einem sehr frühen Zeitpunkt stattfindet: der Heirat. Man kann den weiblichen Lebenslauf, der aus dieser Konstellation hervorgeht, durchaus als Antikarriere bezeichnen: Die entscheidende Positionierung erfolgt am Anfang des Lebens, der weitere Daseinsvollzug wird wesentlich von der Ausgangslage bestimmt. Der Alltag läßt sich als Routine beschreiben, die nicht zu ändern ist. Die Wiederholbarkeit einzelner Lebensabschnitte ist auch dafür verantwortlich, daß die Chronologie nicht mehr das exklusive Ordnungsprinzip der Autobiographie ausmacht: Dolgorukaja schaltet Rückblenden in ihren Lebensbericht ein, Labzina hält sich zwar an den zeitlichen Ablauf der Dinge, der Stoff ihrer Biographie weist allerdings nicht jene dramatische Geschlossenheit auf, die jede Episode zwingend aus der vorhergehenden folgen läßt. Iteration statt Teleologie – dies ist der gemeinsame, spezifisch weibliche Inhalt von Dolgorukajas und Labzinas Autobiographien.

9. Jeanne d'Arc in Rußland: Nadežda Durovas individuelle Emanzipation

Es gibt in der russischen Literatur eine Schriftstellerin, deren autobiographisches Werk sich nicht den Kategorien männlichen bzw. weiblichen Schreibens zuordnen läßt. Ähnlich wie Natal'ja Dolgorukaja oder Anna Labzina schildert Nadežda Durova (1783-1866) zwar auf eindrückliche Weise die Widrigkeiten einer weiblichen Existenz, wobei sie ebenfalls auf die Forderung einer allgemeinen Emanzipation der Frau verzichtet. Anders als Dolgorukaja und Labzina, die ihren Lebenssinn aus der eigenen Viktimisierung ableiten, wagt Durova jedoch den entscheidenden Schritt in eine neue soziale und geschlechtliche Rolle: Sie verkleidet sich als Mann, tritt in den Militärdienst ein und kämpft gegen die napoleonische Armee. Damit wäre ihre Biographie grundsätzlich an das vorgeformte Modell der literarischen Fronterinnerungen anschließbar. In Durovas Leben ist allerdings nicht der Krieg das zentrale Ereignis, sondern der Entschluß zur Gender-Mimikry. Gerade die Kühnheit des souveränen Ichentwurfs führt aber in ein Paradox: Durovas Identität muß einerseits zur Disposition stehen, damit sie überhaupt den Wünschen des Ich angepaßt werden kann, andererseits soll eben diese prinzipiell wandelbare Identität eine gewisse Konstanz aufweisen und so die Einheit von Durovas Person verbürgen. Ihrer Autobiographie kommt deshalb eine wichtige Funktion zu: Sie muß den Übergang von einer weiblichen zu einer männlichen Existenz als folgerichtige Entwicklung des eigenen Charakters darstellen. Das bedeutet, daß für Durova nicht die Individualität im Vordergrund steht, sondern die eigene Identität. Das Besondere, ja Einzigartige ihrer Existenz ist für Nadežda Durova unmittelbar einsichtig. Ihr zentrales Problem liegt vielmehr in der Einbettung der selbstgewählten Rolle in die gesellschaftliche Normalität, in der Schaffung einer alle Lebenssituationen umspannenden Identität.

Damit hebt sich Durovas Autobiographie deutlich von früheren Entwürfen ab. Während etwa Deržavin noch alles daran setzt, sich selbst von seiner Umgebung abzugrenzen (Wie zeichne ich mich vor allen anderen aus?), ist Durova im Gegenteil um Eingliederung bemüht (Wie passe ich mich den anderen an?). Identität und Individualität treten in ein neues Abhängigkeitsverhältnis. Deržavin vergewissert sich zunächst seiner Identität als loyaler Diener der Zaren und leitet daraus seine Individualität ab: Die anderen sind bestechlich, ich bin unbestechlich. Nadežda Durova hingegen verfügt von allem Anfang an über die Gewißheit ihrer Individualität und füllt diese Einzigartigkeit mit der gewünschten Identität aus.

Ichentwürfe

In beiden Fällen ist die eigene Persönlichkeit das Resultat einer Konstruktion, die von der Gesellschaft akzeptiert werden muß. Deshalb ist die autobiographische Selbstdefinition nicht ohne die Publikation des eigenen Ichentwurfs denkbar. Welch vitale Notwendigkeit sich für Nadežda Durova hinter der Veröffentlichung ihres Lebenstexts verbirgt, läßt sich am energischen Vorantreiben der Publikation und vor allem an der Person des gewählten Promotors ablesen. Als Herausgeber wirkt kein Geringerer als Aleksandr Puškin, den die Schriftstellerin aus Elabuga im März 1836 schriftlich kontaktiert. Die Sendung enthält Nadežda Durovas Aufzeichnungen; sie bittet Puškin um Hilfe bei der Veröffentlichung ihres Manuskripts. Abgesandt wird das Paket von Durovas extravagantem Bruder, dessen Bekanntschaft Puškin bereits 1829 im Kaukasus gemacht hatte (Puškin 1937, XII, 167, Veresaev 1987, II, 462 f.). In seinem Antwortbrief an den Bruder hält sich Puškin mit seinem Lob über Durovas Werk nicht zurück: „Hervorragend! Lebendig, originell, ein wunderbarer Stil. Der Erfolg steht außer Zweifel [прелесть! живо, оригинально, слог прекрасный. Успех несомнителен.]" (Puškin 1982, II, 498). Gleichzeitig kündigt Puškin die Publikation von Durovas Aufzeichnungen an (497).

Die Veröffentlichung der Sendung aus Sibirien dient sowohl den Interessen der Autorin als auch des Herausgebers. Durova erhofft sich eine gesellschaftliche Anerkennung ihres Lebenswegs, Puškin wittert eine literarische Sensation. Im Vorwort zur Publikation im *Zeitgenossen* [*Sovremennik*] hebt Puškin das Außergewöhnliche an Durovas Aufzeichnungen hervor:

> Im Jahr 1808 trat ein junger Mann mit Namen Aleksandrov als Gemeiner in das berittene polnische Ulanenregiment ein, zeichnete sich aus, erhielt für soldatische Tapferkeit das Georgskreuz und wurde im selben Jahr zum Offizier im Mariupolskij-Husarenregiment befördert. Anschließend trat er in das Litauer Ulanenregiment über und setzte seinen Dienst ebenso eifrig fort, wie er begonnen hatte.
>
> Anscheinend ist dies alles, wie es sein soll, und ziemlich gewöhnlich; indessen erregte es großen Aufruhr, setzte Gerüchte in Umlauf und machte einen starken Eindruck – wegen eines unverhofft entdeckten Umstandes: Der Kornett Aleksandrov war das Mädchen Nadežda Durova. (1937, XII, 64)

Puškin verpaßt es jedoch entgegen seiner Ankündigung, in seiner Textauswahl das Einzigartige von Durovas Aufzeichnungen angemessen zur Geltung zu bringen: die problematische Geschlechtsidentität der Protagonistin. Sein Augenmerk richtet sich auf die dokumentarische Wiedergabe der Zeitgeschichte. Puškin streicht vor allem Selbstcharakterisierungen der Erzählerin und rückt Schilderungen des Krieges von 1812 in den Vordergrund (Gillel'son 1987, 20). Die Divergenz der Interpretationen von Redakteur und Autorin äußern sich am deutlichsten in einem Disput über den Titel. Nadežda Durova möchte ihre Aufzeichnungen unter dem Titel „Eigenhändige Aufzeichnungen einer unter dem Namen Aleksandrov bekannten russischen Amazone [Своеручные записки русской амазонки, известной под именем Александрова]" veröffentlicht sehen. Puškin kritisiert diesen Titel als „gesucht, manieriert", er erinnere „an deutsche Romane". Seinen eigenen Vorschlag „N.A. Durovas Aufzeichnungen [Записки Н.А. Дуровой]" charakterisiert er als „einfach, aufrichtig und vornehm [просто, искренне и благородно]" (1982, II, 499 f.). Schließlich steht Puškins Titel über der Teilveröffentlichung von Durovas Aufzeichnungen in der zweiten Nummer des *Zeitgenossen* [*Sovremennik*] für das Jahr 1836. Gleichzeitig treibt Nadežda Durova indessen die Herausgabe des vollständigen Texts ihrer Autobiographie voran, noch im selben Jahr erscheinen ihre Aufzeichnungen unter dem Titel *Der Mädchenkavallerist. Eine Begebenheit in Rußland* [*Kavalerist-Devica. Proisšestvie v Rossii*].

Durovas Aufzeichnungen verweisen durch ihre Thematik auf ein bestimmtes Genre, das im Rußland der zwanziger und dreißiger Jahre zum literarischen Tagesgeschehen gehört: Memoiren über den Napoleonischen Feldzug. Denis Davydov, Sergej Glinka und Nikolaj Golycin sind nur die berühmtesten Namen in der langen Reihe schriftstellernder Frontoffiziere (Smirenskij 1960, XIII, Afanas'ev 1984, 15).

Nadežda Durovas Erlebnisbericht hebt sich jedoch schon durch seine Zweiteilung von den bisher bekannten Texten ab. Der erste Teil trägt den Titel „Meine Kinderjahre", der zweite Teil „Der Krieg von 1812". Damit wird deutlich: Hier beschreibt jemand nicht einfach seine Teilnahme an einem Krieg, seine Bewährungsprobe in einem gefährlichen Kampf. Durova setzt vielmehr Kindheit und Soldatenberuf von allem Anfang an in ein teleologisches Verhältnis zueinander. Ihr Lebensentwurf folgt dem klassischen Modell von Verheißung und Erfüllung. Durova leistet mit der Schilderung ihrer Kindheit die Beantwortung der Frage, die Puškin stellvertretend für alle Leser wie folgt formuliert hatte: „Welche Gründe veranlaßten das junge Mädchen aus guter Adelsfamilie, das väterliche Haus zu verlassen, sich von seinem Geschlecht loszusagen, Mühen und Pflichten auf sich zu nehmen, die auch Männer abschrecken, und auf dem Schlachtfeld aufzutauchen?" (1937, 64). Durovas Antwort weist zwei Dimensionen auf: Sie erklärt ihren ungewöhnlichen Lebensweg als Zusammentreffen von Veranlagung und Reaktion auf eine falsche Erziehung. Bereits bei der

Ichentwürfe

Schilderung ihrer Geburt bemüht sich Durova, alle Anzeichen einer männlichen, näherhin militärischen Existenz herauszustreichen (Heldt 1987, 82). Gleichzeitig wird in der grausamen Zurückweisung durch die Mutter, die sich einen Sohn wünscht, der erste und tiefste Rechtfertigungsgrund für Durovas spätere Flucht vor der Familie erkennbar (Rancour-Laferrière 1998, 458):

> „Gebt mir mein Kind!" sagte meine Mutter, als sie sich ein wenig vom Schmerz und der Angst erholt hatte. Man brachte das Kind und legte es ihr auf die Knie. Aber ach! es war kein Sohn, wunderschön wie Amor, es war eine Tochter, und zwar eine Tochter wie ein Recke [дочь богатырь]!! Ich war ungewöhnlich groß, hatte dichte schwarze Haare und schrie laut. Meine Mutter stieß mich von den Knien und wandte sich zur Wand. (1988, 26)

Zwei Sujetkomplexe durchziehen Durovas Kindheitsschilderung. Auf der einen Seite beschreibt sie die verhaßte Sphäre der Weiblichkeit, die als Inbegriff von Unfreiheit und Unterdrückung erscheint:

> Vielleicht hätte ich alle meine Husarenstücklein bleiben lassen und wäre ein normales Mädchen wie alle geworden, wenn nicht meine Mutter mir das Schicksal der Frau in den trostlosesten Farben geschildert hätte. Sie sprach vor mir in den abwertendsten Ausdrücken über die Bestimmung dieses Geschlechts: Die Frau muß nach ihrer Ansicht in Sklaverei geboren werden, leben und sterben; ewige Unfreiheit, beschwerliche Abhängigkeit und Qualen aller Art sind ihr Schicksal von der Wiege zum Grab; sie ist voll von Schwächen, ohne alle Vollendung und zu allem unfähig; mit einem Wort: Die Frau ist das unglücklichste, nichtigste und verachtetste Wesen auf dieser Welt! Mein Kopf schwindelte von dieser Beschreibung; ich beschloß, auch wenn es mich mein Leben kosten sollte, mich von dem Geschlecht loszulösen, das sich, wie ich meinte, unter Gottes Fluch befand. (34)

Auf der anderen Seite steht die Welt der Männer, die auf Nadežda Durova eine tiefgreifende Faszination ausübt. Das Soldatenspiel gehört zu den bevorzugten Freizeitbeschäftigungen des Mädchens, hier kann sich ihr „ritterlicher Geist [рыцарский дух]" (29) frei entfalten. Später werden heimliche nächtliche Ausritte zum adäquaten Ausdruck von Durovas freiheitsliebender Amazonenseele (32 f.). Durovas kürzeste Formel für den kombinierten push- und pull-effect, der sie in eine männliche Existenz

Durova

treibt, lautet: „Liebe zum Vater und Abneigung gegenüber dem eigenen Geschlecht [любовь к отцу и отвращение к своему полу]" (34).[1]

Ein eigenartiger Fatalismus durchzieht Durovas Kindheitsschilderung. Deutlich erkennen läßt sich ihr Bestreben, in allen Lebensbereichen Hinweise auf die Unausweichlichkeit ihres biographischen Wegs aufzuspüren. Den sozialen Legitimationsdruck, dem sie sich als weiblicher Offizier ausgesetzt sieht, erwidert sie mit einer Kumulierung von bestätigenden Signalen, die ihr von ihrer Umgebung zugesandt werden: Immer wieder weist Durova auf ihre soldatische Geschicklichkeit hin und registriert mit Genugtuung die Anerkennung, die sie dafür erhält. Sie zeigt damit an, daß ihre militärische Karriere nicht in erster Linie als persönliche Wahl, sondern als schicksalhafte Notwendigkeit zu verstehen ist. Aus einem bereits analytischen Blickwinkel wird dieses Phänomen in einer späteren Schilderung der eigenen Kindheit dargestellt. Im Jahr 1838 erscheint ein kurzer Text mit dem Titel „Einige Züge aus meinen Kinderjahren [Некоторые черты из детских лет]"[2], den Durova ein Jahr später in eine Fortsetzung ihrer Autobiographie mit dem Titel *Aleksandrovs (Durovas) Aufzeichnungen. Fortsetzung zu ‚Der Mädchenkavallerist'* [*Zapiski Aleksandrova (Durovoj). Dobavlenie k ‚Device-Kavalerist'*] (Moskva 1839, 1-46) integriert. Durova beschreibt hier neben vielen Beweisen ihrer ungestümen Natur eine Episode, in der sie zusammen mit Freundinnen versucht, Bilder in der Mondoberfläche zu sehen. Nadežda Durova erkennt zwar kein Bild, plötzlich taucht aber ihr Hengst Alkid auf:

> Ich war in meiner ganzen Seele davon überzeugt, daß die Erscheinung Alkids während der geheimnisvollen Mondschau ein Vorzeichen dafür war, daß ich jene Berufung antrete, die der beständige Gegenstand meiner Gedanken, Wünsche, Absichten und Handlungen war. (271)

In diesem späteren Zusatz weist Durova ihre fatalistische Deutung explizit als subjektive Projektion aus. Diese Distanznahme fehlt in der Kindheitsschilderung aus *Der Mädchenkavallerist* [*Kavalerist-Devica*]. Alle Ereig-

---

1 Durovas Selbstanalyse kommt hier modernen Erklärungsversuchen zur Psychogenese von Geschlechtsidentitätsstörungen erstaunlich nahe. Die meisten Autoren halten die fehlende Identifikation mit dem Elternteil des gleichen Geschlechts für einen wichtigen Faktor bei der Ausbildung solcher Störungen (Springer 1981, 69-94, Moberly 1983, 52-66, Eicher 1984, 46-50). Allerdings wird übereinstimmend darauf hingewiesen, daß die genaue Aitiologie dieses Problemkomplexes ungeklärt ist (Eicher 1984, 46).

2 *Literaturnye pribavlenija k Russkomu Invalidu* 41, 44 (1838).

Ichentwürfe

nisse werden hier auf einen zentralen Akt hingeordnet: Die Befreiung vom Joch der Weiblichkeit. Aufschlußreich ist Durovas Beschreibung der eigenen Äußerlichkeit:

> Ich war schon bald vierzehn Jahre alt, ich war von hohem Wuchs, schlank und behend; aber mein kriegerischer Geist [воинственный дух мой] zeichnete sich schon auf den Gesichtszügen ab, und obwohl ich eine weiße Haut, lebendige Röte, glänzende Augen und schwarze Brauen hatte, sagten mir mein Spiegel und meine Mutter jeden Tag, daß ich überhaupt nicht schön sei. Mein Gesicht war von den Pocken entstellt, die Züge unregelmäßig, und der unablässige Freiheitsentzug und die Strenge, manchmal auch Grausamkeit meiner Mutter hinterließen auf meiner Physiognomie den Ausdruck von Angst und Trauer. (33 f.)

Der Körper erweist sich als Analogon des Charakters: Die mit Nachdruck hervorgehobene Gesundheit und eindrückliche physische Fähigkeiten stellen nicht nur Bedingungen der Möglichkeit eines Geschlechtswechsels dar, zusätzlich wird eine weibliche Existenz für Durova wegen ihrer fehlenden Schönheit zur Zumutung.

Durovas männlicher Charakter, der sich von Geburt an bemerkbar macht, erhält eine (unbewußte) Unterstützung von Vater und Mutter. Durovas Geschlechtswechsel ist letztlich nämlich nicht als Rebellion, sondern als Anpassung an die Wünsche ihrer Eltern zu interpretieren. Durch ihr Verhalten versucht sie, dem Wunsch ihrer Eltern nach männlichem Nachwuchs so nahe wie möglich zu kommen. Auch der Vater äußert sich einmal negativ über das Geschlecht seiner Tochter: „Wenn ich statt Nadežda einen Sohn hätte, dann würde ich mir wegen meines Alters keine Sorgen machen: er wäre mir eine Stütze in meinem Lebensabend." (34, vgl. auch 263)

Schließlich flicht Durova in ihre Kindheitsschilderungen immer wieder Hinweise auf verpaßte Chancen einer normalen Entwicklung ein – verpaßte Chancen, die allerdings nicht in der eigenen Verantwortlichkeit liegen. Größte Bedeutung mißt Durova dem Scheitern einer Verbindung mit einem Jüngling aus der Nachbarschaft bei (zu diesem Zeitpunkt ist Nadežda vierzehn Jahre alt):

> Dies war meine erste Neigung, und ich glaube, daß ich mich für immer von meinen kriegerischen Gedanken getrennt hätte, wenn man mich damals mit ihm verheiratet hätte. Aber das Schicksal, das für meinen Lebensweg das Schlachtfeld vorgesehen hatte, bestimmte es anders. (36)

Durova

Die Logik, die hinter solcher Rechtfertigung steht, ist vertrackt: Durova will die Irreversibilität ihrer männlichen Geschlechsidentität nachweisen. Dazu erwähnt sie die verpaßte Chance (die frühe Heirat), die ihre „Vermännlichung" hätte stoppen können. Die Ausbildung einer Geschlechtsidentität bedeutet also für Durova nicht die Annahme einer biologischen Vorgabe (sex=gender), sondern eine gerichtete Bewegung auf einem Kontinuum, bei dem nur der Ausgangspunkt (sex), nicht aber der Endpunkt (gender) definiert ist. Entscheidend ist in Durovas Argumentation eine Umdeutung der Rolle des Schicksals: Gerade das schlechthin Unverfügbare, nämlich das dem Menschen vom Schicksal zugeteilte biologische Geschlecht, wird zur Manövriermasse des Schicksals – das Schicksal kann sich gewissermaßen selbst in den Rücken fallen. Irreversibel ist für Durova mithin nicht die Zugehörigkeit eines Individuums zum einen oder anderen Pol einer Geschlechtsidentität, sondern das prädeterminierte Streben zu einem dieser Pole:

> Die Kriegsbegeisterung loderte mit unbeschreiblicher Kraft in meiner Seele: Mein Geist erging sich in Träumen, und ich begann emsig darüber nachzusinnen, wie ich meinen höchsten Wunsch ins Werk setzen könnte – ein Krieger zu werden, meinem Vater ein Sohn zu sein und mich auf immer von meinem Geschlecht zu trennen [сделаться воином, быть сыном для отца своего и навсегда отделиться от пола], dessen Schicksal und ewige Abhängigkeit mich zu erschrecken begonnen hatten. (39 f.)

Der stille Vorwurf, gegen den sich Durova in ihrem Text immer wieder verteidigt, gilt der „Widernatürlichkeit" ihrer männlichen Rolle. Durova begreift ihren Wunsch nach einem Männerleben jedoch nicht als trotziges Aufbegehren gegen das langweilige Frauendasein, sondern als Konflikt zwischen zwei Gewalten, die sich menschlichem Einfluß gleichermaßen entziehen: Natur und Schicksal. Die grundlegende Denkfigur, die Durovas Autobiographie durchzieht, kann wie folgt beschrieben werden: Die Natur selbst ist widernatürlich, wenn sie Psyche und Körper nicht mit demselben Geschlecht ausstattet. Natürlich ist allein das Schicksal, das dem Menschen seine wahre Bestimmung anzeigt (27, 29). Pointiert formuliert: Im Konfliktfall ist das Schicksal natürlicher als die Natur.[3]

---

[3] Ein Raisonnement aus Durovas späterem Text *Ein Jahr in Petersburg* [*God žizni v Peterburge*] über die natürliche Ausstattung des Menschen – hier in bezug auf die Schönheit – läßt sich auch auf die Geschlechtsproblematik übertragen: „Wodurch haben diese ihre Schönheit verdient? ... Wodurch haben jene sich das Unglück

Ichentwürfe

Es ist ein eindrückliche Konstellation von Faktoren, die am Tag von Nadežda Durovas Verwandlung in einen jungen Husaren Regie führt. Die Stimme der Natur kann sich gegen eine solche Übermacht nicht mehr durchsetzen:

> Der siebzehnte [sc. September 1806, U.S.] war mein Namenstag, ein Tag, an dem es mir – ich weiß nicht ob vom Schicksal, vom Zusammenkommen der Umstände oder von einem unüberwindbaren Trieb – bestimmt [определено] war, mein Elternhaus zu verlassen und ein ganz neues Leben zu beginnen. (40)

Die Lustprämie, die das Schicksal für diejenigen bereithält, die seinem Ruf folgen, ist beträchtlich:

> Die Freiheit, dieses wertvolle Geschenk des Himmels, wurde endlich auf immer zu meiner Bestimmung. Ich atme sie, genieße sie, fühle sie in der Seele und im Herzen! Mein Dasein ist von ihr durchdrungen, von ihr belebt! Ihr, meine jungen Altersgenossinnen, ihr allein könnt meine Begeisterung verstehen! Nur ihr könnt den Wert meines Glücks ermessen! Euch ist jeder Schritt abgezählt, ihr könnt keine zwei Sažen ohne Begleitung und Schutz gehen! Ihr steht von der Wiege bis zum Grab in ewiger Abhängigkeit und unter ewiger Aufsicht, Gott weiß von wem und von was! Ihr allein, ich wiederhole es, könnt verstehen, mit welch freudigen Regungen mein Herz erfüllt ist beim Anblick weiter Wälder, unüberschaubarer Felder, Berge, Täler, Bäche, und beim Gedanken, daß ich mich überall bewegen kann, ohne jemandem Rechenschaft ablegen zu müssen und ohne mich um ein Verbot zu kümmern, ich springe vor Freude, wenn ich mir vorstelle, nie mehr in meinem Leben folgende Worte zu hören: „Mädchen, bleib hier sitzen. Es ziemt sich für dich nicht, allein spazieren zu gehen." (56)

Für Nadežda Durova steht außer Zweifel, daß der Genuß der Freiheit nicht einen Akt der Anmaßung darstellt, sondern ihr vom Schicksal zugedacht ist. Durovas Argumentation weist auch eine gesellschaftspolitische Pointe auf. Die autonome Gestaltung des eigenen Lebens ist ein Menschenrecht:

> zugezogen, Vogelscheuchen zu sein? ... Macht dies unsere gemeinsame Mutter Natur mit Absicht? ... als Laune? ... zufällig? ... Oder gibt es irgendeinen entfernten Grund

Durova

Ich bin frei! Ungebunden! Unabhängig! Ich habe das genommen, was mir gehört, meine Freiheit: Freiheit! Das wertvolle Geschenk des Himmels, das jedem Menschen unveräußerlich gehört! Ich habe es verstanden, sie zu nehmen, sie von allen Anfechtungen in der Zukunft zu bewahren, und von nun an bis zum Grab ist sie meine Bestimmung und meine Belohnung! (43)

Die Definition der Freiheit als „Geschenk des Himmels" impliziert eine weitere Replik auf den Vorwurf der Widernatürlichkeit: Das Naturrecht auf Freiheit kann nicht gegen die Natur verstoßen. Wenn diese Freiheit eingeschränkt wird, kann nur das Hindernis widernatürlich sein. Es ist allerdings auffällig, daß Durova ein naheliegendes Argument in ihrer Rechtfertigungsstrategie nicht verwendet. Durova begreift den unfreien Stand der Weiblichkeit nur teilweise als sozial induziert (34). Weibliche Freiheit erscheint Nadežda Durova als contradictio in adjecto. In dieser Hinsicht liegt Durovas Wahrnehmung des eigenen Geschlechts auf einer durchaus traditionellen Linie: Auch Natal'ja Dolgorukaja und Anna Labzina gehen von einer grundsätzlichen Unterordnung der Frau unter den Mann aus, die nicht zu ändern ist – mehr noch: die Änderung dieses Verhältnisses ist nicht einmal wünschenswert. Zwar wird bei Nadežda Durova Kritik an der Lage der Frau laut, sie hütet sich aber, diese Kritik in eine generelle Systemkritik umzumünzen.[4] Nadežda Durovas Emanzipation ist eine Emanzipation innerhalb der Grenzen des Systems: Ihre Selbstverwirklichung gelingt in einem Frontenwechsel, nicht in der Beseitigung eines Mißstandes.

---

solcher Unterschiede? ... Wer kann für alle Unerreichbares, von niemandem Erratenes erraten?" (514)

[4] Erst in der *Fortsetzung zu ‚Der Mädchenkavallerist'* [*Dobavlenie k Device-kavalerist*] (1839) schlägt Durova einen emanzipatorischen Ton an: „Polen! [...] Dies ist das Land, in dem die Frau Gebieterin ist! ... Die Frau ist Held, Regimentskommandeur, Minister! ... Dies ist das Land, in dem die Frau alles leitet, alles der einzigen, unbesiegbaren Macht unterwirft, der Macht der Vernunft, der Schönheit und der Liebenswürdigkeit!" Publizistisch ist Durova nicht für die Sache der Frau aktiv geworden, nur im Archiv M.P. Pogodins findet sich ein unveröffentlichter Artikel aus dem Jahr 1858, der die Lage der Frauen diskutiert: „Heute benötigt die russische Gesellschaft mehr denn je tätige, arbeitende Frauen, die für die großen Ereignisse, die an ihnen vorbeiziehen, auf vernünftige Weise Mitgefühl zeigen und fähig sind, ihren Beitrag zum Aufbau der öffentlichen Wohlfahrt zu leisten, der mit gemeinsamen Kräften betrieben wird." (RGB F. 231, razd. III, p. 8, Nr. 58. Zit. nach Smirenskij 1960, XXIII)

Ichentwürfe

Die Gemeinsamkeit von Natal'ja Dolgorukajas, Anna Labzinas und Nadežda Durovas Autobiographien liegt mithin in ihrer Resistenz gegenüber einer feministischen Lektüre. Keineswegs können diese Texte als frühes Plädoyer für eine Emanzipation der Frau vereinnahmt werden. Wohl aber läßt sich sagen, daß alle diese Texte Weiblichkeit als Thema aufgreifen und bestimmte psychische Mechanismen dokumentieren, die einer weiblichen Existenz lebenspraktischen Sinn verleihen.

Während Natal'ja Dolgorukaja und Anna Labzina das Leiden zum ideologischen Zentrum ihres Lebensentwurfs machen, beschwört Nadežda Durova immer wieder eine Glücksvision, die das höchste Ziel ihrer Wünsche markiert: das freie Leben in der schönen Natur.

> Ruhe, Freude, fröhliche Träume, Gesundheit, frische Gesichtsröte – all dies ist mir eigen während meiner jetzigen Lebensart, und ich habe noch nicht für eine Minute Langeweile verspürt. Die Natur, die meine Seele mit der Liebe zur Freiheit und zur Naturschönheit ausgestattet hat, gab mir eine unversiegliche Quelle von Freuden. Sobald ich des Morgens meine Augen öffne, erwacht sogleich ein Gefühl des Vergnügens und des Glücks in meinem ganzen Wesen; es ist mir völlig unmöglich, mir etwas Trauriges vorzustellen, alles glänzt und leuchtet in hellen Farben! (196 f.)

Der wache Blick für die Schönheiten der Natur koppelt sich bei Durova mit dem Vermögen, auch den Krieg als ästhetisches Spektakel zu betrachten. Die einzelnen Sinneseindrücke verbinden sich in Durovas Wahrnehmung zu einem Gesamtkunstwerk, die Schlacht wird zu einem „interessanten Bild [любопытная картина]" (62):

> Die Neuigkeit des Schauspiels [новость зрелища] nahm meine ganze Aufmerksamkeit in Anspruch; das schreckliche und erhabene Donnern der Kanonenböller, das Zischen oder ein gewisses Surren fliegender Geschoße, die galoppierende Kavallerie, die blitzenden Bajonette der Infanterie, der Trommelschlag und der feste Schritt und der ruhige Blick, mit dem unsere Infanterieregimenter gegen den Feind vorrückten, all dies erfüllte meine Seele mit Regungen, die ich mit keinen Worten zu beschreiben vermag. (62)

Die Empfänglichkeit für die Erhabenheit des Schlachtgetümmels wird für Durova nachgerade zum Beweis einer lebendigen Seele:

Durova

> Wieder höre ich das schaurige, großartige Donnern der Kanonen! Wieder sehe ich das Blitzen der Bajonette! Das erste Jahr meines militärischen Lebens ersteht in meiner Erinnerung! ... Nein! Ein Feigling hat keine Seele! Wie sonst könnte er all dies sehen und hören und nicht in Tapferkeit aufflammen! (163)

Nadežda Durova ist indessen nicht blind für die Greuel und Grausamkeiten des Kriegs. In Durovas Verhältnis zum Krieg spiegelt sich dieselbe Mischung aus scharfer Kritik und Konformismus, von dem auch ihre Haltung in der Geschlechterfrage geprägt ist:

> Ich habe bereits viele Tote und schwer Verwundete gesehen! Es ist schwer, auf die letzteren zu schauen, wie sie stöhnen und auf dem sogenannten Feld der Ehre kriechen! Was kann für einen gemeinen Soldaten den Schrecken einer solchen Situation mildern? Für einen Rekruten? Ganz anders für den gebildeten Mann: Das hohe Gefühl der Ehre, Heldentum, Loyalität zum Zaren, die heilige Pflicht gegenüber dem Vaterland lassen ihn dem Tod furchtlos ins Auge blicken, Leiden tapfer ertragen und ruhig vom Leben Abschied nehmen. (66)

Das ideologische System, das einerseits die Geschlechtshierarchie und andererseits die militärische Rangordnung abstützt, wird hier keineswegs in Frage gestellt. Es kommt nur darauf an, auf der richtigen Seite zu stehen. Man muß ein Mann und ein Offizier sein. Nadežda Durovas Emanzipation ist mithin eine genuin individuelle. Sobald sie am Ziel ihrer Wünsche angelangt ist, hat sie für ihre ehemaligen Leidgenossinnen (Frauen) und Leidgenossen (einfache Soldaten) wenig mehr als Mitleid übrig. Eine bezeichnende Episode zeigt Durova als eifersüchtige Hüterin ihrer Einzigartigkeit: Der Frau des Generals Chrapovickij, die sich ebenfalls als Soldat kleidet, bringt sie nur rivalisierende Gefühle entgegen (238).

Durovas Selbstinterpretation läßt sich als Desexualisierung ihrer Geschlechtsidentität beschreiben. Ihr wahres Sein liegt nicht in der trügerischen Kategorie des Geschlechts beschlossen, sondern in einem Fächer von Eigenschaften, die zwar traditionellerweise als männlich gelten, jedoch aus Durovas Perspektive in ihrer eigenen Person konfliktfrei mit dem weiblichen Geschlecht koexistieren. Das Geschlecht wird hier nicht als Determinante des Charakters aufgefaßt; es ist vielmehr ein akzidentelles Merkmal, das sich nicht stereotypenhaft beschreiben läßt. Vor dem Hintergrund dieser Konzeption wird deutlich, daß Durovas Trennung von ihrem Geschlecht keineswegs so radikal ist, wie es zunächst den Anschein hat. Es wäre auch durchaus falsch, Nadežda Durova als Transsexuelle zu

Ichentwürfe

bezeichnen (Rancour-Laferrière 1998, 457). Durovas Ziel besteht darin, ihre Charaktereigenschaften, die sie selbst als männlich einstuft, mit solcher Deutlichkeit unter Beweis zu stellen, daß das Geschlecht schließlich als überflüssige Kategorie aus ihrer Identitätsbeschreibung herausfällt. Ein Lob ihrer militärischen Fähigkeiten kommentiert Durova auf folgende Weise:

> Mich erwartet eine Unmenge Vermutungen, Überlegungen, Spekulationen und Verleumdungen, wenn mein Geschlecht entdeckt wird! Ach, wie notwendig sind dann die Zeugnisse von Leuten wie Mansurov, Ermolov und Konovnicyn! (183)

Durova macht auch die Überwindung ihres Geschlechts der Demonstration ihrer Tapferkeit dienstbar. Sie hat nicht nur die gleichen Prüfungen wie die Männer zu bestehen, sondern muß zusätzlich auch noch mit ihrer einzigartigen Lage fertig werden. Mit unverkennbarem Stolz kommentiert Durova das erfolgreiche Bestehen eines Abenteuers:

> Es kommt ihnen [sc. den männlichen Kameraden, U.S.] ja nicht in den Sinn, daß alles, was für sie gewöhnlich ist, für mich höchst ungewöhnlich ist. (209)

Genaugenommen kann man deshalb nicht von einer neuen Identität sprechen, die sich Durova als Mann zulegt. Ihre Selbstinterpretation begreift ihr Soldatenleben als Erreichen jener wahren Identität, die nur auf eine Aktualisierung gewartet hat. Den präzisesten Ausdruck findet Durova für dieses Konzept in einem Vergleich: Sie imaginiert sich in ihrer Kindheit als „Achilles in Frauenkleidern" (38). Durova vertauscht hier das Authentische mit der Maskerade: Nicht die Kriegsspiele konstituieren in ihrem Fall das Identitätswidrige, sondern die weibliche „Verkleidung" der kriegerischen Seele. Der Entscheid, Soldat zu werden, bedeutet mithin keine Weiterentwicklung der Persönlichkeit, sondern eine Rückkehr zum wahren Ich. Die Kleidung, die Durova wirklich „steht", ist die Ulanenjacke, wie sie während eines Balls mit Genugtuung feststellt:

> Der Saal war voll von Damen; alle schienen sie mir wunderschön und wunderschön angezogen; ich schaute immer gern auf Damenkleider, obwohl ich sie selbst um keinen Preis anziehen würde. Ihr Batist, Atlas, Samt, die Blumen, Federn und Diamanten sind verführerisch schön, aber meine Ulanenjacke ist schöner! Zumindest steht sie mir besser, und das ist ja, wie man sagt, die Bedin-

Durova

gung des guten Geschmacks – sich passend anzuziehen [одеваться к лицу]. (237 f.)

Das Fehlen eines Identitätswechsels kann zusätzlich durch ein linguistisches Argument plausibel gemacht werden. Die Ich-Erzählerin verwendet in ihrem Bericht durchwegs die weibliche Verbform. Fast in jedem Satz wird der Leser daran erinnert, daß das Aussagesubjekt eine Frau ist. Bei der Verwendung von direkter Rede ergeben sich dabei grammatikalische Inkonsistenzen, die den unverwechselbaren Grundton von Durovas Autobiographie ausmachen („,я не ранен', – отвечала я.", 172, vgl. Heldt 1987, 82).

Einmal am Ziel ihrer Wünsche angelangt, versucht Durova, die Normalität ihrer Lage zu etablieren. Die Strategie, die sie hierbei anwendet, ist eine doppelte: Sie versucht, sich ihrer Umgebung anzupassen und umgekehrt ihre Umgebung dem eigenen Ich anzunähern. Einerseits übernimmt sie die Ethik und Rhetorik des militärischen Verhaltenskodex. Ein harscher Tadel von seiten ihres Vorgesetzten weckt in Durova den Wunsch nach einer Duellforderung (111). Mit deutlicher Verachtung beschreibt Durova die Weigerung eines Kameraden, eine gefährliche Übung durchzuführen, und präsentiert das eigene Verhalten als vorbildlich (117 f.). Schließlich stimmt sie ohne Vorbehalte Generals Ermolovs wenig zimperlichem Verdikt zu, ein feiger Soldat habe kein Recht auf Leben [трус солдат не должен жить] (158). Andererseits versucht Durova, Merkmale ihrer einzigartigen Situation auch bei ihren Kameraden zu entdecken. So stellt Durova eine verblüffende Ähnlichkeit zwischen den jungen Soldaten in Paradeuniform und hübschen Mädchen fest (98 f.). Die kühne Kombination von Weiblichkeit und Militär gipfelt in der Feminisierung des Zaren: Während einer Inspektion bemerkt Durova in den Zügen des Oberbefehlshabers eine „mädchenhafte Schüchternheit [девическая застенчивость]" (78).

Die Verwirrung der Geschlechtsidentitäten, die Durova nicht nur bei sich selbst feststellt, sondern auch anderen zuschreibt, ist beträchtlich. Auch in dieser Situation vermeidet Durova eine moderne Lösung (Androgynie als Ideal) und nimmt eine konservative Haltung ein: Sie blendet den heiklen Bereich der Sexualität vollständig aus ihrem Leben aus – eine Strategie, die sich den körperfeindlichen Diskurs des 19. Jahrhunderts durchaus dienstbar machen kann. Semiotisch gesprochen: Durova wählt zur Beschreibung der eigenen Geschlechtsidentität nicht die merkmalhaltige Kombination zweier Elemente (männlich und weiblich), sondern die Elimination des Merkmals (Geschlecht) selbst. Durovas Mißtrauen gegenüber der Sexualität des eigenen Körpers geht so weit, daß ihr die eigene Mutterschaft zu einem Nicht-Ereignis wird. Nadežda Durova erwähnt ihre

Ichentwürfe

Heirat mit dem Gerichtsbeamten Vasilij Stefanovič Černov im Jahr 1801 mit keinem Wort in ihrer Autobiographie, ebensowenig die Geburt ihres Sohnes Andrej im Jahr 1803 (Blinov 1888, 415 f.). Um dieses unliebsame Kapitel aus der eigenen Lebensgeschichte zu streichen, wendet Durova einen radikalen Kunstgriff an: Sie erklärt sich für sieben Jahre jünger als sie tatsächlich ist (Zirin 1988, xix f.). Auf diese Weise vermeidet Durova das Entstehen eines zeitlichen Leerraums, der gleichzeitig die ideologische Schlüssigkeit ihres Lebensentwurfs außer Kraft setzen könnte.

Durovas selbstverordnete Geschlechtslosigkeit äußert sich auch im Fehlen jeglicher erotischer Faszination bei Personenschilderungen. Die überwältigende Ausstrahlung einer Ballschönheit kommentiert Durova mit den nüchternen Worten:

> Von der neuen Armida sind nur diejenigen nicht berauscht, die alt sind, sie nicht gesehen haben, bereits verlobt sind und natürlich ich; alle anderen seufzen! (138)

Für Durovas Haltung ist das Wort „natürlich [разумеется]" bezeichnend: Obwohl Nadežda Durova konsequent als Mann auftritt, bleibt der Bereich der Erotik mit einer Selbstverständlichkeit ausgespart, die zwischen Autorin und Leser ein Verhältnis der Komplizenschaft etabliert. Das gemeinsame Wissen um das Sexualgeheimnis, an das mit dem Signal „natürlich" appelliert wird, bewahrt Durova vor einer weiteren Explizierung des Geschlechtsproblems. Die Selbstdistanzierung von aumourösen Affären zeigt sich deutlich in Durovas Beschreibung der Verheiratung eines Kameraden. Die Brautwahl wird in jenem Irrealis geschildert, der den grundsätzlichen Modus von Durovas Verhältnis zur Sexualität darstellt:

> Wenn ich K*** wäre, so würde auch ich sie [sc. die junge Braut] zu meiner Lebensgefährtin auserwählen und sie so lieben, wie er sie liebt. (221)

Anspielungen auf die scheinbare sexuelle Unerfahrenheit des jungen Offiziers („A la vue de ses fraîches couleurs vous pouvez bien deviner qu'il na pas encore perdu sa virginité", 103 f.) begegnet Durova mit Verlegenheit, Spöttern geht sie aus dem Weg (113), sexuelle Themen vermeidet sie in ihren Gesprächen nach Möglichkeit (145).[5]

---

5   Vgl. auch das Kapitel „Ein Tanzabend" aus der *Fortsetzung* [*Dobavlenie*]: „Was habe ich davon, daß man dort tanzt? ... Ich muß ja mit einer Dame tanzen." (1839, 290) „Während des Tanzens verfluche ich meine Dame immer in Gedanken, wenn

Durova

Zweimal geschieht es, daß Frauen sich in den jungen Offizier verlieben. Durovas Schilderung dieser Episoden liest sich entweder wie eine beiläufige Bemerkung oder wie ein Abenteuer, das es mit List und Geschick zu bestehen gilt, nie aber wird die problematische eigene Erotik zu einem Thema. Im einen Fall entwickelt eine Bäuerin, die Durova Quartier gibt, eine Leidenschaft für den Gast. Durova versucht, die Zudringlichkeit der Bäuerin zu dämpfen, das Problem löst sich schließlich durch die Verlegung des Regiments (141-145). Der andere Fall ist gerade durch die erzählerische Aussparung des eigentlichen Plots interessant. Im Jahr 1811 wird Durova auf eigenen Wunsch von den Husaren zu den Ulanen versetzt. Auf die Frage nach dem Grund ihres Versetzungsgesuch reagiert sie mit Schweigen: „Ich schämte mich zu sagen, daß die Husarenuniform für mich zu teuer war, weil ich nicht mit Geld umgehen kann." (135) Die vertrauliche Aufrichtigkeit gegenüber dem Leser bei offensichtlicher Unaufrichtigkeit gegenüber dem Gesprächspartner erfüllt hier eine ganz bestimmte Funktion: Sie soll die Fadenscheinigkeit des vorgebrachten Arguments überspielen. In Wahrheit sieht sich Durova nämlich nicht wegen der Uniformkosten zum Abschied von den Husaren veranlaßt. Im Kapitel „Liebe" aus *Aleksandrovs (Durovas) Aufzeichnungen. Fortsetzung zu ‚Der Mädchenkavallerist'* [*Zapiski Aleksandrova (Durovoj). Dobavlenie k ‚Device-Kavalerist'*] (1839, 111-164) enthüllt Durova den wahren Grund für ihr Vorgehen: Es ist die hoffnungslose Zuneigung der Tochter des Regimentskommandeurs, die Durova keine andere Wahl als die Flucht läßt (Zirin 1990, 50).[6] Durovas unerwartete Offenheit läßt sich durch das abgewandelte Konstruktionsprinzip des Ergänzungsbandes erklären: Im *Mädchenkavalleristen* [*Kavalerist-Devica*] ordnet Durova alle Begebenheiten ihrem teleologisch ausgerichteten Lebensentwurf unter. Störfaktoren werden nur in geringem Maße berücksichtigt, Durovas Leben erscheint im wesentlichen als schicksalshafter Ablauf, der auf die vorherbestimmte Existenz zu gravitiert. Anders in der *Fortsetzung* [*Dobavlenie*]: Hier tritt

---

sie mit mir halblaut spricht, mich öfter anschaut, als es sich geziemt; besonders, wenn sie ihren Augen einen Ausdruck verleiht, der für einen Mann seinen Wert hätte, aber für mich ..." (295)

[6] „Für eine Versetzung muß man wohl einen Grund vorweisen: [...] Welchen kann ich vorweisen? Mir kommt keiner in den Sinn ... Für jeden anderen liegt er auf der Hand: ‚der finanzielle Aufwand für die Uniform'. Für mich gilt das nicht: Ich erhalte Geld und auf diese Weise kommt mich meine Uniform nicht teuer zu stehen: sie ist gratis. Was soll ich nur sagen? ... Warum lasse ich mich versetzen, weshalb verlasse ich ein Regiment, das ich mehr als alles andere auf der Welt schätzen müßte? ... Eitle Fragen! Die Antwort darauf bleibt immer dieselbe: Aus dem Regiment austreten, ... sich von Ol'ga entfernen!" (1839, 168)

die teleologische Struktur zugunsten der Präsentation verschiedener Episoden zurück. Damit erhalten die einzelnen Begebenheiten auch eine eigene ästhetische und ideologische Würde. Der erotische Diskurs, der so sorgfältig aus dem *Mädchenkavalleristen* [*Kavalerist-Devica*] verbannt wurde, tritt wieder in sein Recht. So ist etwa die Schilderung eines vertraulichen Gesprächs zwischen Durova und der verliebten Ol'ga von sinnlichen Details durchzogen (das Ausrufezeichen am Schluß überträgt die Erregung der Autorin in die Interpunktion):

> Der dichte Schnee bewegte sich in schnellem Gestöber in der Luft, legte sich auf die goldenen Schnüre meiner Uniform und schmolz ... schmolz auf dem weißen, spitzenbesetzten Kleid der Jungfrau P..., umschmeichelte die anmutigen Formen ihres geschmeidigen Körpers, schmiegte sich an ihre rosigen Wangen, an ihr hellrotes Haar und verwandelte sich auf der vollen, hohen Brust des schönen Mädchens in Wasser! (1839, 119)

Im *Mädchenkavalleristen* [*Kavalerist-Devica*] unterdrückt Durova jedoch nicht nur jeden Hinweis auf die unglückliche Liebe der Obristentochter, sondern spart auch jeden Hinweis auf ein eigenes emotionales Engagement aus.[7] Die einzige Schilderung von Ol'ga Pavliščeva ist kurz und harmlos genug – die gefährliche körperliche Schönheit wird von einer religiös eingefärbten Moral entschärft:

> In der Familie Pavliščev liebt und akzeptiert man mich wie eine Verwandte. Die älteste Tochter ist sehr schön, wie ein Cherubim! Sie ist eine wahre Frühlingsrose! Die reinste Keuschheit leuchtet in ihren Augen, atmet in den Zügen ihres unschuldigen Gesichts. Sie lehrt mich das Gitarrenspiel, das sie selbst vorzüglich beherrscht, und erzählt mir mit kindlicher Fröhlichkeit, was sie Lustiges gesehen und gehört hat. (100 f.)

Eine intime Episode, die von Ol'ga Pavliščeva offensichtlich zur Anstachelung von Durovas Eifersucht inszeniert wird, erscheint erst im Nach-

---

[7] Allerdings ist Nadežda Durova auch in der *Fortsetzung* [*Dobavlenie*] bestrebt, ihr beschränktes Interesse an Ol'ga herauszustreichen: „Zum Glück heiratet Ol'ga; die Gerüchte werden verstummen und alles wird ruhig wie früher sein; aber mir wird es eine Lehre sein: nicht mit einem jungen Mädchen spielen, es nicht zu umarmen, es nicht zum Spaß im Halbdunkel zu küssen; kurz, meinem Namen und meiner Kleidung entsprechend zu handeln, und nicht so, wie ich das Recht zu tun hätte, wenn ich die Kleidung meines Geschlechts trüge." (1839, 134 f.)

trag von 1839 im richtigen Kontext. Die Version, die im *Mädchenkavalleristen* [*Kavalerist-Devica*] präsentiert wird, verwandelt Ol'ga Pavliščeva in eine Jungfrau A***. Die Handlung des Vorfalls ist simpel: Während eines Balls hat Ol'ga die Hand eines Verehrers angeblich aus Versehen zu kräftig gedrückt, worauf dieser sich zu einem Heiratsantrag entschließt. Durova steht ihrer Verehrerin in der Abwehr des unwillkommenen Bräutigams bei. Ganz anders präsentieren sich die Dinge in der *Fortsetzung* [*Dobavlenie*]. Ol'ga beendet ihren Bericht über den Heiratsantrag mit der Frage: „Ist es Ihnen denn ganz egal, ob ich St–v heirate oder nicht?" (1839, 121). Die tatsächliche Tragweite des galanten Abenteuers aus dem *Mädchenkavalleristen* [*Kavalerist-Devica*] wird mithin erst in der späteren Fassung deutlich: Ol'gas Liebe zieht sich wie ein Riß durch Nadežda Durovas Existenz, verbannt sie in eine Art „Quarantäne" (155) und vertreibt sie schließlich aus dem angestammten Regiment (156, 161). Durovas kürzeste Formel für den Einbruch der Liebe in ihren Lebensentwurf lautet: „Ich werde geliebt! Der Gipfel des Glücks für alle anderen ist für mich ein Unglück!" (122). Die Abwandlung der Episode im *Mädchenkavalleristen* [*Kavalerist-Devica*] ist eine doppelte: Zum einen wird die Figur Ol'gas anonymisiert, zum anderen bleibt die Tatsache von Ol'gas Liebe zu Nadežda Durova unerwähnt. Dieser zweifache Kunstgriff erlaubt es Durova, einen Zwischenfall, der ihre Existenz in den Grundfesten erschüttert hat, trotzdem konfliktfrei in ihren Lebenstext zu integrieren.

Durova erfährt die Erotik ausschließlich als Bedrohung für ihre Existenz. Die wichtigste Abwehrtechnik besteht in der Tabuisierung: Die Verdrängung von erotischen Gefühlen spiegelt sich in Durovas autobiographischem Text, der den Leser erst in einer zweiten, teleologisch unbelasteteren Fassung in den Tabubereich vordringen läßt.

Trotz der konsequenten Entschärfung spielt der erotische Diskurs eine prominente Rolle in Durovas Aufzeichnungen, – er verschiebt sich allerdings von Menschen auf Tiere. In dem nachgetragenem Kapitel „Einige Züge aus meiner Kindheit" beschreibt Durova ihre leidenschaftliche Liebe zu einem kleinen Hund und einem Birkhuhn (274 ff.). Beide Tiere muß sie aber auf Geheiß der Mutter weggeben. In diesem Text findet sich eine höchst bemerkenswerte Deutung der Folgen dieser Kindheitserlebnisse:

Ich wagte es nicht mehr, mich mit meinem Herzen an irgendetwas anzuknüpfen, ich wagte nicht mehr, irgendetwas zu lieben, weil dieses Gefühl in meinem Innersten nicht das bedeutete, was es war – eine vortreffliche Eigenschaft der Seele, sondern nur eine Unartigkeit, und als Unartigkeit war es mir streng verboten. Im Alter

Ichentwürfe

von zwölf Jahren verschoben sich diese kindlichen Anhänglichkeiten zu einer starken Leidenschaft für Alkid [...]. (277)

Die Erotisierung von Nadežda Durovas Verhältnis zu ihrem Hengst Alkid, der zum wichtigsten Liebesobjekt avanciert, wird im *Mädchenkavalleristen* [*Kavalerist-Devica*] literarisch produktiv. Das Pferd verkörpert für Durova nicht nur ein männliches und freies Leben, sondern wird gleichzeitig auch zum zuverlässigen Ersatz jener ersehnten Zuneigung, die Nadežda in ihrem Elternhaus vergeblich zu finden gehofft hat. Durova bezeichnet ihr Pferd als „einziges Wesen, das mich je geliebt hat" (83). Bei der Schilderung von Alkids Tod flicht Durova in ihren sonst in einem nüchternen Ton gehaltenen Lebensbericht eine lyrische Passage ein, deren Rhetorik unverkennbar romantisch ist:

> Alkid! ... O, Todesschmerz des Herzens, wann wirst du abklingen! ... Alkid! Mein unschätzbarer Alkid! [...] Vier Wochen sind seit jenem unglücklichen Vorfall vergangen. Ich habe die Feder nicht zur Hand genommen; tödliche Schwermut bedrückt meine Seele! Niedergeschlagen gehe ich überall mit gesenktem Kopf. Mißmutig erfülle ich die Pflichten meines Amts; wo immer ich auch bin und was immer ich auch tue, die Trauer ist meine ständige Begleiterin, und Tränen treten mir unablässig in die Augen. Auf der Wache bedeckt sich mein Herz mit Blut! Man löst mich ab, aber ich eile nicht mehr zu Alkid! O weh, ich gehe langsam zu seinem Grab. [...] Ach, Alkid, Alkid! Meine Fröhlichkeit ist mit Dir begraben! ... Ich weiß nicht, ob ich in der Lage bin, den tragischen Tod des unvergessenen Gefährten meiner Jugendjahre und meines kämpferischen Lebens zu beschreiben. Die Feder zittert in meiner Hand, und Tränen verdunkeln meinen Blick! (81 f.)

Durovas Elegie liest sich wie eine Klage um den verstorbenen Geliebten, und es ist kaum ein Zufall, daß Durova semantische Signale, die Alkid als Pferd ausweisen, in dieser Passage nur sehr spärlich einsetzt.[8] Dies hat einen doppelten Grund: Einerseits wird damit deutlich, daß Alkid für Durovas Bewußtsein in der Tat die Rolle des erotischen Partners einnimmt,

---

[8] Dasselbe gilt noch für die *Fortsetzung* [*Dobavlenie*]: Nadežda Durova trägt nach dem Tod ihres Pferdes einen Talisman auf der Brust: „Wie kann ich fröhlich sein! Ist denn mein Alkid noch am Leben? Ist mir denn noch etwas von meinem unvergessenen Freund geblieben, als diese Erde von seinem Grab, die ich am Herzen trage?" (1839, 78)

andererseits wirkt die Kombination des tiefromantischen Vokabulars (Liebe/Tod) mit der Schilderung der Tierwelt unfreiwillig komisch: „Man teilt die abendliche Haferration aus, ich höre das fröhliche Wiehern unserer Pferde, aber die Stimme, die meine Seele erfreut hat, schweigt." (81 f.)

Später findet Durova ein weiteres Tier, auf das sie all ihre Liebe projiziert: einen jungen Hund mit dem sprechenden Namen „Amur". Mit wilder Eifersucht wacht Durova über die Exklusivität der Liebe des Hundes zu ihr:

> Ich wollte, daß niemand auch nur das kleinste Recht auf die Liebe meines Amur hatte und daß diese Liebe ausschließlich mir gehörte. (251)

Amur verkörpert für Durova jenes selbstverneinende Liebesideal, das der Liebe alles bedingungslos unterordnet – auch das eigene Ich:

> Sanftheit hat eine unbezwingbare Macht über unser Herz sogar in einem häßlichen Tier; und wie erst, wenn das gutmütigste, treueste und beste von ihnen mit sanfter Hingabe in deine Augen schaut, alle deine Bewegungen verfolgt, nur durch dich atmet, keine Minute ohne dich auskommen kann, sein Leben für dich hingeben würde. Du kannst ungerecht zu ihm sein, es grundlos, grausam, sogar unmenschlich schlagen, es legt sich zu deinen Füssen, leckt sie und erwartet – ohne sich im geringsten über deine Grausamkeit zu ärgern – nur einen zärtlichen Blick, um sich sogleich in deine Arme zu werfen, dich mit den Pfoten zu umarmen, dich zu lecken, zu dir aufzuspringen. (253)

Das Bewundernswerte solcher Hingabe liegt für Durova in der Tatsache, daß sie selbst an diesem Liebeskonzept schuldig geworden ist. Durovas egoistisches Durchsetzen ihres „ungewöhnlichen Plans" (255) bedeutet nämlich das genaue Gegenteil jener aufopfernden Liebe, die sie im Verhalten ihres Hundes beobachten kann und zu der sie ihren Eltern gegenüber trotz ungerechter Behandlung verpflichtet gewesen wäre. Die Strafe, die sich Durova für ihren Treuebruch auferlegt, ist entsprechend groß: Sie schreibt sich die Schuld am Tod der Mutter zu.

> Weh mir, die ich der eigentliche Grund [первоначальною причиною] des Unglücks meiner Mutter bin! ... Meine Geburt, mein Geschlecht, meine Züge, meine Neigungen – alles war nicht das, was meine Mutter wollte. Meine Existenz vergiftete ihr Le-

Ichentwürfe

ben, der unablässige Ärger verdarb ihren Charakter, der von Natur aus schon jähzornig war, und machte ihn grausam [...]. (39)

Der Rechtfertigungsaufwand, mit dem Durova ihre Entscheidung für ein freies Leben und gegen die Einordnung in das traditionelle Familienleben abstützt, verhält sich proportional zum Schuldbewußtsein der treulosen Tochter: Nur ein Vorgehen, das vom eigenen Über-Ich als unzulässig gebrandmarkt wird, benötigt Legitimationsstrategien wie etwa die Berufung auf schicksalhafte Notwendigkeit oder angeborene Neigung. Ein souveräner Akt hingegen ruht in seiner Selbstverständlichkeit.

Durovas Selbstbestrafung zieht sich bis in die Amur-Episode fort. Es ist bezeichnend, daß ihre Aufzeichnungen mit dem Tod des geliebten Hundes enden.[9] Durova, die ihren Eltern keine aufopfernde Liebe geschenkt hat, gönnt auch sich selbst diese Liebe nicht. Nur aus dieser Perspektive wird verständlich, weshalb Durova dem Tod des Hundes eine überragende Bedeutung für ihre eigene Existenz beimißt:

> Seit jener Zeit habe ich häufig die ganze Nacht getanzt und viel gelacht, aber wahrhaftige Fröhlichkeit habe ich nie wieder in meiner Seele verspürt: Sie liegt im Grab meines Amur ... Viele werden das seltsam finden; vielleicht sogar schlimmer als seltsam ... Wie dem auch sei, der Tod meines kleinen Freundes preßt in den fröhlichsten Gesellschaften unwillkürlich Tränen aus meinen Augen. Ich kann ihn nicht vergessen! ... (254 f.)

Mit der Projektion ihrer erotischen Wünsche auf Tiere verfolgt Durova noch ein weiteres Ziel: Emotional stark aufgeladene Beziehungen zu Pferden und Hunden sind frei von den Gefährdungen der Geschlechtlichkeit. Die für Durova höchst zweifelhaft gewordene Kategorie des Geschlechts findet hier keine Anwendung. Durova löst ihr sexuelles Dilemma mit dem Ersetzen des geschlechtlich markierten Liebesobjekts (Mann/Frau) durch ein geschlechtlich unmarkiertes (Tier).

Zu den wichtigsten Sinnstiftungsstrategien, auf die Durova in ihrem ungewöhnlichen (und deshalb auch erklärungsbedürftigen) Leben immer wieder zurückgreift, gehören literarische Erfahrungsmuster. Solch vorgefertigte Sinneinheiten erleichtern den Anschluß des eigenen Lebenstextes an bekannte Modelle und übernehmen damit eine doppelte Funktion: Die Autorin kann auf diese Weise die „Normalität" des eigenen Verhaltens

---

[9] Eine ähnliche Konstruktion findet sich in *Ein Jahr in Petersburg* [*God žizni v Peterburge*] (517, 539).

unterstreichen und schreibt sich gleichzeitig in den literarischen Diskurs der Epoche ein. Dies gilt nicht nur für die Einblendung romantischer Rhetorik in die Totenklage über den Hengst Alkid. Immer wieder baut Durova Versatzstücke aus fremden Texten in ihren eigenen Bericht ein. So illustriert sie etwa die Stimmung nächtlicher Aufklärungsritte mit einem Zitat aus Žukovskijs Ballade „Ljudmila" (153), Napoleon wird mit der Titelfigur aus V.A. Ozerovs Tragödie „Fingal" verglichen (158). Durova beschränkt sich jedoch nicht auf das Einstreuen isolierter Zitate. Einzelne Passagen ihrer Autobiographie weisen eine bestimmte stilistische Prägung auf, die einen literarischen Einfluß annehmen lassen. Bezeichnenderweise beklagt Durova zu Beginn ihrer militärischen Karriere das Fehlen von Büchern (79). Das ist mehr als nur der Wunsch nach einem angenehmen Zeitvertreib. Durova gehört zu jenem kulturspezifischen Typ des 18. und frühen 19. Jahrhunderts, der versucht, den eigenen Lebenstext als Roman zu deuten. Einer der Abschnitte in Durovas Autobiographie, der sich als literarisierte Erfahrung charakterisieren läßt, trägt den Titel „Eine Nacht in Böhmen". Durova beschreibt hier, wie sie mit ihrem Pferd während einer stürmischen Nacht beinahe in einen Abgrund stürzt. Die furchterregende Szenerie löst in Durovas Bewußtsein eine ganze Serie von Horrorphantasien aus:

[...] das wilde Heulen des Windes beherrschte die ganze Umgebung. Während ich diesem schrecklichen Konzert zuhörte, wurde ich von der Vorstellung heimgesucht, daß ich von bösen Geistern umringt sei, die in den Bergschluchten heulen. [...] Das Rauschen der Wälder und das Heulen des Windes betäubten mich; aber ungeachtet dessen hörte ich noch ein anderes Rauschen und ein anderes Heulen. Weil ich mich von meinem schrecklichen Verdacht überzeugen will und mich gleichzeitig davor fürchte, höre ich unwillkürlich und mit ersterbendem Herzen näher hin; zu meinem unbeschreiblichen Schrecken erkenne ich, daß ich mich nicht geirrt habe; daß ein Wildbach in eine tiefe Schlucht stürzt und daß auf der anderen Seite der Schlucht etwas anderes als der Wind heult. Meine Einbildungskraft zeichnete mir eine Herde hungriger Wölfe [...]. Ach, mein lieber Vater! Wie wäre dir zumute, wenn du deine Tochter jetzt sehen könntest: auf einem wilden Roß, nahe einem Abgrund, in der Nacht, inmitten von Wäldern, Schluchten und in einem heftigen Sturm! (205 f.)

Durova nennt später (245) selbst das literarische Vorbild, das bei dieser Schilderung Pate gestanden hat: Anne Radcliffe (1764-1823). Der intertextuelle Verweis zeigt dem Leser an, daß hier nicht einfach ein subjektiver Erfahrungsbericht vorgelegt wird, sondern daß die ganze Szenerie den ästhetischen Gesetzen der „gothic novel" folgt. Anne Radcliffes Naturschilderungen kombinieren das „Erhabene" oft mit dem „Schönem".[10] Dabei wird besonders die ästhetische Dimension der „scenes of horror" hervorgehoben – die typische Reaktion von Anne Radcliffes Heldinnen beim Anblick von „Schrecklichem" ist „angenehme Furcht [pleasing dread]" (Radcliffe 1792, I, 45).

Vor dem Hintergrund dieser ästhetischen Konzeption wird verständlich, warum sich der Ort des Schreckens bei Durova unverhofft in einen locus amoenus verwandelt. Nach ihrem Kampf mit den Elementen verfällt die Heldin in ihrer ausweglosen Situation schließlich in tiefen Schlaf:

> Ein Paradies umgab mich, als ich erwachte! Die Sonne war eben erst aufgegangen; Millionen von bunten Lichtern glänzten auf dem Gras und den Blättern; der Abgrund, der Wildbach, der Wald, die Schlucht – alles, was in der Nacht so schrecklich schien, war jetzt so erquickend, frisch, hell, grün, mit Farben übersät [...]. (206 f.).

Durova enthüllt mit diesem Kunstgriff – ganz im Sinne der zeitgenössischen Ästhetik – die identische Struktur von Erhabenem und Schönem. Der entscheidende Faktor bei der Unterscheidung dieser beiden Begriffe ist ein subjektiver: Die individuelle Stimmung bei der Rezeption determiniert die eigenen Gefühle. Es geht Nadežda Durova in dieser Episode allerdings weniger um den empirischen Nachweis ästhetischer Theorien. Wichtiger ist in diesem Fall der Versuch, sich mit dem eigenen Text in kulturelle Empfindungsmuster einzuschreiben.

Diese Strategie läßt sich nicht nur am Einsatz von Zitaten und Topoi beobachten. Immer wieder flicht Durova auch kleinere Erzähleinheiten in ihre Autobiographie ein – Mikrosujets, die als Dechiffrierschlüssel für Durovas Lebenskryptogramm dienen können.

Der längste Text, der thematisch nicht direkt von Durovas Autobiographie abhängt, trägt den Titel „Erzählung eines Tataren" (183-189). Durova schaltet hier eine Liebesgeschichte in ihren eigenen Bericht ein, als deren Erzähler jedoch nicht sie selbst, sondern ein alter Tatar auftritt. Die Handlung ist einfach: Der Jüngling Chamitulla liebt die schöne Zugra. Ihr Vater verlangt jedoch einen zu hohen Preis für die Braut und verspricht sie deshalb einem reicheren Bewerber. In der Hochzeitsnacht entführt Chami-

---

[10] Für eine genaue Untersuchung des Einflusses von Edmund Burkes *Inquiry into the Origin of our Ideas of the Sublime and Beautiful* (1756) auf Anne Radcliffe vgl. Epstein Heller (1980, 267-274) und Stoler (1980, 30-33, 177).

tulla die Braut in einen großen Wald, wo das Paar ein sorgloses Räuberleben führt. Schließlich aber wird Chamitulla von der Polizei ergriffen und hingerichtet. Durova erbringt mit dieser Erzählung gewissermaßen den narrativen Nachweis der Aussichtslosigkeit einer romantischen Liebesbeziehung. Chamitullas Geschichte erweist sich als Teil jener Selbstabschreckungsstrategie, die Durova gegen die in jeder Hinsicht bedrohliche Geschlechtlichkeit einsetzt. Sexualität ist nicht nur der Hauptstörfaktor von Durovas Identität, sondern steht auch für jenes verhaßte Leben als Ehefrau und Mutter, das Durova von 1801 bis 1806 ja tatsächlich geführt hat.

Ein kürzerer Einschub berichtet die Geschichte des Offiziers Drevič, der aus Versehen einen Husaren getötet hat (114 f.). Durova erhält in ihrer Eigenschaft als diensthabender Offizier die Erlaubnis, den inhaftierten Drevič auf einen Ausritt mitzunehmen. Drevič genießt die kurze Freiheit, erschießt sich aber kurz nach seiner Verurteilung, die ihn bis zum Ende seiner Dienstzeit zum Soldaten degradiert. Im Kontext von Durovas Autobiographie entfaltet Drevičs Tragödie eine besondere Bedeutung: Wie Chamitulla stellt auch Drevič eine negative Identifikationsfigur für Durova dar. Hier wird ebenfalls ein alternativer Lebensentwurf diskreditiert: Drevič demonstriert die Unmöglichkeit eines Lebens in Unfreiheit, die sich entweder als Gefangenschaft oder als Fremdbestimmung äußern kann. In aller Ausführlichkeit hatte Durova in ihren Kindheitserinnerungen die Gefängnismetapher bei der Schilderung ihres weiblichen Lebens eingesetzt (29), Freiheit gilt ihr als Lebenselixier (43, 56, 280). Der Sinn der Drevič-Episode läßt sich mithin auf folgende Formel bringen: Durova wäre Drevič geworden, wenn sie es nicht zum Offizier gebracht hätte.

Durova verwendet in ihrer Autobiographie jedoch nicht nur negative Kontrastmodelle. Die Geschichte eines französischen Mädchens, das seine Eltern verliert und von einer polnischen Frau in rührender Weise an Kindes statt angenommen wird, kann als positive Variante von Durovas eigener Kindheitsgeschichte gelesen werden (192 ff.). Durova findet im Schicksal dieses Waisenkinds jene vorbildliche Mutterliebe, die sich über alle ideologischen Schranken hinwegsetzt, – eine Liebe, die sie selbst bei ihrer Mutter nicht finden konnte. Der implizierte Vorwurf, der sich in dieser Episode verbirgt, ist an Durovas Mutter gerichtet und lautet: Wenn diese Frau die Tochter eines Feindes wie ihr eigenes Kind liebt, wieviel einfacher wäre es für dich gewesen, deine eigene Tochter trotz ihres ungewünschten Geschlechts zu lieben!

Die gemeinsame Funktion dieser Mikrosujets liegt im Durchspielen alternativer Lebensvarianten, die Durova allenfalls zur Wahl gestanden hätten: Vorgeführt werden die romantische Liebe, die Gefangenschaft und die harmonische Familie. Allerdings präsentiert Durova alle Geschichten in einer Weise, die den Gedanken an eine persönliche Wahl des Lebens-

Ichentwürfe

wegs auszuschließen scheinen. Alle Identifikationsfiguren sind passive Helden: Das Schicksal wirkt auf sie ein, in ihren Handlungen erscheinen sie ohnmächtig und hilflos. Die entscheidenden Ereignisse stehen nicht in der Verfügungsgewalt des Einzelnen. In einer Episode tritt Durova selbst als Protagonistin auf, deren Handeln von der Vorsehung korrigiert wird. Sie schenkt einem Bettler einen Assignaten, an dessen Wert sie selbst zweifelt. Die Tatsache, daß sie zwei darin eingewickelte 10-Rubelscheine nicht bemerkt, deutet sie als Wink des Schicksals, das ihren Geiz bestraft (223, 225). Diese kurze Geschichte enthält in nuce die ganze Rechtfertigung für Durovas ungewöhnliches Leben: Menschliches Kalkül ist gegen die Vorsehung machtlos. Durovas Haltung ist grundsätzlich fatalistisch. Sie bemüht sich konsequent, die Unausweichlichkeit ihres Lebenswegs herauszustreichen, indem sie alle anderen Möglichkeiten als biographische Sackgassen interpretiert: Romantische Liebe und Gefangenschaft führen in den Tod, das harmonische Familienleben scheitert an der Lieblosigkeit der Mutter.

Durovas Strategie läßt sich auf folgende Formel bringen: Sie erzählt fremde Geschichten, um die Schlüssigkeit ihrer eigenen Geschichte einsichtig zu machen. Das Durchspielen alternativer Erzählstrukturen verleiht dem eigenen Lebenstext eine gesteigerte Sinnintensität: Kontingenz wird hier durch Stringenz ersetzt. Daß die teleologische Ausrichtung von Durovas Lebenstext ausgerechnet auf den am wenigsten wahrscheinlichen Endpunkt zusteuert, nämlich die problemlose Realisierung des biographischen Wunsches, wird von der Erzählerin zu einem Argument für die Authentizität ihres Textes umgedeutet. Mit kaum verhohlenem Stolz berichtet Durova an verschiedenen Stellen der Autobiographie, daß ihre Geschichte in der Armee die Runde mache (116, 124, 197). Als Durova einmal ihre eigene Geschichte zu hören bekommt, fragt sie den Erzähler, einen Bevollmächtigten, ob er denn die Amazone wiedererkennen würde:

„O, selbstverständlich", antwortete der Bevollmächtigte, „ich erinnere mich sehr gut an ihr Gesicht, wie wenn ich es vor mir hätte; und wo immer ich sie anträfe, würde ich sie sogleich erkennen." – „Anscheinend haben Sie ein sehr gutes Gedächtnis", sagte ich, während ich meinen Mantel anzog. (116)

Hinter dem vordergründigen Witz, den sich Durova hier erlaubt, verbirgt sich ein metapoetischer Kunstgriff, der Durovas Autobiographie beglaubigen soll. Die Inkongruenz von Erzählung und Wirklichkeit, die sich im Verhalten des Bevollmächtigten so deutlich manifestiert, wird im Bewußtsein des Lesers durch Durovas Verhalten gerade in ihr Gegenteil überführt: nämlich die totale Übereinstimmung von Text und Realität.

Durova

Genaugenommen hat man es hier mit einer Schachtelung der verschiedenen Texte zu tun: Durovas Leben wird von einem fremden Erzähler berichtet – ein Bericht, der von Durova in ihrer Autobiographie wiedergegeben wird. Die Fehlleistung des Erzählers, der sich in Durovas Text befindet, warnt den Leser davor, denselben Fehler zu begehen: Durovas Text beansprucht für sich eine Authentizität, die jenseits von Glaubwürdigkeit liegt. Gerade das Unerhörte – laut Goethes das Konstitutivum jeder Novelle – macht das Authentische von Durovas Schicksal aus und stattet sie gleichzeitig mit einer solchen Selbstsicherheit aus, daß sie den blinden Bevollmächtigten über seinen Irrtum nicht einmal aufklären muß.

Es ist symptomatisch, daß Nadežda Durova ihre neue Identität in erster Linie als Text begreift und sie konsequenterweise auch verschriftlicht. Die Umwandlung ihres biographischen Entwurfs in ein Schriftstück erfüllt für Durova eine doppelte Funktion. Einerseits kann die Autorin ihr Leben an eine genau definierte Tradition (Kriegsmemoiren) anschließen, andererseits verbürgt gerade das Unerhörte ihres Schicksals jene Einzigartigkeit, die in einem gewissen Maß die Grundlage aller Individualität bildet. Durovas Aufzeichnungen sichern also paradoxerweise gleichzeitig Normalität und Exklusivität der Autorin ab.

Die von Durova behauptete Übereinstimmung von konstruierter Identität und wahrer Persönlichkeit (Durova *ist* der Mann, für den sie sich ausgibt) erweist sich allerdings in der Folge als problematisch. Das läßt sich anhand zweier weiterer autobiographischer Texte belegen, die Durova nach der Niederschrift ihrer Militärerlebnisse verfaßt hat. Kurz nach der Veröffentlichung ihrer Aufzeichnungen im Jahr 1836 erscheint ein weiteres Buch mit dem Titel *Ein Lebensjahr in Petersburg oder Die Mißgeschicke des dritten Besuchs* [*God žizni v Peterburge ili Nevygody tret'ego poseščenija*] (1838). Durova beschreibt hier ihre ernüchternden Erfahrungen bei der Veröffentlichung ihrer Aufzeichnungen. Ihren besonderen Mißmut erregt die geheuchelte Freundlichkeit der gehobenen Petersburger Gesellschaft, die den weiblichen Helden aus dem *Mädchenkavalleristen* [*Kavalerist-Devica*] wie ein Ausstellungsstück bestaunen will, aber kein Interesse an einer tiefergehenden Bekanntschaft zeigt – jeweils beim dritten Besuch zeigt man Durova die kalte Schulter. Als Kontrastmodell bei der Schilderung gesellschaftlicher Anlässe dient Durova das „natürliche" Militärleben:

Ihre quälenden Abende, einfache, häusliche Abende beginnen um neun Uhr! Neun Uhr! Eine Zeit, die wir alle, die einmal in Zeltlagern und Biwaks gewohnt haben, gewöhnlich für eine *heilige Zeit* halten! Mir scheint, daß ich noch heute den erhabenen und feierlichen Klang der Trompeten höre, die *Mein Gebet erfülle sich*

Ichentwürfe

> spielen! ... und zur selben Zeit muß ich mich anziehen, die Haare kräuseln, meinen Burschen mit eiligen Forderungen bald nach diesem, bald nach jenem zur Verzweiflung treiben, ungeduldig mein Hündchen wegstossen, das, unruhig durch die andauernden Vorbereitungen, sich an mich schmiegt, mir auf die Arme springt, sich an meine Brust drückt und mit seinem weißen Fell meinen schwarzen Frack verschmiert! ... Und wozu mache ich das alles? ... kleide mich an, ärgere mich, beeile mich, stoße weg? ... Nur darum, um fünf oder sechs Werst weit zu fahren, eine Werst weiter oder näher, zu irgendeinem Haus, wo ich mich nach einer halben Stunde bereits vollkommen überflüssig fühle, weil alle entweder spielen oder tanzen. Ich spiele nicht gern, Tanzen geht irgendwie nicht und wäre auch lächerlich: Ich soll mit einer Dame tanzen! Welche würde schon gerne mit mir tanzen? ... Und ich vergelte es ihnen in diesem Fall mit völliger Gegenseitigkeit! ... Nein, nein! ... Auf Bällen und Abenden fühle ich mich nicht in meinem Element! (504 f.)

Das ist mehr als einfache Gesellschaftskritik. Obwohl Durova in erster Linie die veränderten Gebräuche für ihr Unwohlsein verantwortlich macht, ist der Grund für ihre gesellschaftliche Außenseiterrolle wohl ein anderer: Durova konnte ihre männliche Rolle während des Militärdienstes inkognito spielen und sich erfolgreich als 17-jährigen Jüngling ausgeben. Nun, mehr als zwanzig Jahre später, kleidet sich Durova zwar noch als Mann, spricht wie ein Mann, ihr Geheimnis aber ist gelüftet. Die Konstruiertheit ihrer Rolle ist für jedermann offensichtlich geworden. Aleksandra Panaeva beschreibt in den dreißiger Jahren Durovas Persönlichkeit mit unterdrücktem Befremden:

> Sie war von durchschnittlichem Wuchs, schlank, das Gesicht erdfarben, die Haut pockennarbig und mit Falten; die Gesichtsform war lang, die Züge unschön; sie kniff die ohnehin kleinen Augen zu ... Die Haare waren kurz geschnitten und wie bei einem Mann frisiert. Ihr Gebaren war männlich: Sie saß auf dem Sofa, stützte eine Hand aufs Knie, in der anderen hielt sie eine lange Pfeife und rauchte. (1956, 62 f.)

Die Männerrolle, die für Durova früher einen exotischen Reiz trug und zur Signatur ihrer Freiheit geworden war, ist in den Augen der Petersburger Gesellschaft nun wenig mehr als ein Kuriosum, das leicht in Peinlichkeit umschlagen kann.

Durova

. Ein gutes Beispiel für das Prekäre dieser Rolle bietet eine Episode, die sich im Hause Puškins abspielt. Beim Mittagessen fragt Puškin seine fünfjährige Tochter, wen sie aus der Reihe der Anwesenden heiraten würde. Die Tochter erklärt bei allen ihre Bereitschaft, bis die Rede auf Durova kommt:

> „Und diesen Gast", fragte Aleksandr Sergeevič, indem er auf mich zeigte, „liebst du ihn? Möchtest du ihn heiraten?" Das Mädchen antwortete eilig: „Nein! nein!" Bei dieser Antwort sah ich, daß Puškin errötete ... Glaubte er etwa, daß mich die Worte dieses Kindes beleidigten? Ich begann zu sprechen, um das Schweigen zu unterbrechen, das höchst unpassend nach den Worten des Mädchens – nein! nein! – eingetreten war, und fragte: „Wie kann das sein? Den Gast muß man am meisten lieben!" Das Mädchen schaute mich zweifelnd an und begann schließlich zu essen; damit endete dieses kleine Zwischenspiel! ... Aber Aleksandr Sergeevič! .... Worüber errötete er? Übersteigt es bereits seine Delikatesse, daß er nicht möchte, daß ich sogar im Spaß, sogar von einem Kind, etwas nicht sehr Höfliches höre! ... Oder dann hat er eine seltsame Vorstellung von allen, die in Provinzstädten leben. (497 f.)

Durovas Erklärungsversuche für Puškins Erröten sind gerade in ihrer Lückenhaftigkeit höchst bezeichnend. Natürlich sind weder die Verletzung des comme il faut noch die Provinzialität des Besuchers für Puškins Indignation verantwortlich zu machen. Das wahre Skandalon liegt auf der Hand: Puškins Tochter will keine Transvestitin heiraten – und gerade die Einsicht der Tochter in das allzu Offensichtliche, nämlich Durovas problematische Geschlechtsidentität, läßt Puškin erröten. Vor Durovas eigener Wahrnehmung ist diese Erklärung jedoch auf höchst wirksame Weise geschützt: nämlich durch das Tabu, das die Geschlechtlichkeit aus ihrem Leben ausklammert.

Gegen die direkte Verletzung dieses Tabus hält Durova keine Strategie bereit. Auf die inquisitorischen Fragen neugieriger Damen reagiert sie ausweichend, schließlich mit Flucht:

> Wiederum war die Neugier und Aufmerksamkeit aller auf mich allein gerichtet, und wiederum begannen die Damen offensichtlich zum Vergnügen ihrer Freundinnen, mir hinterlistige Fragen zu solchen Dingen zu stellen, daß ich sie nur mit großer Mühe beantworten konnte! ... Die langjährige Angewohnheit, meiner Rolle gemäß in der Gesellschaft zu sprechen und aufzutreten, machte

Ichentwürfe

> ihre Fragen für mich gleichzeitig lächerlich und gemein [смешными и дикими вместе]. Ich verstand nicht, wie sie sich dazu entschließen konnten, mir solche Dinge zu sagen. [...] Ich verabschiedete mich und fuhr weg. (507)

Ähnliches wiederholt sich, als eine wohlmeinende Freundin ein ernstes Wort mit Durova über die Problematik ihrer Rolle sprechen will:

> „Hören Sie, mon ami, ich bin heute in schlechter Stimmung und möchte diejenige Wahrheit sagen, die in *die Augen sticht*. Wollen Sie sie von mir hören?" – „Bitte sehr! Auch nur um des Raritätswerts willen; das ist eine Erholung von den Lobsprüchen, die schwarmweise von ihren Lippen entfliegen und schwarmweise um jeden von Ihren Bekannten kreisen." – „Also gut! Hören Sie, ich hoffe, daß Sie mir nicht mehr vorwerfen werden, ich schneide jeden mit meinem Lob wie mit einem Schwert in Stücke; hören Sie, aber legen Sie erst den Hut nieder; Sie sind immer auf dem Sprung."
>
> Ich legte meinen Hut nieder und bemühte mich, einen ernsthaften Gesichtsausdruck anzunehmen, was beinahe unmöglich war, weil die Anstalten, die meine gute und irgendwie nicht zu Scherzen aufgelegte Freundin bei dieser Erklärung machte, mir jener Erörterung erstaunlich ähnlich schien, die Sganarell Don Juan gegenüber macht, worauf dieser antwortet: „O le beau raisonnement" ... Ich fürchtete, daß ich dasselbe denken, wenn nicht sagen müsse. Immerhin aber setzte ich mich auf den Stuhl und wollte geduldig zuhören.
>
> „Nichts verrät in Ihnen", begann Frau S***, „jene Energie, die sich in ihrer Seele verbirgt! An ihrem Aussehen deutet nichts darauf hin ..."
>
> Es klopfte an der Tür und mir fiel ein Stein vom Herzen! Wie froh war ich, daß die eintretenden Gäste dieses lächerlich-feierliche Gespräch, oder genauer: diese Untersuchung meiner Mängel unterbrachen. (520)

Durovas Versuch, die Bedeutsamkeit der Kritik an ihrer Persönlichkeit herunterzuspielen, steht in einem eigenartigen Kontrast zu der Erleichterung, die sie über den Abbruch des Unternehmens empfindet. Für Durova kann es keine inhaltliche Erörterung ihrer erfolgreich tabuisierten Geschlechtsrolle geben; die Thematisierung der Geschlechtsproblematik wird als „lächerlich" abgetan und so schnell wie möglich beendet.

Durova

Der Mädchenkavallerist [*Kavalerist-Devica*] und *Ein Lebensjahr in Petersburg* [*God žizni v Peterburge*] können als gescheiterte Versuche gelesen werden, das private Tabu von Durovas geschlechtlicher Ambivalenz dem öffentlichen Diskurs ebenfalls als Tabu einzuschreiben. Wie schon im *Mädchenkavalleristen* [*Kavalerist-Devica*] macht die Erzählerin in *Ein Lebensjahr in Petersburg* [*God žizni v Peterburge*] aus ihrem biologischen Geschlecht keinen Hehl. Gleichzeitig weist das Titelblatt des Werks aber Aleksandrov (Durovas männliches Pseudonym) als Autor aus. Die Geschlechtsambivalenz ist mithin alles andere als verborgen, gleichzeitig findet sich aber bei Durova nirgends eine Diskussion der Problematik: Das Paradoxe wird hier als Selbstverständliches präsentiert. Die ganze gesellschaftliche Problematik von Durovas Existenz läßt sich aus diesem Blickwinkel beschreiben: Das Lesepublikum hält sich nicht an die Regeln, die von der Autorin aufgestellt worden sind. Das literarisch offengelegte Tabu wird zum gesellschaftlichen Klatsch.

Nadežda Durovas Verhältnis zu ihrem eigenen Lebenstext wird damit höchst widersprüchlich. Sie schreckt nämlich genau vor dem zurück, was sie eigentlich beabsichtigt hat: vor der Identifikation ihrer Persönlichkeit mit dem literarisch konstruierten Text. Mit Entrüstung erfährt sich Durova nun als „zweite, lebendige Ausgabe" ihrer Aufzeichnungen [Я, настоящее второе издание моих Записок одушевленное!] (505):

> Man kann darauf wetten: einen Rubel zu tausend, daß jeder, der meine Aufzeichnungen gelesen hat, sich bei einem Treffen mit mir sehr verwundert, daß er in mir nicht jenes interessante siebzehnjährige Wesen findet, das am Grab Alkids geweint hat! ... Auch nicht jenen frischen Husaren im weißen Dolman! Auch nicht jenen jungen Ulanen, den sein temperamentvolles Roß ins Kampfgeschehen trägt! ... Jetzt gibt es nichts mehr, was diesem ähnlich wäre! ... Sie kümmern sich nicht darum, daß seither soviel Zeit vergangen ist! Daß dreißig Jahre ihre Gewalt und ihr Gewicht haben! ... Das geht sie nichts an! Sie sehen nur, daß der Mensch, der vor ihnen steht und von dem man sagt, er sei Aleksandrov, nicht jenem gleicht, der sie so sehr in seinen Aufzeichnungen interessiert hat; und nun glauben diese Leute, oder wenigstens der größte Teil von ihnen, jenen Dummköpfen, die mein Buch einen Roman nennen. (539)

Durovas Dilemma läßt sich in einer paradoxen Formel wie folgt beschreiben: Sie versucht, sich von ihrem Lebenstext zu emanzipieren, indem sie einen neuen Lebenstext verfaßt. Mit anderen Worten: Genau jenes Mittel, das für ihre Kalamität verantwortlich ist, soll nun erneut die Au-

Ichentwürfe

thentizität ihrer Person verbürgen. Dies kann nur gelingen, weil Durova den ontologischen Unterschied von Fiktion und Realität – wie ihn „jene Dummköpfe" grundsätzlich richtig erfaßt haben – in einen temporalen umdeutet. Vor dreißig Jahren ging die Gleichung „Durova ist Aleksandrov" in der Tat auf; der literarisch konstruierte Lebenstext garantierte jene reale Freiheit, die Durova sich erträumt hatte. Nun, im Jahr 1838, ist Durova zur Sklavin ihres Lebenstexts geworden: Die Freiheit, die sie durch die Fingierung einer männlichen Existenz erreicht hat, verkehrt sich in ihr Gegenteil. Der einmal fixierte Lebenstext beschreibt die reale Persönlichkeit Durovas nicht mehr hinreichend, er ist „veraltet". Es liegt aus Durovas Optik deshalb nahe, diesem Mißstand durch Aktualisierung des Lebenstextes Abhilfe zu schaffen.

Durovas beharrliche Weigerung, ihre Lebenstexte als Fiktion zu betrachten, veranlaßt sie zum beständigen Nachführen ihres Lebensbuchs. Das Ziel dieser Aktualisierung liegt in der Minimierung der Zeitspanne zwischen Niederschrift und Veröffentlichung des Lebenstexts. Das notwendige Gegenstück zur literarischen Konstruktion ihrer „wahren" Identität (zunächst als Mann, später als Zivilist) ist die unmittelbare Rezeption, die eine gesellschaftliche Anerkennung der gewählten Rolle sicherzustellen hat. In dieser Konzeption gibt es allerdings keinen Raum für hermeneutische Mißverständnisse: Die Autorin *ist* ihr Text, sie verkörpert in der Tat jene Geschichte, die sie in ihren Büchern erzählt hat. Deutlich wird diese Haltung durch die Vehemenz signalisiert, mit der Durova auf dem Autorenrecht an ihrem eigenen Text beharrt:

> Der Herausgeber ist weder Herr noch Verwalter eines Werks, während der Autor noch lebt, und muß sich dem Willen des wirklichen Eigentümers unterordnen; ich stellte meinem Verwandten [sc. dem Vetter Ivan Butovskij, U.S.] nicht nur die Bedingung, daß er in meinen Aufzeichnungen nichts abändern dürfe, sondern wachte auch unermüdlich darüber, daß dies nicht geschah; und auf diese Weise gehört alles Gute darin – mir, und auch alles Schlechte gehört – mir; es gibt darin kein einziges fremdes Wort, das nicht von mir stammen würde [в них нет ни одного слова чужого, то есть, не собственно моего]. (518)

Für eine Kommentierung dieser Passage bietet sich die Bachtinsche Terminologie an. Durova deklariert ihr Werk als durchgehend monologisch, die exklusiv vernehmbare Autorstimme verbürgt gleichzeitig die höchste Wahrheit und Realität. Die Lektüre von Durovas Lebenstext bedeutet aus ihrer Perspektive deshalb auch einen Vertrag zwischen Leser und Autor. Der Leser hat sich mit der ausschließlichen Wahrheit von Durovas Bericht-

Durova

erstattung einverstanden zu erklären, und – was vielleicht wichtiger ist – er darf keine weiteren Fragen stellen.[11] Durova weitet die tabubildende Evidenz ihres geschlechtlichen Doppellebens auf den Leser aus. Eine Verletzung dieses stillschweigenden Einverständnisses bedeutet einen Bruch der Vertragsregeln, die Durovas Lebenstext impliziert.

Ein letztes Mal gibt Durova ihrer Biographie in den fünfziger Jahren schriftlichen Ausdruck, – allerdings widerwillig und ohne jenes „plaisir du texte", das den Kammerton vom *Mädchenkavalleristen* [*Kavalerist-Devica*] ausmacht. Dieser Text stellt nicht mehr die Konstruktion einer Wunschidentität dar, sondern gleicht eher einem Rapport über ein unerfreuliches Ereignis. Durova faßt diesen Bericht auf Wunsch einer Zeitschriftenredaktion ab. Bereits die Anfangszeilen zeugen von dem Desinteresse des Erzählers, der hier zum ersten Mal in der männlichen Form auftritt, am eigenen Lebenstext:

> Ich wurde im Jahr 1788 geboren, im September. Ich weiß nicht, an welchem Tag genau. Mein Vater hat dies nirgends genau aufgeschrieben. Mir scheint auch, daß das auch ganz unnötig ist. Sie können einen beliebigen Tag bestimmen.[12] (541)

Immer noch läßt sich hier aber Durovas Bemühen erkennen, die Kompatibilität dieses abgenötigten Berichts mit dem *Mädchenkavalleristen* [*Kavalerist-Devica*] sicherzustellen. Die Nachlässigkeit, mit der Durova den eigenen Geburtstag behandelt, erstreckt sich nämlich auch auf das Geburtsjahr: In Wahrheit wurde Nadežda Durova am 17. September 1783 geboren. Auf diese Weise gleicht Durova ihre Lebensdaten nicht nur der Selbstdeklaration im *Mädchenkavalleristen* [*Kavalerist-Devica*] an, sondern enthebt sich auch der Notwendigkeit, die fünfjährige Zeitlücke zwischen 1801 und 1806 mit jener ungeliebten biographischen Information aufzufüllen, die ihrem eigenen Lebensentwurf so diametral entgegensteht (Heirat und Mutterschaft). Das eigentliche Ereignis ihres Lebens präsentiert Durova in einem höchst lakonischen Ton:

> In meinem siebzehnten Lebensjahr verließ ich mein Vaterhaus und trat in den Militärdienst ein. Einzelheiten dieses Vorfalls und der weitere Verlauf der Ereignisse, wie er sich nach meinem Eintritt

---

[11] Daraus erklärt sich auch die Indignation, mit der Durova über alternative Versionen ihres Lebenstextes berichtet (238, 543), die von Unberufenen verbreitet werden.

[12] Von beispielloser Naivität zeugt der Schluß, den V.B. Murav'ev (1988, 5) aus diesem Statement zieht: „Sie kannte selbst das Datum ihrer Geburt nicht."

Ichentwürfe

in die Kavallerie zugetragen hat, sind in meinem Aufzeichnungen beschrieben [...]. (541)

So abwertend sich dieses Résumé auf den ersten Blick auch liest: Im Grunde genommen weist gerade Durovas Nicht-Eintreten auf das bereits Beschriebene den *Aufzeichnungen* [*Zapiski*] höchsten Authentizitätswert zu. Jede neue Version würde den Originaltext nur verfälschen; deshalb unterstreicht der Verweis auf die bereits bestehende Beschreibung von Durovas Militärleben nur die Wahrheit dieser einzigen Fassung. Wie bereits in *Ein Lebensjahr in Petersburg* [*God žizni v Peterburge*] verwahrt sich Durova auch hier explizit gegen Vermutungen, ihre Existenz als Offizier sei nur ein „Mythos" (543). Den Aufzeichnungen komme die „Würde der Wahrheit [достоинство истины]" zu, die „von vielen Augenzeugen und Dienstkameraden" (545) bestätigt werden könne.[13]

Es ist wohl gerade die Romanhaftigkeit ihrer Biographie, die Durova immer wieder veranlaßt, auf dem Realitätswert ihres Lebenstextes zu insistieren.[14] Paradoxerweise setzt Durova zu diesem Zweck genau jenes Instrument ein, das in erster Linie für die Konfusion zwischen Fiktion und Realität verantwortlich zu machen ist: den autobiographischen Text. Durovas Beschäftigung mit der eigenen Biographie läßt sich mithin als dialektischer Prozeß deuten, der sich zwischen den zwei Grenzlinien von textueller Konstruktion einerseits und lebenspraktischer Realisierung andererseits fortbewegt. Gerade der letzte autobiographische Text zeugt jedoch von Durovas Mißtrauen in die Realität, die sich immer wieder als Störfaktor in der biographischen Konstruktion bemerkbar macht. Einer der letzten Sätze dieses Textes präsentiert schließlich als Quintessenz von Durovas Umgang mit ihrer Autobiographie die Gleichung Erinnertes = Aufgeschriebenes = Leben: Das Wirkliche ist der Text. Als letzte Versicherung der Realität des Lebenstextes gelten ihr die höchstpersönlichen Merkmale der Niederschrift:

Das ist alles, woran ich mich erinnern konnte und was ich aufgeschrieben habe. Ich schicke es, wie es ist, mit allen Mängeln, d.h.: mit Ausbesserungen und unzähligen Orthographiefehlern. (546)

[13] Derselbe Gestus findet sich in einem Brief an V.N. Mamyšev vom 21.11.1861: „Ich bekräftige die Wahrheit von allem, was dort geschrieben steht [sc. im *Mädchenkavalleristen* [*Kavalerist-Devica*], U.S.], mit meinem Ehrenwort und hoffe, daß Sie allen Gerüchten und Geschichten nicht glauben, die von den schwatzenden Leuten zurechtgebogen werden." (Durova 1960, 194)

[14] Durovas Schicksal ist später in der Tat zum Gegenstand literarischer Bearbeitungen geworden. Vgl. A.N. Glebovs Poem „Der Mädchenkrieger [*Devica-voin*]".

10. Die Dekonstruktion der eigenen Biographie: Gogol's schizophrene Integration von Text und Metatext

Nikolaj Gogol' (1809-1852) verfaßt im Jahr 1847 einen eigenartigen Text, den er die „Erzählung meiner Autorschaft [Повесть моего авторства]" (VIII, 438) nennt. Dieser knapp dreißig Seiten lange Aufsatz ist erst postum erschienen und trägt in den meisten Werkausgaben den Titel „Beichte eines Autors [Avtorskaja ispoved']".[1]

Gogol' hebt allerdings bereits zu Beginn dieses Textes mit Nachdruck hervor, daß das Geschäft der Beichte bereits getan sei, nämlich durch die wenig früher erfolgte Veröffentlichung der *Ausgewählten Stellen aus dem Briefwechsel mit Freunden* [*Vybrannye mesta iz perepiski s druz'jami*] (1847):

> Darin [sc. in *Ausgewählte Stellen* [*Vybrannye mesta*], U.S.] ist meine eigene Beichte; darin ist der Erguß meiner Seele und meines Herzens enthalten. (VIII, 437)

Von den bisher betrachteten Autobiographien unterscheidet sich Gogol's später Rechenschaftsbericht in erster Linie dadurch, daß er nicht das eigene Leben narrativ rekonstruiert, sondern einen bereits bestehenden Ichentwurf neu interpretiert. „Die Beichte eines Autors [Avtorskaja ispoved']" erweist sich mithin als Meta-Phänomen: Sie beansprucht den Rang eines Schlüsseltexts für die Deutung der *Ausgewählten Stellen* [*Vybrannye mesta*].

Damit die Textgestalt der „Beichte eines Autors [Avtorskaja ispoved']" erklärt werden kann, muß zunächst der vorausgehende „Beichttext", Gogol's kontroverse Briefsammlung *Ausgewählte Stellen* [*Vybrannye mesta*], auf seine autobiographische Relevanz hin untersucht werden. Bereits in den Briefen der Jahre 1846 und 1847 verwendet Gogol' die romantische Innerlichkeitsrhetorik zur Charakterisierung der *Ausgewählten Stellen* [*Vybrannye mesta*]: Hier finde der Leser die „Seelengeschichte eines außerordentlichen Menschen" (XIII, 327), „einen Teil seiner Beichte" (106), die „Beichte seiner Seele" (XIV, 69). Immer wieder taucht die Spiegelmetapher auf – in den *Ausgewählten Stellen* [*Vybrannye mesta*] spiegele sich der Autor als Mensch (VIII, 433, 464, XIII, 302). Mit einem Wort: Gogol' weist den *Ausgewählten Stellen* [*Vybrannye mesta*] den Rang eines

---

[1] Der Titel stammt von S.P. Ševyrev (*Sočinenija N.V. Gogolja, najdennye posle ego smerti*, Moskva 1855, VIII, 803).

Ichentwürfe

intimen Dokuments zu. Der imperative Unterweisungsgestus dieses Textes kontrastiert aber scharf mit diesem Anspruch: Nicht zuletzt unterscheidet sich Gogol's Buch durch das Fehlen einer durchgehenden Ich-Darstellung deutlich von der autobiographischen Beichte, wie sie etwa von Fonvizin her bekannt ist – *Ausgewählte Stellen* [*Vybrannye mesta*] ist deshalb auch als eine Art Neuauflage des *Domostroj* für das 19. Jahrhundert gelesen worden.[2]

Gogol's Beteuerungen entbehren indessen nicht einer gewissen Konsequenz. Mit der Wahl der Briefform reproduziert Gogol' in den *Ausgewählten Stellen* [*Vybrannye mesta*] einen Kunstgriff, der bereits zum Repertoire des autobiographischen Schreibens in Rußland gehört. Die vorgeblich private Adressierung des eigenen Textes ist nämlich in Wahrheit eine öffentliche. Am deutlichsten läßt sich dieses Verfahren an der monumentalen Autobiographie von Andrej Bolotov beobachten. Die beinahe rituelle Portionierung des Textes ruft dem implizierten Leser immer wieder die vertrauliche Kommunikationssituation in Erinnerung und bindet ihn so in einer Weise an den autobiographischen Bericht wie es der monotone Inhalt allein nicht bewirken könnte.

Der Brief ist die leistungsfähigste Textsorte, der sich ein autobiographisches Ich anvertrauen kann. Hier droht nicht – wie in den erzählenden Formen – die Verwechslung von Fiktion und Authentizität. Die dauernde Präsenz des Schreibenden in seinem Text unterstreicht den persönlichen Wahrheitsanspruch des Briefs. Schließlich kann der Brief – anders als etwa das Tagebuch – auch nicht von seiner Aussagesituation losgelöst werden: Briefrede ist per definitionem adressierte Rede. Die wichtigsten Verfahren zur Schaffung von Authentizität sind beim Brief die direkte Leseranrede, die individuelle Stilisierung der Sprache und der Verzicht auf Fiktionalisierung.

Gogol' steigert die private Relevanz der *Ausgewählten Stellen* [*Vybrannye mesta*] durch einen weiteren Kunstgriff. Programmatisch stellt er dem eigentlichen Brieftext sein Testament voran. Das Testament kann als Spezialfall des Briefgenres gedeutet werden. Ein Testament wendet sich an den engsten Kreis der Vertrauten, an die eigenen Erben. Die maximal gesteigerte Intimität verbindet sich dabei mit einem autoritären Gestus. Der „letzte Wille" des Schreibenden ist heilig und muß unbedingt respektiert werden. Für den apodiktischen Diskurs der *Ausgewählten Stellen* [*Vybrannye mesta*] ist auf einen weiteren Vorteil dieser Textsorte hinzuweisen: Ein Testament kann im Gegensatz zu einem Brief nicht be-

---

[2] Zu Gogol's enthusiastischer Einschätzung des *Domostroj* vgl. XIV, 110. Vgl. auch Gippius (1924, 177), Terc (1975, 82).

Gogol'

antwortet werden – und in der Aussagestruktur von Gogol's didaktischen Briefen ist ja auch gar kein Raum für Entgegnungen vorgesehen.

Die einzelnen Bestimmungen von Gogol's Testament haben in der Literaturkritik Kopfschütteln und Unverständnis hervorgerufen (Terc 1975, 18 f.).[3] Allerdings sollte man sich davor hüten, diesen Text als zivilrechtliches Dokument zu lesen. Gogol' beabsichtigt etwas anderes, und das deutlichste Signal dafür ist die Veröffentlichung des Testaments selbst. Es geht Gogol' um die emotionale Vereinnahmung des Lesers für die eigene Sache, deren Inhalt jedoch erst im Kerntext der „ausgewählten Briefe" dargelegt wird. Der Leser wird auf diese Weise in eine Komplizenschaft mit dem Autor gedrängt, ohne zu wissen, worauf er sich genau einläßt. Die Bestimmungen von Gogol's Testament sind so eingerichtet, daß ein breiteres Publikum angesprochen und auch in einen Handlungszusammenhang eingebunden wird. Die erste Verfügung sieht vor, daß Gogol's Körper nicht vor den ersten Anzeichen von Zersetzung begraben werden soll. Das ist mehr als ein Reflex der romantischen Angst vor dem Lebendig-Begrabensein.[4] Es geht Gogol' hier um die absolute Feststellung der Tatsache des eigenen Todes. Die implizite Aussage dieser Bestimmung ist folgende: Mit derselben Endgültigkeit, mit der Gogol's Körper nach dem Tod als einzig denkbare Widerrufungsinstanz ausgeschaltet ist, tritt auch der Testamentstext in Kraft. Auf diese Weise setzt Gogol' gleich zu Beginn eine Geltungsbestimmung von höchster Autorität: Das Testament tritt die unmittelbare und ausschließliche Willensnachfolge des erlöschenden Subjekts an.

Die zweite und die dritte Bestimmung zeichnen sich durch ihre negative Formulierung aus: Kein Denkmal sei zu errichten, der Verstorbene sei nicht zu beweinen, stattdessen solle man Gogol's geistiges Vermächtnis befolgen. Zunächst wird vom Leser also gefordert, er habe nicht aktiv zu werden, sodann wird er auf eine Ideologie verpflichtet, von der er noch gar nichts weiß. Damit spurt Gogol' eine Rezeption von *Vybrannye mesta* vor, die sich der Pragmatik des Testaments bedient: Der Autor des Textes stellt den Leser vor ein fait accompli, das keine Einsprache duldet. Für den

---

[3] Später hat Gogol' die Veröffentlichung seines Testaments als Memento Mori gerechtfertigt (XIII, 194). Es ist aber anzunehmen, daß er sich der pragmatischen Wirkung dieses Kunstgriffs durchaus bewußt war.

[4] Diese Schreckvision scheint allerdings für Gogol' durchaus real gewesen zu sein: „Ich schwöre, es gibt Situationen, die so schwierig sind, daß man sie nur der Situation eines Menschen vergleichen kann, der in einem lethargischen Schlaf liegt und selbst sieht, wie man ihn lebendig begräbt, aber nicht einmal einen Finger rühren und ein Zeichen geben kann, daß er noch lebt." (VIII, 334)

Ichentwürfe

vom Autor gesteuerten Lektüreprozeß von *Vybrannye mesta* heisst das: Dem Verständnis muß das Einverständnis vorausgehen, der Leser wird bedingungslos an den Willen des Autors gebunden.

Die vierte Bestimmung expliziert die kommunikative Absicht von Gogol's Testament und erhebt jeden einzelnen Leser in den Rang eines Erben:

> Ich vermache all meinen Landsleuten (dabei stütze ich mich ausschließlich darauf, daß jeder Schriftsteller nach seinem Tod seinen Lesern irgendeinen edlen Gedanken [какую-нибудь благую мысль] hinterlassen soll), ich vermache ihnen das Beste, was meine Feder je hervorgebracht hat, ich vermache ihnen mein Werk unter dem Titel „Abschiedserzählung [Прощальная повесть]".
> (VIII, 220)

Die meisten Gogol'-Forscher vertreten den Standpunkt, daß die hier angekündigte Abschiedserzählung nicht realisiert worden sei (VIII, 787, Maguire 1994, 317) oder daß man es einmal mehr mit dem für Gogol' typischen Kunstgriff der blinden Ankündigung zu tun habe (Terc 1975, 14, Fanger 1979, 211). Jurij Barabaš hat indessen kürzlich auf überzeugende Weise geltend gemacht, daß Gogol' mit seiner Abschiedserzählung nichts anderes als den Kerntext seines „Briefromans" (Efimov 1992, 125) im Auge gehabt habe (1993, 38-63, vgl. Bernstein 1994, 56).[5] Außerdem ist zu beachten, daß die *Ausgewählten Stellen* [*Vybrannye mesta*], die Einleitung mitgerechnet, aus 33 Kapiteln bestehen[6] und sich somit in das Dante-Modell von Gogol's geplantem opus magnum einfügen, dessen erster Teil *Mertvye duši* darstellt (Griffiths, Rabinowitz 1992, 159). Barabašs These hat gerade im Zusammenhang mit dem von Gogol' selbst behaupteten Beichtcharakter der *Ausgewählten Stellen* [*Vybrannye mesta*] etwas Bestechendes: Die Relevanz dieses Textes wird durch die doppelte Anpreisung als „letzter" und gleichzeitig „bester" noch gesteigert, wenn er tatsächlich die angekündigte Abschiedserzählung darstellt.

---

[5] Miched (1997, 56) deutet „Avtorskaja ispoved'" als spätere, durch die fatale Rezeption von *Vybrannye mesta* gewissermaßen erzwungene Realisierung dieser Ankündigung.

[6] Die Signifikanz dieser Zahl kann man aus der Tatsache ersehen, daß einzelne Kapitel aus *Vybrannye mesta* ohne weiteres hätten zusammengelegt werden können, z.B. Kap. 8 („Neskol'ko slov o našej cerkvi i duchovenstve") und 9 („O tom že") oder Kap. 19 („Nužno ljubit' Rossiju") und 20 („Nužno proezdit'sja po Rossii") (Bernstein 1994, 43).

Gogol'

Die fünfte Bestimmung definiert den gültigen Kanon von Gogol's Werken. Alle neueren Texte seien als „kraftlos und tot" verbrannt worden. Wenn nach Gogol's Tod ein apokrypher Text erscheine, so sei dies ein „verfluchter Betrug". Ein einziges Buchprojekt entgeht dem vernichtenden Zorn des Schriftstellers: Gogol' ordnet an, daß eine „strenge Auswahl" aus seinen Privatbriefen als Monographie veröffentlicht werden solle (VIII, 222).

Die sechste Bestimmung, in der die Verteilung von Hab und Gut geregelt wird, hat Gogol' bezeichnenderweise nicht in den Drucktext der *Ausgewählten Stellen* [*Vybrannye mesta*] aufgenommen, sondern als separates Blatt einem Brief an Mutter und Schwestern beigelegt (XIII, 477 f.). Der Grund für diese auffällige Ausblendung muß in Gogol's Bestreben gesucht werden, die propagandistische Wirkung seines Testaments nicht zu beeinträchtigen. Eine explizite Unterscheidung der Testamentsleser in Empfänger eines geistigen Erbes einerseits und eines materiellen Erbes andererseits hätte die rhetorische Struktur des Textes geschwächt. Gerade weil Gogol' jeden Leser persönlich ansprechen will, kann niemand mit einem bestimmten Namen angesprochen werden. Dies würde die universale und gleichzeitig intime Adressierung des testamentarischen Textes zerstören und ihn zu einem juristischen Dokument von höchst beschränkter Wirkungskraft.

Die letzte Bestimmung trägt marktregulierenden Charakter. Es geht um die gezielte Promotion eines Autorporträts, das Gogol' als einziges anerkennen will. Gogol' bittet all seine Leser, die aus „übermäßiger Neigung zu allem Berühmten" ein Bildnis von ihm besitzen, dieses „auf der Stelle" zu vernichten und durch das von ihm kanonisierte zu ersetzen (VIII, 223). Diese Sorge ist nicht einfach von Eitelkeit bestimmt.[7] Die Anerkennung eines einzigen Porträts muß im Zusammenhang mit Gogol's Bemühungen gesehen werden, sein Werk für die Nachwelt zu kanonisieren. Dem Testamentstext wird hier eine Lenkungsaufgabe zugeordnet, deren beabsichtigte Wirkung Gogol's unerschütterliches Vertrauen in die eigene Schriftgewalt spiegelt. Gogol' diktiert der Nachwelt sein „Image" – und zwar in doppelter Hinsicht: Während die fünfte Bestimmung den Kanon von Gogol's Werken abschließend definiert, sichert die siebte Bestimmung das offizielle Bild von Gogol's Physiognomie. Die erhoffte

---

7 Noch am 12. Juni 1844 hatte Gogol' seine Mutter gebeten, sein Porträt zu verstecken und niemandem zu zeigen. Vgl. auch den Brief vom 1. Oktober 1844 an Jazykov: „Ich habe bereits einige Male den Buchhändlern ihre Bitte abgeschlagen, mein Porträt abzudrucken, abgesehen davon, daß ich das nicht wollte, hatte ich dazu Gründe, die für mich wichtig waren." (XII, 350)

Ichentwürfe

Reichweite von Gogol's Verfügungsgewalt läßt sich an der Formulierung des Schlußsatzes ermessen:

> Mein Testament muß gleich nach meinem Tod in allen Zeitschriften und Zeitungen abgedruckt werden, damit niemand aus Unwissenheit vor mir unschuldig schuldig werde und damit seine Seele beflecke. (VIII, 223 f.)

Gogol' nähert sein Testament dem Genre der Beichte an: Er insistiert auf der Authentizität der Botschaft, auf der Exklusivität des Kommunikationskanals und auf der Unmittelbarkeit der Adressierung. Allerdings wird der traditionelle Beichtdiskurs in den nachfolgenden Briefen umgepolt: Der Leser ist nicht mehr der Abnehmer der Beichte, sondern rückt in die Rolle des zu Ermahnenden. Gogol' enthüllt in den *Ausgewählten Stellen* [*Vybrannye mesta*] keine problematischen Intima des eigenen Lebens, vielmehr verpflichtet er andere auf ein bestimmtes Verhaltensmodell. Daß Gogol' diesen Text trotzdem als „Beichte" bezeichnen kann, hängt mit seinem Verständnis von Innerlichkeit zusammen. Aus Gogol's Sicht sind die eigenen Wertvorstellungen in der Tat das Intimste und Persönlichste seines Lebens. Eine eigentliche Ich-Darstellung wird damit überflüssig. Am 28. Februar 1847 instruiert Gogol' P.A. Vjazemskij, wie er die *Ausgewählten Stellen* [*Vybrannye mesta*] korrigieren soll:

> Bewaffnen Sie sich nach aufmerksamer Lektüre meines Manuskripts mit einer Feder und glätten sie zuerst *das Ich* an allen Stellen, wo es auf ungeziemende Weise hervortritt." (Hervorhebung im Original, XIII, 227)

Die Gleichsetzung von Innerlichkeit mit Ideologie zeigt sich bei Gogol' auch in der Tatsache, daß Selbstzwänge die Persönlichkeit des Dichters schließlich buchstäblich aufgezehrt haben. Ein autonomes Subjekt kann in jenem Dickicht von Regeln und Vorschriften, das Gogol' für sich selbst aufgestellt hat, überhaupt nicht mehr existieren; es kann diese Regeln und Vorschriften nur noch mechanisch reproduzieren. Aus Gogol's Sicht bemißt sich das Gelingen individueller Lebensläufe einzig nach der Nähe zu einem bestimmten Ideal. Die entsprechenden Musterbiographien hat Gogol' in den einzelnen Kapiteln der *Ausgewählten Stellen* [*Vybrannye mesta*] vorgezeichnet: „Was ist eine Gouverneurin", „Der russische Gutsbesitzer", „An jemanden, der einen hohen Posten einnimmt" usw. Es geht Gogol' also nicht im eigentlichen Sinne um die Niederschrift einer Autobiographie, er entwirft vielmehr eine Autoideographie. Damit aber erteilt Gogol' dem in Rußland bereits vorhandenen aufklärerischen Diskurs

Gogol'

eine entschiedene Absage und kehrt zu einem archaischen Biographiemuster zurück: Nicht autonome Steuerung der eigenen Moral, sondern bedingungsloses Einhalten heteronomer Regeln lautet sein anthropologisches Ideal.

Gogol' stellt in seinem letzten Buch sein bizarres Credo vor, wie Rußland einzurichten sei. Neben der „Unfehlbarkeit und höchsten Offenbarung" (Florovskij 1983, 265) solchen Wissens ist kein Platz für Pluralität. In diesem Sinne ist die Ideologie des späten Gogol' totalitär: Sie duldet keine Alternativentwürfe. Die Legitimation für seine Unterweisungskompetenz leitet Gogol' aus der skrupulösen Introspektion ab, die ihrerseits direkt auf den Willen Gottes verweist. Die Selbstbeobachtung stellt sich in den Dienst von Gogol's bevorzugter Argumentationsfigur: Sie beruft sich auf die normative Kraft des Faktischen. Hier liegt jener konservative ideologische Kern der *Ausgewählten Stellen* [*Vybrannye mesta*], der die Empörung von Gogol's Lesern hervorgerufen hat.[8] Bereits in einem Brief vom 4. November 1843 schreibt Gogol' an N.M. Jazykov, den er besonders gern in geistlichen Dingen unterweist:

> Wie kann man den göttlichen Willen erkennen? Zu diesem Zweck muß man mit vernünftigen Augen auf sich selbst schauen und sich selbst erforschen: Welche Fähigkeiten, die uns von Geburt an gegeben sind, erweisen sich als höher und edler als andere? Mit diesen Fähigkeiten müssen wir in erster Linie arbeiten, und in dieser Arbeit ist der Wille Gottes beschlossen; sonst wären sie uns nicht gegeben worden. (XII, 233)

Gogol's Prämisse, daß die Individualität einer Person sich im Erfüllen einer ethischen und sozialen Rolle erschöpft, gilt auch für sein eigenes Leben. Gogol' versteht sich in erster Linie als Dichter, und deshalb hängt der Erfolg seiner Biographie in entscheidendem Maß von der Nützlichkeit seiner Schriften ab. Der Text der *Ausgewählten Stellen* [*Vybrannye mesta*] setzt ein mit der Abwertung all dessen, was Gogol' bisher geschrieben hat (VIII, 215, 222). Seine Werke seien „unbedacht und unreif" (216), allein

---

[8] Vgl. folgende von Nabokov (1989, 129) und Terc (1975, 74 f.) scharf kritisierte Stelle: „Versammle zunächst alle Bauern und erkläre ihnen, was du bist, und was sie sind. Daß du als Gutsbesitzer nicht über sie herrschst, weil du befehlen und Gutsbesitzer sein willst, sondern weil du bereits Gutsbesitzer bist, daß du als Gutsbesitzer geboren bist, daß jeder danach trachten muß, Gott an seinem eigenen und nicht an einem fremden Platz zu dienen, deshalb müssen sie sich ebenfalls der Herrschaft unterwerfen, unter der sie geboren sind, weil es keine Herrschaft gibt, die nicht von Gott ist." (VIII, 322)

Ichentwürfe

in den Briefen finde sich „für den Menschen Nützliches" (215), welches den früheren Unsinn aufwiege.

Im Kapitel „Darüber, was das Wort ist" definiert Gogol' sein Schriftstellerideal:

> Mit dem Wort muß man ehrlich umgehen. Es ist Gottes höchstes Geschenk an den Menschen. Es ist ein Unglück für den Schriftsteller, wenn er es in einer Zeit ausspricht, in der er sich unter dem Einfluß von leidenschaftlichen Erregungen, Ärger, Zorn oder irgendeiner persönlichen Abneigung gegen jemanden befindet, mit einem Wort – in einer Zeit, in der seine eigene Seele noch keine Festigkeit erlangt hat: Von ihm wird ein Wort ausgehen, das alle abstößt. (231)

Gogol's besondere Aufmerksamkeit gilt Homer, dessen Aufrichtigkeit und geistige Klarheit zum Vorbild allen Schreibens avanciert. Kein Autor solle die Feder zur Hand nehmen, bevor er sich nicht über seine Botschaft restlos im klaren sei (241). Es ist kein Zufall, daß Gogol' dieses Thema im Kapitel „Einige Worte über unsere Kirche und Geistlichkeit" wieder aufnimmt:

> Ich weiß genau, daß in der Tiefe der Klöster und in der Stille der Zellen unwiderlegbare Werke zur Verteidigung unserer Kirche vorbereitet werden. Aber sie [sc. die Mönche, U.S.] erledigen ihre Aufgabe besser als wir: Sie beeilen sich nicht und, weil sie wissen, was der Gegenstand erfordert, vollenden sie ihre Arbeit in unerschütterlicher Ruhe, beten, erziehen sich selbst, verbannen aus ihrer Seele alles Leidenschaftliche, das ungebührlicher und unverständiger Hitzigkeit gleicht, erheben ihre Seele auf jene Höhe himmlischer Leidenschaftslosigkeit, auf der sie sich aufhalten muß, um über einen solchen Gegenstand sprechen zu können. (245)

Der religiöse Umgang mit dem Wort wird hier zur Norm der Autorschaft. Dabei sind zwei Aspekte zu unterscheiden: Einerseits versteht Gogol' den Akt des leidenschaftslosen Schreibens als eine Technik der Introspektion und der Selbstkorrektur, andererseits tritt der Dichter vor seinem Publikum als Mahner und Prophet auf.

Ausgewählte Stellen [*Vybrannye mesta*] wird für Gogol' nachgerade zum Prüfstein des richtigen Schreibens, während die früheren Werke, allen voran *Die Toten Seelen* [*Mertvye duši*], im Rückblick genau an den inkriminierten Mängeln kranken: Sie sind unklar und übereilt geschrieben

Gogol'

(286, 291). Gogol' stimmt bei der Charakterisierung seiner frühen Werke Puškin zu, der die Darstellung von „pošlost'" als Gogol's schriftstellerische faculté maîtresse erkannt hat (292), – eine Einschätzung, die Vladimir Nabokov später in seinem Gogol'-Buch zu dem berühmten „poshlust"-Exkurs ausbauen wird (1989, 67-78). Gogol' selbst deutet sein Verfahren als eine Art Sündenbock-Therapie. Die Projektion eigener negativer Eigenschaften auf fiktive Figuren dient der Selbstläuterung:

> Ich habe mich schon von vielen abstoßenden Eigenschaften [гадостей] befreit, indem ich sie auf meine Helden übertragen habe, sie in ihnen verlachte und andere ebenfalls dazu veranlaßte, sie zu verlachen. (VIII, 296 f.)

Es geht Gogol' in der bilanzierenden Bewertung seines literarischen Schaffens jedoch um mehr als nur um private Psychohygiene. Im Zentrum der Aufmerksamkeit steht der Wunsch nach Selbstverbesserung [желанье быть лучшим] (293, vgl. 444). Die Charaktermängel, die an anderen beobachtet werden können, sollen zur Selbstanalyse auffordern. Das gilt für den Autor wie für den Rezipienten gleichermaßen:

> Ich hegte insgeheim die Hoffnung, daß die Lektüre der *Toten Seelen* [*Mertvye duši*] einige auf den Gedanken bringen werde, eigene Aufzeichnungen zu schreiben, daß viele sogar eine gewisse Hinwendung zu sich selbst [некоторое обращение на самих себя] fühlen, weil sich auch im Autor selbst eine gewisse Hinwendung zu sich selbst vollzog, als *Die Toten Seelen* [*Mertvye duši*] geschrieben wurden. (448)

Die „Hinwendung zu sich selbst" gilt Gogol' als wichtigste Wirkung von guter Kunst. In einem Brief an Žukovskij, den Gogol' anstelle des Testaments in einer zweiten Ausgabe der *Ausgewählten Stellen* [*Vybrannye mesta*] als Vorwort veröffentlichen wollte (XIV, 38 f.), wird ein ideales Rezeptionsmodell entworfen:

> Das wahre Kunstwerk hat etwas Beruhigendes und Versöhnendes in sich. Während der Lektüre füllt sich die Seele mit festem Einverständnis, nach der Lektüre fühlt sie Genugtuung: Sie will nichts, sie wünscht nichts, im Herzen erhebt sich keine mißmutige Regung gegen den Bruder, vielmehr fließt in ihm der Balsam der allvergebenden Bruderliebe. Und überhaupt strebt man nicht nach der *Ablehnung* fremder Handlungen [порицанье действий

Ichentwürfe

другого], sondern nach der *Betrachtung* seiner selbst [*созерцанье самого себя*]. (XIV, 37)

Die Selbstanalyse ist als regulatives Prinzip der Belehrung anderer vorgeschaltet. Dieser Gedanke taucht auch in den Briefen des Jahres 1847 immer wieder auf.[9] (XIII, 362, 378) In den *Ausgewählten Stellen* [*Vybrannye mesta*] formuliert Gogol' sogar einen eigenartigen kategorischen Imperativ, der allen nur denkbaren Verhaltensregeln immer auch höchste Relevanz für die eigene Person zuschreibt:

> Beziehe jeden Rat und jede Belehrung, die man jemandem gibt, sei es auch einem höchst ungebildeten Menschen, mit dem dich nichts Gemeinsames verbinden kann, gleichzeitig auch auf dich selbst, und rate dasselbe, was du einem anderen geraten hast, auch dir selbst; erhebe denselben Vorwurf, den du gegenüber einem anderen gemacht hast, sogleich auch gegen dich selbst. [...] Handle als zweischneidiges Schwert! [...] Wende in keinem Fall die Augen von dir selbst ab! [...] Kümmere dich zuerst um dich, und erst dann um die anderen; werde zunächst selbst reiner in der Seele, und bemühe dich erst dann darum, daß auch die anderen reiner werden. (VIII, 282 f.)

Gerade weil Gogol' seine Selbstanalyse bereits in vorbildlicher Weise durchgeführt und das „Rätsel seiner Existenz" (XII, 69) gelöst hat, qualifiziert er sich in seinen eigenen Augen als praeceptor mundi. Deutlich schwingt in Gogol's Selbstverständnis als Prophet ein nationaler Unterton mit.[10] Rußlands Dichter seien näher bei Gott als die Dichter anderer Nationen und brächten deshalb „biblische Laute" hervor (251, vgl. auch 281). Das gilt natürlich vor allem für Gogol' selbst: Auch die *Ausgewählten Stellen* [*Vybrannye mesta*] sind eine göttlich inspirierte Schrift (XIII, 112). Gogol' geht sogar so weit, ganz Rußland zu einem abgeschlossenen heiligen Raum zu erklären: Rußland ist ein Kloster (VIII, 301, 308). Konsequenterweise bezieht der Prophet relevante Informationen für seine Predigt nur aus zwei Quellen: aus seiner Kenntnis Rußlands und aus der

---

[9] Bereits im 1844 formuliert Gogol' diese Regel in seinem Traktat „Weltliche Lebensregel [Pravilo žitija v mire]": „Dies ist die Grundlage des Lebens: Selbst lernen und andere belehren, sich selbst und die anderen zu Gott erheben." (1995, 7)

[10] Vgl. das Kapitel „Die Schrecken und Grausamkeiten Rußlands [Strachi i užasy Rossii]": „Es wird noch ein Jahrzehnt vergehen, und Sie werden sehen, daß Europa zu uns kommt, nicht um Hanf und Speck zu kaufen, sondern um Weisheit zu kaufen, die es auf den europäischen Märkten nicht mehr gibt." (VIII, 345)

Gogol'

Selbstanalyse. In einem Brief vom 11. Februar 1847 an Ševyrev beteuert Gogol', er lese ausschließlich Statistiken über Rußland und das „eigene innere Buch [из собственной внутренней книги]" (XIII, 214, Gippius 1924, 204).

In dieser Formulierung klingt ein eigenartiges Mißtrauen gegen das „äußere" Buch an. In der Tat steht jeder schriftliche Text bei Gogol' unter dem Verdacht der Falschheit und Unvollständigkeit. In diesem Zusammenhang sind auch die sich gegen Ende der vierziger Jahre häufenden Autodafés des Dichters zu sehen:

> Danach wurde der zweite Band der *Toten Seelen* [*Mertvye duši*] verbrannt, weil es so nötig war. „Was nicht stirbt, wird nicht leben", spricht der Apostel. [...] Ich danke Gott, daß er mir die Kraft gegeben hat, dies zu tun [sc. das Resultat einer fünfjährigen Arbeit zu vernichten, U.S.]. Sobald die Flamme die letzten Blätter meines Buchs vernichtet hatte, erstand sein Inhalt plötzlich in geläuterter und heller Form, wie Phönix aus der Asche, und ich erkannte plötzlich, in welcher Unordnung sich das befand, was ich bereits für ordentlich und fest gehalten hatte.[11] (VIII, 297 f.)

Erst nach der Vernichtung des „äußeren" Buchs wird das „innere" Buch lesbar: Der wahre Text entsteht losgelöst von aller Schriftlichkeit. Gogol' unterstellt sogar einen kompensatorischen Zusammenhang. Die „innere" Arbeit der Selbsterkenntnis steht in umgekehrt proportionalem Verhältnis zur „äußeren" Schriftproduktion:

> Meine Werke sind auf wunderliche Weise [чудным образом] mit meiner Seele und mit meiner inneren Erziehung verbunden. Während mehr als sechs Jahren konnte ich nichts für die Welt arbeiten. Alle Arbeit fand in mir und für mich selbst statt.[12] (333)

---

[11] Mit dem Verbrennen der eigenen Schrift tut Gogol' einer Forderung Genüge, die er bei seiner Kritik von Deržavins Poesie aufgestellt hatte: „Er [sc. Deržavin, U.S.] schadete sich sehr, weil er nicht mindestens die Hälfte seiner Oden verbrannt hatte." Es folgt eine psychologische Analyse von Deržavin, die ironischerweise genau auch auf den späten Gogol' selbst zutrifft: Deržavin sei zur Karikatur seiner selbst geworden. Was in seinen früheren Gedichten lebhaft, kraftvoll und feurig gewirkt habe, sei nun zu totem Buchstaben verkommen (VIII, 230).

[12] Vgl. auch den Brief vom 24. August 1847 an Pletnev: „Kaum jemand konnte verstehen, daß ich die literarische Karriere ganz verlassen mußte, mich mit der Seele

Ichentwürfe

Was Gogol' als Autor so erfolgreich ins Werk gesetzt hat, soll der Leser für sich selbst wiederholen. In einem Brief an seinen Beichtvater Matvej Konstantinovskij vom 12. Januar 1848 rechtfertigt Gogol' die Veröffentlichung eines „äußeren" Buchs, nämlich der *Ausgewählten Stellen* [*Vybrannye mesta*], unter Hinweis auf das „innere" Buch, das sich dem Leser nach der Lektüre erschließt:

> Ich wollte dem Leser nur die bemerkenswertesten russischen Umstände in einer solchen Form vorstellen, daß er selbst erkennt und entscheidet, was er davon nehmen soll, und sich sozusagen selbst belehrt. Ich wollte nicht einmal eine sittliche Belehrung vornehmen; mir schien, daß dies alles nebensächlich sei, wenn ich selber besser werde, und daß der Leser seine eigenen Schlüsse ziehe. Das ist die Beichte meiner Schriftstellerei [исповедь моего писательства]. (XIV, 41)

Da Gogol' den Sinn des eigenen Lebens in seinem Dichteramt sieht, wird nicht seine Persönlichkeit, sondern seine Schrift zum Gegenstand des autobiographischen Diskurses. Am 10. Juni 1847 kündigt Gogol' Pletnev ein „kleines Büchlein" an, das die „Erzählung seiner Schriftstellerei [повесть моего писательства]" (XIII, 320) enthält. Zu diesem Zeitpunkt ist bereits ein Gewitter entrüsteter Reaktionen über den Autor der *Ausgewählten Stellen* [*Vybrannye mesta*] niedergegangen (Gippius 1924, 186-193).[13] Sergej Aksakov, sonst einer Gogol'-feindlichen Haltung höchst unverdächtig, bezeichnet das neue Buch als „Quatsch, Unsinn und dummes Zeug von Anfang bis zum Schluß [с начала до конца чушь, дичь и нелепость]" (Veresaev 1933, 353), Petr Čaadaev stellt fest, daß dem „von Kopf bis Fuß von Weihrauch umwölkten" Gogol' vor Eitelkeit schwindlig geworden sei (360), Belinskij veröffentlicht im *Sovremennik* eine vernichtende Rezension und wird kurz darauf seinen berühmten Salzbrunner Brief an Gogol' schreiben.

Zwei Gründe sind es, die Gogol' zur Erklärung für den Mißerfolg seines Buchs anführt: Einerseits sei es von der Zensur bis zur Unkenntlichkeit verunstaltet worden, andererseits hätten sich ein „falscher Ton und eine

und meinem inneren Leben beschäftigen mußte, um als fertiger Mensch [создавшимся человеком] zur Literatur zurückzukehren […]." (XIII, 370, vgl. XIV, 35)

13 Positive Reaktionen stammen von Bulgarin, Grigor'ev, Pletnev, Ševyrev und Žukovskij (Chrapčenko 1993, 492 f.). Diese wenigen Stimmen ändern jedoch nichts am grundsätzlichen Bild einer geschlossenen Ablehnung von *Vybrannye mesta*, während „Revizor" das Publikum noch gespalten hatte (Todd 1986, 203).

Gogol'

unpassende Feierlichkeit [фальшивый тон и неуместная восторженность]" (XIII, 227) eingeschlichen, weil der Autor das Erscheinen der *Ausgewählten Stellen* [*Vybrannye mesta*] wider Erwarten überlebt habe. Gogol' sieht sich genötigt, den Grundtext neu zu kommentieren. Seine „Beichte eines Autors [Avtorskaja ispoved']" verschreibt sich einem eng umrissenen Ziel: Die Funktion dieses Metatextes besteht in der Erklärung des früheren Textes, der einen „Wirbel von Mißverständnissen [вихорь недоразумений]" (438) ausgelöst habe.

Damit ist das Stichwort für die hermeneutischen Problematik von Gogol's „zweiter" Autobiographie gefallen.[14] Hartnäckig hebt Gogol' die Konfusion und das Mißverständnis [путаница и недоразумение] als dominierende Tendenzen der Rezeption hervor (452, 460, 467). Das Vertrauen auf ein problemloses Textverständnis des Lesers, mit dem der Autor der *Ausgewählten Stellen* [*Vybrannye mesta*], noch gerechnet hatte, ist vollständig geschwunden. Während die *Ausgewählten Stellen* [*Vybrannye mesta*] ein didaktisches Kommunikationsmodell mit günstigen, ja idealtypischen Rezeptionsbedingungen voraussetzen, macht sich in der „Beichte eines Autors [Avtorskaja ispoved']" eine Pluralität der Diskurse bemerkbar, die eine abschließende Sinnstiftung erschwert. Man kann den Paradigmawechsel, der zwischen den beiden Texten stattgefunden hat, durchaus als Dekonstruktion (im literaturwissenschaftlichen Sinne) des alten Modells deuten.

Besonders deutlich wird der diskursive Unterschied zwischen den *Ausgewählten Stellen* [*Vybrannye mesta*] und der „Beichte eines Autors [Avtorskaja ispoved']" bei einem Vergleich der ideologischen Systeme beider Texte. Die *Ausgewählten Stellen* [*Vybrannye mesta*] präsentieren sich als Kompendium verschiedener Briefauszüge, die zunächst den ursprünglichen Adressaten und dann natürlich vor allem den Leser des Buchs in der richtigen Lebensführung unterweisen.[15] Bereits die einzelnen Kapitelüberschriften machen den gesellschaftlichen Normcharakter von Gogol's Werk deutlich: „Über die Armenhilfe", „Über das Theater, über die einseitige Betrachtungsweise des Theaters und über die Einseitigkeit überhaupt", „Was ist eine Gouvernerin", „Der russische Gutsbesitzer", „Das Dorfgericht und die Strafe". Die *Ausgewählten Stellen* [*Vybrannye mesta*] schließen mit der lichten Vision von Christi Auferstehung, in deren

---

[14] Die Konfusion stellt auch für Gogol's frühere Werke das dominierende Aussagesystem dar. Für die Petersburger Erzählungen vgl. Belyj (1934, 35 f.), für „Revizor" vgl. Ebbinghaus (1993, 292). Dazu auch Močul'skij (1934, 72).

[15] Für eine Aufschlüsselung der Kommunikationssituation von *Vybrannye mesta* nach Jakobsons Sprachmodell vgl. Todd (1986, 48, 202).

Ichentwürfe

Zeichen einerseits der Sieg über den Teufel und andererseits die nationale Einigung [вся Россия – один человек] geschieht (VIII, 415-417, Amberg 1986, 202-207).

Die Kernpassagen der „Beichte eines Autors [Avtorskaja ispoved']" lesen sich dagegen wie eine postmoderne Daseinsanalyse (Welsch 1993, 9-42). Gogol' charakterisiert seine Epoche als „Übergangszeit", die im Fluß ist und keine feste Ordnung aufweist (455). Alle Positionen scheinen ihm gleich viel wert, das Leben nimmt den Sinn an, den man in es hineinlegt (460 f.). Gogol' diagnostiziert die zunehmende Enträtselung der Welt [жизнь для нас уже не загадка] (461). Seine eigene Persönlichkeit entwirft Gogol' als literarische Konstruktion: Der zweite und dritte Band der *Toten Seelen* [*Mertvye duši*] sollen die Frage „Wer ist der Autor [что такое сам автор]" obsolet machen, weil der Autor sein Intimstes in seine Figuren legt (463). Schreiben wird synonym mit Leben (459). Schließlich plädiert Gogol' für eine Pluralität und Dehierarchisierung der Diskurse: Die *Ausgewählte Stellen* [*Vybrannye mesta*] seien nicht die ultimativ gültige Predigt eines Lehrmeisters, sondern ein Sinnangebot eines „Mitschülers [соученик]", von dem „jeder nehmen soll, was ihm paßt" (465).

Die Verschiebung von der Lehrbeichte zum „offenen" Text kommt einem Rückzug in die Defensive gleich. In der „Beichte eines Autors [Avtorskaja ispoved']" insistiert Gogol' nicht mehr auf dem Priesteramt des Dichters, sondern begreift die Schriftstellerei im Gegenteil als Dienst [служба] an der Öffentlichkeit (VIII, 442, 459). Allerdings steht dieser Dienst unter einem ungünstigen Zeichen: Nach dem Eklat der *Ausgewählten Stellen* [*Vybrannye mesta*] hegt Gogol' ein tiefes Mißtrauen gegenüber einer problemlosen Verständigung zwischen Autor und Publikum. Auch dieser Aspekt von Gogol's Position läßt sich in dekonstruktivistischen Kategorien beschreiben. Gogol' erfährt die Schrift grundsätzlich als „différance". Die Präsenz des Sinns ist im eigenen Text aufgeschoben, Gogol' deutet die Schrift als unzuverlässiges Surrogat seiner Aussage (Derrida 1990, 86). Gerade die Erfahrung der vernichtenden Rezeption der *Ausgewählten Stellen* [*Vybrannye mesta*] unterstützt dieses hermeneutische Konzept: Verstehen ist zuallererst immer Mißverstehen. Während das ideologische Bewußtsein in den *Ausgewählten Stellen* [*Vybrannye mesta*] noch auf die funktionierende Opposition zwischen Bedeutungsträger und Bedeutung zurückgreift, präsentieren sich die Verhältnisse in der „Beichte eines Autors [Avtorskaja ispoved']" grundsätzlich anders: Die sinnkonstituierende Opposition ist zur „différance" geworden, das ideologische Bewußtsein kann nur noch als Spur gefaßt werden. Damit etabliert Gogol' ein subversives hermeneutisches Prinzip, das sich nicht zuletzt auch gegen die eigene Schriftproduktion richtet. „Die Beichte eines Autors [Avtor-

Gogol'

skaja ispoved']" hat von allem Anfang an mit der brüchigen Grundlage der Schrift zu kämpfen und begibt sich damit in ein unlösbares Dilemma. Einerseits zielt Gogol' auf die Wiederherstellung eines Leserkonsenses, andererseits betreibt er ständig die Zersetzung des eigenen Worts. In einem Brief an Pletnev definiert Gogol' das ideologische Ziel der „Beichte eines Autors [Avtorskaja ispoved']", blendet dabei aber die problematische Sinnkonstitution seiner Schrift aus:[16]

> Darin lege ich dar, was ich unter Kunst verstehe, was ich mit der mir vom Schicksal zugeteilten Kunst machen wollte, ob ich mich wirklich aus den mir gegebenen Materialien entwickelt habe oder ob ich listenreich meine Richtung ändern wollte [или хитрил и хотел переломить свое направление] [...]. (XIII, 320)

Gogol's wertende Formulierung unterstellt es bereits: Das Anliegen der „Beichte eines Autors [Avtorskaja ispoved']" besteht nicht zuletzt auch in einer Konsistenzbildung (Lehmann 1982, 104). Der am lautesten von Belinskij erhobene Vorwurf, Gogol' sei seiner Kunst untreu geworden und habe sich vom begnadeten Nationaldichter zum reaktionären Ideologen gewandelt, soll mit dem Hinweis auf die Einheit seines Lebenswerks widerlegt werden (VIII, 438). Nach Gogol's Selbstdeutung gibt es keine Brüche in der eigenen schriftstellerischer Laufbahn. Texte wie „Vier Briefe an verschiedene Personen über die *Toten Seelen* [Četyre pis'ma k raznym licam po povodu *Mertvych duš*]" (VIII, 286-299) oder die Auflösung zum „Revisor [Revizor]" ([1846] IV, 121-137) zeugen in aller Deutlichkeit von Gogol's Bemühen, frühere Texte seiner aktuellen Bewußtseinslage anzupassen.[17] Das Problematische dieses Vorhabens liegt natürlich darin, daß der Autor seinem Werk nachträglich eine hermeneutische Dimension zuschreibt, die im werkimmanenten Sinnhorizont gar nicht vorhanden ist (Gerigk 1973, 123).

„Die Beichte eines Autors [Avtorskaja ispoved']" gerät durch die narrative Herleitung von Gogol's Lehrkompetenz in einen inneren Widerspruch: Die Rekonstruktion des eigenen bewußtseinsbildenden Wegs ist gleichzeitig die Dekonstruktion der erreichten ideologischen Position. Es geht Gogol' ja gerade nicht um die Präsentation einer unverbindlichen

---

[16] Im Vorwort zur vierten Auflage von „Revizor" (1846) hingegen unterstreicht Gogol' die Anfälligkeit der Schrift für Mißverständnisse: „Im Gespräch klären sich alle Mißverständnisse leicht, die in Briefen immer vorhanden sind." (IV, 111)

[17] Auch I.S. Turgenev berichtet in seinen Memoiren, wie Gogol' die Konsistenz seines Schaffens vehement verteidigt hat (Mašinskij 1952, 534).

Ichentwürfe

persönlichen Meinung, sondern um die Rettung seiner früheren Überzeugung, die im Strudel der Kritik untergegangen ist. Durch die Kombination von absolutem Geltungsanspruch und antiautoritärem Diskurs entstehen jedoch höchst unstabile Aussageeinheiten, in denen sich Gegensätzliches auf kurze Zeit verbindet. So leitet Gogol' seine eigene analytische Kompetenz nur vordergründig aus religiöser Demut ab. In Wahrheit schreibt sich Gogol' die Rolle eines Meisterpsychologen zu, dem die Synthese von Verstand und Glauben gelingt. Dieses schwierige Unterfangen orientiert sich am Vorbild Christi:

> Alles, worin sich irgendwie die Erkenntnis der Menschen und der Menschenseele äußerte, von der Beichte eines weltlichen Mannes zur Beichte eines Anachoreten und Einsiedlers, interessierte mich; und auf diesem Weg gelangte ich unwillkürlich, selbst nicht genau wissend wie, zu Christus und erkannte, daß in ihm der Schlüssel zur Seele des Menschen liegt [в нем ключ к душе человека] und daß noch kein Seelenkenner [никто из душезнателей] sich auf jene Höhe der Seelenkenntnis emporgeschwungen hat, auf der er steht. Durch verstandesmässige Überprüfung überzeugte ich mich von dem, was andere in lichtem Glauben verstehen und ich bisher dunkel und unklar geglaubt hatte. Dahin führte mich auch die Analyse meiner eigenen Seele. (VIII, 443)

In direktem Widerspruch zu Gogol's göttlich inspirierter Erkenntnis steht schließlich die in „Avtorskaja ispoved'" behauptete Unverbindlichkeit der *Ausgewählten Stellen* [*Vybrannye mesta*]: „Sogar in meinem neusten Buch, dem *Briefwechsel mit Freunden* [*Perepiska s druz'jami*], in dem vieles festen Absichten gleicht, gibt es eigentlich keine Absichten [собственно предположений нет]" (453).

Generell läßt sich feststellen, daß das understatement in der „Beichte eines Autors [Avtorskaja ispoved']" die dominierende Stilfigur ist. Das betrifft vor allem Gogol's bohrende Zweifel an seiner Berufung zum Dichter (438, 454). Noch am 30. Juli 1846, kaum ein Jahr vor der Niederschrift der „Beichte eines Autors [Avtorskaja ispoved']", hatte Gogol' Pletnev selbstsicher sein wichtigstes und erfolgreichstes Werk angekündigt:

> Leg alle deine Angelegenheiten beiseite, und nimmt den Druck dieses Buchs mit dem Titel *Ausgewählte Stellen aus dem Briefwechsel mit Freunden* [*Vybrannye mesta iz perepiski s druz'jami*] in die Hand. Es ist nötig, allzu nötig für alle – das ist alles, was ich vorläufig sagen kann; alles übrige wird dir das Buch selbst erklären. [...] Drucke alles in doppelter Menge und halte das Papier

Gogol'

für die zweite Auflage bereit, die meines Erachtens sogleich folgen wird: Dieses Buch wird sich mehr verbreiten als alle meine früheren Werke, weil es bis jetzt mein einziges ernsthaftes [дельная] Buch ist. (XIII, 91 f.)

Diese hochgespannten Erwartungen werden jedoch auf der ganzen Linie enttäuscht. Im Brief vom 6. März 1847 an Žukovskij spricht Gogol' von einer „Ohrfeige", die er erhalten habe, und findet ein präzises Bild für den Verlust seiner Handlungsfähigkeit: Gogol' ist nicht mehr der schöpferische Autor, der ex cathedra seine Wahrheit verkündet, sondern nur noch eine willenlose Handlungsfigur: Er übernimmt unfreiwillig die Rolle eines Chlestakov (XIII, 243 f., Zholkovsky 1992, 173). Daß Gogol' aus dem zahlreichen Personal seiner Werke gerade Chlestakov als Identifikationsfigur herausgreift, ist kein Zufall: Chlestakov ist der Prototyp des Menschen ohne Eigenschaften, er verfügt über eine Nullidentität, die sich momenthaft mit jedem beliebigen Profil füllen kann. Wie ein Chamäleon kann er sich an die Psychologie jedes Gesprächspartners anpassen; er selbst weist jedoch keine authentische Ichqualität auf. Man kann „Revizor" geradezu als Drama eines Menschen lesen, der ohne Vorsatz zu dem wird, wofür man ihn hält (IV, 117 f.).

In diesem Sinne spiegelt das Chlestakovmodell Gogol's Befindlichkeit nach dem Erscheinen der *Ausgewählten Stellen* [*Vybrannye mesta*]. Die entrüstete Reaktion auf die *Ausgewählten Stellen* [*Vybrannye mesta*] legt den Autor auf ein bestimmtes Image fest, dem er nicht mehr entfliehen kann. Gogol's Selbstbeschreibung als Chlestakov weist neben einer psychologischen auch eine dekonstruktivistische Dimension auf. Die Subjektivität des Autors ist nicht mehr Urheber der Schrift, sondern ein Effekt der Schrift (Derrida 1990, 96). Das Determinationsverhältnis hat sich umgekehrt: Der Text der *Ausgewählten Stellen* [*Vybrannye mesta*] erweist sich für den Autor als Falle und nicht als Waffe, wie dies beabsichtigt war.[18]

Es ist das Verdienst von Robert Maguire, die literarische Struktur der „Beichte eines Autors [Avtorskaja ispoved']" freigelegt zu haben. Bereits Gogol's Wendung „повесть моего авторства" weist diesen Text als „Erzählung" aus, die alle Kriterien von Gogol's Definition aus dem „Lehrbuch der Literatur für die russische Jugend [Učebnaja kniga slovesnosti dlja russkogo junošestva" (1844) erfüllt (Miched 1994, 154): „Die Erzählung [повесть] wählt zu ihrem Gegenstand ein Ereignis, das tatsächlich

---

[18] Stepanjan (1992, 154) weist darauf hin, daß auch der Leser von *Vybrannye mesta* zum Objekt des Textes degradiert wird.

Ichentwürfe

vorgefallen ist oder jedem Menschen passieren könnte – ein Ereignis, das aus irgendeinem Grund in psychologischer Hinsicht bemerkenswert ist, manchmal sogar ganz ohne Absicht einer moralischen Belehrung, sondern nur mit dem Wunsch, die Aufmerksamkeit eines denkenden Menschen auf sich zu ziehen." (VIII, 482). Die Nähe von „Avtorskaja ispoved'" zu einem fiktionalen Gebilde wird deutlich, wenn man den Anfang etwa mit der Erzählung „Nevskij prospekt" vergleicht (Maguire 1994, 312 f.):

Jedermann ist einverstanden, daß *noch kein Buch soviele* gegensätzliche Deutungen hervorgerufen hat wie *Vybrannye mesta iz perepiski s druz'jami*. Und was *noch bemerkenswerter* ist, was bisher vielleicht *noch in keiner Literatur vorgefallen* ist: Gegenstand der Deutungen und Kritiken war *nicht* das Buch, *sondern der Autor. Jedes Wort* wurde mit verdächtigem und mißtrauischem Blick analysiert, und *jeder beeilte sich hastig*, die Quelle anzugeben, der es entsprungen war. (VIII, 432)	Es gibt *nichts Besseres* als den Nevskij Prospekt, *wenigstens* in Petersburg: Er ist für diese Stadt *alles! Womit prunkt* diese Straße *nicht* – die Pracht unserer Stadt! Ich weiß, daß *niemand* seiner bleichen und beamteten Einwohner den Nevskij Prospekt *gegen alle Seligkeiten der Welt* eintauschen würde. (III, 9, Hervorhebungen von Maguire)

Beide Texte weisen einen für Gogol' typischen Hang zur Hyberbolik auf. Durch diesen Kunstgriff versucht der Erzähler, den impliziten Leser für die poetologische Prämisse seines Werks zu gewinnen. Sowohl in der „Beichte eines Autors [Avtorskaja ispoved']" als auch in „Nevskij prospekt" wird gleich zu Beginn das zentrale Thema der Erzählung vorgestellt: Einerseits die Kontroverse um den Autor der *Ausgewählten Stellen* [*Vybrannye mesta*], andererseits der phantastische Schauplatz des Petersburger Jahrmarkts der Eitelkeiten. In beiden Fällen folgt auf die suggestive Einleitung die Elaboration des gewählten Themas, die den Gesetzen der dichterischen Imagination entspricht. Für Gogol's Rechtfertigung in der „Beichte eines Autors [Avtorskaja ispoved']" ist indessen nicht so sehr der Inhalt seiner „Erzählung" wichtig, sondern die Tatsache, daß der Dichter auf die von ihm selbst beanstandete Vermischung von „Autor" und „Buch" reagiert, indem er diesen „Fehler" gewissermaßen potenziert. In der „Beichte eines Autors [Avtorskaja ispoved']" präsentiert sich der Autor ja gerade als Protagonist eines Textes, der sich durch verschiedene Signale als von einem fiktionalen Gebilde ununterscheidbar ausweist. Das para-

Gogol'

doxe Verhältnis der wechselnden Verfügungsgewalt von Autor und Text tritt hier deutlich zutage: Einerseits produziert der Autor den Text, andererseits entwickelt der Text eine hermeneutische Eigendynamik, der auch der Autor als Protagonist seines eigenen Textes unterworfen ist.

„Die Beichte eines Autors [Avtorskaja ispoved']" kann als Gogol's verzweifelter Versuch gelesen werden, sein durch die mißverständliche Schrift erzeugtes „falsches Image" in der Gesellschaft zu korrigieren. Allerdings hat Gogol' auch hier mit der Inadäquatheit der Mittel zu kämpfen. „Das äußere Leben ist außerhalb Gottes, das innere Leben ist in Gott", heißt es bündig in einem Brief an A.S. Danilevskij vom 20. Juni 1843. Damit ist auch klar, daß der Kampf einer „äußeren" Schrift gegen die teuflische Konfusion, die dem Erscheinen der *Ausgewählten Stellen* [*Vybrannye mesta*] gefolgt ist, eine heikle Angelegenheit darstellt. Letztlich fordert Gogol' für die Rezeption der *Ausgewählten Stellen* [*Vybrannye mesta*] einen idealen Leser, in dem die zu verkündende Wahrheit bereits präfiguriert ist. Die voraussetzungslose Lektüre verführt auf diabolische Weise zu einem falschen Resultat, erst in einem moralischen Akt des Lesers kann Gogol's Wahrheit zum Tragen kommen – im Grunde genommen ist der Text nicht lesbar, sondern nur „fühlbar":

> Es nützt nichts, sich zu sagen, daß man das Buch zwei oder drei Mal gelesen hat, jemand kann das Buch auch zehn Mal lesen, und nichts wird dabei herauskommen. Um dieses Buch einigermaßen zu fühlen [чтобы сколько-нибудь почувствовать эту книгу], muß man entweder eine ganz einfache und gute Seele haben, oder ein äußerst vielseitiger Mensch sein, der neben einem vielseitigen Verstand auch ein hohes poetisches Talent und eine Seele besitzt, die mit voller und tiefer Liebe lieben kann. (VIII, 467)

Es stellt sich die Frage, ob es ein integratives Prinzip gibt, das die gegensätzlichen, ja einander ausschließenden Positionen der *Ausgewählten Stellen* [*Vybrannye mesta*] und der „Beichte eines Autors [Avtorskaja ispoved']" umspannt. Nachdem die Gogol'-Forschung verschiedentlich psychoanalytische Konzepte zur Interpretation seiner Texte herangezogen hat, liegt der Rückgriff auf entsprechende Instrumente nahe.

Allerdings ist zu bemerken, daß sich die beiden wichtigsten neueren Arbeiten je nur auf einen Aspekt von Gogol's Schaffen beschränken: Karlinsky belegt seine Homosexualitätsthese (1976) zwar durch reiches Textmaterial, der hermeneutische Gewinn hält sich aber gegenüber dem

Ichentwürfe

effekthascherischen Outing des Dichters in Grenzen.[19] Auch Rancour-Laferrière (1982) rekonstruiert ein sexuelles Symbolsystem, dessen künstlerische Ausprägung im „Mantel [Šinel']" zum Gegenstand einer taxonomischen Analyse wird. Dabei gerät Rancour-Laferrière aber in die psychoanalytische Reduktionismusfalle: Gogol's Kunst läßt sich nicht durch die einfache Dichotomie Analität-Genitalität erfassen (215).

Es scheint, daß über diesen Deutungen ältere Arbeiten, die einen breiteren, nicht nur sexualpsychologischen Ansatz verfolgen, in Vergessenheit geraten sind.[20] Bereits 1912 legt Otto Kaus einen schmalen Band unter dem Titel *Der Fall Gogol'* vor. Kaus geht davon aus, daß sich Gogol's entscheidende psychische Konflikte in seinem künstlerischen Werk spiegeln (15). Große Bedeutung mißt Kaus Gogol's Sexualangst bei, die – gepaart mit einem ehrgeizigen Ichentwurf – zum Hauptmotor seiner schöpferischen Tätigkeit wird (22). Gogol's Hauptverfahren bestehe im entwertenden Herabsetzen der Realität. Das Niedrige sei jedoch gleichzeitig das Böse und Gefährliche, das gebannt werden müsse – auf dieser Gleichung beruht das dramatische Substrat der meisten Werke Gogol's. Kaus deutet dieses Grundmuster als Feuerprobe des Neurotikers, der in der phantastischen Verzerrung der Wirklichkeit immer neue Komplikationen ersinnt, um sich das Funktionieren seiner bedrohten männlichen Kraft zu beweisen (57). Der „Ekel vor der Welt" sei letztlich nichts anderes als „das Grauen vor den eigenen psychischen Untergründen" (69), vor der „Zwiespältigkeit" (67). Kaus entdeckt in Gogol's Biographie einen Chlestakov-Mechanismus: Gogol' erliegt dem Wahn, die Welt entspreche tatsächlich dem Bild, das er von ihr gezeichnet hat (70, 79). Obwohl Kaus

---

[19] Seidel-Dreffke (1994, 40) meint, dass sich Karlinskys These bis heute in der Slavistik aus Prüderie nicht durchgesetzt habe. Das ist kaum richtig: Als biographisches Faktum ist Gogol's Homosexualität wohl akzeptiert, allerdings sollte man nicht jede Textstruktur bei Gogol' auf dieses Thema beziehen.

[20] Weitsichtig ist Dmitrij Merežkovskijs Einschätzung dieser Problematik: „Sein [sc. Gogol's] Unglück bestand darin, daß er als erster an einer neuen, damals in Rußland noch unbekannten, schrecklichen Krankheit erkrankte, die uns nun, nach L. Tolstoj und F. Dostoevskij, nur allzu bekannt ist, – die Krankheit der religiösen *Entzweiung* [*раздвоение*]: „diese Entzweiung war das ganze Leben in mir", sagt Dostoevskij; „*Ich vereinte zwei Naturen in mir*", sagt Gogol' und bestimmt so die Krankheit, die man damals nicht nur nicht heilen, sondern nicht einmal benennen konnte." (Hervorhebungen im Original, 1911, X, 231) Allerdings konnte auch Merežkovskij Gogol's Krankheit noch nicht beim Namen nennen, während er an seinem Aufsatz schrieb (1906): Das Spaltungssyndrom wurde von der zeitgenössischen Medizin erstmals 1896 als „dementia praecox" beschrieben, 1911 führte der Schweizer Psychiater Ernst Bleuler die Bezeichnung „Schizophrenie" ein.

Gogol'

in seiner Arbeit einige philologische Ungenauigkeiten unterlaufen, kommt ihm doch das Verdienst zu, als erster die Wechselwirkung zwischen Gogol's Persönlichkeit und seinem Werk einer psychoanalytischen Deutung unterzogen zu haben, ohne dem in Rußland ebenso üblichen wie erkenntnishemmenden Gogol'-Kult zu verfallen.

Von diesem Kult distanziert sich auch I.D. Ermakov in der ersten russischen psychoanalytischen Studie, die sich mit Gogol's Werk beschäftigt (1923).[21] Er stellt seiner Untersuchung den programmatischen Untertitel „Die Beschränktheit der Werke Gogol's [Ograničnost' proizvedenij Gogolja]" voran. Damit begeht Ermakov zwar eine Ursünde psychoanalytischer Literaturbetrachtung, nämlich die Pathologisierung des Kunstwerks, er gelangt aber trotzdem zu beachtenswerten Ergebnissen. Ermakov beschreibt Gogol's „Krankheit" als „zirkuläre" (in neuerer Terminologie: manisch-depressive) Psychose (7). Die Symptome von Gogol's instabiler Gemütsverfassung äußern sich einerseits in Phasen narzißtischer Extrovertiertheit, die auch künstlerisch produktiv sind, andererseits in tiefen Depressionen, Schuldgefühlen, Selbstanklagen. Ermakov spricht sogar von einer „Gespaltenheit [двойственность]" in Gogol's Charakter und erklärt so das komplexe Wirklichkeitsverhältnis des Dichters: Gogol' stürze gerade wegen seiner Unfähigkeit zu einer positiven Realitätsabbildung in eine Wahnwelt, der er ein nur wenig überzeugendes Gegenstück (den zweiten Teil der *Toten Seelen* [*Mertvye duši*]) entgegenstellen könne (45 ff.).

Die sich konstituierende Psychoanalyse erlaubt allerdings erst Gerhard Gesemann in einem Aufsatz aus dem Jahr 1924, das Phänomen Gogol' mit dem wissenschaftlichen Konzept der Schizophrenie in Verbindung zu bringen. Ähnlich wie Kaus und Ermakov erblickt auch Gesemann in Gogol's Charakter die psychologische Grundlage sowohl für seine grotesksatirische Schreibweise als auch für sein progressiv auffälliges Verhalten.[22] Die karikierende Disqualifizierung der russischen Gesellschaft sei einerseits Ausdruck von Gogol's Größenwahn (Gogol' selbst ist der

---

[21] Young (1977) weist nach, daß die meisten psychoanalytischen Arbeiten nach Ermakov keine substantiell neuen Erkenntnisse formulieren (Drubek-Meyer 1998, 292).

[22] Im älteren Sprachgebrauch wird folgende Begriffsreihe zur Bezeichnung steigender pathologischer Grade der Schizophrenie verwendet: „Schizothym" heißt ein psychologisch auffälliger Charakter (verschlossen, gefühlskalt, übersensibel, fanatisch, exzentrisch), der aber noch als normal gelten kann, „schizoid" meint die abnorme Steigerung dieser Anlagen, „schizophren" schließlich bezeichnet die volle pathologische Ausprägung. Die neuere Psychologie hat diese Unterscheidung allerdings wegen mangelnder Trennschärfe aufgegeben (Huber, Zerbin-Rüdin 1979, 35).

Ichentwürfe

„wahre" Revisor![23] [70]), andererseits habe aber genau diese Selbsterhebung in Gogol' tiefe Schuldgefühle ausgelöst (65). Gogol's tragischer Tod kann aus dieser Sicht als Folge seiner inneren Zerrissenheit gedeutet werden.

Eine Argumentation, die weniger auf die Person des Dichters ausgerichtet ist, verfolgt Mark Kanzer (1955) in seiner psychoanalytischen Studie. Er untersucht anhand von Gogol's Werk die Wechselbeziehung zwischen schizophrener Paranoia und Humor (113) und gelangt dabei zur Überzeugung, daß Wahn und Witz verwandte psychische Ausdrucksformen von unterdrückten Trieben und sozialen Zwängen darstellen (124).[24]

Erst 1997 taucht das Konzept der Schizophrenie wieder in der Gogol'-Forschung auf. Jurij Murašov (1997, 85) beschreibt das Spannungsfeld zwischen Schriftlichkeit und Mündlichkeit als zentralen Konfliktort der Gogol'schen Imagination. Skaz und Literarizität erweisen sich als gegenläufige Textstrategien, die gleichzeitig als Hypostasen des Autor-Ich gedeutet werden können.

Es soll hier nicht versucht werden, eine umfassende psychoanalytische Beschreibung von Gogol's literarischem Schaffen zu liefern. An dieser Stelle muß der Hinweis darauf genügen, daß die meisten dichterischen Kunstgriffe, die sich literaturwissenschaftlich unter den Begriff der Groteske subsumieren lassen, auch als Schizophrenieleistungen beschrieben werden können. Die Animierung von Objekten und die Deanimierung des Selbst gehört zu den grundlegenden Erfahrungen eines Schizophrenen (*Die Toten Seelen* [*Mertvye duši*]) (Benedetti 1983, 93, 104, Authaler 1996, 328). Dasselbe gilt für die Entfremdung vom eigenen Körper. Der von der Seele abgespaltene Leib kann fragmentiert werden („Die Nase [Nos]"[25])

---

[23] Zum sozialutopischen Charakter der Schlußpointe des „Revizor" vgl. Gerigk (1976, 168 f.).

[24] Ein weiteres Spannungsfeld wird von der russozentrischen Forschung oft übersehen: Gogol's Psyche schwankt zwischen den beiden ideologischen Polen „Ukraine" und „Rußland". Vgl. dazu die Arbeiten von Malanjuk (1962), Grabowicz (1994), Zvinjackovskij (1994), Koval'čuk (1997).

[25] Woodward (1979, 552 f.) hebt hervor, daß sich nicht nur die Nase von Kovalevs Selbst abspaltet, sondern daß auch Ivan Jakovlevič als Teil von Kovalev betrachtet werden muß. Darauf weist nicht nur die Komplementarität der Personenidentifizierung durch die ausschließliche Nennung von Vor- und Vatersname einerseits und Familienname andererseits hin, sondern auch das sorgfältig ausgewählte Patronymikon „Jakovlevič", das als Anagramm von „Kovalev" gelesen werden kann. – Hansen-Löve (1997, 229) weist darauf hin, daß die „Rhetorik des Nichts", wie sie am deutlichsten in „Nos" zum Ausdruck kommt, für Gogol's gesamtes Schaffen

Gogol'

oder versteinern („Der Revisor [Revizor]") (Benedetti 1983, 88). Den vielleicht offensichtlichsten Berührungspunkt zwischen Literatur und Schizophrenie stellt Gogol's Erzählung „Aufzeichnungen eines Wahnsinnigen [Zapiski sumasšedšego]" dar, die bereits von den Zeitgenossen als medizinisch überzeugende Darstellung einer Seelenkrankheit erkannt wurde (Mašinskij 1952, 512).

Die künstlerisch produktive Umsetzung eines erweiterten Bewußtseins ist ein komplexes Phänomen, dem man mit einem rein psychoanalytischen Instrumentarium nicht gerecht werden kann. Eine medizinische Betrachtungsweise behält immer das „Gesundsein" im Blick, was von einem künstlerischen Standpunkt unter Umständen gar nicht wünschbar ist. (Der Arzt Čechov hat diesen Zusammenhang in seiner Erzählung „Der schwarze Mönch [Černyj monach]" nachdrücklich gestaltet.) Auch die Neurologie relativiert die medizinische Dichotomie Gesund-Krank: Neuere Theorien vertreten die Ansicht, man habe es beim menschlichen Bewußtsein mit einem „Wahrnehmungs-Halluzinations-Kontinuum" zu tun, das bei zunehmender Erregung des vegetativen Nervensystems die Stadien „Normalität, Kreativität, Schizophrenie und religiöse Ekstase" aufweise (Fischer 1971, 898).

Der Fall Gogol' erscheint vor dem Hintergrund dieser Konzeption als Musterbeispiel eines Individuums mit Bewußtseinserweiterung, das seine schizophrene Veranlagung zunächst (in den dreißiger Jahren) künstlerisch sublimieren kann, später aber (in den vierziger Jahren) in einem religiösen Wahn zugrunde geht. Es soll hier jedoch nicht um eine Pathologisierung von Gogol's Charakter gehen. Zu untersuchen ist vielmehr das Zeichensystem, in das Gogol' sich mit seinem Ichentwurf während des letzten Lebensjahrzehnts einschreibt. Und daß der Deutungskategorie „Krankheit" in diesem Zusammenhang entscheidende Bedeutung zukommt, läßt sich anhand der verfügbaren biographischen Informationen leicht nachweisen (Merežkovskij 1911, X, 225-233, Maguire 1994, 304 f.).[26]

Bereits im Jahr 1832 tauchen in Gogol's Briefen erste Klagen über seine fragile Gesundheit auf. Im Zentrum der Aufmerksamkeit befindet sich der Verdauungstrakt. Gogol' setzt das Funktionieren bzw. Nichtfunktionieren dieses Körperbereichs immer wieder in Zusammenhang mit seiner Psyche und verwendet so den Leib als Metapher für die Seele: Die launische Darmtätigkeit entspricht dem Wechsel von künstlerischer

---

konstitutiv sei und der Entfaltung der doppelten Leerstelle in „Gøgøl's" Familienname entspreche.

26 Drubek-Meyer (1998, 15) stellt die „Rhetorisierung des Körpers" in den Mittelpunkt ihrer Untersuchung.

Ichentwürfe

Produktivität und Stagnation (X, 233, 237, 257). Die Digestionssymbolik gipfelt in Gogol's Behauptung, Pariser Ärzte hätten bei ihm einen verkehrt liegenden Magen diagnostiziert (Šenrok 1895, IV, 43, Drubek-Meyer 1998, 294). Damit imaginiert sich Gogol' in einen Körper hinein, der seine „Falschheit" signalhaft anzeigt (Peace 1981, 283). Später häufen sich die Klagen über Hämorrhoiden (XI, 119), ein Leiden, das Gogol's Befindlichkeit vielleicht am deutlichsten verkörpert: Die Unfähigkeit zum Sitzen, die Verdammung zum ewigen Wandern wird nach 1836 für Gogol' zur dominierenden Daseinserfahrung. Hamburg, Paris, Genf, Rom, Nizza, Frankfurt, Bad Gastein, Wien und immer wieder Neapel heißen die Stationen von Gogol's rastlosen Reisen. Vielleicht nicht zufällig teilt Gogol' das Schicksal der Heimatlosigkeit mit einem seiner Protagonisten, der bekanntlich eine „hämorrhoidale Gesichtsfarbe" (III, 141) aufweist.

Im Kapitel „Die Bedeutung der Krankheiten" aus den *Ausgewählten Stellen* [*Vybrannye mesta*] hebt Gogol' die erkenntnisfördernde Wirkung des körperlichen Leidens hervor: Nur der Kranke gelange zur Selbsterkenntnis, der Gesunde hingegen interpretiere sein Wohlergehen als Bestätigung seines beschränkten Wissens und bleibe der trügerischen Gegenwart verhaftet (VIII, 228 f., vgl. auch XII, 236, 260). Es ist bezeichnend, daß diese Metaphysik der Krankheit bereits in den *Toten Seelen* [*Mertvye duši*] auftaucht: Eines der auffälligsten Attribute des Lebenskünstlers Čičikov besteht in einer pausbäckigen Gesundheit, die sich durch unbändigen Appetit auszeichnet. Der Erzähler kommentiert mit vorgeschobener Naivität:

> Der Autor muß gestehen, daß er diese Art Menschen [sc. Čičikov, U.S.] nicht wenig um ihren Appetit und ihren guten Magen beneidet. [...] Jene Herren des Mittelstandes, die sich auf der einen Poststation Schinken bestellen, auf der nächsten ein Spanferkel, auf der dritten eine Portion Stör oder eine Bratwurst mit Zwiebeln verlangen und sich darauf, als ob nichts vorgefallen wäre, zu jeder beliebigen Tageszeit wieder zu Tisch setzen können, um eine Sterletsuppe mit Pasteten oder eine Welspirogge mit so viel Vergnügen zu verzehren, daß jedem Zuschauer das Wasser im Munde zusammenläuft – wahrhaftig, diese fröhlichen Esser sind vom Himmel mit einer beneidenswerten Fähigkeit ausgestattet! (VI, 61)

Der Erzähler in den *Toten Seelen* [*Mertvye duši*] benennt schließlich den Zusammenhang zwischen gesundem Appetit, Freiheit von hämorrhoidalen Beschwerden, ruhigem Schlaf und fehlendem metaphysischem Denken explizit:

Gogol'

Er [sc. Čičikov, U.S.] bestellte sich ein ganz leichtes Abendessen, das lediglich aus einem Spanferkel bestand. Danach legte er sogleich seine Kleider ab, zog sich die Decke über den Kopf und versank in einen festen und tiefen Schlaf, wie ihn nur jene Glückspilze kennen, die weder von Hämorrhoiden noch von Flohbissen noch von allzu lebhaften Regungen des Geistes heimgesucht werden. (VI, 132)

Čičikov wird damit zu einer Kontrastfigur für Gogol' selbst, dessen kulinarische Vorlieben vermutlich ein nicht zu unterschätzendes Schuldgefühl nach sich gezogen haben. Jedenfalls hat Gogol' seine Feinschmeckerei immer wieder mit Fastenperioden unterbrochen (Mašinskij 1952, 488).

Horst-Jürgen Gerigk hat darauf hingewiesen, daß Gogol' in den *Toten Seelen* [*Mertvye duši*] eine Gesellschaft abbildet, die in absoluter Todesvergessenheit lebt. Čičikov erscheint dabei als Inkarnation der sorg- und damit auch erkenntnislosen Lebensimmanenz seiner Umgebung. Jeder Bewohner der Provinzstadt N. verkörpert klischeehaft einen Charakter, der völlig auf das Diesseits fixiert ist: Manilov erweist sich als träumerischer Optimist, Koroboč ka als abergläubische Skeptikerin, Nozdrev als lebenslustiger Windbeutel, Sobakevič als griesgrämiger Pessimist, Pljuškin schließlich als verkalkter Geizkragen (1979, 99 f.). Čičikovs Besuche bei den fünf Gutsbesitzern demonstrieren dem Leser eine allegorische Reise durch die verschiedenen Lebensalter und die verderblichen menschlichen Leidenschaften. Der unzuverlässige Erzähler (VI, 157) schirmt diese Einsicht jedoch sorgfältig von Čičikovs Bewußtsein ab.

Vor dem Hintergrund der Poetik der *Toten Seelen* [*Mertvye duši*] kann Gogol's Hypochondrie als Versuch gedeutet werden, sich auch hinsichtlich seiner körperlichen Verfassung vom „Teufel" Čičikov (Merežkovskij 1911, X, 201, 206) zu distanzieren. Daß Gogol's Körperverdammung schließlich zum Auszehrungstod führt, erweist sich als letzte Konsequenz der von Gogol' postulierten gegenseitigen Hemmwirkung von Erkenntnis und Leben: Die Präsenz des Bewußtseins der eigenen Sterblichkeit bedingt die Absenz des Körpers.[27]

Gogol' grenzt den eigenen Körper als Störfaktor aus seinem Selbst aus. Diese Art der Abwehr läßt sich mit Ronald Laings Theorie des falschen Selbst-Systems von Schizophrenen beschreiben (1994, 116-130). Laing geht davon aus, daß der gesunde Mensch über ein verkörpertes Selbst verfügt, in dem Körper und Selbst sich zu einer Einheit verbinden.

---

[27] Gegen die Auffassung, Gogol' sei an einer psychophysisch induzierten Krankheit gestorben, polemisiert Voropaev (1997, 9).

Ichentwürfe

Aufgrund dieser harmonischen Identität erfährt sich das verkörperte Selbst als Subjekt, das sich von den Objekten unterscheidet. Der Schizophrene hingegen betrachtet den eigenen Körper als etwas Fremdes, Unverfügbares und löst ein „falsches" Selbst aus dem Körper heraus. Dieses „falsche" Selbst bildet ein starkes Bewußtsein von sich selbst aus und ist dementsprechend anfällig für Wahnvorstellungen. Schematisch kann Laings Konzeption wie folgt dargestellt werden (1994, 100):

| Gesunder Mensch: | (Selbst/Körper) | (Anderer) |
| Schizophrener: | (Selbst) | (Körper/Anderer) |

Gogol's Befindlichkeit läßt sich jedoch nicht nur hinsichtlich seines gestörten Körperverhältnisses in Kategorien der Schizophrenie beschreiben. Benedetti entwirft für das schizophrene Krankheitsbild einen Raster, der drei Primärsymptome mit je drei untergeordneten Aspekten umfaßt: Spaltung (gespaltene Identität, Kohärenzverlust der Person, Ichentgrenzung), Autismus (Eigenweltlichkeit, Ausdrucksunfähigkeit, Selbstverborgenheit), Athymie (Passivierung, Devitalisierung, Negativismus) (1983, 16-31). Alle diese Punkte spielen in Gogol's seelischem Leben der vierziger Jahre eine wichtige Rolle. Die Spaltung der Persönlichkeit äußert sich in verschiedener Hinsicht: Ganz explizit spricht Gogol' in der „Beichte eines Autors [Avtorskaja ispoved']" vom „Übergangszustand" seiner Seele, die sich vor der Weiterarbeit an den *Toten Seelen* [*Mertvye duši*] erst in eine „gute" und eine „schlechte" Hälfte aufteilen muß [тогда как еще не вполне отделилось во мне то, чему следовало отделиться] (VIII, 446). Der „gute" Teil wird durch Introjektion einer fremden Person gestaltet, die für den Schizophrenen die Rolle des Ichideals übernimmt. Gogol' weist diese Rolle einem unauffälligen Landpriester zu, dessen fundamentalistische Ansichten die religiöse Grundstimmung des Dichters spiegeln (Močul'skij 1934, 120 f.). Im Briefwechsel nach 1847 fällt auf, wie devot Gogol' die Kritik und Ermahnungen seines Beichtvaters Matvej Konstantinovskij akzeptiert. Man hat es hier vermutlich mit einer typischen Echolalie zu tun: Das Selbst klammert sich an ein anderes Sein, die fremde Stimme wird zur eigenen (Benedetti 1983, 102, Authaler 1996, 182). Die Echolalie kann für die Schizophrenie symbolische Geltung beanspruchen: Die Grenzen des Ich werden verwischt, Eigenes und Fremdes geraten wild durcheinander. Gogol' kennt schließlich auch die geisterhafte Erfahrung des Stimmenhörens: Vor seinem Tod berichtet er immer wieder von geheimnisvollen Rufen, die

Gogol'

seiner Person gelten[28] (Gesemann 1924, 64, Močul'skij 1934, 137, Mašinskij 1952, 508, Nosov 1985, 75). Zum psychologischen Gesamtbild paßt schließlich die Tatsache, daß ein derart komplexes Innenleben bei Gogol' zum Gegenstand angestrengter Beobachtung wird (VIII, 437). Hand in Hand mit der Konzentration auf das eigene Ich geht die Absonderung von der daseinsverhafteten Gesellschaft. Gogol's Rückzug in eine abgeschlossene Welt bleibt den Freunden nicht unverborgen. Ševyrev klagt etwa, daß seine Besuche bei Gogol' immer mehr Audienzen ähneln: „Nach einer Minute, nach zwei, drei Worten, träumt er schon vor sich hin und streckt die Hand aus: ‚Verzeih! Mir träumt etwas!' Und wenn der Gast weggefahren ist, springt Gogol' vom Diwan auf und beginnt, im Zimmer auf und ab zu gehen." (Mašinskij 1952, 508)

Die Mitteilbarkeit des eigenen Ich scheint Gogol' ein Ding der Unmöglichkeit. Gegenüber Ševyrev bekennt Gogol': „Ich war überhaupt nie fähig, offen über mich zu sprechen [Говорить откровенно о себе я никогда никак не мог]." (XII, 394). Und in einem Brief an A.O. Smirnova, der er zuvor beteuert hatte: „Meine Seele kann niemand kennen" (Šenrok 1895, IV, 187), heißt es:

Aber am meisten bereute ich es, als ich versuchte, zu solchen Leuten [sc. vom Schlag Pletnevs, U.S.] aufrichtig zu sein. Das scheiterte immer: Ihr Geist war nicht in der Lage, meine Worte zu verdauen [сварить], verharrte in Mißverständnissen, deutete alles verkehrt und verwirrte sich schließlich derart in den eigenen Mutmaßungen und Spekulationen, daß ich mich über mich selbst und nur schon über den Gedanken allein, zu ihnen aufrichtig zu sein, ärgerte. Und ich begann in ihren Augen vollkommen verschlossen zu sein, als ich irgendwie versuchte, aufrichtig zu sein. (XII, 432)

In einem Brief an Aksakov formuliert Gogol' seine Gefühlsverschlossenheit explizit: „Ich war immer fähig, alle allgemein zu lieben, aber irgendjemanden besonders, vor allen anderen lieben konnte ich nur aus Interesse." (Šenrok 1895, IV, 187). Ein Zeitgenosse stellt denn auch fest, daß Gogol' in seinem ganzen Leben keinen richtigen Freund gehabt habe (Mašinskij 1952, 499).[29]

---

[28] Bereits in „Starosvetskie pomeščiki" hat Gogol' das Motiv des Stimmenhörens dichterisch gestaltet (II, 37).

[29] Vgl. auch die harschen Kommentare von Gogol's russischen Bekannten in Rom über das Benehmen des Dichters (Močul'skij 1934, 60).

Ichentwürfe

Immer wieder stößt man in Gogol's Briefen und Schriften der vierziger Jahre auf Schilderungen der eigenen Gemütsverödung (Kalašnikov 1994, 146-152): „Ich friere und friere immer mehr ...."; „Das Leben wird immer härter und trockener. Alles wird klein, flach und nur das Riesengespenst der Langeweile wächst von Tag zu Tag ins Ungeheure. Alles ist öde und ein einziges Grab. Mein Gott! Leer und schrecklich wird deine Welt!"; „Ich kann nicht begreifen, wieso diese Erstarrung über mich gekommen ist ... Ich kann nichts schreiben, nichts sprechen, vielleicht bietet auch die Welt nichts Interessantes mehr ..."; „Ich bin durch und durch faul und schläfrig. Wenn ich ein kurzes Billet, geschweige einen Brief schreiben soll, so macht es mir die größte Mühe. Was ist das eigentlich? Altersschwäche oder eine vorübergehende Erstarrung meiner Kräfte? Schlafe oder wache ich? Wenn es ein Wachen ist, so ist es schlimmer als der Schlaf."[30] (Merežkovskij 1911, X, 258 f., Gesemann 1924, 86)

Nicht einmal die lang ersehnte Pilgerreise ins Heilige Land bringt Gogol' Erleichterung. In einem Brief schildert Gogol' seine innere Erstarrung auf eindrückliche Weise: „Meine Gebete [sc. am Grab Christi, U.S.] waren nicht imstande, sich aus meiner Brust loszureißen, geschweige denn aufzusteigen, und noch niemals vespürte ich in solcher Deutlichkeit meine Gefühllosigkeit, Härte und Hölzernheit [бесчувственность, черствость и деревянность]." (XIV, 59)

Schließlich registriert Gogol' auch das Erlahmen seiner kreativen Fähigkeiten. Am 1. Juli 1849 schreibt er an A.S. Danilevskij:

> Ich kann nicht mehr schreiben [А писать не пишется]. Ob das Faulheit oder das Bewußtsein der Nichtigkeit des Geschriebenen ist oder etwas anderes – ich weiß es wirklich nicht. Vielleicht ist es einfach die Abstumpfung der Fähigkeiten und Kräfte. [...] Seltsam: Ich arbeite zur Zeit weniger als je zuvor, ich setze mich weniger ein, und trotzdem stört mich alles. Die Zeit fliegt vorbei, daß man kaum Zeit hat sich umzuschauen, und immer noch ist fast nichts getan. Ich vergnüge mich weniger als je zuvor; ich führe mehr als je zuvor ein abgesondertes Leben und habe dabei nie weniger geleistet als jetzt. Und von daher kommt auch mein verär-

---

[30] Diese Einschätzung wird von Kuliš bestätigt: „Er [sc. Gogol', U.S.] verfiel in offensichtliche Schwermut [уныние] und drückte seine Gedanken nur in kurzen Ausrufen aus: ‚Alles ist unsinnig, und alles ist nichtig [И все вздор и все пустяки].'" (Močul'skij 1934, 117) In einer Tagebucheintragung aus dem Mai 1848 beklagt sich auch Gogol's Schwester über die Gefühlskälte ihres Bruders (Šenrok 1895, IV, 703).

Gogol'

gerter Geisteszustand. Ich bin nicht imstande, Briefe zu schreiben und zu beantworten. Nicht imstande, all jenen Pflichten nachzukommen, deren Erfüllung meiner Seele zuvor Genugtuung verschaffte. Hier hast du in kurzen Worten die ganze Geschichte meiner Seele. (XIV, 138)

Nicht nur Gogol's Befindlichkeit der vierziger Jahre weist eine schizophrene Struktur auf, sondern auch das widersprüchliche Verhältnis jener zwei kurz nacheinander entstandenen autobiographischen Texte, die beide beanspruchen, Gogol's Persönlichkeit auf gültige Weise zu beschreiben: Die *Ausgewählten Stellen* [*Vybrannye mesta*] setzen eine schizophrene Allmachtsphantasie literarisch um, während die „Beichte eines Autors [Avtorskaja ispoved']" als Gogol's verzweifelter Versuch gedeutet werden kann, sein vernichtetes Selbst in der Wahrnehmung der anderen wiederherzustellen.

Die paradoxe Dialektik von Ohnmacht und Allmacht des eigenen Ich gehört zu den verstörendsten Phänomenen schizophrenen Erlebens. Sie läßt sich indes aus der inneren Logik der Schizophrenie erklären. Die Ichentgrenzung führt zwar zum Zerfall der Persönlichkeit, vereint sie aber mit dem All, bzw. wie in Gogol's Fall mit dem göttlichen Willen (Benedetti 1983, 21). Gogol' konstruiert seine Identität in idealtypischer Annäherung an Christus. Je näher Gogol' jedoch seinem Ziel kommt, desto mehr gibt er seinen Anspruch auf eine persönliche Individualität auf.

Ein ähnliches Komplementärverhältnis von geliehener Identität und schwindender Individualität läßt sich in Avvakums Autobiographie beobachten. Allerdings gibt es einen entscheidenden Unterschied zwischen Avvakums und Gogol's imitatio Christi. Im kultursemiotischen Kontext des 17. Jahrhunderts gerät Avvakum nicht in eine psychische Problemsituation, wenn er seine persönliche Individualität auf dem Altar einer idealen Identität opfert.[31] Die kompromißlose Gefolgschaft Gottes enthebt Avvakum aller Sorgen um eine Individualitätskonstruktion: Seine ganze Persönlichkeit geht im religiösen Ichentwurf auf.

Eine derart harmonische Deckungsgleichheit des eigenen Ich mit dem göttlichen Vorbild bildet zwar für Gogol' noch das Ziel aller Wünsche, allerdings kann er knapp 200 Jahre nach Avvakum nicht mehr frei über die Form seiner Identität bestimmen. Gerade der späte Gogol', der nach Puškins Tod zum neuen Dichterkönig Rußlands aufgestiegen ist, verfügt in den Augen seiner Leser über eine stark ausgeprägte Individualität. Gogol's

---

[31] Močul'skij (1934, 70, 99) vermerkt zu Recht, daß Gogol' über eine „mittelalterliche" Weltanschauung verfüge.

Ichentwürfe

Tragödie läßt sich als zunehmendes Auseinanderdriften von Selbstbild und Fremdbild deuten. Gogol's diffuser Ichentwurf, der seit jeher für Rollenspiele besonders anfällig ist, orientiert sich schließlich an einem göttlichen Vorbild, das nicht in Frage gestellt werden kann. Damit frustriert Gogol' aber die stark ausgeprägte Erwartungshaltung seines Publikums nachhaltig: Die Gesellschaft des 19. Jahrhunderts fordert von ihren Stars kein religiös mustergültiges Verhalten, sondern künstlerische Originalität. Gogol's paradoxe Situation besteht darin, daß er zwar um die öffentliche Aufmerksamkeit für seine Person, nicht aber um deren beschränkte Umsetzbarkeit für die eigenen ideologischen Zwecke weiß.

Der progressive Wirklichkeitsverlust, dem Gogol' in den vierziger Jahren unterworfen ist, begünstigt die Ausbildung einer Wahnidentität. Gogol' entwickelt einen schizophrenen „Beeinflussungswahn" (Benedetti 1983, 57), mit dem er die bedrohliche Umwelt unter Kontrolle zu halten vermeint. Dies geht so weit, daß Gogol' sich selbst heilende Kräfte zuschreibt. Entrüstet schreibt er an A.O. Smirnova: „Glauben Sie denn wirklich, ich könne nicht auch Ihren unheilbar Kranken helfen?" (XIII, 69, vgl. auch Močul'skij 1934, 60). Die *Ausgewählten Stellen* [*Vybrannye mesta*] können nachgerade als publizistischer Ausdruck dieses Beeinflussungswahns gedeutet werden. Auch bei der Durchsicht von Gogol's Privatbriefen fällt die Rekurrenz des Imperativs auf (XIII, 26, 56-60, 72-80 und passim): Aksakov muß jeden Tag ein Kapitel aus Thomas a Kempis' *De imitatione Christi* lesen, Jazykov soll täglich die Abendmesse hören, die Gräfin Viel'gorskaja wird zur wiederholten Lektüre der Regeln aufgefordert, die Gogol' ihr aufgestellt hat (XII, 276, vgl. 284, 286). Daß Gogol's Bekannte diesen didaktischen Impetus als Besserwisserei ausgelegt haben, erstaunt nicht (Šenrok 1895, IV, 755).

Ihren überspitzten Ausdruck findet Gogol's Selbsternennung zum Lehrmeister der Nation im „Testament" aus den *Ausgewählten Stellen* [*Vybrannye mesta*]. Der Dichter ist der festen Überzeugung, das Sprachrohr Gottes zu sein:

> Selbst wenn an meiner Stelle ein Mann in Rußland stürbe, dessen das Land bei der gegenwärtigen Lage der Dinge wirklich bedürfte, so dürfte auch dies für die Lebenden kein Grund zum Verzagen sein, obwohl es auch richtig ist, daß, wenn Menschen sterben, die allen notwendig sind, dies ein Zeichen des göttlichen Zornes ist, der uns damit der Mittel und Werkzeuge beraubt, deren Hilfe sich mancher bedienen könnte, um dem Ziel, das uns ruft, näher zu kommen. (VIII, 220)

Gogol'

Die verworrene Syntax und die eingeflickte Formulierung „an meiner Stelle" überdecken die eigentliche Aussage dieser Passage nur notdürftig: Der Mann, der da stirbt, ist Gogol' selber! Sein Tod ist für Rußland eine Strafe Gottes, weil es seinen Messias nicht erkannt und gewürdigt hat (Gesemann 1924, 76).

Der Grund für diese Selbsterhebung ist paradoxerweise in Gogol's Ichschwäche zu suchen. Die mangelnde Kohärenz der Selbstwahrnehmung führt bei schizophren Veranlagten zur Wahrnehmung der eigenen Person im Spiegel der Außenwelt. Man existiert gewissermaßen nur als Projektion der anderen (Benedetti 1983, 77, 135). Der Beeinflussungswahn ist aus dieser Sicht als Abwehrstrategie zu verstehen: Es gilt, sich mit einer Flucht nach vorn vor der drohenden Beeinflussung durch die anderen zu retten. Allerdings erweist sich diese Haltung als höchst labil. Sobald das Realitätsprinzip seine Rechte einfordert, bricht das Wahngebäude zusammen, und das Ich steht vor dem Scherbenhaufen der eigenen Wirklichkeitskonstruktion.

Von der überragenden Bedeutung, die Gogol' fremden Urteilen beimißt, zeugt bereits sein Verhalten nach dem mißlungenen schriftstellerischen Debut mit „Hans Küchelgarten [Ganc Kjuchel'garten]" (1829): Gogol' eilt durch ganz Petersburg, um alle noch vorhandenen Exemplare aufzukaufen und zu verbrennen. Ähnliches wiederholt sich nach der Premiere des „Revisors [Revizor]" (1836): Gogol' gerät wegen der gemischten Reaktionen auf sein Stück in höchste Verwirrung (XI, 38, Annenkov 1960, 81). In diesem Zusammenhang ist auch Gogol's überstürzte Abreise aus Rußland kurz nach dem Erscheinen der *Toten Seelen* [*Mertvye duši*] (1842) zu sehen. Am 26. Juni schickt Gogol', bereits in Berlin, ein Exemplar seines neuen Buchs an Žukovskij und bittet ihn, das Werk streng und umfassend zu beurteilen (XII, 70). In diesen Jahren ruft Gogol' seine Briefpartner immer öfter dazu auf, seine Werke und seine Persönlichkeit zu kritisieren. Am 15. August 1842 ergeht eine entsprechende Aufforderung an Ševyrev: „Je mehr Mängel und Laster du an mir findest und aufzeigst, desto größer wird dein Verdienst sein." (XII, 89) In einem Brief an Žukovskij heißt es: „Nach dem Nachweis von Sünden dürstet und sehnt sich meine Seele! Wenn Sie wüßten, welches Fest in mir stattfindet, wenn ich in mir ein Laster entdecke, das mir unbekannt war!" (XII, 71) A.O. Smirnova soll dem Dichter schließlich alles mitteilen, was in der russischen Gesellschaft über die *Toten Seelen* [*Mertvye duši*] gesagt wird (Močul'skij 1934, 64). Gogol's „Poem" wird nun nachgerade zum Sammelgefäß von Urteilen über den Autor (Fanger 1978, 90). Im Vorwort zur zweiten Auflage (1846) schreibt Gogol':

Ichentwürfe

Ich bitte dich, Leser, mich zu verbessern. [..] Wie gut wäre es etwa, wenn jemand mit reicher Erfahrung, Lebensweisheit und Menschenkenntnis seine Bemerkungen zum ganzen Buch machen würde, ohne eine Seite auszulassen, es nicht anders lesen würde als mit einer Feder in der Hand und einem Blatt Briefpapier vor sich, [...] und mir jedes Blatt schickte, wenn es voll ist, bis er auf diese Weise das ganze Buch durchgelesen hat. Welchen Verwandtschaftsdienst [кровную услугу] würde er mir damit erweisen! [...] Er muß sich auch nicht vor mir genieren, wenn er mir etwas vorhalten, mich tadeln oder auf Schädliches hinweisen will, das ich durch unbedachte und ungenaue Darstellung von irgendetwas anstelle von Nützlichem hervorgebracht habe. Ich werde ihm für alles dankbar sein. (VI, 588 f.).

In einem Brief vom 12. Dezember 1846, also kurz vor dem Erscheinen der *Ausgewählten Stellen* [*Vybrannye mesta*], begreift Gogol' in einer kühnen Formulierung sein Publikum als kollektive Persönlichkeit: „Ich muß wissen, mit wem ich es zu tun habe; mir eröffnet jede Zeile, ob aufrichtig oder nicht, einen Teil der menschlichen Seele; ich muß die Menschen, zu denen ich spreche, fühlen und hören; ich muß die *Persönlichkeit* des Publikums [*личность* публики] sehen, sonst kommt bei mir alles töricht und unverständlich heraus." (XIII, 160) Es steht allerdings zu vermuten, daß der günstige Einfluß des Publikums auf die künstlerische Qualität von Gogol's Textproduktion nur ein sekundäres Phänomen darstellt. In erster Linie bedarf Gogol' eines kollektiven Gegenübers, um sich seiner eigenen Existenz zu versichern. Erst wenn die subjektive Rolle des Dichters definiert ist, kann der kreative Schaffensprozeß einsetzen. Das Bedürfnis nach einer fast physischen Gegenwart des Publikums scheint eine ähnliche Funktion zu erfüllen wie die „phantastische Verkleidung", in der Aksakov den schreibenden Gogol' einmal antrifft (Mašinskij 1952, 112). Die Maskerade kann hier als direkter Ausdruck eines „falschen Selbst" gedeutet werden: Die eigene Identität ist für den Schizophrenen immer nur eine gespielte (Laing 1994, 88).

Für die Entität von Gogol's Wesen ist letztlich die Wahrnehmung der anderen maßgebend. Deshalb fühlt der Dichter seine Person beständig dem Blick von ganz Rußland ausgesetzt, das „etwas von ihm erwartet" (VIII, 289). Daß Gogol' sich vor allem für die kritische Aufmerksamkeit, die ihm zuteil wird, interessiert, folgt derselben Logik: Die Selbstverachtung erweist sich als Instrument der Selbstwahrnehmung, die – wenn auch auf negative Weise – entitätssichernd wirkt.

Nach dem Durchfall der *Ausgewählten Stellen* [*Vybrannye mesta*] kann Gogol' jedoch nicht umhin, sich das Scheitern seines Ichentwurfs einzuge-

Gogol'

stehen. Das Katastrophale dieses Vorgangs liegt für Gogol' allerdings weniger im literarischen Mißerfolg als vielmehr in der Zerstörung seiner Wunsch- und Wahnidentität begründet. Sein letztes Buch vertritt deutlich den Anspruch einer Bibel für Rußland und hätte Gogol's eigene Rolle als göttlich inspirierter Nationaldichter auf triumphale Weise bestätigen sollen.

Die nachhaltige Frustration von Gogol's höchsten Ambitionen als Prophet Rußlands treibt ihn in ein Dilemma. Auf der einen Seite passen Demut und Selbsterniedrigung ohne weiteres in den religiös-asketischen Lebensstil, den Gogol' sich als Ideal auserwählt hat, auf der anderen Seite würde sich jedoch Gogol's Ich nach einem Abrücken von der eigenen Wahnidentität in nichts auflösen. In den Jahren nach 1847 läßt sich in Gogol's Verhalten eine tiefgreifende Ambivalenz beobachten: Jede begonnene Handlung wird sogleich von ihrem Gegensatz blockiert (Benedetti 1983, 121). Der lange angekündigten Pilgerreise ins Heilige Land im Jahr 1848 geht ein umständliches Hin und Her voraus (Papernyj 1997, 159). 1851 berät sich Gogol' eingehend mit verschiedenen Personen, ob er zur Hochzeit seiner Schwester fahren soll, entschließt sich dann zur Abreise, kehrt aber auf halbem Weg wieder um. Eine geplante Fahrt in die Ukraine wird zu einer Pilgerreise nach Optina pustyn', nach seiner Rückkehr hat Gogol' das ursprüngliche Vorhaben bereits vergessen (Šenrok 1895, IV, 844).

Ihr publizistisches Gegenstück findet diese Ambivalenz in der gegenseitigen Hemmung von Gogol's Defensivstrategien nach dem Eklat um die *Ausgewählten Stellen* [*Vybrannye mesta*]. Gogol' schickt weder seinen umfangreichen Antwortbrief an Belinskij ab (XIII, 435-446),[32] noch veröffentlicht er seine Rechtfertigungsschrift „Die Beichte eines Autors [Avtorskaja ispoved']" (VIII, 803). Das Schwanken zwischen Verharren auf der bezogenen Position und Rückzug läßt sich bis in die Diskursstruktur von „Avtorskaja ispoved'" verfolgen. Zwei ideologische Ziele konkurrieren in der Argumentation dieser Schrift um den Primat: Der Wunsch nach Vollkommenheit einerseits und der Wunsch nach Demut andererseits. Es bedarf kühnster Sprachakrobatik, um zwischen diesen gegensätzlichen Positionen zu vermitteln:

> Ich halte es nicht für verwerflich, sich deutlich vor allen feurig im Wunsch nach Vollkommenheit anzustrengen, wenn auch Gottes

---

[32] Gogol' begnügt sich stattdessen mit einer Notiz, in der er auf unverbindliche Weise darauf hinweist, daß beide Seiten in diesem Konflikt voneinander zu lernen hätten (XIII, 360 f.).

Ichentwürfe

> Sohn dies beabsichtigte, um uns allen zu sagen: „Seid so vollkommen, wie Euer himmlischer Vater vollkommen ist." Was die Anschuldigung betrifft, daß ich in meinem Buch Ergebung aus Stolz gezeigt habe, um mich mit meiner Demut zu brüsten, so entgegne ich darauf, daß es hier weder Demut noch Ergebung gibt. Wer so urteilt, erliegt einer Täuschung durch die Ähnlichkeit der Merkmale. Ich war mir selbst überhaupt nicht aus Demut widerwärtig, sondern deswegen, weil mir in Gedanken je länger desto klarer das Ideal eines wunderschönen Menschen vorschwebte, jenes selige Bild, wie der Mensch auf Erden beschaffen sein soll, und mir widerstrebte es jedes Mal danach, auf mich selbst zu schauen. (VIII, 444)

Gogol' präsentiert sich hier also gleichzeitig als Vorbild und als Nicht-Vorbild: Zur Nachahmung empfohlen wird der Wunsch nach rückhaltloser Selbstanalyse, sein Charakter hingegen erscheint als verabscheuungswürdig.

Eine ähnlich intrikate Logik weist eine Passage auf, in der die Veröffentlichung der *Ausgewählten Stellen* [*Vybrannye mesta*] der Verbrennung des zweiten Teils der *Toten Seelen* [*Mertvye duši*] gegenübergestellt wird:

> Ich fühle, daß ich auch jetzt weit davon entfernt bin, wohin ich strebe, und darf deshalb nicht öffentlich auftreten. Das eben erschienene Buch *Briefwechsel mit Freunden* [*Perepiska s druz'jami*] dient hier als Beweis. Wenn auch dieses Buch, das nicht mehr als ein Traktat ist durch seine angebliche Unklarheit nur in die Irre führt, sogar falsche Gedanken verbreitet; wenn auch aus diesen Briefen angeblich ganze Sätze und Seiten wie lebendige Bilder im Kopf bleiben – was wäre erst geschehen, wenn ich mit lebendigen Bildern eines erzählerischen Werks anstelle dieser Briefe aufgetreten wäre? Man sagt mir selbst, ich sei dort viel stärker als in Traktaten. Jetzt kann die Kritik noch mit mir wetteifern, aber in jenem Fall wäre sie kaum imstande, mich zu widerlegen. [...] Wenn ich dieses Buch mit den von mir vernichteten *Toten Seelen* [*Mertvye duši*] vergleiche, dann kann ich für die mir gesandte Inspiration, sie zu vernichten, nur dankbar sein. (VIII, 457)

Die eigene unvollkommene Vollkommenheit wird hier zum Angelpunkt einer Argumentation, die das Vorgefallene als Notwendigkeit präsentieren will. Die gescheiterte Rezeption der *Ausgewählten Stellen* [*Vybrannye mesta*] läßt Gogol' keineswegs an den eigenen schriftstellerischen Fähigkeiten zweifeln, sondern dient ihm im Gegenteil als Nachweis seiner kon-

Gogol'

kurrenzlosen Schriftgewalt. Gogol' legt gerade das Nicht-Vordringen seiner Texte zum Leser als göttliche Fügung aus: Das Scheitern der Kommunikation in der Gegenwart verweist nur um so eindringlicher auf die strahlende Vision einer zukünftigen, mißverständnisfreien Unterweisung Rußlands in der Zukunft. Die Impotenz des Autors ist deshalb gleichzeitig seine Potenz.

Für solch widersprüchliches Sprachverhalten hält die Psychoanalyse einen Begriff bereit, der zum klassischen Inventar der Schizophrenieforschung gehört: double bind. Gemeint ist damit das konflikttächtige Nebeneinander zweier Aussagen, die einander gegenseitig ausschließen; gleichzeitig ist es dem Sprechenden aber auch unmöglich, den entstehenden Widerspruch auf einer metakommunikativen Ebene zu lösen. Die Autoren der double bind-Theorie sehen solch logisch unauflösbare Kommunikationssituationen als Motor und später auch als Ausdruck des schizophrenen Realitätsverlusts an (Bateson, Jackson, Haley, Weakland 1978, 19).[33]

Gogol's Rechtfertigungsschrift läßt sich vor dem Hintergrund dieser Theorie als Dokument einer typischen double bind-Situation lesen.[34] Einerseits gilt es, die Wunschphantasie des eigenen Prophetenamts aufrechtzuerhalten, andererseits darf das solcherart aufgeblähte Ich seinen Größenwahn nicht auskosten, sondern muß sich in Demut verbergen. Gogol' bleibt eine metakommunikative Einsicht in die Gründe dieser fatalen Dialektik verwehrt. Offen bleibt allein der Weg der schizophrenen Integration: Es fällt Gogol' leichter, den Abgrund zwischen den beiden unvereinbaren Positionen seines Ichentwurfs durch eine kühne, ja sogar paradoxe Konstruktion zu überbrücken, als seinen gespaltenen Ichentwurf zu revidieren.

„Die Beichte eines Autors [Avtorskaja ispoved']" erweist sich mithin als hochkomplexer Text, dessen Brüche und Inkonsistenzen sich sowohl psychoanalytisch als auch literaturwissenschaftlich beschreiben lassen. Die

---

[33] Die Autoren führen als Beispiel einer double bind-Situation die Lage eines Zen-Schülers an, dem sein Meister einen Stock über den Kopf hält und sagt: „Wenn du sagst, dieser Stock sei wirklich, werde ich dich damit schlagen. Wenn du sagst, dieser Stock sei nicht wirklich, werde ich dich damit schlagen. Wenn du nichts sagst, werde ich dich damit schlagen." (Bateson, Jackson, Haley, Weakland 1978, 18)

[34] In Gogol's literarischem Werk läßt sich das double bind in seinem ideologischen Verhältnis zur Frau nachweisen. Viele Interpreten heben bei Gogol' nur die Verachtung, ja sogar die Dämonisierung der Frau hervor: Die Frau ist ein Eheteufel („Ivan Fedorovič Špon'ka i ego tetuška"), eine Hure („Nevskij Prospekt") oder eine Hexe („Majskaja nočʼ"). In anderen Texten hat Gogol' die Frau aber auch zu einem hehren Ideal verklärt („Ženščina", „Rim").

Ichentwürfe

Zersetzung der Urheberinstanz, die in doppelter Weise einheitsstiftend wirken müßte, nämlich einerseits für die eigene Persönlichkeit und andererseits für den eigenen Text, bildet für Gogol' das zentrale Problem, gegen das er in seinen letzten Jahren anschreibt. Für die Interpretation der Ichauflösung bietet sich das Konzept der Schizophrenie an, sein textuelles Pendant findet dieser Prozess in Gogol's Selbstentmündigung als Autor und in der Dekonstruktion des eindeutigen Diskurses.

11. Flucht in die Vergangenheit: Sergej Aksakovs Rückzug aus der Krise in die Idylle

Gogol' definiert den Sinn seines Lebens über sein Dichteramt. Seine Autobiographie ist deshalb als „Erzählung seiner Schriftstellerei" eine Schrift über eine bereits bestehende Schrift. Dargelegt werden soll nicht ein persönlicher Lebensweg, sondern das Erreichen einer bestimmten ideologischen Position. Gogol' instrumentalisiert den verfügbaren intimen Beichtdiskurs für seine propagandistischen Zwecke. Allerdings tut er dies nicht in betrügerischer Absicht; er sieht in seinen moralischen Überzeugungen tatsächlich das Intimste seines persönlichen Lebens. Nur so wird verständlich, weshalb die empörte Reaktion auf die Veröffentlichung der *Ausgewählten Stellen* [*Vybrannye mesta*] für Gogol' nicht nur einen literarischen Mißerfolg bedeutet, sondern die Zersetzung seiner ganzen Persönlichkeit einleitet.

Einer der schärfsten Kritiker der *Ausgewählten Stellen* [*Vybrannye mesta*] ist Sergej Timofeevič Aksakov (1791-1859). Aksakov richtet seinen ganzen Zorn auf Gogol's Diskurswechsel: Aus seiner Sicht hat Gogol' den Künstler in sich verraten und ist zum platten Moralisten geworden (Annenkova 1983, 10, 24-40). Dabei ist Aksakovs eigene Position von Gogol's gesellschaftspolitischem Programm gar nicht einmal so weit entfernt. Der Name Aksakov gilt nämlich in der russischen Kulturgeschichte als Inbegriff einer konservativen Slavophilie. Berühmt geworden sind neben dem Vater Sergej auch die Söhne Konstantin (1817-1860) und Ivan (1823-1886). Bereits dem Umstand, daß sich eine ganze Familie in der Debatte um die Zukunft Rußlands geschlossen auf eine Position stellt, kommt ideologische Signalwirkung zu: Die Familie bildet hier die Keimzelle einer moralischen Lebensgemeinschaft, die in der Selbstdeutung der Aksakovs das leuchtende Vorbild der russischen Gesellschaft bildet.

Die Familie steht denn auch im Zentrum von Aksakovs fortgesetzter Autobiographie, die seinen späten literarischen Ruhm begründet. Der fünfzigjährige Aksakov ist dem russischen Publikum nur als Theaterkritiker und Naturdichter bekannt, der gelegentlich in verschiedenen lyrischen Gattungen dilettiert. Das ändert sich im Jahr 1854, als im *Moskauer* [*Moskvitjanin*] ein erster Auszug aus der *Familienchronik* [*Semejnaja chronika*] erscheint. 1856 folgt die Buchveröffentlichung, die auch Aksakovs Schul- und Universitätserinnerungen [*Vospominanija*] einschließt. Der durchschlagende Erfolg dieses Werks veranlaßt Aksakov, bereits zwei Jahre später einen weiteren Text erscheinen zu lassen, der seinen inneren Zusammenhang mit der *Familienchronik* [*Semejnaja chronika*] bereits im Titel ausweist: *Die Kinderjahre von Bagrovs Enkel*, die als Fortsetzung der

Ichentwürfe

Familienchronik dienen [*Detskie gody Bagrova vnuka, služaščie prodolženiem semejnoj chroniki*] (Mežov 1888, 14).
Aksakovs umfangreiches autobiographisches Werk kann aus zwei Gründen Anspruch auf einen festen Platz in der russischen Literaturgeschichte erheben. Zum einen gelingt Aksakov die künstlerisch wie psychologisch überzeugende Einbettung der eigenen Biographie in eine detailliert erzählte Familiengeschichte, zum anderen darf der hier entworfene Mikrokosmos als repräsentativ für das Wertesystem des konservativen Adels gelten (Annenkova 1998, 35-47). Beide genannten Aspekte lassen sich literaturwissenschaftlich im Konzept der „Idylle" zusammenbringen. Sowohl das Einschreiben der Autobiographie in die sinnstiftende Tradition als auch die Präsentation des Glücksraums der verbürgten Ordnung stellen künstlerische Verfahren dar, die aus dem Bereich der Idyllendichtung bekannt sind. Bereits Jean Paul weist auf ein zentrales Element der Idylle hin, wenn er sie in seiner *Vorschule der Ästhetik* (1804) in einer paradoxen Formel als „Vollglück in der Beschränkung" (1987, 258) charakterisiert. Das Wesensmerkmal der Begrenzung äußert sich am deutlichsten im bevorzugten Chronotopos dieser Gattung: Der idyllische Ort, typischerweise ein locus amoenus, ist abgeschirmt, geschützt, eingefaßt. Ähnliches gilt für die Zeit: Das Ereignishafte, Plötzliche wird aus der Idylle ausgeklammert, eine zyklische Zeitvorstellung schließt grundsätzlich Neues aus. Das idyllische Bewußtsein wird getragen vom Glauben an eine feste Ordnung, die sich dem menschlichen Zugriff entzieht. Diese Ordnung geht zurück auf eine Instanz, welche die bevorzugte Entourage der Idylle abgibt und zu ihrer anthropologischen Leitvorstellung avanciert: die Natur. Die Aufwertung des im Schillerschen Sinne Naiven durch das 18. Jahrhundert und die damit verbundene Renaissance der Idylle ist in einem breiteren geistesgeschichtlichen Kontext zu sehen. Rousseau, Goethe und Herder sind nur die bekanntesten Verfechter einer Anthropologie, welche die menschliche Triebstruktur der wohleingerichteten Natur anvertrauen will (Böschenstein-Schäfer 1977, 8-12, 154 f.).

Aksakovs Rückgriff auf die Idylle verdankt sich indes nicht einer philosophischen Grundlage, sondern – wie im folgenden zu zeigen sein wird – der ideologischen Restauration einer ins Wanken geratenen Ordnung. Es ist gerade der heilige Mikroraum der Familie, der das zentrale Krisenmoment in Aksakovs Biographie bildet. Die Tragweite dieser Störung wird deutlich, wenn man sich die ideologischen Voraussetzungen von Aksakovs Lebensglück deutlich macht: Die Familie bildet jenen abgeschlossenen, geborgenen und vertrauten Bereich, dessen Vollkommenheit jede Änderung einer Änderung zum Schlechteren gleichkommen läßt. Die Familie bildet für Aksakov nicht nur das Grundmuster sozialer Interaktion, sondern verkörpert auch in vorbildlicher Weise eine naturgegebene Moral, die um ihren Vorzug gegenüber dem juristischen Apparat der Staatsmacht weiß. Aksakovs Familie präsentiert sich als heiliger Bezirk, der die familiäre Gemeinschaft vor den Anfechtungen der Welt schützt. Das enge Zusammengehörigkeitsgefühl der Familie äußert sich deutlich etwa im Vorherrschen der 1. Person Plural im Tagebuch von Aksakovs Tochter Vera. Eine bemerkenswerte Formulierung aus diesem Tagebuch stattet die als Organismus vorgestellte Familie mit dem wertvollsten Attribut allen Lebens, der Seele, aus: „Gebe Gott, daß nichts den Seelenfrieden unserer Familie störe" (Aksakova 1913, 11). Die Idealisierung der eigenen Familie schließt auch die Abwertung fremder Familien ein. So kommentiert Aksakovs Sohn Grigorij in einem Brief an seine Schwester Vera die Familienverhältnisse bei der Cousine Maša wie folgt – bezeichnend ist der prominente Einsatz des Wortes „natürlich" bei der Abwertung des Fremden:

> Sie ist zwar sehr klug und gutmütig, aber sie hat wenig Kontakt zur Mutter und sagt, so scheint es, alles eher Madame Cautier. Sie ist von der Cautier erzogen worden, und folglich gleicht ihre Erziehung überhaupt nicht jener, die wir erhalten haben, und ist natürlich viel schlechter. (Šenrok 1904, 312)

Die biographischen Fakten sprechen indes eine andere Sprache. Erste Anzeichen einer ernsthaften Störung des Familienfriedens zeichnen sich bereits im Jahr 1816 ab, kurz nach Sergej Aksakovs Heirat, die nach Ivan Aksakovs Zeugnis den Verlust der Liebe der Mutter nach sich zieht (1888, I, 17). Aber auch die Ehe der Eltern scheint in dieser Zeit alles andere als idyllisch gewesen zu sein: „Die vormals glänzende, leidenschaftliche Marija Nikolaevna [sc. Sergej Aksakovs Mutter] verwandelte sich in eine alte, kränkelnde, eingebildete und eifersüchtige Frau, die ihren Ehemann bis zum Lebensende durch Vorhaltungen seiner Nichtswürdigkeit quälte und gleichzeitig eifersüchtig war, weil sie fühlte, daß er sich nur vor ihr fürchtete, aber daß sie sein Herz verloren hatte." (17) Aksakovs alternder Vater seinerseits betrügt Marija Nikolaevna mit einer Magd (Durkin 1983, 42). Diese unerfreulichen Erfahrungen mögen dazu beigetragen haben, daß Aksakov das angestammte Familiengut im Orenburger Gouvernement verläßt. Am 26. Juli 1835 schreibt Aksakov aus Aksakovo an seine Frau:

> Ich kann hier nicht leben; alles beschäftigt mich zu stark; ich bin tagsüber traurig und in der Nacht kann ich buchstäblich nicht schlafen; Fischen lenkt mich nicht ab. [...] Ein Gedanke, der zur Überzeugung gewachsen ist, hat in mein Herz gefunden: Man muß sein Alter an einem neuen Ort verbringen, und nicht dort, wo man

Ichentwürfe

seine Kindheit und Jugend verbracht hat, weil einen dort alles beständig daran erinnert, was man war und was man ist. (Durkin 1983, 45)

Im Jahr 1843 kauft Aksakov ein neues Gut in der Nähe von Moskau, Abramcevo (Mašinskij 1973, 305). Der Umzug löst jedoch keines der Familienprobleme, die sich in den vierziger Jahren häufen. Die Geborgenheit, die der Familienzirkel seinen Mitgliedern spendet, zieht – wenig erstaunlich – Ablösungsschwierigkeiten nach sich. So heiraten zu Sergej Aksakovs Lebzeiten nur zwei der zehn erwachsenen Kinder (Durkin 1983, 34 f.). Ihren deutlichsten und zugleich ans Groteske grenzenden Ausdruck findet die familiäre Eingebundenheit der jüngeren Generation aber in der Person Konstantin Aksakovs, der sein ganzes Leben im Elternhaus verbringen wird. In seinem aufschlußreichen Fragment „Skizzen aus dem Familienleben der Aksakovs [Očerki iz semejnogo byta Aksakovych]" schildert Ivan Aksakov die symbiotische Beziehung zwischen Vater Sergej und Sohn Konstantin:[1]

> Mit seiner leidenschaftlichen Natur gab er [sc. Sergej Aksakov, U.S.] sich dem Vatergefühl hin und ersetzte seinem erstgeborenen Sohn fast buchstäblich die Amme. Das Kind schlief nicht ohne sein Einlullen ein.
>
> Auf diese Weise wirkte der väterliche Einfluß seit seiner Kindheit auf Konstantin, begleitete ihn sein ganzes Leben lang, und man kann sich kaum eine engere Beziehung vorstellen als diejenige, die den Vater mit dem Sohn verband. Seit seiner Geburt bis zu Sergej Timofeevič Aksakovs Tod im Jahr 1859 trennte sich Konstantin Sergeevič nur einmal von seinem Vater und das nur für vier Monate. Nach dem Tod des Vaters ging er buchstäblich ein [зачах], und obwohl er eine herkulische Konstitution hatte, starb

---

[1] In einem Brief an das Ehepaar Trutovskij vom 29.5.1853 hat Sergej Aksakov indirekt die allzu intensive Betreuung seines Sohns Konstantin kritisiert: „[...] ich gebe Dir einen aufrichtigen Rat: Du kannst meiner Autorität glauben, [...] weil ich die Sorgen meiner Frau um die Kinder geteilt habe und das erste Kind bis zum 5. Jahr umsorgt habe [нянчил на своих руках]. Man soll dem Kind nicht ununterbrochene Aufmerksamkeit zuteil werden lassen, man soll nicht Tag und Nacht nach ihm sehen, besonders nicht, wenn es schläft, – das ist schädlich." (Trutovskij 1892, 55)

er am 7. Dezember 1860 an der Schwindsucht und überlebte den Vater nur um 19 Monate.[2] (Aksakov 1888, I, 11 f.)

Nach Ivan Aksakovs Bericht hat Konstantin seine Rolle als Kind nie aufgegeben (vgl. Trutovskij 1892, 31):

> Er schämte sich weder kindlicher Verhaltensweisen noch seiner kindlichen Beziehung zu den Eltern. Überhaupt kannte er keine fausse honte. Auch wenn das Gästezimmer mit Gästen voll war, küßte er ebenso die Hand des Vaters und schmiegte sich an ihn, wie es in der Kindheit üblich war. (19)

Schließlich kann sich auch der Vater nicht mehr der Einsicht verschließen, daß Konstantins starke Familienbindung auch eine verhängnisvolle Seite aufweist. Am 26. Juni 1844 schreibt Aksakov an seinen jüngeren Sohn Ivan:

> Konstantin spielt wieder den heiligen Narren [юродствует], aber trotzdem ist seine beklagenswerte Lage der schwerste Stein auf meinem Herzen ... um so mehr, als ich in meinem Gewissen davon überzeugt bin, daß wir selber dafür verantwortlich sind oder sogar ... ich ...
> Das ist sehr schwer zu ertragen. Wieviele hervorragende Eigenschaften und wieviel Talent werden in diesem unglücklichen Mann ohne Früchte zu tragen untergehen oder gehen schon unter! Aber dies würde mich nicht einmal so sehr beschäftigen. Das Schlimmste ist, daß er in seinem Leben nie glücklich sein kann. Er kann nur innerhalb seiner Familie, behütet von familiärer Geborgenheit existieren und sein Wohl finden. Die Außenwelt, die

---

[2] Vgl. auch Ivan Aksakovs Brief an Turgenev vom 26.10.1859: „Der Tod des Vaters hat meinen Bruder völlig aus dem Gleichgewicht gebracht. Sie werden ihn nicht mehr erkennen – so hat er sich verändert. Es ist, als ob er weiterführt, den Toten bei der Hand zu halten, er verläßt ihn auch im Grab nicht und befindet sich sozusagen in ständigem Kontakt mit ihm. Jede Ablenkung hält er für moralischen Zerfall. Außenstehenden mag dies seltsam erscheinen, aber für mich, der ich seine ausschließliche, sogar unchristliche, wenn Sie so wollen, Anhänglichkeit an den Vater kannte, ist daran nichts Erstaunliches. Während der mehr als vierzig Jahren seines Lebens trennte sich Konstantin nur einmal für vier Monate von seinem Vater, und auch das ist schon 25 Jahre her! Sie lebten und schliefen in einem Zimmer; mein Vater, als leidenschaftlicher Mensch, bekam seinen Erstgeborenen so leidenschaftlich lieb, daß er ihm die Kinderfrau ersetzte und ihn selbst mit Liedern in den Schlaf wiegte usw." (Majkov 1894, XII, 596)

ihm etwas bedeutet, würde ihn zerstören. Seine Erfolge, die höchste öffentliche Anerkennung für ihn, sogar jenes Gefühl der Zutraulichkeit, das er besitzt, all das bedeutet nichts ... Die Gesellschaft wird sich an ihm für all dies rächen. Hier liegt die dunkle Seite meines inneren Zustandes. (Durkin 1983, 37)

Konstantin Aksakovs Apotheose der Familie weist einen stark nationalistischen Einschlag auf. Das fanatische Slavophilentum des Jünglings erreicht in diesen Jahren bizarre Ausmaße (Šenrok 1904, 29, 35 f.). Als typisch für die Reaktion auf Konstantins Attitüde darf Petr Čaadaevs amüsierter Kommentar gelten, daß Bauern in den Straßen Moskaus Konstantin eher für einen Perser als für einen Russen im Nationalkostüm hielten. Die Anekdote weist aber auch eine tragische Seite auf: Im April 1849 erhalten Vater und Sohn Aksakov den Befehl, ihre Bärte abzurasieren. Konstantin fügt sich; Sergej Aksakov unterschreibt zwar ein Papier, in dem er sich verpflichtet, auf den Bart zu verzichten, trägt ihn aber weiterhin (Durkin 1983, 35 f.). Wichtiger als die kleinliche Auseinandersetzung um die Barttracht der Slavophilen ist indessen das Gefühl von gesellschaftlicher Isolation, das sich bei Sergej Aksakov nach der Bartaffäre einstellt.[3] Resigniert schreibt er an seinen Sohn Ivan: „Wir haben uns entschlossen, uns auf immer auf dem Land abzukapseln [закупориться]." (Aksakov 1888, II, 142). Konstantin Aksakov hat zusätzlich einen literarischen Mißerfolg zu verzeichnen. Sein extravagantes Drama „Die Befreiung Moskaus im Jahr 1612 [Osvoboždenie Moskvy v 1612 godu]" (1847) stößt auf scharfe Ablehnung (Šenrok 1904, 40).

1841 stirbt Aksakovs Sohn Michail, die Tochter Olga leidet an einer schweren chronischen Nervenkrankheit (39 ff., Majkov 1894, XII, 590), Sergej Aksakov erkrankt selbst und erblindet auf einem Auge (Aksakov 1955, III, 304, 315, Majkov 1894, X, 499, Aksakov 1883, 832). Am 14. Mai 1846 schreibt A.O. Smirnova an Gogol':

> Sergej Timofeevič leidet, und er leidet mit der ganzen Ungeduld eines Novizen: Ungehalten, kurz angebunden antwortet er auf familiäre und sanfte Fragen; mich hat dies mehr betrübt als erstaunt, weil ihm allem Anschein nach eine schwere Krankheit und vielleicht der Verlust des Augenlichts bevorsteht. (Šenrok 1904, 31)

---

[3] Für ein früheres Zeugnis von Aksakovs scharfer Sozialkritik aus dem Jahr 1845 (und einer sowjetischen Ausbeutung davon) vgl. Fateev (1985, 188).

Aksakov

M.P. Pogodin vermerkt am 13. Mai 1846 in seinem Tagebuch: „Bei den leidenden Aksakovs. Die Verehrung für ihre Kinder richtet sie zugrunde." Und am 1. Juni heißt es: „Die Aksakovs haben neue Krankheiten, echte und vermeintliche, und die Unglücklichen werden einfach verrückt." (Šenrok 1904, 31).

Zu den familiären und gesundheitlichen Problemen kommen finanzielle. Aksakov verliert bereits 1832 wegen mangelnder Strenge seine Stelle als Zensor, die er aus Geldmangel angetreten hatte (Pavlov 1898, 82). Aksakovs Einkünfte bleiben auch in den nächsten Jahren karg. Am 23. November 1843 notiert Pogodin: „Abend bei Aksakovs. ... Ich habe eine traurige Nachricht vernommen. Ja, die Familie geht dem Ruin zu, es sei denn, er [sc. Sergej Aksakov, U.S.] gewinnt das Verlorene zurück." (Šenrok 1904, 31)

Einen besonders verwirrenden Eindruck muß schließlich das sich verschärfende politische Klima von Nikolajs Polizeiregime auf die Aksakov-Familie ausgeübt haben. Sergej Aksakovs Staatstreue ist grundsätzlich kaum zu erschüttern. Die französische Revolution von 1848 stößt bei ihm auf schärfste Ablehnung:

> Der elende Pariser Mob [подлая Парижская чернь], „la canaille", wie er dort selbst genannt wird, hat nicht gezögert, sich in seiner ganzen Widerwärtigkeit zu zeigen, in Rom gibt es eine Revolution, der Papst hat auf seinen Thron verzichtet (auf den weltlichen, versteht sich, nicht auf den geistlichen); Tirol lehnt sich auf; in Paris hat sich eine Partei für die Regierung gebildet ... zum Teufel mit ihnen, den verrückten Franzosen, wenn nur wir nicht zu Schaden kommen bei ihrer Revolutionslust! (Šenrok 1904, 48)

Kaum ein Jahr später wird Aksakovs Loyalität jedoch auf eine harte Probe gestellt, als sein Sohn Ivan am 18. März 1849 von der zaristischen Geheimpolizei verhaftet wird. In einem schriftlichen Verhör muß sich Ivan gegen den Vorwurf verteidigen, ein „Liberaler" zu sein. Weitere Punkte betreffen Ivan Aksakovs Position hinsichtlich des Panslavismus, einen Gedichtband Mickiewiczs in seiner persönlichen Bibliothek und seine Kritik an Jurij Samarins Verhaftung (Aksakov 1988, 497-508).

Die Reaktion des Vaters auf Ivans Verhaftung ist bei aller Bestürzung so regimefreundlich wie nur möglich. Sergej Aksakov vertraut auf die Unfehlbarkeit des Zaren. Wenn Ungerechtigkeiten vorkommen, so gehen sie entweder auf das Konto der Administration oder – noch anonymer – der Gesellschaft. Am 11. April mahnt Aksakov seinen Sohn in einem Brief, den er nicht der Post anvertraut, zur Vorsicht. Bezeichnenderweise entbehrt Aksakovs Mißtrauen jeglicher Subversivität:

Ichentwürfe

> In unserer Korrespondenz gibt es nichts, was der Zar nicht lesen dürfte; aber unglücklicherweise lesen sie andere. Bist Du denn bis jetzt nicht auf den Gedanken gekommen, daß jeder unserer Briefe gelesen und kopiert wird? [...] Der Krieg mit der Gesellschaft ist gefährlicher als der Krieg mit der Regierung. Die Regierung kann eine großzügige Haltung gegenüber einer abweichenden Meinung einnehmen; ihre Persönlichkeit kann nicht beleidigt werden; die Gesellschaft hingegen ist immer niederträchtig, erbarmungslos und grausam, wenn sie an ihrer wunden Stelle getroffen wird. Man muß mit größter Umsicht, Kunstfertigkeit und Maß vorgehen, damit sie uns alle nicht aufißt. [...] Ich rege mich ständig auf, daß Euer Ministerium Dich in Petersburg unter irgendeinem dummen Vorwand festhält. Ich bin einfach krank vor Sorge um Dich. Ich fürchte die Cholera und daß man Dich lange in Petersburg gefangen hält. Wenn sich diese Befürchtungen bewahrheiten, werde ich vor Unruhe verrückt. [Ivan Aksakovs Arrest dauerte nur fünf Tage, U.S.] [...] Die jetzige Lage von uns allen halte ich für schlechter oder zumindest unsicherer als vorher. Früher hat man über uns gelacht, nun beginnt man uns zu fürchten. Ich verbiete Dir entschieden, mir per Post etwas über irgendwelche Erfolgshoffnungen zu schreiben oder irgendetwas, was die Leute ärgern könnte. (Aksakov 1888, II, 136-138)

Nach dem Tod Nikolajs I. im Jahr 1855 herrscht im Haus Aksakov eine höchst eigentümliche Stimmung, die Aksakovs Tochter Vera in ihrem Tagebuch beschreibt:

> Die allgemeine Stimmung in unserem Kreis ist folgende. Alle sprechen vom Imperator Nikolaj Pavlovič nicht nur ohne Ärger, sondern sogar mit Anteilnahme, sogar mit dem Wunsch, ihn in vielem zu entschuldigen. Aber indessen fühlen alle unwillkürlich, daß ein Stein, ein Druck von jedem genommen ist, daß man leichter atmen kann; plötzlich keimen ungeahnte Hoffnungen; die ausweglose Situation, die schließlich von allen fast mit Resignation erkannt wurde, erweist sich plötzlich als veränderbar. Es gibt weder Zorn noch Feindschaft gegen denjenigen, der schuld an dieser Situation ist. Man hat mit ihm als Menschen Mitleid, aber alle sagen sogar, daß ihn bei allem Mitleid niemand – wenn man sich ehrlich fragt – wieder unter den Lebenden wünscht. (Aksakova 1913, 66)

Aksakov

Das ist die Stimme der Loyalität mit schlechtem Gewissen. Die Autorität des Zaren wird zwar nicht in Frage gestellt, der Regierungsstil Nikolajs I. weist aber einen grundlegenden Mangel auf: Das Verhältnis des Monarchen zu seinem Volk ist eher das eines Aufsehers zu seinen Gefangenen als das eines Vaters zu seinen Kindern. Und genau dies ist das politische Ideal, das in der Aksakov-Familie kultiviert wird: Der Staat als Extrapolation der Familie.

Die Literarisierung der Idylle ist eine sekundäre Erscheinung. Wer in der Idylle lebt, braucht sie nicht zu beschreiben. Erst das Heraustreten aus der Glückserfahrung löst das Bedürfnis nach einer literarischen Rekonstruktion des Gewesenen aus. Sergej Aksakovs Reaktion auf seine familiäre, gesundheitliche, finanzielle und politische Lebenskrise besteht in einer Flucht in die Vergangenheit. Der Rückzug in ein Goldenes Zeitalter muß als Kompensation für Aksakovs krisenhafte Selbsterfahrung gedeutet werden. Gleichzeitig wird die Vergangenheit zum erhoffen Muster der Zukunft: Was gewesen war, gilt als Vorbild dessen, was sich zu sein anschickt. Aksakovs Autobiographie läßt sich mithin als Versuch einer literarischen Rekonstruktion der verlorenen Familienidylle lesen. Dabei folgt die Darstellung einer einfachen Regel: Die Gültigkeit vergangener Zustände bestimmt sich nach Maßgabe der Entfernung vom Hier und Jetzt: Je älter, desto besser. In seinem kurzen Artikel „Einige Worte über Gogol's Biographie [Neskol'ko slov o biografii Gogolja]" (1853) insistiert Aksakov auf der zeitlichen und emotionalen Distanz als Leitprinzip jeder Lebensbeschreibung:

> Die Biographie jedes bekannten und auf irgendeine Weise bemerkenswerten Menschen bringt viele Schwierigkeiten mit sich; weil die Beziehungen des Verstorbenen zu lebenden Leuten noch frisch sind, darf man seine Biographie weder zu bald drucken noch leidenschaftlich schreiben: Die Nähe des Gegenstandes wird den klaren Blick stets trüben; man muß sich von ihm entfernen, und je höher der Gegenstand, desto weiter muß man sich entfernen: Ich meine die aufrichtige und vollständige Biographie des inneren Lebens. (Aksakov 1955, III, 603 f.)

Was Aksakov im Hinblick auf Gogol' diskutiert, gilt auch für seine eigene Biographie. Es ist auffallend, daß Aksakov die künstlerische Gestaltung seines Lebens immer aus einem Sicherheitsabstand von mindestens 25 Jahren betreibt: Mit seinen Kindheits- und Jugenderinnerungen (1791-1807) beschäftigt sich Aksakov Mitte der fünfziger Jahre, *Literatur- und Theatererinnerungen* [*Literaturnye i teatral'nye vospominanija*] (1812-1830) schließt er 1856 ab, der Aufsatz über die Bekanntschaft mit

Ichentwürfe

Deržavin (1815-1816) entsteht im Mai 1852, die Memoiren über Šušerin (1808-1812) ein Jahr später. Im Sommer 1856 schreibt Aksakov in einem Brief, in dem er das Erscheinen der *Familienchronik* [*Semejnaja chronika*] kommentiert:

> Es war unmöglich, weiter zu schreiben; ich wurde so schon sehr von der Nähe der beschriebenen Ereignisse zu mir bedrängt. (II, 501)

Die Ausnahme bestätigt die Regel: Am 21. Februar 1852 beginnt Aksakov mit der „Geschichte meiner Bekanntschaft mit Gogol' [Istorija moego znakomstva s Gogolem]" (1905, 210), einem Bericht, der laut Untertitel („unter Einschluß der ganzen Korrespondenz von 1832 bis 1852") eine gefährliche Nähe zur Gegenwart erreicht hätte. Das Vorhaben bleibt allerdings Fragment. Aksakovs zusammenhängende chronologische Darstellung bricht im Jahr 1843 ab. Die stillschweigende 25-Jahresregel wird im Fall der Gogol'-Memoiren nur mit schlechtem Gewissen und unter enormen Kraftaufwand verletzt. Im März 1854 schreibt Aksakov an seinen Sohn Ivan: „Ich diktiere bereits das siebte Heft der Geschichte meiner Bekanntschaft mit Gogol', aber weil diese Arbeit sehr anstrengend ist, schreibe ich zur Erholung und Unterhaltung [для отдохновения и развлечения] noch eine Episode aus der Familienchronik." (Aksakov 1955, III, 707) Und am 20. März 1855 heißt es in einem Brief an K.A. Trutovskij: „Ich fahre fort beim Verfassen der in gewissem Maße geheimen Geschichte [понемногу секретную историю] der Bekanntschaft mit Gogol' ... geheim für die Zeitgenossen, aber die Nachkommen müssen davon erfahren, als Material für eine vollständige Gogol'-Biographie." (707) In einem Vorwort zum Memoirentext, der vollständig in der Tat erst nach Aksakovs Tod erschienen ist, erklärt der Verfasser:

> Die noch nicht ganz abgeschlossene „Geschichte meiner Bekanntschaft mit Gogol'" wurde nicht für den Druck geschrieben, oder wenigstens nur für den Druck nach vielen Jahrzehnten, wenn bereits niemand von den erwähnten Personen mehr am Leben ist, wenn die Zensur freier oder ganz abgeschafft wird, wenn die russische Gesellschaft sich an diese Freiheit gewöhnt hat und jene Empfindlichkeit, jene verdächtige Reizbarkeit abgelegt hat, die es zur Zeit mehr als alle Zensur verhindert, offen sogar über längst Vergangenes zu sprechen. (149)

Das inflationäre Aufgebot an Argumenten gegen eine Veröffentlichung legt allerdings die Vermutung nahe, daß der wahre Grund für das Zurück-

Aksakov

halten der Gogol'-Memoiren anderswo zu suchen ist. Aksakov fürchtet die Verschriftlichung der Gegenwart, weil die krisenhafte Wirklichkeit den bislang krisenfrei gehaltenen Bereich der Literatur beeinflussen könnte. Und gerade im Fall von Aksakovs Beziehung zu Gogol' droht der Einbruch des Konflikts in die sorgsam gehütete autobiographische Idylle. „Die Geschichte meiner Bekanntschaft mit Gogol' [Istorija moego znakomstva s Gogolem]" hätte nämlich bei konsequenter Fortführung nichts weniger dokumentieren müssen als Gogol's Verwandlung von einem über alle Kritik erhabenen Familienidol zu einem religiösen Eiferer, der den Künstler in sich erwürgt hat. Noch zu Beginn der vierziger Jahre präsentiert sich das Verhältnis der Aksakovs[4] zu Gogol' frei von allen Animositäten. In seinen Erinnerungen beschreibt I.I. Panaev die kultische Verehrung, welche die Aksakov-Familie dem Dichter entgegenbringt:

> Das Gefühl tiefer und grenzenloser Achtung der Aksakov-Familie gegenüber Gogol's Talent äußerte sich in kindlicher, naiver Aufrichtigkeit, die an Komik grenzte. Vor seinem Gedeck stand beim Essen nicht ein einfaches, sondern ein rosenfarbiges Glas; er wurde zuerst bedient; man brachte ihm die von ihm geliebten Maccaroni zum Kosten, er befand sie nicht ganz für gut, begann sie zu mischen und mit Käse zu bestreuen.
> Nach dem Essen streckte er sich auf dem Sofa in Sergej Timofeevičs Kabinett aus und nach einigen Minuten begann er, den Kopf zu senken und die Augen zu schließen – sei es, daß er tatsächlich einschlummerte oder sich nur schlummernd stellte ... Im Zimmer wurde es plötzlich still ... Ščepkin, die Aksakovs und ich gingen auf Zehenspitzen hinaus. Konstantin Aksakov umkreiste kaum atmend das Kabinett, wie ein Wächter, und wiederholte bei der kleinsten Bewegung oder beim geringsten Laut flüsternd und gestikulierend: „Tss! tss! Nikolaj Vasil'evič ist am Einschlafen!" (Panaev 1950, 172)

Mit wachsendem Mißtrauen registriert Aksakov Gogol's Hinwendung zu einem religiösen Sektierertum. Die vormals ostentativ herzliche Beziehung kühlt sich ab und erreicht ihren Tiefpunkt um die Jahreswende 1846/1847. Ende 1846 schreibt Aksakov an Pletnev:

---

[4] Vgl. auch Aksakovs exaltierten Brief an Gogol' vom 3. Juli 1842 (Aksakov 1855, III, 226-229).

Ichentwürfe

> Sie haben vermutlich wie ich seit einiger Zeit die eigentümliche religiöse Entwicklung Gogol's bemerkt; sie hat einen zunehmend seltsamen Charakter angenommen und schließlich eine Stufe erreicht, die ich wenn nicht für eine Verstandes-, so für eine Nervenverwirrung [если не умственным, то нервным расстройством] halte. (Grot 1887, 249)

Am 27. Januar 1847 entlädt sich Aksakovs angestauter Zorn direkt auf Gogol'. Den Anlaß für Aksakovs scharfe Kritik bildet das Erscheinen der *Ausgewählten Stellen aus dem Briefwechsel mit Freunden* [*Vybrannye mesta iz perepiski z druz'jami*]:

> Wenn ein gewöhnlicher Schriftsteller dieses Buch geschrieben hätte – sei's drum! Aber Sie haben das Buch geschrieben; in ihm glänzt stellenweise Ihr früheres kräftiges Talent, und deshalb ist Ihr Buch schädlich: Es verbreitet die Lüge Ihrer Vernünfteleien und Verirrungen [ложь ваших умствований и заблуждений]. Schon lange habe ich dieses Unglück vorausgesehen, ich war lange betrübt und beabsichtigte, dem Sturm in ruhiger Verfassung entgegenzutreten; aber als der Schlag losging, verflüchtigte sich meine Gemütsruhe. O, verhängnisvoll war jener Tag, als es Ihnen in den Sinn kam, in fremde Länder zu fahren, in jenes Rom, das die russischen Genies und Talente verdirbt! Ihre Freunde werden vor Gott Rechenschaft abzulegen haben, diese blinden Fanatiker und selbstgerechten Manilovs, die nicht nur zugelassen, sondern auch selbst dazu beigetragen haben, daß Sie sich im Netz Ihres eigenen Geistes verheddert haben, in teuflischem Stolz, den Sie für christliche Demut halten. Ich gelange zur bitteren Überzeugung, daß niemand straffrei das Vaterland flieht: Denn eine andauernde Abwesenheit ist bereits eine Flucht, ein Verrat am Vaterland. (Aksakov 1955, III, 343 f.)

Man darf den Abbruch der Arbeit an den Gogol'-Memoiren als symptomatisch für Aksakovs Literaturkonzeption betrachten. Die Niederschrift des Gewesenen verfolgt nicht den Zweck, die Vergangenheit möglichst wirklichkeitsgetreu zu dokumentieren und zu konservieren. Aksakovs Erinnerungsarbeit rekonstruiert vielmehr das Vergangene in einem modifizierten Zustand, der den Rückblick gleichzeitig zu einem Ausblick macht. Die in der Erinnerung von allen Konflikten befreite Vergangenheit dient in der Gegenwart als Vorbild alles zukünfigen Tuns.

Distanz als Bedingung der Möglichkeit der Biographie – mit dieser Formel läßt sich die Grundlage von Aksakovs Poetik umreißen. Gleichzeitig bietet sich hier auch ein Bewertungskriterium für die verschiedenen Teile von Aksakovs autobiographischem Fortsetzungsroman an: Die Literaturkritik hat die früheren Texte einmütig höher gewertet als die neueren (Feuer 1979, 86). Die künstlerisches Geschlossenheit des Texts, die *Familienchronik* [*Semejnaja chronika*] von Aksakovs übrigen, manchmal allzu pedantisch rapportierenden Werken abhebt (dies gilt vor allem für die *Literatur- und Theatererinnerungen* [*Literaturnye i teatral'nye vospominanija*]), läßt sich am besten durch die gelungene Distanznahme des Autors erklären. Als Faustregel gilt bei Aksakov: Je näher das zu Berichtende an der Gegenwart liegt, desto eher bleibt der Text in der Menge belangloser Einzelheiten stecken.

Die literarische Wirksamkeit der *Familienchronik* [*Semejnaja chronika*] stützt sich auf eine dreifache Steuerung der Handlungsstränge. Der Titel der *Familienchronik* [*Semejnaja chronika*] qualifiziert den Text als Wirklichkeitsbericht. Bei näherem Hinsehen wird jedoch deutlich, daß die *Familienchronik* [*Semejnaja chronika*] durch die Präsentation des Geschehens in die Nähe des Romans rückt. Und schließlich verweist die Handlungsführung auf eines der ältesten literarischen Muster, nämlich das Märchen.

Andrew Wachtel (1990, 61 f.) hat die Märchenelemente in der *Familienchronik* [*Semejnaja chronika*] deutlich herausgearbeitet: Im Zentrum steht die Figur des Großvaters Stepan Michajlovič Bagrov, der alle Züge eines „Recken [bogatyr']" in sich vereinigt. Sein Gegenspieler, Michajla Kurolesov, ist der böse Zauberer, der die eigene Frau behext und sie schließlich in einen Kerker wirft, als sie sein übles Treiben aufdeckt. Die Geschichte der nächsten Generation folgt ebenfalls einem bekannten Schema: Stepan Michajlovičs Sohn Aleksej wird als Nachfahre von Ivan-duraček vorgestellt, der trotz aller Beschränktheit Erfolg hat. Aleksejs Lebensglück besteht in der Heirat mit einem Aschenputtel: Die hochbegabte und wunderschöne Sof'ja Nikolavna verbringt ihre Kindheit unter der Fuchtel einer bösen Stiefmutter, bevor sie in die Familie der Bagrovs aufgenomen wird. Die Verbindung des Paars wird zunächst von den bösen Schwestern des Bräutigams hintertrieben, das Märchen endet jedoch glücklich mit der Geburt eines Sohnes.

Aksakovs Präsentation dieses Familienmärchens folgt einer Ablenkungsstrategie. Der Leser soll nicht den Eindruck eines ort- und zeitlosen Märchens erhalten, sondern in die identitätsstiftende Gemeinschaft der Bagrovs eingeführt werden, die für den Erzähler von höchster persönlicher Relevanz ist. Gerade das Märchenhafte der eigenen Vergangenheit kann die ideologische Wirksamkeit der herzuleitenden Werte verbürgen, weil es nicht als private Familiengeschichte, sondern als allgemeingültiges Traditionsgut präsentiert wird. Der Eindruck der Irrealität, der zu den Konstitutiva des Märchens gehört, wird durch verschiedene Techniken überspielt. Als wichtigste Instanz dieser Manipulation erweist sich in der *Familienchronik* [*Semejnaja chronika*] eine Erzählerfigur mit einem stark profilierten Selbstbewußtsein. Der Ich-Erzähler nimmt die Rolle eines „leidenschaftslosen Berichterstatters mündlicher Überlieferungen [беспристрастный передаватель изустных преданий]" (I, 247) an. Dazu gehört die wiederholte Beglaubigung einer bestimmten Information durch Quellenangaben. Die Charakterisierung Michajla Kurolesovs stützt sich auf Briefe („Ich hielt viele seiner Briefe in meinen Händen, aus denen hervorgeht, daß er ein verständiger, geschickter und gleichzeitig harter und geschäftstüchtiger Mann war.", I, 104), Stepan Michajlyčs Freude über die Schwangerschaft seiner Schwiegertochter wird ebenfalls durch den Verweis auf einen Brief beglaubigt, („Ich urteile über diese Freude nicht in erster Linie aus Berichten, sondern aus seinem Brief an Sof'ja Nikolavna", I, 244), eine authentische Schilderung des tatarischen Dorfs, in dem sich Sof'ja Nikolavna nach dem Tod ihrer ersten Tochter erholt, ist erst nach intensiven Nachforschungen möglich:

> Ich beschreibe dies alles, indem ich mich auf genaue neue Angaben stütze, die mir dankenswerterweise von E.I. Baranovksij mitgeteilt wurden und die er selbst vom jetzigen Eigentümer des Dorfs Uzy-tamak, Herrn Alkin, erhalten hat. Ich habe selbst die schöne Lage dieses Dorfs gesehen; aber das ist schon so lange her, daß ich sie ohne Zeugenberichte, die ich von gewissenhaften Personen erhalten habe, nicht zuverlässig beschreiben könnte. (I, 261)

Immer wieder insistiert der Erzähler auf der Authentizität seines Berichts. Die Faktizität der blutrünstigen Kurolesov-Episode wird besonders unterstrichen:

> Es ist kaum zu glauben, daß sich solche Ereignisse noch vor achtzig Jahren in Rußland zugetragen haben sollen, aber man kann an der Wahrhaftigkeit des Berichts nicht zweifeln. (I, 123)

Eine weitere Objektivierungstechnik besteht in der deutlichen Trennung des erzählten Geschehens vom Erfahrungsbereich des Erzählers. Der Besuch des frischverheirateten Paares Aleksej und Sof'ja bei einer Nachbarin der Bagrovs wird wie folgt kommentiert:

> Ich erinnere mich teilnahmsvoll auch noch jetzt an diesen einfachen, kargen Ort, den ich zum ersten Mal zehn Jahre später [sc. nach der beschriebenen Episode, U.S.] gesehen habe, und ver-

stehe, daß er Aleksej Stepanovič gefiel und Sof'ja Nikolavna nicht gefallen konnte. (I, 191)

Bisweilen wird die Absetzung des Erzählers vom Berichteten auch typographisch sichtbar. Der Schilderung der Belästigung des jungen Ehepaars durch Ratten in einem anderen Dorf, Karataevka, wird in einer Fußnote durch ein persönliches Erlebnis des Erzählers beglaubigt:

> Eine unglaubliche Menge von Ratten lebte während der nächsten vierzig Jahre in Karataevka. Ich litt selbst unter ihren frechen nächtlichen Angriffen. (I, 196)

Die Brüchigkeit des Verhältnisses zwischen Fiktion und Tatsachenbericht war Aksakov durchaus bewußt. Seine Kritik an Turgenevs erstem (nicht erhaltenen) Roman *Zwei Generationen* [*Dva pokolenija*] betrifft genau diesen Punkt. Kurz vor dem Beginn der intensiven Arbeit an der *Familienchronik* [*Semejnaja chronika*] schreibt Aksakov in einem Brief vom 4. August 1853 an Turgenev:

> Mir scheint, der erste Teil zerfällt in zwei Hälften: in eine, die als Wirklichkeitsbericht die Qualität von Aufzeichnungen oder Memoiren hat, und eine, die von der Phantasie des Autors erschaffen wurde. Die erste Hälfte hat in der Tat das große Interesse der Wahrheit, aber die zweite genügt manchmal meinen Anforderungen nicht: Man spürt den Übergang von der Wahrheit zur Erfindung.[5] (Majkov 1894, 482)

Sein eigenes Schaffen hat Sergej Aksakov immer als fiktionalitätsfrei charakterisiert. Allerdings klingt in Aksakovs bescheidenem Selbstprotrait als Künstler ein eigentümlicher Stolz an, wenn er seine Rolle als Chronist hervorhebt:

> Was bin ich schon für ein Schriftsteller! Ich habe keine Schaffenskraft [Творчества у меня нет]. Erfindungsgabe [изобретение] – hier liegt die wichtigste Stärke erstklassiger Schriftsteller; für mich aber ist und war sie seit jeher ein Stein des Anstoßes. Ich bin nur ein Vermittler und einfacher Erzähler: Ich habe keine Spur

---

[5] Aksakov würdigt später die gelungene Sublimation der Realität in der Kunst in Turgenevs *Rudin* (Majkov 1894, 580, Mašinskij 1973, 389).

Ichentwürfe

von Erfindungsgabe [Я только передатчик и простой рассказчик: изобретения у меня на волос нет].⁶ (Majkov 1894, 100)

In der *Familienchronik* [*Semejnaja chronika*] widerlegen jedoch der hohe Anteil direkter Rede und der psychologische Tiefblick des Erzählers diese Behauptung. Manchmal kokettiert der Erzähler zwar mit seiner vorgeschobenen beschränkten Informiertheit („Was ging in dieser Minute in seiner Seele vor, welchen Kampf trug der eiserne Wille mit der väterlichen Liebe und Vernunft aus, wie trat der unbeugsame Geist den Sieg ab? ... Schwer sich vorzustellen." [I, 158]),⁷ grundsätzlich aber gleicht sich das erzählte Geschehen der Innerlichkeitsdarstellung eines Romans an.

Der Erzähler verläßt seine unbestechliche Chronistenrolle, als er Sof'ja Nikolavnas schwierigen Entschluß zur Heirat mit dem glanzlosen Aleksej Stepanovič schildert. An fast jedem Satz läßt sich beobachten, wie sich der Erzähler den Kopf seiner Figuren zerbricht:

> Der Gedanke, den gutmütigen, bescheidenen, reinherzigen, von der Gesellschaft noch unverdorbenen jungen Mann auf ihre Weise zu erziehen, zu bilden, schlich sich in Sof'ja Nikolavnas klugen, aber trotzdem weiblichen Kopf. Ihr schwebte das verführerische Bild der ständigen Bildung und Erziehung eines Wilden vor, dem es weder an Verstand noch an tief schlummerndem Gefühl man-

---

6 Vgl. auch Aksakovs Selbstcharakterisierung in einem Brief an M.F. De Poulet aus den späten fünfziger Jahren: „Nahestehende Leute haben von mir oft gehört, daß ich keine freie Schaffenskraft habe, daß ich nur schreiben kann, wenn ich auf dem festen Boden der Realität stehe und den Faden der wahrhaftigen Ereignisse verfolge; daß alle Versuche in anderen Genres sich als völlig ungenügend erwiesen und mich davon überzeugten, daß ich nicht über die Gabe des freien Einfalls verfüge." (Mašinskij 1973, 356) Am 10. Februar 1856 schreibt Aksakov (1883, 839) an M.A. Maksimovič: „Meine Halbblindheit und die ländliche Umgebung haben mich zum Schreiben gebracht. Ich habe mein Leben durchlebt, dabei Wärme und Lebendigkeit der Vorstellungskraft bewahrt, und auf diese Weise erzeugt ein gewöhnliches Talent eine ungewöhnliche Tätigkeit."

7 Ein weiteres Beispiel für diesen Kunstgriff stellt die verweigerte Introspektion in die Seele Aleksej Stepanovičs dar: „Ich will nicht endgültig entscheiden, ob Aleksej Stepanovič die feste Absicht hatte, sich im Fall einer Absage von seiten seiner Eltern zu erschießen, oder ob er nicht einfach, nachdem er in irgendeinem Roman etwas ähnliches gelesen hatte, auf den Gedanken kam, daß die Eltern vor einer solch schweren Folge ihrer Unbeugsamkeit zurückschrecken würden? Nach der späteren Entwicklung von Aleksej Stepanovičs Charakter, die mir wohl bekannt ist, zu urteilen, halte ich ihn weder zum einen noch zum anderen Vorgehen fähig." (I, 161)

gelte, und der sie – wenn das überhaupt möglich ist – aus Dankbarkeit für seine Ausbildung noch mehr lieben würde. (I, 167)

Zu den unfehlbaren Anzeichen der Allwissenheit eines Erzählers gehört die Tatsache, daß er seine Figuren besser versteht als diese sich selbst. Sof'ja Nikolavnas Entschluß, die ungünstige Heiratspartie anzunehmen, wird vom Erzähler durch die Nennung eines psychologischen Motivs plausibel gemacht:

> Man muß unwillkürlich zugeben, daß im Grund ihres Charakters bereits jene Samen der Herrschaftsliebe lagen, die nun, befreit vom schweren Joch der Stiefmutter, starke Keime trieben, daß ohne Wissen von Sof'ja Nikolavna selbst – die Herrschaftsliebe der geheime Grund ihrer Entschlossenheit [sc. zur Heirat mit Aleksej Stepanovič, U.S.] war. (I, 167).

Im weiteren Verlauf der Erzählung läßt sich stellenweise sogar ein Konvergieren der Erzählperspektive mit Sof'ja Nikolavnas Sicht der Dinge feststellen. Bei der Schilderung der Intrigen der Bagrov-Schwestern gegen die ungeliebte Schwägerin wird die Sprache des Erzählers von Sof'ja Nikolavnas Vokabular „angesteckt":

> Diese Giftschlangen, die in des Bruders Haus abgestiegen waren, begannen von der ersten Minute an ihr Gift in seine simple Seele zu gießen und taten dies so kunstvoll, daß bei Aleksej Stepanovič kein Verdacht gegen ihre Ränke aufkam. (I, 178)

Der Erzähler schildert Sof'ja Nikolavnas Begegnung mit ihrem Schwiegervater Stepan Michajlovič über weite Strecken in erlebter Rede:

> Sie hatte noch nie einen solchen Mann getroffen: Der Vater war ein kluger, zärtlicher, leidenschaftlicher und uneigennütziger Greis, gleichzeitig aber schwach, den damaligen Gesellschaftsformen angepaßt und vom unterwürfigen, streberhaften Dienst gezeichnet, der ihn vom Kanzleischreiber zum Assistenten des Statthalters geführt hatte; hier aber stand ein ungebildeter, äußerlich grober, dem Vernehmen nach sogar im Zorn grausamer, aber verständiger, gütiger, gerechter, in seinem klaren Blick und ehrlichen Urteil unbeugsamer alter Mann vor ihr, ein Mann, der nicht nur immer geradlinig vorging, sondern auch immer die Wahrheit sprach. Das erhabene Bild geistiger Größe erstand vor der impulsiven, klugen Frau und verdrängte alles Vergangene, indem es vor

Ichentwürfe

ihr eine neue moralische Welt eröffnete. Und welches Glück: dieser Mann war ihr Schwiegervater! Von ihm hängt ihre Ruhe in der Familie des Mannes ab und vielleicht sogar ihr Glück im Eheleben! (I, 187 f.)

Die Poetik der *Familienchronik* [*Semejnaja chronika*] schwankt mithin zwischen verschiedenen narrativen Genres: Die als Wirklichkeitsbericht maskierte Märchenstruktur des Geschehens entwickelt sich zu einem Familienroman. Allerdings dominiert keine dieser Erzählgattungen den Text, jedes Element eines bestimmten Genres wird nur dosiert und im Hinblick auf ein übergeordnetes Ziel eingesetzt: Zu leisten ist die für die problematische Gegenwart gültige historische Herleitung des familiären Wertesystems. Die „ideologische Arbeitsteilung" der verschiedenen Genres präsentiert sich wie folgt: Das Märchen verbürgt durch seinen exemplarischen Erzählgestus die zeitlose Wahrheit der tradierten Werte, der Wirklichkeitsbericht verweist auf die historische Realität des Beschriebenen, der Familienroman schließlich erlaubt eine sinnstiftende Identifikation gegenwärtiger Verhältnisse mit vergangenen Ereignissen.

Wie aber läßt sich nun jenes familiäre Wertesystem beschreiben, das die krisengeschüttelte Gegenwart an die sicher in sich ruhende Vergangenheit anschließen soll?

Grundsätzlich ist festzuhalten, daß die *Familienchronik* [*Semejnaja chronika*] kein einheitliches ideologisches System entwirft. Vielmehr wird hier die Ablösung einer alten Ordnung durch eine neue Ordnung beschrieben. Das Geschehen nimmt seinen Ausgangspunkt bei der Umsiedlung der Bagrov-Familie aus dem Simbirsker in das Orenburger Gouvernement. Die zentrale Figur in den ersten zwei Kapiteln ist der Großvater Stepan Michajlovič, der als Patriarch alle Familienentscheidungen autonom fällt. Der Erzähler läßt aber keinen Zweifel daran aufkommen, daß – zumindest für die in ein märchenhaftes „Es war einmal" entrückte Episode – solche Monopolisierung der Macht nur segensreich sein kann. Die Eingangskapitel der *Familienchronik* [*Semejnaja chronika*] präsentieren einen Ursprungsmythos, dessen Geschehen von einer einzigen Person kontrolliert wird. Der Großvater handelt mit der Selbstgewißheit eines Schöpfers, der niemandem Rechenschaft über sein Tun ablegen muß, gleichzeitig aber auch die Verantwortung für seine Sippe allein zu tragen hat. Diese Darstellungsweise hat ihren literarischen Preis: Stepan Michajlovič Bagrov bleibt als Mensch aus Fleisch und Blut eher schemenhaft. Gleichzeitig aber emanzipiert sich der Text von der Beschränktheit einer bloßen Chronik dessen, was war. Vorgestellt wird vielmehr eine Aitiologie des status quo, eine narrative Begründung gegenwärtiger Zustände.

Aksakov

Mit besonderem Nachdruck hat Richard Gregg auf die biblische, näherhin alttestamentliche Bildlichkeit der ersten Kapitel der *Familienchronik* [*Semejnaja chronika*] hingewiesen. Der Großvater Bagrov erscheint in seiner mythischen Überhöhung als Jehova selbst (1991, 38), der sein Volk ins „Gelobte Land [уголок обетованный]" (I, 80) führt. Stepan Michajlovič beginnt unverzüglich nach der Ankunft im Land, wo Milch und Honig fließen, mit seinem Aufbauwerk. Nachdem der Großvater das neue Dorf Bagrovo eingerichtet hat, sieht er, daß es gut ist: „Es gefiel dem Großvater, auf seinen Herrenhof zu schauen" (93); „Auf dem Feld war Stepan Michajlovič mit allem zufrieden" (96). Für seine Bauern ist Bagrov ein Übervater, der sowohl in weiser Fürsorge seine Kinder behüten als auch in gerechtem Zorn strafen kann. Das wachsame Auge des Großvaters ist überall:

> Der Großvater inspizierte den jungen Hafer, den Dinkel und das Sommergetreide; dann fuhr er zum Brachland und befahl, daß man ihn vorwärts und rückwärts über die brachliegenden Desjatinen führe. Dies war seine übliche Art, die Qualität des Pflügens zu prüfen: Jede ganze Scholle, jeder vom Pflug unberührte Ort erschütterte sogleich den wackligen Bauernkarren, und wenn der Großvater gereizt war, steckte er an solchen Orten einen Stock oder eine Rute ein, schickte nach dem Dorfvorsteher, wenn er nicht bei ihm war, und die Abrechnung erfolgte sogleich. Diesmal ging alles gut; vielleicht gab es ganze Schollen, aber Stepan Michajlovič bemerkte sie nicht oder wollte sie nicht bemerken. Er schaute auch nach den Orten in der Steppe, wo die Heumahd vor sich gehen sollte und erfreute sich am dichten, hohen Gras, das in wenigen Tagen zu mähen war. Er war auch auf den Feldern der Bauern, um selbst in Erfahrung zu bringen, bei wem das Getreide gedieh und bei wem nicht, er kontrollierte sogar das Brachland der Bauern, bemerkte alles und vergaß nichts. (96)

Auch die Rolle von Bagrovs finsterem Gegenspieler Kurolesov fügt sich in das religiös-mythische Schema der Erzählung ein. Wiederholt wird Kurolesov als Antichrist und Teufel charakterisiert (104, 109, 112), sein Name leitet sich aus einer Verballhornung von „Kyrie eleison" ab, „kurolesit'" bedeutet „tolle Streiche spielen" (Gregg 1991, 39 f.). Die Konfrontation Bagrov-Kurolesov weist die Struktur einer narrativen Theodizee auf. Die Auseinandersetzung in der Familie kann als metaphysisches Gleichnis gelesen werden, das die beschränkte Macht des Teufels vorführt: Stepan Michajlovič erfährt zwar von Kurolesovs wüstem Treiben, entschließt sich aber erst zum Eingreifen, als Kurolesov seine Ehefrau, Stepan Michajlo-

Ichentwürfe

vičs Cousine, in ein Kellerverlies wirft. Kurolesov anerkennt Bagrovs Überlegenheit und weicht vor dem Zorn des Schwagers zurück:

> Ja, es gibt eine moralische Kraft der gerechten Sache, vor der die Tapferkeit eines ungerechten Menschen zurückweicht. Michajla Maksimovič kannte die Entschlossenheit und den unerschrockenen Mut Stepan Michajlovičs, wußte um die Ungerechtigkeit seiner Sache und gab sein Opfer ungeachtet seiner Wut und wilden Kühnheit widerstandslos preis. (133)

In der *Familienchronik* [*Semejnaja chronika*] wird jedoch auch deutlich, daß Stepan Michajlovičs patriarchalisches Paradies sich im Niedergang befindet. Mit einem grandiosen Gestus, der die gesamte politische und soziale Geschichte in einen einzigen Satz drängt, kündet der Erzähler den Anbruch einer neuen Ära an:

> Viele Jahre vergingen, viele Ereignisse trugen sich zu: es gab eine Hungersnot, Epidemien, es gab die Pugačevščina. (138)

Eine neue Protagonistin tritt auf den Plan des Geschehens, und der Erzähler läßt keinen Zweifel daran, daß sie die Nachfolge Stepan Michajlovičs antritt: Sof'ja Nikolavna. Die Verbindung von Bagrovs gutmütigem, aber etwas beschränktem Sohn Aleksej und der glamourösen Sof'ja kommt nur aufgrund eines rationalen Kalküls der Braut zustande. Diese unspektakuläre und nur einseitige Liebe wird aber durch einen anderen Handlungsstrang kompensiert: Die Heirat des jungen Bagrov mit Sof'ja Nikolavna inauguriert nämlich das Zusammenkommen des wirklichen Traumpaars: Die Vertrautheit zwischen dem alten Patriarchen und seiner Schwiegertochter bildet die wahre Liebesgeschichte in der *Familienchronik* [*Semejnaja chronika*] (Pritchett 1947, 243).

Das männliche Machtmonopol wird durch eine neue, weibliche Ordnung abgelöst (Gregg 1991, 41). Dieser harmonische Übergang legitimiert sich durch die mit erotischen Untertönen durchsetzte Verbindung zwischen dem abtretenden Potentaten und seiner Thronfolgerin. Sof'ja Nikolavnas Machtübernahme gestaltet sich mithin nicht als Rebellion, sondern als vom Patriarchen persönlich abgesegnete *translatio imperii*.

Durch diesen Kunstgriff vermeidet es der Erzähler, den sinkenden Stern von Stepan Michajlovičs patriarchaler Herrschaft in die Geschichte eines Familienzerfalls à la Buddenbrooks überführen zu müssen. Die Idylle der Bagrovs findet in der Person Sof'ja Nikolavnas eine würdige Sachwalterin, die den Fortbestand der Familie in biologischer und in ideologischer Hinsicht garantiert.

Aksakov

In der *Familienchronik* [*Semejnaja chronika*] schließt vor allem die Gestaltung der Liebesthematik Sergej Aksakovs eigenen Erfahrungsbereich an die wirklichkeitsgetestete und damit auch wirklichkeitstaugliche Vergangenheit an. Es gibt mindestens drei Beispiele, in denen Ereignisse aus der Familiengeschichte eine Präfiguration bestimmter Begebenheiten aus Aksakovs Leben darstellen. Daß der Erzähler über diese offensichtlichen Parallelen Stillschweigen bewahrt, hat mit der sinnstiftenden Funktion des Textes für Aksakovs Gegenwart zu tun: Den Zusammenhang zu benennen, hieße ihn zu entzaubern. Nur das auf geheimnisvolle Weise sich Wiederholende verleiht dem Wiederholten jene fragile Aura der erwarteten Erfüllung, die zwar entdeckt, aber nicht aufgedeckt werden darf.

Die wohl deutlichste typologische Ähnlichkeit zwischen der *Familienchronik* [*Semejnaja chronika*] und Aksakovs Biographie besteht in der engen Beziehung zwischen Sergej Aksakov und seiner eigenen Schwiegertochter. In einem erst 1925 entdeckten „Auszug aus der Familienchronik [Otryvok iz semejnoj chroniki]" (entstanden 1847) beschreibt Aksakov ein Jugenderlebnis seines Sohns Grigorij (1820-1891); der kurze Text ist Grigorijs späterer Ehefrau Sof'ja gewidmet. Die Vermutung liegt nahe, daß Aksakov der Gestalt der Sof'ja Nikolavna Zubina in der *Familienchronik* [*Semejnaja chronika*] ihren Vornamen zu Ehren von Aksakovs Schwiegertochter verliehen hat (Aksakovs Mutter hieß in Wirklichkeit Mar'ja Nikolaevna Zubova). Erhaltene Briefe Aksakovs an seine Sof'ja Aleksandrovna zeugen in der Tat von einem sehr herzlichen Verhältnis (Durkin 1983, 38). Im Februar 1848 verbringt das junge Paar drei Wochen im Elternhaus des Bräutigams. Sergej Aksakov konstatiert mit Entzücken die gelungene Symbiose von Schwiegertochter und Familie:

> Unsere liebe, teure Sonečka fügte sich in die neue Familie ein, als ob sie ihr ganzes Leben darin verbracht hätte; so ähnlich waren unsere Gefühle! Sie mußte sich an nichts gewöhnen oder anpassen. (Šenrok 1904, 46)

Dasselbe Motiv findet sich in einer Szene aus der *Familienchronik* [*Semejnaja chronika*]. Während des Hochzeitsbanketts der jungen Bagrovs kokettiert Stepan Michajlovič mit der neuen Gefühls- und Geschmacksharmonie:

> Er wandte sich während des Essens oft an sie und bat sie um viele kleine Dienste: „Gib mir dies, schenk mir von jenem ein, wähl mir ein Stück nach deinem Geschmack aus, weil wir – wie man sagt – ja denselben Geschmack haben; erinnere mich daran, was ich dir

Ichentwürfe

kürzlich gesagt habe; erzähl uns, was du mir damals gesagt hast, ich habe es wohl vergessen ..." (I, 232)

Ein zweiter Berührungspunkt betrifft die eigentümliche Anfälligkeit der Liebesaffären von Vater Aleksej Bagrov und Sohn Sergej Aksakov für literarische Vorbilder. Bei der Schilderung von Aleksejs verzweifelter letzter Maßnahme, mit der er das Einverständnis seiner Eltern zur Heirat mit Sof'ja Nikolavna erhalten will – er droht in einem dramatischen Brief mit Selbstmord –, versäumt es der Erzähler nicht, auf die Quelle solchen Verhaltens hinzuweisen:

> Offensichtlich waren einige Wendungen dieses Briefs aus zeitgenössischen Romanen, die Aleksej Stepanyč gerne las, entlehnt. (I, 158)

Ein ähnliches, wenn auch weniger drastisches Mittel setzt Sergej Aksakov bei der eigenen Brautwerbung ein. Aksakov, in seiner Jugend selbst ein erklärter Gegner des Karamzinismus (II, 266), schlägt in seinen Liebesbriefen aus dem Jahr 1816 einen exaltierten Ton an, der eine genaue Kopie des herrschenden Literaturgeschmacks darstellt. Selbst das Herausstreichen der bevorzugten Tageszeit empfindsamer Autorschaft fehlt nicht:

> 2 Uhr nachts. [...] Ach, Ollina, Deine Liebe wird der ewige Quell meines Glücks sein. Mit welchem Entzücken vernahm ich von Dir den Vorwurf und den Zweifel an der Kraft und Standfestigkeit meiner Gefühle. Anstelle von Betrübtheit ergoß sich eine neue Liebesflamme über meine Nerven! ... Ich war begeistert! Wie eine himmlische Harmonie eröffnen sich auch jetzt noch die entzückenden Klänge Deiner Stimme in meinen Ohren: „Ich liebe Dich! Ich bin glücklich!" Ach, diese Worte werden für mich Trost im Leid, Heilmittel in der Krankheit und Freude im Unglück sein, wenn es der Vorsehung gefallen sollte, solches auf mich niederzusenden. (Šenrok 1904, 384)

Schließlich ist auf eine Episode hinzuweisen, die auf den ersten Blick nichts mit der Familiengeschichte der Bagrovs zu tun hat. Im fünften Kapitel schildert der Erzähler die Liebesgeschichte zwischen einem russischen Offizier und einer Tatarin. Die Muselmanin Sal'me flieht mit ihrem Geliebten vor ihrer Familie und tritt zum christlichen Glauben über (I, 269-272). Lev Tolstoj, dessen Bekanntschaft Aksakov zu Beginn des Jahres 1856 machte, vertrat die Ansicht, diese Episode sei überflüssig, weil sie „lieblos" erzählt sei und den Gang der Ereignisse nur aufhalte (Mašinskij 1973, 391).

Aksakov hat Tolstojs Rat jedoch nicht berücksichtigt. Aksakovs Hartnäckigkeit verdankt sich vermutlich dem Umstand, daß der Sal'me-Episode, obwohl sie im Zusammenhang der Familienchronik als blindes Motiv zu werten ist, höchste Revelanz für Aksakovs eigenes Leben zukommt. Die interkonfessionelle Liebesgeschichte beschreibt nämlich das Schicksal von Aksakovs eigener Schwiegermutter, Igel'-Sjuma, die den russischen Offizier Zaplatin geheiratet hatte und sich taufen ließ. Sogar das Motiv des frühen Todes aus Heimweh nach der eigenen Familie ist der realen (Igel'-Sjuma) und der fiktiven Frauengestalt (Sal'me) gemeinsam (Ostrogorskij 1891, 80).

Es geht Aksakov in der *Familienchronik* [*Semejnaja chronika*] also weniger um das Dokumentieren historischer Begebenheiten als vielmehr um das Aufspüren präfigurierter Situationen, die auch der eigenen Lebenssituation Sinn stiften können. Bezeichnenderweise hat Aksakov den ursprünglichen Schlußabsatz, der nur biographische Detailinformationen enthält, gestrichen:

> Für die besonders neugierigen Leserinnen und Leser füge ich hinzu, daß Stepan Michajlovič nach der Geburt des Enkels noch fünf oder sechs Jahre gelebt hat, daß er das Vergnügen hatte, ihn vor dem Tag seines Todes zu sehen und sogar zu segnen ...
>
> Sieben Monate vor seinem Tod, im Juni 1796, wurde er durch die Geburt eines zweiten Enkels, Nikolaj, erfreut, der den Fortbestand des Geschlechts der Bagrov sicherte; den Namen des Enkels Nikolaj trug er ebenfalls eigenhändig in seinen Adelsstammbaum ein. Stepan Michajlovič starb im Januar oder Februar 1797. Arina Vasil'evna überlebte ihn um einige Jahre; sie trauerte beständig um ihren Gatten, sie trauerte darum, daß sie niemanden mehr hatte, vor dem sie sich fürchten konnte. (I, 616)

In einem hymnischen Epilog hebt der Erzähler die raison d'être seiner Familienchronik noch einmal hervor. Kein museales Interesse verbindet die nun lebende Generation mit den Vorfahren, sondern das Ziel einer sinnstiftenden Aneignung der Familientradition:

> Lebt wohl, meine hellen und dunklen Bilder, meine guten und bösen Menschen, oder, genauer, Bilder, die sowohl helle als auch dunkle Seiten aufweisen, Menschen, in denen es sowohl Gutes als auch Böses gibt! Ihr seid keine großen Helden, keine berühmten Persönlichkeiten; unbekannt und still habt ihr eure irdische

Ichentwürfe

Laufbahn durchschritten und sie vor langer, sehr langer Zeit verlassen: Aber ihr wart Menschen, und euer äußeres und inneres Leben ist ebenso mit Poesie angefüllt, ebenso interessant und lehrreich für uns, wie auch wir und unser Leben seinerseits interessant und lehrreich für unsere Nachfahren sein werden. Ihr wart ebenfalls Personen des großen Welttheaters, das seit Urzeiten von der Menschheit gespielt wird, ihr habt eure Rollen ebenso gewissenhaft gespielt wie alle Menschen, und deshalb seid ihr ebenfalls der Erinnerung wert. Durch die mächtige Kraft der Schrift und des Drucks hat euch nun eure Nachkommenschaft kennengelernt. Sie hat euch mit Mitgefühl aufgenommen und anerkennt euch als ihre Brüder, wann und wie immer ihr gelebt habt, in welchem Gewand immer ihr gekleidet wart. Auf daß euer Gedenken niemals von einem leidenschaftlichen Urteil oder einem leichtsinnigen Wort getrübt werde! (I, 279 f.)

Die psychologische Funktion dieser biographischen Konzeption kann man am besten als Hineinwachsen in eine bestimmte Tradition bezeichnen. Dabei ist es nur konsequent, daß Aksakov der geistigen Phylogenese seiner Familie eine Ontogenese der eigenen Person folgen läßt.

Das Thema der *Kinderjahre von Bagrovs Enkel* [*Detskie gody Bagrova-vnuka*] ist – wie in der *Familienchronik* [*Semejnaja chronika*] – ein Wechsel. Es geht hier allerdings nicht mehr um die Abfolge zweier Dynastien (den Übergang von der männlichen zur weiblichen Lenkung der Familiengeschicke), sondern um die Entwicklung von kindlicher Geborgenheit zu erwachsener Selbständigkeit. Allerdings ist sogleich anzumerken, daß Aksakov das Heraustreten aus einem kindlich-unmittelbaren Lebenszusammenhang immer auch als Verlust ansieht. In einem vielzitierten Gedicht, „Sendbrief an M.A. Dmitriev [Poslanie k M.A. Dmitrievu]", aus dem Jahr 1851 findet die ideologische Grundlage von Aksakovs autobiographischem Projekt ihren deutlichsten Ausdruck:

Стары мы с тобой и хворы	Wir sind alt und krank
И сидим в своих углах;	und sitzen in unseren Löchern,
Поведем же разговоры	unsere Unterhaltungen führen wir
На письме, не на словах!	schriftlich, nicht mündlich!
Хороша бывает старость,	Das Alter kann bisweilen schön sein,
Так что юности не жаль:	so daß man der Jugend nicht nachtrauert:
В ней тиха, спокойна радость,	Die Freude ist darin ruhig, still,
И спокойна в ней печаль.	und ruhig ist auch die Trauer.
Сил душевных и телесных	Die Geistes- und Körperkräfte

Aksakov

Благозвучен общий строй ...	sind harmonisch aufeinander abgestimmt,
Много в ней отрад, безвестных	Das Alter weist Freuden auf,
Даже юности самой! [...]	die sogar der Jugend unbekannt sind!
То сержусь я, то я болен,	Bald zürne ich, bald bin ich krank,
То собою недоволен,	bald unzufrieden mit mir selbst,
То бросаюсь на других,	bald greife ich andere an,
На чужих и на своих!	Fremde und Freunde!
Раздражительно мятежен	Leicht erregbar und ungeduldig
В слабом теле стал мой дух,	wurde mein Geist im schwachen Körper
И болезненно так нежен	und kränklich zart
Изощренный сердца слух.	das geschärfte Gehör des Herzens.
И в мгновениях спокойных	Und in ruhigen Augenblicken
Вижу ясно, хоть не рад,	erkenne ich klar, wenn auch nicht gern,
Сил телесных и духовных	der Körper- und Geisteskräfte
Отвратительный разлад.	widerliches Auseinandertreten.
Есть, однако, примиритель	Es gibt jedoch einen Versöhner,
Вечно юный и живой,	immer jung und lebendig,
Чудотворец и целитель, –	einen Zauberer und Heiler, –
Ухожу к нему порой.	zu ihm nehme ich Zuflucht.
Ухожу я в мир природы,	Ich gehe in die Welt der Natur,
Мир спокойствия, свободы,	die Welt der Ruhe, der Freiheit,
В царство рыб и куликов,	in das Reich der Fische und Schnepfen,
На свои родные воды,	zu meinen angestammten Seen,
На простор степных лугов,	in die Weite der Steppenwiesen,
В тень прохладную лесов	in den kühlen Schatten der Wälder
И – в свои младые годы!	und – in meine jungen Jahre!
(III, 685 f.)	

Bereits in einem Brief vom 12. Oktober 1849 an den Sohn Ivan taucht der tröstende Gedanke an einen alternativen Lebenszusammenhang auf: „Die schlechte Wirklichkeit ist nicht zu ändern [Скверной действительности не поправишь], wenn man unablässig an sie denkt. Man wird nur krank, und ich finde nur dann Vergessen von mir selbst, wenn ich in die ewig friedliche Welt der Natur gehe." (Mašinskij 1973, 308)

Aksakovs Selbsttröstung beruht auf einem einfachen, aber wirksamen Täuschungsmechanismus: Das eigentliche und im Grunde nicht lösbare Problem ist das Alter. Deshalb verdrängt Aksakov die zeitliche Opposition defektes Alter – gewünschte Jugend und überlagert sie durch eine andere:

Ichentwürfe

Geschlossener Raum der Zivilisation – offener Raum der Natur. Dieser Trick erlaubt es Aksakov, die verweigerte zeitliche Mobilität durch eine Bewegung im Raum zu simulieren. Die entscheidende Kraft, die den Gang in die Natur gleichzeitig zu einem Gang in die eigene Jugend macht, ist die Erinnerung.

Erinnerung ist auch ein Schlüsselwort in den *Kinderjahren von Bagrovs Enkel* [*Detskie gody Bagrova-vnuka*]. Das erste Kapitel trägt den Titel „Bruchstückhafte Erinnerungen", das zweite „Zusammenhängende Erinnerungen".[8] Dieser Unterscheidung kommt jedoch nur gradueller, nicht prinzipieller Stellenwert zu. Das Resultat der Erinnerung ist nämlich ungeachtet des Kontexts stets zuverlässig. Mehr noch: Der Akt der Erinnerung kann potenziert werden. In der Einleitung zu den *Kinderjahren von Bagrovs Enkel* [*Detskie gody Bagrova-vnuka*] wird die Erinnerung an die Erinnerung beschrieben:

> Wenn ich mich an wirklich geschehene Ereignisse erinnere, dann kann man dies Erinnerungen nicht nur an die Kindheit, sondern sogar an die Säuglingszeit nennen. Es versteht sich, daß ich mich an nichts Zusammenhängendes in ununterbrochener Abfolge erinnere; aber viele Begebenheiten leben in meiner Erinnnerung bis zu dieser Zeit in den hellsten Farben, in der ganzen Lebendigkeit eines Vorfalls vom vergangenen Tag. Als ich drei oder vier Jahre alt war, erzählte ich den Personen um mich, daß ich mich erinnerte, wie man mich von der Amme entwöhnte ... (I, 287)

Die Erinnerung produziert in den *Kinderjahren von Bagrovs Enkel* [*Detskie gody Bagrova-vnuka*] Unmittelbarkeit. Vergangenes wird zu Gegenwärtigem und schiebt sich sogar vor den Akt des Erinnerns selbst. Vor dem Hintergrund dieser Konzeption ist es nur konsequent, daß Aksakov seine Kindheitserinnerungen zunächst als Kinderbuch schreiben wollte. In einem Briefentwurf heißt es:

> Ich hege seit langem einen Gedanken, der mich Tag und Nacht beschäftigt, aber Gott schickt mir nicht die Vernunft und die Inspiration zur Ausführung. Ich möchte ein Buch für Kinder schreiben,

---

[8] Am 3. Mai 1857 schreibt Aksakov (1883, 840) an M.A. Maksimovič: „Dies [sc. das neue Buch, U.S.] *soll* (gut, wenn es dann tatsächlich so *wird*) die künstlerische Wiedergabe meiner Kinderjahre sein, von meinem dritten bis neunten Lebensjahr. Am Anfang stehen bruchstückhafte Erinnerungen, nachher folgt eine ganzheitliche und detaillierte Erzählung."

das es in der Literatur noch nicht gegeben hat. Ich habe mich oft daran gemacht und es wieder aufgegeben. Der Plan ist da, aber die Ausführung ist zuwenig gut, um dem Plan gerecht zu werden. Ein solches Buch würde mir im ganzen lesenden Rußland ein dankbares Gedenken sichern ... Das Geheimnis besteht darin, daß das Buch nicht als Imitation der Kindheit geschrieben werden soll, sondern wie für Erwachsene, und daß es nicht nur keine Morallehre enthalten soll (Kinder lieben all das nicht), sondern nicht einmal eine Anspielung auf einen moralischen Eindruck, und daß die Ausführung in höchstem Maß künstlerisch sein soll.[9] (Mašinskij 1973, 458 f.)

Im Dezember 1856 scheint der Plan bereits Gestalt angenommen zu haben. Sergej Aksakov meldet K.A. Trutovskij das Voranschreiten der Arbeit:

Ich schreibe die Geschichte meiner Kindheit von meinem dritten bis neunten Lebensjahr, ich schreibe sie *als Kinderbuch* [*для детского чтения*]. Was dabei herauskommt, weiß ich nicht. Es gibt Stellen, mit denen ich selbst sehr zufrieden bin, aber vieles, so scheint es mir, ist für Große geschrieben, und vieles ist schwach geschrieben, weil ich Kinder im Auge hatte. (Trutovskij 1892, 133. Hervorhebung im Original)

Aksakov hat seinen Plan jedoch nicht in der ursprünglich vorgesehenen Form verwirklicht.[10] Man kann die *Kinderjahre von Bagrovs Enkel* [*Detskie gody Bagrova-vnuka*] kaum als Kinderbuch bezeichnen. Ein zentrales Element des ursprünglichen Plans bestimmt aber immer noch die Poetik von Aksakovs Kindheitserinnerungen: Der Text bezieht seine dramatische

---

[9] Mašinskij gibt keinen Hinweis auf den möglichen Adressaten dieses Briefentwurfs (1973, 458). Die Wiederholung desselben Wortmaterials in einem Brief an Turgenev (Majkov 1894, XII, 590 f.) legt jedoch die Vermutung nahe, daß Aksakov als Empfänger Turgenev im Auge hatte: „Ich arbeite im Moment an einer Sache, zu der ich Ihre Meinung wissen möchte. Ich bin unsicher, ob ich den richtigen Ton erwischt habe und ob ich nicht die Kunstgriffe selbst ändern soll: Ich schreibe ein Buch für Kinder, natürlich nicht für kleine, sondern für solche, die etwa 12 Jahre alt sind. Ich habe nichts anderes vor, als die Geschichte eines Kindes zu schreiben, indem ich in märchenhafter, vorhistorischer Zeit beginne und sie durch alle Eindrücke des Lebens, vornehmlich des Landlebens, und der Natur führe ... Es versteht sich, daß es hier keine Imitation der Kindheit und keine moralische Belehrung geben kann ..."

[10] Aksakov war sich dieser Konzeptionsänderung durchaus bewußt (Ostrogorskij 1891, 114 f., Mašinskij 1973, 460).

Ichentwürfe

Spannung nicht aus der doppelten Perspektive eines erzählenden Ich einerseits und eines erlebenden Ich andererseits. In den *Kinderjahren von Bagrovs Enkel* [*Detskie gody Bagrova-vnuka*] werden erzählendes und erlebendes Ich so nahe wie möglich aneinandergeführt. Das Vorherrschen der Kinderperspektive läßt sich deutlich an der räumlichen (und nicht – wie es bei einer Schilderung der eigenen Kindheit zu erwarten gewesen wäre – zeitlichen) Ausrichtung des Erzählerberichts beobachten. Außer den beiden ersten Kapiteln („Bruckstückhafte bzw. Zusammenhängende Erinnerungen") tragen alle weiteren Kapitel einen raumbezogenen Titel: „Der Weg nach Parašino", „Parašino", „Der Weg von Parašino nach Bagrovo", „Bagrovo" usw. Diese Wegmarken dienen hier weniger der Raumstrukturierung als vielmehr der Abgrenzung einzelner zeitlicher Abschnitte. Daß es sich bei den einzelnen Etappen dieser Reise nicht nur um Ortsverschiebungen handelt, sondern um Entwicklungsstufen des darzustellenden kindlichen Bewußtseins, wird allerdings erst im Rückblick signalisiert. Sergej erfährt jeweils während des ersten Aufenthalts an einem neuen Ort das Scheitern eines Verhaltensmusters, das er in der Vergangenheit erfolgreich eingesetzt hatte und nun unverändert auf die neue Lage überträgt. So wird etwa Sergejs Anhänglichkeit an die Mutter, die von ihr mit Zuwendung belohnt wird, im Haus der Großeltern als Verzärtelung gedeutet und deshalb abgelehnt (I, 337). Sergej bemerkt die Veränderung der Parameter sehr wohl, seine Verhaltenssteuerung funktioniert allerdings mangels Einsicht in die unterschiedlichen Erziehungsprinzipen von Eltern und Großeltern nur nach dem „try and error"-Prinzip. Für Sergej ist nicht die Rationalisierung seines Verhaltens handlungsbestimmend, sondern einzig und allein die mehr oder weniger günstige Reaktion der Umwelt auf sein Verhalten. Als der Großvater bemerkt, daß Sergej nicht nur ein Muttersöhnchen ist und ihm gewogener begegnet, wird auch das Verhalten des Enkels selbstsicherer (I, 353).

Ein weiteres Beispiel bietet Sergejs Revision der eigenen Gutgläubigkeit während des Aufenthalts in Ufa. Seine Onkel machen sich einen Spaß daraus, Sergej zu necken: Er müsse Soldat werden, seine Schwester werde entführt, außerdem müsse er sein Landgut Sergeevka abtreten (I, 362 ff.). Erst später paßt sich Sergej den Gewohnheiten der Erwachsenen an. Er ist zwar noch nicht fähig, immer genau zwischen Ironie und direktem Wortsinn zu unterscheiden, aber er imitiert das Redeverhalten der Erwachsenen:

> Mir war es besonders unangenehm, wenn meine Mutter plötzlich ihre Redeweise änderte, nachdem sie mit mir wie mit einem Großen gesprochen hatte und sich in ihrem Gespräch an mein kindliches Alter anpaßte. Meine Eigenliebe wurde durch einen solchen unmittelbaren Wechsel immer beleidigt, insbesondere aber durch

den Gedanken meiner Mutter, man könne mich so einfach betrügen. Deshalb begann ich mich zu verstellen, als ob ich immer alles gut verstünde, und stellte keine Fragen. (I, 439)

Lernprozesse finden in den *Kinderjahren von Bagrovs Enkel* [*Detskie gody Bagrova-vnuka*] zwischen den einzelnen räumlichen Stationen der Kindheit statt. Die Reise wird damit zur Metapher für Entwicklung, Sergej „erfährt" im buchstäblichen Sinn des Wortes seine Umwelt. Der autobiographische Text simuliert hier das kindliche Kategoriensystem, das die konkrete Räumlichkeit eher erfaßt als die abstrakte Zeitlichkeit. Das Resultat dieses Vorgehens besteht darin, daß mit dem Dominieren der Kinderperspektive ein klassischer Verfremdungseffekt erzielt wird. Ein Beispiel bietet Sergej Bagrovs Sicht auf die Situation der Leibeigenen auf dem familieneigenen Landgut Parašino. Nachdem Sergej Zeuge eines Gesprächs zwischen Bauern und seinem Vater geworden ist, resumiert er das Gehörte:

Was der Dorfvorsteher Mironyč ist, verstand ich wohl, aber was die „barščina" ist, war mir in meinem Alter schwer verständlich. (I, 314 f.)

Sergejs kindliche Perspektive schließt oft eine intellektuelle Bewältigung der Wirklichkeit aus, grundsätzlich aber zieht das Kind den richtigen emotionalen Schluß aus einem komplexen Phänomen. Sergej verfolgt das Raisonnement des Vaters. Er blendet das agronomische Problem schließlich aus, übernimmt aber die emotionale Stimmung des Vaters:

Nach dem Roggen kam das Sommergetreide, das bereits zu reifen begann, an die Reihe. Mein Vater sagte oft mit Bedauern, wenn er es anschaute: „Sie werden es wohl nicht schaffen, das Getreide bis zur Schlechtwetterzeit einzuholen; der Roggen ist spät gereift, und nun reift bereits das Sommergetreide. Welch schönes Getreide, in meinem Leben habe ich kein solches gesehen!" [...] Ohne zu verstehen, warum und wie, bedauerte auch ich, daß sie es nicht schaffen werden, das Getreide einzuholen.[11] (I, 315)

---

11 Dasselbe Motiv läßt sich auch in einer späteren Episode beobachten: „Obwohl ich die Angelegenheit nur zur Hälfte verstand, erriet ich, daß Mama sich für uns über die Großeltern und die Tante ärgerte und daß mein Vater für sie eintrat; aus all dem schloß ich irgendwie, daß wir bald abreisen würden, worin ich mich auch nicht täuschte." (I, 352)

Ichentwürfe

Bei der Abreise aus Parašino läßt Sergej das Erlebte nochmals Revue passieren – die Sinneseindrücke bleiben jedoch disparat:

> Zu Beginn wirbelten alle neuen Gegenstände, Bilder und Begriffe in wildem Durcheinander in meinem Kopf: Dema, die Übernachtung bei den Čuvašen, die Quellen, die Mühle, der alte Tattergreis und das Roggenfeld mit den Schnitterinnen und Schnittern, dann trat jeder Gegenstand hervor und klärte sich, aber auch dunkle, mir unverständliche Stellen und Flecken in diesen Bildern tauchten auf; ich wandte mich an Vater und Mutter und bat sie um Erklärungen und Erläuterungen. [...] Schließlich wandte ich mich zum frischesten Gegenstand meines Unverständnisses: Warum sprachen sie zu Beginn von Mironyč als einem bösen Menschen, verabschiedeten sich aber von ihm wie von einem guten Menschen? (I, 326)

Die Eltern Bagrov erklären Sergej, daß man aus praktischen Gründen auf Mironyč angewiesen sei. Sergejs naive Moral läßt jedoch ein solches Kalkül nicht zu: „Alltagsweisheit [Житейская мудрость] kann von einem Kind nicht verstanden werden; gutwillige Zugeständnisse sind mit der Reinheit seiner Seele unvereinbar, und ich konnte mich auf keine Weise mit dem Gedanken anfreunden, daß Mironyč prügeln konnte, ohne deswegen ein schlechter Mensch zu sein." (I, 327)

Die kindliche Intuition präsentiert sich hier als unbestechliches Gegenmodell zum Geschäftsdenken der Erwachsenen. Die Wahl eines Kindes als Ich-Erzähler erlaubt es Aksakov, gesellschaftliche Konventionen als Konstrukte durchschaubar zu machen. Bezeichnend ist eine Episode, in der Sergej zum ersten Mal in der Schule Zeuge von körperlichen Strafen wird. Es bedarf der größten Überzeugungskraft von seiten der Mutter, damit sie ihrem Sohn den Nutzen der Grausamkeit einsichtig machen kann:

> Sie sprach lange mit mir und mußte vieles berühren, was ich nicht kannte und damals nicht vollständig begriff, um mich zu beruhigen. Es war für den Verstand und das Gefühl eines Kindes schwierig, sich mit dem Gedanken anzufreunden, daß das von mir beobachtete Geschehen [sc. das Auspeitschen der knienden Schüler, U.S.] nicht ausschließlich eine Übeltat war, ein Überfall auf offener Straße, für den man Matvej Vasil'ič [sc. den Lehrer, U.S.] als Verbrecher hinrichten müßte, daß solche Handlungen nicht nur erlaubt sind, sondern sogar von ihm in Erfüllung seines Amts gefordert werden; daß die Eltern der ausgepeitschten Jungen selbst dem Lehrer für die Strenge dankbar sind, daß die Jungen mit der

Zeit ebenfalls dankbar sein werden; daß Matvej Vasil'ič mit tierischer Stimme fluchen und seine Schüler auspeitschen und gleichzeitig ein ehrlicher, guter und stiller Mensch bleiben konnte. (I, 374)

Die kindliche Vorstufe zur erwachsenen moralischen Urteilsbildung funktioniert als einfache Dichotomie: „Ich wußte schon lange, daß es gute und böse Menschen gibt; mit dem zweiten Wort bezeichnete ich alle schlechten Eigenschaften und Laster. Ich wußte, daß es Herren gibt, die befehlen, daß es Diener gibt, die sich den Befehlen unterordnen müssen, und daß ich selbst, wenn ich heranwachse, zu den Herren gehören werde und daß man mir dann gehorchen wird, daß ich aber bis dann jeden um die Erfüllung eines Wunsches bitten muß." (I, 474) Gerade die Parallelisierung der Opposition Gut – Böse mit der Opposition Herr – Diener läßt aber die Grundlage erwachsener Moralität brüchig erscheinen. Wenn die Einordnung eines Menschen in das soziale Herrschaftssystem ohne Rücksicht auf Verdienste geschieht, dann wird auch die Zugehörigkeit eines Menschen zu einer der beiden Moralkategorien als soziales Konstrukt verdächtig. Das Ungenügen infantiler Moral wird Sergej Bagrov an der Person seiner Großtante deutlich:

Ich verstrickte mich noch mehr in meinen Begriffen und verharrte lange in vollständigem Unverständnis: Ist Praskov'ja Ivanovna gut oder nicht ganz gut? (I, 477)

Sergejs moralischer Rigorismus entwickelt sich im Verlauf seiner Kindheit zu einem dynamischen System, in dem es verschiedene sittliche Güter abzuwägen gilt. Den Abschluß dieses Übergangs markiert eine moralische Entscheidung, in der Sergej sich zum ersten Mal im Leben seiner Mutter gegenüber unaufrichtig verhält: Um die Magd Paraša zu schützen, verheimlicht er der Mutter Parašas harsche Worte über die gierige Hamsterei der Tante Tat'jana Stepanovna (I, 525). Sergejs Assimilation an Erwachsenenbräuche steigert zwar seine lebenspraktischen Fähigkeiten, gleichzeitig schwindet aber auch seine kindliche moralische Unschuld.

Parallel zur Einsicht in die Relativität der Moral und ihrer praktischen Anwendung wächst auch Sergejs Bewußtsein der conditio humana. Der Einbruch des Todes in die kindliche Vorstellungswelt hinterläßt ein Trauma, das sich noch 1852 in Aksakovs Reaktion auf Gogol's Tod bemerkbar macht. In einem Brief an seine Söhne, der zwei Tage nach Gogol's Tod entstanden ist, hebt Aksakov Gogol's Unnahbarkeit hervor:

Ichentwürfe

> Gogol' ist für mich in solchem Maß kein Mensch [Вот до какой степени Гоголь для меня не человек], daß ich, der ich mich in meiner Jugend panisch vor Toten fürchtete und solche bis zum Tod meiner eigenen Kinder nicht gesehen habe, während der ganzen vergangenen Nacht in mir dieses Gefühl nicht hervorrufen konnte! Einige Male wachte ich auf, dachte an Gogol', stellte mir seinen Leichnam vor, der im Grab mit seiner für mich so schrecklichen Umgebung lag – und schlief bald wieder ein, ohne die geringste Furcht zu verspüren. (III, 387).

Die Konfrontation des kindlichen Kategoriensystems mit dem Tod führt zur Verdrängung dieses Phänomens, das im Grunde genommen alle eben erst mühsam herausgebildeten Kategorien einebnet. Auf die Nachricht vom bevorstehenden Tod des Großvaters reagiert Sergej, indem er die Kenntnisnahme verweigert:

> Ich wußte bereits, daß alle Menschen sterben, und der Tod, den ich auf meine Weise begriff, erschien mir als solches Schreckbild und als solch böser Geist, daß ich mich fürchtete, auch nur an ihn zu denken. Mir tat der Großvater leid, aber ich wollte auf keinen Fall seinen Tod sehen oder im Nachbarzimmer sein, wenn er sterbend zu weinen und schreien begänne. (I, 404)

Sergej entwickelt eine Schreckvision, die in der Tat geeignet ist, den Tod in ein Tabu zu verwandeln:

> Ich wußte, daß er [sc. der Großvater, U.S.] uns sehen wollte, und ich muß gestehen, daß diese unausweichliche Begegnung meine Seele in unbeschreiblichen Schrecken versetzte. Am meisten fürchtete ich mich davor, daß der Großvater begänne, sich von mir zu verabschieden, mich umarmt und stirbt, so daß man mich nicht mehr aus seinen Armen befreien kann, weil sie erstarrt sind, und daß man mich zusammen mit ihm in der Erde vergraben müsse ... (I, 411)

Die Präsenz des Todes verunsichert Sergejs kindliches Weltvertrauen zutiefst und untergräbt die sorglose Geborgenheit seines Daseins. In einem gewissen Sinne zerstört der Tod auch Sergejs paradiesische Semiotik, die zuvor die Grundlage seiner Moral abgegeben hatte. Das Bezeichnete ist nicht mehr eindeutig mit dem Bezeichnenden verbunden, Gedachtes kann nicht mehr unmittelbar zum sprachlichen Ausdruck drängen und fraglose Aufrichtigkeit produzieren. Sergejs sprachliches Verhalten gehorcht denselben Strukturgesetzen wie die Lüge: „Unwillkürlich wollte ich in mir mit leerem Gerede den andauernd gegenwärtigen Gedanken an Großvaters Tod unterdrücken." (I, 412)

Später tritt der Tod noch zweimal an Sergej heran. Das Phänomen der menschlichen Sterblichkeit wird zwar von Sergej nicht wirklich bewältigt, er entwickelt aber einen Verdrängungsmechanismus, der höchst wirksam funktioniert. Der Tod eines betrunkenen Müllers in einem Wassergraben erschüttert Sergej zutiefst:

> Obwohl ich oft gelesen und noch öfter gehört hatte, daß Menschen in der Tat sterben, obwohl ich wußte, daß alle sterben, obwohl ich wußte, daß Soldaten in Schlachten zu Tausenden umkommen, obwohl ich den Tod meines Großvaters, der im Nebenzimmer starb, in lebhafter Erinnerung hatte, übte der Tod des Müllers Boltunenka, der vor meinen Augen ging, sang, sprach und plötzlich für immer verschwand, einen besonderen, viel stärkeren Eindruck auf mich aus, und das Ertrinken in einem Wassergraben erschien mir viel schrecklicher als der Tod während eines Schiffbruchs auf unbegrenzten Meeren, in bodenloser Tiefe (von Schiffbrüchen hatte ich viel gelesen). Unwillkürlich befiel mich die Furcht, daß jede Minute sich ein ähnliches Unglück mit dem Vater, der Mutter oder uns allen zutragen könnte. (I, 501)

Die Verwandlung von abstraktem Wissen in lebendige Erfahrung zerstört auch nach dem Tod der Großmutter Sergejs gesunde – und das heißt bei Aksakov immer: idyllische – Weltsicht. Sogar das letzte Refugium vor den Zumutungen des Lebens, die Natur, kann sich dem Zugriff des Todes nicht entziehen:

> Mein Gott! Wie traurig erschien er [sc. unser breiter Teich, U.S.] mir! Es wehte ein grausamer Wind, dunkle Wellen fegten über den ganzen Teich, so daß sie mich an die Wolga erinnerten; der dunkle Himmel spiegelte sich in ihnen; das Schilf war vertrocknet, gelb geworden, die Wellen und der Wind setzten ihm von allen Seiten zu, es rauschte dumpf und traurig. Die grünen Ufer, die grünen Bäume – alles war verschwunden. Die Bäume, die Ufer, die Mühle und die Bauernhäuser – alles war naß, schwarz und schmutzig. (I, 563)

Die subjektive Erzählperspektive in den *Kinderjahren von Bagrovs Enkel* [*Detskie gody Bagrova-vnuka*] verwandelt die Landschaft in eine Projektionsfläche der menschlichen Seele. Als Kontrastmodell kann man die

Ichentwürfe

hymnische Beschreibung der Orenburger Landschaft aus der *Familienchronik [Semejnaja chronika]* anführen. Diese Passage stellt einen der seltenen Fälle dar, in denen der Erzähler, der sich als Chronist tarnt, seine Rolle vergißt und seinen eigenen Erfahrungsbereich in die Schilderung einbringt:

> Mein Gott, wenn ich denke, wie schön damals diese wilde, jungfräuliche, üppige Natur gewesen sein muß! ... Nein, du bist nicht mehr dieselbe, nicht mehr jene, als die ich dich noch gekannt habe – frisch, blühend, unberührt von der aus allen Gegenden herbeigeströmten Volksmenge! Du bist nicht mehr dieselbe, aber immer noch gleich umfassend, fruchtbar und unendlich vielfältig, Orenburger Gouvernement! [...]
> Wasserreich und überreich an verschiedenen Fischarten sind deine Flüsse [Многоводны и многообильны разнообразными породами рыб твои реки], die bald schnell durch Täler und Schluchten zwischen den Ausläufern des Uralgebirges fließen [то быстротекущие], bald hell, still und unmerklich durch deine Federgrassteppen strömen, Saphiren gleich, die an einem Faden aufgereiht sind. [...] In deinen schnellen klaren und kalten Quellströmen, die sogar in der Bruthitze des Sommers wie Eis unter dem Schatten von Bäumen und Sträuchern dahinfließen, leben alle Forellenarten, angenehm im Geschmack und schön anzusehen, die allerdings schnell verschwinden, wenn der Mensch beginnt, mit seinen schmutzigen Händen die jungfräulichen Ströme ihrer klaren und kühlen Lebensräume zu berühren. (I, 83 f.)

Die exaltierte Schilderung der Landschaft spiegelt sich in der Hypertrophierung der Adjektive (Cohen 1973, 107). Sogar die Akkumulation verschiedener Eigenschaften erscheint dem Erzähler zu wenig ausdrucksstark, um den Reichtum des zu Beschreibenden adäquat wiederzugeben. Deshalb setzt er Wortschöpfungen mit dem Präfix „mnogo-" oder „razno-" ein und konstruiert seine Sätze in langen Perioden, die jede genannte Qualität noch mit einer narrativen Bekräftigung ausstatten.

Das Naturkonzept des Erzählers in der *Familienchronik [Semejnaja chronika]* stellt gewissermaßen den Ausgangspunkt von Sergejs sich entwickelnder Perspektive in den *Kinderjahren von Bagrovs Enkel [Detskie gody Bagrova-vnuka]* dar. Eine von Sergejs frühesten Erinnerungen betrifft seine lange Krankheit als Kleinkind, die von der Natur geheilt wird. Die segenspendende Kraft der Natur ist hier noch unmittelbar vorhanden:

Aksakov

> Man trug mich aus der Kutsche, breitete ein Lager im hohen Gras der Waldlichtung aus, im Schatten der Bäume und bettete mich fast leblos hin. [...] Ich hörte alles und sah klar, konnte aber kein Wort sagen und mich nicht rühren – und plötzlich war es wie ein Erwachen und ich fühlte mich besser, kräftiger als üblich. Der Wald, der Schatten, die Blumen, die aromatische Luft gefielen mir dermaßen, daß ich darum bat, mich nicht von diesem Ort wegzunehmen. [...] Ich schief nicht, aber ich verspürte eine ungewohnte Munterkeit und eine innere Zufriedenheit und Ruhe, oder genauer, ich verstand nicht, was ich fühlte, aber ich fühlte mich gut. [...] Ich glaube, daß das zwölfstündige Liegen im Gras auf der Waldlichtung meinem geschwächten Körperorganismus den ersten wohltätigen Anstoß versetzt hat. (I, 292-294)

Das infantile, unbewußte Ruhen in der Natur verwandelt sich jedoch bald in einen bewußten Naturgenuß. Während einer Fahrt auf das Land weiß der fünfjährige Sergej die Natur bereits als angenehme Umgebung zu schätzen, die nicht selbstverständlich vorhanden ist: „Ich fühlte die Natur damals schon stärker als während der Fahrt nach Bagrovo, aber bei weitem noch nicht so stark, wie ich sie in ein paar Jahren fühlen sollte." (I, 378) Ein Jahr später beginnt Sergej mit der Herausbildung eines ästhetischen Blicks auf Naturphänomene, die keinen unmittelbaren lebenspraktischen Nutzen aufweisen, ja sogar den Menschen zum Rückzug in die Zivilisation zwingen:

> Der Anblick des den Schnee schnell durchströmenden Flusses, die Sommerküche auf der Insel, die hohen Übergänge zu ihr, die andere Insel mit großen und schlanken Bäumen, vom Tau niedergedrückt, und in der Ferne das zackig-felsige Čeljaev-Gebirge – dieses ganze Bild übte auf mich einen angenehmen, beruhigenden Einfluß aus. Zum ersten Mal fühlte ich, daß auch der Anblick einer Winterlandschaft seine Schönheit haben kann. (I, 418)

Seinen Abschluß erreicht Sergejs Ausbildung der Naturwahrnehmung erst im Erwachsenenalter. Man kann die Synthese von Kultur und Natur – oder in Begriffen des kindlichen Kategoriensystems: von Lesen und Angeln – geradezu als „utopischen Fluchtpunkt" von Sergejs Entwicklung bezeichnen (Grob 1995, 85). Die kindliche Empfänglichkeit aller Sinne für die Schönheit der Natur bildet aber die Voraussetzung für eine spätere bewußte Wertschätzung:

Ichentwürfe

> Am Ende der Thomaswoche begann jene wundervolle Zeit, die sich nicht immer auf freundliche Weise bemerkbar macht, wenn die Natur von ihrem Schlaf erwacht und beginnt, ein volles, junges, geschäftiges Leben zu führen; wenn alles in Aufregung, Bewegung, Laut, Farbe und Geruch gerät. Ohne damals etwas zu verstehen, zu analysieren, zu bewerten, mit irgendwelchen Namen zu benennen, fühlte ich in mir selbst neues Leben, wurde ich zu einem Teil der Natur und schätzte erst im reifen Alter bewußter Erinnerungen an diese Zeit ihre ganze bezaubernde Anmut, ihre ganze poetische Schönheit. Erst dann erkannte ich, was ich erraten hatte, was ich geträumt hatte [...]. (I, 502)

Die Kinderjahre von Bagrovs Enkel [*Detskie gody Bagrova-vnuka*] schildern die Ausbildung der emotionalen, moralischen und ästhetischen Urteilsfähigkeit eines Kindes aus minimaler Distanz. In dieser Hinsicht steht dieser Teil von Aksakovs autobiographischem Werk den persönlich eingefärbten Erinnerungen an die Gymnasial- und Universitätszeit näher als dem pseudohistorischen Bericht in der *Familienchronik* [*Semejnaja chronika*]. Aksakovs Beschreibung des eigenen Studentenlebens umfaßt die Jahre 1801 bis 1807 und erscheint 1856 unter dem Titel *Erinnerungen* [*Vospominanija*] in einem Band mit der *Familienchronik* [*Semejnaja chronika*] (Mežov 1888, 12). Diese Doppelpublikation ist allerdings nicht unproblematisch: Der autobiographische Bericht in den *Erinnerungen* [*Vospominanija*] weist nämlich einen geringeren Grad an Anonymisierung auf als die *Familienchronik* [*Semejnaja chronika*].[12] Die gemeinsame Publikation der Bagrov-Chronik und der Jugenderinnerungen des Sergej Aksakov lädt geradezu zur Gleichung Bagrov = Aksakov ein, wie sie Ivan Aksakov in seiner Neuausgabe der *Familienchronik* [*Semejnaja chronika*] und der *Erinnerungen* [*Vospominanija*] im Jahr 1870 auch tatsächlich vorgenommen hat (I, 618).

Sergej Aksakov hat sich immer gegen eine solche Identifikation gesträubt (Durkin 1983, 96). Die Maske der Bagrovs ist ihm so wichtig, daß er nicht nur in einer Vorrede an seine Leser auf der realen Existenz der Bagrovs insistiert (I, 617), sondern den zuletzt entstandenen Mittelteil seiner autobiographischen Trilogie nochmals in den Kontext der Bagrov-Chronik einschreibt. Das von Ivan Aksakov vorgebrachte Argument – sein

---

[12] In den heutigen Ausgaben sind alle Personen- und Ortsnamen in den *Erinnerungen* [*Vospominanija*] ganz ausgeschrieben. Diese Schreibweise wurde allerdings erst 1870 von Ivan Aksakov eingeführt. Sergej Aksakov hatte einige Personen- und Ortsnamen nur mit Initialen bezeichnet (II, 471).

Aksakov

Vater habe die Anonymisierung aus Rücksicht auf lebende Personen nicht aufheben wollen – hält allerdings einer näheren Prüfung nicht stand. Dasselbe trifft ja auch für die *Erinnerungen* [*Vospominanija*] zu; hier sind Sergej Aksakovs Skrupel, nicht nur die Dinge, sondern auch die Menschen bei ihrem Namen zu nennen, jedoch ungleich geringer.

Man darf vermuten, daß der Wechsel des Fiktionalitätsstatus mehr mit der Funktion der fortgesetzten Autobiographie für Aksakov selbst zu tun hat als mit ihren Implikationen für erwähnte Personen. Bereits die Art der Selbstreferenz läßt aufhorchen: Das erlebende/erzählende Ich bezeichnet sich im Titel der Kindheitserinnerungen nicht mit dem eigenen Namen, sondern als „Bagrovs Enkel". Als erste Identifikationsfigur überragt damit der mythische Patriarch Stepan Michajlovič Sergejs Kindheit, obwohl sich seine Rolle im Handlungsgefüge der *Kinderjahre von Bagrovs Enkel* [*Detskie gody Bagrova-vnuka*] äußerst bescheiden ausnimmt. Sergejs Insistieren auf seiner „Enkelschaft" wird erst verständlich, wenn man sich die ideologische Funktion der Berufung auf die Tradition vor Augen führt. Die *Familienchronik* [*Semejnaja chronika*] beschreibt die patriarchale Basis der Familienidylle und ihre Transformierung in eine weibliche Domäne. Aksakov erbringt in den *Kinderjahren von Bagrovs Enkel* [*Detskie gody Bagrova-vnuka*] folgende Leistung: Der kindliche Ich-Erzähler hat sich frühzeitig für das Amt des Familienoberhaupts, das gewissermaßen interimistisch von einer Frau verwaltet wird, zu qualifizieren. Diese Aufgabe wird von Aksakov in zwei Schritten gelöst: Zunächst stellt er – in der persona von Sergej Bagrov – den Anschluß an die ins Mythische verlängerte Familientradition her, und erst jetzt kann die bereits literarisch konstruierte Identität auch in der Wirklichkeit – als Student Sergej Aksakov im Gymnasium und an der Universität – erprobt werden.

Pointiert läßt sich dieser Zusammenhang wie folgt formulieren: Was Bagrov nicht lernt, lernt Aksakov nimmermehr. Bagrov steht als Chiffre für die Tradition, die Aksakov sich unter dem Deckmantel einer fremden Identität aneignet. Die gefährliche und ungewisse Identitätsbildung geschieht inkognito: Der Name Bagrov deckt das ab, was sich ebenso gut auch anders hätte entwickeln können, sich aber auf keinen Fall anders hätte entwickeln dürfen. Die endgültige Familienstruktur der Aksakovs kann so als stabil präsentiert werden, ohne daß der Prozeß ihrer durch den Generationenwechsel bedingten Reproduktion sie je ernsthaft in Frage stellen würde.

Die Poetik der „Bagrov-Texte" in Aksakovs autobiographischem Werk ist die interessantere, weil sie ein Werden vorführt. Nicht ohne Grund hat Aksakov selbst die *Kinderjahre von Bagrovs Enkel* [*Detskie gody Bagrova-vnuka*] als sein Hauptwerk betrachtet, sowohl inhaltlich [по содержанию]

Ichentwürfe

als auch in „pädagogischer Hinsicht [в педагогическом отношении]" (Mašinskij 1973, 467).

Alle „Aksakov-Texte" hingegen strahlen die Selbstsicherheit einer erreichten Identität aus, der nichts zu lernen übrigbleibt. Was gibt es – so ist zu fragen – dann aber noch zu berichten? Zweierlei: Den Reichtum des eigenen Erlebens und Mängel im unmittelbaren Erfahrungsbereich des erzählenden Ich. In den *Erinnerungen* [*Vospominanija*] finden sich immer wieder in Form von Fußnoten Anregungen zur Behebung von Mißständen, Anregungen, die sowohl hinsichtlich des Monierten als auch hinsichtlich der Verbesserungsvorschläge reichlich pedantisch anmuten. Aksakovs Kritik betrifft neben der Klassenaufteilung (II, 86) beispielsweise auch die Temperatur in den Schlafsälen des Gymnasiums, die mit 12 Grad entschieden zu tief angesetzt sei: „Sie muß mindestens 14 Grad betragen." (II, 24)

Der erste Punkt hängt mit der idyllischen Struktur des erreichten Zustandes zusammen. Die Idylle kennt in ihrer idealtypischen Ausprägung keine Werthierarchie. Alle Erscheinungen der Welt sind ihr gleich kostbar, ihr Interesse gilt gerade auch dem leicht Übersehbaren, dem Detail (IV, 249, Mašinskij 1973, 328). Ihren adäquaten literarischen Ausdruck findet die Idylle konsequenterweise im Katalog (Durkin 1983, 175). Dieser Kunstgriff, der sich schon in der *Familienchronik* [*Semejnaja chronika*] beobachten läßt,[13] erlangt in dem späten Aufsatz „Das Sammeln von Schmetterlingen [Sobiranie baboček]" (1858) seine deutlichste Ausprägung. Dieser in seiner thematischen Unbestimmtheit ebenso belanglose wie für Aksakovs Lebensgefühl bezeichnende Text vermischt Episoden aus dem Studentenleben mit Landschaftsschilderungen und der präzisen zoologischen Beschreibung von Schmetterlingen. Für das idyllisch gestimmte Bewußtsein des Erzählers ist das schöne Muster eines Schmetterlingsflügels (II, 180) in der Tat gleich viel wert wie der absonderliche Charakter eines Professors (II, 166) oder die hydrologischen Merkmale der Umgebung von Kazan' (II, 172). Die Semiotik der Idylle verfügt im Grunde genommen nur über einen Referenzpunkt: die treffliche Einrichtung der Welt.

Alle Dinge sind hier Metonymie des einen Schönen, Wahren, Guten. Die Zeichen sind universell austauschbar. Aus diesem Blickwinkel wird verständlich, warum Aksakov in den fünfziger Jahren nicht nur an seiner Autobiographie arbeitet, sondern auch Memoiren über berühmte Zeitgenossen schreibt. Was Deržavin, Šiškov und Šušerin miteinander verbindet, ist ihre Arriviertheit. Und genau deshalb werden sie zu Identifika-

---

13 Vgl. etwa die lange Aufzählung der Speisen des Hochzeitsbanketts (I, 231).

tionsfiguren für den ebenfalls am Ende seiner Entwicklung angelangten Aksakov. Das Reden über einen anderen und über sich selbst fällt hier virtuell zusammen, Biographie und Autobiographie werden letztlich ununterscheidbar: In einem Brief an Pogodin nennt Aksakov seinen Deržavin-Aufsatz denn auch eine Autobiographie (Durkin 1983, 98).

Stellenweise artet Aksakovs idyllische Gestimmtheit in Fetischismus aus. Verzückt küßt der junge Student Aksakov etwa einen Tintenfleck, der angeblich von Lomonosov herrühren soll (II, 228). Die Metonymie wird hier zum dominierenden Sinnstiftungsprinzip: Im Fleck spiegelt sich das Genie, im Genie spiegelt sich der vollkommene Weltenbau. Die Übersetzbarkeit allen phänomenalen Sinnes ist universal: Sogar in der Panne (dem umgestoßenen Tintenfaß) entdeckt Aksakovs harmoniebedürftiges Bewußtsein das Heilige (den Geist Lomonosovs). Solch kindliches Vertrauen in die Sinnhaftigkeit der Erscheinungen kann für den Außenstehenden lächerlich wirken – dies ist denn auch die Reaktion von Aksakovs Umgebung auf seine Lomonosov-Schwärmerei –, für Aksakov selbst bedeutet es die Grundlage seiner Weltdeutung.

Allerdings bleibt Aksakov seinen Spöttern nichts schuldig. Die Tintenfleck-Episode findet sich im Aufsatz „Begegnung mit den Martinisten [Vstreča s martinistami]" (1852), in dem sich Aksakov unverhohlen über die obskure Denkweise der Freimaurer lustig macht. Die Polemik gegen die Freimaurer hat einen tieferen Grund: Aksakovs Hermeneutik des evidenten Weltsinns und der gegenseitigen Übersetzbarkeit aller Phänomene bildet das genaue Gegenstück zur freimaurerischen Auffassung des arkanen Charakters des Seins. Für die Freimaurer liegt das Wahre gerade nicht offen zutage, sondern ist hinter den Erscheinungen verborgen. Alles Sichtbare benötigt deshalb eine Erklärung, die den geheimen Zusammenhang der Welt erst in einem hermeneutischen Akt deutlich machen kann. Für Aksakov hingegen bedeutet dieser Schritt nur eine Verschleierung des ohnehin Evidenten. Bezeichnend ist etwa Aksakovs Disput mit einem Freimaurer über ein mystisches Buch. Aksakovs Argumentation zielt hier auf die Demonstration der Sinnlosigkeit allen Hinter-Sinns. Satz für Satz geht Aksakov das Geschriebene mit seinem Gesprächspartner durch und kommentiert die unnötige Komplizierung des Einfachen (II, 249-252). Der höchste Triumph über die Freimaurer zeigt sich schließlich in der gelungenen Fälschung eines Traktats, den Aksakov aus verschiedenen mystischen Schriften kompiliert hat (II, 261). Weil die Freimaurer die Fälschung nicht als solche zu erkennen vermögen, ist die Beliebigkeit mystischer Auslegung für Aksakov erwiesen.

Während die freimaurerischer Literatur in erster Linie auf eine *Interpretation* der Phänomenalität zielt, beabsichtigt Aksakovs Schreiben letztlich eine *Inventarisierung* der Welt. Aksakov überträgt hier eigentlich nur

Ichentwürfe

eine Verhaltenstechnik aus seinem Alltag in den Bereich der Literatur: Auf seinem Landgut führte Aksakov über das geschossene Wild und die gesammelten Pilze peinlich genau Buch (Mašinskij 1973, 311, Ostrogorskij 1891, 110). Auch in Aksakovs Briefen an Ivan Turgenev stellt die Katalogisierung der Jagdbeute ein immer wiederkehrendes Thema dar, gelegentlich wird auch die Temperatur registriert (Majkov 1894, VIII, 484, X, 478, XI, 18, 25 f., 37).[14]

Zusammenfassend läßt sich sagen, daß Aksakovs autobiographisches Projekt eine Kreisbewegung vollzieht. Ausgehend von der Schilderung des patriarchalen Paradieses unter Stepan Michajlovič führt die Erzählung über die Schilderung einer symbolischen Wiedergeburt des Ahnherren in der Person des Bagrov-Enkels Sergej in eine neue Idylle. Die ereignislose Ausgangslage wird gewissermaßen beschleunigt, in ein Geschehen verwandelt und schließlich mutatis mutandis wieder in den Ruhezustand versetzt. Dieser Prozeß läßt sich ebenfalls an dem sich ändernden Chronotop von Aksakovs autobiographischem Werk beobachten: Dem geschlossenen Raum der Ausgangs- und Endlage entspricht ein virtuelles Stillstehen der Zeit, manchmal setzt der Erzähler sogar den Kunstgriff des „typischen Tages" ein, der die Ritualität des idyllischen Lebens modellhaft vorführt (I, 91-102, II, 85). Der in der Kinderperspektive offene Raum wird hingegen gerade zur Metapher für die Zeit. Sergej „erfährt" in den *Kinderjahren von Bagrovs Enkel* [*Detskie gody Bagrova-vnuka*] jenen Raum, der in der *Familienchronik* [*Semejnaja chronika*] noch in idyllischer Begrenztheit vorgestellt wurde. Die *Erinnerungen* [*Vospominanija*], die *Literatur- und Theatererinnerungen* [*Literaturnye i teatral'nye vospominanija*] sowie die kleinen memoiristischen Schriften präsentieren wieder einen Raum, dessen Orte grundsätzlich bekannt sind. Eine strenge Sequentialität der Ereignisse wird nur in den *Kinderjahren von Bagrovs Enkel* [*Detskie gody Bagrova-vnuka*] beachtet, weil hier Vergangenes einen prägenden Einfluß auf die Gegenwart ausübt. Sowohl in der Familienchronik [*Semejnaja chronika*] als auch in den *Erinnerungen* [*Vospominanija*] gilt jedoch eine strukturelle Ähnlichkeit zwischen Vergangenem und Gegenwärtigem. Deshalb ist die Reihenfolge vieler Episoden hier grundsätzlich veränderbar.[15] Die einzelnen Kapitel in der *Familienchronik*

---

14 Zur Inventarisierung des Haushalts als Ausdruck eines ökonomischen Spartricks vgl. Guski (1991, 158).
15 In einem Brief an Gogol' vom 21. Juni 1848 wird die Aufhebung der Sequentialität in der *Familienchronik* [*Semejnaja chronika*] nachgerade zum Programmpunkt: „Die *Familienchronik* [*Semejnaja chronika*] schreibt sich irgendwie mühsam [вяло]. Es scheint, daß ich den Plan ändern muß: Die Einzelheiten verkürzen und die strenge

Aksakov

[*Semejnaja chronika*] werden explizit als „Bruchstücke [отрывки]" bezeichnet.

Sergej Aksakovs ausgedehntes autobiographisches Projekt dient der Bestätigung der Idylle, die sowohl in der Gültigkeit ihrer Überlieferung als auch in ihrem Fortbestehen während der Zeit der Niederschrift schwankend geworden ist. Die Herleitung der Familienidylle aus einer mythischen Vorzeit, ihre Anverwandlung während der Kindheit des Stammhalters und ihr problemloses Funktionieren im frühen Erwachsenenalter sind Ausdruck einer Selbstversicherung, die jede Tradition mit einer narrativen Genealogie legitimieren muß.

Folgerichtigkeit aufgeben [не соблюдать строгой последовательности]." (III, 365)

12. Weltgeschichte als Familiendrama: A.I. Gercens *Byloe i dumy*

Im Dezember 1856 schreibt Ivan Turgenev an Aleksandr Gercen (1812-1870), nachdem er neue Auszüge aus *Erlebtes und Gedachtes* [*Byloe i dumy*] gelesen hat:

> Das ist so wertvoll wie Aksakov – auf eigene Weise. Ich habe – so denke ich – schon gesagt, daß ihr in meinen Augen zwei elektrische Pole ein und desselben Lebens darstellt – und aus eurer Vereinigung entspringt für den Leser eine galvanisierende Kette von Vergnügen und Belehrung. (P III, 49 f.)

Turgenevs Vergleich von Aksakovs und Gercens Lebenstexten hebt die Einheit im Gegensatz hervor. Seine Einschätzung hat einiges für sich: Das Verbindende zeigt sich zunächst im Umfang der Autobiographien, der in beiden Fällen imposante Ausmaße angenommen hat. Die Sorgfalt und Ausdauer, mit der Aksakov und Gercen die Verschriftlichung ihres Lebens betreiben, darf als Signal für die existenzielle Bedeutung der Autobiographie für die Schreibenden betrachtet werden. In beiden Fällen bildet eine tiefgreifende Lebenskrise den Anlaß der biographischen Selbstversicherung: Angesichts der ins Wanken geratenen Familienidylle beschwört Aksakov die Tradition seiner Vorfahren und schreibt sein eigenes Schicksal in die Annalen der Familien ein. Man kann hier von der künstlerischen Verarbeitung eines doppelten Bruchs sprechen. Die drohende Zersetzung des höchsten ideologischen Werts, der Familie, weist sowohl eine innere (Generationenkonflikt mit den Eltern) wie auch eine äußere Komponente auf (die problematisch gewordene gesellschaftlich-politische Vorbildfunktion der Familie). In seinem großangelegten Autobiographieprojekt gelingt es Aksakov, einerseits die Familie als Exklusivmodell sozialer Organisation zu rehabilitieren und andererseits seine eigene Position in der privaten Ordnung (die zugleich auch die öffentliche ist) zu legitimieren. Aksakovs Ideologie ist im eigentlichen Wortsinn konservativ: Die Welt ist bereits trefflich eingerichtet. Gefahr erwächst der bewährten Ordnung nur durch den historischen Epochenwechsel, der das Bestehende nicht immer zuverlässig wieder in Kraft setzt. Die Dokumentation der Vergangenheit wird damit für die Gegenwart unmittelbar sinnstiftend: Der Blick zurück auf die gewesene Idylle ist gleichzeitig ein Blick voraus auf das künftig Anzustrebende. Aktuelle Krisen sind für Aksakov Defizienzerscheinungen: Die tradierte Ordnung wird nicht als brüchig und erneuerungsbedürftig vorgestellt, sondern höchstens als unvollständig implementiert.

Aleksandr Gercens monumentale Autobiographie weist eine komplizierte Textgeschichte auf. Gercen beginnt 1852 mit der Niederschrift von *Erlebtes und Gedachtes* [*Byloe i dumy*] und wird diese Arbeit fast bis zu seinem Tod weiterführen. Interessant ist die Tatsache, daß Gercen nicht nur als Autor, sondern auch als Verleger seiner Autobiographie auftritt. In den Jahren 1855 bis 1868 publiziert Gercen in seinem Exilalmanach *Polarstern* [*Poljarnaja zvezda*] immer wieder einzelne Kapitel aus *Erlebtes und Gedachtes* [*Byloe i dumy*]. Gleichzeitig realisiert er verschiedene Buchausgaben: 1854 (²1858) erscheint in London der Band *Gefängnis und Verbannung* [*Tjurma i ssylka*], der später den zweiten Teil von *Erlebtes und Gedachtes* [*Byloe i dumy*] bilden wird. 1861 veröffentlicht Gercen die ersten 33 Kapitel von *Erlebtes und Gedachtes* [*Byloe i dumy*] in einer zweibändigen Ausgabe. 1862 folgt unter demselben Titel ein dritter Band, in dem sich aber nur frühere Arbeiten und Miszellen befinden, die in losem Zusammenhang zu Gercens Autobiographie stehen. Erst 1866 erscheint in Genf der vierte Band von *Erlebtes und Gedachtes* [*Byloe i dumy*], der die unterbrochene Kapitelnumerierung des zweiten Bandes wieder aufnimmt und die Jahre 1847 bis 1852 dokumentiert. Die Veröffentlichung zweier weiterer geplanter Bände scheitert wegen Gercens Tod im Januar 1870 (Gercen 1954, VIII, 438-441).

Der Beginn der Arbeit an *Erlebtes und Gedachtes* [*Byloe i dumy*] ist unmittelbar durch eine Lebenskrise motiviert. Das Unbehagen setzt mit der gescheiterten Junirevolution 1848 ein. Gercen verfolgt die Ereignisse persönlich in Paris, die begeisterte Erwartung einer neuen Ära verwandelt sich jedoch sehr schnell in die trostlose Zeugenschaft des Scheiterns aller Pläne. Bereits in dieser Situation setzt er das Schreiben als „Tränenersatz [в замену слез я хочу писать]" (VI, 40) ein und legt unter dem Titel *Vom anderen Ufer* [*S togo berega*] (deutsch 1850, russisch 1855) eine Aufsatzsammlung vor, die eine geschichtsphilosophische Interpretation des Vorgefallenen unternimmt (Atanasova-Sokolova 1995, 58 ff.; Ginzburg 1997, 27 f.). Allerdings deutet bereits die auffällige Wahl der Dialogform in drei der acht Kapitel („Pered grozoj", „Vixerunt!", „Consolatio") darauf hin, daß Gercen sich scheut, die pragmatische Sicht der Dinge, die sich ihm aufdrängt, zum Gegenstand einer theoretischen Abhandlung zu machen und damit als seine letzte Überzeugung zu präsentieren. Diese ambivalente Haltung findet ihre inhaltliche Entsprechung im Kontrast von geradezu sentimentalistischem Pathos und gleichzeitiger Distanzierung vom Geschehen. Gercens Perspektive ist explizit die eines Außenstehenden, eines Beobachters, der – wie der Titel signalhaft anzeigt – „von drüben" schreibt. Das darf nicht als Ausdruck einer „splendid isolation" mißverstanden werden. Die Gleichgültigkeit der Geschichte gegenüber dem sinnlosen Leiden von Menschen, die den heroischen Versuch unternommen haben, Geschichte zu „machen", ist ein intellektuelles Konstrukt, das die gescheiterte Revolution zwar zu erklären vermag, jedoch nicht wirklich eine Bewältigung dessen bedeutet, was man ohne Übertreibung als Frustration von Gercens Lebensideal bezeichnen kann. Das Schreiben „vom anderen Ufer" aus, das Verbergen der eigenen Position hinter fiktiven Aussagesubjekten erweist sich als Selbstschutzmechanismus, der die bittere Wahrheit – nämlich die moralische Indifferenz der Geschichte – zwar zur Sprache bringt, gleichzeitig aber die drohendste Konsequenz entschärft und der Lähmung des eigenen Willens zum Handeln entgegenwirkt. Später hat Gercen diese Doppelstruktur deutlich erkannt und *Vom anderen Ufer* [*S togo berega*] als eine „logische Beichte" [логическая исповедь] (X, 233) charakterisiert, die seinen Emotionshaushalt mit Vernunftgründen vor dem Zusammenbruch bewahrt hat.

Die politische Krise führt zum Entwurf einer historischen Deutung, das eigene Ich wird Gercen jedoch noch nicht problematisch. Im Gegenteil: Die gescheiterte Revolution verweist das Ich nur noch zwingender auf sich selbst. Wenn die Realität sich als unzuverlässig erweist, bleibt als letzte Gewißheit die eigene Innerlichkeit. Im Kapitel mit dem – wie Gercen später indigniert bemerken wird (X, 233) – „anmaßenden [надменно]" Titel „Omnia mea mecum porto", artikuliert sich ein ungebrochenes Selbstbewußtsein:

> Um uns herum ändert sich alles, alles schwankt, wir stehen am Rande des Abgrunds und sehen, wie er abbröckelt; die Dämmerung setzt ein, und kein einziger Leitstern zeigt sich am Himmel. Wir finden keinen anderen Hafen als in uns selbst, im Bewußtsein unserer unbeschränkten Freiheit, unserer souveränen Unabhängigkeit. Indem wir uns auf diese Weise retten, stellen wir uns auf jenen sicheren und festen Boden, auf dem allein sich freies Leben in einer Gesellschaft entwickeln kann, – wenn dies denn überhaupt menschenmöglich ist. (VI, 119)

Im Kapitel „1848" aus *Erlebtes und Gedachtes* [*Byloe i dumy*] wiederholt Gercen diese Einschätzung noch einmal, hier jedoch schon im Wissen um die Fragilität solcher Ich-Gewißheit: „Ich hatte zwar den Glauben an Worte und Symbole verloren, an die kanonisierte Menschheit und an die eine rettende Kirche der westlichen Zivilisation, ich glaubte aber an einige Menschen, glaubte an mich selbst." (X, 233) Was Gercen in den Jahren nach 1848 widerfährt, bedeutet einen Anschlag auf den sensibelsten Bereich seines Lebens. Das Traumatisierende dieser Ereignisse rührt daher,

Ichentwürfe

daß der Angriff nicht mehr von der anonymen Geschichte oder von einem Gegner wie Nikolaj I. kommt, den Gercen leichtfertig als „geschorene Medusa" (VIII, 57) verspotten kann, sondern aus den eigenen Reihen. Gercens Vertrauen in seine Mitkämpfer wird durch den Verrat von Georg Herwegh zutiefst erschüttert: Im Jahr 1849 beginnt Herwegh ein Liebesverhältnis mit Gercens Frau Natalie. Der Betrug des Gesinnungsgenossen ist für Gercen schlimmer als die Missetaten der bekannten Bösewichte. Wie eng für Gercen private und politische Zuverlässigkeit zusammenhängen, zeigt sein bizarrer Versuch, Herwegh vor einem eigens zu diesem Zweck einberufenen internationalen Schiedsgericht als Schurken zu entlarven, um auf diese Weise die Ehre seiner Frau wiederherzustellen (Džurinova 1985, 65).

Kurz nachdem sich Gercen mit seiner Frau wieder versöhnt hat, geschieht ein neues Unglück. Im November 1851 ertrinken seine Mutter und sein Sohn auf der Überfahrt nach Nizza bei einem Schiffsunglück.

Damit bricht die Reihe von Schicksalsschlägen jedoch nicht ab: Anfang Mai 1852 stirbt Natalie im Wochenbett, das neugeborene Kind stirbt mit ihr.

Gercens erste Reaktion ist Distanznahme, in jeder Hinsicht: Das Geschehene soll nicht von einem Standpunkt innerhalb der Katastrophe bewältigt werden und auch nicht in die Darstellung eines Martyriums münden (wie man es etwa bei Natal'ja Dolgorukaja oder Anna Labzina beobachten kann). Gercen schwebt vielmehr eine umfassende Rekapitulation der Vergangenheit vor. Im Vorwort zu *Erlebtes und Gedachtes* [*Byloe i dumy*] nimmt Gercen explizit auf frühere autobiographische Entwürfe Bezug, verwirft sie aber, weil sie einen ganz anderen „Ton" anschlagen und noch ein unverbindliches „Spiel mit dem Leben" darstellen (VIII, 11). In einem zu seinen Lebzeiten unveröffentlichten Avant-propos, das vom 2. November 1852 datiert, charakterisiert er den Unterschied der frühen Autobiographien zu *Erlebtes und Gedachtes* [*Byloe i dumy*] wie folgt:

> Zwischen jenen Aufzeichnungen und diesen Zeilen ist ein ganzes Leben vergangen, – zwei Leben, mit einem erschreckenden Reichtum an Glück und Elend. Damals atmete alles Hoffnung, alles drängte vorwärts, nun gibt es nur noch Erinnerungen, nur noch den Blick zurück, der Blick voraus überschreitet die Grenzen des Lebens, er ist auf die Kinder gerichtet. Ich gehe mit dem Rücken voran, wie jene Schatten mit umgdrehten Kopf bei Dante, denen il veder dinanzi era tolto. (VIII, 398)

Gercen hat hier vor allem seine „Aufzeichnungen eines jungen Menschen [Zapiski odnogo molodogo čeloveka]" im Auge; eine romantische Selbstdarstellung findet sich aber auch in einem Fragment „Über mich [O sebe]".[1] In diesen frühen autobiographischen Schriften konstruiert Gercen einen Bildungsroman, der nicht nur die „richtige" Entwicklung des Erzählers darstellt, sondern auch Sozialkritik übt.

Gercens neue autobiographische Konzeption der fünfziger Jahre interessiert sich kaum mehr für die Entwicklung eines Ich. *Erlebtes und Gedachtes* [*Byloe i dumy*] erzählt nicht den problematischen Werdegang des autobiographischen Helden, sondern präsentiert ihn bereits sehr früh als charakterlich ausgebildeten Menschen mit festen Wertmaßstäben und Zielvorstellungen (Rothe 1984, 161). Die unverbrüchliche Gewißheit seiner Lebensbestimmung hat Gercen am 13. September 1850, also kurz vor der Aufnahme der Arbeit an *Erlebtes und Gedachtes* [*Byloe i dumy*], in einem Brief an Mazzini formuliert:

Seit meinem dreizehnten Lebensjahr bis 38 habe ich einer einzigen Idee gedient und bin unter einer einzigen Fahne marschiert – Krieg gegen alle auferlegte Autorität, gegen jede Form der Beschränkung der Freiheit, im Namen der absoluten Unabhängigkeit des Einzelnen. (XXIV, 140)

Die Katastrophen der Jahre nach 1848 stellen Gercens Entschlossenheit auf eine harte Probe. In einem Brief vom 31. August 1852 stellt Gercen jedoch selbstermunternd fest:

Alle Menschen können in zwei Kategorien geteilt werden: Die einen lassen, wenn sie gebrochen sind, den Kopf hängen – das sind die Heiligen, die Mönche, die Konservativen; die anderen fordern das Schicksal heraus ... sie kämpfen – das sind die Krieger, die Kämpfer, die Revolutionäre. (XXIV, 323)

Das ist bereits in London geschrieben. Die räumliche Distanz erleichtert die Emanzipation vom eigenen Schicksal, die Wiedereinsetzung des eigenen Ich in die angestammte Rolle („Ich bin zum Kämpfer gemacht", XXIV, 348). Gercen verwendet sogar wieder dieselben Metaphern wie nach 1848. In einem Brief vom 26. Oktober 1852 heißt es:

---

[1] Vgl. die Rekonstruktion dieses Texts bei Dubovnikov (1956). Zur Entstehungsgeschichte der frühen autobiographischen Entwürfe, die unter einem starken Einfluß Goethes stehen (Dryzhakova 1992, 116-129, vgl. Deržavin (1924, 3-12).

Ichentwürfe

> Der Sturm, der zwei Jahre hindurch gelärmt hat, beginnt sich zu beruhigen. Die Überreste aus allen Verlusten und Schiffbrüchen sind an ein völlig fremdes Ufer gelangt. (XXIV, 354)

Auch *Erlebtes und Gedachtes* [*Byloe i dumy*] muß also als eine Schrift „vom anderen Ufer" gelesen werden. Die Aufarbeitung der Lebenskrise in der Autobiographie gelingt Gercen nur aus der Entfernung. Kein Protokoll über seinen Fall („un mémoire", XXIV, 359) will Gercen schreiben, sondern eine umfassende Erzählung, die der eigenen Person im Spannungsfeld von Intellekt und Körper, von individuellem Schicksal und Weltgeschichte Einheit stiftet. Allerdings verdächtigt Gercen sich selbst des Hamletismus (XXIV, 348). Gercen wirft sich vor, zu schreiben statt zu handeln – die gelungene Autobiographie wird zum Surrogat des gescheiterten Lebens:

> Ich mache mir keine Illusion. Memoiren anstelle eines Protokolls zu verfassen [faire des mémoires, au lieu d'un mémoire] ist fast wie Abschwören, man ist ein Meineidiger, fast ein Verräter – man verdeckt eine moralische Schlappe durch einen literarischen Erfolg. Ich verachte mich dafür – warum also mache ich es? – Kastraten sind wir, impotente Wüstlinge [im Original deutsch, U.S.], statt einer Erektion begnügen wir uns mit schmutzigen Wörtern. (XXIV, 361)

Gerade die Vulgarität des Selbstvorwurfs unterstreicht die gleichsam physiologische Notwendigkeit der verbalen Ersatzhandlung, wenn die Natur selbst die geforderte Aktion verhindert. Die Metapher leistet noch mehr: Die Schrift als solche ist ebenso unfruchtbar wie das Reden über Sexualität. Wer eine Spur in der Geschichte hinterlassen will, muß sich reproduzieren. Das Schreiben einer Autobiographie ist nur unter einer Bedingung zu rechtfertigen: Der Lebenstext muß zur politischen Programmschrift werden und – dies ist das Entscheidende – vervielfältigt unter das Volk gebracht werden. Deshalb hebt Gercen zweimal den engen inneren Zusammenhang zwischen dem Verfassen der Autobiographie und der Einrichtung der freien Druckerei in London hervor (X, 357, XI, 12). Oder um in Gercens sexueller Metaphorik zu bleiben: Der Text allein ist impotent, der reproduzierte Text ist potent.

Wie für Aksakov ist also auch für Gercen Distanz die Bedingung der Möglichkeit autobiographischen Schreibens. Allerdings steht bei Aksakov zeitliche Distanz im Vordergrund (die Regel des Abstandes von 25 Jahren), Gercen hingegen benötigt räumliche Distanz (ein „anderes Ufer"). Eng mit diesem Unterschied hängt auch der prinzipielle Gegensatz zwi-

Gercen

schen Aksakov und Gercen zusammen, für den Turgenev den Ausdruck „Polarität" verwendet. Aksakov versucht, seine eigene Existenz in die Tradition einer bestimmten Gesellschaftsordnung *einzuschreiben*. Die defiziente Gegenwart soll an die idyllische Vergangenheit angeschlossen werden und sich auf diese Weise dem bewährten Modell annähern. Die 25 Jahre-Klausel stellt dabei sicher, daß Inkongruenzen nicht artikuliert werden müssen.

Gercen hingegen ist darum bemüht, sich selbst aus einer Gesellschaft, die von Korruption und politischer Willkür geprägt ist, *auszuschreiben*. Gerade weil sich die Illegitimität der bestehenden Ordnung historisch erklären läßt, taugt die Vergangenheit nicht als Leitbild. Erst das Heraustreten aus der russischen Gesellschaft und Geschichte (konkret: die Emigration nach London) ermöglicht Gercen die Einnahme einer Position, von der aus die Verquickung von historischem Unrecht und persönlicher Tragödie durchschaubar werden. Hierin liegt Gercens eigentliche Erneuerung des autobiographischen Diskurses: Die bisher dominierende private Relevanz des Lebensberichts wird in einen historischen Maßstab übersetzt. Die Biographie eines einzelnen Menschen wird als Anwendungsfall der Biographie der ganzen Menschheit lesbar.[2]

Ganz im Sinne dieser Konzeption definiert Gercen auch die Kommunikationskanäle, über die sein Doppelroman mit den Protagonisten „Ich" und „Gesellschaft" verbreitet werden kann. Als Megabrief soll die Autobiographie aus der Isolation (die Wahl der Insel England als Emigrationsort trägt hohen Symbolwert) in das Reich des Bösen geschmuggelt werden (XI, 12). Damit fallen öffentliche und private Adressierung von Gercens Lebenstext zusammen: Das Epochengemälde wird zur Epistel, die Abhandlung zur Anrede. Wichtiger noch als die Intimisierung der Kommunikation ist aber eine Potenzphantasie, die hinter der Vorstellung des Einschmuggelns des eigenen Texts steht und sich leicht in eine sexuelle Bildlichkeit übersetzen läßt: Der heimlichen Penetration, die sich dem Blick des Vaters (des Zaren) entzieht, folgt die Befruchtung des Mutterschoßes (Rußlands) mit dem Samen des Wortes, aus dem eine neue Welt entstehen soll.[3] Mit der Vision einer fruchtbaren Rezeption entkräftet Gercen den immer drohenden Selbstvorwurf, daß er rede statt handle: Wenn

---

[2] Aus diesem Prinzip resultiert in *Byloe i dumy* eine interessante dialektische Zeitstruktur: Die individuelle biographische Zeit, die über einen Anfang und ein Ende verfügt und gerafft oder gedehnt werden kann, wird immer wieder von der kontinuierlich ablaufenden historischen Zeit überblendet (Nikolina 1987, 76).

[3] Vgl. schon in *S togo berega*: „Die Welt wird durch das *Wort* errettet, das in sich den Keim [зародыш] einer neuen Welt trägt [...]." (VI, 133)

Ichentwürfe

die Autobiographie nicht ins Leere hinaus geschrieben wird, sondern dem Rezipienten nur über eine gefährliche Verbindung zugestellt werden kann, dann erhält auch die übermittelte Botschaft jene Aura höchster Relevanz, die ihrerseits handlungssteuernd wirkt. Gercen macht sich hier die Tatsache zunütze, daß sein politischer Gegner die Gefährlichkeit der autobiographischen Schrift hoch einschätzt und ihr damit unwillentlich jene gesellschaftspolitische Sprengkraft zuerkennt, die in der Absicht des Autors liegt. Die Attraktivität des Textes für den eigentlichen Adressaten (die russische Intelligenz) bestimmt sich mithin nach Maßgabe des Interesses des Nicht-Adressaten (der Geheimpolizei), eben dieses Texts habhaft zu werden. Der Kommunikationskanal (die schwierige Zustellung) garantiert, was der Text allein nicht leisten kann: seine revolutionäre Potenz.

Gercens erklärte Absicht besteht darin, in seiner Autobiographie die „Widerspiegelung der Geschichte in einem Menschen, der *zufällig* auf ihren Weg geraten ist" (X, 9), darzustellen. Die Parallelführung von persönlichem Schicksal und politischer Geschichte ist ein gewagtes Unternehmen, das sich einer doppelten Gefahr aussetzt. Zum einen droht die megalomane Unterordnung der Geschichte unter das Subjekt – ein Versuch, dessen Scheitern sich exemplarisch an Gavrila Deržavins Autobiographie verfolgen läßt. Zum anderen kann sich das Ich als Spielball eines blind waltenden Schicksals erfahren, als Zahnrad im Räderwerk der Geschichte. Daraus resultiert oft eine Selbstviktimisierung, die sich an religiösen Textmustern orientiert (Dolgorukaja, Labzina). Gercen gelingt es indessen, mit seiner ambitiösen Autobiographie, die gleichzeitig Historiographie betreiben will, weder in Überheblichkeit noch in Fatalismus zu verfallen.

Gercen kodiert in *Erlebtes und Gedachtes* [*Byloe i dumy*] die Weltgeschichte als Familiendrama. Öffentliches und Privates bilden ein komplexes Interaktionsfeld, in dem die einzelnen Positionen zwar verschoben erscheinen, die Familienstruktur jedoch gewahrt bleibt. Die „Widerspiegelung der Geschichte in einem Menschen" wird als dynamisches System präsentiert, dessen Konflikte und Allianzen sich in Abhängigkeit von der Zeit und damit dem Erstarken bzw. der Schwächung der einzelnen Handlungsfiguren verändern. Gercens Konzeption geht von einer denkbar einfachen Ausgangsposition aus: Der durch die Umstände determinierte, gleichzeitig aber zu initiativem Handeln befähigte Ich-Erzähler und Protagonist nimmt die Stelle des Sohnes ein. Die große Abwesende in Gercens Autobiographie ist die Mutter, die kaum Erwähnung findet. Im Weltbild des Sohnes wird ihre Stelle durch das (auch im Russischen feminine) Bedeutungsfeld „Aufrichtigkeit [искренность]", „Unabhängigkeit [независимость]" usw. (VI, 76) eingenommen. Auch die Position des Vaters

Gercen

fällt durch eine eigenartige Nichtdefinition auf: Gercens leiblicher Erzeuger weist keinerlei Vaterqualitäten auf, er entspricht keinem der gängigen Stereotypen. Er ist weder polternder Tyrann noch einfühlsames Familienoberhaupt. Recht besehen hat er nicht einmal einen Namen. Gercen charakterisiert den „Alten [старик]" als weltfremden Hypochonder, der ein sinnentleertes Leben führt (VIII, 89 f.). Die Tatsache, daß Gercen seinen Vater in die Namenlosigkeit verstößt, stellt die realen Verhältnisse auf den Kopf. Es ist ja in Wirklichkeit gerade der Vater Ivan A. Jakovlev, der seinem unehelichen Sohn Aleksandr Gercen den eigenen Familiennamen vorenthält! Die Tatsache, daß Gercen seine illegitime Herkunft in *Erlebtes und Gedachtes* [*Byloe i dumy*] kaum thematisiert, kann als Ablenkungsmanöver gedeutet werden. Gercen will eine individualpsychologische Motivierung seines Lebenswegs unplausibel machen: Mit allen Mitteln hält er den Gedanken, daß sein Kampf gegen die russische Gesellschaftsordnung nur als logische Folge seines familiären Außenseitertums zu erklären sei, vom Leser fern.[4]

Gercen erreicht mit der auffälligen Nichtprofilierung seines Vaters also ein Doppeltes: Zum einen nimmt er eine späte Rache am Vater und fügt ihm dasselbe Unrecht zu, das er selbst erlitten hat, zum anderen räumt er in seiner persönlichen Familiengeschichte die ideologische Position des Vaters und weist sie alsbald einer imposanteren Gestalt zu.

Der wahre Vater, gegen den zu rebellieren sich auch lohnt, ist natürlich Nikolaj I., der „oberste Feldwebel" (VIII, 166, 282). Der Zar tritt in *Erlebtes und Gedachtes* [*Byloe i dumy*] als strenger Vater auf, der Verstösse gegen seine Ordnung erbarmungslos bestraft. Nikolajs Kälte und Härte lassen sein Regime in den Augen des „Sohns" Gercen als Reich des Antichristen erscheinen (VIII, 148).

Die Konfrontation von Gercen und Nikolaj I. ist das große Thema von *Erlebtes und Gedachtes* [*Byloe i dumy*]. In diesem Duell treten nicht nur Unrecht und Moral, Tradition und Innovation, Ordnung und Freiheit gegeneinander an, sondern auch – und dies markiert zugleich auch die literarische Dimension des Konflikts – Realismus und Romantik. Die Unmoral des Zaren findet ihren adäquaten Ausdruck in einer höchst unromantischen Schilderung seiner Sphäre. Gercen kommentiert Nikolajs kalte

---

[4] *Byloe i dumy* muß in dieser Hinsicht als Gegenentwurf zu Gercens Erzählung „Dolg prežde vsego" (1847) gelesen werden. Dort wird ein kausaler Zusammenhang zwischen illegitimer Geburt und revolutionärem Engagement literarisch gestaltet. Zur Wichtigkeit der unehelichen Herkunft in Gercens frühem Selbstverständnis vgl. Malia (1961, 22 f.).

Ichentwürfe

Nichtbeachtung zweier Bittstellerinnen, die von der Polizei abgeführt werden, in einer Passage, die in einem kraß realistischen Ton gehalten ist:

> Nikolaj war damals etwa dreißig Jahre alt und bereits einer solchen seelischen Gleichgültigkeit [к такому бездушию] fähig. Diese Kälte, diese Zurückhaltung ist ordinären, kleinen Naturen eigen, Kassierern, Angestellten. Ich habe diese unerschütterliche Charakterhärte oft bei Postbeamten, bei Verkäufern von Theater- oder Bahnfahrkarten beobachtet, bei Leuten, die dauernd bedrängt und jede Minute gestört werden; sie sind imstande, einen Menschen nicht zu sehen, wenn sie ihn anschauen, und ihm nicht zuzuhören, wenn sie neben ihm stehen. (VIII, 139)

Als Kontrastmodell zur nüchternen Vaterwelt Nikolajs, die jeglicher Poesie entbehrt, kann der Treueschwur der rebellierenden Söhne Gercen und Ogarev auf den Sperlingsbergen angeführt werden – eine Szene, die in der für Heldenkitsch besonders anfälligen sowjetischen Literaturkritik immer wieder als Schlüsselmoment für die „geistige Entwicklung" Herzens gedeutet wird (Zingerman 1991, 270). Nicht nur das Verhalten der beiden Jünglinge folgt dem romantischen Kodex, auch die Natur stellt eine passende Kulisse bereit:

> Die Sonne ging unter, die Kuppeln glänzten, die Stadt dehnte sich in den unüberblickbaren Raum unter dem Berg aus, ein kühler Wind wehte uns an, wir standen dort, wir standen, lehnten uns aneinander, umarmten uns jäh und schworen, ganz Moskau vor unseren Augen, unser Leben dem von uns gewählten Kampf zu opfern. (VIII, 81)

Während sich Nikolajs Leben in der Befolgung des Hofzeremoniells erschöpft, verfügt Gercen über eine Vision (im doppelten Wortsinn). Nikolaj sieht nicht, die Menschen ziehen unbemerkt an ihm vorbei; Gercen hingegen sieht Moskau, sieht den Freund, und er sieht ein leuchtendes Bild der Zukunft. Die Fähigkeit zum Sehen wird hier zum Maßstab der Handlungsfähigkeit: Wer wie der Zar mit Blindheit geschlagen ist, kann nicht lenken, sondern nur verwalten. Nikolajs Welt ist eine künstliche Welt; alles in ihr ist arrangiert und inszeniert. Der Blick des Zaren wird von Prunk, Palästen und Paraden geblendet, seine mangelnde Wahrnehmungsfähigkeit führt letztlich zu einem Realitätsverlust. Alles, was sich in dieser künstlichen Welt störend bemerkbar machen könnte, muß aus dem Blickfeld des Zaren geräumt werden. Dazu gibt es zwei Mittel: zum einen die Einkerkerung im Gefängnis, zum anderen die Verbannung nach Sibirien.

Gercen

Dem Blick des Zaren ist nämlich die offene Weite der Natur ebenso unzugänglich wie der abgeschlossene Raum hinter den Gefängnismauern. Nie stellt Gercen den Imperator in der Natur dar: Nikolaj bewegt sich immer nur in der Geisterstadt Petersburg, die durch ihre geometrische Pracht den Blick von allem anderen abzieht.

Genau diesen Zusammenhang meint Gercen, wenn er als Ziel seiner Autobiographie das Ausrichten seines Blicks auf jene Phänomene nennt, die sich auf dem blinden Fleck des kaiserlichen Auges befinden. Im Vorwort zur englischen Ausgabe des zweiten Teils von *Erlebtes und Gedachtes* [*Byloe i dumy*], der programmatisch die Nikolajs Blickfeld entzogenen Bereiche im Titel führt („Gefängnis und Verbannung [Tjur'ma i ssylka]"), wird nicht nur die Entlarvung des begangenen Unrechts angekündigt, sondern auch die Selbsterhaltung der imperialen Ordnung als inszeniertes Schauspiel durchschaubar gemacht:

> Es ist für die kaiserlichen Artisten der St. Petersburger Polizei Zeit zu wissen, daß ihre Handlungen, die so gut von Gefängnissen, Gitterstäben und Gräbern verborgen werden, ans helle Tageslicht kommen werden [will be revealed in the broad glare of day].
> (VIII, 405)

Der Ich-Erzähler leiht dem Leser in „Gefängnis und Verbannung [Tjur'ma i ssylka]" seinen anti-zaristischen Blick und führt eine Innenansicht jener Räume vor, die in der offiziellen Perspektive höchstens als Aufbewahrungsorte der Unangepaßten existieren und mithin zur quantité négligeable werden.

Gercen schildert seine eigene Verhaftung nicht als Katastrophe, sondern als unausweichliche Konsequenz seines Konflikts mit dem organisierten Unrecht. Mehr noch: Das Zuschlagen des Staatsapparats verhilft Gercen zur einzig akzeptablen Identität in einem System allumfassender Illegimität: derjenigen des Verbrechers. Wo sich die Instanzen der Rechtssprechung selbst korrumpiert haben, drehen sich die Verhältnisse um: Gerade der Schuldspruch durch die Justiz wird in Gercens dissidenter Perspektive zum Ausweis absoluter Moralität. Entsprechend gelassen beobachtet Gercen, wie die staatliche Willkür ihren Lauf nimmt. Auch hier stützt sich die Darstellung auf die Verschränkung von Privatem und Öffentlichem: Exemplarisch demonstriert Gercen an seinem eigenen Schicksal das Funktionieren von Nikolajs Polizeistaat.

Gercens Schilderung seiner Verbannung kann sich auf ein berühmtes literarisches Vorbild berufen: Radiščevs *Reise von Petersburg nach Mos-*

Ichentwürfe

kau [*Putešestvie iz Peterburga v Moskvu*].⁵ Wie bei Radiščev bieten die einzelnen Stationen der Reise Anlaß zur Darstellung von Mißständen, die Reise durch die russische Provinz wird zur Reise durch die Ungerechtigkeiten Nikolajs. Gercen reproduziert in „Gefängnis und Verbannung [Tjur'ma i ssylka]" Radiščevs Kunstgriff eines narrativen Dreischritts: Schilderung des Mißstands, sentimentale Kommentierung, soziale Anklage.

Eine Begegnung in der Nähe von Perm erschüttert Gercen zutiefst. Ein Offizier führt eine Gruppe verwahrloster jüdischer Waisenkinder nach Kazan', auf dem Weg sterben viele von ihnen an Auszehrung:

> Man rief die Kleinen herbei und richtete sie in einem Glied aus. Dies war einer der schrecklichsten Anblicke, die ich gesehen habe – arme, arme Kinder! Die zwölf-, dreizehnjährigen Jungen hielten sich noch irgendwie, aber die acht-, neunjährigen Kleinen ... Kein noch so schwarzer Pinsel ruft einen solchen Schrecken auf der Leinwand hervor.
>
> Bleich, ausgezehrt, mit verängstigtem Blick standen sie in plumpen, schweren Soldatenmänteln mit hochgeschlagenem Kragen da, den hilflosen, erbarmungswürdigen Blick auf die Garnisonssoldaten geheftet, die sie grob ausrichteten; die weißen Lippen, die schwarzen Ringe unter den Augen zeigten Fieber oder Schüttelfrost an. Und diese kranken Kinder gingen ohne Obhut, ohne Zärtlichkeit, vom Wind umweht, der unablässig vom Eismeer bläst, ins Grab.
>
> Man bedenke: Sie wurden von einem gutmütigen Offizier geführt, dem die Kinder offensichtlich leid taten. Und wenn sie nun an einen kriegspolitischen Ökonomen geraten wären?
>
> Ich nahm den Offizier bei der Hand und sagte, „Behüten Sie sie", stürzte in die Kutsche; ich wollte schluchzen, ich fühlte, daß ich mich nicht zurückhalten konnte ...
>
> Welch monströse Verbrechen sind spurlos in den Archiven der schurkischen, unmoralischen Herrschaft Nikolajs begraben! Wir haben uns an sie gewöhnt, sie sind geläufig geworden, wie wenn nichts gewesen wäre, sie werden von niemandem bemerkt, sind in schrecklichen Fernen verloren gegangen, liegen lautlos begraben in stummen Kanzleitiefen oder werden von der Polizeizensur zurückgehalten. (VIII, 233)

---

5   1858 gibt Gercen zum ersten Mal nach 1790 Radiščevs *Reise* [*Putešestvie*] in London neu heraus (Putincev 1952, 176).

Gercen

Die Reihung solcher Episoden stellt sich in den Dienst eines Haupteffekts: Auf Schritt und Tritt stößt der Erzähler (und mit ihm der Leser) auf Mißstände, Ungerechtigkeiten, Tragödien, für die immer das Gewaltregime Nikolajs verantwortlich gemacht werden kann.[6] Damit bewirkt Gercen eine Antipathiesteuerung, die dem Leser nur einen möglichen Schluß aus dem Präsentierten erlaubt: Dieser Zar muß weg! Die Verworfenheit des Herrschers ist so abgrundtief, daß eine Reformation des Bestehenden als naive Illusion erscheint. Nur eine Revolution kann Abhilfe schaffen und eine wirkliche Erneuerung einleiten.

Wer aber sind die Akteure, die den ersehnten Umsturz ins Werk setzen können? Welche Qualitäten müssen sie aufweisen? In *Erlebtes und Gedachtes* [*Byloe i dumy*] entwickelt Gercen im Rückblick so etwas wie eine Genealogie der russischen Sozialrevolution, eine Darstellung der Herausbildung progressiver Ideen in einem höchst ungünstigen Umfeld.[7] Gerade die biologische Metaphorik, das Überleben des frischen Gewächses in der Steinwüste malgré tout, unterstreicht die Widerstandskraft der neuen Generation. Für Gercen sind es die idealistischen Zirkel der russischen Jugend (Stankevič, die Slavophilen, der eigene Kreis, IX, 36), die zu den Hoffnungsträgern Rußlands avancieren (Ptuškina 1984, 140):

> Vor dreißig Jahren [dieser Teil des Kapitels 25 wurde 1862 veröffentlicht, U. S.] existierte das Rußland der Zukunft nur unter einigen Jünglingen, die gerade erst der Kindheit entwachsen waren und derart nichtig und unbemerkt lebten, daß sie genügend Raum zwischen dem Stampfen der autokratischen Stiefel und der Erde fanden – sie trugen nämlich die Nachfolge des 14. Dezembers, die Nachfolge der allgemeinmenschlichen Wissenschaft und des rein volkstümlichen Rußland [наследие общечеловеческой науки и чисто народной Руси]. Dieses neue Leben welkte dahin wie

---

[6] Im Unterschied zu Radiščev bedient sich Gercen bisweilen auch der Wiedergabe von Realsatire, „die vollständig dem Geist der russischen Autokratie entspricht". Als Beispiel führt Gercen Aktenstücke an, die er in der Gouvernementskanzlei von Vjatka bearbeiten mußte: „Akte über den Verlust mit *unbekanntem* Verbleib des Hauses der Bezirksleitung und des Auffressens des Planes desselben durch Mäuse", „Akte über den Verlust von *zweiundzwanzig* staatlichen Pachtgrundstücken", „Akte über die Umregistrierung des Bauernknaben Vasilij zum weiblichen Geschlecht". (VIII, 267)

[7] Bereits eine der ersten Schriften Gercens beschäftigt sich mit der Entwicklung der revolutionären Ideen in Rußland (*Du développement des idées révolutionnaires en Russie*, 1850).

Ichentwürfe

Gras, das versucht, auf dem Rand eines nicht erkalteten Kraters zu wachsen.

Im Rachen des Ungeheuers entstehen Kinder, die den anderen Kindern nicht ähnlich sind; sie wachsen, entwickeln sich und beginnen, ein ganz anderes Leben zu leben. Schwach, unscheinbar, von niemandem unterstützt, im Gegenteil von allen verfolgt, können sie leicht spurlos untergehen, sie bleiben aber, und wenn sie auf halbem Weg sterben, so stirbt nicht alles mit ihnen. Sie sind Urzellen, Keime der Geschichte, kaum bemerkbar, kaum existierend, wie alle Keime überhaupt. (IX, 35)

Gercen hebt immer wieder ein Attribut der eigenen „Partei" hervor, das man als Kern seiner geschichtsphilosophischen Konzeption bezeichnen kann: Jung müssen die Architekten der Zukunft sein. Das Design der neuen Gesellschaft wird nicht von einem Rat der Weisen nach bewährtem Muster geplant, sondern entsteht als kühner Wurf einer aufstrebenden Generation. Gercens besondere Bewunderung zieht der Mut der revolutionären Jugend auf sich, ihren Überzeugungen alle Karrierepläne zu opfern, die eben nur in der etablierten Ordnung möglich sind (X, 319). Die Konzeption von *Erlebtes und Gedachtes* [*Byloe i dumy*] als „Widerspiegelung der Geschichte in einem Menschen" bringt es mit sich, daß auch in dieser Hinsicht Gercen selbst das erste Beispiel für solche Charakterstärke darstellt. Während seines Verhörs weist Gercen den Appell des Untersuchungsrichters, er müsse doch Rücksicht auf seine Karriere nehmen, stolz von sich:

„Schreiben Sie einen Brief an die Kommission, einfach, aufrichtig, sagen Sie, daß Sie Ihre Schuld einsehen, daß Sie von Ihrer Jugend verführt wurden, *nennen* Sie die unglücklichen verirrten Leute, von denen Sie verführt wurden ... Wollen Sie Ihre Zukunft für einen solch günstigen Preis zurückkaufen? [...]"
„Ich weiß nichts und habe meinen Aussagen kein Wort hinzuzufügen", antwortete ich. (VIII, 208 f.)

„Jugend" ist für Gercen nicht einfach eine individual-biographische Kategorie, sondern eine welthistorische (Ginzburg 1957, 204). Die moralische Qualität einzelner Völker bemißt sich in Gercens Perspektive nach ihrer Jugendlichkeit. Wo Jugend fehlt, mag man zwar eine funktionierende Gesellschaftsordnung antreffen, die nicht einmal despotisch organisiert sein muß, – immer aber steht ein „alter" Staat im Verdacht des Spießertums. Als Paradebeispiel solch zweifelhaften politischen Wohlergehens gilt Gercen Holland, jenes Land, „an dem Europa zu ergrauen beginnt" (XI,

73). Interessanterweise nimmt Gercen auch die USA als junge Staatengemeinschaft von seiner Kritik nicht aus. Amerika gilt ihm als „Neuauflage des alten feudal-christlichen Textes in einer groben englischen Übersetzung" (VI, 68, 111). Deshalb seien die Amerikaner zwar „zufriedener, aber nicht glücklicher" (X, 120) als die Europäer.[8]

In einem rhetorischen Rundumschlag von bemerkenswerter Wucht fällt Gercen ein vernichtendes Urteil über jene Staaten, denen es an „Jugend" gebricht:

> Ich halte die Lage eines Volks, dessen junge Generation [молодое поколение] über keine Jugend verfügt [не имеет юности], für ein großes Unglück [...]. Die häßlichste Epoche des deutschen Studententums ist hundertmal besser als die kleinbürgerliche Volljährigkeit der Jugend [мещанского совершеннолетия молодежи] in Frankreich oder England; für mich sind die amerikanischen Greise [пожилые] im Alter von fünfzehn Jahren einfach widerwärtig [противны].[9]

In Frankreich gab es einmal eine glänzende, aristokratische Jugend, später eine revolutionäre. Alle diese St. Justs und Gauches, Marsaults und Demoulins, heldenhafte Kinder, die auf Jean-Jacques' finsterer Poesie aufgewachsen sind, waren wirkliche Jünglinge. Die Revolution wurde von jungen Leuten gemacht; weder Danton noch Robespierre noch Louis XVI. selbst wurden älter als 35 Jahre. Unter Napoleon werden aus den Jünglingen Ordonnanzen; mit der Restauration, „mit der Auferstehung des Alters" ist die Jugend überhaupt unvereinbar – alles wird volljährig, geschäftstüchtig, d.h. kleinbürgerlich [совершеннолетним, деловым, т.е. мещанским].

Die letzten Jünglinge Frankreichs waren die Saint Simonisten und die Phalange. Die wenigen Ausnahmen können den prosaisch-platten Charakter der französischen Jugend nicht ändern. Decoult und Lebras erschossen sich, weil sie in der Gesellschaft

---

[8] Es ist bezeichnend, daß Gercen die USA als Ziel seiner Emigration ausschließt. Zwar findet er auch anerkennende Worte über Amerika, 1851 läßt sich Gercen aber in der Schweiz einbürgern: „Ich hätte mich in keinem anderen Lande Europas außer der Schweiz, ja selbst nicht in England, naturalisieren lassen. Es widerstrebte mir, freiwillig die Untertanenschaft eines Landes auf mich zu nehmen. Ich wollte doch nicht einen schlechten Herrn gegen einen guten eintauschen, sondern aus einem Leibeigenen ein freier Ackerbauer werden. Diese Möglichkeit hat man aber nur in zwei Ländern, in Amerika und in der Schweiz." (X, 163; Bontadina, Brang 1994, 25)

[9] Zum hier aufgerufenen Topos des „puer senex" vgl. Curtius (1984, 108 ff.)

Ichentwürfe

von Greisen jung waren. Andere zappelten wie Fische, die aus dem Wasser auf das schmutzige Ufer geworfen wurden, solange die einen nicht auf der Barrikade landeten, die anderen an der Angel der Jesuiten.

Aber weil dieser Lebensabschnitt das Seine verlangt, ersetzt der größte Teil der französischen jungen Leute die Jugend durch eine *artistische* Epoche, d.h. man lebt in kleinen Cafés mit kleinen Grisettchen im Quartier Latin, wenn kein Geld da ist, und in großen Cafés mit großen Lorettchen, wenn Geld da ist. Statt einer Schiller-Epoche ist dies eine Paul de Kock-Epoche; in ihr werden sehr bald und auf erbärmliche Weise die Kraft, Energie, alles Junge vergeudet, und der Mensch ist bereit, commis in einem Geschäft zu werden. Die artistische Epoche läßt auf dem Grund der Seele eine einzige Leidenschaft zurück – die Geldgier, und ihr wird der Rest des Lebens geopfert, andere Interessen gibt es nicht. [...]

In England wird die artistische Epoche durch einen Paroxysmus niedlicher Originalitäten und exzentrischer Liebenswürdigkeiten ersetzt, d.h. durch leere Gaunerstücke, sinnlose Ausgaben, schwerfällige Streiche, tiefgehende, aber sorgfältig verborgene Unsittlichkeit, ergebnislose Reisen nach Kalabrien oder Quito, in den Süden, in den Norden – unterwegs Pferde, Hunde, Galopps, öde Lunchs, die Ehefrau mit einer unglaublichen Anzahl pausbäckiger und geröteter Babies, Phrasen, die Times, das Parlament und ein zur Erde niederdrückender Old Port. (VIII, 151 f.)

Gercens „jugendlicher" Impetus richtet sich hier gegen alles Etablierte: gegen das Erwerbsleben, gegen die Familie, gegen den Tourismus, gegen die Kirche, gegen die offizielle Politik. Gercen räumt den Tempel erwachsener Fetische mit einer langen Schimpftirade. Seine elaborierte Rhetorik darf allerdings nicht darüber hinwegtäuschen, daß er im Grunde alles Verdammungswürdige unter eine einzige Kategorie subsumieren kann: „Kleinbürgertum [meščanstvo]". Dabei ist es weniger ein inhaltliches als ein formales Kriterium, das aus Gercens Sicht ein bestimmtes Phänomen zu einem Ausdruck von „Kleinbürgertum [meščanstvo]" macht: Jegliche Statik, jede Bewegung, die zur Ruhe gekommen ist, steht im Verdacht der Erstarrung. Das philosophische Konzept, in dessen Namen Gercen „Kleinbürgertum [meščanstvo]" abwertet, ist in höchstem Maße teleologisch ausgerichtet: Es weist jeder Erscheinung ein Ziel außerhalb ihrer selbst zu. Sobald ein Phänomen sein Ideal verliert, auf das es zustrebt, verkommt es zum Selbstzweck und tritt eine sinnlose Kreisbewegung an (Bulgakov 1903, 189 ff.).

Gercen

Gercen wendet sein Programm der dynamischen Teleologie auf alle Bereiche der menschlichen Kultur an. Religion, Philosophie, Geschichte, ja selbst private Freundschaften werden ausschließlich nach zwei Kriterien bewertet: Ist ein Ziel in Sicht? Bewegt man sich auf dieses Ziel zu?
Gercens Religionskritik läßt sich aus diesem Blickwinkel auf folgenden Nenner bringen: Der Fehler aller Religionen liegt darin, daß sie den Gläubigen zur demütigen Hinnahme des defizienten Weltenbaus führen. Die Religion ist nichts anderes als ein Herrschaftsinstrument in den Händen der Mächtigen, die auf diese Weise die schwelende Unzufriedenheit des Volks unterdrücken. Gercens besonderer Haß gilt dabei dem Katholizismus. An dessen Beispiel läßt sich die Entstellung des ursprünglich sozialrevolutionären Gedankenguts des Christentums besonders eindrücklich demonstrieren. Bereits in *Vom anderen Ufer* [*S togo berega*] wird die Perversion der „apostolischen Lehre" angeprangert:

> Aus dem befreienden Evangelium hat man den bedrängenden Katholizismus gemacht, aus der Religion der Liebe und Gleichheit – eine Kirche des Blutes und des Krieges. (VI, 98)

In *Erlebtes und Gedachtes* [*Byloe i dumy*] tritt als prominentestes Opfer der totalitären Religiosität Mickiewicz auf (IX, 144). Der Katholizismus, „dem slavischen Genie so wenig eigen", habe den Dichter in jene „mystische Exaltation" geführt, die ihn immer in einer „Geisterwelt" gefangen halte (X, 41). In dieser Formulierung äußert sich Gercens Vorwurf noch einmal deutlich: Der Katholizismus fördert nicht die Befreiung des Menschen, sondern lähmt im Gegenteil seine politische Handlungsfähigkeit. Gerade der polnische Messianismus verläßt sich – so Gercens Diagnose – auf jenen göttlichen Heilsplan, den die machtgierige Kirche schon längst ihren eigenen Zielen dienstbar gemacht hat.

Ein ähnliches Schicksal hat laut Gercen den Protestantismus ereilt. Hier ist es das Kleinbürgertum, das die Religion zur transzendentalen Absegnung seiner Geschäftstüchtigkeit einsetzt:

> Aus dem Protestantismus haben sie [sc. die Kleinbürger, U.S.] *ihre* Religion gemacht – eine Religion, die das Gewissen eines Christenmenschen mit der Beschäftigung eines Wucherers versöhnt, – eine derart spießige Religion, daß das Volk selbst, welches sein Blut dafür vergoß, sie verlassen hat. In England geht der *Pöbel* am seltensten in die Kirche. (X, 130)

Eine Anzeichen für die schwindende Bedeutung des Christentums sieht Gercen in der Abwertung der Sexualität. Das christliche Keuschheitsideal

Ichentwürfe

erscheint ihm lebensfeindlich und unfruchtbar; die Ehe werde nicht gefördert, sondern nur toleriert: „Das Christentum schaut auf die Ehe wie die Gesellschaft auf das Konkubinat." (X, 206) Dieselbe prüde Haltung lasse sich im Marienkult beobachten: Der Katholizismus propagiere die unbefleckte Empfängnis, der Protestantismus gehe noch weiter und ignoriere die Muttergottes einfach. Die natürliche Reproduktion des Menschen werde verteufelt, das Fleisch verflucht, „die Kirche noch nötiger zur Errettung" (VIII, 386 f.). Im Grunde genommen besitzt das Christentum aus Gercens Sicht also überhaupt keine Zukunftsvision: Bei konsequenter Umsetzung seiner Ideale würde die Menschheit aussterben.[10]

Gercen schlägt als Alternative zu den traditionellen Glaubenssystemen, die ihre erlösende Wirkung eingebüßt haben, eine neue Religion vor (Al'tšuller 1984, 149): die „Religion der künftigen gesellschaftlichen Umgestaltung" [религия грядущего общественного пересоздания] (VI, 8) oder, wie er es im Kapitel „Il pianto" aus *Erlebtes und Gedachtes* [*Byloe i dumy*] formuliert, die „Religion des Liberalismus, deren Kirche nicht von jener, sondern von dieser Welt ist, deren Theodizee eine politische Lehre ist" (X, 118). Bereits die Schilderung des kindlichen Religionsunterricht hatte Gercen mit der Ankündigung beendet: „Bald bemächtigte sich eine Religion anderer Art meiner Seele." (VIII, 55) Es sind mithin ausschließlich praktische Kriterien, nach denen sich die Qualität einer Religion bemißt: Verfügt sie über eine gesellschaftspolitische Vision? Stellt sie die Mittel zur Verwirklichung dieser Vision bereit? Spornt sie zum Handeln an?

Dasselbe gilt für die Beurteilung philosophischer Systeme. Gercen kritisiert vor allem den sprachlichen Schwulst des hegelisierenden Denkens, das im Moskau der vierziger Jahre en vogue war. Als Beispiel führt Gercen einen Satz an, in dem das Operieren mit vorgefertigten Begriffen zum Selbstzweck geworden ist:

„Die Konkreszierung abstrakter Ideen in der Sphäre der Plastik stellt jene Phase des sich selbst suchenden Geistes dar, in der er, indem er sich selbst bestimmt, sich aus der natürlichen Immanenz in die harmonische Sphäre des bildhaften Bewußtseins in der Schönheit potenziert." (IX, 19)

Bedenklicher noch als die Entstellung der Sprache ist für Gercen jedoch die drohende Zersetzung der Realität in leere Begriffshülsen. Die Philo-

---

[10] Tolstoj präsentiert in „Krejcerova sonata" dieselbe Theorie, diesmal freilich in positiver Deutung.

sophie geht auf diese Weise ihrer ersten Bestimmung verlustig, nämlich jene Wirklichkeit zu erklären, die ihr problematisch geworden ist:

> Unsere jungen Philosophen haben sich nicht nur die Sätze, sondern auch das Verstehen verdorben; das Verhältnis zum Leben, zur Wirklichkeit wurde schülerhaft, literarisch; dies war jenes gelehrte Verständnis einfacher Dinge, über das sich Goethe so genial in seinem Gespräch zwischen Mephistopheles und dem Studenten lustig gemacht hat. Alles in der Tat Unmittelbare, jedes einfache Gefühl wurde zur abstrakten Kategorie und kehrte von dort ohne einen Tropfen lebendigen Bluts als bleicher algebraischer Schatten zurück. (IX, 20)

Die Hegelschen Begriffspyramiden richten in Gercens Deutung allerdings erst dann wirklichen Schaden an, wenn sie zu politischem Quietismus führen. Der Satz „Alles Wirkliche ist vernünftig" habe in Rußland den Willen zum Handeln gelähmt, da er auf den ersten Blick die bestehende Ordnung zu rechtfertigen scheint (IX, 22, vgl. auch XXIV, 262 f.). Allerdings wendet Gercen spitzfindig ein, daß in diesem Fall ja auch der Kampf gegen das Bestehende vernünftig sei, sobald er sich nur bemerkbar mache. Im Zusammenhang mit diesem Raisonnement fällt schließlich Gercens berühmter Satz, daß Hegel falsch verstanden worden sei und in Wahrheit mit seiner Philosophie „die Algebra der Revolution" (IX, 23) geliefert habe. Gercen traut Hegel sogar ein politisches Täuschungsmanöver zu: Seine revolutionäre Philosophie sei „möglicherweise absichtlich schlecht formuliert" (IX, 23).

Folgerichtig polemisiert Gercen immer wieder gegen jeden historischen Determinismus. Mit Nachdruck verweist er auf die Kontingenz der Geschichte:

> Es ist an der Zeit zu merken, daß es in der Geschichte und in der Natur viel Zufälliges, Dummes, Gescheitertes, Verworrenes gibt. Die Vernunft, der Endgedanke ist nur der Abschluß; alles beginnt mit der Ursprünglichkeit des Neugeborenen; Möglichkeit und Streben sind in ihm angelegt, aber bevor er Entwicklung und Bewußtsein erlangt, ist er einer Reihe innerer und äußerer Einflüsse, Abweichungen, Unterbrechungen ausgesetzt. (X, 120)

Die Geschichte setzt nur die Rahmenbedingungen für ein zielgerichtetes menschliches Handeln. Sie steht dem menschlichen Leben, das sich in ihr abspielt, grundsätzlich gleichgültig gegenüber (VI, 110). Solche Indifferenz führt den Menschen aber gerade nicht zu einem fatalistischen Be-

Ichentwürfe

obachten des sinnlosen Laufs der Welt. Die Ziellosigkeit der Geschichte fordert das Individuum erst dazu auf, ein eigenes Ziel zu bestimmen und nicht nur sein eigenes Schicksal, sondern auch das Schicksal seiner Generation in die Hand zu nehmen (Berlin 1981, 124-163, 251-279, Gurvič-Liščiner 1996, 143). In Gercens politischer Philosophie kontrastiert also die geforderte Teleologie des menschlichen Handelns aufs schärfste mit der gegebenen Kontingenz der Geschichte.

Der Mensch definiert seine historische Bestimmung selbst, allerdings im Wissen darum, daß er keinerlei Hilfe aus dem Jenseits erhält:[11]

> Unsere historische Berufung, unsere Tätigkeit besteht darin, daß wir durch unsere Enttäuschung, unser Leiden zur Versöhnung und zur Einsicht in die Wahrheit gelangen und die nächsten Generationen von diesen Übeln befreien. Durch uns wird die Menschheit nüchtern, wir sind ihr Katzenjammer, wir sind ihre Geburtsschmerzen. Wenn die Geburt gut ausgeht, gereicht es uns zum Nutzen; wir dürfen aber nicht vergessen, daß unterwegs das Kind oder die Mutter oder vielleicht auch beide sterben können, und dann – nun, dann fängt die Geschichte in ihrem Mormonentum eben eine neue Schwangerschaft an ... E sempre bene, meine Herrschaften! (X, 122 f.)

Wie so oft bei Gercen wird auch hier seine Argumentation auf entscheidende Weise von der verwendeten Metaphorik geprägt. Man kann noch weiter gehen: Die Metaphorik ist die Argumentation selbst. Gercens Geschichtsauffassung weist anthropomorphe Züge auf, die Menschheit erscheint als sich entwickelnder Zögling, der zwar durch sein Umfeld eingeschränkt wird, gleichzeitig aber auch über beträchtliche Bildungsmöglichkeiten verfügt. Vor dem Hintergrund dieser Konzeption wird verständlich, daß Gercen von einer „Biographie des menschlichen Geschlechts" (X, 24) sprechen kann.

Gercen verfährt in seiner Anthropologie ebenso pragmatisch wie in seiner Geschichtsdeutung. Bei seiner Menschenbeurteilung wendet Gercen eine Matrix von verschiedenen Typen an. Er unterscheidet zunächst zwischen positiven und negativen Figuren und führt dann auf beiden Sei-

---

[11] Genau an diesem Punkt setzt Sergej Bulgakov mit seiner religionsphilosophischen „reductio ad absurdum" von Gercens Positivismus ein (1903, 173) und führt Gercens „Seelendrama" auf die widersprüchliche Koexistenz von religiöser Sinnsuche und Atheismus zurück (182).

Gercen

ten noch die Unterkategorien aktiv/passiv ein. Schematisch läßt sich Gercens Typologie wie folgt darstellen:

	Negative Figuren	*Positive Figuren*
aktiv	„Polizisten [жандармы]"	„Tatmenschen [деятели]"
passiv	„Kleinbürger [мещане]"	„Originale [оригиналы]"

Grundsätzlich läßt sich feststellen, daß negative Figuren als Charaktere uninteressant sind. Gercen unternimmt kaum einmal den Versuch, die Psychologie seiner Feinde analytisch zu durchdringen. Aus Gercens Sicht verfügen sie nämlich gar nicht über eine Seele: Nikolaj und seine Schergen sind ausgemachte Bösewichte, ihre Individualität beschränkt sich auf diese Eigenschaft (Zingerman 1991, 282 f.).

Das zweite Feindbild, dem ebenfalls jegliche individuelle Prägung aberkannt wird, stellt der Kleinbürger dar. Eine repräsentative Schilderung dieses Typs findet sich zu Beginn des 8. Teils („Švejcarskie vidy"):

> Er war dick, aufgedunsen, schwammig, weiß, blond, weich, fett und wäre bald, so schien es, wie ein Gelee in einem warmen Zimmer zerflossen, wenn nicht der weite Mantel und die Hosen aus reißfestem Stoff seine Fleischmassen aufgehalten hätten, – vermutlich der Sohn eines Börsenkönigs oder ein Aristokrat eines demokratischen Imperiums. Abgeschlafft, ohne Selbstvertrauen und mit schwankender Unternehmungslust setzte er sein Frühstück fort, man sah, daß er sich schon lange abgemüht hatte und – müde wurde. (XI, 433 f.)

Der Körper wird hier zur Metapher der fragwürdigen bourgeoisen Individualität. Recht besehen verfügt der Spießer gar nicht über eine autonome Persönlichkeit, sie wird nur noch durch das Statussymbol seiner Kleider aufrechterhalten. Der politische Feind ist gesichtslos in seiner uniformierten Verwerflichkeit, der soziale Feind ist gesichtslos in seiner schieren Körperlichkeit.

Der Polizist und der Kleinbürger – dies sind für Gercen jene beiden Rollen, die alle Individualität von ihren Trägern abziehen und sie zu Nicht-Menschen degradieren (Ginzburg 1957, 356). Beide erscheinen als willenlose Organismen, die entweder blind Befehle ausführen oder sich ganz und gar untätig verhalten. Damit wiederholt Gercen einen Gedanken aus seinem frühen Aufsatz „Dilettantismus in der Wissenschaft [Dilettan-

Ichentwürfe

tizm v nauke]" (1843). Bereits hier erhebt Gercen die Tätigkeit zur Bedingung der Persönlichkeit:

> Allein die Tätigkeit kann den Menschen ganz befriedigen. Die Tätigkeit ist die Persönlichkeit selbst [действование – сама личность]. (Ginzburg 1957, 139)

Es gibt unter den negativen Figuren in *Erlebtes und Gedachtes* [*Byloe i dumy*] eine Ausnahme, bei der Gercen versucht, eine Aitiologie des Unmoralischen zu geben. Diese Ausnahme ist Georg Herwegh. Seine Sonderstellung wird schon in der besonderen Art seiner Einführung deutlich: Ganz im Gegensatz zu Nikolaj I., der bei der ersten Gelegenheit als bekannter Bösewicht auftritt, ist Herwegh – noch bevor seine eigentliche Geschichte beginnt – bereits über mehrere Seiten in den letzten Abschnitten des Kapitels „Typhusfieber [Tifoidnaja gorjačka]" präsent, ohne daß Gercen seinen Namen nennen würde (X, 236-239). Durch diese verhaltene narrative Einführung stattet Gercen die finstere Gestalt Herweghs mit einer Aura des Gefährlichen aus, die Nikolajs Schurkenhaftigkeit gerade durch ihr verstecktes Operieren, durch die scheinhafte Verbrüderung mit der guten Sache um ein Vielfaches übertrifft.

Das Bild Herweghs ist ideologisch konsistent.[12] Von Anfang an, so versichert Gercen, sei ihm Herwegh unsympathisch gewesen:

> Er verfügte nicht über jene einfache, aufrichtige Natur, über jenen vollständigen abandon, der so gut zu allem Talentierten und Kräftigen paßt und der bei uns fast nicht von Begabtheit zu trennen ist. Er war verschlossen, verschlagen, fürchtete sich vor anderen, er vergnügte sich gerne heimlich, in ihm war eine unmännliche Verzärteltheit, eine erbärmliche Abhängigkeit von den

---

[12] Es ist interessant, daß Gercens Darstellung des Geschehens, wie sie später in *Erlebtes und Gedachtes* [*Byloe i dumy*] Eingang gefunden hat, auch Natalies retrospektive Interpretation ihrer Affäre mit Herwegh determiniert hat. Aus Gercens Sicht schließt die dämonische Bosheit Herweghs eine Mitschuld der Frau weitgehend aus – und genau dieser Punkt bildet ein attraktives Deutungsangebot für Natalie. In einem Brief an N.A. Tučkova aus dem Jahr 1852 beschreibt Natalie Herweghs eben erfolgte Duellforderung an Gercen in Worten, die aus Gercens Vokabular stammen: „Der böse Dämon wartete den für uns schlimmsten Zeitpunkt ab [gemeint ist der Tod von Gercens Mutter und Sohn im November 1951, U.S.] und setzte unvorstellbar höllische Ränke [невообразимые адские козни], die er schon lange ersonnen hatte, um sich an mir zu rächen, in die Tat um." (Blagovolina 1997, 670)

Kleinigkeiten, von den Bequemlichkeiten des Lebens und ein grenzenloser Egoismus, rücksichtslos [im Original deutsch, U.S.], der an die Naivität des Zynismus grenzte. (X, 240 f.)

Herweghs moralische Disqualifikation, die Gercen laut eigenem Bekunden auf den ersten Blick vorgenommen hat, ist in Wahrheit erst viel später erfolgt. In Briefen an seine russischen Freunde nennt Gercen Herwegh noch Ende der vierziger Jahre „seinen einzigen Gesinnungsgenossen im Westen" (Ginzburg 1957, 301). Nach der Ausräumung einer Meinungsverschiedenheit schreibt Gercen am 22. Januar 1850 an Herwegh:

Ich umarme Sie aus ganzem Herz für Ihren Brief, lieber Georg; ich habe ihn gelesen, wieder gelesen, ja, ja, wir bleiben, wir werden das bleiben, was wir sind ... Freunde, Zwillinge. – Ich schwöre es! (Lanskij 1958, 81)

Gercens Vordatierung seiner Abneigung gegenüber Herwegh soll indessen nicht einfach die Unfehlbarkeit seiner Menschenkenntnis erweisen, sondern Herwegh in jeder Hinsicht als Kontrastfigur zum eigenen Charakter darstellen.[13] Gercen selbst ist der „Talentierte" und „Kräftige", von dem sich der „verzärtelte" Herwegh so unvorteilhaft abhebt. Wichtiger noch als die Kontrastierung der Charaktere erscheint jedoch der Nachweis des gekoppelten Vorhandenseins bzw. Nichtvorhandenseins politischer und privater Zuverlässigkeit, den Gercen nachträglich zu erbringen sucht (Ginzburg 1957, 298).[14] Herwegh hat nicht einfach einem erotischen Verlangen nachgegeben und ist aus menschlicher Schwäche in die Ehe eines Freundes eingedrungen. Der private Betrug ist gleichzeitig ein politischer Verrat. Der „bourgeoise Epikuräer" (X, 244) Herwegh hat nicht den Mut zum offenen Kampf – weder im Konflikt mit Gercen noch während des badischen Aufstandes, aus dem er feige flieht (X, 247). Bei der Schilderung des Jahres 1852 fällt Gercen schließlich sein endgültiges Verdikt über Herwegh: ein deutscher Kleinbürger [мещанин-немец], nicht zu Taten, sondern nur zu leeren Worten fähig (X, 285). Dieser Vorwurf ist bezeichnend: Als Deutscher zieht Herwegh noch aus der persönlichen Tragödie eines anderen finanziellen Nutzen (X, 266), als Kleinbürger ist ihm nur sein eigenes Wohlergehen wichtig (X, 251).

---

13 Gercen spricht explizit von der Gegensätzlichkeit [противуположность] ihrer Charaktere (X, 251).

14 Gercens Breitseite gegen Herwegh schließt last but not least auch eine Abwertung seiner poetischen Produktion ein (X, 243).

Ichentwürfe

Den schurkischen Polizisten, fetten Spießern und schlechten Poeten stellt Gercen die positiven Gestalten seines Lebensromans gegenüber, bei denen er „Tatmenschen" und „Originale" untersscheidet (Elizavetina 1984, 85). Ungeteilte Bewunderung wird etwa Garibaldi zuteil, einem „klassischen Helden" (X, 73), der zugleich „Krieger" und „Apostel" [апостол-воин] ist. (XI, 277, Lo Gatto 1971, 183, 216-220, Preißmann 1989, 185-198). Das leuchtende Symbol des erfolgreichen Freiheitskampfs ist Garibaldis rotes Hemd, das in *Erlebtes und Gedachtes* [*Byloe i dumy*] als Titel eines Kapitels zum Erkennungszeichen für ein ganzes Set von positiven Charaktereigenschaften wird („Camicia rossa", XI, 254). Garibaldi verkörpert für Herzen alle Tugenden, die ein „Tatmensch" aufweisen muß: Kraft, Charisma, Volksnähe, Integrität. Michail Geršenzon vermutet sogar, daß Gercen, der Garibaldi 1864 in England „wie ein verliebter Jüngling" nachgelaufen sei, an seinem italienischen Freund eine Ganzheit des Charakters bewundere, die bei ihm selbst in Reflexion und Selbstbespiegelung untergehe (1905, 211 f.).

Unter Gercens russischen Freunden kommt Belinskij dem Ideal des „Tatmenschen" am nächsten. Gercen bezeichnet ihn als leuchtendes Vorbild des „starken, leidenschaftlichen Kämpfers [сильный, страстный боец]" (X, 323). In seiner „mächtigen, gladiatorenhaften Natur" (IX, 31) vereinigen sich Scharfsinn, Entschlossenheit und Tatkraft. In Belinskij sieht Gercen die beispielhafte Verkörperung jenes Menschentyps, der ein Ziel im Auge hat und energisch auf dieses Ziel hinarbeiten kann. Mit dieser Charakterisierung formuliert Gercen jenes Belinskij-Bild, das für die sowjetische Literaturwissenschaft kanonische Geltung erlangt hat.

Wie konsequent Gercen mit seinen Kategorien operiert, zeigt die Gegenüberstellung von Belinskij und Stankevič. Der Hauptvorwurf, dem sich Stankevič bei Gercen aussetzt, betrifft den „deutschen Doktrinarismus" (IX, 40). Belinskij gelingt die Emanzipation von der reinen Spekulation in die Sphäre praktischer Tätigkeit, Stankevič hingegen bleibt der leblosen Abstraktion verhaftet. Trotzdem zollt Gercen Stankevič seine Anerkennung: Stankevič erscheint zwar selber als Müßiggänger, der nichts zustande gebracht hat [один из *праздных* людей, *ничего* не совершивших] (IX, 17), hingegen ist eine Reihe wichtiger Persönlichkeiten aus seinem Kreis hervorgegangen: Kol'cov, Belinskij, Granovskij, Bakunin.

In seiner ganzen Wucht trifft der Vorwurf des leeren Argumentierens Botkin. Im ebenso maliziös wie brillant geschriebenen Kapitel „Épizod iz 1844 goda" verspottet Gercen die gescheiterte Liebesaffäre zwischen Vasilij Botkin, den er als Basil auftreten läßt, und einer Französin:

> Und so begann der verliebte und vierzigjährige Philosoph mit zusammengekniffenen Äuglein, alle spekulativen Fragen auf die

> „dämonische Kraft der Liebe" zurückzuführen, die Herkules und den schwachen Jüngling gleichermaßen vor die Füße der Omphale zwingt, begann sich und anderen die moralische Idee der Familie, die Basis der Ehe, zu erklären. Von Seiten Hegels (Hegels Rechtsphilosophie, Kapitel Sittlichkeit) gab es keine Hindernisse. Aber die geisterhafte Welt des Zufälligen und des „Scheins", die Welt des Geistes, der sich nicht von der Tradition befreit hatte, war nicht so kompromißbereit. Basils Vater Petr Kononyč war ein alter Kulak, ein reicher Mann, der dreimal verheiratet war und von jeder Frau etwa drei Kinder hatte. Als er erfuhr, daß sein Sohn, zumal der älteste, eine Katholikin, eine Bettlerin und dazu noch vom Kuzneckij most heiraten wollte, entzog er ihm entschieden seinen Segen. Ohne den elterlichen Segen wäre Basil, der sich mit einem Anflug von Skeptizismus als schick empfand, vielleicht noch irgendwie ausgekommen, aber der Alte verband mit seinem Segen nicht nur die jenseitige Nachfolge, sondern auch die diesseitige, nämlich das Erbe. (IX, 257)

Botkins Weltfremdheit resultiert aus seinem Hang zur Reflexion, der den Blick auf die einfachsten Lebensumstände verstellt. Handlungssteuernd wird nicht das wirklich Relevante, es sind vielmehr Scheinprobleme, die Botkins Schicksal bestimmen. Bezeichnenderweise scheitert die amouröse Verbindung schließlich daran, daß die Liebenden einen George Sand-Roman unterschiedlich bewerten.

Botkin gehört bereits zum Typus der „Originale". Gercen führt diesen Begriff im Zusammenhang mit einer Art nationaltypologischer Evolutionstheorie ein und erklärt die „Originalität" aus der ungünstigen Kreuzung nationaler Eigenheiten, die zu Mißbildungen führe:

> In Rußland wurden Menschen, die diesem starken westlichen Einfluß ausgesetzt waren, nicht zu historischen Menschen, sondern zu originellen Menschen [не вышли историческими людьми, а людьми оригинальными]. Als Ausländer zu Hause und Ausländer in fremden Ländern, als untätige Zuschauer, die für Rußland durch westliche Vorurteile verdorben waren und für den Westen durch russische Angewohnheiten, stellten sie eine Art kluger Unnötigkeit [какую-то умную ненужность] dar und verloren sich in einem künstlichen Leben, in sinnlichen Genüssen und in unerträglichem Egoismus. (VIII, 87)

Es ist genau diese hybride Natur, die Botkin am Leben scheitern läßt: Auf der einen Seite die hochfliegende deutsche Spekulation, auf der anderen

Seite die banale russische Wirklichkeit – zwei Phänomene, die sich unmöglich vereinbaren lassen.

Eine weitere Fallstudie, die jedoch ihren Protagonisten nicht einfach wie Botkin der Lächerlichkeit preisgibt, sondern den Versuch einer analytischen Durchdringung einer „originellen" Person unternimmt, beschäftigt sich mit Nikolaj Ketčer, der als Shakespeare-Übersetzer in die russische Literaturgeschichte eingegangen ist. Auch hier wiederholt Gercen seinen Hinweis auf die Gefährlichkeit westlicher Kulturimporte, die in Rußland auf höchst eigenwillige Weise rezipiert werden:

> Wieviele dieser originellen Figuren [этих оригинальных фигур] habe ich studieren können, angefangen bei meinem Vater und endend bei Turgenevs „Söhnen".
>
> „So backt der russische Ofen!", sagte mir Pogodin. Und in der Tat, welche Wunder backt er nicht, besonders wenn das Brot auf deutsche Weise gesäuert wird ... von Dunkel- und Weißbrot bis zu orthodoxen Semmeln mit Hegel und französischen baguettes à la quatre-vingt-treize! Es ist ärgerlich, wenn alle diese eigentümlichen Backwaren spurlos verschwinden. Normalerweise bemerken wir nur die starken Tatmenschen [сильных деятелях].[15] (IX, 254)

Die tragische Note, die in diesem Abschnitt unüberhörbar ist, hat ihre Ursache gerade im fehlgeleiteten russischen Leben, das vom zaristischen Regime an einer gesunden Entwicklung gehindert wird:

> Ketčer gehört in jeder Hinsicht zu jenen seltsamen Persönlichkeiten, die sich am Rand des petrinischen Rußlands entwickelten, besonders nach 1812, als dessen Folge, dessen Opfer und indirekt als dessen Ausweg. Diese Menschen rissen sich vom allgemeinen schweren und häßlichen Weg los und fanden nie ihren eigenen, suchten ihn und verharrten in diesem Suchen. In dieser Reihe der Opfer findet man die verschiedensten Züge: Nicht alle gleichen Onegin oder Pečorin, nicht alle sind überflüssige und leere Menschen, es gibt auch Menschen, die sich angestrengt haben und

---

[15] Zur „Originalität" des Vaters und seiner Vermischung der Kulturen vgl. folgende Charakterisierung: „Beim Kaffee las der Alte *Moskovskie vedomosti* und *Journal de St. Pétersbourg*; es ist nicht überflüssig zu bemerken, daß er anordnete, *Moskovskie vedomosti* anzuwärmen, um die Hände nicht von der Feuchtigkeit der Blätter zu erkälten, und daß mein Vater die politischen Nachrichten auf französisch las, weil er den russischen Text unklar fand." (VIII, 93)

gleichwohl nichts erreicht haben, gescheiterte Menschen [люди неудавшиеся]. Ich wollte tausend Mal diese Reihe eigenartiger Figuren, markiger Portraits aus der Natur wiedergeben, hielt aber unwillkürlich inne, vom Material erdrückt. Es gibt in ihnen nichts Herdenhaftes, Gemeines, ihre Prägung ist unterschiedlich, eine Gemeinsamkeit verbindet sie, oder besser, ein *gemeinsames Unglück*; wenn man den dunkelgrauen Hintergrund genauer betrachtet, erkennt man Soldaten unter Stockschlägen, Leibeigene unter Ruten, ein unterdrücktes Stöhnen, das sich in den Gesichtern abzeichnet, Wagen, die nach Sibirien unterwegs sind, Sträflinge, die sich ebendorthin schleppen, rasierte Stirnen, gebrandmarkte Gesichter, Helme, Epauletten, Federbüsche ... mit einem Wort, das Petersburger Rußland. Deshalb sind sie unglücklich, und sie haben weder die Kraft, es auszuhalten, noch zu entfliehen, noch zu helfen. Sie wollen aus dem Bild fliehen und können es nicht: sie haben keine Erde unter den Füßen; sie wollen schreien – sie haben keine Zunge ... auch gibt es kein Ohr, das sie hören könnte.

Kein Wunder, daß sich bei diesem verlorenen Gleichgewicht mehr Originale und Sonderlinge entwickelten als praktisch nützliche Menschen, als unermüdliche Arbeiter [больше развивалось оригиналов и чудаков, чем практически полезных людей, чем неутомимых работников], daß es in ihrem Leben ebensoviel Unfertiges und Sinnloses gab wie Gutes und rein Menschliches. (IX, 223 f. Vgl. auch XI, 75)

Ketčers Tragödie besteht in seiner bis in Randzonen des Pathologischen vorgetriebenen Empfindsamkeit. Wo er dem Wohlwollen seiner Freunde nicht vollständig trauen kann, wittert er Verrat. Dadurch entstehen immer häufiger häßliche Szenen der Eifersucht, denen ebenso regelmäßig beschwichtigende Erklärungen der Freunde folgen. Allerdings geht in diesem ständigen Wechsel von Streit und Versöhnung jene wichtige Energie verloren, die eigentlich in eine sinnvolle Tätigkeit umgesetzt werden müßte. Schließlich wechselt Ketčer die Fronten und stellt seine impulsive Persönlichkeit mit derselben Verve, die sich zuvor gegen das Regime gerichtet hatte, in den Dienst der Reaktion. Entsprechend bitter fällt Gercens Diagnose aus:

Er hatte sich nie weder zu einem einzigen klaren Begriff noch zu einer einzigen festen Überzeugung durchgearbeitet, er schritt in edlem Streben und mit verbundenen Augen dahin und schlug ständig auf die Feinde ein, ohne zu merken, daß die Positionen gewechselt hatten, und in diesem Blindekuhspiel schlug er auf uns

Ichentwürfe

ein, auf andere ... er schlägt auch jetzt auf irgendjemanden ein, in der Meinung, er vollbringe eine Tat [воображая, что делает дело]. (IX, 250)

Das Kapitel mit Ketčers Biographie setzt einen Kunstgriff fort, den Gercen bereits im ersten Teil von *Erlebtes und Gedachtes* [*Byloe i dumy*] eingesetzt hatte. Der Schilderung der eigenen Kindheit und Unversitätszeit folgt eine Kürzestbiographie des Dichters Aleksandr Poležaev. Gercen beschreibt hier das Martyrium des hoffnungsvollen Jünglings und seinen erbarmungswürdigen Tod. Die Stoßrichtung ist eindeutig: Die Poležaev-Vita führt exemplarisch die Grausamkeit von Nikolajs Regime vor.

Auch die Ketčer-Biographie beansprucht beispielhafte Geltung. Allerdings soll dieser Fall nicht ein weiteres Mal die zaristische Willkür entlarven (das ist bereits zur Genüge an Gercens eigenem Schicksal erwiesen worden), es geht hier vielmehr um Prinzipielles: Zu beglaubigen ist die Leistungsfähigkeit von Gercens geschichtsphilosophischen Kategorien. Dieses Anliegen scheint Gercen so wichtig gewesen zu sein, daß er dieses Verfahren an prominenter Stelle – am Ende des fünften Teils, d.h. am Schluß der von Gercen selbst geplanten Ausgabe von *Erlebtes und Gedachtes* [*Byloe i dumy*] – wiederholt hat. Unter dem Titel „Russische Schatten [Russkie teni]" präsentiert Gercen nochmals zwei „Originale", Nikolaj Sazonov und Vladimir Ėngel'son. Wie eng diese beiden Biographien zum Ketčer-Kapitel gehören, zeigt eine Notiz aus dem Jahr 1865, die Gercen in das Heft mit dem Ketčer-Manuskript eingeklebt hat (X, 502):

Er [sc. Sazonov, U.S.] und Ėngel'son haben beide enorme Begabungen und große Fehler ins Grab getragen. Beide haben nichts vollbracht [оба ничего не сделали] – aber liegt auf ihnen alle Verantwortung? Ich denke nicht. (X, 377)

Gercen bringt den gescheiterten „Originalen" seine Sympathie entgegen und rechtfertigt ihre Bemühungen als Ausdruck einer edlen Seelenregung. Im Grunde genommen verfügen die „Originale" über dieselben Ziele wie die „Kämpfer", es gebricht ihnen allerdings an der Kraft, ihr Ideal auch ins Werk zu setzen. Die „Kämpfer" sind in der Partei von Gercens Gesinnungsgenossen gleichsam die Aktiv-, die „Originale" die Passivmitglieder.

Die Zuordnung zum Typus der „Originale" muß deshalb als Auszeichnung verstanden werden, die Gercen auch wider alle Evidenz vornehmen kann. Der Verräter an der eigenen Sache Ketčer – diese Tatsache stellt auch Gercen selbst nicht in Abrede – wird als liebenswürdiger Sonderling in die Galerie der „Originale" aufgenommen, während Herwegh als politisch durchaus Unschuldiger in den untersten Kreis der Hölle verbannt wird.[16]

Gercens Konzeption der dynamischen Teleologie erweist sich als dominierende ideologische Struktur von *Erlebtes und Gedachtes* [*Byloe i dumy*], die an verschiedenen Beispielen durchdekliniert wird. Die letzte Probe stellt indessen Gercens eigene Biographie dar, die – im Kontrast zu Herwegh – seine absolute Zuverlässigkeit in politischer wie privater Hinsicht nachzuweisen hat.[17] Letzlich kann das ganze autobiographische Projekt von *Erlebtes und Gedachtes* [*Byloe i dumy*] als angestrebter Beweis dafür gedeutet werden, daß Gercens Leben eben nicht „spurlos" (X, 316) vorübergegangen ist. *Erlebtes und Gedachtes* [*Byloe i dumy*] erscheint aus dieser Sicht als Dokument, das den vorgetragenen Anspruch bereits durch das bloße Vorhandensein einlöst.

Ambitiös erscheint Gercens Konzeption bei näherem Hinsehen in der Tat: Nicht nur die eigene Zugehörigkeit zum Typus des „Tatmenschen" soll evident werden, sondern auch die vielzitierte „Widerspiegelung der Geschichte in einem Menschen" (X, 9). Was dies konkret bedeutet, läßt sich am deutlichsten an der Engführung von geschichtlichen Zielvorstellungen und persönlichem Glücksentwurf in *Erlebtes und Gedachtes* [*Byloe i dumy*] zeigen. Das Verlangen der Menschheit, sich in einer glücklichen Lebensform einzurichten, entspricht beim Einzelnen dem erotischen Trieb, der seine höchste Erfüllung in Ehe und Familie findet. In *Erlebtes und Gedachtes* [*Byloe i dumy*] bewegen sich die idealistische Geschichte der Menschheit und die private Liebe Gercens auf parallelen Bahnen. Natalie nimmt in Gercens Leben genau jene Stelle ein, die von der Revolution in der Biographie der Menschheit besetzt wird. Auch die Fahrpläne von romantischer Liebe und revolutionärem Engagement laufen synchron: Das wechselseitige Liebesgeständnis entspricht dem feierlichen Schwur auf den Sperlingsbergen, die Verhaftung unterbricht den Kontakt

---

[16] Wie sehr Gercens Ketčer-Beurteilung vom allgemeinen Kontext in *Byloe i dumy* abhängig ist, zeigt sein Brief vom 16. März 1862 an M.K. Rejchel': „Das Verhalten Ketčers [...] und des ganzen Gesindels [и всей сволочи] ist derart, daß wir ein Kreuz über sie geschlagen haben und sie nicht mehr zu den Existierenden zählen. " (XXVII, 214)

[17] Es spricht für die Wirkungskraft von Gercens Selbstpräsentation, daß *Byloe i dumy* von den Zeitgenossen genau im Sinne des Autors rezipiert wurde. Beispielhafte Geltung darf etwa Victor Hugos Urteil in einem Brief an Gercen aus dem Jahr 1860 für sich beanspruchen: „Ihre Memoiren stellen eine Chronik der Ehre, des Glaubens, des Muts und der Tugend dar ... In Ihnen erkennt man den unerschrockenen Kämpfer und den tiefen Denker." (Liščiner 1984, 97; vgl. auch Mervaud 1975, 60)

Ichentwürfe

sowohl zu Natalie als auch zu den Gesinnungsgenossen, schließlich leitet das Jahr 1848 das gleichzeitige Scheitern von Ehe und Revolution ein.

Wie sehr Privates und Öffentliches bei Gercen miteinander verquickt sind, zeigt andeutungsweise die Einleitung zum Kapitel „Westliche Arabesken [Zapadnye arabeski]", in der die Zeit zwischen 1848 und 1852 in düsteren Farben charakterisiert wird:

> Was gab es nicht alles in jener Zeit, und alles brach zusammen – das Öffentliche und Private [общее и частное], die europäische Revolution und das häusliche Dach, die Freiheit der Welt und das persönliche Glück. (X, 25)

Gercens Gedanke, daß das Scheitern der Revolution und der Ehe nur zwei Aspekte desselben Vorgangs darstellen, spiegelt sich in der ursprünglich geplanten engen Verbindung der „politischen" und „privaten" Kapitel im fünften Teil von *Erlebtes und Gedachtes* [*Byloe i dumy*]. Die Veröffentlichung der Kapitel 36, 37, 41 sowie „Oceano nox" in der 1859-Nummer des *Polarsterns* [*Poljarnaja zvezda*] trägt den Titel „Der Westen, Erste Abteilung, Outside (1849-1852)" (X, 447). Zu diesem Zeitpunkt beabsichtigte Gercen noch, dem Bericht über die politischen Ereignisse („Outside") eine Schilderung seines privaten Unglücks folgen zu lassen („Inside"). „Inside" lautet der Titel, den Gercen dem Tagebuch seiner Frau vorangestellt hat (XXX, 625). Dieses von Gercen redigierte Tagebuch sollte die Einleitung zur „Erzählung des Familiendramas" bilden (Ptuškina 1985, 72).[18] Daß Gercen diesen Plan nie verwirklicht hat und die „privaten" Kapitel von *Erlebtes und Gedachtes* [*Byloe i dumy*] entgegen seiner ursprünglichen Absicht nie publiziert hat, ist vermutlich auf eine weitere Lebenskrise Gercens zurückzuführen, von der noch zu reden sein wird.

Zunächst ist jedoch die „Outside"/„Inside"-Konzeption der doppelten Katastrophe nach 1848 zentral. In diesen beiden Untertiteln findet Gercen die griffigste Formel für die Verzahnung von Öffentlichem und Privatem.

Die Tragödie ist umso umfassender, als dem großen Krach eine sorgfältige Konstruktion sowohl der „Freiheit der Welt" als auch des „persönlichen Glücks" vorausgeht. Das jugendliche Aufbegehren gegen die unge-

---

[18] Der Kommentar der dreißigbändigen Akademieausgabe zieht noch keine Verbindung zwischen diesen beiden Texten. Es ist I.G. Ptuškinas Verdienst, anhand der Titelüberschriften und der Pagination der sog. Amsterdamer Handschrift auf diesen Zusammenhang aufmerksam gemacht zu haben (1985, 73). Die gültige textkritische Veröffentlichung des „Rasskaz o semejnoj drame" findet sich bei Ptuškina (1997).

Gercen

rechte Vatergewalt wird in Gercens Selbstentwurf mit allen Attributen romantischen Heldentums ausgestattet: Treueschwur und Freundschaftskult, Verfolgung und Märtyrertum bilden die Präliminarien zum hart erkämpften Triumph der sensiblen Söhne über die verkalkten Väter. So sieht es die Vision vor, und Gercen interpretiert den Zugriff der zaristischen Justiz auf seine Person als Bestätigung der eigenen Konzeption. Am 5. Dezember 1835 beschreibt Gercen in einem Brief an Natalie die Zeit seiner Haft in Moskau mit unverhohlener Selbstverliebtheit:

> Das war eine wundervolle Zeit für meine Seele! Damals war ich groß und edel, damals war ich ein Dichter, ein großer Mann! Wie verachtete ich die Unterdrückung, wie standhaft ertrug ich alles und wie mutig widerstand ich den Verführungskünsten der Inquisitoren! Das ist die beste Zeit meines Lebens. Sie war bitter für meine Eltern, für meine Freunde, aber ich war glücklich. (IX, 58)

Dem gleichen Maßstab höchster Exaltation hat auch die Konstruktion der persönlichen Liebe zu genügen. Gercens romantischer Selbstentwurf benötigt eine Inkarnation des Ewig Weiblichen, eine Heilige, die über eine empfindsam-tragische Vergangenheit verfügt. In der Verbannung von Vjatka entspinnt sich eine Affäre mit Pauline (Praskov'ja) Medvedeva, einer jungen Frau, die fünfzehnjährig mit einem älteren Beamten verheiratet wurde und nun mit drei Kindern und ihrem schwer erkrankten Mann ein bemitleidenswertes Leben führt. Gercen gefällt sich zunächst in der Rolle des jugendlichen Retters. Bald aber spielt das Leben seinem literarischen Spiel einen Streich: Der kranke Ehemann, bisher Garant der Unverbindlichkeit von Gercens sentimentaler Kavalierspose, stirbt. Das Realitätsprinzip darf seine Rechte einfordern, einer Heirat mit der beinahe gleichaltrigen Witwe steht nichts im Wege. Gercen fühlt wenig später, wie seine Liebe „erkaltet". Im Rückblick kann er sich trotz seines schlechten Gewissens immerhin zugute halten, daß er mit der Geliebten „aufrichtig" über seine Gefühle gesprochen hat (VIII, 342). Die Wunde, die diese fehlgeschlagene Inszenierung eines romantischen Liebesdramas Gercen zufügt, geht tief: Noch in *Erlebtes und Gedachtes* [*Byloe i dumy*], einem Werk, das sonst nur politisch begründete Anonymisierungen kennt, erscheint die Witwe aus Vjatka nur mit der Initiale P.

Zur Umsetzung seines romantischen Selbstenwurfs scheint Gercen eine andere Lösung geeigneter als die sentimentalistisch immer noch ausbeutbare Existenz eines Familienvaters mit Adoptivkindern in der russischen Provinz. Die Lösung naht in der Person von Natalie Zachar'ina, einer unehelich geborenen Cousine, die unter dem herzlosen Regime der Stieftante aufgewachsen ist. Gercen verwendet bei der Schilderung seiner „großen"

Ichentwürfe

Liebe einen Kunstgriff, den bereits Aksakov in der *Familienchronik* [*Semejnaja chronika*] erfolgreich eingesetzt hatte: Die Sympathie des Lesers für die weibliche Protagonistin wird über ihre märchenhafte Genealogie, nämlich durch das Aschenputtelmotiv gesteuert. Abermals wirft Gercen sich in die Pose des Retters: Die entrechtete und unterdrückte Cousine wird zum Ziel seiner erotischen Phantasien. Das Realitätsprinzip hat hinter dieser Konstruktion zurückzustehen: Während seiner Unversitätszeit hatte Gercen die unscheinbare Natalie kaum wahrgenommen, sie wird für ihn erst in der Zeit seiner Verbannung attraktiv. Vermutlich ermöglicht erst diese Trennung das durch Briefe vermittelte Zusammenfinden solch unterschiedlicher Naturelle wie Gercen und Natalie: Hier der Wunsch nach praktischem Handeln, nach politischer Tätigkeit, dort die mystische, religiös verklärte Sehnsucht nach dem Jenseits (Malia 1961, 172). Auf diese Weise aber erblickt Gercen in den exaltierten Briefen seiner Seelenfreundin gerade jenen Beweis für ihre prädestinierte Zusammengehörigkeit (XXI, 94, Malia 1961, 174), den in Medvedevas Fall nicht einmal der Tod des hindernden Ehemannes liefern konnte.

Der problematische Wechsel des eigenen libidinösen Engagements von Pauline zu Natalie wird von Gercen zusätzlich in einem literarischen Text bewältigt. In seiner sentimentalen Erzählung „Elena" (1837) gestaltet er den Liebesverrat eines jungen Fürsten an seiner Geliebten. Die Verlassene stirbt, der Fürst heiratet zwar eine „heilige" Frau, verliert aber ob seiner Gewissensbisse den Verstand. Das Ehepaar kniet am Grab der Verstorbenen nieder und bittet um Vergebung, die ihnen aus dem Jenseits in Anerkennung ihrer reinen Liebe auch gewährt wird.

Es ist dies nicht das erste Mal, daß Gercen sein eigenes Handeln in empfindsamer Romantik sublimiert. Bereits zwei Jahre früher hatte Gercen in der „Legende der Heiligen Feodora [Legenda o svjatoj Feodore]" sein Leben in Literatur verwandelt und damit versucht, problematische biographische Tatsachen in einem fiktionalen Sinnentwurf aufzuheben. Die Selbstentwürfe wechseln, die Wertung bleibt gleich: In seinen Briefen an Natalie ist Gercen der gefallene Dämon, der von der reinen Jungfrau erlöst wird, in der „Legende" ein Märtyrer, der um der Wahrheit willen sogar sein Leben opfert, in „Elena" ein unglücklicher Fürst, der auf tragische Weise an seiner früheren Geliebten schuldig wird.

Auf diese Weise gelingt es dem frühen Gercen, seine Biographie in einer Reihe romantischer Plots zu kodieren. In einem Brief aus dem Jahr 1836 heißt es explizit:

> Ich will auf alle Fälle in jedem meiner Werke einen einzelnen Teil meines Seelenlebens erblicken; ihre Gesamtheit soll meine hieroglyphische Biographie sein. (XXI, 76)

Gercen

Zur Konstruktion der eigenen Jugend gehören bei Gercen zwei Personen, die zu unabdingbaren Requisiten seines romantischen Heldentums werden. Die romantische Imago von Natalie als Heiliger (Ginzburg 1957, 248; 1997, 49) verbindet sich in Gercens Phantasie der dreißiger Jahre mit dem zweiten zentralen Symbol seines Selbstentwurfs: Ogarev steht für die hohe Sache des Freiheitskampfes. Gercens jugendliche Libido bewegt sich zwischen diesen beiden Polen: Sowohl Natalie als auch Ogarev stellen sich in seinem emotionalen Haushalt letzlich in den Dienst des gleichen Ideals: dem Kult eines Ich, das zu außergewöhnlichen erotischen wie politischen Eroberungen berufen ist. Anfang September 1837 schreibt Gercen an Natalie:

> All meine Gefühle für sie [sc. die Menschen, U.S.] sind um zwei Ideale von gottgleicher Heiligkeit konzentriert: um Dich und Og[arev]. In euch beiden liebe ich die Menschen und mich selbst. (XXI, 201, vgl. auch 94)

Es ist bemerkenswert, wie stark Gercens Darstellung seiner Liebe auch noch in *Erlebtes und Gedachtes* [*Byloe i dumy*] von der romantischen Konzeption der dreißiger Jahre geprägt ist. Gercen fügt seiner Autobiographie sogar eine Auswahl seiner Briefe an Natalie aus dem Gefängnis bei[19] und versäumt es nicht, Natalies sentimentale Rezeption (VIII, 389) in einer Fußnote zu dokumentieren: „Auf dieser Notiz sind Tränenspuren sichtbar [...]. Natalie trug diese Notiz mehrere Monate bei sich." (VIII, 394) Und noch in einem Brief vom 23. September 1858 bekennt Gercen:

> In meinem Leben habe ich zwei wirklich große und edle Persönlichkeiten [две истинно великие и изящные личности] getroffen: unsere Verstorbene [sc. Natalie, U.S.] und Ogarev. (XXVI, 211)

Gercen expliziert in *Erlebtes und Gedachtes* [*Byloe i dumy*] die romantische Färbung seiner Schilderung von Natalie und Ogarev. Das Insistieren auf der anhaltenden Beständigkeit wird hier zum Nachweis der Echtheit des ursprünglichen Gefühls. Auch aus der zeitlichen Entfernung bekräftigt Gercen noch die romantische Stimmung des Treueschwurs mit Ogarev auf den Sperlingsbergen:

---

[19] Ginzburg (1957, 65 f.) weist darauf hin, daß Gercen die in *Byloe i dumy* zitierten Briefe Natalies seinem Idealbild (прост, поэтичен, истинен) entsprechend stilistisch abgeändert hat.

Ichentwürfe

> Diese Szene mag sehr angestrengt, sehr theatralisch wirken, aber ich bin noch nach sechsundzwanzig Jahren zu Tränen gerührt, wenn ich an sie denke, sie war auf heilige Weise aufrichtig, das bewies unser ganzes Leben. (VIII, 81)

Auch der Einschluß von Gercens Briefen an Natalie in den Text von *Erlebtes und Gedachtes* [*Byloe i dumy*] geschieht nicht vorbehaltslos: „[...] Werden nicht diese mir teuren Zeilen auf ein kaltes Lächeln stoßen?" (VIII, 389) Trotz seines Zweifels an der Kompatibilität des exaltierten Jugendgefühls mit dem abgeklärten Lebensentwurf der fünfziger Jahre ändert Gercen aber nichts Grundsätzliches an der romantischen Präsentation seiner „Heiligtümer".

Solch „geringen Gewinn an gesundem Menschenverstand" (Malia 1961, 179) sollte man jedoch nicht als verpaßte Entwicklung deuten, sondern als kohärenzbildendes Einpassen der privaten Liebe in die historischen Geschehnisse, die ja erklärtermaßen den Kern von Gercens Autobiographie ausmachen. Programmatisch stellt Gercen dem dritten Teil von *Erlebtes und Gedachtes* [*Byloe i dumy*] ein Autozitat als Motto voraus:

> Erwartet von mir keine lange Erzählung über mein inneres Leben jener Zeit ... [...] Ergänzt selbst, was fehlt, erratet es im Herzen – ich aber werde über die äußeren Seiten, über die Umstände schreiben und selten, selten mit einer Andeutung oder einem Wort meine streng gehüteten Geheimnisse anrühren. (VIII, 309)

Die Darstellung des Privatlebens folgt mithin einem pragmatischen Kriterium: Gercens selbstloser Kampf für soziale Gerechtigkeit soll sich in seiner reinen Liebe spiegeln. Für die persönliche Katastrophe heißt dies: Die Attacke des Bösewichts Herwegh auf die heilige Familie Gercen muß so niederträchtig wie möglich erscheinen. Deshalb zeichnet Gercen seine Liebe in den rosigsten Farben. Der Bericht über Natalies Ernüchterung hat in dieser Schilderung ebensowenig Platz wie Gercens Affäre mit einem Stubenmädchen. Zehn Jahre Ehe haben bei beiden Partnern ihre Spuren hinterlassen. In einem Brief aus dem Jahr 1846 schreibt Natalie an ihren Mann:

> Ja, Aleksandr, ich fühle genau, daß die Reife über uns gekommen ist; die Romantik mit ihren vagen Zielen und mit ihrem starren Blick in neblige Weiten hat uns verlassen, und auf immer. [...] Ja, Aleksandr, die Romantik hat uns verlassen, und wir sind keine Kinder mehr, sondern Erwachsene; wir fühlen und sehen klarer und tiefer. Der exaltierte Enthusiasmus, das Lebensfieber der Ju-

gend, die Anbetung der Idole sind vorüber. All das ist nun weit von uns, hinter uns. Ich sehe Dich nicht mehr wie früher auf einem Piedestal, auch erblicke ich nicht mehr den Heiligenschein, von dem mir dein Haupt umleuchtet schien. (Montanelli 1961, 31; Zimina 1997, 546)

In einem Brief vom 26. Juni 1851 benennt Natalie explizit auch die linguistische Dimension ihrer ernüchterten Diagnose:

Die Zeit des artistischen Redens ist vorbei, die Zeit, in der du dich an dir selbst freust und nicht weisst, welches Instrument du zur Hand nehmen sollst, um dich auszudrücken und mitzuteilen – alle Instrumente gehen schließlich kaputt, s'usent, und man wirft das letzte fort, wenn es schon nicht mehr nötig ist, – bei aller Sympathie oder Leidenschaft, oder aus Verzweiflung. (Zimina 1997, 572)

Zwei Gefahren drohen der romantisch konstruierten Liebe: Von innen das auf beiden Seiten erkaltende erotische Interesse, von außen das Auftreten von Rivalen. Gercen hat die Schilderung seines Seitensprungs mit einer attraktiven Kammerzofe im Jahr 1843, einen der schriftstellerischen Höhepunkte von *Erlebtes und Gedachtes* [*Byloe i dumy*], nicht in den endgültigen Text aufgenommen:

Als ich einmal spät nachts nach Hause kam, mußte ich durch die Hintertür eintreten. Katerina öffnete mir die Tür. Man sah, daß sie eben erst das Bett verlassen hatte, ihre Wangen waren vom Schlaf gerötet – sie hatte einen Schal umgeworfen, der kaum hochgebundene dichte Zopf war bereit, als schwere Welle niederzufallen ... Es war in der Morgenröte. Sie schaute mich an und sagte lächelnd: „Wie spät Sie kommen."

Ich schaute sie an, mich an ihrer Schönheit berauschend und legte instinktiv, halbbewußt die Hand auf ihre Schulter, der Schal fiel ... sie stöhnte ... ihre Brust war entblößt.

„Was machen Sie", flüsterte sie, schaute mir erregt in die Augen und wandte sich ab, wie um mich ohne Zeugen zu lassen ... Meine Hand berührte den vom Schlaf erhitzten Körper ... Wie schön ist die Natur, wenn der Mensch sich ihr selbstvergessen hingibt – sich in ihr verliert ...

In dieser Minute liebte ich diese Frau, und in dieser Berauschung war etwas Umoralisches ... jemand wurde beleidigt, erniedrigt ... wer? Das nächste, mir liebste Wesen auf der Welt.

Ichentwürfe

> Meine leidenschaftliche Erregung hatte einen zu ephemeren Charakter, als daß sie sich meiner hätte bemächtigen können – hier gab es keine Wurzeln (auf beiden Seiten, sie war kaum berauscht), und alles wäre spurlos vorübergegangen, hätte ein Lächeln hinterlassen, eine erhitzte Erinnerung und vielleicht zweimal ein Aufleuchten der Farbe auf den Wangen ...
> Es kam anders, es mischten sich andere Kräfte ein; ich hatte den Stein unbedacht ins Rollen gebracht ... ihn anzuhalten, ihn zu lenken war nicht in meiner Macht ... (IX, 96)

Die eigene moralische Verfehlung wird hier auf doppelte Weise abgeschwächt: durch den im entscheidenden Moment auftauchenden Gedanken an die Ehefrau und durch den Hinweis auf die höhere Gewalt, die den Lauf der Dinge bestimmt.[20] Aber auch ein solchermaßen entschärfter Bericht hätte Gercens autobiographische Grundkonzeption gestört: Nicht einmal die Möglichkeit einer ernstzunehmenden Konkurrenz für die „heilige" Natalie kann zugelassen werden.

Der exklusive Geltungsanspruch der einmal errichteten Ikonen dominiert auch noch den Bericht in den Teilen VI bis VIII von *Erlebtes und Gedachtes* [*Byloe i dumy*]. Gercen beschränkt sich hier auf die Charakterisierung der verschiedenen politischen Fraktionen im Emigranten-London der fünfziger Jahre. Aus seinem Privatleben gäbe es zwar schon Ereignishaftes zu vermelden, allerdings würde ein solcher Bericht die unité de doctrine von Gercens Autobiographie auf das empfindlichste stören.[21]

---

[20] Dieselbe Rechtfertigungsstrategie hatte Gercen bereits bei der Schilderung seiner Affäre mit Pauline Medvedeva eingesetzt: „Sie in jener Minute zu verlassen, als ihr, mein Herz so stark schlug – das hätte übermenschliche Kraft erfordert und wäre sehr dumm gewesen." (VIII, 340) Ein Vergleich mit der Tagebuchversion von Gercens Seitensprung zeigt, daß Gercen dort viel schärfer mit sich selbst ins Gericht geht, während er in *Erlebtes und Gedachtes* [*Byloe i dumy*] bemüht ist, seine Schuld zu mildern (Ginzburg 1957, 302).

[21] Es ist erstaunlich, mit welcher Konsequenz die sowjetische Literaturwissenschaft Gercens Selbstentwurf gefolgt ist. Ėl'sbergs Gercen-Biographie schildert die Tučkova-Affäre auf knapp drei Seiten und verdreht die persönliche Krise in eine Apologie des historischen Denkers: „Über sein wie auch immer geartetes persönliches Leben in den sechziger Jahren hätte Gercen auf keinen Fall in *Erlebtes und Gedachtes* [*Byloe i dumy*] erzählt, weil er verstand, daß vor dem Hintergrund des Heranwachsens einer neuen revolutionären Generation, wie sie Černyševskij in *Was tun?* [*Čto delat'?*] dargestellt hat, diese ‚private' Seite seines Lebens über keine historische Bedeutung mehr verfügte." (Ėl'sberg 1951, 497) Noch Tunimanov (1994, 98) wiederholt den von Gercen selbst in die Welt gesetzten Mythos der schonungslosen Selbstkritik und Aufrichtigkeit des autobiographischen Berichts.

Gercen

1856 trifft Ogarev mit seiner zweiten Frau Natal'ja Tučkova (1829-1913) in London ein. Damit nimmt ein ménage à trois seinen Anfang, der den Verlauf von Gercens Privatleben bis zu seinem Tod im Jahr 1870 dominieren sollte. Es stellt sich jedoch bald heraus, daß Gercens Zusammenleben mit den Ogarevs eine Wendung nimmt, deren Tragik der Katastrophe der Jahre 1848 bis 1852 in nichts nachsteht (Acton 1979, 127, Carr 1968, 164-178, 218-214).[22]

Bereits nach wenigen Monaten bemerkt Gercen im Verhalten der jungen Natal'ja eine Intimität, die ihm die glückliche Dreiergemeinschaft zu gefährden scheint. Ende 1856 schreibt er an Ogarev:

Ich habe in Natalies Freundschaft zu mir mehr Leidenschaft bemerkt, als mir lieb ist. Ich liebe sie von ganzer Seele, tief und heiß – aber dies ist überhaupt keine Leidenschaft, für mich ist sie dasselbe wie du, ihr beide seid meine Familie und, wenn man die Kinder hinzurechnet, alles was ich habe. Ich habe mich in Putney erst von ihr ferngehalten, sie hat mich nicht verstanden und war dadurch so betrübt, daß ich mich beeilt habe, sie zu trösten. Außerdem mußte ich, der ich so lange ohne jedes warme weibliche Element war, durch ihre geschwisterliche Freundschaft zutiefst gerührt sein. Du wolltest sie; meine reine Nähe zu deiner Freundin war für mich ein neues Unterpfand unseres Trios. Aber als ich sah, daß sie anfängt zu schwärmen, hielt ich dies immer noch für ein Resultat ihres hitzigen Charakters und ihrer ungewohnten Selbstbeherrschung – schließlich sieht sie in mir Nataša, den Beschützer nach ihrem Tod, deinen Freund, Bruder und meine Sympathie. [...] Wieviele Grenzen ich auch aufgestellt habe, ihr beide habt sie durchbrochen, euer Vertrauen habe ich verdient – tapfer und rein stehe ich vor dir, Freund meiner Jugend, aber noch einen Schritt weiter, und ein neuer Abgrund öffnet sich unter den Füßen. (XXVI, 62 f.)

Gercens Ich-Ideal, das den moralisierenden Ton dieses Briefes bestimmt, weist zwei Aspekte auf: Einerseits ist Gercen der treue Freund Ogarevs, andererseits führt er die ehrenhafte Existenz eines Witwers, der das Andenken an seine verstorbene Frau unter allen Umständen heilig hält. Allerdings straft Gercens tatsächliches Verhalten die im Brief an Ogarev so selbstsicher vorgetragene Haltung Lügen. Die Geburt von Gercens und

---

[22] Ogarev hat die chaotischen Verhältnisse in einem Dramenentwurf mit dem Titel „Bedlam ili Den' iz našej žizni" parodiert (Geršenzon 1917, 194-200).

Ichentwürfe

Natal'jas Tochter Liza im Jahr 1858 setzt allen Selbstbespiegelungen ein ernüchterndes Ende. Der Schluß, den Gercen aus diesem Ereignis, das man als Fleischwerdung seines Verrats bezeichnen könnte, ziehen muß, ist unabweisbar: Gercen hat sich auf frevelhafte Weise an beiden Heiligtümern jenes romantischen Selbstentwurfs vergangen, der seit seiner Jugend seine Gültigkeit nicht eingebüßt hat. Befleckt ist nicht nur die idealisierte, einzige Liebe zu Natal'ja Gercen, sondern auch der Treueschwur mit Ogarev.

Drei Jahre später gebiert Natal'ja Tučkova Zwillinge, die allerdings bereits im Jahr 1864 sterben. Liza, „Lelja-boy" und „Lelja-girl" werden als Kinder Ogarevs registriert, sie nennen Ogarev „Papa" und Gercen „Onkel" (Śliwowcy 1973, 335). Ogarev, der um seine Sterilität weiß, flüchtet sich in den Alkohol und beginnt eine enge Beziehung zu der Prostituierten Mary Sutherland, die er bis zu seinem Tod im Jahr 1877 protegiert (Partridge 1984, 120).

Gercen reagiert auf den Zusammenbruch seines hehren Selbstentwurfs mit Verdrängung. Sein Sohn Saša erfährt erst nach zwei Jahren, daß Liza seine Halbschwester ist (Śliwowcy 1973, 342). Gercen selbst erwähnt seine Affäre mit Natal'ja Tučkova in *Erlebtes und Gedachtes* [*Byloe i dumy*] mit keinem Wort, in seinen Briefen aus den fünfziger und sechziger Jahren kaum, und auch in den fragmentarischen Tagebuchaufzeichnungen aus jener Zeit kann er sich nur mit Mühe zu einem Schuldeingeständnis durchringen. Am 15. Juni 1860 notiert Gercen:

> Ich bin schrecklich müde – das ist offensichtlich das Alter. Jede Anstrengung hinterläßt eine Spur. Ich habe keine Kraft, dem entgegenzuwirken, es fehlt mir *des Trostes* [im Original deutsch, U.S.] ... und, was am wichtigsten ist, der Mensch sehnt sich nicht nach einem Sieg, sondern nur nach Ruhe. Daß man ihm endlich heilige Ruhe gewährt ...
>
> Ich habe geglaubt, diese Zeit werde eine Zeit der Arbeit, der inneren Bereicherung sein – aber es erweist sich, daß es eine Zeit der Sehnsucht, der Unruhe ist, die an Schmerz grenzt, oft mit Gewissensbissen.
>
> Und auch wenn man in Momenten nüchterner Reflexion über all dies lachen kann, drängt sich dennoch die Frage auf: „Es scheint mir, daß ich das nicht verdient habe?"
>
> Habe ich es wirklich nicht verdient?
>
> Der Fehler steckt in der Formulierung selbst ... Man muß fragen, ob all das, was mit mir geschieht, einen Grund hat ... Ein Grund findet sich fast immer. Ein äußerlicher, deshalb berührt er

mich nicht, ein anderer verletzt gerade deshalb, weil ich *Schuld* fühle. (Śliwowcy 1973, 341 f.)

Noch konsequenter als Gercen tabuisiert Natal'ja Tučkova die Herkunft ihrer Kinder. In ihren Memoiren erwähnt sie Lizas Geburt nur in einem Nebensatz, die Existenz der Zwillinge wird überhaupt verschwiegen (1959, 141, 214).[23]

Im Kontext von *Erlebtes und Gedachtes* [*Byloe i dumy*] nimmt sich Gercens Affäre mit Natal'ja Tučkova als Fremdkörper aus, weil sie absolut inkompatibel mit der gesamten Axiologie ist, die in dem von Gercen als endgültig betrachteten Text der ersten fünf Teile aufgestellt worden ist. Alle vorher sorgfältig präsentierten Werte wären durch eine Ausarbeitung dieses Handlungsstrangs in Frage gestellt: Gercen selbst hätte sich der Rolle seines Erzfeindes Herwegh angenähert, der dem Verbündeten die Frau stiehlt; Natalie würde als exklusive Adressatin von Gercens Libido entweiht; Ogarev schließlich hätte sich vom energischen Kampfgefährten zum gehörnten Kleinbürger gewandelt, der einer englischen Prostituierten verfällt.

Gercen berichtet nach der Katastrophe mit Herwegh nichts aus seinem Privatleben, nicht weil es nichts zu erzählen gibt, sondern weil das zu Erzählende nicht mit dem bisher Erzählten in Übereinstimmung gebracht werden kann. Man darf sogar noch weiter gehen: Der auffällig halböffentliche Status der „Erzählung über das Familiendrama" der Jahre 1848 bis 1852 verdeckt als naheliegender Skandal das eigentlich Skandalöse der letzten beiden Lebensjahrzente Gercens. Aus dieser Sicht wird verständlich, warum Gercen immer wieder vieldeutig auf das „Besondere" dieses Textes hinweist, ihn auszugsweise veröffentlicht, kurz: alles unternimmt, um die ungeteilte Aufmerksamkeit des Lesers auf diesen Abschnitt seiner Autobiographie zu lenken.[24]

Als Teil des wirklichen Tabus, das von dem sorgsam konstruierten Scheintabu der Jahre nach 1848 überragt wird, muß man auch die Entwicklung von Gercens Kindern betrachten. Gercen ist sich nach dem Tod seiner Frau sehr wohl der Gefahr eines Familienzerfalls bewußt, in den

---

[23] In Natal'ja Tučkovas Tagebuch findet nur die erste Schwangerschaft Erwähnung (Geršenzon 1917, 180). Gleichzeitig äußert sie auch den Gedanken an Selbstmord (182, 189). – Bezeichnenderweise werden auch in der fünfbändigen sowjetischen Lebenschronik Gercens diese Geburten nur marginal erwähnt (Gurvič-Liščiner 1974, II, 437, III, 264).

[24] Auch Natal'ja Tučkova hat vermutlich aus demselben Grund eine Publikation der Herwegh-Episode stark unterstützt (Roskina 1956, 518).

sechziger Jahren kommt er jedoch nicht umhin, die völlige Entfremdung der Kinder von seinen eigenen Idealen zu konstatieren (Krasovskij 1953, 448, 453, Matjušenko 1958, 560). Wiederholt bedauert Gercen das mangelnde Interesse seines Sohnes Aleksandr, der an der Universität Bern Medizin studiert, an gesellschaftspolitischen Fragen und nennt ihn resigniert einen „Deutschschweizer" (im schlechtesten Sinn des Wortes), dem das Schicksal Rußlands egal sei (Śliwowcy 1973, 340). Auch die älteste Tochter Tata entfernt sich in den Jahren von Gercens schwieriger Affäre mit Natal'ja Tučkova immer mehr von ihrem Vater und zieht schließlich zu ihrem Bruder nach Florenz (Anciferov 1956, 455).

Ihren deutlichsten Ausdruck findet Gercens Entfremdung von seinen Kindern jedoch in der schillernden Gestalt der Malwida von Meysenbug (1816-1903), die in den fünfziger Jahren als Erzieherin in Gercens Londoner Haushalt wirkt und später seine Tochter Ol'ga adoptiert. „Ein pathologischer Fall, aber das wahre Unglück ist, daß sie auch meine Nachkommenschaft zu einem pathologischen Objekt hat werden lassen", so wird sie von Gercen charakterisiert (Montanelli 1961, 189). In der Tat muß die eigenartige Mischung aus preussischem Kasernengeist und mystischer Verzückung, wie sie Malwida von Meysenbug verkörpert, einem liberalen Denker wie Gercen als Schreckgespenst erscheinen (XXX, 249; Gidžeu 1997, 645 ff.). Malwida von Meysenbug verfügt nach eigenem Bekunden über „die fortwährende Autorität, die in Atem erhält", auch beherrscht sie genau jene „Kunst zu befehlen", die sie bei Vater Gercen vermißt (Meysenbug 1906, II, 228). Bereits ein einziger Blick weist die Zöglinge auf das Tadelnswerte ihres Verhaltens hin (234), Geschenke des Vaters werden unterbunden, da sie die kindliche „Zerstörungslust" wecken (311). Malwida von Meysenbugs erklärte Erziehungsabsicht besteht darin, den Gercen-Kindern den „Stempel" ihrer „Individualität" aufzudrücken (III, 226). Es kommt 1856 zur Trennung zwischen Gercen und der überzeugten Buddhistin, die gleichzeitig eine feurige Wagner-Verehrerin ist (Meysenbug 1926, 49, 81).

Der äußere Anlaß ist die „unselige Natalie" Tučkova-Ogareva (80), von der Malwida von Meysenbug aus der Position der Erzieherin verdrängt wird. In ihren Memoiren spricht Malwida von Meysenbug meist nur feindlich von der „russischen Dame" und beklagt das „peinliche Etwas" (1906, II, 312), das sie in Gegenwart der Rivalin empfindet.

Es steht zu vermuten, daß die Figur Malwida von Meysenbugs zu eng mit der Tučkova-Affäre vernetzt ist, als daß Gercen sie isoliert in seine Autobiographie hätte aufnehmen können. Die Einführung der exzentrischen Erzieherin hätte ein verdächtiges Licht auf Gercens Rekonstruktion seines tätigen Lebens geworfen: Ein solches Ende hätte *Erlebtes und Gedachtes* [*Byloe i dumy*] in einen nüchternen Bericht über den Zerfall aller Ideale verdreht, in die Geschichte des Niedergangs einer Familie, des Verrats der Freundschaft, der Entfremdung von den eigenen Kindern (XXX, 34). Der Masterplot von *Erlebtes und Gedachtes* [*Byloe i dumy*] ist aber das tragische Schicksal eines moralisch über alle Zweifel erhabenen Revolutionärs, der in einer romantischen Ehe lebt und über einen zuverlässigen Kampfgefährten verfügt.

In den späten fünziger und den sechziger Jahren befindet sich Gercen in der unkomfortablen Situation eines Autobiographen, dem die Geschichten ausgegangen sind. Der Vorrat an Plots ist begrenzt, die Rollenzuteilung stark restringiert. Sowohl die Geschichte „Tragischer Held mit zerstörtem Familienleben arbeitet als einflußreicher Politiker weiter" als auch die Geschichte „Tragischer Held geht unschuldig zugrunde" sind nicht mehr auf Gercens Schicksal anwendbar. In *Erlebtes und Gedachtes* [*Byloe i dumy*] weicht Gercen der Frage nach einer persönlichen Schuld konsequent aus. Dabei hatte Gercen selbst noch 1846 diese Frage in seinem bekanntesten Roman auf eindringliche Weise gestellt. Wenn man *Wer ist schuld?* [*Kto vinovat?*] auf seine psychohygienische Funktion hin untersucht, so bleibt nur festzustellen, daß hier die sozialpolitische Motivierung der Tragödie für das Individuum ent-„schuldigend" wirkt. Mit anderen Worten: Gercen entwirft mit seinem ambivalenten Helden Bel'tov eine Identifikationsfigur, die gerade nicht die letzte Verantwortung für ihr Handeln trägt. Damit kann der Roman therapeutisch auf die Rechtfertigungsdefizite, die der junge Autor bei sich selbst feststellt, einwirken. Noch einmal ist die Petersburger Gesellschaft, für die Gercen immer wieder Nikolaj als Chiffre einsetzt, schuld. Diese bequeme Art der Schuldzuweisung wird nach 1855 aus einem doppelten Grund unmöglich: Einerseits setzt der „Befreier-Zar" Aleksandr II. nach dem Tod des „Gendarmen" Nikolaj beträchtliche Handlungs- und damit auch Verantwortungsspielräume für das Individuum frei, Gercen verliert sein Feindbild auf einen Schlag. Andererseits läßt sich eine persönliche Schuld Gercens am Niedergang seiner Familie nicht mehr von der Hand weisen.

Erlebtes und Gedachtes [*Byloe i dumy*] stellt zwar ein großartiges Epochengemälde, ein Gruppenbild einflußreicher Politiker dar, allerdings gibt es darin weiße Flecken. Verhängnisvoll für Gercen ist, daß die Dame (N.A. Tučkova-Ogareva), die in diesem Gruppenbild fehlt, gewissermaßen den Fluchtpunkt aller Mißerfolge darstellt, für die Gercen selbst die Verantwortung trägt.[25] Es ist bezeichnend, daß Gercen in den letzten Ka-

---

25 Vgl. dazu den Brief von Gercens Tochter Tata an M.K. Lemke, den Herausgeber der ersten Werkausgabe: „Die Franzosen sagen: ‚Cherchez la femme.' Ich würde in diesem Fall sagen: ‚Cherchez Natal'ja Alekseevna [Tučkova, U.S.].' Sie wissen ja, wie-

Ichentwürfe

piteln seiner Autobiographie nicht mehr die eigene Person, sondern andere positive Figuren ins Zentrum der Darstellung rückt. Das Scheitern von Gercens eigenem Lebensentwurf kann so auf eine persönliche Tragödie beschränkt werden – Gercen weist die andauernde Gültigkeit seiner politischen Überzeugungen an alternativen Biographien nach.

Die epochale Leistung von Gercens Autobiographie liegt indes weniger in ihrem politisch-philosophischen Gehalt als vielmehr in der Ausarbeitung einer innovativen Selbstdarstellungstechnik, die sich nicht zuletzt auch in einem ausgeprägten sprachlichen Individualstil äußert. Es steht zu vermuten, daß der Erfolgszug des biographischen Prosaromans in Rußland für Gercens Autobiographie eine wichtige Rolle gespielt hat. Erst verhältnismäßig spät entdeckt die russische Literatur die ästhetischen Möglichkeiten, die sich in der romanhaften Gestaltung von Biographien anbieten. Hervorzuheben sind in diesem Zusammenhang vor allem Ivan Gončarovs *Eine gewöhliche Geschichte [Obyknovennaja istorija]* (1847) sowie Gercens eigener Roman *Wer ist schuld? [Kto vinovat?]* (1847).

Man kann den Roman *Wer ist schuld? [Kto vinovat?]* durchaus als preuve de plume für das große Projekt *Erlebtes und Gedachtes [Byloe i dumy]* bezeichnen. Gerade das gegenüber dem Roman verspätete Auftreten einer anspruchsvoll komponierten Autobiographie deutet darauf hin, daß erst die darstellungstechnischen Errungenschaften des Prosaromans die Voraussetzungen für eine selbstbewußt gestaltende Beschreibung des eigenen Lebens geschaffen haben. Wichtig ist in diesem Zusammenhang vor allem das funktionelle Zusammenspiel einer elaborierten Personencharakterisierung einerseits und einer komplexen Handlungsführung andererseits – beide Elemente konstituieren den Prosaroman, der in der zweiten Hälfte des 19. Jahrhunderts in Rußland zur dominierenden Literaturgattung aufsteigt und andere Diskurse stark beeinflußt.

Das vielleicht berühmteste Beispiel für die romanhafte Darstellung einer persönlichen Entwicklung bietet Tolstojs Trilogie *Kindheit [Detstvo]* (1852), *Knabenjahre [Otročestvo]* (1854) und *Jugend [Junost']* (1854). Dieses Werk tritt nicht mehr mit einem autobiographisch-dokumentierenden Anspruch auf, sondern nähert sich einem Bildungsroman an. Gerade das Vorschieben eines fiktionalisierten erzählenden/erlebenden Ich zeigt, daß Tolstoj mit seiner Trilogie eine exemplarische Charakterstudie geben will, die auf eine ästhetische Rezeption zielt. Im Vordergrund der Darstellung steht nicht die konkrete Persönlichkeit des Autors, sondern

viel Uneinigkeit sie in unserer Familie durch die Nähe zu meinem Vater stiftete." (Gidžeu 1997, 647)

Gercen

eine Romanfigur, die als Produkt einer künstlerischen Abstraktionsleistung verstanden werden muß.

Gercen verfolgt ein anderes Darstellungsinteresse: Ihm geht es um das eigene Ich, dessen einzigartiger Lebensweg eine kohärente narrative Deutung verlangt. Es spricht für Gercens schriftstellerische Fähigkeiten, daß seine Selbstpräsentation von der Leserschaft als gültige Biographie anerkannt worden ist.

13. Funktionen und Textstrategien der Autobiographie

Die maßgebliche Bibliographie der russischen Memoirenliteratur *Geschichte des vorrevolutionären Rußland in Tagebüchern und Memoiren* [*Istorija dorevolucionnoj Rossii v dnevnikach i vospominanijach*] verzeichnet für den Zeitraum von 1650 bis 1850 mehr als 3000 einzelne Texte. Die hier vorgestellten Autobiographien können mithin nicht den Anspruch erheben, das vorhandene Korpus auch nur annäherungsweise zu repräsentieren. Allerdings zeigen sie auf exemplarische Weise, welche Modelle im Rußland der frühen Neuzeit den autobiographischen Diskurs steuern und wie sich die einzelnen Texte im Spannungsfeld zwischen Tradition und Innovation verhalten.

Im folgenden soll ein zusammenfassender Überblick über die verschiedenen Erscheinungsformen des autobiographischen Schreibens in Rußland gegeben werden. Einerseits ist dabei auf die psychologischen Funktionen des jeweiligen Ichentwurfs hinzuweisen, andererseits sollen jene Strategien resümiert werden, die bei der textuellen Umsetzung der zu erzählenden Biographie zum Einsatz gelangen. Zunächst werden die grundlegenden psychologischen Funktionen des Ichentwurfs in ihrer Relevanz für die einzelnen autobiographischen Texte dargestellt: Die Sicherung von Identität, Individualität und Entität bildet den Grundmechanismus der Subjektkonstitution; Selbsttherapie oder gesellschaftliche Einflußnahme können die pragmatische Situation des Ich bestimmen; Konsistenzbildung und Inventarisierung zielen auf die Ordnung disparater Lebensereignisse, Assimilation (kognitives Anpassen der Realität an das Ich) und Akkommodation (Anpassen des Ich an die Realität) beschreiben zwei Grundmodi des Verhältnisses von Subjekt und Welt, die sich in ihrer Dominanz fallweise abwechseln können.

Im zweiten Teil der Zusammenfassung wird auf die Textstrategien hingewiesen, welche die genannten psychologischen Funktionen ins Werk setzen. Als wichtigste Verfahren der textuellen Realitätsrepräsentation und -deformation sind Ausblendung, Konjektur und Katalog zu nennen; die komplexe Wechselwirkung von Fiktion und Tatsachenbericht bildet ein zentrales hermeneutisches Problem, vielleicht aber auch den produktivsten Textmotor der Autobiographie; der Einsatz von Mikrosujets und Diskursamalgamierungen dient dazu, den eigenen Lebenstext an einen fremden anzuschließen, bzw. ihn davon abzugrenzen.

Die psychologischen Funktionen und Textstrategien verbinden sich in der jeweils gültigen autobiographischen Selektion zu jenem höchst persönlichen Diskurs, in den sich ein Subjekt einschreibt und sich selbst zu einer sinnhaften Existenz verhilft.

Ichentwürfe

Der dritte Teil der Zusammenfassung versucht, eine Bilanz aus den einzelnen Fallstudien zu ziehen und die weitere Entwicklung des autobiographischen Diskurses im 20. Jahrhundert zu skizzieren.

a) Psychologische Funktionen

Identitätsstiftung

Für das Subjekt der frühen Neuzeit gilt die psychische Norm einer intakten Identität noch weitgehend uneingeschränkt. Allen im Rahmen dieser Arbeit betrachteten Autoren ist zumindest das Bedürfnis nach einer zeitlich andauernden Kongruenz des eigenen Ichentwurfs mit der gesellschaftlichen Wahrnehmung dieses Ichentwurfs gemeinsam. Subjektivitätskonzeptionen des 20. Jahrhunderts, die das Ich als „Summe aller Sinneseindrücke" (Mach 1926, 65 f.) definieren, sind dem Bewußtsein der vorangehenden Jahrhunderte noch fremd.

Für Avvakum wird die Autobiographie zum Medium der Selbstlegitimierung als Kämpfer für die Sache Gottes. Seine Lebensaufgabe sieht der streitbare Protopope in der Abwehr der nikonianischen Häresie. Die religiöse Mission bildet das Fundament von Avvakums Identität, die sich idealtypisch der Christusfigur annähert. Dabei kann man aus subjektiver Sicht jedoch nicht von einer Vorbildwahl sprechen. Für Avvakum steht außer Zweifel, daß ihm seine irdische Rolle von Gott zugewiesen worden ist. Deshalb steht Avvakums Identität auch nicht zur Disposition. Noch auf dem Scheiterhaufen verliert Avvakum nicht die Gewißheit, von Gott auserwählt zu sein: Zu augenfällig ist die typologische Präfiguration des eigenen Schicksals in der Leidensgeschichte Christi.

Ähnlich wie Avvakum konstruieren auch Natal'ja Dolgorukaja und Anna Labzina ihre Autobiographie nach einem hagiographischen Modell. Während jedoch für Avvakum der erbitterte Kampf gegen den ketzerischen Gegner im Vordergrund steht, sehen beide Autorinnen ihr dominantes Lebensmuster in der eigenen Viktimisierung. Die Selbststilisierung zu Heiligen verhilft den leidenden Frauen zu einer Identität, die das eigene Schicksal überhaupt erst erträglich macht. Die Rolle der Frau im 18. Jahrhundert ist durch einen Mangel an Handlungsmöglichkeiten gekennzeichnet. Gerade deshalb bietet das Märtyrertum eine attraktive Identität, in der Passivität als Passion gedeutet werden kann.

Dasselbe pessimistische Geschichtsbild, das Natal'ja Dolgorukaja und Anna Labzina zur duldnerischen Annahme ihres leidvollen Daseins veranlaßt, wird später bei Aleksandr Gercen zum stärksten Argument für menschliches Handeln. Gerade weil die Geschichte sich der Menschheit

Funktionen und Strategien

gegenüber gleichgültig verhält, ist jeder Einzelne zum politischen Aktivismus aufgerufen. Dabei stellt politisches Handeln für Gercen nicht ein fakultatives Betätigungsfeld einzelner Menschen, sondern das wichtigste Merkmal einer sinnvollen Existenz dar. Gercen begreift – ähnlich wie Avvakum – seine Identität als Kämpfer gegen die ungerechte Sache, in diesem Fall gegen das Polizeiregime Nikolajs I. Im Unterschied zu Avvakum verliert Gercen jedoch gegen Ende des Lebens seine Legitimationsbasis. Die persönliche Schuld läßt sich nicht mehr in den Masterplot von Gercens Autobiographie integrieren. Die textuelle Rekonstruktion von Gercens Leben in der Londoner Emigration hätte ihn als doppelten Verräter entlarven müssen: gegenüber dem Andenken seiner Frau und gegenüber dem Kampfgefährten Ogarev. Aus diesem Grund ändert Gercen in den letzten Kapiteln von *Erlebtes und Gedachtes* [*Byloe i dumy*] den Fokus und beschreibt anstelle des eigenen Schicksals die Musterbiographien politischer Aktivisten. Die Autobiographie eines abtretenden Einzelhelden wird in eine Galerie von neuen Helden überführt, die Gercens politisches Credo würdig vertreten.

In all diesen Fällen untermauert die Textarchitektur die Schlüssigkeit der gewählten Identität. Die Autobiographie muß die einzelnen Lebenssituationen auf eine Generallinie bringen und auf diese Weise die Konstanz und soziale Geltung der konstruierten Identität des Autors/Protagonisten plausibel machen.

Individualitätsbestätigung

Während Identität als allgemein anthropologische Notwendigkeit gelten kann, erweist sich das Bedürfnis nach Individualität in stärkerem Maß sozialhistorisch bedingt. Der Wunsch, einzigartig und unverwechselbar zu sein, regt sich erst in den Seelen des ausgehenden 18. Jahrhunderts, wird zum ideologischen Fundament von Rousseaus *Confessions*[1] und findet schließlich seine metaphysische Bestätigung im romantischen Geniekult.

Für Avvakum stellt Individualität keine menschliche, sondern eine teuflische Kategorie dar. Menschliches Streben nach einem individuellen Sein gilt Avvakum als Abfall vom Willen Gottes. Alles Sein stammt von Gott, deshalb hat sich jedes Sein auch nach Gott auszurichten.

Die Voraussetzung zur Befreiung von dieser mittelalterlichen Sicht liegt in der rationalen Entzauberung des Kosmos. Der säkularisierte Blick

---

[1] Vgl. den Beginn: „Ich bin nicht gemacht wie irgendeiner von denen, die ich bisher sah, und ich wage zu glauben, daß ich auch nicht gemacht bin wie irgendeiner von allen, die leben. Wenn ich auch nicht besser bin, so bin ich doch anders."

Ichentwürfe

auf die Welt präsentiert nicht nur die Natur, sondern auch den Menschen in einem neuen Licht. Im selben Maß, wie sich Gott aus seiner Schöpfung zurückzieht, nehmen die Handlungs- und Profilierungsmöglichkeiten des Menschen zu. Der Mensch erfährt sich nicht mehr als unmündiges Objekt eines selbstherrlich waltenden Gottes, sondern als autonomes Subjekt mit weitreichenden Kompetenzen. Die Freigabe des Handelns verweist das Subjekt zunehmend auf die eigene Moralität als Kontrollinstanz. Menschliches Tun bemißt sich nicht mehr nach seiner Gottgefälligkeit, sondern wird zum Zeichen eines bestimmten Charakters, zum Ausdruck von Individualität.

Deutlich läßt sich dieses neue Selbstbewußtsein an Andrej Bolotovs Autobiographie studieren. Mit unverkennbarem Stolz und pedantischer Genauigkeit beschreibt Bolotov die Errungenschaften seines Lebens, und es kann kein Zweifel daran bestehen, daß er seinen gelungenen Daseinsvollzug in erster Linie als eigene Leistung und nicht etwa als Ausdruck der göttlichen Gnade würdigt. Es weht ein Hauch von Amerikanismus durch die 29 Bände von Bolotovs monumentaler Autobiographie. In der Tat stellt diese umfassende Bestandsaufnahme eines einzelnen Lebens eine Pionierleistung dar: Individualität wird hier zur Bedingung der Möglichkeit eines sinnvollen Lebens und präsentiert sich damit als ebenso nachahmens- wie staunenswert.

Ihren megaloman überzeichneten Ausdruck findet diese Konzeption in Gavrila Deržavins Autobiographie. Individualität ist für Deržavin nicht mehr die schließlich zu erreichende Besonderheit eines persönlichen Handlungsstils, sondern umgekehrt die kühn gesetzte Prämisse einer außergewöhnlichen Handlungsbefähigung. Das Bewußtsein der eigenen Auszeichnung vor allen anderen steuert Deržavins gesamte Wirklichkeitsinterpretation und führt schließlich zu verhängnisvollen Fehlleistungen. Gerade die Selbstüberschätzung macht jedoch Deržavin unter den hier betrachteten Autobiographen zum Autor mit dem ausgeprägtesten Individualitätsbewußtsein.

Die Beispiele Bolotovs und Deržavins zeigen sehr deutlich, daß Individualitätskonzepte des 20. Jahrhunderts sich nicht auf den hier betrachteten Zeitraum anwenden lassen. Bolotov und Deržavin sind nicht Aus-, sondern Aufsteiger. Es geht ihnen gerade nicht um eine Negierung gesellschaftlich definierter Werte, sondern im Gegenteil um die ausgezeichnete Erfüllung dieser Werte. „Anderssein" definiert sich hier paradoxerweise als maximale Anpassung, als Übererfüllung des Plansolls.

Funktionen und Strategien

Entitätssicherung

In einem gewissen Sinne läßt sich das Bedürfnis nach Entitätssicherung als Alternativstrategie zum Wunsch nach individueller Auszeichnung verstehen. Beides stellt nämlich eine persönliche Reproduktion gesellschaftlicher Selbstbeschreibungsmechanismen dar. Während jedoch das Streben nach Individualität der Absicht entspringt, auf der sozial definierten Karrierebahn alle anderen hinter sich zu lassen, bescheidet sich der Wunsch nach Entität mit dem ambitionslosen Einpassen der eigenen Persönlichkeit in das gesellschaftliche Wertsystem.

Die petrinische Bürokratie kommt dem Bedürfnis nach solcher Entitätssicherung entgegen. Die klar definierte Position des Einzelnen in der sozialen Hierarchie hat nicht nur negative, sondern auch positive Seiten: Ist die Rolle, die jedem Beamten im zaristischen Machtapparat zugewiesen wird, einmal akzeptiert, so kann sie der Existenz des Einzelnen durchaus Sinn verleihen.

Seine textuelle Entsprechung findet dieses Lebensgefühl in der Dienstautobiographie. Die pedantische Registrierung der Erfüllung von Staatsaufgaben bestätigt dem Einzelnen die Sinnhaftigkeit seines Tuns und sichert ihm auch ein kalkülierbares Maß an gesellschaftlicher Beachtung. Jeder steht im Dienst der Gesellschaft und trägt so zum Funktionieren des Ganzen bei.

Besonders deutlich zeigt sich das Bedürfnis nach Entitätssicherung bei Autobiographen, deren Persönlichkeit sich nicht in den Kategorien des öffentlichen Lebens beschreiben läßt. Ivan Dmitrievs Homosexualität ist im gesellschaftlichen Diskurs des frühen 19. Jahrhunderts eine Tabu-Kategorie. Sogar die im 20. Jahrhundert eingeführte Unterscheidung zwischen „gelebter" und „versteckter" Homosexualität greift in Dmitrievs Fall nicht: Es gibt beides nicht, weil der Autor seine Homosexualität in perfekter Mimikry in die Rhetorik seiner Epoche einschreibt (Freundschaftskult, Mentorverhältnis zu jungen Dichtern). Dasselbe Verfahren wendet Dmitriev in seiner Autobiographie an: Er bedient das starre Schema der „normalen" Dienstautobiographie und läßt das erwachende Leserinteresse für persönliche Intima an einer traditionellen Darstellungsform abprallen. Dmitriev verzichtet auf eine Thematisierung seiner Einzigartigkeit: Entität statt Individualität lautet die konservative Lösung seiner Selbstdarstellung.

Auch Nadežda Durova, deren erlebte Sexualität ebenfalls quer zum dominanten Epochendiskurs steht, ist bemüht, ihr Leben in die gesellschaftliche Normalität einzuschreiben. Im Gegensatz zu Dmitriev, der die Evolution und die Präsenz seines „Andersseins" einfach ausblendet, wird ihr die eigene Geschlechtsidentität aber zum Problem. Durova konstruiert

Ichentwürfe

für sich eine so starke geistige männliche Identität, daß ihr weiblicher Körper kaum mehr als einen Störfaktor darstellt und schließlich vernachlässigt werden kann. Ihre ganze autobiographische Beschäftigung läßt sich als Versuch deuten, der Gesellschaft diesen privaten Entstehungsmythos des eigenen „wahren" Geschlechts als Tabu einzuschreiben. Durova macht aus ihrer problematischen Körperlichkeit keinen Hehl, erwartet aber im Gegenzug von ihren Lesern die stillschweigende Annahme ihres Selbstentwurfs. Durovas Leben wird zwar vom Bewußtsein ihrer besonderen Individualität getragen, gleichzeitig ist sie aber bestrebt, ihre Entität im Rahmen einer „normalen" gesellschaftlichen Existenz abzusichern. Durova geht also einen Schritt weiter als Dmitriev, wagt es aber ebenfalls noch nicht, ihre Individualität in Opposition zur Gesellschaft zu bringen. Durovas Botschaft lautet nicht etwa: „Ich kann als Frau dasselbe erreichen wie ein Mann", sondern: „Ich bin ein Mann und habe erreicht, was andere Männer auch erreicht haben."

Eine ganz andere Spielart von Entitätssicherung läßt sich in Sergej Aksakovs autobiographischem Fortsetzungsroman beobachten. Eine Lebenskrise veranlaßt Aksakov zu einer umfassenden Rekonstruktion seiner idyllischen Grundbefindlichkeit. Als Fluchtpunkt dieser konservativen Selbstbestätigung dient Aksakov die eigene Kindheit, und darüber hinaus die „Familienchronik". Das Vergangene wird zum Vorbild der defizienten Gegenwart. Allerdings vermeidet es Aksakov, das textuelle Modell direkt vergleichend neben die Realität zu halten. Den Grund für diese auffällige Trennung von erklärendem Text und erklärungsbedürftiger Wirklichkeit wird man in Aksakovs Bestreben suchen müssen, seine idyllische Textwelt auch in der zeitlichen Extrapolation krisenfrei zu halten. Aksakov tritt den Effizienzbeweis seiner Strategie erst gar nicht an: Zu verheerend wäre der drohende Bankrott des Texts vor der Wirklichkeit. Die märchenhafte Genealogie des eigenen Wertsystems bewahrt Aksakov vor dem Einbruch der Wirklichkeit in seine sorgsam gehütete Idylle. Aksakovs Entität wurzelt ganz im Text; die Wirklichkeit wird nur insofern wahrgenommen, als sie sich konfliktfrei in die retrospektiv entworfene Genealogie einfügt.

Zusammenfassend läßt sich festhalten, daß Entität für die Autobiographen des 18. und frühen 19. Jahrhunderts wichtiger ist als Individualität. Die Anforderungen der gesellschaftlichen Regelkultur prägen das Design des Ich in einem Maß, das den Raum für individuelle Gestaltung stark einschränkt und den Wunsch nach Originalität kaum aufkommen läßt. Man muß sich allerdings vor einer anachronistischen Kritik dieses Zustands hüten: Für das Subjekt der frühen Neuzeit wird weniger die Behinderung der Emanzipation problematisch als vielmehr die geistigen Defizite, die aus einer ungenügenden Selbstanpassung an die herrschenden Gesellschaftsstrukturen erwachsen.

Funktionen und Strategien

Selbsttherapie

Bei Autobiographien, die ihr Entstehen einer Krisensituation verdanken, steht der therapeutische Aspekt im Vordergrund. Das kann sich wie im Falle Deržavins in purer Kompensation erschöpfen. Seine Autobiographie präsentiert ihm das eigene Leben als eine Erfolgsgeschichte, die sich bei näherem Hinsehen als megalomane Wunschphantasie entpuppt.

Während Deržavin seine aktuelle Befindlichkeit ohne eigentlichen Leidensdruck als defizitär einstuft (sein Größenwahn verleitet ihn zu einem Krisenbewußtsein, das erst mit der allerhöchsten Anerkennung – nämlich mit dem uneingeschränkten Vertrauen der Zaren – zufriedengestellt werden könnte), erwachsen die Autobiographien von Natal'ja Dolgorukaja und Anna Labzina aus einer in der Tat schwierigen Lebenssituation. Die Krise ist hier der Hauptmotor des Schreibens, der Text selbst dient der Sinnstiftung in der unzulänglichen Schreibgegenwart. Das eigene Leiden wird jedoch auf unterschiedliche Weise gerechtfertigt: entweder unter Berufung auf die gerechte Sache, um derentwillen man leidet (Dolgorukaja) oder als göttliche Prüfung (Labzina).

Als säkularisierte Varianten solcher religiösen Selbsttherapien, die in Rußland eine typisch weibliche Schreibweise begründen, kann man die Autobiographien von Sergej Aksakov und Aleksandr Gercen betrachten. Aksakov therapiert seine krisenhafte Lebenserfahrung mit einer idyllischen Vergangenheit, deren kraftvolle Wirkung auch in die Gegenwart ausstrahlen soll. Allerdings bleibt der direkte Bezug zur eigenen Lebensaktualität unausgesprochen. Aksakovs Selbsttherapie beruht auf dem Zauber der märchenhaften Vergangenheit, die immer wieder über dynastische Generationenwechsel hinübergerettet werden muß. Gerade die Fragilität dieser Konzeption verbietet eine unmittelbare Heranführung an die Gegenwart. Trotzdem verheißt die in der Vergangenheit immer wieder gelungene Wiederkehr der Idylle auch ein Gelingen der Utopie in der Zukunft.

Für Aleksandr Gercen hingegen verkörpern die vergangenen Zustände das Desavouierte, Unzulängliche, Erstarrte. Aus Gercens Sicht verlangt die Gestaltung der Zukunft das selbstlose Engagement jedes Einzelnen. Allerdings lassen gerade die persönlichen und politischen Katastrophen der Jahre 1848 bis 1852 Gercens Hoffnungen unter einem ungünstigen Stern erscheinen. *Erlebtes und Gedachtes* [*Byloe i dumy*] präsentiert sich aus dieser Sicht als persönlicher Rechenschaftsbericht, der aber auch mit der Indifferenz der Geschichte gegenüber menschlichen Handlungen rechnet. Immerhin beweist sich Gercen mit der umfassenden Rekapitulation seiner Lebensgeschichte, daß er alles in seiner Macht Stehende getan hat, um die vielen Schicksalsschläge nach der Julirevolution abzuwenden. Gercens Selbsttherapie besteht im menschlich (und nicht etwa transzendental) be-

Ichentwürfe

gründeten Zuspruch, den Kampf für ein politisch gerechteres System in Rußland auch angesichts aller Widrigkeiten des Schicksals (das bei Gercen als Zufall auftritt) nicht aufzugeben.

In den fünfziger und sechziger Jahren verliert allerdings Gercens Autobiographie ihren therapeutischen Wert zusehends. Das hat politische und private Gründe. Zum einen geht Gercen nach dem Tod Nikolajs I. im Jahr 1855 und mit dem Amtsantritt des liberaleren Aleksandr II. auf einen Schlag seines Angriffspunkts verlustig: Die simple Denunziation des Zarentums als Ursprung allen Übels büßt ihre demagogische Überzeugungskraft ein. Zum anderen lassen sich Gercens eigene Verfehlungen auch mit der kühnsten Plotkonstruktion nicht mehr überdecken. Die Autobiographie, die sich vom Instrument der Selbstrechtfertigung zum Instrument der Selbstverurteilung zu wandeln droht, bleibt unvollendet und lenkt die Aufmerksamkeit des Lesers immer mehr vom berichtenden Ich auf seine Umgebung ab.

Gesellschaftliche Einflußnahme

In engem Zusammenhang mit der krisenhaften Gegenwartserfahrung steht der Versuch, mit der eigenen Autobiographie Einfluß auf die Gesellschaft zu gewinnen. Bereits der Protopope Avvakum sendet seine Autobiographie als Kampfschrift in den Streit um die nikonianische Kirchenreform. An der Gottesnähe der eigenen Existenz will Avvakum die Richtigkeit seiner Position auch für ein breiteres Publikum einsichtig machen. Diese Absicht läßt sich durch eine linguistische Analyse der Kommunikationsstruktur nachweisen: Das hagiographische, altkirchenslavisch gefärbte Substrat des Texts wird von einem dialogischen, genuin russischen Superstrat überlagert, das den Leser direkt anspricht. Zusätzlich versucht die der Ikone nachempfundene Textarchitektur, den Leser nicht einfach als teilnahmslosen Rezipienten zu informieren, sondern in den Handlungszusammenhang des dargestellten Geschehens einzubeziehen.

Generell läßt sich sagen, daß die Attraktivität der Vita als Grundschema der Autobiographie in ihrem sozialen Vorbildcharakter begründet liegt. Noch Denis Fonvizin wird in seiner Beichte auf die Hagiographie rekurrieren, um seinen Lebensweg dem Leser als beispielhaft vorzuführen. Allerdings stellt gerade Fonvizins Autobiographie ein Musterbeispiel des fehlgeschlagenen Versuchs dar, eine moderne, an Rousseau orientierte Innerlichkeitsdarstellung mit dem traditionellen Vitenmuster zu verbinden.

Als ambitioniertestes Projekt gesellschaftlicher Einflußnahme, das gleichzeitig die Autobiographie an die Grenzen ihrer Leistungsfähigkeit führt und wohl deshalb auch auf denkwürdige Weise gescheitert ist, muß man Gogol's *Ausgewählte Stellen aus dem Briefwechsel mit Freunden*

Funktionen und Strategien

[*Vybrannye mesta iz perepiski s druz'jami*] bezeichnen. Gogol' entleert hier den autobiographischen Diskurs aller Ichhaltigkeit und macht sich nur die bewährten Signale intimer Kommunikation zunutze, um den Leser für seine sozialpolitische Vision Rußlands zu vereinnahmen. Komplementär zur Selbstgewißheit, mit der Gogol' sein „wichtigstes" Buch dem interessierten Publikum nicht zur Lektüre, sondern zur Befolgung vorlegt, verhält sich allerdings Gogol's Dekonstruktion der eigenen Position nach dem totalen Durchfall der *Ausgewählten Stellen* [*Vybrannye mesta*] beim Publikum. In der „Beichte eines Autors [Avtorskaja ispoved']" degradiert Gogol' seinen früheren gesellschaftspolitischen Imperativ zu einer vagen Anregung, zu einem unverbindlichen Gedanken. Beide Texte – *Ausgewählte Stellen* [*Vybrannye mesta*] und „Beichte eines Autors [Avtorskaja ispoved']" – spiegeln in ihrer Widersprüchlichkeit Gogol's schizophrenen Charakter. Selbstüberschätzung und Selbsterniedrigung können aus psychoanalytischer Sicht als entgegengesetzte Pole von Gogol's zerrissener Persönlichkeit gedeutet werden. Die künstlerische Sublimierung dieses Zwiespalts gestaltet sich nach der Niederschrift des ersten Teils der *Toten Seelen* [*Mertvye duši*] immer schwieriger. Man darf sogar davon ausgehen, daß die Aufhebung der Möglichkeit zur Selbstüberschätzung, die durch die vernichtende Rezeption der *Ausgewählten Stellen* [*Vybrannye mesta*] ausgelöst wird, den selbstzerstörerischen Tendenzen in Gogol's Persönlichkeit den letzten, entscheidenden Auftrieb gibt und schließlich zu seinem Tod führt.

Besondere Bedeutung kommt dem gesellschaftspolitischen Aspekt in Gercens Autobiographie zu. Sein berühmtes Diktum, *Erlebtes und Gedachtes* [*Byloe i dumy*] sei die „Widerspiegelung der Geschichte in einem Menschen, der *zufällig* auf ihren Weg geraten sei", bildet das Kernstück einer „inside"/„outside"-Konzeption, die das Öffentliche im Privaten aufspüren und nachzeichnen will. Gercen denunziert das russische Polizeiregime, indem er an seinem eigenen Schicksal exemplarisch den ungerechten Zugriff der Staatlichkeit auf die aufklärerisch inspirierte Moralität des Individuums nachweist. Allerdings funktioniert dieses Modell nur so lange, wie beide Parteien des Konflikts in ihrem einseitig unsittlichen bzw. sittlichen Sein verharren. Die von Nikolaj I. verkörperte Einheit von Regierungsgewalt und Bosheit bricht nach seinem Tod im Jahr 1855 auseinander, Staat und staatliche Willkür sind plötzlich nicht mehr Synonyme. Gleichzeitig muß Gercen sich eingestehen, daß sein Lebensweg sich nicht ausschließlich als „Widerspiegelung der Geschichte in einem Menschen" erklären läßt, sondern daß auch die Frage nach einer persönlichen Verantwortung (und damit auch Schuld) gestellt werden muß. Es ist nur konsequent, daß Gercen in den späten Kapiteln von *Erlebtes und Gedachtes* [*Byloe i dumy*] aus Gründen der ideologischen Konsistenz

Ichentwürfe

dieser Frage ausweicht und gewissermaßen das Demonstrationsobjekt seines politischen Programms austauscht: Nicht mehr Gercen selbst, sondern Giuseppe Garibaldi, Stanisław Worcell und John Stuart Mill sind nun die Helden seines historischen Epochengemäldes.

In allen betrachteten Fällen zeigt sich, daß der Versuch gesellschaftlicher Einflußnahme durch die Autobiographie ein heikles Unterfangen darstellt. Dieser Anspruch setzt nämlich eine metaphysische Konstruktion voraus, die leicht durch historische Kontingenz gestört werden kann: Die Geschichte kümmert sich nicht um das menschliche Modell, in das sie hineingezwängt werden sollen. Die Autobiographen weisen ihrem Ich verschiedene Aufgaben zu: die typologische Nachfolge Christi (Avvakum), die Läuterung des eigenen lasterhaften Ich (Fonvizin), die prophetische Unterweisung Rußlands (Gogol'), die beispielhafte Reise durch staatliche Ungerechtigkeiten (Gercen). Die Ausrichtung der eigenen Biographie auf einen bestimmten rhetorischen Zweck zieht eine mehr oder weniger forcierte Stilisierung des Ich nach sich, die beinahe zwangsläufig mit den Realien des Lebens kollidieren muß. Dabei ergeben sich interessante Inkonsistenzen, die durch den Einsatz berechnender Textstrategien nicht aufgehoben, aber immerhin überdeckt werden können.

Konsistenzbildung

Die psychologische Funktion der autobiographischen Konsistenzbildung läßt sich kaum von der Identitätsstiftung trennen. Die zwei Dimensionen von Eriksons Identitätsdefinition – zeitliche Konstanz und soziale Akzeptanz – zielen ja gerade auf die Konsistenz des Ichentwurfs ab. Trotzdem erscheint es sinnvoll, die Konsistenzbildung als separaten Aspekt zu behandeln. Eine nur traditionell gesicherte Identität erweist sich nämlich als zuwenig tragfähige Basis für problematische Ichentwürfe, die eines gesteigerten Aufwands an Konsistenzbildung bedürfen, damit sie gegen die Anfechtungen der Wirklichkeit aufrechterhalten werden können.

Gavrila Deržavin entwirft als wichtigste konsistenzbildende Maßnahme in seiner Autobiographie ein düsteres Komplott von Neid und Mißgunst gegen sich selbst und erklärt auf diese Weise, warum er wider alle Erwartung nicht in die höchsten Ränge der Staatslenkung aufsteigt.

Nadežda Durova rekonstruiert ihren Lebensweg als folgerichtige Realisierung einer ursprünglich männlichen Identität und stellt damit die soldatische Existenz nicht als Bruch, sondern als Kontinuität in ihrer persönlichen Entwicklung dar. Konsistenzbildend wirkt hier in erster Linie Durovas mehrfach wiederholte Beteuerung, ihr männliches Dasein entspringe nicht einer souverän getroffenen Wahl, sondern folge einer schicksalshaften Notwendigkeit.

Funktionen und Strategien

Das vielleicht eindringlichste, aber auch verzweifeltste Beispiel für eine konsistenzbildende Autobiographie liefert Nikolaj Gogol' mit der „Erzählung seiner Schriftstellerei" in der „Beichte eines Autors [Avtorskaja ispoved']". Gogol's erklärtes Ziel besteht darin, seinem Publikum die eigene schriftstellerische Laufbahn als konsequente Entwicklung plausibel zu machen. Damit tritt Gogol' gegen den in besonderer Schärfe von Belinskij erhobenen Vorwurf an, er sei mit der Veröffentlichung der *Ausgewählten Stellen* [*Vybrannye mesta*] zum Verräter an der eigenen Kunst geworden. Ganz im Sinne der nachträglichen Selbstinterpretationen zum „Revisor" und den *Toten Seelen* [*Mertvye duši*] bringt Gogol' seine schriftstellerische Tätigkeit auf die gewünschte Generallinie und versucht damit, sein Leben und Werk als ideologische Einheit zu präsentieren.

Letztlich scheitert jedoch die Strategie der autobiographischen Konsistenzbildung in allen drei Fällen. Deržavin kann sich gegen Ende seines Lebens der bitteren Einsicht nicht mehr verschließen, daß die Regierung seine Ratschläge und Handlungsanweisungen nicht wegen finsterer Machenschaften ignoriert, sondern sich einfach nicht dafür interessiert. Durova muß mit dem Fortschreiten der Jahre feststellen, daß die Gesellschaft ihre literarische Identitätsbildung nicht rezipiert und sie bestenfalls als Sonderling einschätzt. Gogol' bleibt es schließlich versagt, die katastrophale Reaktion auf die *Ausgewählten Stellen* [*Vybrannye mesta*] durch seine Autorenbeichte zu korrigieren und über die Dekonstruktion des autoritären Diskurses die Rekonstruktion seiner persönlichen Einheit zu erreichen.

Inventarisierung

Eine der ursprünglichsten Funktionen der Autobiographie besteht im selbstzufriedenen Rückblick auf das im Leben Erreichte. Besonders deutlich zeigt sich das im aufzählenden Gestus von Andrej Bolotovs monumentaler Lebensbeschreibung. Fast alles wird hier gesammelt, systematisiert und verbucht: Hab und Gut, Reisen, Bekanntschaften, die eigenen Schriften, ja sogar die Anzahl der verlebten Tage. In der schriftlichen Fixierung, schwarz auf weiß, kann sich das autobiographische Subjekt noch einmal des Realitätswerts des Gewesenen versichern. Die Inventarisierung verleiht dem bloß Erinnerten eine höhere Dignität: Die Vergangenheit existiert nicht mehr einfach nur als geistige Spur, sondern erhält eine eigene statistische Ordnung.

Es scheint kein Zufall zu sein, daß der zweite Schriftsteller, der unter den hier betrachteten Autobiographen einen starken Hang zur Inventarisierung aufweist, in erster Linie als Idyllendichter bekannt ist. Das Bewußtsein, daß das zu Verbuchende trefflich eingerichtet ist, bildet nämlich eine

Ichentwürfe

der Hauptvoraussetzungen für den Akt des Verbuchens selbst. Die Inventarisierung stellt keine wertschöpfende, sondern nur eine wertkonservierende Handlung dar. Der Wert des Inventars muß bereits vor aller Sichtung feststehen. Sergej Aksakovs Autobiographie erweckt die vergangene Idylle in all ihren Facetten noch einmal zum Leben und speichert so die als aufzählbar imaginierte Totalität der Tradition mit dem Ziel, sie für die Gegenwart neu abrufbar zu machen.

Sowohl Bolotov als auch Aksakov rechnen mit einer immanenten Weltsemiotik: Gegenstände und Ereignisse bedeuten sich selbst und stehen nicht zeichenhaft für transzendente Vorgänge. Deshalb zeigt der Grundgestus ihrer Autobiographien nicht kombinierende Spekulation – wie etwa bei Avvakum oder Nadežda Durova – sondern ordnende Taxonomie. Daß das Geschäft der Inventarisierung beim alten Bolotov zum Selbstzweck verkommt (seit seinem 49. Lebensjahr ist Bolotov neben der Führung des aktuellen Tagebuchs auch mit der Übertragung alter Daten in den endgültigen Text seiner Autobiographie beschäftigt), tut der psychologischen Funktion solchen Tuns keinen Eintrag: Das Gewesene ist erst als Gesammeltes und Geordnetes verfügbar und damit auch für die Gegenwart relevant.

Assimilation und Akkommodation

Die Unterteilung des menschlichen Wirklichkeitsverhältnisses in Assimilation und Akkommodation geht auf Jean Piaget (1974, 337-343) zurück. Als Assimilation bezeichnet Piaget die kognitive Deformation der Wirklichkeit nach Maßgabe der subjektiven Bedürfnisse, während Akkommodation umgekehrt die individuelle Anpassung des Subjekts an die Anforderungen der Realität meint.

Diese Unterscheidung erweist sich als leistungsfähiges Instrument bei der Systematisierung der hier betrachteten Autobiographien. Die weniger spektakuläre Akkommodation bildet jenes grundlegende Verhaltensmuster der Freimaurer, das einen philosophischen und einen politischen Aspekt aufweist. Die auf englische Theorien zurückzuführende freimaurerische Forderung nach Selbstanalyse begreift das Ich als Mikrokosmos, dessen Erkenntnis Welterkenntnis überhaupt erst ermöglicht. Das oberste Ziel der Freimaurer besteht jedoch nicht in der Einwirkung auf die Welt, sondern in moralischer Selbstvervollkommnung. Formbar ist mithin nicht die Wirklichkeit, sondern das Subjekt. Als politisches Pendant begründet diese Ideologie die grundsätzliche staatliche Loyalität der Freimaurer. Die Architektur des Makrokosmos ist ebenfalls in seiner staatlichen Ausprägung gottgegeben. Die Aufgabe des Individuums besteht demnach in der weisen Anpassung an die bestehenden Herrschaftsstrukturen.

Funktionen und Strategien

Auch der religiöse Fatalismus von Natal'ja Dolgorukaja und Anna Labzina läßt sich als Akkommodation deuten. Die Wirklichkeit wird als unveränderbar und starr erfahren, die einzige Konvergenzmöglichkeit besteht in einer subjektiven Anpassung an die zwar defizitäre, aber gerade in ihrer Defizienz als göttliches Laboratorium gedeutete Realität.

Den entgegengesetzten Weg einer Assimilation wählen Deržavin und Gogol': In ihren Autobiographien wird die Außenwelt auf subjektive Ansprüche zurechtgebogen. Deržavin ist bereit, auf dem Altar seines Ichentwurfs alle widerspenstigen Fakten der Realität zu opfern. Die megalomane Selbstüberschätzung führt Deržavin zu einer Konzeption, in der das Ich stabil ist, die Welt aber geformt werden kann.

Einem ähnlichen Realitätsverlust unterliegt Gogol' bei der Veröffentlichung der *Ausgewählten Stellen* [*Vybrannye mesta*]. Hier ist es Gogol's „Dichteramt", das ihn zu einer verzerrten Weltsicht verleitet. Gerade weil Gogol' sich seines künstlerischen Ranges bewußt ist, überschätzt er die Überzeugungskraft seines Worts. Gogol' meint, sein politisches Programm werde auf eine ähnliche Resonanz stoßen wie seine künstlerischen Werke und verläßt sich blind auf das Gütezeichen seines Autorennamens. Seine Leserschaft dreht jedoch den Spieß um und deutet den Namen Gogol', der hinter dem Gehalt der *Ausgewählten Stellen* [*Vybrannye mesta*] steht, nicht als Garantie, sondern als Verpflichtung. Das Auseinanderklaffen von Rezeptionskalkül des Autors und tatsächlicher Rezeption führt schließlich zum Eklat: Für Gogol' verbürgt die hohe Qualität seines bisherigen Werks die Schlagkraft des neuen Buchs, die Entrüstung des Publikums hingegen richtet sich auf den perzipierten Bruch in Gogol's schriftstellerischer Tätigkeit.

Sowohl Deržavins als auch Gogol's Versuch der Assimilation der Welt an ihre Ichentwürfe müssen als gescheitert gelten. Im Gegensatz zu Deržavin gibt es allerdings für Gogol' ein böses Erwachen aus seiner Ichfixierung. Den Beweis für das Fehlschlagen seines Versuchs, die Welt in ein bestimmtes Schema zu pressen, erhält Gogol' in Form von zahlreichen Leserreaktionen umgehend. Deržavin hingegen registriert zwar laufend Indizien, die gegen seinen Ichentwurf sprechen, versucht aber weiterhin mit erstaunlicher Hartnäckigkeit, sie in das Gefüge seiner höchst subjektiv bestimmten Weltsicht zu integrieren. In beiden Fällen zeigt sich, daß das Abrücken von einer Assimilation fast unmöglich ist: Auf dem Spiel steht schließlich nichts Geringeres als die eigene Identität. Deshalb zieht Deržavin es vor, sein Phantasiegebilde trotz vermehrt auftretender Inkonsistenzen weiter zu pflegen; Gogol' dagegen zerbricht zuletzt am Verlust seiner ambitiösen Ich-Konzeption.

Ichentwürfe

b) Textstrategien

Ausblendung

Das vielleicht sinnfälligste Beispiel für das Ausblenden eines wichtigen Lebensbereichs aus einer Autobiographie bietet Ivan Dmitrievs *Blick auf mein Leben* [*Vzgljad na moju žizn'*] (1825). Zur Zeit der Abfassung dieses Textes hat das strukturbildende Modell der Dienstautobiographie bereits seine normierende Funktion verloren. Das romantisch gestimmte Lesepublikum fordert die Darstellung von Leidenschaften und inneren Konflikten. Dmitrievs anachronistischer Rückgriff auf die Dienstautobiographie erlaubt ihm zwar eine gesellschaftskonforme Darstellung seiner in der Tat eindrücklichen Karriere, seine privates Gefühlsleben wird jedoch beinahe vollständig ausgeblendet.

Während die Leerstelle des privaten Gefühlslebens in Dmitrievs Autobiographie als solche erkennbar ist (und deshalb von den Zeitgenossen auch kritisiert wurde), tilgt Nadežda Durova jeden Hinweis auf die eigene Heirat und Mutterschaft aus ihrem Lebensbericht. Sie geht dabei so weit, daß sie sogar ihr Geburtsjahr fälscht, um in der Autobiographie keine Zeitlücke entstehen zu lassen. Durova streicht die „weibliche" Epoche aus ihrer Biographie, weil sie in der ideologischen Konstruktion ihrer Identität einen gefährlichen Fremdkörper bildet. Alle Aspekte von Durovas Leben werden teleologisch auf ihre männliche Existenz ausgerichtet, Seitengleise und Alternativentwürfe können nicht geduldet werden.

Die Technik der Ausblendung stellt sich bei Dmitriev und Durova in den Dienst der biographischen Homogenisierung. Die eigene Existenz wird in beiden Fällen als widerspruchsfreie Einheit präsentiert, die – zumindest auf den ersten Blick – allen Anforderungen der „Normalität" genügt. Der Selbstanpassung an gesellschaftliche Standards kommt vor allem dann vordringliche Notwendigkeit zu, wenn die eigene Normalität gerade in stark regulierten Bereichen wie dem der Geschlechtlichkeit zweifelhaft wird. Bei Dmitriev leistet die Ausblendung der eigenen Innerlichkeit zwar den gewünschten Normalisierungseffekt, reduziert aber den interessanten Gehalt seiner Autobiographie in entscheidendem Maß.[2] Durova hingegen ist sich bewußt, daß eine totale Anpassung an die gewünschte männliche Identität ihren Text zur Dutzendware degradieren würde. Deshalb streicht sie das Interessante ihrer Autobiographie besonders heraus: Die Wahl einer

---

[2] Zur zentralen Bedeutung der Kategorie des „Interessanten" für das romantische Lesepublikum vgl. Friedrich Schlegels Aufsatz „Über das Studium der griechischen Poesie" (1985, 85 f., 115 f.).

Funktionen und Strategien

weiblichen Erzählerfigur erinnert den Leser auf Schritt und Tritt an die Ungewöhnlichkeit des Berichts. Durova will mit der Ausblendung ihrer weiblichen Lebensepoche also nicht ihre problematische Körperlichkeit ganz verdrängen, sondern ihren einzigartigen Lebensweg als unausweichlich und in diesem Sinn als für sie selbst „normal" präsentieren.

Konjektur

Eleganter als durch Ausblendungen können Schriftsteller ihre Lebensberichte durch Konjekturen auf eine stimmige Hauptlinie bringen. Grundsätzlich läßt sich der gesamte autobiographische Rekapitulationsvorgang als Konjektur charakterisieren. In einem solch fundamentalen Sinn verliert jedoch der Begriff der Konjektur seinen Erklärungswert. Im folgenden soll die Konjektur deshalb als intentionale Deformierung (und nicht bloße Modellierung) der darstellenden Wirklichkeit auf ein rhetorisches Ziel hin verstanden werden.

Eine so definierte Konjektur läßt sich nicht textimmanent nachweisen, wenn sie in kohärenter Weise gebildet ist. Konjekturen werden erst durch die Überprüfung der außertextuellen Realien oder durch textologische Analysen erkennbar. Sobald man aber über entsprechende Informationen verfügt, ermöglicht der Vergleich der Realität mit der deformierten Textwirklichkeit Rückschlüsse auf die Darstellungsprinzipien und -absichten eines Autors.

Bereits Avvakums *Leben* [*Žitie*] weist in seinen verschiedenen Versionen eine zunehmende Tendenz zur Konjektur auf. Die hagiographische Selbststilisierung macht sich in den späteren Redaktionen stärker bemerkbar. Differenzierende realistische Details werden dem allgemeinen Darstellungsgestus geopfert. Avvakum schildert nicht nur sich selbst, sondern auch seine Widersacher immer einseitiger, bis der gewünschte Effekt schließlich erreicht ist: Dem Leser soll klar werden, daß Avvakums Leben nicht von einer privaten oder politischen Auseinandersetzung beherrscht wird, sondern daß hier Gut und Böse, Gott und Teufel gegeneinander antreten.

Ein anschauliches Beispiel für eine Selbstdarstellung, die sich der Konjektur bedient, bietet Gavrila Deržavins Autobiogramm für Bolchovitinovs Schriftstellerlexikon. Karrierebrüche, Stellenwechsel und Entlassungen werden hier als neue Herausforderungen präsentiert, die Deržavins Tatkraft und seine eindrücklichen Fähigkeiten als „troubleshooter" zusätzlich unterstreichen sollen. In seinen *Aufzeichnungen* [*Zapiski*] hatte sich Deržavin noch die Mühe genommen, solche Inkonsistenzen exogen zu motivieren: In erster Linie waren hier Ränke und Intrigen von macht-

Ichentwürfe

hungrigen Günstlingen für Unterbrüche auf Deržavins Weg nach oben verantwortlich zu machen.

Nadežda Durova setzt die Konjektur – ähnlich wie die Ausblendung – vor allem zur Regulierung ihrer problematischen Geschlechtsidentität ein. So wird die unerwünschte Versetzung von einer Husaren- zu einer Ulaneneinheit im *Mädchenkavalleristen* [*Kavalerist-Devica*] noch mit Geldmangel begründet; erst ein späterer autobiographischer Text (*Aleksandrovs (Durovas) Aufzeichnungen* [*Zapiski Aleksandrova (Durovoj)*]) nennt den wahren Grund, nämlich die Flucht vor der in Durova verliebten Obristentochter.

Bei allen Autoren fällt auf, daß die Konjektur durch die pragmatische Situation des autobiographischen Textes bedingt wird. Avvakum verstärkt die hagiographische Stilisierung, um die ideologische Verwendbarkeit des *Žitie* sicherzustellen. Damit hebt Avvakum seine Autobiographie aus der privaten Sphäre heraus und weist ihr eine genau bestimmte Propagandafunktion zu.

Die Konjekturen von Deržavins Autobiogramm sind auf die Gattungsregeln eines Lexikonsartikels zugeschnitten. Deržavin erspart seinem Leser störende Details und präsentiert ihm den Masterplot seines Lebens in Reinform: die Erfolgsgeschichte eines Staatmannes, der alle ihm anvertrauten Portefeuilles mit tadelloser Zuverlässigkeit verwaltet hat. Gegenüber früheren Darstellungen verschiebt sich hier der Akzent: Der unerschrockene Einzelkämpfer aus den *Aufzeichnungen* [*Zapiski*] präsentiert sich als bedeutende Persönlichkeit, die zufrieden auf die eigene Laufbahn zurückblickt.

Nadežda Durova schließlich verfolgt im *Mädchenkavallerist* [*Kavalerist-Devica*] das Ziel, ihre selbstgewählte Geschlechtsrolle als schicksalshafte Notwendigkeit plausibel zu machen. Die Erwähnung der Obristentochter ist deshalb nur als Konjektur möglich: Die Erzählerin tröstet die unglücklich in einen Dritten (!) Verliebte und vermeidet sorgfältig jede Erwähnung einer persönlichen Involvierung. Erst die veränderte poetologische Prämisse in der Fortsetzung des *Mädchenkavalleristen* [*Kavalerist-Devica*] erlaubt die Offenlegung der wahren Umstände: In *Aleksandrovs (Durovas) Aufzeichnungen* [*Zapiski Aleksandrova (Durovoj)*] will Durova sich nicht mehr in die gesellschaftliche Normalität einschreiben (und hierzu hätte natürlich die Liebesaffäre des jungen Husaren mit der Obristentochter ausgezeichnet gepaßt), sondern auf anekdotische Weise ihre Abenteuer schildern. Das Geschäft der autobiographischen Entitätssicherung ist hier bereits getan, nun kann Durova das „Interessante" ihrer in der Tat einzigartigen Situation hervorheben und die gescheiterte Liebesaffäre als Kuriosum präsentieren.

Funktionen und Strategien

Die Konjektur (wenn sie sich erkennen läßt) zeigt den pragmatischen Zweck einer Autobiographie signalhaft an. Gerade die starke homogenisierende Wirkung der Konjektur erlaubt es dem Autor, seinen Text an die erwarteten Rezeptionsbedingungen anzupassen und so eine bestimmte Lesart in den Vordergrund zu rücken. In der Art des Einsatzes von Konjekturen äußert sich mithin die Autorenabsicht deutlich: Konjekturen „glätten" jene Inkonsistenzen einer Biographie, die den Ichentwurf des Autors am meisten stören. Die Aufdeckung der Konjektur hingegen macht die sensiblen Stellen eines Lebenstextes sichtbar und ermöglicht so eine Beschreibung der verwendeten Selbstdarstellungsstrategien.

Katalog

Während die Konjektur einen stark ordnenden Aspekt aufweist (das Hervorheben und das Zurückdrängen einzelner Elemente stellt den Grundmechanismus der Konjektur dar), präsentiert der Katalog seine Bestandteile als grundsätzlich gleichwertig. Das will jedoch nicht heißen, daß der Katalog keinen pragmatischen Zweck verfolgt. Im Gegensatz zur Konjektur, die die Aufmerksamkeit des Lesers in eine *bestimmte* Richtung steuert, bleibt die Aussageintention des Katalogs immer dieselbe: Die Vielfalt des Präsentierten (und nicht die Dominanz eines einzelnen Aspekts) ist das Beeindruckende.

An diesem Punkt läßt sich der poetologische Unterschied zwischen Bolotovs und Deržavins Autobiographien demonstrieren. Beide streben eine umfassende Selbstpräsentation an. Während jedoch bei Bolotov Öffentlichem und Privatem gleiche Wichtigkeit zukommt, zählen für Deržavin nur biographische Leistungen, die mit sozialer (oder noch besser: offizieller) Anerkennung verbunden sind. Für Bolotov etwa bringt die Pflege seines Gartens einen Lustgewinn, der Deržavins kalkulierende Freude über seine brillantbestückten Tabaksdosen noch übertrifft. Es ist Bolotovs souveränes Ruhen in seiner Existenz, das ihn den Katalog als bevorzugtes Selbstdarstellungsmittel wählen läßt. Man kann Bolotovs Autobiographie geradezu als enzyklopädischen Katalog aller Aspekte seines Lebens charakterisieren.

Auch Sergej Aksakov setzt in seinen autobiographischen Texten mit Vorliebe den Katalog als poetisches Verfahren ein. In den ersten zwei Teilen seiner Autobiographie, der *Familienchronik* [*Semejnaja chronika*] und den *Kinderjahren von Bagrovs Enkel* [*Detskie gody Bagrova-vnuka*], wird der Katalog zwar noch von Märchen- und Romanstrukturen überlagert, die späteren Memoiren erschöpfen sich dann aber in einem aufzählenden Bericht, der kaum noch eine hierarchische Struktur aufweist. Aksakov strebt in seinen autobiographischen Schriften die Aktualisierung

Ichentwürfe

einer Idylle an, deren Ganzheit zumindest annähernd als Summe aller Erlebnisse rekonstruierbar ist.

Dem Katalog kommt eine merkwürdige Mittelstellung zwischen Antiquiertheit und Modernität zu. Auf der einen Seite gehört die aufzählende Parataxe zu den ältesten, aber auch monotonsten Verfahren textueller Weltabbildung. Deshalb muß eine rein ästhetische Betrachtungsweise sowohl Bolotovs Autobiographie als auch Aksakovs späte Memoiren als kunstlose Gebrauchstexte einstufen. Auf der anderen Seite äußert sich aber gerade in der Beachtung, die der Katalog auch dem Unbedeutenden zukommen läßt, eine nicht zu unterschätzende Modernität. So gelingt es beispielsweise Bolotov, aus seiner katalogisierten Existenz ein Selbstbewußtsein als Privatmann abzuleiten, das dem aufgeklärten Konzept des selbstverantwortlichen Bürgers erstaunlich nahekommt. Eine politische Pointe findet dieses gesteigerte Selbstwertgefühl in Bolotovs Darstellung der eigenen Reifung, die bei der Kritik der mißlungenen Erziehung des Zaren als Kontrastfolie dient.

Ähnliches gilt für Aksakov. Der abgeschlossene Raum der Familie bildet hier nicht nur den paradigmatischen Ort eines idyllischen Daseins, sondern avanciert auch zum Modell einer vorbildlichen politischen Ordnung. Die Wertschätzung des Privaten führt Aksakov aus dem einseitigen Abhängigkeitsverhältnis vom Staat heraus, das noch Deržavin, Dmitriev und Lopuchin in seinem Bann hält. Das eigene Handeln ist nicht mehr in infantiler Weise auf die Anerkennungsprämie der majestätischen Vaterfigur ausgerichtet, sondern folgt den Maßstäben einer privaten Weltsicht. Sowohl für Bolotov als auch für Aksakov ist dabei eine sehr private Beschäftigung von höchster Bedeutung: beide lesen. Die Lektüre von Büchern bricht das staatliche Informationsmonopol und bildet die Voraussetzung für die Ausbildung eines kritischen Vermögens, das sich auch ein eigenes politisches Urteil zutraut.

Literarisierung

Die Wechselwirkung von Fiktion und Tatsachenbericht bildet das vielleicht schwierigste hermeneutische Problem der Autobiographie. Die Frage der Literarisierung stellt sich zwar beim dominierenden Typus des 18. Jahrhunderts, bei der Dienstautobiographie, noch nicht. Die Verschriftlichung des eigenen Lebens folgt hier noch einem beschränkten Regelensemble, das wenig Raum für literarische Ausgestaltung bietet. Es ist aber bezeichnend, daß die Geschichte der Autobiographie in Rußland nicht mit diesem Typus einsetzt, sondern mit einem stark literarisierten Text. Avvakum rapportiert sein Leben nicht in minuziöser Wirklichkeitstreue, sondern richtet es nach dem biographischen Urtypus, nämlich der

Funktionen und Strategien

Heiligenvita, aus. Die Attraktivität der Hagiographie bleibt für das autobiographische Schreiben in Rußland über hundert Jahre lang ungebrochen: Natal'ja Dolgorukaja, Anna Labzina, Denis Fonvizin und sogar noch Nikolaj Gogol' orientieren ihre Lebenstexte deutlich an diesem Vorbild.

Es mag am Fehlen alternativer Biographiemodelle liegen, daß sich die Technik der Selbstdarstellung in Rußland vergleichsweise spät vom ideologischen Diktat der Kirche (Hagiographie) und des Staates (Dienstautobiographie) emanzipiert hat. Während in Westeuropa (Dante, Cellini, Montaigne, Chateaubriand, Moritz, Bunyan), ja sogar in Amerika (Franklin, Adams) bereits seit der frühen Neuzeit private Schreibweisen vorliegen, kann man den Beginn einer von offiziösen Modellen unabhängigen russischen Autobiographie kaum früher als mit Gercen ansetzen.

Die Vermutung drängt sich auf, daß in Rußland erst die Entwicklung einer autochthonen Romanliteratur das kulturelle Fundament für die Ausbildung einer Autobiographietechnik gelegt hat, die einen spezifisch ästhetischen Effekt kalkuliert. Nach der lang andauernden Phase eines französischen Romanimports gelingt in Rußland die Etablierung des Prosaromans mit biographischer Thematik erst gegen 1840. Michail Lermontovs *Ein Held unserer Zeit* [*Geroj našego vremeni*] (1841) und Ivan Gončarovs *Eine alltägliche Geschichte* [*Obyknovennaja istorija*] (1847) markieren den Anfangspunkt einer Entwicklung, die zwanzig Jahre später in der Präsentation der ausgedehnten biographischen Romane Turgenevs, Dostoevskijs und Tolstojs gipfeln wird. Gerade Tolstojs schriftstellerisches Debut mit *Kindheit* [*Detstvo*] (1852), *Knabenjahre* [*Otročestvo*] (1854) und *Jugend* [*Junost'*] (1857) zeigt in aller Deutlichkeit, wie eng sich Romantechnik und Autobiographietechnik seit den fünfziger Jahren des 19. Jahrhunderts aneinander orientieren.

Der Einsatz literarischer Kunstgriffe läßt sich zwar bereits in Andrej Bolotovs Autobiographie beobachten, allerdings kann man hier noch nicht von einer künstlerischen Komposition und einem dramatischen Handlungsaufbau sprechen. Die Formulierung des Titels (*Leben und Abenteuer* [*Žizn' i priključenija*]) ruft sentimentalistische Romane in Erinnerung, auf dasselbe Genre verweist auch Bolotovs Wahl der Briefform, die seinen Lebenbericht kapitelweise portioniert. Die Referenz erweist sich jedoch als rein äußerliche: Der stereotyp gesetzte Titel begreift nicht etwa das „Unerhörte" (Goethe 1988, VI, 744, 505) als literarisch zu gestaltendes „Abenteuer", vielmehr findet schlechterdings alles Vorgefallene Eingang in die Darstellung. Ähnliches gilt für die Briefform: Die Segmentierung des Stoffes folgt nicht inhaltlichen Kriterien, sondern ist allein um eine gleichmäßige Textverteilung bemüht.

Ichentwürfe

Auf ähnlich „blinde" Weise literarisiert auch Denis Fonvizin sein „reinherziges Bekenntnis [Čistoserdečnoe priznanie]". An prominenter Stelle, gleich zu Beginn des Textes, nennt Fonvizin Rousseaus *Confessions* als autobiographisches Modell, das er mit seiner eigenen Beichte erweitern will. Ganz im Gegensatz zu Rousseaus Vorgabe wird dann aber einmal mehr das traditionelle hagiographische Muster für Fonvizins Autobiographie strukturbildend.

In viel stärkerem Maß als Bolotov oder Fonvizin ist sich Nadežda Durova der künstlerischen Potenz ihres Lebenstexts bewußt. Im *Mädchenkavalleristen* [*Kavalerist-Devica*] verbinden sich zwei Elemente, die den autobiographischen Bericht als literarischen Text lesbar machen. Auf der einen Seite verfügt Durova über den geeigneten Stoff für einen Roman, der nicht in viele Episoden zerfällt, sondern sich um eine „unerhörte" Begebenheit konzentriert. Auf der anderen Seite versteht es Durova, ihren Lebensweg in das Schema eines Masterplots zu bringen, der ihrem Text eine künstlerische Einheit stiftet. Das poetisch genau kalkulierte Arrangement der einzelnen Ereignisse folgt dem Muster von Verheißung und Erfüllung und wandelt auf diese Weise lebensweltliche Kontingenz in romanhafte Stringenz um. Erstaunlicherweise hat gerade Puškin, der über ein entsprechendes Sensorium verfügen sollte, die Romanqualität dieses Textes nicht erkannt. Seine fragmenthafte Veröffentlichung reduziert Durovas Autobiographie auf einen Kriegsbericht, dessen Entstehen unter dem Zeichen des „Kuriosen" subsumiert wird. Diese Einschätzung spiegelt sich signalhaft in Puškins Titelwahl „N.A. Durovas Aufzeichnungen [Zapiski N.A. Durovoj]", die den nachfolgenden Text eindeutig in die Memoirenliteratur einreiht. Durova besteht indessen auf der vollständigen Publikation des Textes und wählt einen Titel, der von ihrer realen Persönlichkeit ablenkt und gleichzeitig das an Romanen geschulte Leserinteresse ködert: *Der Mädchenkavallerist. Eine Begebenheit in Rußland* [*Kavalerist-Devica. Proisšestvie v Rossii*].

Die Signale der Literarizität, die Nadežda Durova mit ihrem Lebenstext aussendet, finden ihre Entsprechung auch im dargestellten Inhalt: Die Erzählerin bewegt sich in einer literarisch vorfabrizierten Erlebniswelt, die nach einem bestimmten Verhaltens- und Gefühlskodex funktioniert. Der Tod des geliebten Pferdes wird in tiefromantischer Rhetorik kommentiert, furchterregende Ereignisse verweisen auf Horrorszenen aus der „gothic novel", Schlachtszenen folgen der heldischen Darstellung in Kriegsberichten. Das ist grundsätzlich nichts Neues: Jurij Lotman hat in seinen kultursemiotischen Studien eine ähnliche Implementierung ästhetischer Formen im alltäglichen Lebensstil des 18. und 19. Jahrhunderts nachgewiesen.³ Ungewöhnlich ist bei Durova die Rückführung des literarisierten Lebens in Literatur. Die Autobiographie wird hier zum adäquaten Ausdruck einer Existenz, die sich bereits in literarisch geprägten Erfahrungskategorien konstituiert hat. Es zeugt von einer bemerkenswerten Konsequenz, daß Nadežda Durova auch später ihr Dasein sich selbst und ihrer Umwelt nur im Medium der Literatur erklären kann. Die fortgesetzte Autobiographie bildet nachgerade Durovas Lebenselement: Das literarisch inspirierte Design des eigenen Lebens muß auch wieder in literarischer Form an Durovas Umwelt weitervermittelt werden.

Nikolaj Gogol' hat seine „Beichte eines Autors [Avtorskaja ispoved']" explizit als „Erzählung [повесть моего авторства]" bezeichnet. Gogol' will sein von der Kritik angegriffenes Autor-Ich retten, indem er es zum Protagonisten einer Erzählung macht, die strukturell nicht von einem fiktionalen Gebilde zu unterscheiden ist. Allerdings gerät Gogol' dabei in eine hermeneutische Falle: Dem Autor entgleitet die Kontrolle über seinen Text; der Charakter des Protagonisten konstituiert sich als Effekt des Textes und nicht als Produkt der Autorintention.

Auf andere Weise setzt Sergej Aksakov den Kunstgriff der Literarisierung ein. Die Verschränkung von dokumentarischem Text und literarischer Struktur äußert sich am deutlichsten in der *Familienchronik [Semejnaja chronika]*, dem am weitesten in die Vergangenheit ausgreifenden Teil von Aksakovs autobiographischem Werk. Je näher Aksakov seinen Bericht an die Gegenwart heranführt, desto stärker dominiert der rein beschreibende Charakter. Die *Familienchronik [Semejnaja chronika]* präsentiert sich als Amalgamat dreier Diskurse: Das dokumentarische Substrat wird einerseits durch eine archetypische Märchenstruktur, andererseits durch eine romanhafte Psychologisierung der Handlungen überlagert. Damit gelingt Aksakov ein autobiographischer Drahtseilakt: Die *Familienchronik [Semejnaja chronika]* will die Familientradition, die in die Gegenwart verlängert werden soll, in ihrer historischen Faktizität nachzeichnen (Wirklichkeitsbericht), in ihrem Wertekanon beglaubigen (Märchen) und als Identifikationsangebot für die Nachkommen attraktiv machen (Roman).

Der junge Aleksandr Gercen zeigt eine besondere Empfänglichkeit für literarische Einflüsse. Die autobiographischen Entwürfe der dreißiger Jahre („Aufzeichnungen eines jungen Menschen [Zapiski odnogo mologodo čeloveka]", „Über mich [O sebe]") sowie auch Gercens Privatbriefe sind in einem stark romantischen Ton gehalten. Zum Kitsch steigert sich diese Schreibweise in den Erzählungen „Elena" (1837) und „Legende der

---

3 Vgl. v.a. den Aufsatz „Teatr i teatral'nost' v stroe kul'tury načala XIX veka" sowie die Karamzin- und Puškin-Biographien.

Ichentwürfe

heiligen Feodora [Legenda o svjatoj Feodore]" (1839). Hier sublimiert Gercen Brüche seines heroischen Selbstentwurfs in sentimental-mystischen Sujets. Gercen gelingt es in den vierziger Jahren, seine exaltierte Jugendschriftstellerei zu überwinden und zu einem individuellen, journalistisch brillanten Stil zu finden. *Erlebtes und Gedachtes* [*Byloe i dumy*] ist grundsätzlich in dieser neuen Schreibweise abgefaßt.[4] Interessanterweise finden sich jedoch auch hier hartnäckige Rückstände des früheren Stils, deren sich Gercen sehr wohl bewußt war. Das romantische Reservat beschränkt sich auf die Darstellung zweier Personen: Gercen schildert seine Ehefrau Natalie als unbefleckte Heilige, Ogarev tritt als empfindsamer und mutiger Held auf. Der Grund für diese stilistische Inkonsistenz ist ebenfalls ein literarischer: Gercen imaginiert seine Existenz in einem tiefromantischen Masterplot. Seine Lebensaufgabe besteht im unerschrockenen Kampf gegen die ungerechte Staatsgewalt, die in der Person der verkalkten Vaterfigur Nikolaj I. die aufstrebende Jugend unterdrückt. Zur Rechten seines eigenen Heldendenkmals bildet Gercen die zum Idealbild der Liebe verklärte Weiblichkeit seiner Ehefrau ab, zur Linken befindet sich als Allegorie des treuen Männerbundes der Jugendfreund und Kampfgefährte.

Die Literarisierung der Autobiographie verfügt mithin über zwei Aspekte: einen biographischen und einen poetischen. Einerseits importieren Autoren bestimmte literarisch vorgeprägte Verhaltensmuster in ihr Leben und richten ihr Handeln danach aus (Gercen). Andererseits können sie ihren nachträglich verschriftlichten Lebenstext an literarische Modelle annähern (Aksakov, Gogol'). Oft lassen sich allerdings der biographische und literarische Aspekt nicht mehr voneinander trennen: Die Literarizität des Erlebens und der schriftliche Lebenstext verbinden sich fallweise zu einer Einheit, in der die Abhängigkeitsverhältnisse von Leben und Literatur kaum zu unterscheiden sind (Avvakum, Dolgorukaja, Labzina, Durova).

Mikrosujets

Eine kompositorische Regel der Autobiographie besagt, daß sich ihr Fokus auf das zu beschreibende Ich zu beschränken habe. Abschweifungen sind zwar zugelassen, müssen aber in einem direkten Zusammenhang mit dem Schicksal des Protagonisten stehen. Welch imperativische Geltung dieser Regel zukommt, zeigen etwa Bolotovs oder Deržavins Entschuldigungen,

---

[4] Man kann Gercen sogar als Begründer eines genuin russischen Essaystils betrachten (Guski 1995, 32-35).

Funktionen und Strategien

wenn sie eine historische oder politische Erklärung in ihren persönlichen Lebensbericht einschalten.

Es gibt allerdings auch Fälle, in denen scheinbar unmotivierte Episoden den regulären Gang der Autobiographie unterbrechen. Nadežda Durova flicht etwa in ihren Text immer wieder kleinere novellenartige Schilderungen ein, die keinen unmittelbaren Einfluß auf ihr eigenes Leben haben. Bei näherem Hinsehen stellt sich jedoch heraus, daß diesen Mikrosujets im Hinblick auf Durovas eigene Biographie eine genau bestimmte ideologische Funktion zukommt: Die Helden der Nebenhandlungen dienen als negative Identifikationsfiguren und weisen für das autobiographische Ich die Unmöglichkeit alternativer Lebensentwürfe nach.

Während Nadežda Durova ihre Mikrosujets kontrastiv einsetzt, wählt Sergej Aksakov die entgegengesetzte Methode. Seine Mikrosujets schildern in archetypischer Präfiguration einzelne Lebenssituationen, die sich immer wiederholen. Es ist für Aksakovs idyllische Grundbefindlichkeit bezeichnend, daß die Bandbreite menschlicher Erlebnismöglichkeiten im wesentlichen konstant bleibt. Die Protagonisten seiner Digressionen stellen nicht mehr ein negatives, sondern ein positives Identifikationsangebot bereit. Damit deckt Aksakov das vermeintlich Neue im Vergangenen auf und schließt die Gegenwart an den Sinnfluß der Tradition an.

Eine weitere Spielart des Einsatzes von Mikrosujets läßt sich in Gercens *Erlebtes und Gedachtes* [*Byloe i dumy*] beobachten. Wie bereits in seinem Roman *Wer ist schuld?* [*Kto vinovat?*] erweitert Gercen hier den Hauptplot mit einer Anzahl von Nebenschauplätzen, in denen nicht selten ganze Biographien abgehandelt werden. Die ideologische Heterogenität von *Erlebtes und Gedachtes* [*Byloe i dumy*] bringt es allerdings mit sich, daß die Nebenfiguren in den noch zu Gercens Lebzeiten veröffentlichten Kapiteln eine andere Funktion ausfüllen als in den späteren Entwürfen. Bis zur Londoner Emigration bleibt Gercens geschichtsphilosophisch abgestützter Ichentwurf trotz der Krise nach 1848 intakt. Die „Widerspiegelung der Geschichte" im Schicksal des Einzelnen läßt sich deshalb exemplarisch nicht nur an Gercens eigenem Lebensweg aufzeigen, sondern auch an fremden Biographien. Jedes Mikrosujet wird so zum Prüfstein der Leistungsfähigkeit von Gercens Geschichtsphilosophie. Pikanterweise ist es aber gerade Gercens eigene Person, die nach dem persönlichen Versagen und den politischen Mißerfolgen der späten fünziger und sechziger Jahren als Demonstrationsobjekt aus seinem sorgfältig konstruierten Weltdeutungssystem ausscheidet. Während also den ersten Mikrosujets eine kumulative Funktion zukommt (sie *unterstreichen* die Aussagekraft von Gercens autobiographischer Weltinterpretation), wirken die späteren Mikrosujets substitutiv (sie behaupten *anstelle* von Gercens Biographie das gültige Andauern seiner Weltinterpretation).

Ichentwürfe

Diskursamalgamierung

Es gehört zu den Begleiterscheinungen des sich seit dem ausgehenden 18. Jahrhundert ankündigenden autobiographischen Paradigmawechsels, daß die Kollision von autochthoner Tradition und importierter Innovation zu hybriden Mischformen führt. In Rußlands Selbstbeschreibungsvokabular spielt der Begriff der „Rückständigkeit" seit petrinischer Zeit eine herausragende Rolle. Um so dringender stellt sich mit dem Aufkommen neuer Innerlichkeitskonzepte in Westeuropa (in der englischen Moralphilosophie, bei Rousseau) auch das Problem einer differenzierteren biographischen Selbstdarstellung.

Ein sinnfälliges Beispiel für das gescheiterte Projekt einer zeitgemäßen Autobiographie stellt Denis Fonvizins „reinherziges Bekenntnis [Čistoserdečnoe priznanie]" dar. Fonvizin versucht, an seinem eigenen Schicksal Rousseaus Technik einer psychologisierenden Introspektion anzuwenden, fällt dabei aber immer wieder in das traditionelle hagiographische Muster zurück. Fonvizins autobiographischer Diskurs ist überdeterminiert: Jedes Ereignis in seinem Leben trägt einerseits eine individualpsychologische, andererseits aber auch eine christlich typologische Bedeutung.

Ein ähnliches Phänomen läßt sich an den russischen Freimaurerautobiographien beobachten. Hier ist es allerdings nicht die Heiligenvita, sondern die Dienstautobiographie das dominierende Modell, das zaghaft eingeführte Intimschreibweisen überlagert. Die Freimaurer sind sich zumindest theoretisch der Forderung nach einer eingehenden Selbstanalyse bewußt, erkennen aber ihre Autobiographie in der Regel nicht als Anwendungsfall dieses Bewußtseins.

Die Diskursamalgamierung erweist sich mithin als unfreiwilliges Resultat eines unvollständigen Ideologieimports. Sowohl Fonvizin als auch die Freimaurer versuchen, ihre Autobiographien auf neue Selbstbeschreibungstechniken auszurichten, bleiben aber auf die bestehenden Modelle von kirchlicher und staatlicher Offizialität fixiert.

c) Bilanz und Ausblick

Die Evolution des autobiographischen Schreibens in Rußland präsentiert sich als komplexer Prozess, bei dem individualpsychologische Bedürfnisse mit ständig sich wandelnden Gesellschaftszwängen zu vermitteln sind. Auf der textuellen Ebene spiegelt sich dieser Widerstreit in der paradoxen Amalgamierung höchst unterschiedlicher Diskurse, die nicht nur verschiedenen historischen Kontexten entspringen, sondern sich auch auf divergierende Wertsysteme beziehen.

Funktionen und Strategien

Ausgehend vom mittelalterlichen Weltmodell des Protopopen Avvakum entwickelt sich im Rußland des ausgehenden 18. Jahrhunderts ein autonomes Selbstbewußtsein, das den persönlichen Werdegang für beschreibenswert hält. Aus diesem Paradigmenwechsel entsteht der dominierende Typus der Dienstautobiographie, der zunächst in Reinform auftritt, sich später aber auch als Störfaktor in moderneren Konzeptionen, die zusätzlich auch eine Innerlichkeitsdarstellung fordern, bemerkbar macht (Lopuchin). Neben der Dienstautobiographie hält sich jedoch auch das hagiographische Modell noch erstaunlich lange und resakralisiert in einzelnen Fällen den von Rousseau säkularisierten Beichtdiskurs als Anachronismus (Fonvizin). Schließlich bildet sich um 1850 ein psychologisierendes Autobiographiemodell heraus, dessen Darstellungstechnik mit der Romanliteratur in eine enge Wechselwirkung tritt (Elizavetina 1982b, Tunimanov 1987).

Die Autobiographie präsentiert sich mithin als Technik einer narrativen Sinnstiftung, die sich in den Dienst der verschiedensten Daseinsentwürfe stellen kann. Im westeuropäischen Vergleich zeigt sich eine Besonderheit: In Rußland bleiben klischeehafte Selbstdeutungen, die ein institutionell vorgegebenes Lebensmuster reproduzieren, bis ins frühe 19. Jahrhundert aktiv. Der stärkste Einfluß wird von den Institutionen Kirche und Staat ausgeübt, die seit jeher die Schrift als Herrschaftsinstrument eingesetzt haben und deshalb auch die Kontrollinstanz der Zensur eifersüchtig hüten. Die zahlreichen Lebensbeschreibungen russischer Adeliger, die als Leitschema die petrinische Rangtabelle und den orthodoxen Katechismus befolgen, stellen deshalb nur das textuelle Pendant zur offiziell gelenkten Sozialisierung der gesellschaftlichen Elite dar.

Erst die Herausbildung eines genuin russischen belletristischen Diskurses in der späten Romantik ermöglicht die Loslösung der Autobiographie von offiziellen Textmustern. Bezeichnenderweise beansprucht aber der russische Staat noch zu Beginn des 19. Jahrhunderts Karamzins Schriftkompetenz für sich und stellt die Textproduktion des damals berühmtesten Autors in den Dienst der offiziellen Historiographie.

Deshalb ist es vielleicht kein Zufall, daß die raîson d'être von Gercens Autobiographie mit ihrer deutlich am Roman geschulten Darstellungstechnik gerade im Kampf gegen jene beiden Institutionen Kirche und Staat besteht, die der russischen Intelligencija bisher die gültigen realen und textuellen Biographiemuster vorgegeben haben. Die alternative Textstruktur der Selbstpräsentation wird hier zur Absage nicht nur an die poetische, sondern auch an die politische Norm institutioneller Gesellschaftssteuerung.

In der russischen Literaturgeschichte markiert *Erlebtes und Gedachtes* [*Byloe i dumy*] die Freigabe des autobiographischen Diskurses. Die Autobiographien des späten 19. und des 20. Jahrhunderts lassen sich kaum mehr in einer typologischen Ordnung zusammenfassen. Zu Recht trägt ein wichtiger amerikanischer Sammelband zu diesem Thema den Titel „Autobiographical Statements in Twentieth-Century Russian Literature" (Harris 1990). Die Autobiographie ist nicht als literarisches Genre, sondern nur als Aussagemodus beschreibbar. Der Grund für diese Entwicklung liegt vermutlich in der modernen Zerstörung traditioneller Biographieideale. Das 20. Jahrhundert kennt im strengen Sinne gar keine gelungenen und in diesem Sinne vorbildlichen Biographien. Das moderne Empfinden löst jede individuelle Biographie in Kategorien der Kontingenz, später sogar des Absurden auf. Pointiert formuliert Osip Mandel'štam diesen Zusammenhang in seinem Artikel „Das Ende des Romans [Konec romana]" (1928), in dem er nicht nur das Ende der Biographie, sondern des Romans überhaupt ankündigt:

> Das weitere Schicksal des Romans wird nichts anderes sein als die Geschichte der Zersplitterung der Biographie als einer Form der persönlichen Existenz, sogar mehr noch als einer Zersplitterung – nämlich des katastrophalen Untergangs der Biographie. (1967, II, 269)

Deshalb wendet sich Mandel'štam in seinem Prosatext *Das Rauschen der Zeit* [*Šum vremeni*] (1925) explizit gegen die autobiographische Tradition des Schreibens in Rußland:

> Ich will nicht über mich selbst sprechen, sondern der Epoche, dem Geräusch und der Vermehrung der Zeit folgen. Mein Gedächtnis ist allem Persönlichen gegenüber feindlich eingestellt. […] Ich konnte niemals die Tolstojs und Aksakovs, die Bagrov-Enkel verstehen, die in Familienarchive mit epischen häuslichen Memoiren verliebt sind. Ich wiederhole – mein Gedächtnis ist nicht freundlich, sondern feindlich, und es arbeitet nicht an der Wiederherstellung, sondern an der Wegschaffung der Vergangenheit. (II, 99)

Der Bankrott der traditionellen autobiographischen Gedächtnisarbeit läßt sich nicht nur bei Mandel'štam beobachten. Vladimir Majakovskij leitet seine Anti-Biographie *Ich selbst* [*Ja sam*] (1928) mit einer maximalen Beschränkung des Berichtenswerten ein:

Funktionen und Strategien

Thema

Ich bin Poet. Das macht mich interessant. Darüber will ich denn schreiben. Über den Rest, soweit er im Wort Niederschlag gefunden hat [только если это отстоялось словом]. (1955, I, 9)

Der Vorrang der Literatur vor dem Leben zieht sich als Leitmotiv durch die autobiographischen Texte des russischen Modernismus. Andrej Belyj hat ein umfangreiches memoiristisches Werk hinterlassen, das eine Vertextung des symbolistischen „žiznetvorčestvo" anstrebt. Das autobiographische Projekt dient hier dem Nachweis des höchst ungewissen Realitätscharakters der Wirklichkeit – Ereignisse stehen gleichberechtigt neben Impressionen, Begegnungen neben Träumen, Erlebtes neben Imaginärem. Letztlich erweist sich auch die Autobiographie als „Hirnspiel", in dem sich die Realität dem phantasierenden Bewußtsein unterzuordnen hat.

Eine andere Variante der Dekonstruktion der Autobiographie präsentiert Vasilij Rozanov. Was es in traditionellen Lebensbeschreibungen als Gefahr abzuwenden gilt, betreibt Rozanov als lustvolles Spiel: In seiner Prosa tritt das autobiographische Ich in den verschiedensten Rollen auf und zelebriert auf diese Weise den eigenen Ichzerfall. Daß sich dabei auch der Text in nicht zusammenhängende Fragmente auflöst, stellt nur eine folgerichtige Angleichung der Textstruktur an den Inhalt dar.

Boris Pasternak gestaltet in seinem *Geleitbrief* [*Ochrannaja gramota*] (1931) das Ausprobieren verschiedener biographischer Entwürfe: Das erzählende Ich wählt nacheinander verschiedene Lebensmuster aus (Musik, Philosophie, Dichtung), mißt sich an bekannten Vorbildern (Skrjabin, Cohen, Majakovskij), erkennt aber jedes Mal das eigene Ungenügen. Pasternaks Thema ist das existenzialistische Dilemma zwischen autonomer Wahl einer Biographie und schicksalshaftem Scheitern. Letztlich entlarvt Pasternak die Autobiographie als romantische Illusion, die nur auf Helden, nicht aber auf Dichter angewendet werden könne.

Für Vladimir Nabokov wird die komplizierte Textgeschichte seiner Autobiographie zur Metapher seiner Lebensgeschichte. 1951 veröffentlicht Nabokov in New York *Conclusive Evidence*. Drei Jahre später erscheint eine überarbeitete russische Übersetzung derselben Textes unter dem Titel *Andere Ufer* [*Drugie berega*]. 1967 folgt eine dritte, wiederum englische Version mit dem Titel *Speak, Memory. An Autobiography Revisited*. Nicht nur der autobiographische Text, sondern auch das Leben selbst erweist sich bei Nabokov im Rückblick als die Summe möglicher Erzählvarianten des Geschehenen. Nabokovs Autobiographie macht auf exemplarische Weise deutlich, daß jede Erfahrung eine entsprechende sprachliche Kategorie voraussetzt und nicht ohne weiteres vom Englischen ins Russische oder

Ichentwürfe

umgekehrt übersetzbar ist. Als Grenzgänger zwischen zwei Kulturen präsentiert Nabokov seine Biographie sowohl in einem russischen als auch in einem englischen Kategoriensystem (Schmid 1999).

Allen diesen kurz betrachteten Autobiographien ist eines gemeinsam: Sie erfüllen für das auktoriale Ich keine konsistenzbildende Funktion mehr. Die modernen Autoren ordnen dem ungewissen Ich einen ebenso ungewissen Text zu und ziehen die autobiographische Fragmentarität einer klischeehaften biographischen Norm vor.

Im 20. Jahrhundert kann sich das Ich mit seiner Autobiographie nicht mehr einen sinnvollen Ort in Familie, Gesellschaft oder Geschichte erschreiben. Der autobiographische Text, wenn er denn noch als persönliches Ausdrucksmedium in Betracht gezogen wird, bleibt entweder unvollständig oder stellt nur eine Version unter vielen möglichen dar.

Selbstverständlich trifft diese Charakterisierung nicht auf alle russischen Autobiographien des 20. Jahrhunderts zu. Als wichtige Ausnahmen sind vor allem Maksim Gor'kijs autobiographische Trilogie *Kindheit* [*Detstvo*] (1914), *Unter Menschen* [*V ljudjach*] (1916), *Meine Universitäten* [*Moi universitety*] (1923), Nikolaj Berdjaevs *Selbsterkenntnis. Versuch einer philosophischen Autobiographie* [*Samopoznanie. Opyt filosofskoj avtobiografii*] (1949) und Nina Berberovas *Ich komme aus St. Petersburg* [*Kursiv moj*] (1972) zu nennen. Diese Texte stellen Ausläufer älterer Traditionslinien dar, die im Rußland des 20. Jahrhundert allerdings nur noch bedingt produktiv sind. Gor'kij erzählt seine eigene Biographie in der Form eines Bildungsromans, der das politisch korrekte Ideal der jungen Sowjetunion formuliert; Berdjaev faßt seine romantisch inspirierte Subjektphilosophie in der Rekapitulation seines philosophischen Werdegangs zusammen; Berberova schließlich gibt mit ihrer Autobiographie ein spätes Beispiel der typisch russischen Gattung der „literaturnye vospominanija" im Stil eines Panaev oder Annenkov.

Schließlich ist auf eine Besonderheit der sowjetischen Kulturpolitik aufmerksam zu machen: Während des Stalinismus wurden nicht nur Betriebe, Fabriken und Bauernhöfe, sondern auch die Biographien der dazugehörigen Arbeiter kollektiviert. Grundsätzlich ist die Lebensgeschichte jedes Arbeiters nur im Kontext der Betriebsgeschichte relevant; die Biographie erschöpft sich in einem uniformen Curriculum vitae, das den Einzelnen zur Wahrnehmung seiner Funktion befähigt (Guski 1995, 234). Einen Spezialfall dieser biographischen Vereinheitlichung stellt das Parteiritual der „Selbstkritik [samokritika]" dar, das während Stalins Säuberungen als effizientes Kontrollinstrument eingesetzt wurde (Studer, Unfried 1999). Dabei forderte die Partei von jedem Mitglied die rückhaltlose Offenlegung seiner politischen Gesinnung. Fast wichtiger als das Gestandene war indes der Akt des Gestehens: Der zu Überprüfende mußte

Funktionen und Strategien

seine Verfehlungen selbst aufdecken und verurteilen. Allerdings bildete sich bald eine Sprachschablone für „erfolgreiche" Selbstkritik heraus, in der das sowjetische Individuum zu seinem offiziell akzeptierten Ich fand (Kharkhordin 1999, 355 f.). Wie dominant dieses Selbstbeschreibungsmuster war, zeigt sich an der Tatsache, daß auch anerkannte Schriftsteller während des Stalinismus keine individuellen Autobiographien vorlegten. Erst nach dem XX. Parteikongreß läßt sich ein öffentliches Interesse an der künstlerischen Lebensbesschreibung beobachten, das nicht mehr nur politische Disziplinierung bezweckt. 1959 erschien ein wegweisender Doppelband mit Kurzautobiographien von Sowjetautoren. Allerdings schlägt sich das problematische Verhältnis der offiziellen Sowjetkultur zum Individuum auch noch im Vorwort zu dieser Publikation nieder:

> Das besorgte Verantwortungsgefühl vor dem Volk erfordert eine ständige innere Selbstüberprüfung jedes Einzelnen. (Brajnina, Nikitina 1959, I, 3)

Grundsätzlich kann man am Ende des 20. Jahrhunderts bei den meisten Autoren eine gewisse Autobiographiefeindlichkeit konstatieren. Dies hängt mit zwei Faktoren zusammen: Auf der einen Seite sind moderne und postmoderne Textkonzepte nicht ohne Einfluß auf die Poetik der Schriftsteller geblieben. Die Person des Autors wird hinter dem autonomen Text immer undeutlicher – und verliert damit als schriftstellerischer Gegenstand an Attraktivität. Auf der anderen Seite steht die Autobiographie immer mehr im Verdacht einer „self promotion", die eine bestimmte Rezeption kalkuliert. Wie begründet dieser Verdacht im Rußland der neunziger Jahre ist, zeigen etwa die effekthascherischen Autobiographien von Boris El'cin und Evgenij Evtušenko. Josif Brodskij, selbst Verfasser eines autobiographischen Essays (1986), hat die postmoderne Problematik der Lebensbeschreibung auf die kürzeste Formel gebracht:

> Biography, I repeat, does not explain a damn thing. (Volkov 1998, 139)

14. Bibliographie

1. Einleitung

AXTHELM, P.M. 1967: *The Modern Confessional Novel*. New Haven.

BACHTIN, M.M. 1994: „Avtor i geroj v ėstetičeskoj dejatel'nosti". In: Ders.: *Raboty 1920-ch godov*. Kiev, 69-255.

BACHTIN, M.M. [1938] 1986: „Formen der Zeit und des Chronotopos im Roman. Untersuchungen zur historischen Poetik". In: Ders.: *Untersuchungen zur Poetik und Theorie des Romans*. Hgg. Edward Kowalski, Michael Wegner. Berlin, Weimar, 262-464.

BENVENISTE, E. 1966: „Les relations de temps dans le verbe français". In: Ders.: *Problèmes de linguistique générale*. 2 Bde. Paris, I, 237-250.

BICILLI, P. 1934: „Die ‚Haus'-Literatur und der Ursprung der klassischen Literatur in Rußland". In: *Jahrbücher für Kultur und Geschichte der Slaven* NF 10 (1934), 382-420.

BRUSS, E. 1976: *Autobiographical Acts. The Challenging Situation of a Literary Genre*. Baltimore, London.

BURKHART, D. 1983: „Epochendarstellung und Ich-Reflexion im Genre ‚Autobiographischer Text'". In: R. Olesch (Hg.): *Slavistische Studien zum IX. Internationalen Slavistenkongreß in Kiev 1983*. Köln, Wien, 55-77.

ČAJKOVSKAJA, O. 1980: „‚I v proze glas slyšen solov'in' (Zametki o dokumental'noj literature XVIII veka)". In: *Voprosy literatury* 11 (1980), 196-213.

ČERNAJA, L.A. 1990: „Russkaja mysl' vtoroj poloviny XVII-načala XVIII v. o prirode čeloveka". In: *Čelovek i kul'tura: Individual'nost' v istorii kul'tury*. Moskva, 192-203.

CLYMAN, T.W., VOWLES, J. 1996: „Introduction". In: Dies.: *Russia through Women's Eyes. Autobiographies from Tsarist Russia*. New Haven, London, 1-46.

DE MAN, P. 1984: „Autobiography as De-Facement". In: Ders.: *The Rhetoric of Romanticism*. New York, 67-81.

DEMAUSE, L. 1989: „Die psychogenetische Theorie der Geschichte". In: Ders.: *Grundlagen der Psychohistorie*. Frankfurt am Main, 89-104.

DERRIDA, J. 1982: *L'oreille de l'autre. Otobiographies, transferts, traductions*. Montréal.

DILTHEY, W. 1958: *Der Aufbau der geschichtlichen Welt in den Geisteswissenschaften*. Stuttgart, Göttingen. (Gesammelte Schriften 7)

DOSTOEVSKIJ, F.I. 1972: *Polnoe sobranie sočinenij v 30 tt*. Leningrad 1972-1988.

DREHSEN, V. 1990: „Lebensgeschichtliche Frömmigkeit. Eine Problemskizze zu christlich-religiösen Dimensionen des (auto-)biographischen Interesses in der Neuzeit". In:

Ichentwürfe

W. Sparn (Hg.): *Wer schreibt meine Lebensgeschichte: Biographie, Autobiographie, Hagiographie und ihre Entstehungszusammenhänge.* Gütersloh, 33-62.

ELIZAVETINA, G.G. 1967: „Russkaja memuarno-avtobiografičeskaja literatura XVIII veka i A.I. Gercen". In: *Izvestija Akademii Nauk SSSR. Serija literatury i jazyka* 26 (1967), 40-51.

ELIZAVETINA, G.G. 1982a: „"Poslednjaja gran' v oblasti romana ...' (Russkaja memuaristika kak predmet literaturovedčeskogo issledovanija)". In: *Voprosy literatury* 10 (1982), 147-171.

ELIZAVETINA, G.G. 1982b: „Stanovlenie žanrov avtobiografii i memuarov". In: A.S. Kurilov (Hg.): *Russkij i zapadno-evropejskij klassicizm. Proza.* Moskva, 235-263.

FRANK, M. 1986: *Die Unhintergehbarkeit von Individualität – Reflexionen über Subjekt, Person und Individuum aus Anlaß ihrer „postmodernen" Toterklärung.* Frankfurt am Main.

FRANK, M. 1988: „Subjekt, Person, Individuum". In: M. Frank, A. Haverkamp (Hgg.): *Individualität.* München, 3-20. (Poetik und Hermeneutik 13)

FRANK, M. 1991: *Selbstbewußtsein und Selbsterkenntnis. Essays zur analytischen Philosophie der Subjektivität.* Stuttgart.

FRANK, M. (Hg.) 1994: *Analytische Theorien des Selbstbewußtseins.* Frankfurt am Main.

FUHRMANN, M. 1979: „Rechtfertigung durch Identität – Über eine Wurzel des Autobiographischen". In: O. Marquard, K. Stierle (Hgg.): *Identität.* München, 685-690. (Poetik und Hermeneutik 8)

GENETTE, G. 1969: „Frontières du Récit". In: Ders.: *Figures II.* Paris, 49-70. (Tel Quel)

GINZBURG, L. 1970: „O dokumental'noj literature i principach postroenija charaktera". In: *Voprosy literatury* 7 (1970), 62-91.

GOETHE, J.W. 1988: *Briefe.* 6 Bde. München. (Hamburger Ausgabe)

GOODWIN, J. 1993: *Autobiography: The Self Made Text.* New York. (Studies in Literary Themes and Genres 2)

GREBER, E. 1991: „Pasternaks unsystematische Kunst des Gedächtnisses". In: A. Haverkamp, R. Lachmann (Hgg.): *Gedächtniskunst: Raum – Bild – Schrift. Studien zur Mnemotechnik.* Frankfurt am Main 1991.

GUSDORF, G. 1957: „Conditions et limites de l'autobiographie". In: G. Reichenkron, E. Haase (Hgg.): *Formen der Selbstdarstellung: Analekten zu einer Geschichte des literarischen Selbstportraits.*

GUSDORF, G. 1991a: *Les écritures du moi.* Paris. (Lignes de vie 1)

GUSDORF, G. 1991b: *Auto-bio-graphie.* Paris. (Lignes de vie 2)

HARRIS, J.G. 1990: „Diversity of Discourse: Autobiographical Statements in Theory and Praxis". In: Dies. (Hg.): *Autobiographical Statements in Twentieth-Century Russian Literature.* Princeton.

Bibliographie

ISER, W. 1991: *Das Fiktive und das Imaginäre. Perspektiven literarischer Anthropologie.* Frankfurt am Main.

KANT, I. 1790: *Critik der Urtheilskraft.* Berlin, Libau.

KOHUT, H. 1975: „Bemerkungen zur Bildung des Selbst". In: H. Kohut: *Die Zukunft der Psychoanalyse. Aufsätze zu allgemeinen Themen und zur Psychologie des Selbst.* Frankfurt am Main, 252-285.

KOHUT, H. 1977: *The Restoration of the Self.* New York.

KON, I. 1983: *Die Entdeckung des Ichs.* Köln.

LEHMANN, J. 1988: *Bekennen-Erzählen-Berichten. Studien zu Theorie und Geschichte der Autobiographie.* Tübingen. (Studien zur deutschen Literatur 98)

LEITNER, H. 1990: „Die temporale Logik der Autobiographie". In: W. Sparn (Hg.): *Wer schreibt meine Lebensgeschichte: Biographie, Autobiographie, Hagiographie und ihre Entstehungszusammenhänge.* Gütersloh, 315-359.

LEJEUNE, PH. 1975: *Le pacte autobiographique.* Paris.

LEJEUNE, PH. 1989: „L'autobiocopie". In: M. Calle-Gruber, A. Rothe (Hgg.): *Autobiographie et Biographie. Colloque franco-allemand de Heidelberg.* Paris, 53-66.

LINDE, CH. 1993: *Life Stories. The Creation of Coherence.* New York, Oxford.

LOTMAN, JU.M. 1992: „Literaturnaja biografija v istoriko-kul'turnom kontekste. (K tipologičeskomu sootnošeniju teksta i ličnosti avtora)." In: Ders.: *Izbrannye Stat'i v trech tomach. Tom I. Stat'i po semiotike i tipologii kul'tury.* Tallinn, 365-376.

LÜBBE, H. 1977: *Geschichtsbegriff und Geschichtsinteresse. Analytik und Pragmatik der Historie.* Basel, Stuttgart.

LÜBBE, H. 1979: „Zur Identitätsrepräsentationsfunktion der Historie". In: In: O. Marquard, K. Stierle (Hgg.): *Identität.* München, 277-292. (Poetik und Hermeneutik 8)

MARCUS, L. 1994: *Auto/biographical Discourses. Theory, Criticism, Practice.* Manchester, New York.

MARQUARD, O. 1979: „Identität – Autobiographie – Verantwortung (ein Annäherungsversuch)" In: O. Marquard, K. Stierle (Hgg.): *Identität.* München, 690-699. (Poetik und Hermeneutik 8)

MEDARIĆ, M. 1996: „Avtobiografija i avtobiografizm". In: *Russian literature* 40 (1996), 31-56.

MIETHING, CH. 1989: „La grammaire de l'ego. Phénoménologie de la subjectivité et théorie autobiographique". In: M. Calle-Gruber, A. Rothe (Hgg.): *Autobiographie et Biographie. Colloque franco-allemand de Heidelberg.* Paris, 149-162.

MISCH, G. 1907: *Geschichte der Autobiographie. Erster Band. Das Altertum.* Leipzig, Berlin.

NEUMANN, B. 1970: *Identität und Rollenzwang. Zur Theorie der Autobiographie.* Frankfurt am Main. (Athenäum Paperbacks Germanistik 3)

Ichentwürfe

NOLDA, S. 1985: „‚Autobiographie' und ‚Memuarnaja literatura' als Thema in der neueren westlichen und sowjetischen Literaturwissenschaft". In: *Zeitschrift für Slavische Philologie* 45 (1985), 153-165.

PASCAL, R. 1960: *Design and Truth in Autobiography*. London.

PEKARSKIJ, P. 1855: „Russkie memuary XIII veka". In: *Sovremennik* 50 (1855), 53-90; 51 (1855); 29-62, 52 (1855); 63-120.

PFEIFFER, K.L. 1989: „Ich-Diskurse, Ich-Schicksale: Zur Geschichte einer kategorialen Verwischung". In. M. Pfister (Hg.): *Die Modernisierung des Ich: Studien zu Subjektkonstitution in der Vor- und Frühmoderne*. Passau, 13-21. (Pink 1)

POLOVCOV, A.A. (Hg.) 1896: *Russkij biografičeski slovar'*. 25 Bde. Sanktpeterburg 1896-1918.

ŠAJTANOV, I. 1979: „‚Neprojavlennyj žanr', ili Literaturnye zametki o memuarnoj forme". In: *Voprosy literatury* 2 (1979), 50-77.

SCHEUER, H. 1982: „Biographie. Überlegungen zu einer Gattungsbeschreibung." In: R. Grimm, J. Hermand (Hgg.): *Vom Anderen und vom Selbst. Beiträge zu Fragen der Biographie und Autobiographie*. Königstein/Ts.

SCHLAEGER, J. 1993: „Das Ich als beschriebenes Blatt – Selbstverschriftlichung und Erinnerungsarbeit". In: A. Haverkamp, R. Lachmann (Hgg.): *Memoria. Vergessen und Erinnern*. München, 315-337. (Poetik und Hermeneutik 15)

SCHMÜCKER, A. 1989: „Anfänge und erste Entwicklung der Autobiographie in Rußland (1760-1830)". In: G. Niggl (Hg.): *Die Autobiographie. Zu Form und Geschichte einer literarischen Gattung*. Darmstadt, 415-458. (Wege der Forschung 565)

SCHNEIDER, M. 1986: *Die erkaltete Herzensschrift. Der autobiographische Text im 20. Jahrhundert*. München, Wien.

SCHULZE, W. 1996: „Ego-Dokumente: Annäherung an den Menschen in der Geschichte? Vorüberlegungen für die Tagung ‚Ego-Dokumente'". In: Ders. (Hg.): *Ego-Dokumente. Annäherung an den Menschen in der Geschichte*. Berlin, 11-30. (Selbstzeugnisse der Neuzeit 2)

SPENGEMANN, W.C. 1980: *The Forms of Autobiography. Episodes in the History of a Literary Genre*. New Haven, London.

STAROBINSKI, J. 1971: „The Style of Autobiography". In: S. Chatman (Hg.): *Literary Style: A Symposium*. New York, 285-294.

STRAUB, J. 1998: „Personale und kollektive Identität. Zur Analyse eines theoretischen Begriffs". In: A. Assmann, H. Friese (Hgg.): *Identitäten. Erinnerung, Geschichte, Identität 3*. Frankfurt am Main, 73-104.

TARTAKOVSKIJ, A.G. 1980: *1812 god i russkaja memuaristika. Opyt istočnikovedčeskogo izučenija*. Moskva.

TARTAKOVSKIJ, A.G. 1991: *Russkaja memuaristika XVIII-pervoj poloviny XIX v. Ot rukopisi k knige*. Moskva.

Bibliographie

TARTAKOVSKIJ, A.G. 1997: *Russkaja memuaristika i istoričeskoe soznanie XIX veka*. Moskva.

TAYLOR, CH. 1989: *Sources of the Self. The Making of the Modern Identity*. Cambridge (Mass.).

VINOKUR, G.O. 1927: *Biografija i kul'tura*. Moskva.

WEINRICH, H. 1964: *Tempus. Besprochene und erzählte Welt*. Stuttgart. (Sprache und Literatur 16)

WELLEK, R., WARREN, A. 1956: *Theory of Literature*. New York.

WIDDERSHOVEN 1993: „The Story of Life. Hermeneutic Perspectives on the Relationship Between Narrative and Life History". In: R. Josselson, A. Lieblich (Hgg.): *The Narrative Study of Lives*. Newbury Park, London, New Delhi, 1-20. (The Narrative Study of Lives 1)

WITTE, G. 1992a: *Blicken und Schreiben. Autobiographische Szenen im Rußland des 18. Jahrhunderts*. Bochum. (Habilitationsschrift, unveröff. Typoskript)

WITTE, G. 1992b: „Poröse Lebenstexte. Russische Schriftsteller-Autobiographien zwischen Klassizismus und Romantik". In: *Poetica* 24 (1992), 32-61.

2. Avvakum

AUGUSTINUS, A. 1980: *Confessiones. Bekenntnisse*. München.

BORTNES, J. 1979: „Dissimilar Similarities: Imitatio Christi in the Life of Archpriest Avvakum". In: *Canadian-American Slavic Studies* 13 (1979), 224-229.

BORTNES, J. 1988: *Visions of Glory. Studies in Early Russian Hagiography*. Oslo, New Jersey. (Slavica Norvegica 5)

BOYM, S. 1994: *Common Places. Mythologies of Everyday Life in Russia*. Cambridge (Mass.), London.

CHANT [HUNT], P. 1977: „Samoopravdanie protopopa Avvakuma". In: *Trudy otdela drevnerusskoj literatury* 32 (1977), 70-84.

DEMIN, A.S. 1966: „Nabljudenija nad pejzažem v Žitii protopopa Avvakuma". In: *Trudy otdela drevnerusskoj literatury* 22 (1966), 402-406.

DEMKOVA, N.S. 1974a: *Žitie protopopa Avvakuma. Tvorčeskaja istorija proizvedenija*. Leningrad.

DEMKOVA, N.S. 1974b: „Iz istorii rannej staroobrjadčeskoj literatury. 1. ,Pisanejce' Protopopa Avvakuma Feodoru Michailoviču Rtiščevu". In: *Trudy otdela drevnerusskoj literatury* 28 (1974), 385-389.

DEMKOVA, N.S. 1975: „Istorija sozdanija Pustozerskogo sbornika Zavoloko i tekstologičeskie problemy ego izučenija". In: MALYŠEV 1975, 162-210.

Ichentwürfe

DEMKOVA, N.S. 1988: „Dramatizacija povestvovanija v sočinenijach protopopa Avvakuma". In: *Trudy otdela drevnerusskoj literatury* 41 (1988), 302-316.

ĖJCHENBAUM, B. 1987:„Leskov i sovremennaja proza". In: B. Ėjchenbaum: *O literature. Raboty raznych let.* Moskva, 409-424.

ERIKSON, E. H. [1959] 1979: *Identity and the Life Cycle.* New York, London.

FLORENSKIJ, P. 1993: *Ikonostas. Izbrannye trudy po iskusstvu.* Sankt-Peterburg.

GERASIMOVA, N.M. 1993: „O poėtike citat v Žitii protopopa Avvakuma". In: *Trudy otdela drevnerusskoj literatury* 48 (1993), 315-318.

GUDZIJ, N.K. (Hg.) 1960: *Žitie protopopa Avvakuma, im samim napisannoe, i drugie ego sočinenija,* Moskva

HUNT, P. 1975: „The Autobiography of the Archpriest Avvakum. Structure and Function". In: *Ricerche Slavistiche* 27-28 (1975-1976), 155-176.

HUNT, P. 1991: „A penitential journey: The Life of the Archpriest Avvakum and the Kenotic Tradition". In: *Canadian-American Slavic Studies* 25 (1991), 201-224.

HUNT, P. 1993: „Justice in Avvakum's Fifth Petition to Tsar Aleksei Mikhailovich". In: *California Slavic Studies* 16 (1993), 276-296.

KEIPERT, H. 1988: „Nomen est omen. Etymologie als Denkform bei russischen Autoren des 17. Jahrhunderts". In: B. Panzer (Hg.): *Sprache, Literatur und Geschichte der Altgläubigen. Akten des Heidelberger Symposions vom 28.-30. April 1986.* Heidelberg, 100-132. (Heidelberger slavistische Forschungen 1)

KOLESOV, V.V. 1975: „Lingvo-stilističeskaja charakteristika avtografov Avvakuma i Epifanija". In: MALYŠEV 1975, 210-227.

LICHAČEV, D.S. 1984: „Smech kak mirovozzrenie". In: D. Lichačev, A. Pančenko, N. Ponyrko: *Smech v drevnej Rusi.* Leningrad, 7-71.

MALYŠEV, V.I. 1965: „Risunki protopopa Avvakuma?". In: *Russkaja literatura* 2 (1965), 154-155.

MALYŠEV, V.I. (Red.) 1975: *Pustozerskij sbornik. Avtografy sočinenij Avvakuma i Epifanija.* Leningrad.

ONASCH, K. 1984: „Identity Models of Old Russian Sacred Art". In: H. Birnbaum, M. Flier (Hgg.): *Medieval Russian Culture.* Berkeley, Los Angeles, London, 175-205. (California Slavic Studies 12)

ONASCH, K. 1991: „Intelligibilität und Spiritualität. Zur Soziologie der altrussischen Ikone". In: Eva Haustein-Bartsch (Hg.): *Russische Ikonen: Neue Forschungen.* Recklinghausen, 9-24.

PANČENKO, A.M. 1982: „Avvakum kak novator". In: *Russkaja literatura* 4 (1982), 142-152.

PARPULOVA-GRIBBLE, L. 1993: „The Concept of the Reader in Slavic Autobiographies. Protopop Avvakum, Dositej Obradović, Sofronij Vračanski". In: R.A. Maguire, A. Timberlake (Hgg.): *American Contributions to the Eleventh Congress of Slavists.*

Bibliographie

Bratislava, August-September 1993. Literature. Linguistics. Poetics. Columbus, 100-110.

PICCHIO, R. 1984: „The Impact of Ecclesiastic Culture on Old Russian Literary Techniques". In: H. Birnbaum, M. Flier (Hgg.): *Medieval Russian Culture*. Berkeley, Los Angeles, London, 247-279. (California Slavic Studies 12)

PLIUKHANOVA, M. 1993: „Tradicionnost' i unikal'nost' sočinenij protopopa Avvakuma v svete tradicii Tret'ego Rima". In: B. Gasparov, O. Raevsky-Hughes (Hgg.): *Christianity and the Eastern Slavs. Volume I*. Berkeley, Los Angeles, Oxford, 276-327. (California Slavic Studies 16)

PONYRKO, N.V. 1985: „Žitie protopopa Avvakuma kak duchovnoe zaveščanie". In: *Trudy otdela drevnerusskoj literatury* 39 (1985), 379-387.

RITTER, J. 1974: „Landschaft. Zur Funktion des Ästhetischen in der modernen Gesellschaft". In: Ders.: *Subjektivität. Sechs Aufsätze*. Frankfurt am Main, 141-163.

ROBINSON, A.N. 1966: „Ideologija i vnešnost' (Vzgljady Avvakuma na izobrazitel'noe iskusstvo)". In: *Trudy otdela drevnerusskoj literatury* 22 (1966), 353-381.

ROBINSON, A.N. 1963: „Tvorčestvo Avvakuma i Epifanija, russkich pisatelej XVII veka". In: Ders. (Hg.): *Žizneopisanija Avvakuma i Epifanija. Issledovanie i teksty*. Moskva, 3-135.

ROBINSON, A.N. 1966: „Ideologija i vnešnost' (Vzgljady Avvakuma na izobrazitel'noe iskusstvo)". In: *Trudy otdela drevnerusskoj literatury* 22 (1966), 353-381.

ROBINSON, A.N. 1967: „Ispoved'-propoved' (o chudožestvennosti *Žitija* Avvakuma)". In: *Istoriko-filologičeskie issledovanija. Sbornik statej k 75-letiju akademika N.I. Konrada*. Moskva, 358-370.

SCHEIDEGGER, G. 1998: „,Die Kirche ist keine Kirche mehr'. Der ‚Raskol': Alte Quellen neu betrachtet". In: *Jahrbücher für Geschichte Osteuropas* 46 (1998), 177-194.

SMIRNOV, I.P. 1983: „Über barocke Komik". In: Renate Lachmann (Hg.): *Slavische Barockliteratur II. Gedenkschrift für Dmitrij Tschižewskij (1894-1977)*. München, 143-152. (Forum Slavicum 54)

SKÁLOVÁ, Z. 1991: „Die Semiotik mittelalterlicher russischer Ikonen, ihre Beschädigung, Restaurierung, Nachahmung und Fälschung". In: Eva Haustein-Bartsch (Hg.): *Russische Ikonen: Neue Forschungen*. Recklinghausen, 171-180.

SORENSEN, H. 1957: „Die stilistische Verwendung kirchenslavischer Sprachelemente in der Autobiographie Avvakums". In: *Scando-Slavica* 3 (1957), 154-175.

ŠVARC, V.V. 1987: „Avvakum i roždenie russkoj političeskoj karikatury". In: *Russkaja literatura* 4 (1987), 198-201.

USPENSKY, B. 1976: *The Semiotics of the Russian Icon*. Lisse. (Semiotics of Art 3)

VINOGRADOV, V. 1923: „O zadačach stilistiki. Nabljudenija nad stilem Žitija protopopa Avvakuma". In: L. Ščerba (Hg.): *Russkaja reč'. Sbornik statej*. Petrograd, 195-293.

VINOGRADOV, V. 1959: *O Jazyke chudožestvennoj literatury*. Moskva.

Ichentwürfe

ZENKOVSKY, S.A. 1956a: „The Old Believer Avvakum: His Role in Russian Literature". In: *Indiana Slavic Studies* 1 (1956), 1-51.

ZENKOVSKY, S.A. 1956b: „Der Mönch Epifanij und die Entstehung der altrussischen Autobiographie". In: *Die Welt der Slaven* 1 (1956), 276-292.

ZIOLKOWSKI, M. 1988: *Hagiography and Modern Russian Literature*. Princeton.

3. Bolotov

BLACK, J.L. 1979: *Citizens for the Fatherland. Education, Educators, and Pedagogical Ideals in Eighteenth Century Russia*. With a Translation of Book on the Duties of Man and Citizen *(St. Petersburg, 1783)*. New York. (East European Monographs 53)

BOLOTOV, A.T. 1870: Žizn' i priključenija Andreja Bolotova opisannyja samim im dlja svoich potomkov. 4 Bde. Sanktpeterburg 1870-1873. [Bd. I 1870, Bd. II 1871, Bd. III 1872, Bd. IV 1873]. (Russkaja starina. Eżemesjačnoe istoričeskoe izdanie. Priloženie)

BORISOVA, L.P. 1989: „Žizneopisanie, adresovannoe potomkam". In: *Russkaja reč'* 3 (1989), 97-102.

BOROVSKICH, I.V. 1984: *Andrej Timofeevič Bolotov (1738-1833)* [Bibliografija]. Moskva.

BROWN, J.H. 1976: *A Provincial Landowner: A.T. Bolotov (1738-1833)*. Ann Arbor. (Diss. Princeton)

DINGES, M. 1996: „Schmerzerfahrung und Männlichkeit. Der russische Gutsbesitzer und Offizier Andrej Bolotow (1738-1795)". In: *Jahrbuch des Instituts für Geschichte der Medizin der Robert Bosch Stiftung* 15 (1996), 55-78.

EPP, G.K. 1984: *The Educational Policies of Catherine II. The Era of Enlightenment in Russia*. Frankfurt am Main, Bern, New York, Nancy.

GLAGOLEVA, O.E. 1987: „Biblioteka Bolotova". In: *Kniga v Rossii. XVI-ser. XIX v. Knigorasprostranenie, biblioteki, čitatel'*. Leningrad, 79-95.

GLAGOLEVA, O.E. 1988: „A.T. Bolotov kak čitatel'". In: *Rukopisnaja i pečatnaja kniga v Rossii. Problemy sozdanija i rasprostranenija. Sbornik naučnych trudov*. Leningrad, 140-158.

GRUHN, W. 1989: „Nachwort". In: *Leben und Abenteuer des Andrej Bolotow, von ihm selbst für seine Nachkommen aufgeschrieben*. 2 Bde. Leipzig, II, 473-491.

HAUMANN, H. 1996: *Geschichte Rußlands*. München.

LAVRENT'EVA, A.A. 1983: „Bolotov – russkij učenyj i bytopisatel' XVIII veka". In: *Russkaja reč'* 5 (1983), 15-19.

Bibliographie

MANDEL'ŠTAM, O.È. 1968: *Sobranie sočinenij*. Washington, New York, Paris 1967-1981.

MOROZOV, I., KUČEROV, A. 1933: „Iz neizdannogo literaturnogo nasledija Bolotova". In: *Literaturnoe nasledstvo* 9-10 (1933), 153-221.

NASH, C. 1981: „Educating New Mothers: Women and the Enlightenment in Russia". In: *History of Education Quarterly* 2 (1981), 301-316.

NEWLIN, T. 1994: *The Voice in the Garden. Andrei Bolotov and the Anxieties of Russian Pastoral 1738-1833*. Ann Arbor. (Diss. Columbia)

NEWLIN, T. 1996: „ The Return of the Russian Odysseus: Pastoral Dreams and Rude Awakenings". In: *The Russian Review* 55 (1996), 448-474.

RAEFF, M. 1962: „Home, School and Service in the Life of the 18th-Century Russian Nobleman". In: *The Slavonic and East European Review* 40/95 (1962), 295-307.

RAEFF, M. 1973: „Introduction". In: *Žizn' i priključenija Andreja Bolotova, opisannye samim im dlja svoich potomkov*. 3 Bde. Moskva, Leningrad 1931. Reprint Cambridge, iii-vii. (Pamjatniki literaturnogo i obščestvennogo byta)

REKSCHOJZER, A. 1996: „Pravoslavnaja religioznost' i zapadnoe obrazovanie v Rossii konca XVIII - XIX vekov. Andrej Bolotov". In: *Kontekst 1993*, Moskva, 220-262.

REXHEUSER, A. 1995: „Andrej Bolotov. Königsberg als Bildungserlebnis eines russischen Aufklärers" In: H. Ischreyt (Hg.): *Königsberg und Riga*. Tübingen, 87-122. (Wolfenbütteler Studien zur Aufklärung 16. Zentren der Aufklärung II)

RICE, J.L. 1976a: „The Bolotov Papers and Andrei Timofeevich Bolotov, Himself" In: *Russian Review* 30 (1976), 125-154.

RICE, J.L. 1976b: „The Memoirs of A.T. Bolotov and Russian Literary History". In: A.G. Cross (Hg.): *Russian Literature in the Age of Catherine the Great*. Oxford, 16-43.

RONSKIJ, S.M. 1931: „Bolotov i ego vremja". In: *Žizn' i priključenija Andreja Bolotova, opisannye samim im dlja svoich potomkov*. 3 Bde. Moskva, Leningrad, XLI-L. (Pamjatniki literaturnogo i obščestvennogo byta)

SCHMIDT, W. 1992: „Ein junger Russe erlebt Ostpreußen. Andrej Bolotovs Erinnerungen an den Siebenjährigen Krieg". In: D. Herrmann (Hg.): *Deutsche und Deutschland aus russischer Sicht. 18. Jahrhundert: Aufklärung*. München, 190-208. (West-Östliche Spiegelungen. Russen und Rußland aus deutscher Sicht und Deutsche und Deutschland aus russischer Sicht von den Anfängen bis zum 20. Jahrhundert)

SEMEVSKIJ, M. 1870: [Predislovie]. In: BOLOTOV 1870, I, I-X.

ŠKLOVSKIJ, V. 1930: *Kratkaja, no dostovernaja povest' o dvorjanine Bolotove*. Leningrad.

STEPANOV, V. (Hg.) 1968: *Istorija russkoj literatury XVIII veka: Bibliografičeskij ukazatel'*. Leningrad.

VENGEROV, S.A. 1897: *Kritiko-biografičeskij slovar' russkich pisatelej i učenych*. X Bde. Sanktpeterburg.

Ichentwürfe

VLADIMIROVA, I. (=REYFMAN, I.), GRIGOR'EV, M. (=AL'TSHULLER, M.), KUMPAN, K. 1981: „A.A. Blok i russkaja kul'tura XVIII veka". In: *Nasledie A. Bloka i aktual' nye problemy poètiki*. Tartu, 27-115. (Blokovskij sbornik 4)

WITTE, G. 1998: „Aneignungen. Autobiographische Kindheiten im 18. Jahrhundert". In: A. Hartmann, Ch. Veldhues (Hgg.): *Im Zeichen-Raum. Festschrift für Karl Eimermacher zum 60. Geburtstag*. Dortmund. (Dokumente und Analysen zur russischen und sowjetischen Kultur 11)

4. Fonvizin

ALEXANDROV, V.E. 1985: „Dialogue and Rousseau in Fonvizin's *The Minor*". In: *Slavic and East European Journal* 29 (1985), 127-143.

ARCHAMBAULT, P.J. 1987: „Rousseau's Tactical (Mis)reading of Augustine". In: *Symposium* 41 (1987), 6-14.

BARRAN, T. 1982: „Rousseau and Fonvizin: *Emile* as a Source for *The Minor*". In: *Ulbandus Review* 2:2 (1982), 5-22.

BARRAN, T. 1984: *How the Russians Read Rousseau*. Ann Arbor. (Diss. Columbia)

BEAUDRY, C.A. 1991: *The Role of the Reader in Rousseau's Confessions*. New York. (The Age of Revolution and Romanticism. Interdisciplinary Studies 2)

BERELOWITCH, W. 1989: „Le ‚Discours sur les Lois' de Fonvizin: Une Ethique subversive". In: *Cahiers du Monde russe et soviétique* 30 (1989), 193-206.

COETZEE, J.M. 1985: „Confession and Double Thoughts: Tolstoy, Rousseau, Dostoevsky". In: *Comparative Literature* 37 (1985), 193-232.

COOPER, N.L. 1996: „A Chapter in the History of Russian Autobiography: Childhood, Youth, and Maturity in Fonvizin's *Čistoserdečnoe priznanie v delakh moikh i pomyshleniiakh (A Sincere Avowal of my Deeds and Thoughts)*. In: *Slavic and East European Journal* 40 (1996), 609-622.

DARNTON, R. 1984: „Readers Respond to Rousseau: The Fabrication of Romantic Sensibility". In: Ders.: *The Great Cat Massacre: And Other Episodes in French Cultural History*. New York, 215-256.

FONVIZIN, D.I. 1959: *Sobranie sočinenij*. 2 Bde. Moskva, Leningrad.

FRANCE, P. 1990: „The commerce of the Self". In: *Comparative Criticism* 12 (1990), 39-56.

GALLE, R. 1986: „Der erste moderne Mensch. Sozialpsychologische Überlegungen zu Rousseaus Autobiographie". In: *Merkur* 37 (1983), 58-66.

GORDIN, JA. 1981: „Ne biografija, a sud'ba". In: *Voprosy literatury* 10 (1981), 250-258.

GRAYSON, S. 1986: „Rousseau and the Text as Self". In: L. Layton, B. Shapiro (Hgg.): *Narcissism and the Text*. New York, 78-96.

Bibliographie

GUTMAN, H. 1988: „Rousseau's *Confessions*: A Technology of the Self". In: L.H. Martin, H. Gutman, P. Hutton (Hgg.): *Technologies of the Self. A Seminar with Michel Foucault.* Amherst, 99-120.

JAUSS, H.-R. 1982: *Ästhetische Erfahrung und literarische Hermeneutik.* Frankfurt am Main.

KOČETKOVA, N.D. 1983: „Geroj russkogo sentimentalizma. 1. Čtenie v žizni ‚čuvstvitel'-nogo' geroja". In: A.M. Pančenko (Red.): *XVIII vek. Sbornik 14. Russkaja literatura XVIII-načala XIX veka v obščestvenno-kul'turnom kontekste.* Leningrad, 121-142.

KOČETKOVA, N.D. 1984: „‚Izpoved'" v russkoj literature konca XVIII. v.". In: F.Ja. Prijma (Red.): *Na putjach k romantizmu.* Leningrad 1984, 71-99.

KOČETKOVA, N.D. 1994: *Literatura russkogo sentimentalizma. (Èstetičeskie i chudožestvennye iskanija).* Sankt-Peterburg.

LOTMAN, JU.M. 1967: „Russo i russkaja kul'tura XVIII veka". In: M.P. Alekseev (Red.): *Èpocha prosveščenija. Iz istorii meždunarodnych svjazej russkoj literatury.* Leningrad, 208-281.

LOTMAN, JU.M. 1969: „Russo i russkaja kul'tura XVIII-načala XIX veka". In: Ž.-Ž. Russo [Rousseau]: *Traktaty.* Moskva, 555-604. (Literaturnye pamjatniki)

MAKOGONENKO, G.P. 1961: *Denis Fonvizin. Tvorčeskij put'.* Moskva, Leningrad.

MOSER, CH. 1979: *Denis Fonvizin.* Boston. (Twayne's World Authors Series 560)

ORLOV, O.V. 1981: „Jean-Jacques Rousseau dans la littérature russe de la fin du XVIII siècle (Principaux aspects de la question)". In: M.-H. Cotoni (Hg.): *Rousseau et Voltaire en 1978. Actes du Colloque international de Nice (Juin 1978).* Genève, Paris, 240-249. (Etudes Rousseauistes et Index des Œuvres de J.-J. Rousseau. Série C: Etudes diverses 1)

PAGE, T. 1985: „Karamzin's Immoralist Count NN or Three Hermeneutical Games of ‚Chinese Shadows'". In: *Slavic and East European Journal* 29 (1985), 144-156.

PIGAREV, K.V. 1954: *Tvorčestvo Fonvizina.* Moskva.

PUDER, M. 1986: „Philosophie als Autobiographie: Zur Form der Rousseauschen Bekenntnisse". In: *Neue Deutsche Hefte* (33) 1986, 236-249.

SERMAN, I. 1988: „Pis'ma D.I. Fonvizina k P.I. Paninu iz Francii (problema žanra)". In: *Oxford Slavonic Papers* 21 (1988), 105-119.

STAROBINSKI, J. 1957: *Jean-Jacques Rousseau: La Transparence et l'obstacle.* Paris.

STRANGE, M. 1962: „Jean-Jacques Rousseau et ses contemporaines russes". In: *Annales historiques de la révolution française* 34 (1962), 515-528.

STRYCEK, A. 1976: *La Russie des Lumières. Denis Fonvizine.* Paris. (Etudes Russes 8)

STRYCEK, A. 1981: „Denis Fonvizine à Paris". In: M.-H. Cotoni (Hg.): *Rousseau et Voltaire en 1978. Actes du Colloque international de Nice (Juin 1978).* Genève, Paris, 273-279. (Etudes Rousseauistes et Index des Œuvres de J.-J. Rousseau. Série C: Etudes diverses 1)

Ichentwürfe

VELGUTH, M. 1985: „Le Texte comme prétexte: Jacques Derrida lit *Les Confessions* de Rousseau". In: *The French Review* 53 (1985), 811-819.

5. Freimaurer

BAEHR, S.L. 1991: *The Paradise Myth in Eighteenth-Century Russia*. Stanford.

BAKUNINA, T.A. 1935: *Znamenitye russkie masony*. Pariž.

BAKOUNINE, T. 1967: *Répertoire biographique des franc-maçons russes (XIII et XIX siècles)*. Paris. (Collection historique de l'Institut d'Etudes slaves 19)

BARSKOV, JA.L. 1915: *Perepiska moskovskich masonov XVIII-go veka. 1780-1792 gg*. Petrograd.

BERESNIAK, D. 1992: La franc-maçonnerie en Europe de l'Est. Monaco.

BILLINGTON, J.H. 1966: *The Icon and the Axe. An Interpretive History of Russian Culture*. New York.

BOURYCHKINE, P., BAKOUNINE, T. 1967: *Bibliographie sur la franc-maçonnerie en Russie*. Paris, La Haye. (Etudes sur l'histoire, l'économie et la sociologie des pays slaves 11)

CRAVEN, K. 1988: „The First Chamber of Novikov's Masonic Library". In: R.P. Bartlett, A.G. Cross, K Rasmussen (Hgg.): *Russia and the World of the Eighteenth Century*. Columbus, 401-410.

CROSS, A.G. 1971: „British Freemasons in Russia during the Reign of Catherine the Great". In: *Oxford Slavonic Studies* 4 (1971), 43-72.

ELAGIN, I.P. 1864: „Zapiska (Novye materialy dlja istorii masonstva)". In: *Russkij archiv* 1 (1864), 93-110.

FRICK, K.R.H. 1973: *Die Erleuchteten. [Bd. 2: Licht und Finsternis]. Gnostisch-theosophische und freimaurerisch-okkulte Geheimgesellschaften bis an die Wende zum 20. Jahrhundert*. 2 Bde. Graz 1973-1978.

GARETH JONES, W. 1989: „Biography in Eighteenth-Century Russia". In: *Oxford Slavonic Papers. New Series* 27 (1989), 58-80.

KOČETKOVA, N.D. 1964: „Idejno-literaturnye pozicii masonov 80-90-ch godov XVIII v. i N.M. Karamzin". In: *Russkaja literatura XVIII veka: Èpocha klassicizma*. Moksva, Leningrad, 176-196. (XVIII vek 6)

LEIGHTON, L.G. 1982: „Freemasonry in Russia: The Grand Lodge of Astraea (1815-1822)". In: *Slavonic and East European Review* 60 (1982), 221-243.

LEIGHTON, L.G. 1994: *The Esoteric Tradition in Russian Romantic Literature. Decembrism and Freemasonry*. University Park (Pennsylvania).

Bibliographie

LEVITSKY, A. 1988: „Masonic Elements in Russian Eighteenth-Century Religious Poetry" In: R.P. Bartlett, A.G. Cross, K. Rasmussen (Hgg.): *Russia and the World of the Eighteenth Century*. Columbus, 419-435.

LIPSKI, A. 1967: „A Russian Mystic Faces the Age of Rationalism and Revolution: Thought and Activity of Ivan Vladimirovich Lopukhin.". In: *Church History* 36 (1967), 170-188.

LOPUCHIN, I.V. 1860: *Zapiski*. London.

LOPUCHIN, I.V. 1913: *Masonskie trudy. I. Duchovnyj rycar'. II. Nekotorye čerty o vnutrennej cerkvi*. Moskva. (Materialy po istorii russkogo masonstvo XVIII-go veka 1)

MARTYNOV, I.F. 1988: „Rannie masonskie stichi i pesni v sobranii biblioteki Akademii Nauk SSSR (K istorii literaturno-obščestvennoj polemiki 1760-ch gg.)" In: R.P. Bartlett, A.G. Cross, K Rasmussen (Hgg.): *Russia and the World of the Eighteenth Century*. Columbus, 437-444.

NEKRASOV, S.M. 1994: „*Rasprostranivšij pervye luči ...*" *N.I. Novikov i russkoe masonstvo XVIII-nač. XIX vv. Katalog vystavki*. Sankt-Peterburg.

NOVIKOV, N.I. 1951: *Izbrannye sočinenija*. Moskva, Leningrad.

NOVIKOV; V.I. 1993: *Masonstvo i russkaja kul'tura*. Moskva

PIKSANOV, N.K. 1914: „I.V. Lopuchin". In: S.P. Mel'gunov, N.P. Sidorov (Hgg.): *Masonstvo v ego prošlom i nastojaščem*. Moskva, 227-255.

PROZOROVSKIJ, A.N. 1994: „Rossijskie dvorjane-masony v XVIII veke". In: S.I. Varnov, S.P. Karpačev (Hg.): *Masonstvo i Masony. Sbornik statej. Vypusk 1*. Moskva, 26-54.

PYPIN, A.N. 1916: *Russkoe masonstvo XVIII i pervaja četvert' XIX v.* Petrograd.

SACHAROV, V.I. 1995: „Russkaja masonskaja poėzija (k postanovke problemy)". In: *Russkaja literatura* 4 (1995), 3-26.

SACHAROV, V.I. 1996: „Proza russkich masonov (Istorija i poėtika)". In: A.V. Michajlov (Red.): *Kontekst. Literaturno-teoretičeskie issledovanija 1994, 1995*. Moskva, 338-359.

ŠČERBAKOV, V.I. 1996: „Neizvestnyj istočnik *Vojny i mira* (,Moi zapiski' masona P.Ja. Titova)". In: *Novoe literaturnoe obozrenie* 21 (1996), 130-151.

SEMEKA, A.V. 1914: „Russkoe masonstvo v XVIII v.". In: S.P. Mel'gunov, N.P. Sidorov (Hgg.): *Masonstvo v ego prošlom i nastojaščem*. Moskva, 124-174.

SOLOV'EV, O.F. 1988: „Masonstvo v Rossii". In: *Voprosy istorii* 10 (1988), 3-25.

SUROVCEV, A.G. 1901: *Ivan Vladimirovič Lopuchin. Ego masonskaja i gosudarstvennaja dejatel'nost'. Biografičeskij očerk*. Sanktpeterburg.

TOLSTOJ, L.N. 1935: *Polnoe sobranie sočinenij*. 90 Bde. Moskva 1935-1958.

TOMPKINS, S.R. 1953: *The Russian Mind. From Peter the Great Through the Enlightenment*. Norman.

Ichentwürfe

TORKE, H.J. 1976: „Introduction". In: I.V. Lopukhin: *Zapiski. London 1860.* Newtonville, 1-7. (Memoir Series 20)

VERNADSKIJ, G.V. 1917: *Russkoe masonstvo v carstvovanie Ekateriny II.* Petrograd.

6. Deržavin

ALEKSEEVA, N.JU., KOPLAN, B.I. 1994: „Avtorskaja pravka G.R. Deržavina na ėkzempljarach ego ‚Sočinenij' iz sobranij RGB i BRAN". In: *Marginalii russkich pisatelej XVIII veka.* Sankt-Peterburg, 33-54. (Studiorum Slavicorum Monumenta 6)

BOLCHOVITINOV, E. [Mitropolit Evgenij] 1845: *Slovar' russkich svetskich pisatelej, sootečestvennych i čužestrancev, pisavšich v Rossii.* 2 Bde. Moskva.

ČERNYŠEVSKIJ, N.G. 1950: „Pradedovskie nravy". In: Ders.: *Polnoe sobranie sočinenij v 15 tt. Tom VII. Stat' i i recenzii 1860-1861.* Moskva, 325-371.

CHODASEVIČ, V.F. 1931: *Deržavin.* Paris.

CHRAPOVICKIJ, A.V. 1901: *Dnevnik s 18. Janvarja 1782 po 17 Sentjabrja 1793 goda.* Moskva

CLARDY, J.V. 1967: *G.R. Derzhavin. A Political Biography.* The Hague, Paris. (Studies in European History 14)

DERŽAVIN, G.R. 1864: *Sočinenija s ob"jasnitel'nymi primečanijami Ja. Grota.* 9 Bde. Sanktpeterburg 1864-1883.

FOMENKO, I.JU. 1983: „Avtobiografičeskaja Proza G.R. Deržavina i problema professionalizacii russkogo pisatelja". In: A.M. Pančenko (Red.): *XVIII vek. Sbornik 14. Russkaja literatura XVIII-načala XIX veka v obščestvenno-kul'turnom kontekste.* Leningrad, 143-164.

GITERMANN, V. 1944: *Geschichte Rußlands.* 3 Bde. Zürich 1944-1949.

GROT, JA. 1880: *Žizn' Deržavina po ego sočinenijam i pis'mam i po istoričeskim dokumentam.* Sanktpeterburg.

GUKOVSKIJ, G. 1933: „Literaturnoe nasledstvo G.R. Deržavina". In: *Literaturnoe nasledstvo* 9-10 (1933), 369-396.

KOČETKOVA, N.D. 1994: „Ėkzempljary ‚Sočinenij' Deržavina, chranjaščiesja v Puškinskom Dome". In: *Marginalii russkich pisatelej XVIII veka.* Sankt-Peterburg, 55-65. (Studiorum Slavicorum Monumenta 6)

KONONKO, E.N. 1972: „Rukopisi G.R. Deržavina v central'noj naučnoj biblioteke USSR". In: *Russkaja literatura* 3 (1972), 74-85.

KONONKO, E.N. 1973: „Primečanija na sočinenija Deržavina". In: *Voprosy russkoj literatury* 22 (1973),107-116.

KONONKO, E.N. 1974: „Primečanija na sočinenija Deržavina (prodolženie)". In: *Voprosy russkoj literatury* 23 (1974), 81-93.

Bibliographie

KONONKO, E.N. 1975: „Primečanija na sočinenija Deržavina. Čast' II". In: *Voprosy russkoj literatury* 25 (1975), 110-125.

KULAKOVA, L.I. 1969: „O spornych voprosach v éstetike Deržavina". In: *Deržavin i Karamzin v literaturnom dviženii XVIII-načala XIX veka*. Leningrad, 25-40. (XVIII vek 8)

LOTMAN, JU.M. 1992: „O Chlestakove". In: Ders.: *Izbrannye Stat'i v trech tomach. Tom I. Stat'i po semiotike i tipologii kul'tury*. Tallinn, 337-364.

PUŠKIN, A.S. 1937: *Polnoe sobranie sočinenie*. Moskva, Leningrad 1937-1959.

RYLEEV, K.F. 1971: *Polnoe sobranie stichotvorenij*. Leningrad. (Biblioteka poéta. Bol'šaja serija)

SERMAN, I.Z. 1988: „The Literary Context in Russian Eighteenth-Century Esthetics". In: *Russian Literature Triquarterly*, 15-24.

ŠIL'DER, N.K. 1904: *Imperator Aleksandr Pervyj. Ego žizn' i carstvovanie. Tom vtoroj*. Sanktpeterburg.

TRAVNIKOV, S.N. 1993: „"Ja ljubil čistoserdeč'e ...' (K 250-letiju so dnja roždenija G.R. Deržavina)" In: *Russkij jazyk za rubežom* 4 (1993), 82-90.

VASILEVSKAJA, E.A. 1983: „Poétičeskaja sistema Deržavina". In: *Russkaja reč'* 4 (1983), 29-34.

VJAZEMSKIJ, A.I. 1881: *Archiv Knjazja Vjazemskogo*. Sankt Peterburg 1881.

WITTE, G. 1992: „Poröse Lebenstexte. Russische Schriftsteller-Autobiographien zwischen Klassizismus und Romantik". In: *Poetica* 24 (1992), 32-61.

ZAPADOV, V.A. 1964: „Problema Deržavina v žurnalistike 60-ch godov". In: *Iz istorii russkoj žurnalistiki vtoroj poloviny XIX v*. Moskva, 28-43.

ZAPADOV, V.A. 1980: „Tekstologija i ideologija (Bor'ba vokrug literaturnogo nasledija G.R. Deržavina)". In: *Problemy izučenija russkoj literatury XVIII veka. Mežvuzovskij sbornik naučnych trudov. Vypusk 4*. Leningrad, 96-129.

ZAPADOV, V.A. 1992: „Deržavin-polemist". In: *Russkaja literatura* 2 (1992), 68-75.

ZORIN, A. 1987: „Glagol vremen. Izdanija G.R. Deržavina i russkie čitateli". In: A. Zorin, A. Nemzer, N. Zubkov: *Svoj podvig sveršiv ...* Moskva, 5-154.

7. Dmitriev

BANTYŠ-KAMENSKIJ, N.N. 1847: *Slovar' dostopamjatnych ljudej russkoj zemli*. 2 Bde. Sanktpeterburg.

CHVOSTOV, P.O. 1890: „Iv. Iv. Dmitriev". In: *Russkaja Starina* 66 (1890), 678-680.

Ichentwürfe

CROSS, A.G. 1974: "Ivan Dmitriev: The Reluctant Memoirist". In: I.I. Dmitriev: *Vzglyad na moiu zhizn'*. St. Petersburg 1895 [Reprint von DMITRIEV 1895, II, 1-171], Cambridge, i-xii. (Memoir series 5)

ČULICKIJ, V. 1902: „I.I. Dmitriev". In: *Žurnal ministerstva narodnogo prosveščenija* 3 (1902); 171-193, 4 (1902); 355-397; 5 (1902), 17-53.

DMITRIEV, I.I. 1895: *Sočinenija*. 2 Bde. Sanktpeterburg.

DMITRIEV, I.I. 1967: *Polnoe sobranie stichotvorenij*. Leningrad. (Biblioteka poėta. Bol'šaja serija)

DMITRIEV, M.A. 1869: *Meloči iz zapasa moej pamjati*. Moskva.

GILLEL'SON, M.I., KUMPAN, K.A. (Hgg.): *Russkaja ėpigramma. (XVIII - načalo XX veka)*. Leningrad. (Biblioteka poėta. Bol'šaja serija)

GROT, JA, PEKARSKIJ, P. (Hgg.) 1866: *Pis'ma N.M. Karamzina k I.I. Dmitrievu*. Sanktpeterburg.

GROT, K.JA. 1902: *K biografii I.I. Dmitrieva. Neizdannye pis'ma i zametki, otnosjaščiesja ko vremeni ego končiny (3. okt. 1837 g.)*. Sanktpeterburg.

KARLINSKY, S. 1991: „"Vvezen iz-za granicy ...'? Gomoseksualizm v russkoj kul'ture i literature. Kratkij obzor." In: *Literaturnoe obozrenie* 11 (1991), 104-107.

KON, I. 1979: *Freundschaft. Geschichte und Sozialpsychologie der Freundschaft als soziale Institution und individuelle Beziehung*. Reinbek.

KON, I. 1995: *The Sexual Revolution in Russia. From the Age of the Czars to Today*. New York.

KON, I. 1996: „Istoričeskie sud'by russkogo ėrosa". In: A.L. Toporkov (Hg.): *Seks i ėrotika v russkoj tradicionnoj kul'ture*. Moskva, 5-30.

LEVIN, E. 1989: *Sex and Society in the World of the Orthodox Slavs, 900-1700*. Ithaca, London.

LJAMINA, E.D., PASTERNAK, E.E. 1993: „Spiski memuarov I.I. Dmitrieva ,Vzgljad na moju žizn'". In: *N.D. Kočetkova (Red.): XVIII vek. Sbornik 18*. Sanktpeterburg, 369-375.

MAKOGONENKO, G.P. 1967: „Rjadovoj na pinde voin (Poėzija Ivana Dmitrieva)". In: DMITRIEV 1967, 5-68.

MALINOVSKIJ, B. 1868: „Ešče o Gr. Dmitrieve-Mamonove". In: *Russkij Archiv* 6 (1868), 962-969.

ROSSLYN, W. 1997: *Anna Bunina (1774-1829) and the Origins of Women's Poetry in Russia*. Lewiston, Queenston, Lampeter. (Studies in Slavic Language and Literature 10)

SAITOV, V.I. (Hg) 1899: *Ostav'evskij archiv knjazej Vjazemskich. I: Perepiska Knjazja P.A. Vjazemskogo c A.I. Turgenevym 1812-1819*. Sankt-Peterburg.

VIGEL', F.F. 1891: *Zapiski*. Moskva 1891-1892.

Bibliographie

VJAZEMSKIJ, P.A. 1929: *Staraja zapisnaja knižka*. Leningrad 1929.

VJAZEMSKIJ, P.A. 1982: „Izvestie o žizni i stichotvorenijach I.I. Dmitrieva". In: Ders.: *Sočinenija v dvuch tomach*. Moskva, II, 48-93.

ŽUKOVSKIJ, V.A. 1959: *Sobranie sočinenij*. 4 Bde. Moskva, Leningrad 1959-1960.

8. Dolgorukaja und Labzina

ANISIMOV, E. 1992: „Slovo i delo russkoj ženščiny". In: *Svoeručnye zapiski knjagini Natal'i Borisovny Dolgorukoj dočeri g. fel'dmaršala grafa Borisa Petroviča Šeremeteva*. Sankt-Peterburg, 103-130.

BATJUŠKOV, K.N. 1964: *Polnoe sobranie stichotvorenij*. Moskva, Leningrad. (Biblioteka poėta. Bolšaja serija)

DOLGORUKAJA, N.B. 1972: *Svoeručnye zapiski. Das Journal*. München. (Slavische Propyläen 112)

GÖPFERT, F. 1992: *Dichterinnen und Schriftstellerinnen in Rußland von der Mitte des 18. bis zum Beginn des 20. Jahrhunderts. Eine Problemskizze*. München. (Slavistische Beiträge 289)

LABZINA, A.E. 1974: *Vospominaniya, 1763-1819. St. Petersburg, 1914*. Cambridge. (Memoir Series 7)

LOTMAN, JU.M. 1994: *Besedy o russkoj kul'ture. Byt i tradicii russkogo dvorjanstva (XVIII-načalo XIX veka)*. Sankt-Peterburg.

MICHNEVIČ, V.O. 1895: *Russkaja ženščina XVIII stoletija*. Kiev.

NAKHIMOVSKY, A. 1987: „A Syntactic, Lexicological and Stylistic Commentary on the Memoirs of Princess Natalja Borisovna Dolgorukaja". In: *Folia Slavica* 8 (1987), 272-301.

PUŠKAREVA, N.L. 1997: *Častnaja žizn' russkoj ženščiny: nevesta, žena, ljubovnica (X-načalo XIX v.)*. Moskva.

SCHMÜCKER, A. 1972: „Das Journal der Fürstin Natalija Borisovna Dolgorukaja". In: N.B. Dolgorukaja 1972: *Svoeručnye zapiski. Das Journal*. München, VII-XXXVIII. (Slavische Propyläen 112)

VOWLES, J. 1994: „The ‚Feminization' of Russian Literature: Women, Language, and Literature in Eighteenth-Century Russia". In: T. Clyman, D. Greene (Hgg.): *Women Writers in Russian Literature*. Westport, London, 35-60. (Contributions to the Study of World Literature 53)

ZERNOVA, R. 1992: „‚Ja v ljubvi verna: vo vsech zlopolučijach byla svoemu tovarišč...' Pervaja russkaja mėmuaristka knjaginja Natal'ja Dolgorukaja". In: *Russkaja mysl'* 3917 (29.2.1992)

Ichentwürfe

9. Durova

BLINOV, N. 1888: „Kavalerist-devitsa i Durovy: Iz Sarapul'skoj chroniki".In: *Istoričeskij vestnik* 2 (1888), 414-420.

BURGIN, D. 1997: „Nadeschda Durowa. Amazonen und Lesbischsein in der russischen Literatur".In: *Forum Homosexualität und Literatur* 29 (1997).

DUROVA, N.A. 1838: *God žizni v Peterburge ili Nevygody tret'ego poseščenija*. Sanktpeterburg.

DUROVA, N.A. 1839: *Zapiski Aleksandrova (Durovoj). Dobavlenie k ‚Device-kavalerist'*. Moskva.

DUROVA, N.A. 1960: *Zapiski Kavalerist-Devicy*. Kazan'.

DUROVA, N.A. 1988: *Izbrannye sočinenija kavalerist-devicy*. Moskva.

EICHER, W. 1984: *Transsexualismus. Möglichkeiten und Grenzen der Geschlechtsumwandlung*. Stuttgart, New York.

EPSTEIN HELLER, L. 1980: *Anne Radcliffe's Gothic Landscape of Fiction and the Various Influences upon it*. New York. (Diss. New York University 1971)

GILLEL'SON, M.I. 1987: „Puškinskij ‚Sovremennik'". In: *Sovremennik. Literaturnyj žurnal, izdavaemyj Aleksandrom Puškinym. Priloženie k faksimil'nomu izdaniju*. Moskva, 3-39.

HELDT, B. 1983: „Nadezhda Durova: Russia's Cavalry Maid". In: *History Today* 2 (1983), 24-27.

HELDT, B. 1987: *Terrible Perfection: Women and Russian Literature*. Bloomington.

JUDINA, I. 1963: „Ženščina – voin i pisatel'nica". In: *Russkaja literatura* 2 (1963), 131-135.

LAŠMANOV, F.F. 1890: „Nadežda Andreevna Durova: Materialy k ee biografii". In: *Russkaja Starina* 9 (1890), 657-663,

MOBERLY, E.R. 1983: *Psychogenesis. The Early Development of Gender Identity*. London, Boston, Melbourne, Henley.

MORDOVCEV, D. 1874: „Nadežda Andreevna Durova (Kavalerist-devica)". In: *Russkie ženščiny novogo vremeni: Ženščiny devjatnadcatogo veka*. Sankt Peterburg, 97-150.

MURAV'EV, V.B. 1988: „Kavalerist-Devica Nadežda Durova". In: N. Durova: *Izbrannye sočinenija kavalerist-devicy*. Moskva, 5-24.

PANAEVA, A.JA. 1956: *Vospominanija*. Moskva.

PUŠKIN, A.S. 1937: *Polnoe sobranie sočinenie*. Moskva, Leningrad 1937-1959.

PUŠKIN, A.S. 1982: *Perepiska*.. 2 Bde. Moskva.

RADCLIFFE, A. 1792: *Romance of the Forest*. 3 Bde. London.

RANCOUR-LAFERRIERE, D. 1998: „Nadežda Durova Remembers Her Parents". In: *Rus–sian Literature* 44 (1998), 457-468.

Bibliographie

ROGAČEVKSIJ, A.B. 1993: „'Kavalerist-devica' N.A. Durovoj i ‚Kapitanskaja dočka' A.S. Puškina: ‚Pravo rasskazčika'". In: *Filologičeskie nauki* 4 (1993), 23-31.

SMIRENSKIJ, B.V. 1960: „Nadežda Durova". In: N. Durova: *Zapiski Kavalerist-Devicy*. Kazan', III-XXIV.

SPRINGER, A. 1981: *Pathologie der geschlechtlichen Identität. Transsexualismus und Homosexualität. Theorie, Klinik, Therapie.* Wien, New York.

STOLER, J. 1980: *Ann Radcliffe: The Novel of Suspense and Terror.* New York. (Diss. University of Arizona 1972)

VERESAEV, V. 1937: *Sputniki Puškina*. 2 Bde. Moskva.

ZIRIN, M.F. 1988: „Nadezhda Durova, Russia's ‚Cavalry Maiden'". In: N. Durova: *The Cavalry Maiden. Journals of a Russian Officer in the Napoleonic Wars.* Bloomington, Indianapolis, xi-xxxvii.

ZIRIN, M.F. 1990: „A Woman in the ‚Man's World': The Journals of Nadezhda Durova (1783-1866)". In: S.G. Bell, M. Yalom (Hgg.): *Revealing Lives. Autobiography, Biography, and Gender.* Albany, 43-51.

ZIRIN, M.F. 1993: „Butterflies with Broken Wings? – Early Autobiographical Depictions of Girlhood in Russia". In: M. Liljeström, E. Mäntysaari, A. Rosenholm (eds.): *Gender Restructuring in Russian Studies. Conference Papers. Helsinki, August 1992.* Tampere, 255-266.

10. Gogol'

AMBERG, L. 1986: *Kirche, Liturgie und Frömmigkeit im Schaffen von N.V. Gogol'.* Bern. (Slavica Helvetica 24)

ANNENKOV, P.V. 1960: *Literaturnye vospominanija.* Moskva. (Serija literaturnych memuarov)

ANNENKOVA, E.I. 1994: „'Razmyšlenija o Božestvennoj liturgii' v kontekste pozdnego tvorčestva N.V. Gogolja". In: S.A. Gončarov (Hg.): *Gogolevskij sbornik.* Sankt-Peterburg, 124-141.

AUTHALER, I. 1996: *Schizophrenie aus psychologischer Sicht.* Essen. (Psychologie in der Blauen Eule 8)

BARABAŠ, JU. 1989: „'Sootečestvenniki, ja vas ljubil ...' (Gogol': zaveščanie ili ‚Zaveščanie'?)". In: *Voprosy literatury* 3 (1989), 156-189.

BARABAŠ, JU. 1993: *Gogol'. Zagadka „Prošal'noj povesti".* Moskva.

BATESON, G., JACKSON, D., HALEY, J., WEAKLAND, J. 1978: „Auf dem Wege zu einer Schizophrenie-Theorie". In: G. Bateson, R. Laing, T. Lidz, L. Wynne u.a.: *Schizophrenie und Familie.* Frankfurt am Main, 11-43.

BELYJ, A. 1934: *Masterstvo Gogolja.* Moskva.

Ichentwürfe

BENEDETTI, G. 1987: *Todeslandschaften der Seele. Psychopathologie, Psychodynamik und Psychotherapie der Schizophrenie.* Göttingen.

BERNSTEIN, L. 1994: *Gogol's Last Book: The Architectonics of Selected Passages from Correspondence with Friends.* Birmingham. (Birmingham Slavonic Monographs 24)

CHRAPČENKO, M.B. 1993: *Izbrannye trudy. Nikolaj Gogol'. Literaturnyj put'. Veličie pisatelja.* Moskva.

DERRIDA, J. 1990: „Die différance". In: P. Engelmann (Hg.)*: Postmoderne und Dekonstruktion. Texte französischer Philosophen der Gegenwart.* Stuttgart, 76-113.

DRUBEK-MEYER N. 1998: *Gogol's* eloquentia corporis. *Einverleibung, Identität und die Grenzen der Figuration.* München. (Slavistische Beiträge 374)

EBBINGHAUS, A. 1993: „Konfusion und Teufelsanspielungen in Gogol's *Revizor*". In: *Russian Literature* 34 (1993), 291-310.

EFIMOV, I. 1992: „Vybrannye mesta iz perepiski s personažami ,Teatral'nogo raz"ezda'". In: *Grani* 163 (1992), 117-141.

ERMAKOV, I.D. 1923: *Očerki po analizu tvorčestva N.V. Gogolja (Ograničnost' proizvedenij Gogolja).* Moskva, Petrograd. (Psichologičeskaja i psichoanalitičeskaja biblioteka. Serija po chudožestvennomu tvorčestvu 16)

FANGER, D. 1978: „Gogol' and His Reader". In: W.M. Todd (Hg.): *Literature and Society in Imperial Russia, 1800-1914.* Stanford, 61-94.

FANGER, D. 1979: *The Creation of Nikolaj Gogol'.* Cambridge (Mass.), London.

FISCHER, R. 1971: „A Cartography of the Ecstatic and Meditative States". In: *Science* 174 (1971), 897-904.

FLOROVSKIJ, G. 1983: *Puti russkogo bogoslovija.* Paris.

FOUCAULT, M. 1978: *Wahnsinn und Gesellschaft.* Frankfurt am Main.

GERIGK, H.-J. 1973: „Dostoevskijs Selbstverständnis als hermeneutisches Problem". In: *Russian Literature* 4 (1973), 114-127.

GERIGK, H.-J. 1976: „Zwei Notizen zum *Revizor*". In: *Russian Literature* 14 (1976), 167-174.

GERIGK, H.-J. 1979: „Nikolaj Gogol: Die toten Seelen". In: Bodo Zelinsky (Hg.): *Der russische Roman.* Düsseldorf, 86-110.

GESEMANN, G. 1924: „Grundlagen einer Charakterologie Gogols". In: *Jahrbuch der Charakterologie* 1 (1924), 49-89.

GIPPIUS, V. 1924: *Gogol'.* Leningrad.

GOGOL', N.V. 1940: *Polnoe sobranie sočinenij.* 14 Bde. Leningrad 1940-1952.

GOGOL', N.V. 1995: „Pravilo žitija v mire. Publikacija i soprovoditel'naja stat'ja Gejra Ch'jetso (Norvegija)". In: Ju.V. Mann (Hg.): *Gogol'. Materialy i issledovanija.* Moskva, 6-21.

Bibliographie

GRABOWICZ, G. 1994: „Mif Ukrainy u Hoholja". In: *Sučasnist'* 9 (1994), 77-95; 10 (1994), 137-150.

GRIFFITHS, F.T., RABINOWITZ, S.R. 1992: „The Death of Gogolian Polyphony: Selected Comments on *Selected Passages from Correspondence with Friends*". In: S. Fusso, P. Meyer (Hgg.): *Essays on Gogol'. Logos and the Russian Word*. Evanston, 158-171.

HANSEN-LÖVE, A.A. 1997: „Gøgøl'. Zur Poetik der Null- und Leerstelle". In: *Wiener Slawistischer Almanach* 39 (1997), 183-303.

HUBER, G., ZERBIN-RÜDIN, E. 1979: *Schizophrenie*. Darmstadt. (Erträge der Forschung 115)

KALAŠNIKOV, S.I. 1994: „Gogolevskij motiv ‚unynija' v kontekste religiozno-učitel'noj kul'tury". In: S.A. Gončarov (Hg.): *Gogolevskij sbornik*. Sankt-Peterburg, 142-153.

KANZER, M. 1955: „Gogol – A Study in Wit and Paranoia". In: *Journal of the American Psychoanalytic Association* 3 (1955), 110-125.

KARLINSKY, S. 1976: *The Sexual Labyrinth of Nikolaj Gogol'*. Cambridge (Mass.).

KAUS, O. 1912: *Der Fall Gogol*. München. (Schriften des Vereins für freie psychoanalytische Forschung 2)

KOVAL'ČUK, O. 1997: „*Avtors'ka spovid'* M. Hoholja (svoeridnist' bačennja svitu ‚ukrains'koju ljudinoju')". In: *Hoholeznavči studii. Vypusk druhyj. Gogolevedčeskie studii. Vypusk vtoroj*. Nižyn, 13-22.

LAING, R.D. 1994: *Das geteilte Selbst. Eine existenzielle Studie über geistige Gesundheit und Wahnsinn*. Köln.

LEHMANN, J. 1982: „Bekenntnis als Handlung: Zur kommunikativen Struktur der ‚Avtorskaja ispoved'' Nikolaj V. Gogol's". In: A. Měšťan, E. Weiher (Hgg.): *Festschrift für Wilhelm Lettenbauer zum 75. Geburtstag*. Freiburg i. Br., 95-108.

MAGUIRE, R. 1994: *Exploring Gogol'*. Palo Alto.

MALANJUK, E. 1962: „Hohol' – Gogol'". In: Ders.: *Kniha sposterežen'*. Toronto, 191-210.

MAŠINSKIJ, S. (Hg.) 1952: *Gogol' v vospominanijach sovremennikov*. Moskva. (Serija literaturnych memuarov)

MCLEAN, H. 1989: „Gogol's retreat from love: Toward an interpretation of *Mirgorod*". In: D. Rancour-Laferrière (Hg.): *Russian Literature and Psychoanalysis*. Amsterdam, Philadelphia, 101-123. (Linguistic & Literary Studies in Eastern Europe 31)

MEREŽKOVSKIJ, D.S. 1911: *Polnoe sobranie sočinenij*. 24 Bde. Sankt Peterburg, Moskva 1911-1912.

MICHED, P.V. 1994: „Mesto ‚Avtorskoj Povesti' v tvorčeskoj sud'be Gogolja". In: S.A. Gončarov (Hg.): *Gogolevskij sbornik*. Sankt-Peterburg, 154-158.

MICHED, P.V. 1997: „Sposoby sakralizacii chudožestvennogo slova v *Vybrannych mestach iz perepiski s druz'jami* N.V. Gogolja (zametki k novoj èstetike pisatelja)".

Ichentwürfe

In: *Hoholeznavči studii. Vypusk druhyj. Gogolevedčeskie studii. Vypusk vtoroj.* Nižyn, 54-64.

MOČUL'SKIJ, K. 1934: *Duchovnyj put' Gogolja.* Paris.

MURAŠOV, J. 1997: „Orthographie und Karneval. Nikolaj Gogol's schizoides Schriftverständnis". In: *Wiener Slawistischer Almanach* 39 (1997), 85-106.

NABOKOV, V. 1989: *Nikolai Gogol.* Oxford.

NOSOV, V.D. 1985: *„Ključ" k Gogol'ju. Opyt chudožestvennogo čtenija.* London.

PAPERNYJ, V. 1997: „'Preobraženie' Gogolja". In: *Wiener Slawistischer Almanach* 39 (1997), 155-173.

PEACE, R. 1981: *The Enigma of Gogol. An Examination of the Writings of N.V. Gogol and their Place in the Russian Literary Tradition.* Cambridge.

RANCOUR-LAFERRIERE, D. 1982: *Out from under Gogol's Overcoat. A Psychoanalytic Study.* Ann Arbor.

SEIDEL-DREFFKE, B. 1994: „Warum nur konnte er nicht lieben? Die Gogolforschung und ihre Mystifikation einer Neigung". In: *Forum Homosexualität und Literatur* 20 (1994), 29-41.

ŠENROK, V.I. 1895: *Materialy dlja biografii Gogolja.* 4 Bde. Moskva 1895-1897.

SOBEL, R. 1981: *Gogol's Forgotten Book. Selected Passages and Its Contemporary Readers.* Washington.

STEPANJAN, K. 1992: „O chudožestvennosti russkoj literatury (Razmyšlenija nad *Vybrannymi mestami iz perepiski s drjuz'jami* N.V. Gogolja i *Dnevnikami pisatelja* F.M. Dostoevskogo)". In: *Grani* 163 (1992), 142-157.

TERC, A. [SINJAVSKIJ, A.] 1975: *V teni Gogol'ja.* London.

TODD, W.M. 1986: *Fiction and Society in the Age of Pushkin.* Cambridge (Mass.), London.

VOROPAEV, V. 1997: „Ot čego umer Gogol'". In: *Hoholeznavči studii. Vypusk druhyj. Gogolevedčeskie studii. Vypusk vtoroj.* Nižyn, 5-13.

WELSCH, W. 1993: *Unsere postmoderne Moderne.* Berlin.

WOODWARD, J.B. 1979: „The Symbolic Logic of Gogol"'s 'The Nose'". In: *Russian literature* 7 (1979), 537-564.

YOUNG, D.A. 1977: *Gogol in Russian and Western Psychoanalytic Criticism.* Diss. Toronto.

ZHOLKOVSKY, A. 1992: „Rereading Gogol's Miswritten Book: Notes on *Selected Passages from Correspondence with Friends*". In: S. Fusso, P. Meyer (Hgg.): *Essays on Gogol'. Logos and the Russian Word.* Evanston, 172-184.

ZVINJACKOVSKIJ, V.JA. 1994: *Nikolaj Gogol'. Tajny nacional'noj duši.* Kiev.

Bibliographie

11. Aksakov

AKSAKOV, S.T. 1883: „Iz pisem k M.A. Maksimoviču". In: *Kievskaja starina* 5 (1883), 829-842.

AKSAKOV, S.T. 1905: „Pis'mo S.T. Aksakova k A.O. Smirnovoj po končine Gogolja". In: *Russkij archiv* 10 (1905), 210-211.

AKSAKOV, S.T. 1955: *Sobranie sočinenij v četyrech tomach.* Moskva 1955-1956.

AKSAKOV, I.S. 1888: *Ivan Sergeevič Aksakov v ego pis'mach.* 4 Bde. Moskva.

AKSAKOV, I.S. 1988: *Pis'ma k rodnym 1844-1849.* Moskva. (Literaturnye pamjatniki)

AKSAKOVA, V.S. 1913: *Dnevnik Very Sergeevny Aksakovoj.* Sankt-Peterburg.

ANNENKOVA, E.I. 1983: *Gogol' i Aksakovy (Lekcija).* Leningrad.

ANNENKOVA, E.I. 1998: *Aksakovy.* Sankt-Peterburg. (Predan'ja russkogo semejstva)

BAZILEVSKAJA, E.JU. 1993: *Literaturnoe semejstvo Aksakovych. Annotirovannyj bibliografičeskij ukazatel'.* Samara.

BÖSCHENSTEIN-SCHÄFER, R. 1977: *Idylle.* Stuttgart. (Sammlung Metzler 63)

COHEN, E.F. 1973: *The Genre of the Autobiographical Account of Childhood – Three Test Cases: The Trilogies of Tolstoy, Aksakov, and Gorky.* Ann Arbor. (Diss. Yale)

P.B. 1896: „Iz Perepiski A.O. Smirnovoj s Aksakovymi". In: *Russkij archiv* 1 (1896), 142-160.

DURKIN, A.R. 1979: „Pastoral in Aksakov: The Transformation of Poetry". In: *Ulbandus Review* 2/1 (1979), 62-75.

DURKIN, A.R. 1983a: *Sergei Aksakov and the Russian Pastoral.* New Brunswick.

DURKIN, A.R. 1983b: „Two Instances of Prose Pastoral: Němcova and Aksakov". In: P. Debreczeny (Hg.): *American Contributions to the Ninth International Congress of Slavists, Kiev, September 1983. II: Literature, Poetics, History.* Columbus, 125-134.

EVANS, P. 1981: „The Portrayal of Childhood". Ann Arbor. (Diss.

FATEEV, S.P. 1985: „Ob évoljucii mirovozzrenija S.T. Aksakova: Pis'mo S.T. Aksakova k synu Ivanu Sergeeviču". In: *Russkaja literatura* 1 (1985), 187-189.

FEUER, K.B. 1979: „Family Chronicle: The Indoor Art of Sergei Aksakov". In: *Ulbandus Review* 2/1 (1979), 86-102.

GREGG, R. 1991: „The Decline of a Dynast: From Power to Love in Aksakov's Family Chronicle". In: *The Russian Review* 50 (1991), 35-47,

GROB, T. 1995: „‚Auch ich war in Arkadien geboren ...' Utopische Fluchtpunkte in russischen literarischen Kindheitserinnerungen". In: *Wiener Slawistischer Almanach* 36 (1995), 79-118.

GROT, JA.K. 1887: „Sergej Timofeevič Aksakov v zabotach o Gogole". In: *Russkaja starina* 53 (1887), 249-250.

GUSKI, A. 1991: „Die Welt als Schrank". In: Ders. (Hg.): *Zur Poetik und Rezeption von Božena Němcovás „Babička".* Wiesbaden, 148-183. (Veröffentlichungen der Abteilung für Slavische Sprachen und Literaturen des Osteuropa-Instituts (Slavisches Seminar) an der Freien Universität Berlin 75)

JEAN PAUL 1987: *Vorschule der Ästhetik. Levana oder Erziehlehre. Politische Schriften.* München. (Sämtliche Werke I/5)

KUK, Z.M. 1985: „Detskie gody Bagrova-vnuka by Sergei T. Aksakov: A Marvel of ,Pure' Russian". In: *Proceedings of the Kentucky Foreign Language Conference. Slavic Section* 3 (1985), 35-43.

LEVITT, M.C. 1988: „Aksakov's Family Chronicle and the Oral Tradition". In: *Slavic and East European Journal* 32 (1988), 198-212.

LOBANOV, M. 1991: „Sila ljubvi k Rossii". In: *Molodaja Gvardija* 9 (1991), 247-255.

MAJKOV, L.N. 1894: „Pis'ma S.T., K.S. i I.S. Aksakovych k I.S. Turgenevu". In: *Russkoe obozrenie* 8 (1894), 457-484; 9 (1894), 5-38; 10 (1894), 478-501; 11 (1894), 7-30; 12 (1894), 591-601.

MAŠINSKIJ, S.I. 1973: *S.T. Aksakov. Žizn' i tvorčestvo.* Moskva.

MEŽOV, V.I. 1888: *Sergej Timofeevič Aksakov. Bibliografičeskij ukazatel' knig i statej o žizni i sočinenijach ego.* 1816-1852. Sankt-Peterburg.

MÜNKNER, B. 1978: „Beobachtungen zur Erzähltechnik S.T. Aksakovs". In: H.-B. Harder, B.E. Scholz (Hgg.): *Studia Slavica. Beiträge zum VIII. Internationalen Slavistenkongreß in Zagreb 1978.* Gießen, 127-133. (Marburger Abhandlungen zur Geschichte und Kultur Osteuropas)

OSTROGORSKIJ, V. 1891: *Sergej Timofeevič Aksakov. 1791-1891. Kritiko-biografičeskij očerk.* Sankt-Peterburg.

PAVLOV, N.M. 1898: „Sergej Timofeevič Aksakov kak cenzor". In: *Russkij archiv* 5 (1898), 81-96.

PRITCHETT, V.S. 1947: „A Russian Cinderella". In: Ders.: *The Living Novel.* New York, 241-246.

SALAMAN, E. 1973: *The Great Confession. From Aksakov and De Quincey to Tolstoy and Proust.* London.

ŠENROK, V.I. 1890: „Nikolaj Vasil'evič Gogol'. Pis'ma k nemu A.O. Smirnovoj, rožd. Rosset". In: *Russkaja starina* 67 (1890), 195-212.

ŠENROK, V.I. 1904: „S.T. Aksakov i ego sem'ja". In: *Žurnal Ministerstva narodnogo prosveščenija* 10 (1904), 355-418; 11 (1904), 245-271; 12 (1904), 229-290.

TRUTOVSKIJ, K.A. 1892: „Vospominanija o S.T. Aksakove". In: *Russkij chudožestvennyj archiv* 2 (1892), 49-56; 3-4 (1892), 129-135.

WACHTEL, A.B. 1990: *The Battle for Childhood. Creation of a Russian Myth.* Stanford.

Bibliographie

12. Gercen

ACTON, E. 1979: *Alexander Herzen and the Role of the Intellectual Revolutionary.* Cambridge. S. 127.

ANCIFEROV, N.P. 1956: „Staršaja doč' Gercena (Tata)". In: *Literaturnoe nasledstvo* 63 (1956), 365-573.

ASKARJANC, A., KEIMENOVA, Z. 1941: „Pis'ma N.P. Ogareva A.I. Gercenu". In: *Literaturnoe nasledstvo* 39/40 (1941), 365-573.

ATANASOVA-SOKOLOVA, D. 1995: „Problema fatalizma i voljuntarizma v proizvedenijach A.I. Gercena 1830-1840-x godov". In: *Studia Slavica Academiae Scientiarium Hungaricae* 40 (1995), 43-67.

BANNOUR, W. 1983: „Alexandre Ivanovitch Herzen: Un Demi-siècle d'istoire européenne". In: C. Delhez-Sarlet, M. Catani (Hgg.): *Individualisme et autobiographie en Occident.* Bruxelles, 157-162.

BERLIN, I. 1981: *Russische Denker.* Frankfurt am Main. (Europäische Bibiliothek 6)

BLAGOVOLINA, JU.P. 1997: „Pis'ma N.A. Gercen N.A. Tučkovoj i Ogarevu".In: *Literaturnoe nasledstvo* 99/I (1997), 55-148.

BONTADINA, N., BRANG, P. 1994: „Erlebtes und Gedachtes. Alexander Herzen über die Asylpolitik seiner Exilheimat". In: M. Bankowski, P. Brang, C. Goehrke, W.G. Zimmermann (Hgg.): *Asyl und Aufenthalt. Die Schweiz als Zuflucht und Wirkungsstätte von Slaven im 19. und 20. Jahrhundert.* Basel, Frankfurt am Main, 21-46.

BULGAKOV, S.N. 1903: „Duševnaja drama Gercena". In: S.N. Bulgakov: *Ot marksizma k idealizmu. Sbornik statej (1896-1903).* Sankt-Peterburg, 161-194.

CARR, E.H. 1968: *The Romantic Exiles. A Nineteenth-century Portrait Gallery.* London. S. 164-178, 218-214.

ČUKOVSKAJA, L. 1966: Byloe i dumy *Gercena.* Moskva.

CURTIUS, E.R. 1984: *Europäische Literatur und lateinisches Mittelalter.* Bern, München.

DERŽAVIN, N.S. 1924: *„Byloe i dumy".* Leningrad.

DRYZHAKOVA, E. 1992: „Herzen's *Past and Thoughts*: Dichtung und Wahrheit". In: D. Offord (Hg.): *The Golden Age of Russian Literature and Thought. Selected Papers from the Fourth World Congress for Soviet and East European Studies, Harrogate, 1990.* New York, 115-137.

DUBOVNIKOV, A.N. 1956: „,O sebe'. Rannjaja avtobiografičeskaja povest'". In: *Literaturnoe nasledstvo* 63 (1956), 9-55.

DŽURINOVA, L.K. 1985: „K istorii zamysla *Bylogo i Dum* A.I. Gercena". In: A.P. Nikolaev (Hg.): *Gercen – pisatel', myslitel', borec.* Moskva, 65-67.

EDWARDS, R.W. 1988: *Self-Definition out of Chaos: A Comparison of the Autobiographies of Henry Adams and Alexander Herzen.* Ann Arbor.

ELIZAVETINA, G.G. 1984: Byloe i dumy *A.I. Gercena.* Moskva.

Ichentwürfe

ÈL'SBERG, JA. 1951: *A.I. Gercen. Žizn' i tvorčestvo*. Moskva.

EREMEEV, A.E. 1987: „Filosofskoe načalo v obraznoj strukture *Bylogo i dum* A.I. Gercena". In: *Filologičeskie nauki* 3 (1987), 9-13.

GERCEN, A.I. 1954: *Sobranie sočinenij v tridcati tomach*. Moskva 1954-1965.

GERŠENZON, M.O. 1905: „Zapadnye druz'ja Gercena". In: *Byloe* 5 (1905), 205-227.

GERŠENZON, M. 1915: „Dnevnik i pis'ma N.A. Gercen". In: *Russkie propilei* 1 (1915), 232-275.

GERŠENZON, M. 1917: „Archiv N.P. Ogareva". In: *Russkie propilei* 4 (1917), 1-294.

GIDŽEU, S.P. 1997: „Mal'vida Mejzenbug. Pis'ma Mal'vidy Mejzenbug Tereze Pul'skoj i Ogarevu". In: *Literaturnoe nasledstvo* 99/II (1997), 639-673.

GINZBURG, L. 1957: Byloe i dumy *Gercena*. Moskva.

GINZBURG, L. 1997: „Avtobiografičeskoe v tvorčestve Gercena".In: *Literaturnoe nasledstvo* 99/I (1997), 55-148.

GURVIČ-LIŠČINER, S.D 1974: *Letopis' žizni i tvorčestva A.I. Gercena 1812-1870*. 5 Bde. Moskva 1974-1993.

GURVIČ-LIŠČINER, S.D 1996: „Gercen na poroge XXI veka". In: *Voprosy literatury* 5 (1996), 133-166.

HÖFFLER-PREISSMANN, U. 1982: *Die Technik des literarischen Porträts in Herzens* Byloe i Dumy. Mainz. (Mainzer Slavistische Veröffentlichungen. Slavica Moguntiaca 2)

KRASOVSKIJ, JU. 1953: „Pis'ma [Gercena] k N.P. Ogarevu". In: *Literaturnoe nasledstvo* 61 (1953), 379-454.

LANSKIJ, L.P. 1958: „Pis'ma [Gercena] k Georgu i Èmme Gervegam". In: *Literaturnoe nasledstvo* 64 (1958), 9-318.

LIŠČINER, S. 1984: „Tvorčestvo Gercena v evropejskom èstetičeskom soznanii ego èpochi". In: *Voprosy literatury* 9 (1984), 88-104.

LO GATTO, E. 1971: *Russi in Italia. Dal secolo XVII ad oggi*. Roma.

LUSIN, N. 1990: *Alexander Herzen's* My Past and Thoughts: *The Art of Painting a Portrait*. Ann Arbor.

MALIA, M. 1961: *Alexander Herzen and the Birth of Russian Socialism 1812-1855*. Cambridge (Mass.).

MATJUŠENKO, L.I. 1958: „Pis'ma [Gercena] k A.A. Gercenu (1858-1869)". In: *Literaturnoe nasledstvo* 64 (1958), 537-594.

MERVAUD, M. 1975: *Lettres inédites de Herzen, Ogarev, Bakounine*. Paris.

VON MEYSENBUG, M. 1906: *Memoiren einer Idealistin*. 3 Bde. Berlin, Leipzig.

VON MEYSENBUG, M. 1926: *Im Anfang war die Liebe. Briefe an ihre Pflegetochter*. München.

Bibliographie

MONTANELLI, I. 1961: *Herzen. Vita sbagliata di un fuoruscito*. Milano.

NIKOLINA, N.A. 1987: „Principy vremennoj organizacii chudožestvennogo proizvedenija: *(Byloe i dumy* A.I. Gercena)". In: *Russkij jazyk v škole* 2 (1987), 72-78.

OGAREV, N. 1978: *Lettres inédites à Alexandre Herzen fils*. Mont-Saint-Aignan, Paris. (Publications de l'université de Rouen. Collection historique de l'institut d'études slaves 25)

PARTRIDGE, M. 1984: *Alexander Herzen. 1812-1870*. Paris.

PARTRIDGE, M. 1993a: „Herzen's Changing Concept of Reality and its Reflection in his Literary Works". In: M. Partridge: *Alexander Herzen: Collected Studies*. Nottingham, 77-100.

PARTRIDGE, M. 1993b: „Alexander Herzen: His Last Phase". In: M. Partridge: *Alexander Herzen: Collected Studies*. Nottingham, 135-154.

PREISSMANN, U. 1989: *Alexander Herzen und Italien*. Mainz. (Mainzer Slavistische Veröffentlichungen. Slavica Mogunticaca 13)

PUTINCEV, V.A. 1952: *Gercen pisatel'*. Moskva.

PTUŠKINA, I.G. 1984: „A.I. Gercen o putjach razvitija evropejskoj kul'tury *(Byloe i Dumy)*". In: M. Partridge (Hg.): *Alexander Herzen and European Culture. Proceedings of an International Symposium, Nottingham and London, 6th-12th September 1982*. Nottingham, 133-144.

PTUŠKINA, I.G. 1985: „Novoe o pjatoj časti *Bylogo i Dum* Gercena".In: A.P. Nikolaev (Hg.): *Gercen – pisatel', myslitel', borec*. Moskva, 68-80.

PTUŠKINA, I.G. 1997: „*Byloe i dumy*. Avtograf rasskaza o semejnoj drame (,Inside')".In: *Literaturnoe nasledstvo* 99/I (1997), 55-148.

ROSKINA, N.A. 1956: „Iz perepiski N.A. Tučkovoj-Ogarevoj". In: *Literaturnoe nasledstvo* 63 (1956), 505-522.

ROTHE, H. 1981: „Revolution gegen Erinnerung: Alexander Herzen". In: H.B. Harder, B. Scholz (Hgg.): *Studia Slavica: Beiträge zum VIII. Internationalen Slawistenkongreß in Zagreb 1978*. Gießen, 149-183.

ROTHE, H. 1984: „Herzen's Quotations. The Inner Form of His Thinking.". In: M. Partridge (Hg.): *Alexander Herzen and European Culture. Proceedings of an International Symposium, Nottingham and London, 6th-12th September 1982*. Nottingham, 159-171.

ŚLIWOWCY, W.+ R. 1973: *Aleksander Hercen*. Warszawa. (Ludzie żywi 27)

TUČKOVA-OGAREVA, N.A. 1959: *Vospominanija*. Moskva.

TUNIMANOV, V.A. 1987: „*Byloe i dumy* i russkaja avtobiografičeskaja proza". In: *Voprosy literatury* 3 (1987), 145-170.

TUNIMANOV, V.A. 1994: *A.I. Gercen i russkaja obščestvenno-literaturnaja mysl' XIX v.* Sankt-Peterburg.

Ichentwürfe

TURGENEV, I.S. 1961: *Polnoe sobranie sočinenij i pisem.* 28 Bde. Moskva, Leningrad 1961-1968.

VUILLEUMIER, M. 1996: „Les années d'exil: 1847-1870". In: *Alexandre Herzen (1812-1870). Russe de cœur, Européen d'esprit, Suisse d'adoption. L'errance d'un témoin prophétique.* Fribourg 1996, 35-58. (Pro Fribourg 113)

ZIMINA, V.G. 1997: „Pis'ma N.A. Gercen Gercenu".In: *Literaturnoe nasledstvo* 99/I (1997), 55-148.

ZINGERMAN, B.I. 1991: „Obraz čeloveka v knige A.I. Gercena *Byloe i dumy*". In: G.Ju. Sternin (Hg.): *Russkaja chudožestvennaja kul'tura vtoroj poloviny XIX veka. Kartina mira.* Moskva, 259-289.

ZVIGUILSKY, A. 1981: „Alexandre Herzen, Voltaire et Rousseau". In: M.-H. Cotoni (Hg.): *Rousseau et Voltaire en 1978. Actes du Colloque international de Nice (Juin 1978).* Genève, Paris, 318-332. (Etudes Rousseauistes et Index des Œuvres de J.-J. Rousseau. Série C: Etudes diverses 1)

13. Funktionen und Textstrategien

BRAJNINA, B.JA., NIKITINA, E.F. 1959: *Sovetskie pisateli. Avtobiografii v dvuch tomach.* Moskva.

BRODSKY, J. 1986: *Less Than One. Selected Essays.* New York.

ELIZAVETINA, G.G. 1982b: „Stanovlenie žanrov avtobiografii i memuarov". In: A.S. Kurilov (Hg.): *Russkij i zapadno-evropejskij klassicizm. Proza.* Moskva, 235-263.

GOETHE, J.W. 1988: *Werke. Hamburger Ausgabe in 14 Bänden.* München.

GUSKI, A. 1995: *Literatur und Arbeit. Produktionsskizze und Produktionsroman im Rußland des 1. Fünfjahrplans (1928-1932).* Wiesbaden. (Veröffentlichungen der Abteilung für Slavische Sprachen und Literaturen des Osteuropa-Instituts (Slavisches Seminar) an der Freien Universität Berlin 78)

HARRIS, J.G. (Hg.) 1990: *Autobiographical Statements in Twentieth-Century Russian Literature.* Princeton.

KHARKHORDIN, O. 1999: *The Collective and the Individual in Soviet Russia. A Study of Background Practices.* Cambridge (Mass.).

MACH, E. 1926: *Erkenntnis und Irrtum. Skizzen zur Psychologie der Forschung.* Leipzig.

MAJAKOVSKIJ, V.V. 1955: *Polnoe sobranie sočinenij v 13 tt.* Moskva 1955-1961.

MANDEL'ŠTAM, O.Ė. 1967: *Sobranie sočinenij.* Washington, New York, Paris 1967-1981.

PIAGET, J. 1974: *Der Aufbau der Wirklichkeit beim Kinde.* Stuttgart.

SCHLEGEL, F. 1985: *Schriften zur Literatur.* München.

Bibliographie

SCHMID, U. 1999: „Das wahre Leben des Vladimir Sirin. Nabokovs autobiographische Metamorphosen". In: *Neue Zürcher Zeitung* 94 (24./25.4.1999), 85.

STUDER, B./UNFRIED, B. 1999: „‚Das Private ist öffentlich'. Mittel und Formen stalinistischer Identitätsbildung". In: *Historische Anthropologie* 1 (1999), 83-108.

TUNIMANOV, V. 1987: „*Byloe i Dumy* i russkaja avtobiografičeskaja proza". In: *Voprosy literatury* 3 (1987), 145-170.

VOLKOV, S. 1998: *Conversations with Joseph Brodsky. A Poet's Journey through the Twentieth Century.* New York, London.

15. Index

Acton, E. 363
Adams, H. 389
Afanas'ev, A.N. 219
Aksakov, S.T. 260, 275, 278, 280, 285-327, 332, 333, 358, 376, 377, 382, 387, 388, 391, 392, 393
Aksakov, G.S. 287, 305
Aksakov, I.S. 285, 287, 288, 289, 294, 309, 320
Aksakov, K.S. 285, 288-290, 295
Aksakov, M.S. 290
Aksakova, V.S. 287, 292
Aksakova, O.S. 290
Al'tšuller, M. 73, 344
Aleksandr I. 174, 176-178, 182, 184, 229
Aleksandr II. 367, 378
Aleksej Michailovič 44
Alexandrov, V.E. 107, 108
Anciferov, N.P. 366
Anisimov, E. 202, 205
Annenkov, P.V. 279, 398
Annenkova, E.I. 285, 286
Archambault, P.J. 128
Atanasova-Sokolova, D. 328
Augustin 28, 30, 64, 128, 131, 133, 151
Authaler, I. 270, 274
Avvakum 37, 43-71, 75, 76, 277, 372, 373, 378, 380, 382, 385, 386, 388, 392, 395
Bachtin, M. 20, 21
Bakounine, T. 136
Bakunin, M. 350
Bakunina, T. 136
Bantyš-Kamenskij, N. 180, 191
Barabaš, Ju. 252

Barran, T. 117, 119, 121, 122
Barskov, Ja.L. 145, 146
Barsukov, N.P. 188
Bateson, G. 283
Batjuškov, K.N. 199
Beauvius, A. 95
Beklešov, A.A. 176
Belinskij, V.G. 260, 263, 281, 350, 381
Belyj, A. 261, 397
Benedetti, G. 270, 271, 274, 277- 279, 281
Benjamin, W. 30
Benveniste, E. 33, 34
Berberova, N. 398
Berdjaev, N.A. 398
Berdyšev, A.P. 74
Beresniak, D. 136, 145
Berlin, I. 165, 279, 346
Bernstein, L. 252
Bezborodko, I.A. 170
Bicilli, P. 38
Billington, J. 145
Biron, E.J. 202, 203
Black, J.L. 77, 78
Blagovolina, Ju.P. 348
Bleuler, E. 268
Blinov, N. 230
Blok, A. 73
Bolchovitinov, E. 180, 182, 385
Bolotov, A.T. 41, 42, 71-105, 250, 374, 382, 387-390, 392
Bontadina, N. 341
Borisova, L.P. 73
Borovkov, A.D. 153
Bortnes, J. 46, 52, 54, 56, 58, 67
Böschenstein-Schäfer, R. 286
Botkin, V. 350-352
Bourychkine, P. 136

431

Boym, S. 63, 93
Brajnina, B.Ja. 399
Brang, P. 341
Brodskij, J. 399
Bruss, E. 26, 27, 36
Bulgakov, S.N. 342, 346
Bulgarin, F.V. 260
Bunyan, J. 27, 389
Burke, E. 238
Burkhart, D. 35
Butovskij, I. 246
Čaadaev, P.Ja. 92, 260
Čajkovskaja, O. 38
Carlyle, T. 27
Carr, E.H. 363
Čechov, A.P. 271
Cellini, B. 389
Černaja, L.A. 68
Černov, V.S. 230
Černyševskij, N.G. 156, 157, 173, 362
Chateaubriand, F.R. 389
Cheraskov, M.M. 38, 208-212
Chodasevič, V.F. 179
Chomjakov, A.S. 94, 95
Chrapčenko, M.B. 260
Chrapovickij, A.V. 170, 174
Chrapovickij, M.E. 227
Chvostov, P.O. 189
Clardy, J.V. 157
Clyman, T. 38
Coetzee, J.M. 131
Cohen, E.F. 318, 397
Cooper, N.L. 105
Cross, A.G. 188
Čulickij, V. 188, 189, 193
Čulkov, G. 39
Curtius, E.R. 341
Czartoryski, A. 166
Danilevskij, A.S. 267, 276
Danilov, M.V. 38, 40
Dante 27, 252, 330, 389

Danton, G. 341
Darnton, R. 114
Daškova, E.R. 42, 140, 183, 200
Davydov, D. 219
de Man, P. 26, 28, 29, 32, 33
De Quincey, T. 27
deMause, L. 17
Demin, A.S. 66
Demkova, N.S. 43, 52, 55, 56, 66
Derrida, J. 29, 32, 262, 265
Deržavin, G.R. 40, 42, 68, 135, 155-185, 190, 193, 199, 217, 259, 293, 322, 334, 374, 377, 380, 381, 383, 385-388, 392
Deržavin, N.S. 331
Descartes, R. 11
Dickens, Ch. 27
Dilthey, W. 18, 19, 32
Dinges, M. 84
Dionysos Areopagita 45, 59
Dmitriev, I.I. 163, 187-199, 375, 384, 388
Dmitriev, M.A. 189, 308
Dmitriev-Mamonov, M.A. 193
Dmitrij Rostovskij 40, 52
Dobrynin, G. 141, 153
Dolgorukaja, N.B. 41, 199-226, 330, 334, 372, 377, 383, 389, 392
Dolgorukij, I.A. 202, 203, 205
Dolgorukov, Ju. 38
Dondukov-Korsakov, M.A. 193
Dostoevskij, F.M. 15, 39, 131, 268, 389
Drehsen, V. 11
Drubek-Meyer, N. 269, 271, 272
Durkin, A.R. 287, 288, 290, 305, 320, 322
Durova, N. 200, 217-248, 375, 376, 380-382, 384, 386, 390-393

Index

Džurinova, L.K. 330
Ëmin, F.A. 197
Ėngel'gardt, L. 42
Ėngel'son, V. 354
Ebbinghaus, A. 261
Efimov, I. 252
Eicher, W. 221
Ekaterina II. 42, 77, 106, 121, 141, 144, 145, 159, 160, 165, 167-173, 177, 182, 183, 200
El'cin, B. 399
Elagin, I.P. 111, 150-152, 164
Elizaveta Alekseevna 188
Elizavetina, G.G. 37-39, 350, 395
Epp, G.K. 77
Epstein Heller, L. 238
Erikson, E.H. 69, 380
Ermakov, I.D. 269
Esenin, S.A. 27
Euler, L. 127
Evtušenko, E.A. 399
Fanger, D. 252, 280
Fénelon, F. 76
Feuer, K.B. 297
Fischer, R. 271
Florenskij, P.A. 59, 60
Florovskij, G. 255
Fonvizin, D.I. 4Î, 105-132, 135, 198, 250, 378, 380, 389, 390, 394, 395
Foucault, M. 16
France, P. 111
Frank, M. 11
Franklin, B. 27, 389
Freud, S. 9, 11
Frick, K.R.H. 136
Fuhrmann, M. 9
Gagarin, P.P. 176
Galle, R. 132
Ganičev, V. 74
Gareth Jones, W. 140

Garibaldi, G. 350, 380
Genette, G. 34
Georgij von Oldenburg 179
Gerasimova, N.M. 47
Gercen, A.I. 37, 104, 327-369, 372, 373, 377-380, 389, 391, 392, 393, 395
Gercen, N. 330, 356-362, 364, 392
Gerigk, H.-J. 263, 270, 273
Geršenzon, M.O. 350, 363, 365
Gesemann, G. 269, 275, 276, 279
Gidžeu, S.P. 366, 368
Gillel'son, M.I. 193, 219
Ginzburg, L. 24, 25, 36, 328, 340, 347-349, 359, 362
Gippius, V. 250, 259, 260
Gitermann, V. 165, 173
Glebov, A.N. 248
Glinka, S. 42, 219
Goethe, J.W. 9, 19, 32, 114, 142, 286, 345, 389
Gogol', N.V. 27, 157, 249-285, 290, 293-296, 315, 324, 379, 380, 381, 383, 389, 391, 392
Golochvastov, D.D. 104
Gončarov, I.A. 368, 389
Goodwin, J. 31
Göpfert, F. 200
Gor'kij, M. 27, 398
Grabowicz, G. 270
Granovskij, T.N. 350
Greber, E. 32
Gregg, R. 302, 303, 304
Gribovskij 172
Griffiths, F.T. 252
Grigor'ev, A. 260
Grimm, F.M. 145, 173
Grob, T. 319
Grot, Ja.K. 117, 157, 188, 193, 195, 196, 296

Gruhn, W. 71
Gudovič, I.V. 168, 169
Gudzij, N.K. 44
Gukovskij, G. 167
Gurvič-Liščiner, S.D. 346, 365
Gusdorf, G. 22, 23, 32
Guski, A. 324, 392, 398
Haley, J. 283
Harris, J.G. 31, 33, 35, 37, 396
Haumann, H. 77
Hawthorne, N. 27
Hegel, G.W.F. 345, 351, 352
Heine, H. 15
Helvétius, C.A. 140, 152
Herder, J.G. 286
Herwegh, G. 330, 348, 349, 354, 355, 360, 365
Hildebrandt, G. 44
Hofmann, J.A. 84
Holberg, L. von 84, 85
Horaz 177, 179, 180
Huber, G. 269
Hugo, V. 355
Hunt, P. 44, 57
Iser, W. 35, 36
Ivan IV. 71
Ivančin-Pisarev, N.D. 194
Jackson, D. 283
Jakobson, R. 58, 261
Jakovlev, I.A. 335, 352
Jazykov, N.M. 253, 255, 278
Jean Paul 286
Jung-Stilling, J.-H. 116
Kalašnikov, S.I. 276
Kant, I. 11, 16, 21
Kanzer, M. 270
Kapnist, V.V. 169, 179
Karamyšev, A.M. 207-213
Karamzin, N.M. 41, 114-118, 138, 188, 190, 191, 195-197, 205, 306, 391
Karlinsky, S. 193, 267, 268

Kaus, O. 268, 269
Keipert, H. 68
Ketčer, N. 352-355
Kharkhordin, O. 399
Kočetkova, N.D. 106, 112-114
Kočubej, V.P. 166
Kock, P. de 342
Kohut, H. 12, 36
Kol'cov, A.V. 350
Kolesov, V.V. 56
Kon, I. 21, 196
Kononko, E.N. 179-184
Konstantinovskij, M. 260, 274
Koval'čuk, O. 270
Kozlov, I.I. 206
Krasovskij, Ju. 366
Krylov, I.A. 124
Kučerov, A. 87, 91, 94, 95
Kulakova, L.I. 179
Kumpan, K.A. 73, 193
Kurakin, B.I. 40, 175
Kurbskij, A. 43, 71
Kušelev, G.G. 176
Kutuzov, A.M. 138, 146
Labzin, A.F. 138, 207, 210, 212, 213, 225, 383
Labzina, A.E. 41, 199, 200, 207-215, 217, 225, 226, 330, 334, 372, 377, 383, 389, 392
Laing, R.D. 273, 280
Lavater, J.K. 9
Lavrent'eva, A.A. 73
Lazarev, B. 74
Lehmann, J. 27, 36, 263
Leibniz, G.W. 11
Leighton, L.G. 136
Leiris, M. 30
Leitner, A. 14
Lejeune, P. 25, 26, 29
Lemke, M.K. 367
Lermontov, M.Ju. 389
Levin, E. 193

Index

Levitsky, A. 142
Lichačev, D.S. 66
Limonov, E. 31
Linde, C. 12, 13
Linné, C. 208
Lipski, A. 144, 145
Liščiner, S. 355
Ljubčenko, O.N. 74
Lo Gatto, E. 350
Locke, J. 76
Lomonosov, M.V. 111, 323
Lopuchin, I.V. 141-150, 175, 205, 388, 395
Lotman, Ju.M. 107, 114, 115, 117, 119, 127, 132, 157, 163, 202, 205, 207, 208, 210, 390
Lübbe, H. 12, 13
Ludwig XVI. 101
Luther, M. 36
Mach, E. 372
Maguire, R. 252, 265, 266, 271
Majakovskij, V.V. 396, 397
Majkov, L.N. 289, 290, 299, 311, 324
Majkov, V. 200
Makogonenko, G.P. 112
Malanjuk, E. 270
Malia, M. 335, 358, 360
Malinovskij, B. 193
Malyšev, V.I. 49, 50, 51, 57, 58
Mamyšev, V.N. 248
Mandel'štam, O.Ė. 92, 396
Marcus, L. 18, 32
Mašinskij, S.I. 263, 271, 273, 275, 276, 280, 288, 299, 300, 306, 309, 311, 321-323
Mason, J. 138
Matjušenko, L.I. 366
Matveev, A.A. 40
Mazzini, G. 331
Medarić, M. 16
Medvedeva, P. 357, 358, 362

Merežkovskij, D.S. 268, 271, 273, 276
Mervaud, M. 355
Merzljakov, A.F. 180, 191
Meysenbug, M. von 366
Mežov, V.I. 286, 320
Miched, P.V. 252, 265
Michnevič, V.O. 205
Mickiewicz, A. 291, 343
Miething, C. 30
Mill, J.S. 380
Millett, K. 32
Minich, B.E. 205
Misch, G. 18, 32
Moberly, E.R. 221
Močul'skij, K. 261, 274-279
Moiseeva, G.N. 205
Montaigne, M. de 76, 389
Moritz, K.P. 116, 389
Morozov, I. 87, 91, 94, 95
Murašov, Ju. 270
Murav'ev, V.B. 247
Nabokov, V.V. 255, 257, 397
Napoleon Bonaparte 163, 178, 237, 341
Naščokin, V.A. 38, 120
Nekrasov, N.A. 145
Nepljuev, I.I. 40, 120
Neumann, B. 19, 20
Newlin, T. 73, 86, 96, 97, 102
Nietzsche, F. 29, 113
Nikitina, E.F. 399
Nikolaj I. 292, 330, 335, 337-339, 347, 348, 354, 367, 373, 378, 379, 392
Nikon 43, 49, 52, 59
Nolda, S. 37, 39
Novikov, N.I. 73, 137, 145
Novikov, S. 74
Novikov, V.I. 136
Novosil'cov, N.N. 166
Obol'janinov, P.Ch. 176

Ogarev, N.P. 336, 359, 363-365, 373, 392
Olney, J. 24, 28, 33, 36
Onasch, K. 60
Ostrogorskij, V. 307, 311, 323
Ozerov, V.A. 237
Panaev, I.I. 295, 398
Panaeva, A.Ja. 242
Pančenko, A.M. 53, 61
Panin, P. 119, 124
Papernyj, V. 281
Parpulova-Gribble, L. 61
Partridge, M. 364
Paškov, A. 45, 47-52, 56, 65
Pascal, R. 19, 32, 54
Pasternak, B. 31, 397
Pavel I. 93, 174, 176, 177, 181, 192
Pavliščeva, O. 232
Pavlov, N.M. 291
Peace, R. 272
Pekarskij, P. 38, 72, 117, 188, 193, 196
Petr II. 202
Petr III. 71, 99
Petrarca, F. 64, 66
Piaget, J. 382
Picchio, R. 47
Piksanov, N.K. 145, 146, 148
Piščevič, S.S. 39, 41
Pletnev, P.A. 259, 260, 263, 264, 275, 295
Pliukhanova, M. 51, 52
Pogodin, M.P. 188, 225, 290, 291, 322, 352
Polevoj, B.N. 188
Poležaev, A.I. 354
Polovcov, A.A. 72
Ponyrko, N.V. 58
Popov, V.S. 172
Popovskij 111
Pozdeev, O.A. 136
Preißmann, U. 350
Pritchett, V.S. 304
Prokopovič, F. 78, 111
Proust, M. 30
Ptuškina, I.G. 339, 356
Puder, M. 128, 131
Pufendorf, S. 78
Pugačev, E. 158, 160, 162, 163, 191
Puškareva, N.L. 207
Puškin, A.S. 40, 163, 179, 190, 193, 218, 219, 243, 257, 278, 390, 391
Pypin, A.N. 142
Rabinowitz, S. 252
Radcliffe, A. 237, 238
Radiščev, A.N. 139, 140, 145, 197, 338, 339
Raeff, M. 73, 77
Rancour-Laferrière, D. 220, 228, 268
Rejchel', M.K. 355
Renza, L. 24
Rexheuser, A. 85, 90
Reyfman, I. 73
Rice, J. 73, 95, 99
Richardson, S. 114
Ritter, J. 64
Robespierre, M. 341
Robinson, A.N. 45, 47, 59, 61, 65
Roskina, N.A. 365
Rosslyn, W. 193
Rousseau, J.J. 16, 27, 30, 41, 77, 105, 111, 113-119, 121, 127, 128, 130-135, 152, 194, 286, 373, 378, 390, 394, 395
Rozanov, V.V. 31, 397
Rtiščev, F. 55
Ryleev, K.F. 159, 205
Sacharov, V.I. 138
Šachovskoj, Ja.P. 38, 40, 120

Index

Saitov, V.I. 187, 193, 194
Šajtanov, I. 37
Samarin, Ju. 291
Sartre, J.-P. 30
Sazonov, N. 354
Ščerbakov, V.I. 138
Scheidegger, G. 44
Scheuer, H. 17
Schlaeger, J. 32
Schlegel, F. 384
Schmid, U. 398
Schmidt, W. 82
Schmücker, A. 40, 202, 205
Schneider, M. 30
Schreiber, S. 206
Schulze, W. 17
Seidel-Dreffke, B. 268
Šenrok, V.I. 272, 275, 276, 278, 281, 287, 290, 291, 305, 306
Semevskij, M. 73
Šeremet'ev, B.P. 202
Serman, I. 119, 180
Ševyrev, S.P. 249, 259, 260, 275, 279
Sinjavskij, A. 250-252, 255
Šiškov, A.S. 322
Šklovskij, V. 74, 91
Skrjabin, A. 397
Śliwowcy, W. + R. 364-366
Smirenskij, B.V. 219, 225
Smirnov, I. 67
Smirnova, A.O. 275, 278, 279, 290
Solov'ev, O.F. 136
Solov'ev, V. 74
Sorensen, H. 53
Spengemann, W.C. 27
Speranskij, M.M. 156, 165, 166
Springer, A. 221
Stankevič, N.V. 339, 350
Starobinski, J. 23, 32, 36, 117
Stepanjan, K. 265

Stepanov, V. 72
Stoler, J. 238
Straub, J. 9
Stroganov 166
Strycek, A. 118
Studer, B. 398
Surovcev, A.G. 137, 143
Šušerin 293, 322
Sutherland, M. 364
Tartakovskij, A.G. 39, 40, 92, 94, 95, 104, 120, 124, 188, 190
Taylor, C. 117
Thomas a Kempis 278
Tirjanin 111
Titov, P.Ja. 138
Titulmin 168
Todd, W.M. 260, 261
Tolstoj, L.N. 39, 136-138, 268, 306, 344, 368, 389
Troščinskij 172
Trutovskij, K.A. 288, 289, 294, 311
Tučkova, N.A. 348, 362-367
Tunimanov, V.A. 362, 395
Turgenev, A.I. 148, 187, 194
Turgenev, I.S. 39, 263, 288, 299, 311, 323, 327, 333, 352, 389
Turgenev, I.P. 138
Unfried, B. 398
Uspensky, B. 59, 60
Uvarov, S.S. 193
Vasil'ev, A.I. 175
Vengerov, S.A. 72
Veresaev, V. 218, 260
Vernadskij, G.V. 143, 149
Vigel', F.F. 193
Vinogradov, V. 46, 47, 56, 61, 66, 67
Vinskij, G.S. 41
Vjazemskij 168-170, 181, 183

Ichentwürfe

Vjazemskij, A.I. 178
Vjazemskij, P.A. 40, 187, 188, 190, 192-194, 254
Vladimir Monomach 43, 71
Volkov, S. 399
Voltaire 148, 152
Voroncov, A.R. 177
Voropaev, V. 273
Vowles, J. 38, 200
Wachtel, A. 297
Warren, A. 17
Weakland, J. 283
Weinrich, H. 34, 36
Wellek, R. 17
Welsch, W. 262
Widdershoven 12
Witte, G. 41, 76, 105, 160, 161, 166, 173
Woodward, J. 270
Worcell, S. 380
Wordsworth, W. 27
Young, E. 114
Young, D.A. 269
Zapadov, V.A. 155, 157, 167, 176, 179
Zavališin, D.I. 157
Zenkovsky, S.A. 43
Zerbin-Rüdin, E. 269
Zholkovsky, A. 265
Zimina, V.G. 361
Zingerman, B.I. 336, 347
Ziolkowski, M. 52
Zirin, M. 230, 231
Žukovskij, V.A. 40, 187, 188, 237, 257, 260, 265, 279
Zvinjackovskij, V.Ja. 270

Basler Studien zur Kulturgeschichte Osteuropas

Herausgegeben von Andreas Guski und Heiko Haumann

1   Ulrich Schmid: *Ichentwürfe. Russische Autobiographien zwischen Avvakum und Gercen.* 2000.

2   Petra Hesse: *Die Welt erkennen oder verändern? Prometheus in der russischen Literatur von den Anfängen der Mythos-Rezeption bis M. Gor'kij.* 2000.

3   Carmen Scheide: *Kinder, Küche, Kommunismus. Das Wechselverhältnis zwischen sowjetischem Frauenalltag und Frauenpolitik von 1921 bis 1930 am Beispiel Moskauer Arbeiterinnen.* 2000.

Russische Lyrik im Pano Verlag

Innokentij Annenskij: *Die schwarze Silhouette.* Gedichte Russisch-Deutsch. Deutsch von Adrian Wanner. 1998.

Valerij Brjussow: *Chefs d' œuvre. Gedichte aus neun Bänden.* Ausgewählt und übersetzt von Christoph Ferber. 1986.

Afanasij A. Fet: *Quasi una fantasia.* Gedichte Russisch-Deutsch. Deutsch von Christine Fischer. 1996.

Zinaida Hippius: *Frühe Gedichte.* Ausgewählt und übersetzt von Christoph Ferber. 1987.

Fedor Sologub: *Die Teufelsschaukel.* Gedichte Russisch-Deutsch. Deutsch von Christoph Ferber. 2001.

Fedor I. Tjutčev: *Die letzte Liebe. Gedichte auf Leben und Tod von Elena A. Denis'eva.* Russisch-Deutsch. Deutsch von Christoph Ferber. 1993.

Vera Zubareva: *Traktat über Engel.* Russisch-Deutsch. Deutsch von Kirstin Breitenfellner. 2000.

Außerdem lieferbar:

Михаил Шишкин: *Русская Швейцария. Литературно-исторический путеводитель.* 2000.